www.web-adressbuch.de
Mathias Weber *(Hrsg.)*

DER INTERNET-BESTSELLER
16. AUFLAGE

Mit den besten GEHEIMTIPPS aus dem Internet!

DAS WEB-ADRESS-BUCH FÜR DEUTSCHLAND

2013

Ausgewählt: Die 6.000 wichtigsten deutschen **Internet-Adressen**

m.w. VERLAG

Weber, Mathias (Hrsg.)
Das Web-Adressbuch für Deutschland 2013
Ausgewählt: Die 6.000 wichtigsten deutschen Internet-Adressen
Special: Die besten Web-Seiten zu Essen & Trinken

ISBN 978-3-934517-15-8

Umwelthinweis: Dieses Buch wurde auf chlorfrei gebleichtem Papier gedruckt.

16. völlig überarbeitete und aktualisierte Auflage
Copyright 1998 bis 2012 by m.w. VERLAG GmbH
Printed in Germany

www.web-adressbuch.de

Redaktion & Marketing: Daniel Brockmeier, Natascha Koch, Franziska Pasch,
Matthias Reuß, Svenja Schnabel, Charlotte Schreiner, Mathias Weber
Layout, Satz & Anzeigenverwaltung: m.w. VERLAG GmbH, 60486 Frankfurt/Main
Technische Betreuung: Computer Stede, 61137 Schöneck
Druck & Bindung: Parzeller Druck- und Mediendienstleistungen, 36043 Fulda
Vertrieb für den Zeitschriftenhandel: BPV Medien Vertrieb GmbH & Co. KG, Römerstraße 90,
79618 Rheinfelden, Tel.: 07623/96 40, Fax.: 07623/96 42 59
Vertrieb für den Buchhandel: m.w. VERLAG GmbH, Hamburger Allee 45, 60486 Frankfurt,
Tel.: 069/40 89 48 70, Fax.: 069/40 89 48 75

Editorial

In der vorliegenden aktualisierten 16. Auflage unseres Internet-Bestsellers hat die Redaktion wieder die wichtigsten Web-Seiten übersichtlich in einem Buch zusammengestellt.

Die Redaktion testet, bewertet und vergleicht jedes Jahr aufs Neue alle Web-Seiten und hat aus den Tiefen des Internets auch diesmal wieder die besten Perlen herausgefischt, darunter auch viele neue Geheimtipps!

Mit Hilfe des Web-Adressbuches sparen Sie sich somit das ewige Herumsurfen und Durcharbeiten der Trefferlisten in Suchmaschinen und stoßen auf viele interessante und praktische Web-Seiten, die bei den Suchdiensten im Netz gar nicht oder nur sehr schwer zu finden sind!

Im diesjährigen Special präsentieren wir ab Seite 27 „Die besten Web-Seiten zu Essen & Trinken“. Lassen Sie sich von unseren Web-Seiten-Empfehlungen inspirieren!

Da Gütesiegel eine immer größer werdende Bedeutung im Internet einnehmen, hat der m.w. Verlag das Gütesiegel „Zertifizierte Web-Seite“ eingeführt. Web-Seiten, die das Gütesiegel verliehen bekommen haben, wurden umfangreich redaktionell sowie technisch durch unsere Experten und rechtlich durch eine renommierte Anwaltskanzlei geprüft. Internet-Nutzer können so sofort erkennen, ob eine Web-Seite seriös und nutzerfreundlich ist. Weitere Informationen hierzu finden Sie auf www.zertifizierte-web-seite.de.

Wir wünschen Ihnen viel Spaß und Erfolg beim Surfen auf der Datenautobahn, und dass Sie mit Hilfe unseres Nachschlagewerkes viele neue interessante Web-Seiten entdecken und schnell zum gewünschten Ziel gelangen.

M. Weber

Dipl.-Pol. Mathias Weber
(Herausgeber)

INHALT

Essen & Trinken

INHALT

INHALT

Einkaufen

INHALT

Erotik

Freizeit & Hobby

9

INHALT

Geld & Finanzen

Gesundheit

Inhalt

Haus & Garten

INHALT

Internet & Computer

Inhalt

Kunst & Kultur

Medien

INHALT

Politik & Behörden

Soziales

Sport

INHALT

Umwelt

INHALT

INHALT

Verkehr

Inhalt

Wirtschaft

Legende

Der rote Punkt links neben dem Namen der Web-Seite eines Eintrags signalisiert, dass diese Internet-Seite zusätzlich mit einer farbigen Screenshot-Abbildung präsentiert wird.

Alle Einträge, die mit diesem Siegel versehen sind, besitzen die „s@fer shopping"-Auszeichung des TÜV Süd.

Alle Einträge, die mit diesem Siegel versehen sind, sind im Besitz des „Trusted Shops"-Zertifikats der Trusted Shops GmbH.

Alle Einträge, die mit diesem Siegel versehen sind, wurden vom EHI Retail Institute mit dem Prädikat „Geprüfter Online-Shop" im Rahmen des europaweiten Euro-Label Systems ausgezeichnet.

Einträge, die das österreichische E-Commerce-Gütezeichen tragen, wurden vom ÖIAT (Österreichisches Institut für angewandte Telekommunikation) mit dem Euro-Label Austria ausgezeichnet.

Alle Einträge, die mit diesem Siegel versehen sind, besitzen das eKomi-Bewertungssiegel.

Das Gütesiegel „Zertifizierte Web-Seite" wird vom m.w. Verlag verliehen und zeichnet nicht nur Online-Shops aus, sondern alle Web-Seiten, die ein aufwendiges Prüfverfahren durchlaufen und bestanden haben.

Hintergrundinformationen über die verschiedenen Siegel können Sie ab Seite 24 nachlesen.

☎ Das Telefonsymbol kennzeichnet eine Telefonnummer.

Anrufe zu Nummern mit der Vorwahl (0800) sind kostenlos aus dem deutschen Festnetz, Mobilfunkpreise können abweichen. Die restlichen angegebenen Nummern sind Festnetznummern, für die je nach Telefontarif die vereinbarten Festnetzgebühren anfallen.

Alle Angaben sind ohne Gewähr.

Gütesiegel für Online-Shops

Zu den wichtigsten empfohlenen Shop-Gütesiegeln im Internet zählen „Trusted Shops", „s@fer shopping" vom TÜV Süd und „Geprüfter Shop" vom EHI Retail Institute. Bei diesen drei Auszeichnungen basiert die Prüfung auf einem umfangreichen Kriterienkatalog, der sich auf die Grundlage von gesetzlichen Vorschriften stützt. Verfügt ein Shop also über eines dieser Gütesiegel, heißt das, dass das jeweilige Zertifizierungsunternehmen die Umsetzung dieser Vorschriften garantiert. Die einzelnen Gütesiegel haben über die gesetzlichen Vorschriften hinaus zudem auch eigene Qualitätskriterien entwickelt.

Trusted Shops

Das Gütesiegel „Trusted Shops" bietet dem Kunden Sicherheit in Form eines integrierten Käuferschutzes. Während des Online-Bestellvorgangs kann sich der Käufer für die Geld-zurück-Garantie anmelden. Der Kaufpreis wird dann dem Käufer erstattet, falls er für eine bereits bezahlte Ware keine Lieferung erhalten hat oder wenn der Kaufpreis nach einer Rückgabe nicht fristgemäß erstattet wurde. Die Höhe dieser Absicherung beläuft sich bei dem für den Kunden kostenlosen Käuferschutz auf maximal 2.500 Euro.

Bei Problemen mit den Online-Shops haben Kunden die Möglichkeit, sich über ein Kontaktformular auf der Homepage oder per Telefon direkt an Trusted Shops zu wenden.

Die Shop-Betreiber werden zudem jährlichen Kontrollen zur Einhaltung der Qualitätskriterien unterzogen.

Beim Erhalt des Gütesiegels werden dem Shop-Betreiber je nach Leistungspaket Gebühren in Höhe von 708 Euro bis 1.188 Euro im Jahr berechnet.

Weitere Infos: www.trustedshops.com

Safer Shopping

Das Gütesiegel „s@fer shopping" vom TÜV Süd prüft in seinem besonders umfangreichen Kriterienkatalog nicht nur systematisch, ob alle gesetzlichen Vorgaben erfüllt werden, sondern auch die Übersichtlichkeit, den Seitenaufbau, das Navigationskonzept und die benutzerfreundliche Bedienung sowie die Organisation des Shops direkt vor Ort.

Ein Beschwerdeverfahren wird auch bei „s@fer shopping" angeboten. Dabei tritt der TÜV Süd als Vermittler zwischen Kunde und Online-Händler bei eventuellen Konflikten auf.

Nicht nur Shops können die Auszeichnung „s@fer shopping" erhalten: Für Web-Seiten mit Preisvergleichen, Reisebuchungen und Online-Versicherungen bietet das Siegel ein zusätzliches Prüfungskonzept.

Konkrete Kosten für die Shop-Betreiber sind für diese Auszeichnung nicht festgelegt, da jeder Online-Shop ein individuelles Angebot erhält.

Weitere Infos: www.safer-shopping.de

Geprüfter Online-Shop

Das Siegel „Geprüfter Online-Shop" wird vom wissenschaftlichen EHI Retail Institute vergeben, zu dessen Mitgliedern internationale Handelsunternehmen und deren Branchenverbände, Hersteller von Konsum- und Investitionsgütern sowie verschiedene Dienstleister gehören. Jeder zertifizierte Shop wird dabei jährlich in vollem Umfang neu überprüft.

Zusätzlich zu den gesetzlichen Vorschriften ist für dieses Siegel Voraussetzung, dass neben der Bezahlung per Vorkasse noch mindestens eine weitere Zahlungsmethode angeboten wird. Wie bei den zuvor genannten Siegeln steht man den Kunden auch hier mit einem Beschwerdemanagement zur Seite, falls es zu Problemen mit Verkäufern kommt.

Die Kosten für dieses Gütesiegel richten sich nach Umsatz des Unternehmens und starten ab 750 Euro im Jahr.

Weitere Infos: www.shopinfo.net

Gütesiegel für Web-Seiten

Mit dem Gütesiegel „Zertifizierte Web-Seite" werden nicht nur Online-Shops ausgezeichnet, sondern alle Web-Seiten, die sich einer umfassenden Prüfung unterziehen und deren Qualitätskriterien erfüllen. Verliehen wird diese Auszeichung vom m.w. Verlag, der die Einhaltung der Prüfkriterien jedes Jahr aufs Neue in Zusammenarbeit mit einer Rechtsanwaltskanzlei kontrolliert. Hierfür werden sowohl die gesetzlichen Vorschriften überprüft, die für Betreiber von Web-Seiten gelten, als auch Aspekte wie Benutzerfreundlichkeit und Inhalt, die für die Internet-Surfer beim Besuch einer Internet-Seite von Bedeutung sind.

Zertifizierte Web-Seite
Bereits seit 1997 testet und bewertet die Redaktion des Internet-Bestsellers „Das Web-Adressbuch für Deutschland" deutschsprachige Web-Seiten und veröffentlicht die besten Online-Auftritte in diesem Internetguide. Die Redaktion hat ein Test- und Prüfverfahren für Web-Seiten entwickelt, um die seriösen Anbieter im Internet zu filtern.

Für das Gütesiegel „Zertifizierte Web-Seite" wurden die Qualitätskriterien umfangreich erweitert und verfeinert. Web-Seiten, die dieses Gütesiegel tragen, haben sich verpflichtet, die strengen Qualitätskriterien dauerhaft einzuhalten. Dies dient der Sicherheit der Internet-Nutzer, aber auch der Seitenbetreiber, da diese das Risiko einer teuren Abmahnung reduzieren.

Überprüft wird unter anderem der Aufbau der Web-Seiten hinsichtlich Benutzerfreundlichkeit, wie etwa übersichtliche Menüführung und klare Strukturierung. Außerdem wird großer Wert darauf gelegt, dass möglichst wenig Fremdwerbung zu sehen ist und dass sich keine unerwünschten Pop-up-Fenster, störende Banner, Werbefilme oder Videos öffnen, die den Inhalt der Seite überlagern und vom Nutzer weggeklickt werden müssen. Weiterhin dürfen keine versteckten Viren und Dialer vorhanden sein, zudem sollte sich die Web-Seite durch schnelle Ladezeiten sowie einen barrierefreien Aufbau auszeichnen.

Ein weiteres Kriterium ist der Inhalt der Web-Seiten, der möglichst umfangreich sein sollte (z. B. aktuelle Meldungen, Hintergrundberichte, Link-Verzeichnisse, Buchbesprechungen, Insider-Tipps, Produktinformationen etc.) sowie ein großes Service-Angebot beinhalten sollte. Die Texte auf der Web-Seite müssen in deutscher Sprache verfasst sowie verständlich und gut zu lesen sein.

Für das Zertifikat ist außerdem eine vollständige Betreiberkennzeichnung inklusive Datenschutzerklärung erforderlich, d. h. die gesetzlichen Vorschriften für das Impressum müssen erfüllt sein. Auch weitere obligatorische Angaben, wie z. B. die Umsatzsteuer-Identifikationsnummer bei umsatzsteuerpflichtigen Seitenbetreibern, Handelsregisternummern sowie Einträge im Vereins-, Genossenschafts- oder Partnerschaftsregister dürfen nicht fehlen. Zudem muss eine einfache Möglichkeit der Kontaktaufnahme mit dem Web-Seitenbetreiber sichergestellt sein.

Der Serverstandort bzw. der Sitz des Providers einer zertifizierten Web-Seite sollte in der Europäischen Union liegen. Sie darf keine kinderpornographischen, politisch extremistischen und gewaltverherrlichenden Inhalte enthalten. Wird ein Forum angeboten, muss dieses durch den Betreiber moderiert und kontrolliert werden.

Die rechtliche Prüfung der zertifizierten Web-Seiten erfolgt durch die renommierte Anwaltskanzlei lexTM unter Berücksichtigung der jeweils aktuell gültigen Rechtsprechung.

Der Mitgliedsbeitrag für dieses Gütesiegel beträgt 599 Euro im Jahr.

Weitere Infos: www.zertifizierte-web-seite.de

GÜTESIEGEL

ESSEN & TRINKEN

erfolgreich-geniessen.de

www. erfolgreich-geniessen.de

Home | Web-Seite anmelden | Impressum

erfolgreich-geniessen.de
Das Portal rund um Essen & Trinken

Produkte | Surf-Tipps | Links zu Essen & Trinken

Produkte:

Redaktionell ausgewählte Links zu vielen Produkten finden Sie hier.
» weiter zu den Produkten ...

Surf-Tipps:

Allgemeine Surf-Tipps rund um das Thema "Essen & Trinken" finden Sie hier.
» weiter zu den Surf-Tipps ...

Surf-Tipp des Tages:

Lebensmittellexikon.de

Eminciertes Gemüse, legierte Suppe und leckeres Confit? Wenn Sie kein Gourmet sind, der in diesem Fachchinesisch bereits bewandert ist, können Sie es Dank dieser Seite noch werden. Neben Erklärungen zu Anbau-, Gar- und Konservierungsmethoden finden Sie zu jedem Nahrungsmittel Angaben wie Herkunft und Verwendung des Produkts. Oder kennen Sie den Unterschied zwischen nativem Olivenöl, extra nativem Olivenöl und gewöhnlichem nativem Olivenöl? Sie können auch zu einzelnen Lebensmitteln eine Nährwertberechnung durchführen. Und wer gern im Ausland schlemmt, findet hier Wörterbücher mit Vokabeln rund ums Essen.

www.lebensmittellexikon.de

Weitere Surf-Tipps der Redaktion finden Sie hier.

Aktueller Buchtipp:

JETZT NEU!
„Das Web-Adressbuch für Deutschland 2012"
Aktuelles Special-Kapitel: Die besten Web-Seiten rund ums Wohnen.

Die besten Web-Seiten Deutschlands kompakt in einem Buch!

Mit den wichtigsten Web-Seiten zum Thema Essen & Trinken.

Hier versandkostenfrei bestellen!

Weitere Informationen über das Web-Adressbuch finden Sie hier.

Links zum Thema Essen & Trinken:

Jamon.de

Online-Shop für Spezialitäten aus Spanien. Hochwertige Delikatessen für Gourmets und Liebhaber der spanischen Küche: Serrano und Pata Negra Schinken, Iberische Wurstwaren, Manchego Käse, Tapas, Paella, Oliven, Meeresfrüchte, Gebäck, Olivenöl und spanische Weine. Firmenpräsente und Geschenkservice.

www.jamon.de

Cocktail-Lounge.NET

Rezepte, Barkeeper-Guide, Zubehör und Barmusik. Ausschließlich geprüfte Cocktailrezepte für die Klassiker und besten modernen Drinks. Diverse Suchmöglichkeiten (nach Hauptzutat, Glastyp, Jahreszeit u. v. m.) erleichtern auf der übersichtlich gestalteten, 2001 gegründeten Seite das Finden passender Rezepte.

www.cocktail-lounge.net

chocolats-de-luxe.de

Edle Tafelschokoladen, Trinkschokoladen, Pralinen, Brotaufstriche, Bioschokoladen sowie mit Schokolade überzogene Früchte und Nüsse von den besten Chocolatiers der Welt. Außerdem gibt es ein Genuss-Abonnement, das monatlich mit köstlichen Schokoladenpaketen überrascht.

www.chocolats-de-luxe.de

Badischer Winzerkeller Breisach

Der Badische Winzerkeller in Breisach präsentiert Informationen über das Haus der badischen Winzer und die Vielfalt faszinierender Weine. Der Online-Shop hält erlesene Tropfen und besondere Angebote bereit. Kellerführungen und Weinproben nach Vereinbarung unter Tel. 07667/900-0.

www.badischer-winzerkeller.de

Weitere Links zu Essen & Trinken finden Sie hier.

Die besten Surftipps für Hobbyköche und Genießer

Das Internet bietet jede Menge Ausgehtipps sowie Bewertungen für Restaurants und Lieferservices. Darüber hinaus hält es eine Vielzahl an Rezepten für Leckermäuler der unterschiedlichsten Geschmäcker bereit, sei es für Pasta-Liebhaber, Fleisch-Fans oder Vegetarier. Und da jeder seine persönlichen, teilweise ganz speziellen, kulinarischen Vorlieben hat, gibt es inzwischen sogar Web-Seiten, auf denen Sie Ihr eigenes Müsli oder Ihre ganz persönliche Lieblingsschokolade selbst kreieren können. Neugierig geworden? Dann lesen Sie weiter! Die Redaktion des Web-Adressbuches für Deutschland hat nachfolgend die besten Internet-Seiten zum Thema Essen und Trinken für Sie zusammengestellt. *von Natascha Koch*

Online-Lieferservices und Restaurant-Tipps

Wer kennt das nicht: Nach einem anstrengenden Arbeitstag knurrt Ihr Magen und beim Blick in den Kühlschrank schlägt Ihnen nur gähnende Leere entgegen? Wenn Sie keine Lust haben, beim Thai-Imbiss um die Ecke die übliche Portion gebratene Nudeln zu bestellen, dann ist stattdessen vielleicht mal eine persische Linsensuppe, ein Texas-Cheeseburger oder eine hausgemachte Lasagne genau das Richtige. Bei *lieferando.de* oder *pizza.de* müssen Sie nichts weiter tun, als Ihre Postleitzahl einzutippen und sich für einen Lieferservice in Ihrer Umgebung zu entscheiden. Alle Speisekarten sind hier online abrufbar. Damit Sie nicht eine gefühlte Ewigkeit auf Ihr Essen warten müssen, empfiehlt es sich, die Bewertungen anderer Kunden zur Lieferzeit und Qualität des Essens vorab kurz durchzulesen!

Wenn Sie Ihr Gyros nicht Zuhause, sondern lieber stilvoll in einem griechischen Restaurant genießen möchten, helfen Ihnen *restaurant-kritik.de* und *qype.com* weiter. Hier können Sie nach Lokalen aller Art in Ihrer Nähe suchen, deren Öffnungszeiten und Gästebewertungen einsehen sowie teilweise sogar Menükarten und Preise vergleichen. Auch bei der Suche nach einem kostengünstigen Mittagessen, bei dem es mal nicht in die Kantine oder die Mensa gehen soll, gibt es Hilfe im Netz: Auf *menuemix.de* finden Sie Gaststätten und Restaurants mit preiswerten Mittagstischangeboten.

Rezepte für Anfänger und Experten

Fischfilet mit Nuss-Käse-Kruste, spanische Tapas oder schwäbische Käsespätzle – wenn Ihnen beim Gedanken an diese Gerichte schon das Wasser im Munde zusammenläuft, sollten Sie einen Blick auf die Rezeptsammlungen von *chefkoch.de*, *kuechengoetter.de* und *lecker.de* werfen. Egal, ob Sie ein Drei-Gänge-Menü für Ihren Liebsten zubereiten möchten oder ein schnelles 30-Minuten-Rezept für die ganze Familie benötigen – auf diesen Web-Seiten können Sie einfach angeben, für wie viele Personen Sie kochen möchten und wie viel Zeit Sie zum Kochen haben. Von leichten Rezepten wie Pizzateig oder Pfannkuchen bis hin zu exotischen Gerichten wie asiatischer Glasnudelsalat, jamaikanische Kürbissuppe oder Piña colada-Torte ist hier für jeden Geschmack etwas dabei.

Besonders einfach macht es Ihnen *kochplaner.de*: Damit Sie nicht mehr jeden Tag aufs Neue überlegen müssen, was Sie heute kochen könnten, wird für Sie auf dieser Web-Seite ein Wochenspeiseplan zusammengestellt. Dieser berücksichtigt bei den Rezepten nicht nur Ihre persönlichen Vorlieben, sondern auch Obst und Gemüse der Saison. Und selbst wenn Sie einmal keinen Appetit auf das vorgeschlagene Freitag-Mittag-Rezept haben sollten, können Sie ganz einfach ein anderes Gericht nach Ihrem Geschmack aus der großen Sammlung aussuchen. Sie mögen beispielsweise keinen Fisch und Spinat oder sind allergisch gegen Milchprodukte? Dann schließen Sie diese Zutaten einfach aus und lassen sich entsprechend passende Rezepte vorschlagen. Wenn der Speiseplan fertig ist, drucken Sie sich die sortierte Einkaufsliste mit allen Zutaten aus, die Sie für die kommende Woche benötigen, und gehen einkaufen! Übrigens: Wenn Sie keine Zeit für einen Großeinkauf haben, können Sie im Online-Supermarkt *froodies.de* nach Herzenslust den virtuellen Einkaufswagen mit Zutaten Ihrer Einkaufsliste befüllen und sich die Lebensmittel bequem nach Hause liefern lassen.

Falls Sie komplett auf Fleisch verzichten und sich ausschließlich vegetarisch oder sogar vegan ernähren, haben wir auch etwas für Sie. *Rezeptefuchs.de*, *cook-it-yourself.com* und *veggiecafe.de* bieten eine große Sammlung an fleischfreien Rezepten und zeigen, welche Lebensmittel sich gut als Fleisch- und Wurstersatz eignen. Dazu gibt es Tipps, wie man zum Beispiel ohne Milch und Eier Plätzchen oder Kuchen backen kann. Die passenden Zutaten wie veganer Käse für Pizza und Blumenkohlauflauf, Soja-Hack, Ei-Ersatz, Paprika-Brotaufstrich oder gelatinefreie Fruchtgummis erhalten Sie auf *alles-vegetarisch.de*. Bio-Fans finden auf *biovyana.com* eine reichhaltige Auswahl. Allergiker können hier anhand der praktischen Allergie-Ampel sofort erkennen, welche Lebensmittel für sie geeignet sind. Kompetente Informationen zu allen Fragen rund um das Thema „Bio" sowie 3.500 Rezepte hat das Internet-Portal für Bio- und Naturkost *naturkost.de* veröffentlicht.

Möchten Sie gerne etwas Leckeres kochen, haben aber nur noch Nudeln, frische Pilze und Oliven im Haus? Dank der praktischen Kühlschranksuche von *kochrezepte.de* ist das kein Problem. Geben Sie auf dieser Seite alle Zutaten ein, die Sie vorrätig haben oder verwerten wollen, und im Nu werden Ihnen Anleitungen zu Gerichten präsentiert, die Ihre Suchkriterien erfüllen. Hier finden Sie garantiert mehr Pasta-Rezepte als in Ihrem Kochbuch!

Einsteigerköche sind mit der Koch- und Backschule von *essen-und-trinken.de* richtig beraten: Dort werden anhand von Videos Schritt für Schritt einfache Zubereitungstechniken für Bratkartoffeln, Nudeln, zum Schnitzel Panieren oder für einfachen Kuchen- und Muffinteig gezeigt. Aber auch fortgeschrittene Köche können hier noch lernen, wie man eine Ente tranchiert oder ein Rinder-Carpaccio vorbereitet.

Wenn das alles kalter Kaffee für Sie ist, dann schauen Sie doch auf *starcookers.de* den besten Sterneköchen über die Schulter! Lassen Sie sich erklären, wie man Jakobsmuscheln mit Safran-Curry-Sauce, blauen Hummer oder Crème brûlée zubereitet. Und wenn Sie diese Gerichte lieber gleich selbst probieren möchten, besuchen Sie doch das Restaurant Ihres Lieblingskochs! Die Adresse steht im Profil des jeweiligen Star-Kochs.

Viele Links rund um Essen & Trinken finden Sie auf dem Portal www.erfolgreich-geniessen.de.

Die Zutaten für das Menü

Kochzutaten müssen nicht immer teuer sein: Die Maronen für die gefüllte Gans oder die Früchte für den marinierten Obstsalat können Sie sogar kostenlos vor Ihrer Haustür sammeln: Die interaktive Karte von *mundraub.org* zeigt Ihnen, wo Sie Nüsse, Obst oder Kräuter ohne schlechtes Gewissen ernten dürfen – denn alle hier eingetragenen Erzeugnisse sind frei nutzbar!

Wenn Sie zur Abwechslung einmal ein exotischeres Rezept ausprobieren möchten, dann finden Sie beispielsweise Noriblätter, Wasabi und den richtigen Reis für die Sushi-Platte sowie andere Delikatessen aus Asien auf *asiafoodland.de*. Falls Sie lieber eine spanische Paella oder italienische Antipasti zubereiten möchten, erhalten Sie die passenden

Spezialitäten auf *jamon.de* und *gustini.de*.

Zu einem vollständigen Menü gehört natürlich auch die Umrahmung durch Aperitif und Digestif. Auf *spirituosen-superbillig.de* und *worldwidespirits.de* finden Sie alles, was Ihr Herz und das Ihrer Gäste erfreut, ganz gleich ob Champagner, Liköre, Brandy, Cognac oder Obstbrände.

Da Sie nun schon im Begriff sind, ein mehrgängiges Menü zu kochen, darf der richtige Wein natürlich auch nicht fehlen. Auf *hawesko.de* gibt es preiswerte Qualitätsweine, die genau zu Ihren Gerichten passen. Der Online-Weinberater verrät, welcher Weißwein am besten zu gedünstetem Fisch oder der Vorspeisenplatte schmeckt. Wer nicht immer wieder den gleichen Wein vom Discounter kaufen möchte, findet auch in folgenden Online-Shops eine große Auswahl an besonderen Weinen: *genuss7.de*, *amadoro.de* und *schneekloth.de*. Eine anschauliche Weinberatung bietet *tvino.de*: In kurzweiligen Videos werden hier Weine aus der ganzen Welt von Experten getestet und bewertet. Hat Sie der „Coq Rouge" aus Frankreich überzeugt? Die passenden Produkte aus den Videos hält der dazugehörige Online-Shop für Sie bereit.

Falls Sie keinen Wein mögen, aber Ihre Gäste zum Essen trotzdem mit etwas ganz Besonderem überraschen wollen, wird Ihnen auf *brauen.de* gezeigt, wie man ohne großen Aufwand eigenes Bier braut! Im kostenlosen Online-Brauereikurs lernen Sie, welche Zutaten Sie dafür benötigen, wie man den Alkoholgehalt variiert sowie den Geschmack des Bieres optimieren kann. Im dazugehörigen Online-Shop werden Hopfen, Malz, Bierflaschen, Fässer und Zapfanlagen verkauft.

Die richtige Mischung für jeden Geschmack

A propos selbstgemacht: Sind Sie es leid, jeden Morgen zum Frühstück eine Scheibe Vollkornbrot mit Erdbeermarmelade aus dem Supermarkt zu essen? Für einen Fruchtaufstrich, der genau Ihrem Geschmack entspricht, brauchen Sie keinen Obstgarten vor Ihrer Tür. Stellen Sie sich auf *memarmelade.de* einfach Ihre eigene Konfitüre zusammen, zum Beispiel Rhabarber-Sauerkirsch-Marmelade mit Lebkuchen-Aroma. Für einen guten Start in den Tag sorgt auch *mymuesli.com*. Hier haben Sie die Möglichkeit, sich Ihr eigenes, ganz persönliches Lieblingsmüsli zusammenzustellen. Ob fernöstliche Qi-Flocken mit Honeyboons oder Dinkelflakes mit grünen Rosinen – hier können Sie nach Lust und Laune mixen und experimentieren.

Auf dem Frühstückstisch darf der Kaffee nicht fehlen – am besten mit frischgemahlenen San Sebastian-Bohnen aus Guatemala von *mybeans.com*. Teetrinker können auf *teeauslese.de* aus über 350 Sorten ihr Lieblingsaroma auswählen. Und wer es eher fruchtig mag, füllt auf *mysaftbar.de* den virtuellen Mixer mit seinem Lieblingsobst. Zu jeder Fruchtsorte gibt es außerdem nützliche Informationen über den Vitamingehalt. Wussten Sie, dass Birnen und Grapefruit den Stoffwechsel anregen und Holunder Erkältungen lindern kann? Für den Morgenmuffel sollten Bananen im Fruchtsaft nicht fehlen, denn dieses Obst enthält einen natürlichen Stimmungsaufheller!

Aber nicht nur Bananen machen glücklich, auch Schokolade ist gut für die Seele. Auf *chocri.de* können Sie sich Ihre Lieblingstafel mit Zimt, Chili, gebrannten Mandeln, Reiscrisps oder Nougatstückchen zusammenstellen. Zum Verschenken eignen sich auch selbstkreierte Pralinenschachteln aus der Online-Chocolaterie von *chocolato.de* oder *meinewunschpraline.de* – wer bei Kombinationen wie Zartbitter mit Mandelcreme- und Whiskeyfüllung oder Vollmilch mit Himbeer-Limettenüberzug dahin schmelzt, ist hier genau richtig. Und wem das nicht ausreicht, für den gibt es auf *chocolats-de-luxe.de* sogar ein Genuss-Abonnement, das monatlich mit Schokoladenpaketen überrascht.

Richtige Naschkatzen sollten auch bei *worldofsweets.de* vorbeischauen. Vermissen Sie die kunterbunten Fruchtschnecken, Marshmallows, Goldbären und Zuckerstangen aus den guten alten Zeiten? Hier finden Sie alle nur erdenklichen Fruchtgummis, Lakritze, Kaubonbons und Lutscher.

Wenn Ihnen die genannten Internet-Seiten Lust auf mehr gemacht haben, finden Sie auf den folgenden Seiten noch viele weitere Surf-Tipps rund um das leibliche Wohl – bon appétit!

www.was-wir-essen.de

was-wir-essen

Was ist bei Öko-Produkten anders? Welche gentechnisch veränderten Zutaten sind erlaubt? Ist es egal, welches Mineralwasser ich trinke? Lebensmittelqualität – worauf kommt es an? Hier erfahren Sie, worauf Sie bei der Zubereitung und Lagerung von Essen achten sollten, wie eine gesunde Ernährung aussieht und wie die Lebensmittelverarbeitung vonstatten geht. Nützlich sind auch das Schadstofflexikon und die Verbraucherschutzinfos. Lesen Sie zu jedem Produkt von Butter bis Tee die informativen Steckbriefe oder verfolgen Sie den Weg der Kartoffel von ihrer Erzeugung, Verarbeitung und Kennzeichnung bis hin zu ihrer Zubereitung. Guten Appetit!

www.brauen.de

Brauen.de

Jetzt kann jeder selbst Bier brauen: Diese Web-Seite zeigt Ihnen, wie es geht. Was brauche ich für mein erstes Bier, wie kann ich den Alkoholgehalt variieren und wie kann ich den Geschmack meines Bieres beeinflussen? Anfänger können hier an einem kostenlosen Online-Brauereikurs teilnehmen und Schritt für Schritt lernen, wie man das eigene Bier bequem zu Hause brauen kann. Auch für Fortgeschrittene gibt es viele Tipps, um den Geschmack zu optimieren. Im Online-Shop werden die passenden Zutaten wie Hopfen, Malz, Bierflaschen und -krüge oder komplette Brau-Sets angeboten. Na dann – Prost!

www.cocktailscout.de

Cocktailscout.de

Leckere Cocktails oder Longdrinks selber mixen! Ob tropische Bahama Mama, fruchtiger Hau wech, herber Knock Out, erfrischender Rabbit oder ein süßer alkoholfreier Prince – Für jeden Geschmack gibt es Rezepte mit Bildern von A bis Z, die Sie nach Genuss bewerten können. Die Übersicht kann auch nach Kriterien wie Alkoholgehalt oder Bewertung sortiert werden. Haben Sie die nötigen Zutaten gerade nicht parat? Kein Problem! Die Zutatensuche verrät, wie Sie aus vorhandenen Zutaten einen schmackhaften Cocktail zaubern. Und wenn Sie zu tief ins Glas geschaut haben, sagt Ihnen der Promillerechner, wie viel Alkohol Sie intus haben!

www.kaffee-netz.de

Kaffee-Netz.de

Kaffee-Liebhaber treffen sich hier: Wenn Sie den Unterschied zwischen Cappuccino, Espresso und Milchkaffee kennen und Ihnen eine Tasse Filterkaffee zum Frühstück nicht ausreicht, können Sie sich in diesem Forum mit anderen leidenschaftlichen Kaffeetrinkern austauschen: Welcher Milchaufschäumer produziert den cremigsten Schaum für Latte Macchiato? Und wie röstet man eigentlich selbst seine Bohnen? Dazu gibt es eine Menge Erfahrungsberichte zu verschiedenen Espresso-Mühlen und Kaffeemaschinen sowie einen großen Marktplatz, auf dem Mitglieder restaurierte Maschinen anbieten oder nach preiswerten Einsteigermaschinen suchen.

mysaftbar

www.mysaftbar.de

Kein Frühstück ohne den richtigen Fruchtsaft: Wenn Sie zu Ihrem Lieblingsmüsli nicht jeden Morgen Orangensaft aus dem Supermarkt trinken möchten, können Sie entweder mit dem hauseigenen Mixer experimentieren oder einfach auf mysaftbar.de vorbeischauen und Ihre eigenen Fruchtsäfte nach Belieben kreieren – ob Apfel-Zitrone, Sanddorn-Traube oder Maracuja-Quitte-Himbeere, es ist jede Fruchtkombination möglich. Zu jeder Fruchtsorte finden Sie außerdem Informationen über den Geschmack und den Vitamingehalt. Wussten Sie, dass rote Trauben Karies verlangsamen und Sauerkirschen schlaflosen Nächten entgegenwirken?

Spirituosen Superbillig Shop

www.spirituosen-superbillig.de

Für die Sammlung Ihrer Privat-Bar, die nächste Grillparty oder den runden Geburtstag benötigen Sie eine Auswahl an verschiedenen Spirituosen? In diesem Online-Shop finden Sie von A wie Absinth bis Z wie Ziegler Brände garantiert mehr Produkte, als im Getränkemarkt um die Ecke. Ob Jim Beam, Jack Daniels, Whiskey, Brandy, Tequila, Bombay Gin oder Großmutters Sauerkirsch-Likör – alle Spirituosen sind mit Kundenbewertungen sowie einer ausführlichen Beschreibung zum Geschmack und zur richtigen Lagerung versehen. Einige Produkte finden Sie auch in großen Größen mit bis zu 15 Litern. Dazu gibt es passende Gläser, Zigarren und Geschenkverpackungen.

TVINO

www.tvino.de

Weinliebhaber kommen hier auf ihre Kosten: TVINO ist ein Video-Weinshop – hier werden in kurzweiligen Videos Weine aus der ganzen Welt getestet und bewertet. Neben zahlreichen Weinproben gibt es außerdem Gespräche mit Experten und prominenten Gästen. Der Schweizer Wein vom höchsten Weinberg Europas hat Sie überzeugt? Im passenden Online-Shop können Sie die Produkte aus den Videos ganz einfach nach Hause bestellen. Ob Rotwein, Weißwein, Rosé oder ganze Wein-Pakete – wer möchte, kann sich hier auch von den „Top 10" oder den „Weinen der Woche" inspirieren lassen.

jumpingdinner

www.jumpingdinner.de

Sie sind Tiramisu-Experte und möchten Ihre Kochkünste gerne mit anderen teilen? Dann melden Sie sich doch zum 3-Gänge-Jumpingdinner an - hier können Sie andere bei sich Zuhause mit Ihren Dessert-Künsten verwöhnen und sich Vorspeise und Hauptgang von den anderen Teilnehmern servieren lassen. Gekocht wird im Zweierteam - falls Sie keinen Kochpartner haben, wird Ihnen nach Wunsch ein weibliches oder männliches Mitglied zugeteilt, das Sie unterstützt. So lernen Sie bei jedem Gang automatisch neue Hobby-Köche aus Ihrer Stadt kennen, mit denen Sie den Abend bei der Abschlussparty gemütlich ausklingen lassen.

www.lebensmittelklarheit.de

lebensmittelklarheit.de

Gammelfleisch, Salmonellen in der Mettwurst, Breitbandantibiotika im Lachsfilet oder Glassplitter im Mineralwasser – immer wieder tauchen in den Medien erschreckende Nachrichten über verunreinigte, verdorbene oder gefährliche Lebensmittel auf. Möchten Sie wissen, welche Produkt Sie momentan vermeiden sollten? Dieses Portal fasst alle aktuellen Warnungen und Rückrufe übersichtlich und nach Bundesländern geordnet zusammen. Zu den aktuellen Meldungen erfahren Sie hier neben dem Grund der Verzehrwarnung auch das Datum, die genaue Produktbezeichnung, den Hersteller sowie die betroffenen Länder und Filialen.

www.butterbrot.de

butterbrot.de

Das Butterbrot ist tot? Von wegen, der Klassiker ist nach wie vor ungeschlagen! Auf diesem Portal, das sich für den Erhalt des Butterbrotes einsetzt, gibt es für alle Liebhaber der guten alten Butterschnitte so einiges zu entdecken: Angefangen von verschiedenen Möglichkeiten des Belages über unterschiedliche Brotsorten bis hin zu Galerien mit Fotos der unterschiedlichsten Schnitten. Falls Sie einmal nicht wissen, welche Sorte Butter zu Ihrem Brot passt – Ein Buttertest bringt Klarheit. Zudem gibt es Tipps zur Brotdiät, Amüsantes rund ums Butterbrot wie etwa Cartoons sowie passend zum Brot das virtuelle „Deutsche Brettchen Museum".

www.gourmondo.de

gourmondo.de

Hier finden Sie alles, was das Feinschmeckerherz begehrt! Der Online-Shop gourmondo.de bietet kulinarische Spezialitäten aus aller Welt. Über 6.000 Produkte stehen dem Genießer nach Kategorien, Ländern und Themen sortiert zur Auswahl. Tauchen Sie ein in die Welt der französischen Weine, der spanischen Tapas, der italienischen Antipasti oder der indischen Gewürze! Für Liebhaber von Süßwaren stehen über 250 Sorten der verschiedensten Leckereien zur Verfügung, von Mandelkrokant bis Schokotrüffel. Lassen Sie sich für den nächsten Geburtstag von den Geschenkideen inspirieren und verschenken Sie ein Sushi-Set oder eine Wellnesskiste!

www.das-ist-drin.de

das ist drin.de

Sie sind ernährungsbewusst, aber genervt vom Durchlesen der kleingedruckten Nährwerttabellen auf jeder Produktverpackung? Dann besuchen Sie dieses Verbraucherportal, das Sie über Inhalts-, Nähr- und Zusatzstoffe, Kalorien, Fett oder Eiweißgehalt in Lebensmitteln informiert. Etwa 10.000 Produkte werden hier von Verbrauchern für Verbraucher vorgestellt, sodass Sie sich entspannt informieren und künftig noch ausgewogener ernähren können. Lebensmittelallergiker finden hier zudem schnell heraus, welche Produkte unverträgliche Inhaltsstoffe enthalten. Die große Betriebsnummern-Datenbank gibt Auskunft über die Herkunft der Lebensmittel.

www.lieferando.de

Lieferando

Wenn Sie heute lieber auf einen Restaurantbesuch verzichten und es sich zu Hause gemütlich machen möchten, müssen Sie ab jetzt nicht einmal mehr zum Telefon greifen! Bei Lieferando brauchen Sie nichts weiter als Ihre Postleitzahl in die Suchmaske einzugeben und bekommen sofort auf einen Blick die Angebote von zahlreichen Lieferservices in Ihrer Umgebung. Hier können Sie bequem das Lieblingsgericht aus der Speisekarte auswählen und sogar gleich online bezahlen! Besonders hilfreich zur Auswahl der richtigen Leckerei sind die Bewertungen zur Qualität des Essens und der Lieferung von anderen Kunden.

www.mundraub.org

Mundraub.org

Wozu Öko-Kirschen und Bio-Äpfel aus Übersee einfliegen lassen, wenn die wahren Schätze vor der Haustür wachsen? Diese Initiative zeigt anhand einer interaktiven Karte, wo frei nutzbares Obst, Kräuter oder Nüsse zu finden sind. Ob Himbeere, Waldmeister, Mirabelle oder Esskastanie – alle hier eingetragenen Erzeugnisse können ohne schlechtes Gewissen geerntet werden. Eine ausführliche Wegbeschreibung lotst Sie auf den richtigen Pfad! Und wenn Sie selbst einen wilden Obstbaum an einer Landstraße oder in einem verlassenen Garten gesichtet haben, können Sie den Fund in der Karte eintragen und mit anderen „Mundräubern" teilen.

www.chocri.de

Chocri

Überraschen Sie Ihre Lieben doch mal mit einer sündhaft leckeren Schokoladentafel! Aber nicht mit einer aus dem Regalsortiment. Bei chocri.de können Sie Ihre ganz persönliche Note einbringen und Schokoladenkreationen individuell zusammenstellen. Sie bestimmen die Schokoladenbasis – weiß, zartbitter oder Vollmilch – und bestreuen Sie anschließend mit Ihren Lieblingsnaschereien. Ob mit Früchten oder Gummibären, Bananen-Chips oder Aprikosenstückchen: Hier finden Sie ideale Geschenkideen für den Valentins-, Geburts- oder Jahrestag zum Selbermachen und entdecken dabei vielleicht sogar neue Geschmacksideen!

www.meinewunschpraline.de

meinewunschpraline.de

Orangennougat mit Eierlikör-Überzug oder weiße Schokolade gekrönt mit scharfem Wasabi? Wer bei diesen Kombinationen bereits dahinschmilzt, der sollte diesem Pralinenatelier unbedingt einen Besuch abstatten. Hier können Sie ihre eigenen Kreationen herstellen – von der Pralinenhülse über die Füllung, den Überzug und das Dekor können Sie hier selbst entscheiden, was Ihnen am besten schmeckt. Von klassischen Zusammenstellungen wie Vollmilch mit Haselnusscreme bis hin zu ausgefallenen Kombinationen wie Marzipan mit Gin, Amarena-Creme, kandierten Ingwer-Stückchen und rotem Pfeffer ist hier für jeden Geschmack etwas dabei.

www.chefkoch.de

Chefkoch

Möchten Sie nicht immerzu die gleichen Gerichte kochen? Wie wäre es mal mit Straußengulasch auf namibische Art oder Bananenfleisch in Kokossoße? Diese und über hunderttausend weitere leckere Rezepte gibt es hier. Sollen Spaghetti und Hackfleisch in Ihrem Rezept vorkommen? Kein Problem mit der internen Rezeptsuchmaschine. Wenn Sie trotz Ihres prall gefüllten Kühlschrankes keine Idee haben, dann geben Sie Ihre Zutaten ein und die Resteverwertung sucht nach Rezepten, die nur Ihre Zutaten enthalten. Falls Sie auf der Suche nach einem ganz speziellen Rezept sind, wird Ihnen in der großen Community sicherlich weitergeholfen!

www.eatsmarter.de

eatsmarter.de

Liebe geht bekanntlich durch den Magen. Zu dumm, dass dieser keine Gelegenheit auslässt, um fleißig in Fettpölsterchen zu investieren. Unvermeidbarer Nebeneffekt bei gutem Essen? Bestimmt nicht! Die EatSmarter-Experten zeigen, wie man Leckeres mit Gesundem verbinden kann und führen in über 1.000 Rezepten und appetitanregenden Step-by-step-Fotos vor, wie es geht. Dabei hilft auch die praktische Suchfunktion, mit der Sie Wunschrezepte schnell über Kategorien wie Kosten, Zubereitungszeit oder Schwierigkeitsgrad ausfindig machen können, um sie in Ihrem individuellen Kochbuch abzuspeichern. Na dann gesunden Appetit!

www.essen-und-trinken.de

essen-und-trinken.de

Auf dieser Seite können Sie nicht nur viele Rezepte entdecken, sondern auch Koch- und Backvideos ansehen, die jeden einzelnen Schritt veranschaulichen. Ob vegetarische Küche wie mediterraner Wirsing mit Bandnudeln, deftige Fleischgerichte wie Rinderfilet, exquisite Meeresfrüchte, frischer Fisch oder Kuchen und Torten: Hier erfahren Sie, wie die Zubereitung sicher gelingen wird. Ergänzend dazu finden Sie leckere Rezepte für Cocktails oder Gemüsedrinks, die Sie unbedingt probieren sollten. Mit Ihren persönlichen Lieblingsgerichten können Sie sich sogar Ihr eigenes Online-Kochbuch zusammenstellen!

www.genussblogs.net

genussblogs.net

Gourmets und Feinschmecker aufgepasst! Wer Kochen, Schlemmen und Genießen zu seinen Hobbys zählt, findet hier eine zentrale Anlaufstelle, die endlich Ordnung in die Welt der Genussblogs bringt. Wollten Sie schon immer wissen, was sich eigentlich genau hinter dem Begriff „Slow Food" verbirgt, warum sibirischer Wein Touristen aus der ganzen Welt anlockt oder wo man die besten Geheimrezepte gegen eine fiese Erkältung findet? In etwa 1.000 Blogs, die mittlerweile in der kulinarischen Sammlung gelistet sind, findet man eine Antwort. Hier schreiben andere Hobby-Köche bunte Artikel rund ums Thema Ernährung und Lebensmittel aller Art.

www.kochrezepte.de

Kochrezepte.de

Lust auf Rezepte von Starköchen wie Ralf Zacherl, Frank Buchholz & Co.? Dann ist diese Seite ein Muss für Sie! Hier gibt es nicht nur leckere Ideen zum Selbermachen, sondern sogar einen Resteverwerter, bei dem Sie Ihre Kühlschrankzutaten eingeben und für Sie ein Rezept ausgespuckt wird, das Ihrem Speisevorrat entspricht! Natürlich können Sie auch standardmäßig nach diversen Rezeptkategorien wie „Saison", „Pfannengerichte" oder „Diät" suchen. Nahezu alle Rezepte werden von Bildern und Videos ergänzt und können in Ihrem persönlichen Kochbuch abgespeichert werden. Das macht nicht nur Appetit, sondern auch Lust auf mehr.

www.kuechengoetter.de

küchengötter.de

„Die besten Rezepte zwischen Himmel und Erde" ist das Motto des großen Kochportals küchengötter.de. Vom traditionellen Sauerbraten, über leichte Salate mit fruchtigen Garnelen-Lollis bis hin zum festlichen Lammfilet mit Granatapfel-Kirsch-Sauce wird hier dem Feinschmecker alles geboten. Bei der Auswahl aus der großen Vielfalt hilft, dass die Rezepte nach Zutaten, Anlass oder Region sortiert sind. Die Rezepte können auch bewertet oder kommentiert werden und lassen sich sogar in einem persönlichen Kochbuch zusammenstellen, das man als Geschenk für die Familie oder Freunde drucken lassen kann. Die vielen Anleitungsvideos helfen bei den ersten Kochversuchen!

www.lecker.de

Lecker.de

Der Kühlschrank ist nur halbvoll und Sie haben keine Idee, was Sie kochen können? Kein Problem – mit dem richtigen Rezept kann man auch aus wenigen Zutaten ein leckeres Menü zaubern. Wie wäre es mit einem Sellerie-Kartoffelgratin oder Canelloni mit feuriger Kürbissoße? Auf lecker.de finden Sie kreative Koch- und Backrezepte und sogar Kochkurse, die Ihnen Schritt für Schritt erklären, wie man schwäbische Maultauschen oder spanische Paella ganz einfach selbst zubereitet und welcher Wein am besten zu Ihrer Kreation passt. Wer es eilig hat, findet hier auch 30-Minuten-Rezepte für Mascarpone-Streuselkuchen oder Würstchenspieße mit Ananas-Krautsalat.

www.starcookers.de

starcookers.de

Möchten Sie Gerichte zaubern wie in einer Sterneküche? Dann blicken Sie auf diesem Portal den besten Köchen über die Schulter und kochen Sie deren Lieblingsrezepte nach. Ob gebratener Spargel mit Parmesan oder Bauernente mit Schwarzwälder Tannenhonig lackiert, lernen Sie kochen mit Niveau! Mit Hilfe des Küchenlexikons werden Begriffe wie „arrosieren", „mijotieren" oder „sautieren" erklärt. Wenn Sie durch die Rezepte der Profis neugierig geworden sind, besuchen Sie doch einfach mal das Restaurant Ihres Lieblingskochs und probieren die Gerichte, die Sie zu Hause nachkochen möchten. Lassen Sie sich von den Starköchen inspirieren und werden Sie selbst zum Sternekoch!

ESSEN & TRINKEN

Allgemein

Dine&Fine
redaktion@dineandfine.com

www.dineandfine.com
Dine&Fine informiert über gehobene Gastronomie, Rezepte, Weinkultur und Getränke sowie News, Reviews und Neueröffnungen.

● **erfolgreich-geniessen.de**

www.erfolgreich-geniessen.de
Eine Vielzahl an redaktionell ausgewählten Links und Surf-Tipps rund um das Thema Essen und Trinken sowie Produkte für fast alle Bereiche und die wichtigsten Online-Shops des deutschsprachigen Internets. **(Siehe Abbildung)**

Ernährung

● **aid infodienst**
aid@aid.de

www.aid.de
Der aid infodienst vermittelt Wissen und Kompetenzen entlang des Themenbogens Landwirtschaft, Lebensmittel und Ernährung. Die Informationen sind sachlich, neutral und unabhängig und richten sich an Verbraucher, Fachkräfte und Multiplikatoren. Ein Schwerpunkt ist die Ernährungs- und Agrarbildung. **(Siehe Abbildung)**

foodwatch.de
info@foodwatch.de

www.foodwatch.de
foodwatch entlarvt die verbraucherfeindlichen Praktiken der Lebensmittelindustrie und kämpft für die Rechte der Verbraucher.

● **was-wir-essen**
aid@aid.de

www.was-wir-essen.de
Hier findet man umfassende, wissenschaftlich fundierte Informationen rund um Lebensmittel von der Erzeugung bis hin zum gesunden Essen auf dem Tisch. Interaktive Foren bieten die Möglichkeit, sich Antworten auf individuelle Fragen rund ums Essen und Trinken geben zu lassen. **(Siehe Abbildung)**

---

erfolgreich-geniessen.de

www.erfolgreich-geniessen.de

Produkte:

Redaktionell ausgewählte Links zu vielen Produkten finden Sie hier.
» weiter zu den Produkten ...

Surf-Tipps:

Allgemeine Surf-Tipps rund um das Thema "Essen & Trinken" finden Sie hier.

Links zum Thema Essen & Trinken:

cook it yourself
Die Koch- und Rezeptseite bietet eine große Auswahl an Gerichten,

Weinversand genuss7.de
Großes internationales Sortiment an Weinen, Spirituosen, Kaffee und

aid infodienst

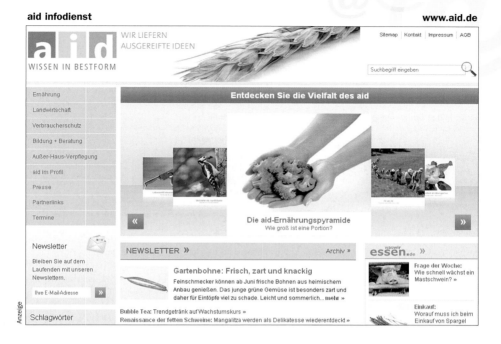

was-wir-essen

ESSEN & TRINKEN

Gastronomieführer/Restaurants & Hotels

● **Smoke-Spots –**
raucherfreundliche Locations
info@smoke-spots.de

www.smoke-spots.de
Wo darf man noch rauchen und wo nicht? Smoke-Spots.de weiß es. Über 28.000 gastronomische Einrichtungen verzeichnet. Einfaches Suchen und Finden über Karte und/oder Liste. Kostenlose Nutzung ohne Registrierung möglich. Auch als kostenlose App für Android und iPhone. **(Siehe Abbildung)**

Gault Millau Deutschland
info@christian-verlag.de

www.gaultmillau.de
Gault Millau Deutschland ist der renommierte Restaurant- und Hotelführer für Genießer.

Gourmet Report
pr@gourmet-report.com

www.gourmet-report.de
Der Nachrichtenticker für Feinschmecker berichtet über neue Restaurants, Restaurantführer, Auszeichnungen und Web-Seiten.

ildigo
info-ildigo@winwalk.com

www.ildigo.de
Über 74.000 Restaurants im gesamten Bundesgebiet. Infos zu Lage, Art der Küche, Atmosphäre und Qualität der Lokale.

Lunchtime
office@medienmacher.de

www.lunchtime.de
Hier kann man sich zum Mittagstisch in Restaurants verabreden. Gastronomen können ihre Tageskarte einstellen.

menümix
metti@menuemix.de

www.menuemix.de
Aktuelle Mittagstische in allen Regionen Deutschlands. Mit Menüs, Preisen, Öffnungszeiten und Restaurantinfos.

Restaurant-Kritik.de
mail@restaurant-kritik.de

www.restaurant-kritik.de
Bewertungen für Restaurants in ganz Deutschland. Gäste können sich Profile als Kritiker anlegen.

Restaurant-Ranglisten.de
info@restaurant-ranglisten

www.restaurant-ranglisten.de
Restaurantführer mit den besten Restaurants Deutschlands und Europas, dem Who-is-who der Köche sowie einem Feinschmeckerforum.

Schlemmer Atlas
info@busche.de

www.schlemmer-atlas.de
Online-Suche nach Restaurants aller Art im gesamten deutschsprachigen Raum. Dazu Gourmetlexikon und Rezepte.

Varta Hotel- und Restaurantführer
varta-fuehrer@mairdumont.com

www.varta-guide.de
Hotels und Restaurants in Deutschland, Österreich, Italien und der Schweiz sind nach verschiedenen Suchkriterien verzeichnet.

Getränke/Bier

Bier.de

www.bier.de
Umfangreiche Informationen über das beliebte Getränk und ein Marktplatz, auf dem man Angebote und Gesuche aufgeben kann.

BierPost.com
bierpost@online.de

www.bierpost.com
Vertrieben werden über 300 deutsche und internationale Bierspezialitäten aus mehr als fünfzig Ländern. Mit einer Bierländerliste.

Brauen.de
shop@zugreifen.de

www.brauen.de
Shop und Hilfen, um Bier selbst zu brauen.

Hopfen und mehr
info@hopfen-und-mehr.de

www.hobbybrauerversand.de
Umfangreiches Sortiment von Brauanlagen und -zubehör für den Hobbybrauer.

Smoke-Spots – raucherfreundliche Locations　　　　　www.smoke-spots.de

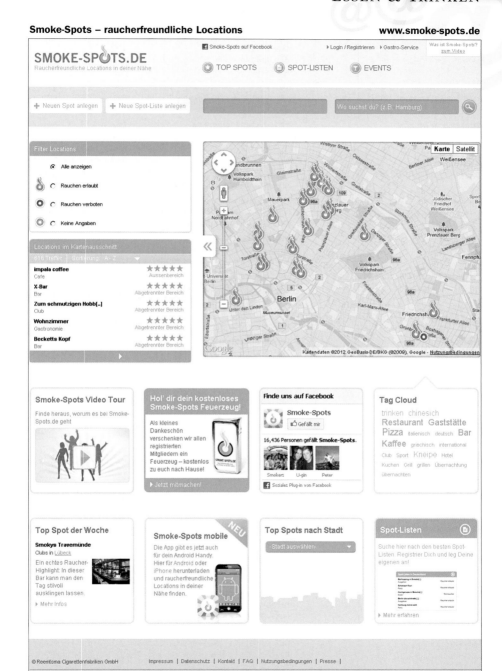

41

Essen & Trinken

Getränke/Cocktails

Barstuff.de
info@barstuff.de

www.barstuff.de
Man kann hier eine komplette Baraustattung erwerben. Alles für den Gästetisch, das Personal sowie Verbrauchsartikel.

Cocktail-Lounge.NET
info@cocktail-lounge.net

www.cocktail-lounge.net
Hier findet man die Rezepte für die großen Klassiker unter den Cocktails sowie ausgewählte moderne Drinks.

Cocktails & Dreams

www.cocktaildreams.de
Cocktail-Rezepte mit Bildern, Lexikon für Fachausdrücke, Barkeeper-Tipps und Übersicht der Drink-Typen.

Cocktailscout.de
webmaster@cocktailscout.de

www.cocktailscout.de
Große Cocktail-Galerie und eine Zutatensuche, die es ermöglicht, aus vorhandenen Zutaten einen Cocktail zu zaubern.

cocktailstar.de
info@cocktailstar.de

www.cocktailstar.de
Hier gibt es alles, was man zum Mixen von Cocktails braucht. Vom Shaker bis zum Glas.

Flying Bird
info@flyingbird.de

www.fertigcocktail24.de
Fertig gemixte Cocktails: alkoholisch und alkoholfrei, außerdem Cocktailkarten und -poster sowie Barzubehör.

Pipeliners Cocktaillounge.at
shake@cocktaillounge.at

www.cocktaillounge.at
Cocktail-Seite mit Cocktail-Kartenfunktion und Partyplaner. Die Rezeptsuche ist auch an den eigenen Barbestand anpassbar.

Getränke/Flaschen

Flaschenbauer
info@flaschenbauer.de

www.flaschenbauer.de
Großhandel für leere Flaschen zum Befüllen. Saftflaschen, Spirituosenflaschen oder Einmachgläser.

● Flaschenland
mail@flaschenland.de
☎(02626) 141 142

www.flaschenland.de
Flaschenmodelle in jeder erdenklichen Größe und Design: Miniaturflaschen, über 400 verschiedene Glasflaschen und Gläser, Flaschen in Form eines Herzens, eines Fußballschuhs oder des Eiffelturms, Steinkrüge und Töpfe, bedruckte Flaschen, Marmeladengläser, Medizinflaschen, Etiketten und Korken. **(Siehe Abbildung)**

Getränke/Kaffee & Espresso

About Tea
shop@about-tea.de

www.about-tea.de
Kaffee- und Teepads, Kaffeemaschinen, Kaffeekapseln, Bohnen- und Filterkaffee, loser Tee, Tee in Beuteln und Instant-Tee.

allvendo
info@allvendo.de

www.allvendo.de
Produkte wie Espressomaschinen, Kaffeevollautomaten, Espressomühlen, Pad- und Kapselmaschinen.

Caféserie
info@cafeserie.de

www.cafeserie.de
Die kleine Röstmanufaktur bietet frisch gerösteten, sortenreinen Kaffee aus den besten Anbaugebieten der Welt.

Coffee Circle
kontakt@coffeecircle.com

www.coffeecircle.com
Kaffee aus aller Welt, von den Betreibern der Seite persönlich ausgewählt. Klimaneutral, fair gehandelt und Bio-Produkte.

Coffeethek
kontakt@coffeethek.de

www.coffeethek.de
Kaffeebohnen entweder sortenrein oder als Mischung und sogar ungerösteter Kaffee.

die Crema
info@diecrema.de

www.diecrema.de
Hier kann man sich für den perfekten Espressogenuss mit Bohnen, Mühle und Espressomaschine ausstatten.

Espresso Italia
info@espresso-italia.de

www.espresso-italia.de
Röstfrischer Espresso aus Italien und anderen Ländern.

Espresso-Box
info@espresso-box.de

www.espresso-box.de
Bohnenkaffee und -espresso, Pads, Pulver, Instantpulver, Zucker, Gebäck, Tassen und Kaffeemaschinenentkalker.

Espressojoe.de
info@espressojoe.de

www.espressojoe.de
Espresso in ganzen Bohnen oder gemahlen auch entkoffeiniert. Dazu auch Espressokocher, Gebäck und ein Espresso-Abo.

Kaffee Blog
info@kaffee-blog.net

www.kaffee-blog.net
Informative bis amüsante Artikel rund um die kleinen, gerösteten Bohnen.

Kaffee Espresso 24
verkauf@kaffee-espresso24.de

www.kaffee-espresso24.de
Viele Kaffeekreationen von unterschiedlichen Marken. Kaffeebohnen, Espresso und Kapseln. Mit einem Kaffeefinder.

kaffee-fair.de

www.kaffee-fair.de
Vielfältiges Kaffeesortiment von ausschließlich fair gehandelten Kaffeesorten.

Kaffee-Netz.de

www.kaffee-netz.de
Die Community rund ums Thema Kaffee: Großes Diskussionsforum und viele Kaffee-Links.

Kaffeepioniere
info@sibb.biz

www.kaffeepioniere.de
Ein Verzeichnis mit vielen Kaffeeröstereien in ganz Deutschland. Mit einem Kaffee-Lexikon.

KaffeeWiki
mail@kaffeewiki.de

www.kaffeewiki.de
Eine Sammlung von Informationen rund um Kaffee und dessen Zubereitung mit einem Schwerpunkt auf Espresso.

Mavey
info@mavey.de

www.mavey.de
Kaffee, Espresso, Kakao, Topping, Kaffeeweißer und Instantcappuccino. Zudem Kaffeevollautomaten.

Flaschenland   www.flaschenland.de

Melitta

www.melitta.de
Kaffee, Filtertüten und Kaffeeautomaten. Informationen über die Kaffeekultur in verschiedenen Ländern sowie über den Anbau.

mybeans
info@mybeans.com

www.mybeans.com
Hier kann man Kaffee nach eigenem Geschmack mischen. Es werden ausschließlich Bohnen aus nachhaltigem Anbau verwendet.

Paduno
padunomail@gmail.com

paduno-kaffeepads.de
Kaffeepads mal anders. Bei Paduno kann man individuelle Kaffeepads online bestellen.

Sonntagmorgen

www.sonntagmorgen.com
Auf dieser Web-Seite kann man seinen Kaffee aus neun Ländersorten in 109 Millionen Varianten selber zusammenmischen.

Getränke/Kaffee & Espresso/Espressomaschinen

Espressomaschinendoctor.de

www.espressomaschinendoctor.de
Ersatzteile für Espressomaschinen.

Getränke/Kaffee & Espresso/Kaffeevollautomaten

best-in-jura

www.best-in-jura.de
Fachhändler für Jura-Kaffeevollautomaten für Privat und Gewerbe, Zubehör, Pflege- und Wartungsmittel zudem Kaffeebohnen.

Kaffeemaschinendoctor
info@kaffeemaschinendoctor.de

www.kaffeemaschinendoctor.de
Der Kaffeemaschinendoctor ist Spezialist für die Reparatur und Wartung von Kaffeevollautomaten.

Kaffeemaschinen-Reparatur-Techniker.de
kontakt@kaffeemaschinen-reparatur-techniker.de

kaffeemaschinen-reparatur-techniker.de
Ein Verzeichnis mit Technikern und Werkstätten für die Reparaturen von Kaffeevollautomaten.

Kaffeevollautomaten.org

www.kaffeevollautomaten.org
Tipps und Fragen, Empfehlungen und Erfahrungsberichte, Reparatur- und Wartungsinfos zu Kaffeevollautomaten.

Kaffee-Welt
admin@kaffee-welt.net

www.kaffee-welt.net
Forum, Anleitungssammlung und Lexikon für Kaffeevollautomaten und Siebträgermaschinen.

Getränke/Limonaden

Ahoj-Brause
info@ahoj-brause.de

www.ahoj-brause.de
Prickelnder Brausespaß und brausiger Prickelspaß, erfrischende Rezepte und zischige Experimente.

Coca-Cola
info@coca-cola.de

www.coca-cola.de
Infos zu Unternehmen, Marken und Produkten. Mit aktuellen Gewinnspielen.

Schweppes
info@schweppes.de

www.schweppes.de
Alle Getränkesorten der Marke und deren Zusammensetzung auf einen Blick. Die Schweppes-Werbung und Longdrink-Rezepte.

Getränke/Mineral- & Tafelwasser

evian.de
info@evian.de

www.evian.de
Evian präsentiert hier seine Geschichte und Produkte mit Wasseranalysen. Außerdem gibt es Tipps zum täglichen Wasserbedarf.

gerolsteiner.de
gerolsteiner.brunnen@gerolsteiner.com

www.gerolsteiner.de
Informationen über das Gerolsteiner-Mineralwasser mit einem Wasserlexikon, Qualitätschecks und Infos über den Ursprung.

Selters
info@selters.de

www.selters.de
Kurze Beschreibung der Produktpalette von Selters sowie Herkunft, Alter, besondere Merkmale und Kohlensäuregehalt.

Volvic

www.volvic.de
Informationen zu Volvic naturelle, Volvic Frucht und Volvic Tee création. Alles zur Trinkwasserinitiative für UNICEF.

Getränke/Säfte

Granini
service-granini@eckes-ag.de

www.granini.de
Wissenswertes über die Zutaten, Nährwerte, die Zusammensetzungen und Herstellung der Fruchtgetränke.

hohes C
verbraucher-service@eckes-ag.de

www.hohes-c.de
Infos zu Marke und Sortiment, Familientipps, Tipps zu Ernährung, Reise und Erholung, Gewinnspiele, E-Cards und Spiele.

oh-saft.de

www.oh-saft.de
Ausgesuchte Saftorangen für frisch gepressten Orangensaft.

Punica
service.punica@intl.pepsico.com

www.punica.de
Die Säfte von Punica sind nach Varianten sortiert. Außerdem: Punica-TV-Spots zum Herunterladen und aktuelle Gewinnspiele.

● **mysaftbar**
info@mysaftbar.de
☎(08571) 405 91 95

www.mysaftbar.de
Individuell den eigenen Fruchtsaft kreieren – dieser Online-Mixer wird mit Zutaten wie Äpfeln, Ananas, Erdbeeren, Holunder, Kiwi, Karotten, Mango, Orangen, Trauben, Sauerkirschen oder Zitronen befüllt. Zusätzlich gibt es viele Infos über die gesundheitsfördernde Wirkung der einzelnen Früchte. **(Siehe Abbildung)**

Getränke/Sekt & Champagner

Champagne + Compagnie
info@champagne24.de

www.champagne24.de
Champagner-Versand direkt vom Winzer. Wählbar nach Brut, Brut Prestige, Rosé, Blanc de Blancs oder Extra-Brut.

Champagner & Genuss

www.champagner-genuss.de
Infos zu Champagner: Herstellung, Geschichte, Winzer, prickelnde Events, Degustationen und ein Champagner-Club.

Freixenet
info@freixenet.de

www.freixenet.de
Detaillierte Produktinformationen und Cocktail-Rezepte sowie Infos zur optimalen Trinktemperatur und Aufbewahrung.

Henkell Trocken
henkell-trocken@hs-kg.de

www.henkell-trocken.de
Die Geschichte der Sektkellerei, ein virtueller Kellerrundgang, die Produktpalette und die Bildergalerie „Auf das Leben".

Mumm-Sekt
info@mumm-sekt.de

www.mumm-sekt.de
Prickelnde Unterhaltung und viele Informationen rund um Mumm-Sekt.

Rotkäppchen Sekt
absatz@rotkaeppchen-mumm.de

www.rotkaeppchen.de
Hier erfährt man alles über die Geschichte der Sektkellerei, die prickelnde Sektvielfalt und viele leckere Rezeptideen.

Getränke/Spirituosen

Spirituosen Superbillig Shop
verkauf@spirituosen-superbillig.de

www.spirituosen-superbillig.de
Der Online-Shop bietet eine große Auswahl an Spirituosen aller Art. Das vielfältige Angebot reicht von Whiskey, Brandy und Cognac über Grappa, Likör und Rum bis hin zu Scotch, Tequila und Wodka in allen Preisgruppen. In der Fundgrube kann man besondere Schnäppchen machen. **(Siehe Abbildung)**

Spirituosen Superbillig Shop   **www.spirituosen-superbillig.de**

Banneke Feinkost Flüssig
info@banneke.de

www.banneke.com
Whisky, Wein, Weinbrände, Champagner, Sekt, Sprituosen, Liköre und Apéritifs.

bottleworld.de
info@bottleworld.de

www.bottleworld.de
Exklusive Spirituosen wie Champagner, Whiskey, Wodka und Wein bekannter Marken. Auch in Sondergrößen bis zu zwölf Litern erhältlich.

Drinkology Spirituosen
info@drinkology.de

www.drinkology.de
Großes Angebot an Spirituosen aller Art wie Whiskey, Wodka, Gin, Tequila, Cognac oder Grappa. Dazu Anekdoten im Blog.

getraenkewelt-weiser.de
service@getraenkewelt-weiser.de

www.getraenkewelt-weiser.de
Über 4.000 verschiedene Wein-, Whiskey- und Spirituosen-Sorten aus der ganzen Welt.

Martini.de
info-deutschland@bacardi.com

www.martini.de
Infos zur Herkunft, zu den verschiedenen Sorten und zu Martini-Events.

myBottle24.de
support@mybottle24.de

www.mybottle24.de
Spirituosen sowohl in Sondergrößen als auch Raritäten in den Bereichen Rum, Gin, Wodka und Tequila.

Spirituosen Online
service@spirituosen-online.de

www.spirituosen-online.de
Großes Sortiment von Spirituosen verschiedenster Art.

● Worldwidespirits
alra@worldwidespirits.de
☎(08633) 50 87 93

www.worldwidespirits.de
Dieser Online-Spirituosenshop bietet 2.600 verschiedene edle und besondere Raritäten ab Jahrgang 1802: Cognac, Whisky, Absinth, Brandy, Apfelbrand, Gin, Grappa, Obstbrände, Port, Rum, Sherry, Tequila, Weinbrand und Wodka. Außerdem gibt es Sekt und Champagner, Gläser und Krüge sowie Bier und Wein. **(Siehe Abbildung)**

ESSEN & TRINKEN

Getränke/Spirituosen/Absinth

Absinthe.de
mail@absinthe.de

www.absinthe.de
Absinthe in verschiedenen Preis- und Alkoholklassen sowie Zubehör für deren Genuss.

Absinth-Shop
mail@absinthe.de

absinth-shop.com
Ein Online-Shop mit über 300 Absinthsorten und einer Auswahl an Absinthzubehör.

Getränke/Spirituosen/Cognac

Chantré
info@chantre.de

www.chantre.de
Wissenswertes rund um den Weinbrand Chantré mit Vorstellung der verschiedenen Produkte sowie dem Chantré-Shop.

Getränke/Spirituosen/Grappa

Grappanet
info@grappanet.de

www.grappanet.de
Der Grappa-Laden im Internet bietet ein reichhaltiges Sortiment erlesener Grappa-Sorten. Hier findet man Grappa aus Südafrika, dem Piemont, Südtirol, der Toskana, dem Trentino, Venetien und der Lombardei. Dazu Angebote des Monats sowie Infos zu Geschichte, Herstellung, Anbaugebieten und Rezepten. **(Siehe Abbildung)**

Getränke/Spirituosen/Kräuterlikör

Jägermeister
webmaster@jaegermeister.de

www.jaegermeister.de
Virtuelle Bar im Internet: Mixen, Erfahren, Kaufen, Rocken und Wildern. Dazu Fanartikel-Shop und ein Link zum „Wirtshaus".

Kuemmerling
marketing@kuemmerling.de

www.kuemmerling.de
Spiel, Spaß und Geselligkeit mit Kuemmerling: TV-Werbespots, Fan-Ecke und Shop.

Ramazzotti.de
info@ramazzotti.de

www.ramazzotti.de
Ramazzotti online: Neuigkeiten und Wissenswertes rund um den italienischen Kräuterlikör.

Underberg
services@underberg.de

www.underberg.com
Informationen zur Marke, ein Kräuter-ABC, Treueprämien und Web-Tipps.

Getränke/Spirituosen/Likör & Schnaps

Baileys

www.baileys.com
TV-Spots, E-Cards, Cocktail-, Koch- und Backrezepte, Tipps rund um Lifestyle und Genuss sowie zur Partyvorbereitung.

Batida de Coco

www.batida.de
Cocktail-Rezepte für den Kokoslikör, brasilianische Lebensart und Informationen zu den schönsten Stränden Brasiliens.

Birkenhof Brennerei
shop@birkenhof-shop.de

www.birkenhof-shop.de
Diese Brennerei vertreibt selbstgebrannte Westerwälder Spezialitäten, Edelbrände und Liköre.

Obstbrand Shop Leipzig
info@obstbrand-club.de

www.obstbrand-club.de
Apfelbrand, Aprikosenbrand, Bierbrand, Haselnussgeist, Himbeergeist, Kirschwasser, Kirschbrand oder Marillenbrand.

wunschlikör
info@likoerfactory.de

www.wunschlikoer.de
Hier kann man Likör nach seinem eigenen Geschmack mischen, über 20 Aromen stehen zur Auswahl. Mit Etikett-Designer.

Getränke/Spirituosen/Rum

Bacardi.de
info-deutschland@bacardi.com

www.bacardi.de
Ein Eventkalender, ein Shop mit vielen Fan-Artikeln und eine Cocktail-Datenbank.

Brugal Rum
info@brugalshop.de

www.brugalshop.de
Der Shop bietet Händlern, Endkunden und Gastronomen Brugal Rum aus der Dominikanischen Republik. Dazu Cocktail-Vorschläge.

Brugalrumshop.de
info@brugalrumshop.de

www.brugalrumshop.de
Online-Shop für Brugal Rum, Barceló Rum, Mari Mayans Absinth und Liköre sowie Tequila Casa Herradura.

Getränke/Spirituosen/Schnaps

Penninger
info@penninger.de

www.penninger.de
Bayerische Schnapsspezialitäten wie Bär- und Blutwurz. Wissenswertes über die Geschichte der Herstellung und Schnapsmuseen.

schnaps24.de
info@schnaps24.de

www.schnaps24.de
Ausgewählte Schnäpse von Klein-Brennereien - viele Schnäpse haben Prämierungen erhalten.

Grappanet   **www.grappanet.de**

ESSEN & TRINKEN

Getränke/Spirituosen/Weinbrand

Asbach
info@asbach.de

www.asbach.de
Die berühmte deutsche Spezialität mit vielen Drink-Rezepten, Online-Shop und Lexikon.

Obstlernet
vertrieb@obstlernet.de

www.obstlernet.de
Das Portal der Edelobstbrände: Fragen rund um die Herstellung und die Geschichte. Im Shop können die Spitzenprodukte der Destillerien Pircher, Unterthurner, Walcher, Scheibel, Etter, Humbel, Ziegler, Gobetti, Pfau, Vallendar und Jacopo Poli bestellt werden. Lieferung in 48 Stunden. **(Siehe Abbildung)**

Getränke/Spirituosen/Whisky

Jack Daniel's
contact@jackdaniel.de

www.jack-lives-here.de
Infos und Web-TV rund um die Aktionen von Jack Daniel's in Deutschland und Online-Shop mit Fan- und Sammlerstücken.

Malt Whisky

www.malts.com
Infos zu Herstellung, Herkunft und Charakter, Whisky-Lexikon, Tasting Notes, Destillerie-Beschreibungen und Online-Shop.

Schottischer Whisky

www.schottischerwhisky.com
Ob Schottischer Whisky, Irischer Whisky oder Amerikanischer Bourbon, hier kommen Whisky-Liebhaber auf ihre Kosten.

Scotch Erlebnis
info@scotch-erlebnis.de

www.scotch-erlebnis.de
Eine Auswahl an edlen Whiskeys und anderen Spirituosen aus der gesamten Welt.

The Whisky Store

www.whisky.de
Shop und Informationen über Schottland und den Whisky. Mit Lexikon, Destillen-Datenbank und großem Whisky-Forum.

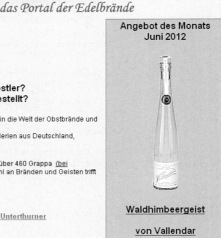

whiskyandmore.com
info@whiskyandmore.com

www.whiskyandmore.com
Whiskey verschiedener Marken aus aller Welt sowie Wein, Rum, Gin und kleine Geschenksets.

Whisky-choice.de
info@whisky-choice.de

www.whisky-choice.de
Shop für Whisky. Verschiedene Sorten unterschiedlicher Herkunft.

whiskymania.de
info@hbb-gmbh.de

www.whiskymania.de
Online-Magazin mit großem Forum, Chat, Terminen und Informationen rund ums Thema Whisky.

Getränke/Spirituosen/Wodka

Smirnoff Premium Vodka

www.smirnoff.com
Informationen zu Smirnoff Premium Vodka mit all seinen verschiedenen Varianten, Geschmacksrichtungen und Rezeptideen.

Wodka Gorbatschow
info@wodka.de

www.wodka.de
Informationen zur Marke Wodka Gorbatschow und zu den verschiedenen Produkten. Dazu leckere Cocktail-Rezepte.

Getränke/Tee

Abraham's Tea House
info@a-teehaus.de

www.a-teehaus.de
Verschiedene Sorten Tee, Teemaschinen, Wasserfilter, Teekannen und -service sowie Teedosen.

 Teeauslese
info@teeauslese.de

www.teeauslese.de
Eine breite Teeauswahl mit über 350 Sorten: Schwarzer Tee, Grüner Tee, Weißer Tee, Darjeeling-Tee, Flugtee und Oolong-Tee aus China, Indien, Taiwan oder Sri Lanka, davon über 60 Sorten Biotee. Auch viele Sorten Kräutertee, Früchtetee und Rooibusch-Tee. Außerdem nützliches Zubehör für die Teezubereitung.
(Siehe Abbildung)

Teeauslese   **www.teeauslese.de**

ESSEN & TRINKEN

allmyTea
info@allmytea.de

www.allmytea.de
Teegenießer können sich hier ihre ganz individuelle Teemischung aus über 200 Zutaten und Aromen zusammenstellen.

Bünting Tee
info@thh.buenting.de

www.buenting-tee.de
Echter Ostfriesentee: Biotee, Früchtetee, Kräutertee und Rooibos-Tee.

EdelTee
info@edeltee.de

www.edeltee.de
Viele ausgefallene Teeraritäten.

nibelungentee.de
info@nibelungentee.de

www.nibelungentee.de
Online-Shop mit einer großen Auswahl an Tee und Teezubehör. Raritäten aus China, Japan, Darjeeling, Ceylon und Assam.

Schrader
info@paul-schrader.de

www.paul-schrader.de
Ein Teeparadies mit über 300 Teesorten, Teelexikon und Teezubehör sowie Kaffee, Kakao und feinen Delikatessen.

Tea
kontakt@fairerbotschafter.de

www.fairerbotschafter.de
Großes Sortiment an fairgehandeltem Tee und Kaffee sowie Bubble Tea und Popping Boba.

Tea Pavilion
info@teapavilion.com

www.teapavilion.com
Handverlesene chinesische Teesorten: Weißer Tee, Jasmin Tee, Grüner Tee, Oolong Tee, Schwarzer Tee oder Pu-erh Tee.

Tee im Netz
service@teeimnetz.de

www.teeimnetz.de
Verschiedene bestellbare Teesorten aus kontrolliert ökologischem Anbau sowie Kandiszucker und Teekannen.

TeeDose24

www.teedose24.de
Tee, Teezubehör, Geschenke- und Probiersets, Kandiszucker, Teetassen und Dosen.

TeeGschwendner
shop@teegschwendner.de

www.teegschwendner.de
Alles für den Teeliebhaber: Teeklassiker, Exoten, Bio-Tees, Kräuter-, Früchte- und Ayurvedatees.

Teekanne
info@teekanne.de

www.teekanne.de
Die vielfältige Produktpalette wird vorgestellt, dazu Rezepte. Außerdem kann man sich umfassend rund um den Tee informieren.

Tee-Online.Info
kontakt@tee-online.info

www.tee-online.info
Infos über viele Teesorten und deren Wirkung sowie über Zubereitung, Genuss, Handel und Geschichte von und mit Tee.

Getränke/Wein/Allgemein

aromicon
kontakt@aromicon.com

www.aromicon.com
Tanzende Aromen zeigen den Geschmack der Weine, die Suche ist nach Rebsorten, Rezepten, Aromen und Anbaugebiet möglich.

Best-of-wine.com
info@degustation.de

www.best-of-wine.com
Informationen über die Geschichte des Weinanbaus, über Degustation und Jahrhundertweine. Dazu gibt es einen Weinkompass.

dreizehn°
kontakt@13grad.com

www.13grad.com
In der Wein-Community dreizehn° kann man sich austauschen und bekommt Weine, Weingüter sowie Verkostungen empfohlen.

● **TVINO**
info@tvino.de

www.tvino.de
Praktische Erlebnisseite über die spannende Welt der Weine. In zahlreichen Online-Videos findet man jede Woche neue Weinproben vom Experten und Gespräche mit prominenten und spannenden Gästen. Die Rot-, Weiß-, Rosé-, Süß- und Schaumweine können anschließend gleich im Online-Shop gekauft werden.
(Siehe Abbildung)

wein.cc
office@wein.cc

www.wein.cc
Die große Wein-Suchmaschine macht Wein-Preisvergleiche einfach und empfiehlt gute Weine.

Wein-Plus
info@wein-plus.de

www.wein-plus.de
Das Weinportal mit Weinglossar, Beschreibung und Bewertung von Weinen, Winzern und Weinregionen.

Getränke/Wein/Blogs

Drunkenmonday Wein Blog
info@drunkenmonday.de

www.drunkenmonday.de
Nicht nur montags Auskunft zu Wein, der Spaß und kein Kopfzerbrechen bereiten soll. Lesenswerte Interviews mit Weinexperten.

mein-wein-blog.de
info@mydailywine.de

www.mein-wein-blog.de
Das Blog berichtet über Wein und Essen, erklärt Fachbegriffe und liefert Anekdoten rund um die gegärten Trauben.

Nur ein paar Verkostungen ...

toaster.wordpress.com
Das Blog konzentriert sich ganz auf den Kern des Themas: Wie schmeckt der Wein? Die Liste der verkosteten Weine ist lang.

originalverkorkt
info@originalverkorkt.de

www.originalverkorkt.de
Das originalverkorkt-Blog macht Wein mit Essays und Fotografien auch zu einem sprachlichen und visuellen Erlebnis.

Weindeuter

weindeuter.blogspot.com
Hier gibt es Weinverkostungen und Artikel rund um den Wein mit Humor und unter Verzicht auf hochtrabende Töne.

Weintipps von Michael Liebert

michael-liebert.de
Michael Liebert gibt Tipps zu Wein, beantwortet die Frage, welcher Wein wozu passt und hat einen Faible für Ranglisten.

TVINO   **www.tvino.de**

weinverkostungen.de

weinverkostungen.de
Wöchentlich werden hier Weine vorgestellt. Aufgelockert durch Anekdoten zu Weinbau, -handel sowie Wein und Internet.

Getränke/Wein/Deutschland

Badischer Winzerkeller Breisach
info@badischer-winzerkeller.de

www.badischer-winzerkeller.de
Der Badische Winzerkeller in Breisach präsentiert Infos über das Haus der badischen Winzer und die Vielfalt der Weine.

Badisches Weinhaus Michael
info@badischesweinhaus.de

www.badischesweinhaus.de
Rot- und Weißwein, Rosé und Sekt von ausschließlich badischen Winzern.

Deutsches Weininstitut
info@deutscheweine.de

www.deutscheweine.de
Tagesaktuelle Informationen zu Weinen aus deutschen Anbaugebieten, zu Winzern, Kellereien und Genossenschaften.

Rheingauer Weinszene
info@rheingauer-weinszene.de

www.rheingauer-weinszene.de
Weine von den Weingütern im Rheingau. Trockene, halbtrockene und qualitativ hochwertige Weine.

Vicampo.de
info@vicampo.de

www.vicampo.de
Marktplatz für deutschen Wein direkt vom Winzer ohne den Umweg über Zwischenhändler.

weingueter.de
info@weingueter.de

www.weingueter.de
Informationen zu den deutschen Weinregionen und den verschiedenen Rebsorten. Mit Wein-ABC für Fachbegriffe.

WirWinzer
info@wirwinzer.de

www.wirwinzer.de
Deutscher Wein direkt vom Winzer. Detailliert wählbar nach vielen Kriterien wie Wein- und Rebsorte, Preis oder Jahrgang.

Getränke/Wein/Europa

amadoro
service@amadoro.de
☎(06103) 2027040

www.amadoro.de
Ob Weißwein, Rotwein oder Rosé: amadoro widmet sich vor allem dem spanischen Wein – ergänzt um Champagner und einzelne erlesene deutsche Weine. Mit Probierpaketen lässt sich die Welt der spanischen Weine entdecken. Spezialität des Shops sind ausgezeichnete Weine, echte Raritäten sowie übergroße Abfüllungen. **(Siehe Abbildung)**

Avino
office@avino.at

www.avino.at
Das Online-Marktplatz-Prinzip für österreichische Weine. Den gewünschten Wein suchen und Angebote von Winzern erhalten.

Bordeaux.com

www.bordeaux.com
Wissenswertes rund um das berühmte Anbaugebiet Bordeaux, seine vielfältigen Weine und Weinstraßen sowie Weinempfehlungen.

Galperino
info@galperino.de

www.galperino.de
Wein aus italienischen Regionen von A wie Abruzzen über L wie Lombardei bis V wie Venetien.

rotWEISSrot
info@rotweissrot.de

www.rotweissrot.de
Rot- und Weißwein aus Österreich. Von Weingütern etwa aus dem Burgenland, der Steiermark oder dem Weinviertel.

Schneekloth Weindepot
info@schneekloth.de
☎(0431) 16 96 335

www.schneekloth.de
Schneekloth Weindepot, das sind 200 Jahre Erfahrung in Weinkellerei und -einkauf, Qualität, Innovation und Vielfalt. Ausgewählte nationale wie internationale Weine, Schneekloth Eigenfüllungen, Sekt, Champagner, Portwein, Spirituosen und Weinzubehör werden ab 12 Flaschen versandkostenfrei geliefert. **(Siehe Abbildung)**

Superiore.de
kontakt@superiore.de

www.superiore.de
Über 500 Spitzenweine aus Italien und Weinzubehör. Das schöne Sortiment wird übersichtlich und umfassend präsentiert.

Wein wenn du kannst
info@wein-wenn-du-kannst.de

www.wein-wenn-du-kannst.de
Weine sortiert nach Emotionskategorien, wie Neugier, Lust, Leidenschaft, Gelassenheit und Begeisterung.

Getränke/Wein/International

Bremer Weinkolleg
info@bremer-weinkolleg.de

www.bremer-weinkolleg.de
Das Bremer Weinkolleg ist ein Versandhandel für Weine, Weinraritäten und Spirituosen.

Die Weinrebe
info@die-weinrebe.de

www.die-weinrebe.de
Durch die vielen Einkaufsoptionen im Menü kann jeder den Wein finden, der am besten zu ihm passt.

Finesttastes
info@finesttates.de

www.finesttastes.de
Sekt, Wein und Champagner sortiert nach Herkunft und Geschmacksnote. Ein Sommelier berät online oder über die Hotline.

Jacques' Wein Depot
kontakt@jacques.de

www.jacques.de
Weine aus Australien, Argentinien, Chile, Südafrika, Portugal, Frankreich, Italien und Deutschland.

 Hanseatisches Wein & Sekt Kontor
info@hawesko.de
☎(04122) 50 44 33

www.hawesko.de
Das Hanseatische Wein & Sekt Kontor bietet über 1.000 hochwertige Weine, Sekte, Champagner sowie attraktive Geschenkideen und Flaschen mit personalisiertem Etikett an. Die Lieferung erfolgt aus dem eigenen klimatisierten Lager, auch innerhalb von 24 Stunden. Der Marktführer gewährt eine Rückgabe-Garantie.
(Siehe Abbildung)

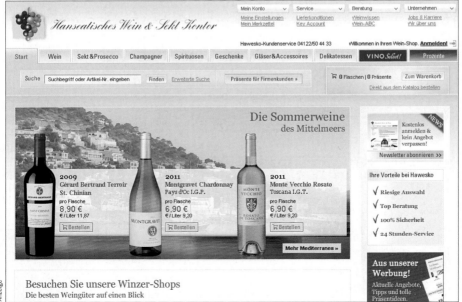

Hanseatisches Wein & Sekt Kontor **www.hawesko.de**

mydailywine.de
info@mydailywine.de

www.mydailywine.de
Den passenden Wein mit einem Wein-Finder entdecken. Sortierung nach Essen, Stimmung, Land und Anlass.

Shiraz und Co

www.shiraz-und-co.de
Rot-, Weiß- und Roséweine aus aller Welt sowie Sekt, Geschenkartikel und viel Weinzubehör.

Taste South Africa
info@rhiem.com

taste-southafrica.com
Südafrikanischer Wein. Rebsorten wie Cabernet Sauvignon, Chardonnay, Grenache Noir, Pinotage oder Riesling.

Vinexus Wine Selection
info@vinexus.de

www.vinexus.de
Großes Angebot hochwertiger Weine, Sekte und Champagner aus aller Welt direkt ab Großlager ohne Zwischenhandel.

Wein-Konzept
info@wein-konzept.de

www.wein-konzept.de
Weinliebhaber finden hier eine Palette an ausgesuchten und auch manchmal ungewöhnlichen Weinen aller Klassen.

● **Weinversand genuss7.de**
info@genuss7.de
☎(07031) 46 386 27

www.genuss7.de
Großes internationales Sortiment an Weinen, Spirituosen, Kaffee und Feinkostartikeln. Werktags bis 16 Uhr bestellt, am selben Tag versendet. Versandkostenfrei ab 75 Euro Warenwert. Viele Produkte mit Online-Videos. Zu allen gelieferten Weinen liegen der Lieferung kostenlose Expertisen bei. **(Siehe Abbildung)**

Getränke/Wein/Öko-Weine

Biowein erleben
info@biowein-erleben.de

www.biowein-erleben.de
Weine aus kontrolliert ökologisch angebauten Trauben aus Frankreich, Italien, Spanien und Deutschland.

Delinat
kundenservice@delinat.com

www.delinat.com
Ausschließlich Weine aus kontrolliert biologischem Anbau. Weinproben im Abo werden nach Hause geliefert.

Weinversand genuss7.de   **www.genuss7.de**

Anzeige

mein-biowein.com
kundenservice@mein-biowein.com

www.mein-biowein.com
Rotwein, Weißwein, Rosé, Sekt, Champagner und Öl. Alles aus kontrolliert biologischem Anbau.

Kochen & Haushalt

Casserole
service@casserole.de

www.casserole.de
Küchenhelfer wie Messer oder Siebe, Kochgeschirr, Küchengeräte, Essgeschirr und Service.

derhobbykoch.de
info@derhobbykoch.de

www.derhobbykoch.de
Für den ambitionierten Hobbykoch gibt es hier Küchenhelfer, Messer, Küchengeräte, Töpfe und Pfannen.

jumpingdinner
info@jumpingdinner.de

www.jumpingdinner.de
Beim jumpingdinner lernt man in drei Gängen drei Kochpaare kennen, speist mit ihnen und besucht anschließend eine Party.

KochForm
info@kochform.de

www.kochform.de
Hochwertiges Kochwerkzeug: Von Pfannen und Brätern über Kochtöpfe, Messer und Bestecke bis hin zu Fondues oder Mörsern.

Kochplaner
post@kochplaner.de

www.kochplaner.de
Der Kochplaner erstellt kostenlos einen persönlichen Wochenspeiseplan samt automatisch erzeugter Einkaufsliste.

Küchentipps
info@kuechentipps.de

www.kuechentipps.de
Informative Fundgrube für Hobbyköche mit über 3.500 Tricks, Testberichten und Kochbuchempfehlungen für jede Kochsituation.

Siehe auch Kapitel Essen & Trinken

Rezepte

Kochkurse & Kochschulen

Kochschule Deutschland
info@kochschule-deutschland.de

www.kochschule-deutschland.de
Neben einem Verzeichnis deutscher und schweizerischer Kochschulen gibt es auch eine Reihe von Rezepten.

Kochschule.de
info@deguto.de

www.kochschule.de
Überblick zu allen Kochschulen, Kochkursen sowie Kochwissen und Neuigkeiten aus der Genusswelt.

Lebensmittel/Allgemein

DLG e. V.
info@dlg.org

www.dlg.org
In diesem Portal findet man Testergebnisse von Lebensmitteln, Agrartechnik und Betriebsmittel für die Landwirtschaft.

lebensmittelklarheit.de

www.lebensmittelklarheit.de
Verbraucher können hier Produkte melden, durch deren Aufmachung oder Kennzeichnung sie sich getäuscht fühlen.

Lebensmittellexikon.de

www.lebensmittellexikon.de
Infos rund um Lebensmittel, Ernährung und Kochen: Alltägliche und exotische Lebensmittel sowie Zubereitungstipps.

lebensmittelwarnung.de

www.lebensmittelwarnung.de
Das gemeinsame Verbraucherschutzportal der Bundesländer warnt vor verdorbenen und gefährlichen Lebensmitteln.

Lebensmittel/Ausland/Asien

● **asiafoodland**
kundenservice@asiafoodland.de
☎(02331) 7871741

www.asiafoodland.de
Im Asia-Shop von asiafoodland findet man zahlreiche asiatische Spezialitäten: Von Reis und Nudeln über Sojaprodukte und Sojasoßen bis hin zu Sushi oder Wasabi. Das Angebot umfasst auch Fertiggerichte, Gewürze, Soßen und Pasten sowie Snacks. Mit dem Gutscheincode „Web-Adressbuch" 10% sparen.
(Siehe Abbildung)

essstaebchen.de
info@essstaebchen.de

www.essstaebchen.de
Zubehör für asiatische Restaurants oder das selbstbereitete asiatische Mahl. Etwa Stäbchen, Nudelboxen und Glückskekse.

Lebensmittel/Ausland/Frankreich

Concept Gourmet
concept-gourmet@hotmail.de

www.concept-gourmet.com
Französische Feinkost geordnet nach Aperitif, Vorspeisen, Hauptgang und Desserts. Außerdem Saucen und Weine.

goût de France
kontakt@gout-de-france.de

www.gout-de-france.de
Französische Spezialitäten übersichtlich in die Herkunftsregionen aufgeteilt.

Lebensmittel/Ausland/Griechenland

Meg-Bar
info@megas-bartzas.de

www.meg-bar.de
Griechische Feinkost: Wein und Spirituosen, Olivenprodukte, Käse, Fisch, Gewürze und Süßigkeiten.

proastio-shop.de
info@proastio.de

www.proastio-shop.de
Das Angebot umfasst griechische Feinkost wie Olivenöle, Weine, Retsina, Ouzo, Tsipouro, Feta, Oliven, Gewürze und Saucen.

Essen & Trinken

Lebensmittel/Ausland/Großbritannien

Bright Britain
info@bright-britain.de

www.bright-britain.de
Ein ausgesuchtes Sortiment für Britannien-Fans mit Lebensmitteln und Spezialitäten, Wohnaccessoires und Geschenkideen.

Lebensmittel/Ausland/Italien

Astri di Sardegna
info@astri-di-sardegna.de

www.astri-di-sardegna.de
Hochwertige Delikatessen, Spirituosen und Weine aus Sardinien.

Buonissimo World
info@buonissimo-world.de

www.buonissimo-world.de
Italienische Feinkost: Salami, Wildschwein, Trüffel, Käse, Meeresfrüchte, Pasta, Risotto, Grappa, Soßen und Olivenöl.

Godita
kontakt@godita.de

www.godita.de
Italienische Bio-Produkte wie z. B. Olivenöle, Nudeln, Gewürze und Wein.

Gustini
info@gustini.de

www.gustini.de
Spezialitäten aus Italien direkt vom Bauern auf den Tisch: Weine, Pasta, Olivenöle, Wurst- und Käsespezialitäten.

Italvino
office@italvino.de

www.italvino.de
600 Weine, Prosecco, Lambrusco, Grappa, Olivenöl, Balsamico, Kaffee, Pasta, Saucen und Feinkostartikel.

sardinienprodukte
info@sardinienprodukte.at

www.sardinienprodukte.de
Alle Spezialitäten der Mittelmeerinsel: sardisches Faldenbrot, Kaffee, Käse, Wurst, Konfitüre, Spirituosen und Wein.

Tiroler-Schmankerl-Alm
tiroler-schmankerl-alm@t-online.de

www.mytiroler-schmankerl-alm.de
Tiroler Spezialitäten wie Tiroler Bergkäse oder Tiroler Schinkenspeck werden traditionell bäuerlich erzeugt.

Lebensmittel/Ausland/Mittelamerika & Südamerika

delikatissimo
info@delikatissimo.de

www.delikatissimo.de
Shop für frisch importierte Lebensmittel aus Südamerika und Asien.

Karibik-Import
info@brugalrumshop.de

www.karibik-import.de
Großhandel für karibische Spezialitäten und Spirituosen.

La Boca
office@laboca.at

www.argentinische-spezialitaeten.com
Argentinische Spezialitäten wie Alfajores, Quilmes, Argentinische Weine und Empanadas.

Made in Brasilien
info@made-in-brasilien.de

www.made-in-brasilien.de
Shop für typisch brasilianische Produkte wie Farinha, Feijão, Carne Seca, Tapioca, Guaraná oder Biscoitos.

mexicofoodland.de
info@mexicofoodland.de

mexicofoodland.de
Dieser Shop zeigt, dass mexikanische Spezialitäten mehr sind als bloß Chili, Tortillas und Tequila.

Mexico-Lebensmittel

www.mexico-lebensmittel.tradoria-shop.de
Mexikanische Lebensmittel. Spezialitäten wie Tortillas, Gewürzpasten, Bohnen oder Saucen können hier bestellt werden.

Lebensmittel/Ausland/Russland

Universam
info@universam.de

www.universam.de
Online-Supermarkt für russische und osteuropäische Lebensmittel. Das Sortiment umfasst über 1.000 Produkte.

Lebensmittel/Ausland/Spanien

Jamon.de
info@jamon.de
☎(05246) 50 90

www.jamon.de
Online-Shop für Spezialitäten aus Spanien. Hochwertige Delikatessen für Gourmets und Liebhaber der spanischen Küche: Serrano und Pata Negra Schinken, Iberische Wurstwaren, Manchego Käse, Tapas, Paella, Oliven, Meeresfrüchte, Gebäck, Olivenöl und spanische Weine. Firmenpräsente und Geschenkservice. **(Siehe Abbildung)**

spanien-discount
info@spanien-discount.info

www.spanien-discount.info
Spanische Lebensmittel: Wein, Spirituosen und Bier. Schinken, Wurst, Pastete, Käse, Aioli, Olivenprodukte und Snacks.

Lebensmittel/Ausland/Ungarn

Paprika und Weine
info@paprika-und-weine.de

www.paprika-und-weine.de
Ungarische Spezialitäten: Gewürze, eingelegtes Gemüse, Honig und Konfitüre, Wurstwaren sowie Weine und Spirituosen.

Lebensmittel/Ausland/USA

Amerika kulinarisch

www.usa-kulinarisch.de
Mehr als 800 Rezepte: Burger, Muffins, aber auch regionale Menüs. Hilfe beim Umrechnen und Bezugsquellen für US-Lebensmittel.

steplet.de
info@oas-lifestyle.de

www.steplet.de
Echt amerikanische BBQ-Zutaten, Erdnussbutter, Marshmallows, Cola, Brownies, Pancake-Sirup oder Cookies.

Jamon.de   **www.jamon.de**

Anzeige

Lebensmittel/Babynahrung

Hipp Babynahrung
information@hipp.de

www.hipp.de
Informationen zur Produktpalette, Ratgeber mit hilfreichen Tipps rund um Baby und Schwangerschaft; Kinderarzt-Suchmaschine.

Milupa
kontakt@milupa.de

www.milupa.de
Infos zu Schwangerschaft und Babyernährung, Versand von Infomaterialien und Proben sowie kostenlose Mütterberatung.

Lebensmittel/Backwaren

butterbrot.de
webmaster@butterbrot.de

www.butterbrot.de
Die Geschichte des Butterbrotes, Brettchenmuseum und Butterbrot-Präferenzen machen das Butterbrot wieder salonfähig.

Lebensmittel/Backwaren/Backzubehör

Backen wie die Profis
kontakt@backen-wie-die-profis.de

www.backen-wie-die-profis.de
Backformen und Backbleche, Backzubehör und Handwerkzeug, Aktionsangebote und Backrezepte.

Backfieber
kontakt@backfieber-pro.de

www.backfieber-pro.com
Backzubehör, Rollfondant, Ausstecher, Speisefarben und Silikonformen.

Backformen-Shop
info@backformen-shop.de

www.backformen-shop.de
Originelle Motiv-Backformen, professionelle Backzutaten, Dessertformen, Garnierausstecher und Tortendekorationen.

Gutback
post@gutback.de

www.gutback.de
Backformen wie Motiv- oder Kinderbackformen und Backzubehör jeglicher Art von Gutback.

biovyana.com   **www.biovyana.com**

hobbybaecker.de

www.hobbybaecker.de
Alles für den Hobby-Bäcker: Backzutaten, Backformen, Tortendekor, Lebensmittelfarben und nützliches Werkzeug.

Lebensmittel/Backwaren/Kuchen & Torten

DeineTorte
info@deinetorte.de

www.deinetorte.de
Individuelle Fototorten mit eigenem Bild und bedruckte Motivtorten für Geburtstage, Kinder- und Familienfeste.

Fototorte24
info@fototorte24.de

www.fototorte24.de
Auswahl verschiedener Fototorten und Zuckerbilder.

Muffin Creations
info@muffin-creations.com

www.muffin-creations.com
Mit Hilfe des Muffin-Konfigurators lassen sich Muffins individuell kreieren.

Lebensmittel/Bioprodukte & Naturkost

● **biovyana.com**
info@biovyana.com
☎(0371) 3559 5858

www.biovyana.com
Der Naturkost-Shop bietet hochwertige, zertifizierte Biolebensmittel, wie Babynahrung, Backwaren, Gewürze, Müsli, Öle, Pasta, Kaffee, Tee sowie Naturkosmetik und Öko-Reinigungsmittel. Allergiker können anhand der praktischen Allergie-Ampel sofort erkennen, welche Lebensmittel für sie geeignet sind. **(Siehe Abbildung)**

● **naturkost.de**
info@naturkost.de

www.naturkost.de
Das Internet-Portal für Bio- und Naturkost bietet kompetente Informationen zu allen Fragen rund um das Thema „Bio" sowie 3.500 Rezepte. Dazu finden sich Adressen von Naturkostläden, Verbänden und Herstellern sowie aktuelle Nachrichten aus der Öko-Szene. Unter m.naturkost.de auch für Smartphones. **(Siehe Abbildung)**

naturkost.de   **www.naturkost.de**

ESSEN & TRINKEN

e-Biomarkt
info@e-biomarkt.de

www.e-biomarkt.de
Biolebensmittel, vollwertige Naturkost und verträgliche Naturkosmetik.

menschundnatur.de
info@menschundnatur.de

www.menschundnatur.de
menschundnatur bietet über 120 Sorten ökologisch angebauten Tee und Kaffee vom Feinsten.

natur.com
info@natur.com

www.natur.com
Frisches Obst, Gemüse und zahlreiche Naturkost sowie Tee, Kaffee, Milchprodukte und Backwaren aus biologischem Anbau.

Alnatura
info@alnatura.de

www.alnatura.de
Web-Seite für Lebensmittel aus rein natürlichen Zutaten. Online findet man Infos zu Testergebnissen, Qualität und Rezepten.

Biolada
bestellung@biolada.de

www.biolada.de
Biologische Weine, Feinkost, Nudeln und Reis, Essig und Öl, Brotaufstriche, Trockenfrüchte, Süßigkeiten und Naturkosmetik.

Bio-Siegel, Das
info@bio-siegel.de

www.bio-siegel.de
Informationen zum Bio-Siegel, zu den gesetzlichen Grundlagen und den Kontrollen von ökologisch erzeugten Lebensmitteln.

Ombio
shop@ombio.de

ombio.de
Bio-Supermarkt mit umfangreichem Sortiment von Babynahrung über Fleischwaren bis hin zu Trockenobst.

www.konsumgut.net
mail@konsumgut.net

www.konsumgut.net
Bio-Feinkost-Shop mit einer großen Auswahl an Bio-Gewürzen und Bio-Tee.

Lebensmittel/Brotaufstrich

nutella

www.nutella.de
Aktuelle Infos, leckere Rezepte und witzige Spiele rund um nutella.

Lebensmittel/Brotaufstrich/Marmelade

memarmelade
info@memarmelade.de

www.memarmelade.de
Aus über 60 Zutaten kann man seine persönliche Wunschmarmelade kreieren, welche mit Bio-Rohrohrzucker hergestellt wird.

Lebensmittel/Cerealien & Müsli

Kellogg's
verbraucher@kelloggs.de

www.kelloggs.de
Informationen zu allen Kellogg's-Produkten mit Tipps zur gesunden Ernährung und vielen Spielen, Aktionen und Rezepten.

muesli4ever
info@muesli4ever.de

www.muesli4ever.de
Man kann sich ganz bequem sein eigenes Müsli aus vielen Bio-Zutaten zusammenstellen und nach Hause schicken lassen.

mymuesli.com
diejungs@mymuesli.com

www.mymuesli.com
Hier kann man sein persönliches Biomüsli selbst individuell aus 75 Zutaten zusammenstellen.

The Cereal Club
kontakt@cereal-club.de

www.cereal-club.de
Nase voll vom Supermarkt-Müsli? Dann hier das eigene Müsli mixen und direkt bestellen. Mit Rezepten und Infos zu Zutaten.

Lebensmittel/Eier

was-steht-auf-dem-ei.de
info@kat.ec

www.was-steht-auf-dem-ei.de
Woher kommt das Frühstücksei? Hinweise zum Legebetrieb und weitere Infos rund ums Ei. Wer wird Sieger beim Pickmanspiel?

Lebensmittel/Essig & Speiseöle

Jordan Olivenöl
info@jordanolivenoel.de

www.jordanolivenoel.de
Produkte rund um die Olive. Öl in Flaschen und Kanistern, einge-
legte Oliven, Tapenade, Saucen und Pestos.

Lebensmittel/Fast Food

McDonald's
info@mcdonalds.de

www.mcdonalds.de
Alles zum Unternehmen: Von aktuellen Aktionen bis hin zu den
Nährwerten der Produkte.

Lebensmittel/Feinkost & Delikatessen

culimore.de
bestellung@culimore.de

www.culimore.de
Der Online-Shop von Culimore-Feinkost bietet Feinschmeckern
ein hochwertiges Angebot erlesener Lebensmittel, das von Quali-
tätsolivenöl über Bioprodukte bis hin zu Meersalz, Pasta oder Balsamico reicht. Auch handgeschmiedete Messer sowie nützliche
Küchenutensilien sind hier erhältlich. **(Siehe Abbildung)**

gourmondo.de
info@gourmondo.de

www.gourmondo.de
Große Auswahl an Spezialitäten, Feinkost und Weinen. Von A wie
argentinischem Rindersteak bis Z wie Zitronenschokolade.

Gourvita.com
service@gourvita.com

www.gourvita.com
Das Sortiment umfasst rund 2.500 Produkte.

Lacross Gourmetwelt Feinkost-Versand

www.gourmetwelt.de
Delikatessen und Feinkost wie Aceto, Olivenöl, Gewürze, Fleischwaren, Saucen, Pralinen, Trüffel, Wein oder Champagner.

Lukullium
info@lukullium.de

www.lukullium.de
Lukullische Genüsse. Seien es Nüsse, Süßes, Gewürze, Konfitüren, Chutneys, feine Tropfen, Gebäck oder Trockenobst.

Otto Gourmet
info@otto-gourmet.de

www.otto-gourmet.de
Fleisch und weitere Gourmetprodukte wie in der Spitzengastrono-
mie für Privatkunden. Mit Rezepten und Zubereitungstipps.

spreewald-praesente.de
info@spreewald-praesente.de

www.spreewald-praesente.de
Online-Versandhandel für Präsentkörbe mit Spezialitäten aus
dem Spreewald. Alle Produkte auch einzeln erhältlich.

Lebensmittel/Fisch

send-a-fish.de
info@send-a-fish.de

www.send-a-fish.de
Online-Shop und Fischversand: Aale, Makrelen, Forellen, Krab-
ben, Heringe, Shrimps und Präsente.

Lebensmittel/Fleischwaren

1. Deutsches Bratwurstmuseum
info@bratwurstmuseum.de

www.bratwurstmuseum.de
Geschichte der Bratwurst, Rekorde, Sprüche und Gedichte sowie
Infos zum 1. Deutschen Bratwurstmuseum in Thüringen.

Charoluxe
charoluxe@charoluxe.de

www.charoluxe.de
Wissenswertes rund um das Thema Charolais-Rindfleisch aus
Frankreich und Tipps für die Zubereitung.

Exotic-Kitchen
info@exotic-kitchen.de

www.exotic-kitchen.de
Exotisches Fleisch: Bison-, Kamel-, Python-, Krokodil-, Zebra-,
Elch-, Fasanen- und das berühmte Kobefleisch.

fleischerei.de
pm@fleischerei.de

www.fleischerei.de
Auftritt der Fachzeitschrift „Die Fleischerei" – Aktuelles aus der
Branche, Infos zu Hygiene und Zusatzsortimenten.

Gourmetfleisch.de
info@gourmetfleisch.de

www.gourmetfleisch.de
Zarte Steaks online bestellen sowie Erläuterungen der einzelnen
Steakarten.

Landmetzger Kraus
info@lindenhof-metzger.de

landmetzger-shop.de
Wechselnde Wurstangebote, Probierpakete, hausgemachte Spezialitäten, Schinken, Kochwurst und „Ahle Wurst".

Metzgerei Böbel
info@umdiewurst.de

www.umdiewurst.de
Online-Shop mit fränkischen Fleisch- und Wurstspezialitäten. Bundesweiter Versand in Einweg-Isolierboxen mit Kühlakkus.

Rack & Rüther
shop@rackruether.de

shop.rackruether.de
Hessische Wurstwaren: Mettwurst, Blutwurst, Leberwurst, Sülz-
wurst, Wiener, Fleischwurst, Jagdwurst und Mortadella.

Steak 4 You
info@steak4you.de

www.steak4you.de
Fleisch vom Rind, Kalb, Bison, Wild, Geflügel, Wild- und Land-
schwein, Lamm, Kaninchen oder Krokodil.

Tilly Gourmet
mail@tillygourmet.de

www.tillygourmet.de
Die Online-Gourmet-Metzgerei liefert ausschließlich frische Ware,
am Stück oder portioniert.

Lebensmittel/Geflügel

Informationskreis Legehennenhaltung

www.ikl.info
Neutrale Information zum Thema Legehennenhaltung unter den
Aspekten Tier-, Verbraucher- und Umweltschutz.

Lebensmittel/Gemüse/Pilze

Pilze

www.pilzepilze.de
Übersicht der wichtigsten Pilzvergiftungstypen und der verursa-
chenden Pilze. Wörterbuch der botanischen Namen der Pilze.

pilzshop.de
info@pilzshop.de

www.pilzshop.de
Pilzbrut für strohbewohnende Pilze, Pilzkulturen für Haus und Garten und getrocknete Pilze aus biologischem Anbau.

Lebensmittel/Gemüse/Spargel

Spargelseiten.de
info@spargelseiten.de

www.spargelseiten.de
Umfassende Informationen rund um das feine Stangengemüse Spargel: Rezepte, Hintergründe zum Spargelanbau und zur Ernte.

spargeltreff.de
info@faris.de

www.spargeltreff.de
Über 600 Spargelrezepte, Hintergründe zu 4.000 Jahren Spargelgeschichte und Außergewöhnliches wie das „Spargeltröpfchen".

Spargelzeit.de
info@spargelzeit.de

www.spargelzeit.de
Umfassende Informationen über Spargel: Bücher, Geschichte, Rezepte und Gesundheit.

Lebensmittel/Gewürze & Kräuter

Altes Gewürzamt Ingo Holland
webshop@ingo-holland.de

www.ingo-holland-shop.de
Gewürze pur oder in Mischung, Zucker und Salz, Chutneys und Speisepasten sowie Essig und Öl.

anna luise
info@annaluise-shop.de

www.annaluise-shop.de
Orientalische Tees und Gewürzmischungen aus Ägypten, Marokko, Tunesien und anderen Ländern des Orients.

gewuerzprojekte.de
info@gewuerzprojekte.de

www.gewuerzprojekte.de
Die Geheimnisse exotischer Gewürze entdecken. Fair gehandelt und biologisch angebaut.

Pepperworld Hot Shop
info@pepperworldhotshop.de

www.pepperworldhotshop.de
Peperoni, Chili und Co.: Eingelegt, getrocknet, als Sauce oder zur Selbst-Aussaat gibt es die scharfen Schoten zum Bestellen.

SaleVita Shop
info@salevitashop.de

www.salevitashop.de
Alles rund ums Salz: Salzbonbons, Gewürzsalz, Kosmetikprodukte, Solesalz, Badesalz und Salzlampen.

Wunschcurry.de
info@wunschcurry.de

www.wunschcurry.de
Currypulver kann hier selbst gemixt werden. Die umfangreiche Zutatenliste reicht dabei von Anis bis Zitronenschale.

Lebensmittel/Grillen & Barbecue

BBQ1
grillservice@barbequer.de

www.barbequer.de
Allumfassendes Sortiment fürs Grillen: Ob Holzkohle-, Gas- oder Elektrogrills, Bücher, Zubehör oder Gewürze.

BBQ-Haus
info@thosa-trade.com

www.bbqhaus.de
Holzkohlegrills, Smoker, Gas-, Keramik- und Elektrogrills, Räucheröfen, Feuerstellen, Grillpfannen und Zuberhör.

Der BBQ-Laden
der-laden@bbq-laden.de

www.bbq-laden.de
BBQ-Grills und Smoker von Herstellern wie Broil King, Camp Chef, Char Griller, Farmer Grill und anderen.

Grillfürst
info@grillfuerst.de

www.grillfuerst.de
Der Online-Shop bietet ein breites Angebot an Gas- und Kohlegrills.

Grillsportverein.de

www.grillsportverein.de
Hier finden alle Grillfreunde die ultimativen Tipps zum Thema Grillen und Barbecue.

mabito Lifestyle
info@mabito.com

www.mabito.com
Produkte rund ums Grillen: BBQ-Grills, Smoker, Edelstahl-Gasgrills, Holzkohle-Grills sowie Outdoorküchen und Zubehör.

myBBQ.net

www.mybbq.net/forum
Forum rund ums Grillen mit Themen wie direktes und indirektes Grillen, Grillwerkzeuge, Thermometer, Gewürze oder Marinaden.

mysaarbq.de

www.mysaarbq.de
Forum für Grill-Fans mit den Rubriken Grill-Eigenbauten, Gasgrillen, Kugelgrill, Rezepte und Kerntemperaturen.

Santos Grills
vertrieb@santosgrills.de

www.santosgrills.de
Grillfreunde und -profis finden hier hochwertige Gasgrills und Grills verschiedener Hersteller sowie entsprechendes Zubehör.

Weststyle
information@weststyle.de

www.weststyle.de
Weber Gas- und Holzkohlegrills im modernen Design sowie umfangreiches Grillzubehör und amerikanische BBQ-Saucen.

Lebensmittel/Hersteller

Dr. Oetker

www.oetker.de
Leckere Rezepte und „Tipps & Tricks" aus der Dr. Oetker Versuchsküche rund ums Backen, Kochen und Einmachen.

Ferrero

www.ferrero.de
Unternehmensauftritt mit Infos zu Produkten, Karrierechancen und Presseinformationen.

Knorr
knorr.beratungsservice@unilever.com

www.knorr.de
Leckere Rezepte, Tipps und viele Ideen rund ums Essen und Genießen. Außerdem aktuelle Specials und Aktionen.

Nestlé Deutschland
verbraucherservice@de.nestle.com

www.nestle.de
Informationen zum Unternehmen, seinen Produkten und Marken sowie zum Thema Ernährung im Nestlé Ernährungsstudio.

Schwartau
info@schwartau.de

www.schwartau.de
Darstellung der verschiedenen Marken. Große Rezeptsammlung und Wissenswertes zur wichtigsten Mahlzeit am Tag – dem Frühstück.

Thomy
kontakt@thomy.de

www.thomy.de
Der Thomy Genießerkalender – Hier entdeckt man jede Woche neue Themen, saisonale Tipps und leckere Rezeptempfehlungen.

Lebensmittel/Honig

heimathonig.de
info@heimathonig.de

www.heimathonig.de
Honig direkt vom Imker aus verschiedenen Regionen Deutschlands. Mit einer großen Auswahl an verschiedenen Sorten.

Langnese Honig
info@langnese-honig.de

www.langnese-honig.de
Umfangreiche Informationen über Langnese Honig, Geschichte des Honigs, über Honigarten und das Leben der Bienen.

Lebensmittel/Inhaltsstoffe & E-Nummern

das ist drin.de
info@snoopmedia.com

www.das-ist-drin.de
Dieses Verbraucher-Portal informiert über Kalorien, Fett, Eiweißgehalt und Nährstoffe von Lebensmitteln.

Zusatzstoffe online
mail@verbraucher.org

www.zusatzstoffe-online.de
Alle Lebensmittelzusatzstoffe auf einen Blick sowie Informationen rund um Herstellung, Sicherheit und Kennzeichnung.

Lebensmittel/Kartoffeln & Pommes Frites

biokartoffelversand.de
mailto@biokartoffelversand.de

www.biokartoffelversand.de
Kartoffeln aus kontrolliert biologischem Anbau. Von der berühmten Linda bis hin zum Bamberger Hörnchen.

Tartuffli's Erlesene Kartoffeln
info@erlesene-kartoffeln.de

www.erlesene-kartoffeln.de
Verschiedene Kartoffelsorten und Kartoffelraritäten wie Biokartoffeln, Moorkartoffeln und Heidekartoffeln.

Lebensmittel/Knabbereien

Bahlsen
bahlsen@bahlsen.com

www.bahlsen.de
Informationen über die Firma Bahlsen mit Produktübersicht, Aktuellem und Spielen der beiden Marken Bahlsen und Leibniz.

Katjes
info@katjes.de

www.katjes.de
Der Markenhersteller versorgt Naschkatzen mit Informationen zu seinen in Deutschland hergestellten Qualitätsprodukten

my Popcorn
info@mypopcorn.eu

www.mypopcorn.eu
Ob mit Karamell, Erdbeer, Kokos oder Cappuccinoschokolade: Hier kann man sich Popcorn nach eigenem Geschmack bestellen.

ültje
info@ueltje.de

www.ueltje.de
Infos über ültje und seine Produkte. In der „Nussecke" findet man Wissenswertes über die knackigen Kraftpakete.

Lebensmittel/Knabbereien/Chips

Chio
info@chio.de

www.chio.de
Informationen und Unterhaltung rund um die bekannten Chio-Produkte sowie Wissenswertes zu Nährwerten und Zutaten.

funny-frisch
funny@funny-frisch.de

www.funny-frisch.de
Informationen rund um das funny-frisch Sortiment sowie Wissenswertes zur Herstellung sowie die Geschichte der Kartoffelchips.

Pringles

www.pringles.com
Alle Pringles-Sorten und Geschmacksrichtungen auf einen Blick, Spiele und eine Video-Galerie.

Lebensmittel/Lebensmittellieferservice & Lebensmittelversand

brandnooz
info@brandnooz.de

www.brandnooz.de
Portal für neue Lebensmittel und Produkttests. Außerdem gibt es Gratisproben und Neuigkeiten zu den Produkten.

frischergehts.net
info@frischergehts.net

www.frischergehts.net
Deutschlandweites Lieferservice-Verzeichnis für Lebensmittel wie Pizza, Sushi oder Döner. Mit Öffnungszeiten und Bewertungen.

Kochzauber
kontakt@kochzauber.de

www.kochzauber.de
Lieferung von Rezepten und den benötigten Zutaten in mehreren deutschen Städten, etwa Berlin, Hamburg und München.

lebensmittel.de
info@ecola.de

www.lebensmittel.de
Bundesweiter Online-Lieferservice für Supermarktartikel inklusive Kühlware.

Lieferando
info@lieferando.de

www.lieferando.de
Bestellplattform für Essen, mit deutschlandweit über 5.900 Lieferdiensten in der Umgebung und direkter Bestellmöglichkeit.

Lieferheld.de
kontakt@lieferheld.de

www.lieferheld.de
Verzeichnis von Restaurants mit Lieferdiensten. Egal ob Pizza, Sushi, Thai-Essen oder indische Küche.

myTime.de
info@mytime.de

www.mytime.de
Ein Supermarkt im Internet, von dem man von Obst bis Tiernahrung alles geliefert bekommt.

saymo.de
service@saymo.de

www.saymo.de
Online-Shop für Lebensmittel und Drogerieartikel, der sich an Privatpersonen und Geschäftskunden richtet.

supermarkt.de
info@supermarkt.de

www.supermarkt.de
Frischwaren, Konserven, Tiefkühlkost, Süßwaren, Getränke, Drogerieprodukte, Babynahrung, Haushaltswaren und Tiernahrung.

webDrink.de
info@webdrink.de

www.webdrink.de
Getränkelieferservice in vielen deutschen Städten. Postleitzahl eingeben, Getränke auswählen und bestellen.

Lebensmittel/Lebensmittellieferservice/Lebensmittelabos

Hello Fresh
kundenservice@hellofresh.de

www.hellofresh.de
Einmal in der Woche werden Lebensmittel und dazu passende Rezepte für drei oder fünf Mahlzeiten nach Hause geliefert.

KommtEssen
kundenservice@kommtessen.de

www.kommtessen.de
Nie mehr Gedanken machen, was man kochen soll. KommtEssen liefert Rezepte mit allen Zutaten direkt nach Hause.

Unsere Schlemmertüte
info@schlemmertuete.de

www.schlemmertuete.de
Lebensmittel und passende Rezepte für drei Gerichte pro Woche werden direkt nach Hause geliefert.

Lebensmittel/Lebensmittelmärkte & Discounter

Aldi Märkte

www.aldi.com
Die Nord- und Südkette informieren hier über die Angebote der kommenden Woche und über berufliche Perspektiven bei Aldi.

EDEKA
info@edeka.de

www.edeka.de
Aktuelle Wochenangebote, große Rezeptdatenbank sowie wöchentlich aktuelle Specials rund um das Thema Essen mit Genuss.

Kaiser's Tengelmann GmbH
kundenservice@ktmh.de

www.kaisers-tengelmann.de
Rezepte, Lieferservice sowie Infos zu den Eigenmarken A&P, Naturkind, Birkenhof und Star Marke.

Lidl

www.lidl.de
Der Einzelhändler informiert auf seiner Seite über Angebote, Service und Jobs. Mit einer Marktsuche.

Norma

www.norma-online.de
Der Discounter stellt sich, sein Sortiment und die aktuellen Angebote vor. Der Filialfinder ermittelt den nächsten Markt.

Penny
info@penny.de

www.penny.de
Penny präsentiert die aktuellen Angebote aus seinem Sortiment. Außerdem Infos zur Nachhaltigkeit.

Plus Online Shop

www.plus.de
Im „Plus Online Shop" findet man wechselnde Angebote zu Discountpreisen und entdeckt die Heimat der „Kleinen Preise".

real,-
info@real.de

www.real.de
Nicht nur aktuelle Angebote, sondern auch praktische Tipps, Kochrezepte und Infos zum Payback-System werden hier geboten.

Rewe
presse@rewe.de

www.rewe.de
Die Lebensmittel der Rewe-Märkte kann man auch online bestellen und sich liefern lassen.

tegut... gute Lebensmittel
info@tegut.com

www.tegut.com
tegut... informiert über gute Lebensmittel und Bioprodukte. Rezepte sowie Stellenangebote komplettieren das Angebot.

toom
kontakt-toom@rewe.de

www.toom.de
Hier können die Angebote der Woche betrachtet werden. Den passenden Laden in der Nähe findet man über die Suchmaske.

Lebensmittel/Lebensmittelmärkte & Discounter/Allgemein

Discounter-in-deutschland.de
info@discounter-in-deutschland.de

www.discounter-in-deutschland.de
Verzeichnis der Discounter in Deutschland mit Adressangaben und teilweise mit Öffnungszeiten.

Lebensmittel/Milchprodukte

Campina
kundenservice@campina.com

www.campina.de
Alles rund um das Thema Milch und gesunde Ernährung. Wissenswertes über Produkte und Marken wie Campina oder Puddis.

Danone
kontakt@danone.de

www.danone.de
Infos zum Unternehmen, zum Forschungsinstitut, zu den Engagements und zu den Produkten von Danone.

Exquisa
info@exquisa.com

www.exquisa.de
Infos rund um die Produkte Exquisa-Frischkäse und -Fruchtquark, mit leckeren Rezeptideen und interessantem Milchlexikon.

Molkerei Alois Müller
info@muellermilch.de

www.muellermilch.de
Alles rund um die Molkerei Müller: Von Produkt-/Unternehmensinfos bis zum müllerigen Spaß bei immer neuen Gewinnspielen.

Lebensmittel/Milchprodukte/Joghurt & Dessert

Ehrmann

www.ehrmann.de
Der Hersteller von Joghurt-, Quark- und Dessertspezialitäten bietet Erläuterungen zu den Produkten sowie leckere Rezepte an.

FruchtZwerge.de
info@fruchtzwerge.de

www.fruchtzwerge.de
Alles über die Produkte und zur Ernährung. Tolle Spiele und die „Danonino's Welt".

Landliebe
kundenservice@campina.com

www.landliebe.de
In der Landliebe-Welt gibt es alles Wissenswerte zu den verschiedenen Milchprodukten von Landliebe.

Optiwell
kundenservice@frieslandcampina.com

www.optiwell.de
Relevante Informationen rund um die Optiwell-Welt: Details zu den Produkten und Tipps zu Fitness und Ernährung.

Lebensmittel/Milchprodukte/Käse

Erhards Käse Speck Shop
tsapfisterhammer@t-online.de

www.erhards-kaese-speck-shop.de
Käsespezialitäten aus Tirol und dem Bregenzer Wald. Käsehandel mit feinen Tiroler Käsespezialitäten.

Hochland
info@hochland.com

www.hochland.de
Firmenprofil, Marken- und Produktübersicht (Almette, Hochland, Patros und Valbrie) sowie Rezeptvorschläge von Hochland.

Käse Schuster
info@kaese-schuster.de

www.kaese-schuster.de
Internationales Rohmilch-Käseangebot mit besonderem Käse aus bäuerlicher Herstellung. Versand und Hauslieferservice.

Lebensmittel/Milchprodukte/Milch

Milch & Markt
info@milch-markt.de

www.milch-markt.de
Daten und Fakten rund um die Milch. Der Presse-Online-Service der deutschen Milchindustrie bietet Hintergrundmaterial.

Lebensmittel/Nahrungsergänzung

Helfenberg
service@helfenberg-shop.de

www.helfenberg-shop.de
Verschiedene Nahrungsergänzungsmittel mit wichtigen Vitalstoffen.

Quintessence
info@natuerlich-quintessence.de

www.natuerlich-quintessence.de
Versandhandel für ausgewählte Produkte aus der Natur für Gesundheit und Vitalität.

vitalingo

www.vitalingo.com
Umgangreiches Angebot an Nahrungsergänzungsmitteln.

Lebensmittel/Nahrungsmittelintoleranz

Allergico
info@allergico.net

www.allergico.net
Infos rund um Lebensmittelallergien mit vielen Rezepten, einem Forum und Direktkontakt zu einer Ernährungsberaterin.

Allergiefrei Essen
info@allergiefreiessen.de

www.allergiefreiessen.de
Nahrungsmittel für Allergiker und Personen mit Intoleranzen. Produkte ohne Gluten, Laktose, Fruktose und Zusatzstoffe.

FoodOase
info@foodoase.de

www.foodoase.de
Lebensmittel für besondere Ernährungsbedürfnisse. Glutenfrei, sojafrei, laktosefrei, eifrei, nussfrei und hefefrei.

Glutenfrei Geniessen
service@glutenfreigeniessen.de

www.glutenfreigeniessen.de
Große Auswahl an glutenfreien Lebensmitteln wie Brot, Gebäck, Backzutaten, Wurst, Brotaufstriche, Getränke oder Gewürze.

glutenfrei-supermarkt.de
info@glutenfrei-supermarkt.de

www.glutenfrei-supermarkt.de
Glutenfreie Lebensmittel mit umfassenden Allergie- und Nährwert-Informationen.

kochen-ohne.de
info@kochen-ohne.de

www.kochen-ohne.de
Rezepte zum Genießen und für eine ausgewogene Ernährung trotz Lebensmittelallergien und -intoleranzen.

Laktonaut
laktonaut@laktonaut.de

www.laktonaut.de
Suchmaschine für laktosefreie Lebensmittel. Man kann auch selbst neue Produkte eintragen.

nmi
infos@nahrungsmittel-intoleranz.com

www.nahrungsmittel-intoleranz.com
Portal zu Lebensmittelunverträglichkeiten wie Laktoseintoleranz, Fructoseintoleranz, Histaminintoleranz oder Zöliakie.

Querfood
info@querfood.de

www.querfood.de
Glutenfreie Lebensmittel. Im Produktfilter kann man auch andere Allergene angeben. Auch Rezepte und Infos zu Zöliakie.

Lebensmittel/Nudeln & Pasta

Pasta Store
info@pastastore.de

www.pastastore.de
Pasta in allen Formen und Farben kaufen, dazu Rezepte und nützliche Informationen zum Thema italienische Küche.

Pastarie
mail@pastarie.com

www.pastarie.com
Wunschpasta zusammenstellen lassen und bestellen. Pastaform auswählen, Zutaten hinzufügen und individuell verpacken.

Pastashop24
info@pastashop24.de

www.pastashop24.de
Tagiatelle in sechs Farben, gestreifte Lasagneplatten, Soja-Spaghetti, Deutschland-Farfalline oder ganz normale Nudeln.

spaetzle.de
info@spaetzle.de

www.spaetzle.de
Anleitung zum Spätzleschaben, Spätzlerezepte und andere schwäbische Rezepte. Infos zu Herstellern und Hintergrundwissen.

Lebensmittel/Obst

Fruitlife
verwaltung@fruitlife.de

www.fruitlife.de
Infos über einheimische und exotische Früchte sowie Nüsse. Mit Bildern, Tipps zum Einkauf, zur Lagerung und zum Verzehr.

Mundraub.org
info@mundraub.org

www.mundraub.org
Auf der Mundraubkarte findet man frei nutzbares Obst und Gemüse. Dieses kann man kostenlos ernten.

Lebensmittel/Pizza

Joey's Pizza
info@joeys.de

www.joeys.de
Bei Joey's gibt es leckere Pizza, feine Pasta und frische Salate – online bestellen und nach Hause liefern lassen.

pizza.de
info@pizza.de

pizza.de
Über 5.000 Lieferdienste (Pizza, Pasta, Sushi, Döner etc.) mit aktuellen Besteller-Bewertungen. Direkt online bestellen.

pizza-taxi.de

www.pizza-taxi.de
Übersicht über Pizza-Lieferdienste in ganz Deutschland.

Lebensmittel/Regional/Schwaben

Augenschmaus und Gaumenfreude
judith.vollmer@schwaebisches-kulinarium.de

www.schwaebisches-kulinarium.de
Eine große Auswahl an schwäbischen Spezialitäten, badischen Delikatessen und mediterraner, kulinarischer Feinkost.

Lebensmittel/Reis

ORYZA
service-oryza@euryza.de

www.oryza.de
Interessantes zum ORYZA Reis-Sortiment, viele tolle Rezepte und Wissenswertes rund ums Thema Reis und die Marke ORYZA.

reis-fit
service-reis-fit@euryza.de

www.reis-fit.de
Hier findet man verschiedene Reisgerichte für jeden Anlass sowie Tipps für die Zubereitung oder Dekoration.

Reishunger
kontakt@reishunger.de

www.reishunger.de
Reis: Basmatireis, Milchreis, Risottoreis, Jasminreis, Sushireis, schwarzer Reis, Klebreis oder roter Reis.

Lebensmittel/Soßen

Tabasco
info@tabasco.de

www.tabasco.de
Woraus besteht Tabasco? Was ist die Scoville-Skala? Warum sind Chilischoten so scharf? Antworten gibt es hier.

Lebensmittel/Suppen

Suppenkunst.de
info@suppenkunst.de

www.suppenkunst.de
Infos aus der Welt der Suppen und Eintöpfe: Klassische, moderne und süße Rezepte, Suppen-Etikette sowie Omas Rezepte.

Lebensmittel/Süßwaren

Gemischte-Tuete.com
info@gemischte-tuete.com

www.gemischte-tuete.com
Süßigkeiten selber mischen, auch mit persönlichem Gruß. Als Geschenk oder zum Naschen.

MeinRiegel
info@meinriegel.de

www.meinriegel.de
Müsliriegel mit Wunschzutaten selbst kreieren: Auch Ausgefallenes wie Bärlauch oder Zwiebeln kann man hinzufügen.

nascherie.com
info@nascherie.com

www.nascherie-shop.de
Individuell bedruckte Foto- und Motivtorten, Trüffel, Pralinen, Feingebäck, Konfitüren, süße und herzhafte Knabbereien.

scake
info@scake.com

www.scake.com
Bei scake kann man Torten mit eigenem Fotomotiv oder Fotomotiven aus der vorgegebenen Auswahl bestellen.

Suessware.de
mail@suessware.de

www.suessware.de
Süßwarenversand mit breitem Sortiment von Fruchtgummis bis Keksen und Gebäck; auch Süßwaren ohne Gelatine.

suesswaren.com
info@loeper-lieferts.de

suesswaren.com
Schokolade, Fruchtgummi, Kaugummi, Lakritze, Bonbons, Brause, Lollis, Schaumzucker, Gebäck und Snacks.

Sugafari
go@sugafari.com

www.sugafari.com
Auf der Sugafari entdeckt man, welche Süßigkeiten wo auf der Welt gegessen werden und kann diese gleich online bestellen.

● **World of Sweets**
info@worldofsweets.de
☎(040) 609 2460-0

www.worldofsweets.de
Spezialversender mit deutschem und internationalem Sortiment rund um Süßwaren, Snacks und Getränke. Durch das hauseigene Pick & Mix-System lassen sich auf Wunsch individuelle Mischungen aus Fruchtgummi, Schaumzucker, Lakritz und Bonbons zusammenstellen. **(Siehe Abbildung)**

World of Sweets **www.worldofsweets.de**

süss-versand.de
info@suess-versand.de

www.suess-versand.de
Süßwaren-Versandhandel mit den neuesten Schleckereien.

Süsswaren-Paradies
info@suesswaren-paradies.de

www.suesswaren-paradies.de
Fruchtgummi, Lakritze, Marshmallows, Schokolade, Pralinen und erotische Leckereien.

sweets-online.com
info@loeper-lieferts.de

www.sweets-online.com
Bonbons, Fruchtgummi, Gebäck, Kaugummi, Knabberartikel, Lakritz, Lutscher, Popcorn, Riegel und Schaumzucker.

Lebensmittel/Süßwaren/Eis

Langnese

www.langnese.de
Magnum, Cornetto, Cremissimo, Solero, Eis-Klassiker, Sammelspaß mit Heartbeat-Promotion sowie Fashion.

Nestlé Schöller
info@schoeller.de

www.schoeller.de
Eine Übersicht über die Eiscremeprodukte, Unternehmensinfos, Jobbörse, Events sowie Games und Gewinnspiele.

Lebensmittel/Süßwaren/Gummibärchen

Der Zuckerbäcker
team@der-zuckerbaecker.de

www.der-zuckerbaecker.de
Online-Kiosk für Süßigkeiten im Tante-Emma-Design in nostalgischen Verpackungen. Süßwaren aus vergangenen Tagen.

HARIBO

www.haribo.com
Mit dem Goldbär durch die Haribo-Galaxie: Wissenswertes zum Unternehmen, den Produkten und der Geschichte des Goldbären gibt es auf dem Info-Planeten. Jede Menge Spiele, das lustige Haribo-Horoskop und phantastische Haribo-Welten lassen einen auf dem Spaß-Planeten die Zeit vergessen.

Naschplatz
mail@naschplatz.de

www.naschplatz.de
Bei Naschplatz kann man seine Lieblings-Gummibärchen zusammenmischen und sie sich zuschicken lassen.

Lebensmittel/Süßwaren/Kekse

Cookie Cabana
info@cookiecabana.com

www.cookiecabana.com
Amerikanische Kekse aus vielen Zutaten kann man hier selbst zusammenstellen, backen lassen und frisch geliefert bekommen.

Das Keks-Backstübchen
info@das-keks-backstuebchen.de

www.das-keks-backstuebchen.de
Keks-Shop mit nach Themen sortiertem Sortiment, interessanten Artikeln zum Keksgenuss und Sonderanfertigungen.

Heimlichs-Kekse.de
postmaster@heimlichs-kekse.de

www.heimlichs-kekse.de
Kekse, Plätzchen und Weihnachtsgebäck. Auch viele Sorten für Allergiker, Diabetiker und Menschen, die Dinkel mögen.

Kekstester

www.kekstester.de
Die Kekstesterin bloggt über die Kekse ihres Lebens, über Geschmack, Inhaltsstoffe und Rezepte.

knusperreich

www.knusperreich.de
Neben dem klassischen Schoko-Cookie gibt es hier auch extravagante Varianten wie einen Müsli-Cranberri-Cookie.

Lebensmittel/Süßwaren/Schokolade & Pralinen

Cacaomundo
ilenserm@gmx.de

www.wir-lieben-schokolade.de
Eine große Auswahl an Schokolade in verschiedenen Geschmacksrichtungen. Auch Präsente und Fruchtaufstriche.

Camondas
info@camondas.de

www.camondas.de
Schokoladen von Chocolatiers aus aller Welt: Pralinen, Tafelschokoladen und Schokoladengeschenke.

chocolato.de
info@chocolato.de

www.chocolato.de
Hier kann man nach persönlichem Geschmack individuelle Pralinen-Schachteln selbst zusammenstellen.

● **chocolats-de-luxe.de**
info@chocolats-de-luxe.de
☎(0511) 78094370

www.chocolats-de-luxe.de
Edle Tafelschokoladen, Pralinen, Trinkschokoladen, Kakao, Brotaufstriche, Bioschokoladen, zuckerfreie Schokolade, Grußkarten aus Schokolade sowie schokolierte Früchte und Nüsse von den besten Chocolatiers der Welt. Es gibt auch ein Genuss-Abonnement, das monatlich mit Schokoladenpaketen überrascht. **(Siehe Abbildung)**

Chocotique
info@chocotique.de

www.chocotique.de
Feine Schokoladen und Pralinen als Geschenk oder zum Selbstgenießen. Mit einem Pralinenkonfigurator.

Chocri

www.chocri.de
Hier kann man seine eigene Schokolade mit verschiedenen Zutaten kreieren.

Gubor Schokoladen
info@gubor.de

www.gubor.de
Sortiment, Rezepte, Herstellung, Historie, FAQs und Online-Games der Premium-Schokoladenmarke Gubor.

Hussel
info@hussel.com

www.hussel.de
Ausgefallene Schokoladenfiguren, Pralinen und Trüffel.

Info-Zentrum Schokolade
contact@infozentrum-schoko.de

www.infozentrum-schoko.de
Diese Seite informiert über die Geschichte und die Entstehung der Schokolade sowie über den Kakaoanbau.

Krassola.de

www.krassola.de
Hier kann man seine eigene Schokolade kreieren und dabei aus vielen Zutaten wie Nüssen, Beeren und Keksen wählen.

meinewunschpraline.de
info@meinewunschpraline.de

www.meinewunschpraline.de
Wer schon immer Pralinen oder Schöpfschokoladen ganz nach seinem persönlichen Geschmack gestalten wollte, kann hier schnell und einfach in vier Schritten seine individuellen Kreationen erstellen. Für jeden Anlass gibt es auch noch die passende Verpackung. **(Siehe Abbildung)**

Milka
milka.de@krafteurope.com

www.milka.de
In der lila Alpenwelt kann man viel über Schokolade lernen, Fanartikel erwerben und an tollen Online-Aktionen teilnehmen.

RITTER SPORT Schokolade
info@ritter-sport.de

www.ritter-sport.de
Hier findet man alles rund um das Schokoladenquadrat und viel Interessantes aus der Welt der Schokolade.

Schokolade und Kakao
info@theobroma-cacao.de

www.theobroma-cacao.de
Geschichte, Anbau, Herstellung, Gesundheit, Rezepte über Schokolade. Mit Forum und umfangreichem Branchenbuch.

Lebensmittel/Tiefkühlkost

bofrost*
service@bofrost.de

www.bofrost.de
bofrost* liefert Tiefkühl-Spezialitäten und Eis direkt ins Haus.

Frosta
info@frosta.de

www.frosta.de
Tiefkühlkost in den Bereichen Fertiggerichte, Fisch, Gemüse und Obst. Mit vielen Rezeptideen und Nährwertübersicht.

meinewunschpraline.de   **www.meinewunschpraline.de**

iglo
vbinfo@iglo.com

www.iglo.de
Infos über Iglo-Produkte: Gemüse, Fisch, Fertiggerichte und andere Leckereien, Rezeptvorschläge und Ernährungswissen.

Lebensmittel/Trockenfrüchte & Nüsse

Bite Box
info@bitebox.com

www.bitebox.com
Nüsse und Trockenfrüchte für die gesunde Zwischenmahlzeit werden wöchentlich in einer Überraschungsbox geliefert.

Deliwelt
info@deliwelt.de

www.deliwelt.de
Eine Nussrösterei, die Nussmischungen mit Namen anbietet wie: Delicious Asia, Wasabi Mix oder Pariser Hochzeitsmandeln.

Kernenergie
team@kern-energie.com

www.kern-energie.com
Bei Kernenergie kann man Nüsse zu individuellen Lieblingsmischungen zusammenstellen und bestellen.

mycrackers
info@mycrackers.de

www.mycrackers.de
Nussmischungen, Reiscracker, Trockenobst- und Trockengemüsechips, Müsli und Schokolinsen.

Schmütz Naturkost
info@schmuetz-naturkost.de

www.schmuetz-naturkost.de
Getrocknete Biofrüchte: Ananasringe, Apfelringe, Beeren, Birnen, Datteln, Feigen, Ingwer, Mango, Papaya, Tomaten.

Rezepte

Chefkoch
info@pixelhouse.de

www.chefkoch.de
User helfen Usern zum Thema Kochen in über 7,9 Millionen Beiträgen, 140.000 Rezepten und professionellen Anleitungsvideos.

● **cook it yourself**
info@cook-it-yourself.com

www.cook-it-yourself.com
Die Koch- und Rezeptseite bietet eine große Auswahl an Gerichten, bei deren Auswahl individuelle Ernährungsgewohnheiten berücksichtigt werden. So finden hier Allergiker, Vegetarier oder Veganer zahlreiche Rezeptvorschläge, welche mit den passenden Lebensmitteln angezeigt werden. **(Siehe Abbildung)**

eatsmarter.de
info@eatsmarter.de

www.eatsmarter.de
Über 1.000 Rezepte dargestellt mit Bildern und detaillierten Step-by-step-Fotos.

Effilee
info@effilee.de

www.effilee.de
Ein Magazin über Essen und Trinken. Mit Restaurantkritiken, Kochbuchrezensionen, Rezepten und Grundlagenwissen.

essen-und-trinken.de
service@essen-und-trinken.de

www.essen-und-trinken.de
Viele Rezepte für Anfänger und Profis sowie Kochvideos und eine große Community mit Foren.

foolforfood.de
info@foolforfood.de

www.foolforfood.de
Ständig neue, interessante Rezepte, vorgestellt mit Bildern.

genussblogs.net
genussblogs@gmail.com

www.genussblogs.net
Große Sammlung von kulinarischen Blogs rund ums Thema Genuss, Ernährung und Lebensmittel aller Art.

huettenhilfe.de
info@huettenhilfe.de

www.huettenhilfe.de
Rezepte, Backrezepte, Kochrezepte und Cocktails. Ein kulinarisches Lexikon und Bilder von Lebensmitteln.

kochbar
support@kochbar.de

www.kochbar.de
Tolle Rezepte zum Nachkochen, eine große Koch-Community und Videos mit Kochanleitungen.

kochbuchland.com
service@kochbuchland.com

www.kochbuchland.com
Dieser Bücher-Online-Shop hat sich auf Kochbücher spezialisiert. Bücher zum Grillen, Länderküchen oder von Sterneköchen.

kochmonster
info@kochmonster.de

www.kochmonster.de
Ein Kochportal für Männer mit Rezepten, Artikeln, Interviews und Kolumnen, Buchempfehlungen und einem Lexikon.

Kochrezept, Das
redaktion@daskochrezept.de

www.daskochrezept.de
Rezepte und Drinks. Ein Lebensmittelschlüssel und eine Kalorientabelle helfen bei der gesunden Ernährung.

Kochrezepte.de
info@womenweb.de

www.kochrezepte.de
Über 49.000 Rezepte von Hobby- und Starköchen, Kochclub, erweiterte Suche, Kochbücher, Menüs, Umrechnung der Portionen.

küchengötter.de
info@kuechengoetter.de

www.kuechengoetter.de
Über 40.000 Rezepte von GU für jeden Anlass. Kochbegeisterte können eigene Rezepte veröffentlichen und in Kochbüchern sammeln.

Lecker.de
online@lecker.de

www.lecker.de
Rezepte für das Kochen, Backen und Getränke-Mixen bietet das Portal der Zeitschrift „Lecker".

man kann's essen!

www.mankannsessen.de
Unter dem Motto: „gehoben aber nicht abgehoben" bloggen hier anspruchsvolle Hobbyköche über ausgefallene Rezepte.

Marions Kochbuch
info@f-knieper.de

www.marions-kochbuch.de
Hier finden sich jede Menge Koch- und Backrezepte mit Fotos und Kalorienangaben, sortiert nach verschiedenen Rubriken.

Mykoch.de
info@mykoch.de

mykoch.de
Web-TV-Koch-Show, die sich auf thailändische Rezepte spezialisiert hat. Alle Rezepte stehen auch auf der Seite.

Rezepte und Küchentipps
info@rezepte-nachkochen.de

www.rezepte-nachkochen.de
Informationen, Rezepte und Tipps zum Thema Essen und Trinken.

cook it yourself   **www.cook-it-yourself.com**

Rezepte-Wiki
kontakt@rezeptewiki.org

www.rezeptewiki.org
Das Rezepte-Wiki ist eine Sammlung von Rezepten an der jeder mitschreiben kann.

starcookers.de
info@starcookers.de

www.starcookers.de
Kochrezepte der deutschen Sterneköche. Mit Porträts der deutschen Spitzenköche.

Welt der Rezepte
beratung@koelln.de

www.welt-der-rezepte.de
Mit über 500 Rezeptvorschlägen findet man in diesem Online-Portal zahlreiche Back- und Kochideen für jede Gelegenheit.

Wir Backen

www.wir-backen.de
Eine Auswahl an Backideen. Die Zubereitung wird einfach und mit vielen Bildern erklärt.

Vegetarier & Veganer

alles-vegetarisch.de
info@alles-vegetarisch.de

www.alles-vegetarisch.de
Versandhandel für vegetarische Köstlichkeiten mit großem Sortiment, wertvollen Informationen und komfortablem Online-Shop.

Lebe Gesund!-Versand
info@lebegesund.de

www.lebegesund.de
Versand veganer Lebensmittel aus friedfertigem Landbau: Brot, Weizenfleisch, Pestos, Apfelchips, Obst und Gemüse.

Rezeptefuchs.de
info@rezeptefuchs.de

www.rezeptefuchs.de
Über 650 ausgewählte Rezepte und eine große vegane Produktdatenbank sortiert nach Fairtraide, Bio und Vegansiegel.

Vegetarier-Bund Deutschland
info@vegetarierbund.de

www.vebu.de
Verzeichnis von vegetarischen Gaststätten und Restaurants und umfangreiche Infos für Vegetarier.

vegetarisch-einkaufen.de
info@vegetarisch-einkaufen.de

www.vegetarisch-einkaufen.de
Das vegetarische Internet-Magazin informiert über vegetarische sowie vegane Produkte und nennt Bezugsquellen.

Veggie Cafe
community@veggiecafe.de

www.veggiecafe.de
Die Internet-Plattform ist eine Community für vegetarisch und vegan lebende Menschen.

JobRobot   www.jobrobot.de

www.jobtv24.de

JobTV24.de

JobTV24.de ist ein Video-Jobportal für Arbeitsuchende und Arbeitgeber. Alle Informationen rund um die Themen Ausbildung, Bewerbung und Karriere gibt es hier hauptsächlich in Form von Videos. Egal ob Karrieremöglichkeiten, Unternehmensdarstellungen oder Ratgeber, alles ist übersichtlich nach Unternehmen, Branche oder Schlagwort aufbereitet. Personalverantwortliche aus den Unternehmen verraten, was ein Bewerber mitbringen muss, was ihn erwartet und welche Entwicklungsmöglichkeiten es für ihn gibt. Wie sehen Arbeitsalltag, Büros und Kleiderordnung aus? Die Filme vermitteln einen ersten Eindruck vom zukünftigen Arbeitgeber.

www.arbeitsrecht.de

arbeitsrecht.de

Jeder Arbeitnehmer sollte seine Rechte kennen! Auf diesem Portal finden Sie Infos zu den verschiedenen Anliegen in Sachen Arbeitsrecht von A wie Abfindung bis Z wie Zahlungsverzug. Hier können Sie Richtersprüche und Urteile, egal ob zum Mutterschutz, zum Tarifvertragsgesetz oder zum Kündigungsschutz sowie Gesetzestexte nachlesen. Sollte dabei das Juristendeutsch zu unverständlich sein, werden im Rechtslexikon Begriffe wie Abdingbarkeit, Effektivgarantieklausel oder Mankohaftung verständlich erklärt. Wenn Sie den fachlichen Rat eines Juristen brauchen, werden Sie im Verzeichnis der Anwälte für Arbeitsrecht fündig.

www.planet-beruf.de

planet-beruf.de

Was sind meine persönlichen Stärken, worauf muss ich bei der Bewerbung für einen Ausbildungsplatz achten und wie bereite ich mich auf ein Vorstellungsgespräch vor? Wenn sich das letzte Schuljahr dem Ende zuneigt, sind viele ratlos – auf der Web-Seite planet-beruf.de der Bundesagentur für Arbeit kannst Du Dich durch viele Berufsbilder klicken und testen, welches am besten zu Dir passt und wie der Tagesablauf eines Automobilkaufmannes oder einer Ergotherapeutin aussieht. Wenn Du Dich entschieden hast, kannst Du mit dem interaktiven Bewerbungstraining Schritt für Schritt Deine Unterlagen vorbereiten oder Dich auf Auswahltests vorbereiten.

www.bewerbung-forum.de

bewerbung-forum.de

Wie bewirbt man sich erfolgreich um eine Arbeitsstelle? Ganz gleich, ob Sie Berufsanfänger sind oder nach längjähriger Berufserfahrung eine neue Herausforderung suchen, bei der Bewerbung herrscht doch immer eine leichte Unsicherheit, wie man sich idealerweise präsentiert. Hier finden Sie zahlreiche Tipps für das richtige Anschreiben und den optimalen Lebenslauf mit entsprechenden Mustervorlagen. Im Forum können Sie sich mit anderen Bewerbern über Ihre Erfahrungen austauschen. Wer doch lieber professionelle Hilfe in Anspruch nehmen möchte, ist auf der Web-Seite www.berufszentrum.de mit über 1.000 kostenpflichtigen Bewerbungsvorlagen gut aufgehoben.

www.gruenderszene.de

gruenderszene.de

Mitarbeiterführung, Online-Recht, SEO, Projektmanagement und Vitamin B – wer sich selbstständig gemacht hat, der muss sich mit vielen neuen Themen vertraut machen. Im Magazin Gründerszene finden Startup-Unternehmer hilfreiche Erfahrungsberichte und Tipps zur Gründung des eigenen Unternehmens. Wenn Sie wissen möchten, welche Rechtsform die richtige für Ihr Unternehmen ist und wo Sie am besten Stellenausschreibungen veröffentlichen sollten, sind Sie hier goldrichtig. Expertenbeiträge, Videointerviews, ein Gründerlexikon sowie eine Datenbank mit Investoren und branchenrelevanten Seminaren helfen Ihnen, stets einen klaren Kopf zu bewahren.

www.iwwb.de

Info-Web Weiterbildung

Im Leben lernt man nie aus. Gerade in der heutigen Zeit muss man sich weiterbilden, um auf dem Arbeitsmarkt eine Chance zu haben. Der ideale Ausgangspunkt zur Recherche nach den passenden Kursangeboten ist diese Meta-Suchmaschine, die alle wichtigen regionalen und überregionalen Weiterbildungsdatenbanken durchsucht. Wo finde ich den nächsten Management-Workshop? Gibt es in meiner Stadt ein Rhetorik-Seminar? Wo gibt es eine Einführung in die Kinesiologie? Die umfangreiche Datenbank erfasst fast eine Million Kurse in Deutschland und leitet zum jeweiligen Anbieter weiter, bei dem man sich dann direkt anmelden kann.

www.jobrobot.de

JobRobot

„JobRobot sucht – und Sie finden!" lautet das Motto dieser Jobsuchmaschine, die aus über 80 Jobdatenbanken und Jobbörsen mehr als 500.000 offene Stellen zusammenträgt. Auf Grund dieses umfangreichen Anbieter-Pools sind die Chancen, hier auf ein passendes Angebot zu stoßen, ziemlich gut. Die Suche erfolgt atemberaubend schnell und weist eine hohe Trefferquote auf – da empfiehlt es sich, die Suche durch Optionen wie branchenspezifische Angaben, den Postleitzahlenbereich oder Stichwörter einzugrenzen. Auch die Veröffentlichung eines eigenen Stellengesuches ist möglich. Im Bewerberforum erhält man Tipps für die richtige Bewerbung.

www.gigajob.de

gigajob

Wer bei gigajob einen Ausbildungsplatz, eine Stelle im Ausland oder einfach nur eine berufliche Herausforderung sucht, wird mit Sicherheit fündig. Die Jobbörse hilft, aus über 250.000 Stellenanzeigen das richtige Angebot zu finden. Wer möchte, kann sich sein eigenes Bewerberprofil mit persönlichen Referenzen anlegen, aktuelle Stellenangebote per E-Mail erhalten und den zukünftigen Arbeitgeber gleich online kontaktieren. Die Suche funktioniert auch umgekehrt: Wer neue Mitarbeiter für den eigenen Betrieb finden möchte, kann die Bewerberdatenbank nach dem passenden Profil durchstöbern und sogar kostenlos eigene Stellenangebote veröffentlichen.

Allgemein

JobTV24.de
info@jobtv24.de

www.jobtv24.de
Videoplattform für Job, Karriere und Existenzgründung mit über 1.000 Filmen, in denen sich Unternehmen präsentieren.

kununu
office@kununu.com

www.kununu.com
Auf der Arbeitgeberbewertungsplattform berichten Mitarbeiter über ihr Arbeitsverhältnis und zeichnen Top-Arbeitergeber aus.

Arbeitslosigkeit

Erwerbslosen Forum Deutschland
info@erwerbslosenforum.de

www.erwerbslosenforum.de
Ausführliche Informationen rund um Hartz IV, mit einem Forum und Download-Bereich für unterschiedliche Anträge.

Arbeitsrecht

Arbeitsrecht
mail@info-arbeitsrecht.de

www.info-arbeitsrecht.de
Wissenswertes zum Individual- und Kollektivarbeitsrecht sowie zum Arbeitsgerichtsprozess für Arbeitgeber und Arbeitnehmer.

arbeitsrecht.de
redaktion@arbeitsrecht.de

www.arbeitsrecht.de
Fachportal für Arbeits- und Sozialrecht mit Informationen über aktuelle Rechtsprechung und Gesetzgebung.

Arbeitsrechtslinks.de
lehrstuhl.richardi@jura.uni-regensburg.de

www.arbeitsrechtslinks.de
Großes Link-Verzeichnis zum Thema Arbeitsrecht (deutsch und international): Gesetze, Tarifverträge, Mobbing, Institutionen.

Arbeitsschutz

Bundesanstalt für Arbeitsschutz und Arbeitsmedizin
poststelle@baua.bund.de

www.baua.de
Die BAuA bietet Infos zu Sicherheit und Gesundheit bei der Arbeit. Verordnungen und Vorschriften im Arbeitsschutz.

sifa-news.de
kontakt@sifa-news.de

www.sifa-news.de
Das Nachrichtenportal im Arbeitsschutz mit allen Vorlagen, Praxishilfen und Vorschriften.

Au-pair

AuPair
info@aupair.de

www.aupair.de
Die Internationale Sprach- und Studienreisen GmbH vermittelt Au-pairs in die USA und andere Länder.

Au-pair-Agenturen.de
info@au-pair-agenturen.de

www.au-pair-agenturen.de
Ein umfassendes Verzeichnis deutscher Au-pair-Agenturen sowie Informationen und Tipps für Au-pairs und Gastfamilien.

Aupairnet24
info@aupairnet24.com

www.aupairnet24.com
Netzwerk für die Au-pair-Vermittlung. Ausführliche Profile und eine detaillierte Suche helfen, ein Au-pair zu finden.

Ausbildung/Allgemein

AZUBIYO
mail@azubiyo.de

www.azubiyo.de
Auf diesem Portal können Lehrstellen und duale Studienangebote gefunden werden. Mit kostenlosem Eignungstest.

AlleBerufe.de

www.alleberufe.de
Portal mit Informationen für alle 350 anerkannten Ausbildungsberufe.

beroobi

www.beroobi.de
beroobi ist ein Portal, das Jugendlichen auf multimediale und interaktive Weise zukunftsträchtige Ausbildungsberufe vorstellt.

Deutscher Bildungsserver
dbs@dipf.de

www.bildungsserver.de
Sehr umfangreicher Web-Katalog zum Thema Bildung und Ausbildung.

ichhabpower.de

ww.ichhabpower.de
ichhabpower.de hilft jungen Menschen bei der Suche nach einem geeigneten Beruf.

Industrie- und Handelskammertag

www.dihk.de
Portal der IHK-Organisation in Deutschland, Infos zu Aus- und Weiterbildung, Standortpolitik und Starthilfe.

Meisterschulen
info@meisterschulen.de

www.meisterschulen.de
Die wichtigsten Informationen zu Industrie- und Handwerksberufen, zudem eine Übersicht von über 3.000 Meisterschulen.

planet-beruf.de
redaktion@planet-beruf.de

www.planet-beruf.de
Alles rund um Berufswahl und Bewerbung für Schüler, Lehrer, Eltern. Berufe-Universum, Bewerbungstraining, Reportagen.

● **Stuzubi - bald Student oder Azubi**
info@dimaverlag.de

www.stuzubi.de
Der Schulabschluss ist zum Greifen nahe? Hier gibt es eine große Stellensuche sowie Infos und Tipps für angehende Studenten und Azubis zu den Themen Bewerbungsunterlagen, Vorstellungsgespräche und Karrieremessen sowie zu der richtigen Hochschulwahl, Studienfächern, dem ersten Uni-Tag und Auslandsaufenthalten. **(Siehe Abbildung)**

Stuzubi - bald Student oder Azubi   **www.stuzubi.de**

Ausbildung/Fernunterricht

● **Distance and Independent Studies Center**
zfuw@zfuw.uni-kl.de

www.zfuw.de
Fernstudium, wissenschaftliche Weiterbildung und E-Learning für Personen, die einen ersten berufsqualifizierenden Hochschulabschluss erworben haben. Angeboten werden Master-Fernstudiengänge in den Bereichen Science & Engineering, Management & Law und Human Resources. **(Siehe Abbildung)**

Europäische Fernhochschule Hamburg
information@euro-fh.de

www.euro-fh.de
Dieses umfangreiche Fernstudien-Programm legt seinen Schwerpunkt auf die Richtungen Wirtschaft, Recht und Management.

Fernakademie für Erwachsenenbildung
kursinfo@fernakademie-klett.de

www.fernakademie-klett.de
Die Fernakademie für Erwachsenenbildung bietet in drei Fachakademien über 170 Lehrgänge mit hochwertigen Abschlüssen an.

Fernschule ILS
kursinfo@ils.de

www.ils.de
Großes Angebot an Fernlehrgängen: Schulabschlüsse, Fremdsprachen, Wirtschaft und Beruf, EDV/Informatik und Medien.

FernUniversität in Hagen
info@fernuni-hagen.de

www.fernuni-hagen.de
An der FernUniversität in Hagen studiert man räumlich und zeitlich flexibel neben Beruf und Familienarbeit.

● **Hamburger Akademie für Fernstudien**
info@haf-mail.de
☎(0800) 999 0800

www.akademie-fuer-fernstudien.de
Ausführliche Informationen zu mehr als 160 staatlich zertifizierten Fernlehrgängen in vier Instituten: Vom Abitur über Psychologie bis zum Betriebswirt – einfach entspannt zu Hause lernen. Man kann sich direkt online für ein Fernstudium anmelden oder ein Gratis-Infopaket anfordern. **(Siehe Abbildung)**

Wilhelm Büchner Hochschule
info@wb-fernstudium.de

www.wb-fernstudium.de
Hochschule für Technik mit den Bereichen Ingenieurwissenschaften, Informatik, Digitale Medien und Technologiemanagement.

Distance and Independent Studies Center   www.zfuw.de

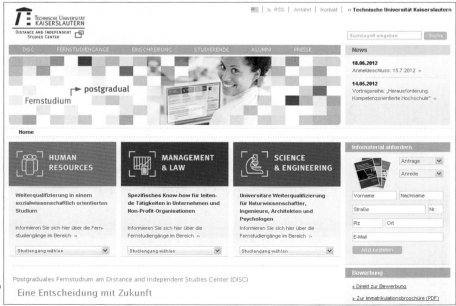

Ausbildung/Lehrstellen

AUBI-plus
info@aubi-plus.de

www.aubi-plus.de
Ausbildungsportal mit Ausbildungsbörsen, Berufs-Scout, Bewerbungs- und Prüfungstipps, Weiterbildung und Forum.

ausbildungsstelle.com
info@ausbildungsstelle.com

www.ausbildungsstelle.com
Hier finden Jugendliche eine Ausbildung und Arbeitgeber ihre Bewerber. Kostenfrei und seit 10 Jahren online.

azubi-online
info@zeitplan-verlag.de

www.azubi-online.com
Aktuelle Ausbildungsangebote, 400 Lehrberufe von A bis Z, Tipps zur Bewerbung, Berufswahlratgeber, Ratgeber im Berufsleben.

Azubitage.de

www.azubitage.de
Informationen zu den Ausbildungsmessen sowie eine umfangreiche Ausbildungsplatz- und Studienplatzbörse.

Azubi-topline.de

www.azubi-topline.de
Ausbildungs- und Lehrstellenangebote mit übersichtlichen Trefferlisten, regionale oder deutschlandweite Suchfunktion.

gigajob
info@gigajob.com

www.gigajob.com
Jobportal mit Ausbildungsangeboten und -gesuchen sowie Tipps zu Job, Bewerbung und Ausbildung. Kostenlose Nutzung möglich.

IHK-Lehrstellenbörse
kiss.markus@dihk.de

www.ihk-lehrstellenboerse.de
Betriebe können hier ihre Ausbildungsplätze anbieten und Jugendliche können nach Lehrstellen suchen.

monster.de
info@monster.de

www.monster.de
Jobbörse, auf der Unternehmen und Bewerber den idealen Kandidaten oder die passende Ausbildungsstelle finden können.

Hamburger Akademie für Fernstudien   **www.akademie-fuer-fernstudien.de**

Ausbildung/Medien & Multimedia

Bayerische Akademie für Fernsehen
info@fernsehakademie.de

www.fernsehakademie.de
Studiengänge für Fernsehjournalismus, Kamera, Schnitt und 3D-Animation. Aufbaustudium zum TV-Produktionsmanager.

Europäische Medien- und Event-Akademie
info@event-akademie.de

www.event-akademie.de
Aus- und Weiterbildung, Event-Management und -Technik, Koordination und Vernetzung von Bildungsträgern und Einrichtungen.

Macromedia.de
info.muc@macromedia.de

www.macromedia.de
Bildungsangebote von Macromedia: Studiengänge und Berufsausbildungen für die Werbe-, Film-, TV- und Veranstaltungsbranche.

● **Mediengestalter.info**
info@mediengestalter.info

www.mediengestalter.info
Community für Medienschaffende und Mediengestalter Digital- und Printmedien (Print/Non-Print) und Bild und Ton. Themen sind Ausbildung, Prüfungen und Beruf, Web- und Mediendesign, Medien-Produktion, Wissensvermittlung und Kreatives. Die Seite bietet einen umfangreichen Forenbereich. **(Siehe Abbildung)**

Medienstudienfuehrer.de
info@medienstudienfuehrer.de

www.medienstudienfuehrer.de
Über 950 Studiengänge und Weiterbildungsangebote aus dem Medienbereich auf einen Blick: etwa Studieninhalte und Fristen.

Ausbildung/Versicherungen

● **BWV Bildungsverband**
info@bwv.de

www.bwv.de
Überregionales Bildungsprogramm und umfangreiche Lehr-, Lern- und Informationsangebote für die Versicherungswirtschaft. Infos über den beruflichen Einstieg, über Aus- und Weiterbildung durch Lehrgänge und Seminare, auch im Bereich Neue Medien sowie Allgemeines zur Karriere. **(Siehe Abbildung)**

Mediengestalter.info   **www.mediengestalter.info**

Auslandsjobs

Karriere im Ausland
info@karriere-im-ausland.de

www.karriere-im-ausland.de
Alle Infos zu Auslandsthemen wie Arbeiten, Studium, Praktika, Sprachreisen, Work and Travel, High School oder Au-pair.

World of XChange
info@world-of-xchange.com

www.world-of-xchange.com
Weltweite Vermittlung von Praktika, Sprachkursen, Work and Travel, Studienplätzen, Jobs und High-School-Aufenthalten.

**Zentrale Auslands-
und Fachvermittlung (ZAV)**
zav@arbeitsagentur.de

www.ba-auslandsvermittlung.de
Fachvermittlung: Vermittlung von Führungskräften in mittelständische Unternehmen. Außerdem Vermittlung von Künstlern.

Auswandern

auswandern info
info@auswandern-info.com

www.auswandern-info.com
Infos und Hilfestellungen für Auswanderer: Fremdsprachen lernen, Hotel- und Flugbuchung, Länder im Überblick, weitere Ratgeber.

Auswandern-webforum.de
info@auswandern-webforum.de

www.auswandern-webforum.de
Im Forum diskutieren Ausgewanderte mit Auswanderungswilligen und geben hilfreiche Tipps.

wohin-auswandern.de
kg@nomaden-web.de

www.wohin-auswandern.de
Großer Ländervergleich für die Suche nach dem richtigen Auswanderungsland. Mit Länderreportagen und Interviews.

Betriebsräte

SoliServ.de

www.soliserv.de
Datenbank für Betriebsräte und Arbeitnehmer mit arbeits- und sozialrechtlichen Urteilen und Links zu Gewerkschaften.

BWV Bildungsverband   **www.bwv.de**

Bewerbung & Arbeitszeugnisse

arbeits-abc.de
info@arbeits-abc.de

www.arbeits-abc.de
Tipps zur Bewerbung und zum Vorstellungsgespräch. Kostenpflichtige Mustervorlagen für die erfolgreiche Bewerbung.

Arbeitszeugnis
arbeitszeugnis@ziel-gmbh.de

www.arbeitszeugnis-info.de
Hier kann man ein Arbeitszeugnis in nur 20 Sekunden am Bildschirm erstellen. Außerdem ein Zeugnisprogramm zum Downloaden.

● **Berufszentrum**
kundenservice@berufszentrum.de
☎(05731) 84 207 35

www.berufszentrum.de
Deutscher und englischer Bewerbungsservice. Professionelle Erstellung und Überprüfung von Bewerbungsunterlagen. 5.000 Muster in MS-Word zu Anschreiben, Lebenslauf, Arbeitszeugnis und Arbeitsvertrag sofort per E-Mail. Kostenloser Bewerbungsratgeber. Seminare und Coaching für Fach- und Führungskräfte. **(Siehe Abbildung)**

Bewerben.de – Online-Bewerbungsservice
info@bewerben.de

www.bewerben.de
Unterstützung von Fach- und Führungskräften im gesamten Bewerbungsprozess vom Bewerbungsschreiben bis zur Karriereplanung.

bewerbung-forum.de
service@bewerbung-forum.de

www.bewerbung-forum.de
Infos rund um das Zusammenstellen einer Bewerbung: Anschreiben, Lebenslauf, Fotos sowie Tipps für Bewerbungsgespräche.

BewerbungsShop24
kundenservice@bewerbungsshop24.de

www.bewerbungsshop24.de
Online-Shop und Spezialversand für exklusive und günstige Bewerbungsmappen sowie professionelles Zubehör zur Bewerbung.

CVOne.de
info@cvone.de

www.cvone.de
Software zur Erstellung von eigenen Videobewerbungen, inklusive Bewerbungs-Homepage und Hosting der Bewerbung.

Zeugnisdeutsch

www.zeugnisdeutsch.de
„Zeugnisdeutsch" entschlüsselt die Codes im Arbeitszeugnis und bietet eine kostenlose Online-Bewertung von Zeugnissen.

Büromanagement & Sekretariat

Bundesverband Sekretariat und Büromanagement e. V.
info@bsb-office.de

www.bsb-office.de
Berufsverband, Netzwerk für Office-Professionals: Branchenrelevante Infos und Veranstaltungen, Aus- und Weiterbildung.

sekretaria.de
info@sekretaria.de

www.sekretaria.de
Die Online-Community für Sekretariat und Assistenz bietet Infos, Vorlagen, Tools und Austausch rund ums Office-Management.

Sekretariat-inside.de
info@sekretariat-inside.de

www.sekretariat-inside.de
Praxistipps für Sekretärinnen aus den Bereichen Briefgestaltung, Chefentlastung, Arbeiten am PC sowie Business-Englisch.

Existenzgründung & Selbstständigkeit

BMWI Existenzgründer-Portal
info@bmwi.bund.de

www.existenzgruender.de
Der optimale Einstieg für alle Gründerinnen und Gründer: Infomaterial, Check-Listen, Experten-Interviews und Datenbanken.

deutsche startups

www.deutsche-startups.de
Informationen über deutsche Start-ups und deren Investoren.

förderland
info@foerderland.de

www.foerderland.de
Unabhängiges, bundesweites Informations- und Nachrichtenportal für Gründer und Unternehmer.

freelance.de
team@freelance.de

www.freelance.de
Freelance.de bringt Freiberufler und Projekte zusammen. Aus allen Branchen findet man hier Freelancer und Projektangebote.

gruenderszene.de
redaktion@gruenderszene.de

www.gruenderszene.de
Das Existenzgründungsmagazin bietet Informationen und Links zu allen Themen rund um die Selbstständigkeit.

gruendungszuschuss.de

www.gruendungszuschuss.de
Informationen zu Gründungszuschuss und Einstiegsgeld für die Selbstständigkeit.

Seedmatch
info@seedmatch.de

www.seedmatch.de
Seedmatch ist eine Plattform zum Crowdfunding für Startups. Junge Firmen können sich präsentieren und so Geld sammeln.

Selbständig im Netz
info@selbstaendig-im-netz.de

www.selbstaendig-im-netz.de
Das Blog informiert übers Geldverdienen im Internet. Mit Themen wie Ideen, Kundengewinnung, Recht oder Umsetzung.

Unternehmer.de
redaktion@unternehmer.de

www.unternehmer.de
Fachartikel zu den Bereichen Unternehmensgründung, Finanzierung, Management, Marketing, IT, Recht und E-Commerce.

Venture TV
kontakt@venturetv.de

www.venturetv.de
Web-Seite mit Interviews von Geschäftsgründern: Erfahrungen, Informationen und Ideen zur Selbstständigkeit.

Existenzgründung & Selbstständigkeit/Franchise

Franchise Direkt
diana@franchisedirekt.com

www.franchisedirekt.com
Franchise Direkt vermittelt Existenzgründern detaillierte Informationen über lokale und internationale Franchise-Unternehmen.

Franchise Portal
contact@franchiseportal.de

www.franchise-portal.de
Das Portal bietet eine Übersicht etablierter Franchise-Angebote.

FranchiseKey
info-germany@franchisekey.com

www.franchisekey.de
Internationale Vermittlungsplattform mit erprobten Geschäftsideen für Franchise und Existenzgründung.

franchise-net
info@franchise-net.de

www.franchise-net.de
Das Online-Portal für Existenzgründer, Franchise-Geber und -Dienstleister bietet aktuelle Infos zum Thema Franchising.

FranchisePORTAL
contact@franchiseportal.de

www.franchiseportal.de
Das FranchisePORTAL bietet zahlreiche Angebote für die Existenzgründung oder ein zweites berufliches Standbein.

franchisestarter
info@franchisestarter.de

www.franchisestarter.de
Informationen zum Thema Franchise: Aktuelle Meldungen, Franchise-Wissen mit Lexikon, Fachbeiträge und Online-Messe.

Franchising.de
info@franchising.de

www.franchising.de
Wer sich selbstständig machen möchte und dabei Franchising in Erwägung zieht, findet hier alle nötigen Infos.

Gewerkschaften

Deutscher Gewerkschaftsbund
info.bvv@dgb.de

www.dgb.de
Infos zum DGB und zu Themen wie Tarifpolitik, Mitbestimmung, Bildungspolitik, Altersvorsorge und Migrationspolitik.

Gewerkschaft Erziehung und Wissenschaft
info@gew.de

www.gew.de
Infos zu Bildungsthemen, Presseinfos und Literaturtipps. Serviceangebote für Mitglieder.

Gewerkschaft Nahrung-Genuss-Gaststätten
hauptverwaltung@ngg.net

www.ngg.net
Informationen über Rechte und Tarife in der Nahrungs- und Genussmittelbranche und im Hotel- und Gaststättengewerbe.

IG BAU
online-redaktion@igbau.de

www.igbau.de
Industriegewerkschaft für die Berufsbereiche Bauen, Agrar und Umwelt. Mit Brancheninfos und News zu aktuellen Themen.

IG Metall

www.igmetall.de
Aktuelle Meldungen der IG Metall, Ratgeber rund um den Arbeitsplatz mit Infos zu Tarifverträgen und Arbeitsrecht.

IGBCE
info@igbce.de

www.igbce.de
Industriegewerkschaft, die Beschäftigte in den Bereichen Bergbau, Chemie und Energie vertritt. Zahlreiche Infos zu Tarifen.

ver.di
info@verdi.de

www.verdi.de
Die Vereinte Dienstleistungsgewerkschaft ver.di informiert über die Berufe der einzelnen Fachbereiche sowie Tarifabschlüsse.

Lohn & Gehalt

companize
redaktion@companize.com

www.companize.com
Kostenfreier Gehaltsvergleich bis auf die Ebene von Kollegen derselben Firma sowie Bewertung von Arbeitgebern.

gehaltsvergleich.com

www.gehaltsvergleich.com
Datenbank, mit der man seinen Arbeitsmarktwert mit anderen Menschen vergleichen kann.

Lohnspiegel.de

www.lohnspiegel.de
Der kostenlose Lohn- und Gehaltscheck bietet Informationen zu 280 Berufen.

Nettolohn.de
kontakt@nettolohn.de

www.nettolohn.de
Kostenlose Berechnung des Nettolohns unter Berücksichtigung der Sozialabgaben.

Praktikumsstellen & Praktikumsbörsen

Career-contact
info@career-contact.de

www.career-contact.net
Wegweiser für Jobs und Praktika im Ausland: Infos zu einzelnen Ländern, zu Programmen sowie zu Arbeitsbedingungen.

meinpraktikum.de
info@employour.de

www.meinpraktikum.de
Bewertungsplattform, auf der man Informationen über die zukünftige Praktikumsstelle einholen kann.

monster.de

www.monster.de
Praktikumsstellen in allen Berufsfeldern.

Praktika.de
service@praktika.de

www.praktika.de
Datenbanken und Informationen zu den Themen Praktikum, Auslandsjobs, Berufseinstieg und Diplom.

Praktikum.info
kontakt@praktikum.info

www.praktikum.info
Angebote und Gesuche von Praktika, Diplomarbeiten, Studentenjobs, Stellenangeboten oder Praxissemesterplätzen.

praktikumsanzeigen.info
service@praktikumsanzeigen.info

www.praktikumsanzeigen.info
Über 6.000 Praktika, Trainee-Positionen und Einstiegsjobs im In- und Ausland.

UNICUM Praktikumsbörse
karrierezentrum@unicum-verlag.de

praktikum.unicum.de
Kostenloser Service für Studierende und Arbeitgeber: Große, nach Branchen sortierte Praktikumsbörse.

Seminare & Weiterbildung

● **frontline consulting group**
info@frontline-consulting.de
☎(089) 500 77 97 0

www.frontline-consulting.de
Die frontline consulting group ist Premium-Anbieter von Praxis-Transfer-Trainings für das Optimieren persönlicher Kompetenzen in den Bereichen Management, Führung, Rhetorik, Kommunikation, Verkauf, Vertrieb und Projektmanagement. **(Siehe Abbildung)**

frontline consulting group　　　　　**www.frontline-consulting.de**

Anzeige

allekurse.de info@allekurse.de	**www.allekurse.de** Bildungsportal für Beruf und Freizeit. Über 65.000 Kurse aus den Bereichen EDV, Kultur, Health, Sport und Wirtschaft.
edudip info@edudip.com	**www.edudip.com** Plattform für Online-Seminare. Trainer finden oder Seminare abhalten. Firmen können auch interne Schulungen anbieten.
emagister.de info@mail.emagister.de	**www.emagister.de** Plattform, die Aus- und Weiterbildungsanbieter mit Kurssuchenden zusammenbringt.
IHK.Online-Akademie info@ihk-online-akademie.de	**www.ihk-online-akademie.de** IHK-Online-Qualifizierungsangebote und Informationen rund um die berufliche Bildung und relevante Wirtschaftsthemen.
Info-Web Weiterbildung	**www.iwwb.de** Meta-Suche nach Kursen in regionalen und überregionalen Weiterbildungsdatenbanken.
semigator	**www.semigator.de** Über 150.000 Schulungen und Seminare für Marketing, Personalmanagement, Sprachen, IT, Jura und das Gesundheitswesen.
WBS TRAINING AG kontakt@wbstraining.de	**www.wbstraining.de** Training, Weiterbildung und Personalentwicklung in den Bereichen SAP, IT, Soft Skills, Sprachen und kaufmännisches Wissen.

Stellenmarkt/Allgemein

● **JobRobot** info@jobrobot.de	**www.jobrobot.de** JobRobot ermittelt täglich über 500.000 aktuelle Jobs aus über 80 Jobbörsen und 20.000 Firmenwebsites und stellt diese übersichtlich mit direkten Links zusammen. Dazu gibt es einen Veranstaltungskalender für Events rund um Ausbildung und Karriere. Außerdem Bewerbungstipps und aktuelle Arbeitsrechtsurteile. **(Siehe Abbildung)**

JobRobot   **www.jobrobot.de**

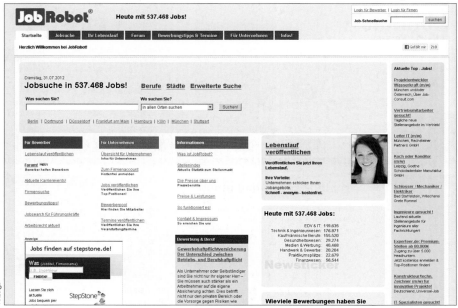

Anzeige

icjobs.de

www.icjobs.de
In dieser Jobsuchmaschine finden sich über zwei Mio Arbeitsstellen.

indeed.de

www.indeed.de
Suchmaschine für Stellenanzeigen und Praktika von Online-Jobbörsen, Zeitungen, Verbänden und Unternehmen.

jobisjob.de
info@jobisjob.com

www.jobisjob.de
Eine Jobsuchmaschine, die es ermöglicht, die interessantesten Stellenangebote aus einer Vielzahl von Jobbörsen zu finden.

Jobs.de
info@jobs.de

www.jobs.de
Reine Suchmaschine für Jobs, die das Internet nach Jobangeboten auf Unternehmensseiten durchsucht und diese auflistet.

jobs.renego.de

jobs.renego.de
Renego durchsucht alle verfügbaren Jobbörsen, direkte Stellenangebote von Unternehmen und Personaldienstleistern.

jobsafari.de
support@jobsafari.de

www.jobsafari.de
Meta-Suchdienst, der zahlreiche Jobbörsen und Firmenseiten im Internet nach Stellenangeboten durchsucht.

Jobscanner
info@jobscanner.de

www.jobscanner.de
Der Suchroboter durchforstet regelmäßig die Web-Seiten bedeutender Unternehmen nach aktuellen Jobs.

Jobturbo.de

www.jobturbo.de
Jobturbo durchsucht Stellenanzeigen von Zeitungen und Online-Stellenbörsen.

Kimeta
mail@kimeta.de

www.kimeta.de
Die Kimeta-Jobsuchmaschine findet über eine Million aktuelle Stellenangebote und Jobs auf Jobbörsen und Karriereseiten.

njobs

www.njobs.de
Die übersichtliche Jobsuchmaschine findet Stellen in sechs europäischen Ländern.

opportuno
mail@opportuno.de

www.opportuno.de
Stellenanzeigen, Praktika und Diplomarbeiten von über 3.000 Firmen-Web-Seiten und Online-Jobbörsen.

yovadis.de
service@yovadis.com

www.yovadis.de
Eine Suchmaschine durchforstet Internet-Stellenbörsen und Firmen-Homepages selbstständig nach Stellenausschreibungen.

Stellenmarkt/Allgemein/Jobbörsen

Bundesagentur für Arbeit
zentrale@arbeitsagentur.de

www.arbeitsagentur.de
Informationen zur Berufs- und Studienwahl und zu Geldleistungen der Bundesagentur. Mit Stellenangeboten und Bewerberprofilen.

Eures
empl-eures@cec.eu.int

ec.europa.eu/eures
Freie Stellen in 29 europäischen Ländern, Lebensläufe von Bewerbern, Infos zum Thema Leben und Arbeiten im Ausland.

gigajob
info@gigajob.com

www.gigajob.de
Jobportal mit Stellenangeboten und -gesuchen sowie Tipps zu Job, Bewerbung und Ausbildung. Kostenlose Nutzung möglich.

Jobomat.de
service@jobomat.de

www.jobomat.de
Der Online-Stellenmarkt von Jobomat.de bietet eine Jobbörse und einen Bewerbungsservice zur Suche von Stellen und Bewerbern.

jobpilot
info@monster.de

www.jobpilot.de
Karriereinteressierte finden kostenfrei tausende Stellenanzeigen – international, bundesweit und auch in ihrer Region.

Jobscout24
info@jobscout24.de

www.jobscout24.de
Großer Karrieremarkt aus Deutschland für qualifizierte Fach- und Führungskräfte mit umfangreichem Stellenangebot.

JobStairs
support@jobstairs.de

www.jobstairs.de
Stellenangebote von großen Arbeitgebern in Deutschland.

● **job-consult.com**
info@job-consult.com

www.job-consult.com
Auf dem übersichtlich gestalteten Internet-Stellenmarkt können sowohl Bewerber als auch Unternehmen kostenfrei ihre Stellengesuche und Stellenangebote online stellen. Die Datenbank kann dabei nach den unterschiedlichsten Kriterien wie Tätigkeitsfeld, Einsatzort oder Art der Anstellung durchsucht werden.
(Siehe Abbildung)

job-consult.com   **www.job-consult.com**

Jobware
info@jobware.de

www.jobware.de
Karrierereportal mit aktuellen Stellenangeboten für Fach- und Führungskräfte und den akademischen Nachwuchs.

monster.de
info@monster.de

www.monster.de
Jobbörse, auf der Unternehmen und Bewerber den idealen Kandidaten oder die passende Stelle finden können.

stellenanzeigen.de
info@stellenanzeigen.de

www.stellenanzeigen.de
Eine der führenden Jobbörsen unterstützt Jobsuchende mit aktuellen Jobs, Online-Lebenslauf und kostenlosen E-Mail-Services.

Stellenblatt.de
info@stellenblatt.de

www.stellenblatt.de
Stellenangebote im öffentlichen Dienst mit Infos zur Besoldung der Angestellten und Beamten.

StepStone
info@stepstone.de

www.stepstone.de
Europas Jobbörse für Fach- und Führungskräfte mit vielen aktuellen Stellenangeboten und einer Bewerberdatenbank.

top-jobs-europe.de
contact@top-jobs-europe.de

www.top-jobs-europe.de
Stellenangebote, aktuelle Bewerberdatenbank mit Online-Lebensläufen und einem Portal für Studenten.

yourfirm
info@yourfirm.de

www.yourfirm.de
yourfirm bietet Studenten, Young Professionals und Fachkräften Profile und Stellen der Top-Arbeitgeber im Mittelstand.

Stellenmarkt/Computer-, EDV- & TK-Branche

Computerjobs24
info@computerjobs24.de

www.computerjobs24.de
Stellengesuche und -angebote, Praktika und Ausbildungsplätze überwiegend im Bereich Informatik und Management.

ARBEIT & BERUF

FORUM für SAP
sapforum@dv-treff.de

www.dv-treff.de
Jobs, Bewerberdatenbank, Freelancer- und Ausschreibungsdatenbank, Firmenprofile und Seminare im Bereich SAP.

freelancermap.de
office@freelancermap.de

www.freelancermap.de
Das Portal für Selbstständige und Freiberufler vermittelt Projekte und Jobs für die IT-Branche.

heise jobs
post@heise.de

www.heisejobs.de
Stellenmarkt von heise online für Informationstechnologie und Telekommunikation mit Suche nach Rubriken.

IT Jobkontakt
info@it-jobkontakt.de

www.it-jobkontakt.de
Stellenmarkt für die IT-/EDV-Branche mit einem „Jobs per E-Mail-Service" und Flatrate zur Stellenschaltung.

itsteps.de
info@itsteps.de

www.itsteps.de
Bei der Stellenbörse für IT/Telekommunikation kann man IT-Stellen oder IT-Mitarbeiter einfach suchen und schnell finden.

Stellenmarkt/Gastronomie, Hotellerie & Tourismus

Hogapage
info@hogapage.de

www.hogapage.de
Eine Jobbörse speziell für die Hotel- und die Gastronomie-Branche.

Job-Hotel.eu
info@job-hotel.eu

www.job-hotel.eu
Job- und Karriereportal für Fachkräfte der Hotellerie-, Gastro-, Tourismus- und Kreuzfahrtbranche.

Stellenmarkt/Nebenjobs & Minijobs

jomondo
info@jomondo.de

www.jomondo.de
Online-Nebenjobbörse für Jobs, die sich in Heimarbeit erledigen lassen.

promotionbasis.de   **www.promotionbasis.de**

98

Nebenjob-Zentrale
info@nebenjob.de

www.nebenjob.de
Die Nebenjobzentrale bringt Arbeitgebernachfragen und Aushilfs-kraftangebote auf dem Arbeitsmarkt zusammen.

promotionbasis.de
info@promotionbasis.de

www.promotionbasis.de
Das Portal für den Promotion-, Messe- und Eventbereich. Hier wird die Jobsuche durch viele persönliche Filter zum Kinderspiel. Dazu gibt es Tipps rund um die Promotionbranche, ein Bewertungs-System zur Steigerung der Leistungstransparenz, ein großes Forum und viele weitere nützliche Tools. **(Siehe Abbildung)**

Stellenmarkt/Studenten & Hochschulabsolventen

Absolventa.de
info@absolventa.de

www.absolventa.de
Jobbörse für Studenten, Absolventen und Young Professionals. Eine Bewerbung – Alle Unternehmen.

Berufsstart Aktuell
info@berufsstart.de

www.berufsstart.de
Praktika- und Stellenangebote für Studenten und Absolventen mit Bewerbertipps und Gehaltsanalyse.

GO!Jobware

www.go-jobware.de
Karriere-Portal für Studenten und Absolventen. Praktika- und Job-börse und Bewerbungstipps in einem Wiki.

CAREER-CENTER by audimax
info@audimax.de

www.audimax.de
Mit Erfahrungsberichten, Videos, Branchennews und Unternehmensporträts schafft das CAREER-CENTER ‚Arbeitgeber zum Anfassen' – und bietet damit neben zahlreichen Stellenangeboten einen Informationspool für Schüler, Studenten und Absolventen bei der Stellensuche und der beruflichen Orientierung. **(Siehe Abbildung)**

CAREER-CENTER by audimax   **www.audimax.de**

Anzeige

ARBEIT & BERUF

Karriere.de
karriere@vhb.de

www.karriere.de
Portal für Studenten, Absolventen und Berufstätige. Ratgeber zu Studium, Jobfinder und Meta-Suche über Praktikumsbörsen.

staufenbiel.de
info@staufenbiel.de

www.staufenbiel.de
Eine Jobbörse für Hochschulabsolventen sowie Infos zu Karriere, Bewerbung und Gehalt.

Stellenmarkt/Technik

ingenieurkarriere.de
info@ingenieurkarriere.de

www.ingenieurkarriere.de
Karriereportal der VDI nachrichten mit großem Stellenmarkt, Bewerber-Datenbank, Karriereberatung und Gehaltstest.

ingenieurweb
vertrieb@ingenieurweb.de

www.ingenieurweb.de
Karriereportal für das Ingenieurwesen mit Jobbörse und professionellen Servicetools für Arbeitnehmer und Arbeitgeber.

BILDUNG & LERNEN

Das Bibliotheksportal

www.bibliotheksportal.de

www.bibliotheksportal.de

Das Bibliotheksportal

Bibliotheken sind Orte des Wissens, doch leider weiß man nicht immer, wo man die gesuchten Informationen findet. Hier hilft das Bibliotheksportal weiter, das neben allgemeinen Daten und Fakten zur Bibliothekslandschaft in Deutschland auch eine praktische Übersichtskarte bereitstellt, auf der man schnell die nächste Öffentliche Bibliothek in seiner Umgebung entdecken kann. Zudem erhält man Hilfe bei seiner Suche nach Medien wie etwa nach elektronischen Büchern oder Zeitschriftenartikeln. Für Bibliothekare werden fachliche Themen wie das Digitalisieren von Bibliothekskatalogen behandelt und gelungene Projekte einzelner Bibliotheken vorgestellt.

www.zeno.org

Zeno.org

Liebhaber von Cicero, Goethe oder Kant können hier ausgiebig in deren Biografien und Schriften online stöbern! Die Volltextbibliothek von Zeno.org präsentiert Werke und Lebensläufe der bedeutendsten Literaten, Philosophen und Komponisten. Die Bildersammlung beinhaltet Gemälde, Zeichnungen und Grafiken von etwa 4.500 Künstlern wie Klimt oder Monet. Auch Schriften bekannter Historiker, naturwissenschaftliche Standardwerke, Dokumente der Kulturgeschichte und eine Auswahl historischer Lexika sowie die Luther-Bibel von 1545 können online im Volltext eingesehen werden.

www.einestages.de

einestages.de

Geschichte wird von Millionen erlebt, aber nur von wenigen aufgeschrieben! So lautet der Slogan dieser Web-Seite. Wenn Sie auch zu denen gehören, die etwas Außergewöhnliches erlebt und darüber geschrieben haben, dann sind Sie auf diesem Portal genau richtig. Haben Sie den Mauerfall in Berlin hautnah mitbekommen? Waren Sie bei Lady Dianas Tod in Paris an der Unfallstelle? Oder standen Sie beim legendären Depeche Mode Konzert in Ostberlin im Publikum? Erzählen Sie anderen davon und lesen Sie selbst beeindruckende Berichte über den Aufstand der Nackten in der DDR, Elvis Presley als Soldat in Friedberg oder über die wilde Protestbewegung der 68er.

www.momente.zdf.de

Momente der Geschichte

Mit der interaktiven Zeitmaschine geht es zurück in die deutsche Vergangenheit: Der Vertrag von Versailles, die Ernennung Hitlers zum Reichskanzler, die Nürnberger Prozesse, das Wirtschaftswunder und der Wettlauf ins All – vom ersten Weltkrieg bis hin zur Einführung des Euro und der Fußball-Weltmeisterschaft 2006 können Sie sich hier die wichtigsten Momente der deutschen Geschichte in Videobeiträgen ansehen. Möchten Sie wissen, welche Ereignisse im eigenen Geburtsjahr stattgefunden haben? Dann können Sie sich auf dem Zeitstrahl ins gewünschte Jahr zurückklicken und sich von eindrucksvollen Kurzfilmen in die Vergangenheit begleiten lassen.

www.dwds.de

Digitales Wörterbuch der deutschen Sprache

Was verbirgt sich eigentlich hinter Wörtern wie Stretchhülle, Kinderwagenbox, Wurfkamera oder Defibrillator-Toaster? Diesen und anderen Begriffen aus dem deutschen Wortschatz geht das Projekt „Projekt Digitales Wörterbuch der deutschen Sprache" auf den Grund: die große Datenbank gibt Auskunft über Wortgeschichte, genaue Bedeutung und Verwendung, fasst so das Wissen aus großen Wörterbüchern und Lexika zusammen und bringt dieses auf den neusten Stand, denn die Einträge lassen sich jederzeit flexibel erweitern und korrigieren. Die Web-Seite durchsucht neben dem eigenen Wörterbuch auch die Einträge anderer, ausgewählter Datenbanken.

www.linguee.de

Linguee

Nutzen Sie das Web als Wörterbuch und durchsuchen Sie Millionen von Sätzen, die von anderen Menschen im Internet übersetzt wurden! Mit diesem Übersetzungsportal können Sie zweisprachige Texte auf englisch und deutsch nach Wörtern und Ausdrücken durchforsten, um die Übersetzungsoptionen und deren Häufigkeit miteinander zu vergleichen. So finden Sie heraus, wie bestimmte Begriffe verwendet werden. Die wichtigste Quelle von Linguee ist das zweisprachige Web, insbesondere professionell übersetzte Web-Seiten von Firmen, Organisationen und Universitäten. So erfahren Sie, in welchem Zusammenhang „a letter" ein Brief oder ein Buchstabe ist!

www.dict.cc

dict.cc

Sie müssen schnell etwas in eine andere Sprache übersetzen und Ihre einge-rosteten Schulkenntnisse helfen Ihnen nicht mehr weiter? Dann verzagen Sie nicht, denn hier wird Ihnen weitergeholfen! Was heißt bloß „Käferlarve" auf Englisch und wie spricht man das ungarische Wort „Köszönöm" aus? Damit Sie keine fragenden Blicke ernten, wenn Sie Ihre neu erworbenen Sprach-kenntnisse anwenden, lauschen Sie gleich, wie's richtig ausgesprochen wird. Vermissen Sie Übersetzungen, die hier noch nicht aufgeführt sind? Dann können Sie diese vorschlagen und eintragen lassen – völlig egal, ob es sich um türkische, französische oder schwedische Vokabeln handelt!

www.edumap.de

edumap

Ägyptologie, Aquakultur oder Astrophysik – die Auswahl der Studiengänge, die man in Deutschland belegen kann, ist riesig. Aber was kann man sich unter den einzelnen Fachrichtungen und Vertiefungsbereichen eigentlich vorstellen? Welche Voraussetzungen haben bestimmte Studiengänge? Und was kann man mit einem Universitätsabschluss eigentlich genau anfangen? Antworten auf solche Fragen gibt es hier – edumap.de nimmt verschiedene Studiengänge genau unter die Lupe und sammelt dazu nicht nur allgemeine Informationen zu Inhalten oder Studienorten, sondern befragt auch Dozenten, Studenten und Absolventen zu ihren persönlichen Erfahrungen.

Bildung & Lernen

Allgemein

bildungsklick.de
info@bildungsklick.de

www.bildungsklick.de
Umfassende Bildungsinformationen mit Hintergrundberichten, Themenschwerpunkten und Pressemeldungen.

innovations-report
redaktion@innovations-report.com

www.innovations-report.de
Forum für Wissenschaft, Industrie und Wirtschaft zur Förderung der Vernetzung von Innovations- und Leistungspotenzialen.

kischuni.de
info@kischuni.de

www.kischuni.de
Bildungsportal mit aktuellen Nachrichten zu Bildung und Beruf. Außerdem ein Verzeichnis mit Bildungseinrichtungen.

scienceblogs.de
media@scienceblogs.com

www.scienceblogs.de
Blog zu den Themen Naturwissenschaften, Medizin, Kultur, Politik, Umwelt, Sozialwissenschaften und Technik.

Archäologie

Archäologie Online
webmaster@archaeologie-online.de

www.archaeologie-online.de
Aktuelle Meldungen, Hintergrundberichte, große kommentierte Link-Sammlung, Buch- und CD-Tipps und ein Forum.

Bibliotheken

Bibliotheksportal, Das
redaktion@bibliotheksportal.de

www.bibliotheksportal.de
Daten und Fakten zu Bibliotheken, Wegweiser zu bibliothekarischem Fachwissen im Netz, Nachrichten und Termine.

Deutsche Nationalbibliothek
postfach@dnb.de

www.dnb.de
Vorstellung der Präsenzbibliothek aller deutschen Veröffentlichungen seit 1913; mit Fototour und Online-Katalog.

Zeno.org
info@zeno.org

www.zeno.org
Online-Bibliothek mit Volltexten für Bereiche wie Kunst, Literatur, Musik, Naturwissenschaft, Sprache und Geschichte.

Elektronik

Elektronik Kompendium
kontakt@das-elko.de

www.elektronik-kompendium.de
Elektronik-Grundlagen, Bauelemente, Schaltungstechnik, Kommunikationstechnik, Computertechnik und Netzwerktechnik.

Experimente

bluemel.eu

www.bluemel.eu
Kindgerecht aufbereitete Experimente zum Nachmachen, die die Welt der Wissenschaft verständlich gestalten.

kids-and-science.tradoria.de
info@kids-and-science.de

www.kids-and-science.tradoria.de
Produkte zum Forschen und Experimentieren in der Physik, Chemie oder Biologie für Kinder.

verrueckte-experimente.de

www.verrueckte-experimente.de
Sammlung von Filmclips zu verrückten und urkomischen Experimenten, die seit 1650 durchgeführt wurden.

Expertenwissen & Fragen

askalo

www.askalo.de
askalo ist eine lokale Frage-Antwort-Community, auf der sich Leute mit den gleichen Interessen kennenlernen können.

cosmiq

www.cosmiq.de
Mit cleveren Fragen und Antworten sammelt man Punkte und erhöht seinen Rang vom Einsteiger zum neuen Albert Einstein.

experto.de
info@experto.de

www.experto.de
Täglich neue Business- und Lifestyle-Tipps und -Ratschläge von Experten. Über 30.000 Artikel können nachgelesen werden.

Frag Wikia

frag.wikia.com
Bei Frag Wikia kann man Fragen stellen, die andere User beantworten.

Tipps, Tricks und Kniffe
redaktion@mirko.de

www.tipps-tricks-kniffe.de
Praktische Tipps und Anleitungen, vor allem zu Internet und Computer aber auch zu anderen Bereichen mit vielen Videos.

Wer-weiss-was
info@wer-weiss-was.de

www.wer-weiss-was.de
Kostenloses Netzwerk zum Austausch von Wissen. Themengebiet eintippen und „Experten" befragen.

Yahoo.de Clever

de.answers.yahoo.com
Praktisch bei dieser Frage-Antwort-Community ist, dass sämtliche Fragen (und Antworten) in Kategorien eingeordnet sind.

Geschichte

Anne Frank Museum

www.annefrank.org/de/
Die Seite bietet einen virtuellen Rundgang durch das Versteck, eine Zeitleiste der Ereignisse und viele Infos zum Museum.

● **Das Alte Ägypten**

www.mein-altaegypten.de
Hier entdeckt man die Hochkultur des Alten Ägypten: Pyramiden, Pharao und sein Volk, mystischer Gräberkult, heilige Tempel und Stätten, Kunstschätze oder Hieroglyphen-Inschriften lassen einen zeitversetzt in die alte Welt am Nil reisen. Reich bebildert, vielfältig, ein grundlegender Einstieg. **(Siehe Abbildung)**

Das Alte Ägypten　　　　　　　　　　　　　　　**www.mein-altaegypten.de**

105

Das Wunder von Leipzig

php2.arte.tv/wundervonleipzig
Die friedliche Revolution von Leipzig interaktiv im Netz erleben.

Deine Geschichte
info@kooperative-berlin.de

www.deinegeschichte.de
Interaktives und multimediales Bildungsportal zum Thema deutsch-deutsche Teilung.

Deutschegeschichten.de
redaktion@deutschegeschichten.de

www.deutschegeschichten.de
Hier erfährt man, was in Deutschland von 1890 bis 2005 geschah. Mit Dossiers, Zeitzeugenberichten und Online-Videos.

einestages.de

www.einestages.de
Spiegel Online sammelt mit den Usern Zeitgeschichte und will damit ein kollektives Gedächtnis der Gesellschaft aufbauen.

Geheimsache Mauer
zuschauerservice@mdr.de

www.geheimsache-mauer.de
Eine Web-Dokumentation über den Bau der Berliner Mauer. Zeitleiste des Mauerbaus, Kartenansicht und Zeitzeugeninterviews.

historicum.net
redaktion@historicum.net

www.historicum.net
Großes, epochenübergreifendes Angebot geschichtswissenschaftlicher Informationen, Literaturrecherchen und Rezensionen.

Holocaust-Chronologie.de
info@holocaust-chronologie.de

www.holocaust-chronologie.de
Komplette Tag-für-Tag-Chronologie des Holocausts: Alle Ereignisse vom 30.01.1933 bis zum 08.05.1945.

Lebendiges Museum Online
lemo@hdg.de

www.hdg.de/lemo
Die deutsche Geschichte wird übersichtlich, informativ und mit zahlreichen Abbildungen und Dokumenten dargestellt.

Momente der Geschichte
info@zdf.de

www.momente.zdf.de
Auf einer Zeitleiste sind Videos verortet zu den wichtigsten geschichtlichen Ereignissen des 20. und des 21. Jahrhunderts.

Shoa.de
redaktion@shoa.de

www.shoa.de
Zahlreiche Artikel, Biografien, Quellen und Projekte zu Antisemitismus, Holocaust, Drittem Reich und Zweitem Weltkrieg.

Wir waren so frei...
info@deutsche-kinemathek.de

www.wir-waren-so-frei.de
Web-Archiv mit mehr als 7.000 privaten Filmen und Fotos aus der Zeit des Mauerfalls sowie begleitende Erinnerungstexte.

Wochenschau Archiv
filmarchiv@barch.bund.de

www.wochenschau-archiv.de
Online-Archiv zur Recherche in ca. 6.000 historischen Aufnahmen von 1895 bis 1990. Wertvolle Linksammlung, Videostreams.

zeitzeugengeschichte.de
zeitzeugen@metaversa.de

www.zeitzeugengeschichte.de
Die Seite bietet einen Überblick über Themen des Dritten Reiches aus der Sicht von Zeitzeugen: Alltag unterm Hakenkreuz.

Lernmaterialien & Bildungsmedien

Erstling Lehr- und Lernmittel
info@erstling.de

www.lehrmittel-shop.de
Schulausstattung für alle Schultypen, auch für Ganztags- und Grundschulen. Zudem Lehrmaterialien für viele Fächer.

LegaKids.net
info@legakids.net

www.legakids.net
Das LegaKids-Abenteuerspiel ist ein spielerischer Ansatz zur Überwindung einer Lese-Rechtschreib-Schwäche.

schulportal.de
info@wissensportal.com

www.schulportal.de
Portal für Lehrer und Referendare mit großer Sammlung an Unterrichtsmaterialien für die Sekundarstufen I und II.

Sprachenshop.de
sprachenshop@spotlight-verlag.de

www.sprachenshop.de
Lernmaterialien zum Lernen von Sprachen: Audio-Sprachtraining, Wortschatztraining, Selbstlernkurse und Wörterbücher.

Wikibooks

www.wikibooks.de
Bibliothek mit Lehr- und Lernmaterialien. Natur und Technik, Geisteswissenschaften, Gesellschaft und Hobby, Wikijunior.

Wikiversity

www.wikiversity.de
Virtuelle Forschungsgemeinschaft: Bereitstellen von Lernmaterial, Teilnahme an Kursen, Projekten und Kolloquien.

Mathematik

Mathematik.de

www.mathematik.de
Vorstellung der Disziplin und hilfreiche Infos und Links für Schüler, Studis, Lehrer und Mathematiker im Berufsleben.

Matheplanet.com
mail@matroid.com

www.matheplanet.com
Großes Forum zu allen Bereichen der Mathematik, Physik und Informatik. Mit umfangreichen Mathe-Links.

Matheraum.de
verein@vorhilfe.de

www.matheraum.de
Matheforum mit kurzen Antwortzeiten zu allen Themen der Schul- und Hochschulmathematik.

unterricht.de
info@wissensportal.com

www.unterricht.de
Tausende Mathe-Übungen zur Vorbereitung auf Schulaufgaben, Klausuren und Prüfungen.

Medizin

Abkürzungslexikon medizinischer Begriffe
arztinf@web.de

www.medizinische-abkuerzungen.de
Kostenlose Nachschlagemöglichkeit für medizinische Abkürzungen, Akronyme und Symbole mit über 150.000 Einträgen.

DocCheck Campus
campus@doccheck.de

www.doccheck.com
Alles rund um das Medizinstudium mit vielen Skripten, Lerntipps, Auslandsberichten und nützlichen Tipps zur Literatur.

medi-learn.de
support@medi-learn.de

www.medi-learn.de
Service und Informationen für Bewerber, Medizinstudenten und Assistenzärzte mit großer Community für junge Mediziner.

Nachhilfe

Betreut.de
info@betreut.de

www.betreut.de
Betreut.de bringt Nachhilfeschüler und Nachhilfelehrer zusammen.

MatheHilfe
kontakt@mathehilfe.tv

www.mathehilfe.tv
Online-Mathenachhilfe für Schüler und Studenten anhand verständlicher Videos.

Nachhilfenet.de

www.nachhilfenet.de
Online-Datenbank für Nachhilfelehrer und Nachhilfeinstitute mit den Bereichen Nachhilfe-, Sprach- und EDV-Unterricht.

tutoria
info@tutoria.de

www.tutoria.de
Kostenlose Datenbank, um den richtigen Nachhilfelehrer in der Nähe zu finden.

vilogo.tv
info@sevenload.com

www.vilogo.tv
Das Video-Lernportal zu den Themen Mathematik, Naturwissenschaften, Sprachen, Wirtschaft, Politik und Informatik.

Nachschlagewerke & Lexika

Wikia

www.de.wikia.com
Lizenzfreie Nachschlagewerke. Jeder kann mitarbeiten. Man kann für vorhandene Wikis schreiben oder ein neues erstellen.

BILDUNG & LERNEN

Wikipedia
info@wikipedia.de

www.wikipedia.de
Mehrsprachige, frei verfügbare Enzyklopädie: Jeder kann alle Artikel frei nutzen und auch selbst als Autor mitarbeiten.

wissen.de
kontakt@wissen.de

www.wissen.de
Wissensportal zum Thema Allgemeinwissen in acht Ressorts, Lexika, Wörterbücher, Wissenstests und praktische Services.

Naturwissenschaften/Allgemein

spektrum.de
verlag@spektrum.com

www.spektrum.de
Aktuelle Artikel und Nachrichten aus den verschiedensten Bereichen der Naturwissenschaft sowie interessante Bildergalerien.

wissenschaft-online
service@spektrum.com

www.wissenschaft-online.de
Großes Wissenschaftsportal mit Berichten aus der Forschung, Hintergrundartikeln, Online-Lexika und Fachwörterbüchern.

Naturwissenschaften/Biologie

Biologie.de
info@biofacts.de

www.biologie.de
Aktuelle biologische Informationen, Biojobbörse und Firmenverzeichnis.

Biologie-Online.eu

www.biologie-online.eu
Einführende Artikel in alle Bereiche der Biologie.

Naturwissenschaften/Chemie

Chemie.de
info@chemie.de

www.chemie.de
Chemieinfoservice: Suchmaschine, Produkttipps, Karrierenetzwerk sowie zahlreiche Nachschlagewerke und Einheitenrechner.

ChemieOnline
webmaster@chemieonline.de

www.chemieonline.de
ChemieOnline bietet ein großes Forum zu den Themen Analyse, Haushaltschemie, Verfahrenstechnik und Biochemie.

Netchemie für Schüler und Studenten
info@netscience.de

www.netchemie.de
Hilfe im Fach Chemie. Forum für Fragen, Periodensysteme, Lexika, Experimente, Downloads, Link-Sammlung und Buchtipps.

Naturwissenschaften/Physik

Welt der Physik
redaktion@weltderphysik.de

www.weltderphysik.de
Das Portal präsentiert interessante, allgemeinverständliche Artikel sowie aktuelle Nachrichten aus der Physik.

Politikwissenschaft

ilissafrica

www.ilissafrica.de
Wissenschaftliche Literatur und Internet-Quellen zu Afrika.

Portal für Politikwissenschaft

www.pw-portal.de
Datenbank mit Annotationen und Rezensionen zur politikwissenschaftlichen Literatur im deutschsprachigen Raum.

SWP
webmaster@swp-berlin.org

www.swp-berlin.org
Fundierte Beiträge zu außen- und sicherheitspolitischen Fragestellungen der EU und Deutschland. Mit Studien und Infodienst.

vifapol

www.vifapol.de
In 20 Datenbanken kann hier parallel nach Texten und Artikeln zur Politikwissenschaft recherchiert werden.

Schule/Abitur

Abschlusszeit
info@abschlusszeit.de

www.abschlusszeit.de
Die Abizeitung online bestellen. Druckkosten kalkulieren, Anzeigen annehmen, sich vom Abimotto-Pool inspirieren lassen.

Schule/Allgemein

Bildungsserver.de
dbs@dipf.de

www.bildungsserver.de
Der Internet-Wegweiser zum Bildungswesen in Deutschland.

Schulen ans Netz e. V.
buero@schulen-ans-netz.de

www.schulen-ans-netz.de
Informationen über aktuelle Angebote des gemeinnützigen Vereins mit gesellschaftlicher Bildungsaufgabe.

SchulRadar
info@schulradar.de

www.schulradar.de
Bei SchulRadar werden Deutschlands Schulen von Eltern, Schülern, Ehemaligen und Lehrern bewertet.

**Zentrale für Unterrichtsmedien
im Internet e. V.**
info@zum.de

www.zum.de
Der Bildungsserver ZUM Internet e. V. bietet Lehrern und Schülern kostenlose Unterrichtsmaterialien an.

Schule/Ausland

Zentralstelle für das Auslandsschulwesen
zfa@bva.bund.de

www.auslandsschulwesen.de
Verzeichnis der Deutschen Schulen im Ausland, Stellenangebote und Bewerbungsinformationen für Lehrer.

Schule/Grundschule

Grundschule.de
info@grundschule.de

www.grundschule.de
Forum mit Themen rund um die Grundschule für Lehrer, Eltern, Lehramtsanwärter und Studenten.

Note1plus.de
mail@note1plus.de

www.note1plus.de
Erfolgreicher Schulübertritt von der Grundschule in die Realschule und das Gymnasium. Dazu Beratung und Insider-Tipps.

Schule/Hausaufgaben & Referate

e-Hausaufgaben.de

www.e-hausaufgaben.de
Bundesweite Community für Schüler mit kostenlosen Hausaufgaben, Klausuren, Referaten, Biografien und großem Hilfeforum.

Fundus
kontakt@fundus.org

www.fundus.org
Große Auswahl an Referaten aller Schulfächer mit eigener Suchmaschine.

Schule/Internate

internate-portal.de
info@unterwegs.de

www.internate-portal.de
Beschreibung von über 300 Internaten. Der Wegweiser zum richtigen Internat. Umfassender Überblick für Eltern und Schüler.

Schule/Lehrer & Pädagogen

4teachers.de
service@4teachers.de

www.4teachers.de
Lehrerportal von Lehrern für Lehrer mit Stundenentwürfen, Arbeitsmaterialien und großem Forum für den Erfahrungsaustausch.

Lehrer-online
redaktion@lehrer-online.de

www.lehrer-online.de
Materialien für den Einsatz neuer Medien im Unterricht für Lehrerinnen und Lehrer aller Schulformen.

BILDUNG & LERNEN

planet-schule.de
planet-schule@swr.de

www.planet-schule.de
Schulfernsehen für Lehrer, Schüler und Bildungsinteressierte zur kreativen Unterrichtsgestaltung.

ZUM-Wiki

wiki.zum.de
Offene Plattform für Lehrinhalte und Lernprozesse. Man kann sich hier über Unterricht und Schule informieren und austauschen.

Schule/Schüler

Schuelerprofile.de

www.schuelerprofile.de
Nur für Schüler: Freunde finden, Musik runterladen, Schülerbands anmelden.

schülerVZ
vorzimmer@schuelervz.net

www.schuelervz.net
Das Schülerverzeichnis ist eine Plattform, auf der Schüler die Möglichkeit haben, mit Gleichaltrigen in Kontakt zu treten.

spickmich.de
crew@spickmich.de

www.spickmich.de
Forum, in dem Schüler ihre Lehrer benoten und zudem ihre Schule präsentieren können.

StayFriends.de
service@stayfriends.de

www.stayfriends.de
StayFriends ist die deutsche Internet-Plattform, auf der man Freunde und Bekannte aus der Schulzeit wiederfinden kann.

Schule/Schüleraustausch

Ausgetauscht.de
redaktion@ausgetauscht.de

www.ausgetauscht.de
Infos zu Vorbereitung, Aufenthalt und Nachbereitung des Austausches sowie Suchmaschine für Austauschprogramme.

Austauschschueler.de
webmaster@austauschschueler.de

www.austauschschueler.de
Großes Forum für Austauschschüler, Infos über Austauschorganisationen und die Austauschländer.

Schule/Schul-Homepages & Internet

Schulhomepage.de
email@schulhomepage.de

www.schulhomepage.de
Hilfen zur Erstellung und Optimierung einer Schul-Homepage: Fachartikel, Verzeichnis, Hilfe-Center, Forum und Award.

Schule/Umweltschutz

umweltschulen.de
tilman.langner@umweltschulen.de

www.umweltschulen.de
Der Online-Informationsdienst für Umweltschutz, Umweltbildung und Bildung für nachhaltige Entwicklung in Schulen.

Schule/Waldorfschulen

Bund der Freien Waldorfschulen
bund@waldorfschule.de

www.waldorfschule.de
Informationen über die verschiedenen Aspekte der Waldorfpädagogik und der Anthroposophie. Adressen der Schulen weltweit.

exWaldorf
info@exwaldorf.com

www.exwaldorf.com
Forum für ehemalige Waldorfschüler, in dem man alte Freunde und Weggefährten treffen kann.

Sprachen/Abkürzungen & Akronyme

abkuerzungen.de
webmaster@abkuerzungen.de

www.abkuerzungen.de
Einfach eine Abkürzung eingeben und man erhält bequem die Bedeutung.

Woxikon Abkürzungen
webmaster@woxikon.de

abkuerzungen.woxikon.de
Über 24.000 Abkürzungen und ca. 40.000 Bedeutungen können in der Datenbank von Woxikon.de recherchiert werden.

Sprachen/Allgemein

Lingo4you
contact@lingo4u.de

www.lingo4u.de
Lehr- und Lernmaterialien für die Fremdsprachen Englisch, Französisch und Deutsch mit Schwerpunkt Grammatik.

● **Lingolia**
contact@lingo4u.de

www.lingolia.com
Lingolia bietet online Lehr- und Lernmaterialien für die Sprachen Englisch, Französisch, Spanisch und Deutsch an. Neben Übungen und Erläuterungen zur Grammatik gibt es Infos zu Landeskunde sowie Vokabellisten zu verschiedenen Themen. Die Seite richtet sich hauptsächlich an Schüler, Eltern und Lehrer. **(Siehe Abbildung)**

Sprachen/Deutsche Sprache & Rechtschreibung

Canoonet
canoonet@canoo.com

www.canoo.net
Deutsche Sprache online: Wörterbuch, Grammatik und Rechtschreibung von über drei Millionen Wortformen.

Digitales Wörterbuch der deutschen Sprache

www.dwds.de
Eine umfassende Datenbank, die Auskunft über den deutschen Wortschatz in Vergangenheit und Gegenwart gibt.

Duden-Website
info@duden.de

www.duden.de
Online-Auftritt des Dudenverlags mit Infos und Service zur deutschen Rechtschreibung und deutschen Sprache allgemein.

Lingolia   **www.lingolia.com**

Bildung & Lernen

Forum Deutsch als Fremdsprache
online-redaktion@deutsch-als-fremdsprache.de

www.deutsch-als-fremdsprache.de
Fachportal Deutsch als Fremdsprache mit Diskussionsforen, Infobrief, Link-Sammlung, Grammatik und Übungsdatenbank.

Online Rechtschreibprüfung
info@rechtschreibpruefung24.de

rechtschreibpruefung24.de
Kostenlose Rechtschreibprüfung für Texte aller Art. Es stehen über 20 Sprachen zur Verfügung, zudem gibt es News.

Wortschatz Uni Leipzig
wort@informatik.uni-leipzig.de

wortschatz.uni-leipzig.de
Das Projekt Deutscher Wortschatz – ein automatisch generiertes Korpus des deutschen Wortschatzes als Vollformenlexikon.

Sprachen/Englisch

Englische Grammatik Online
contact@lingo4u.de

www.ego4u.de
Umfangreiches Angebot an Lehr- und Lernmaterialien zur englischen Sprache mit Übungen und Erläuterungen.

Englisch-hilfen.de
mail@englisch-hilfen.de

www.englisch-hilfen.de
Vokabeln, Grammatik, Übungen, Tests, Referate sowie Wörterbücher, Buchempfehlungen, ein Forum und Links.

langua.de

www.langua.de
Deutsch-Englisches Wörterbuch mit Anzeige von Synonymen und ähnlichen Wörtern.

Linguee
info@linguee.de

www.linguee.de
Deutsch-Englisches Wörterbuch und Internet-Suche in 100 Millionen von Menschen verfassten Übersetzungen.

phrasen.com
info@phrasen.com

www.phrasen.com
Redewendungen, Floskeln, Redensarten, Phrasen und Sprichwörter in englischer und deutscher Übersetzung.

Sprachen/Französisch

franzoesisch-lernen-online.de

www.franzoesisch-lernen-online.de
Links zu Web-Seiten auf denen online Französisch gelernt werden kann.

Französische Grammatik
contact@lingo4u.de

francais.lingo4u.de
Lehr- und Lernmaterialien zur französischen Grammatik – kurze, leicht verständliche Erläuterungen und Übungen.

Sprachen/Germanistik

Altgermanistik im Internet
info@mediaevum.de

www.mediaevum.de
Portal für Wissenschaftler und Studis: Systematische, kommentierte Übersicht der Internet-Angebote zur Mediävistik.

Sprachen/Italienisch

Italienisch-online-lernen.de
ribeca@italiano-online.de

www.italienisch-online-lernen.de
Hier kann man kostenpflichtig online Italienisch lernen: Mit Vokabeltrainer, Grammatikaufgaben und Forum.

Sprachen/Latein & Griechisch

e-latein
info@latein.de

www.latein.at
Übersetzungen lateinischer Texte, nach Themen geordnete Vokabellisten, Wörterbuch, Probeschularbeiten sowie Referate.

Navicula Bacchi

www.gottwein.de
Die Seite bietet Schülern und Studenten umfassende Materialien für Latein, Griechisch, Alte Geschichte und Ethik.

Sprachen/Online-Sprachkurse

busuu
info@busuu.com

www.busuu.com
Community zum Lernen von Sprachen online. Sowohl kostenlose als auch kostenpflichtige Online-Kurse.

deutsch-perfekt.com
redaktion@deutsch-perfekt.com

www.deutsch-perfekt.com
So einfach ist es Deutsch zu lernen: Mit Nachrichten von Berlin bis Wien, Tests und Audio-Dateien.

Internet Polyglot
polyglot1@internetpolyglot.com

www.internetpolyglot.com
Kostenlose Online-Sprachkurse in Sprachen wie Englisch, Spanisch, Französisch, Chinesisch, Japanisch oder Italienisch.

Lingorilla
info@linguatv.com

www.lingorilla.com
Mit Hilfe von Videos und Lernspielen kann man auf der kostenpflichtigen Seite verschiedene Sprachen lernen.

Papagei.tv
info@papagei.tv

www.papagei.tv
Web-Video-Lernsystem zum Erlernen von Englisch und Deutsch als Fremdsprache.

Sprachen/Sprachkurse & Sprachreisen

● **Langwhich**

www.langwhich.com
Langwhich ist ein Marktplatz und eine Suchmaschine für Sprachschulen, Sprachkurse und private Nachhilfelehrer. Benutzer können nach adäquaten Anbietern suchen, diese vergleichen, bewerten, Merklisten erstellen und Angebote einholen. Umfangreiches Fremdsprachenlexikon und Infos zu Sprachzertifikaten.
(Siehe Abbildung)

Langwhich **www.langwhich.com**

Euro-Sprachreisen
info@get-education.com

www.sprachreise.com
Sprachreisen für Schüler und Erwachsene weltweit. Unterbringung in Hotels, Internaten oder Gastfamilien.

Languagecourse.de
info@languagecourse.de

www.languagecourse.de
Die unabhängige Web-Seite für Sprachkursbuchungen weltweit sowie Bewertungen anerkannter Sprachschulen.

Lingoschools
info@lingoschools.com

www.lingoschools.de
Portal auf dem man Sprachschulen und -reisen finden, vergleichen, bewerten und Reisen beziehungsweise Kurse buchen kann.

Sprachdirekt
frage@sprachdirekt.de

www.sprachdirekt.de
Vermittler von Sprachreisen ins Ausland zu hochwertigen, familiär geführten Sprachschulen. Direkte Preise der Schulen.

sprachkurse-weltweit.de
info@sprachkurse-weltweit.de

www.sprachkurse-weltweit.de
Informationsseite zum Thema Sprachreisen mit einem umfangreichen Verzeichnis von Sprachschulen weltweit.

Sprachen/Spanisch

cibera
info@cibera.de

www.cibera.de
Bibliothekskataloge, Internet-Quellen, Volltexte, Bibliografien und Datenbank zur deutschsprachigen Lateinamerikaforschung.

myjmk.com
jan-mark.kunberger@myjmk.com

www.myjmk.com
Spanisch-deutsches Internet-Wörterbuch mit großer deutsch-spanischen Community, Tandem- und Stammtischgesuche.

spaleon.de

www.spaleon.de
Kommentierte Links zum Spanischlernen: Wörterbücher, Online-Kurse, Konjugationstrainer, Grammatik und Verbtabellen.

Super-Spanisch.de
feedback@super-spanisch.de

www.super-spanisch.de
Kostenlose Plattform zum Spanischlernen: Mit Spanischkurs, Wörterbuch, Vokabeltrainer, E-Books und Vokabellisten.

Sprachen/Sprachaustausch & Tandempartner

sharedtalk.com

www.sharedtalk.com
Shared Talk ist eine Community mit Mitgliedern aus der ganzen Welt für den Sprachaustausch und das Lernen von Sprachen.

Sprachen/Synonyme

openthesaurus.de

www.openthesaurus.de
Synonym-Wörterbuch, in dem jeder eigene Beiträge hinzufügen oder bestehende verbessern kann.

Woxikon Synonyme
webmaster@woxikon.de

synonyme.woxikon.de
Bei Woxikon.de findet man zahlreiche Synonyme und Synonymgruppen sowie Antonyme.

Sprachen/Übersetzungen & Wörterbücher

 dict.cc
info@dict.cc

www.dict.cc
Das Online-Wörterbuch enthält über 900.000 Deutsch-Englisch-Einträge und über 700.000 Übersetzungen in anderen Sprachen. Alle Begriffe können vom Computer vorgelesen werden, bei vielen gibt es auch Aufnahmen von Benutzern. Weitere Funktionen: Synonyme, Beugungen, Übersetzungsforum, Vokabeltrainer.
(Siehe Abbildung)

bab.La
info@bab.la

de.bab.la
Dieses Sprachportal bietet alles, was man zum Erlernen einer Sprache braucht: Vokabeltrainer, Wörterbücher und Tests.

FreeTranslation.com

www.freetranslation.com
Dieser Service übersetzt Texte und ganze Web-Seiten aus dem Englischen ins Deutsche oder Spanische und umgekehrt.

Google Übersetzer

translate.google.de
Die automatischen Übersetzungen von Google: Texte, Web-Seiten und Dokumente in zahlreiche Sprachen übersetzen.

LEO
dict@leo.org

dict.leo.org
Kostenlose Wörterbücher Deutsch-Englisch/-Französisch/-Spanisch/-Italienisch/-Chinesisch/-Russisch mit Forum und Trainer.

PONS.eu
info@pons.eu

www.pons.eu
Online-Wörterbuch in zwölf Sprachen. Der zugehörige Lexitrainer sammelt nachgeschlagene Wörter zum Vokabeltraining.

The Free Dictionary
info2@farlex.com

de.thefreedictionary.com
Ein lizenzfreies Online-Wörterbuch mit Worterklärungen und Übersetzungen in andere Sprachen.

Wiktionary
info-de@wikimedia.org

www.wiktionary.org
Wörterbuch aller Sprachen, das frei zugänglich ist und an dem jeder mitarbeiten kann.

woerterbuch.info
info@pagedesign.de

www.woerterbuch.info
Über 3.250.000 Synonyme und Übersetzungen aus und ins Englische, Spanische, Italienische und Französische.

Woxikon.de
webmaster@woxikon.de

www.woxikon.de
Online-Wörterlexikon für Deutsch, Englisch, Französisch, Spanisch, Italienisch, Niederländisch, Portugiesisch und Schwedisch.

dict.cc   **www.dict.cc**

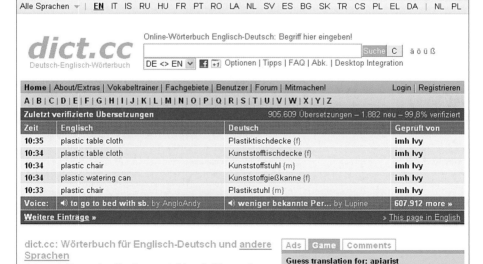

115

Bildung & Lernen

Sprachen/Verben & Vokabeln

verben.info
info@verben.info

www.verben.info
Übungen zum Umgang mit Verben in verschiedenen Weltsprachen.

Vokker

www.vokker.net
Vokabeltrainer mit Karteikarten-Lernkonzept. Vokabeln aller Sprachen können online oder auf dem Handy gelernt werden.

Statistik

statista
info@statista.com

de.statista.com
Statista bietet über eine Million kostenlose Statistiken zu über 8.000 verschiedenen Themen.

Statistisches Bundesamt

www.destatis.de
Aktuelle Statistikinformationen und Jahresergebnisse aus nahezu allen Bereichen der amtlichen Statistik, Infos zum Institut.

Uni/Allgemein

edumap
info@edumap.de

www.edumap.de
Videobasierter Online-Studienführer. Informationsvideos zu beliebten Studiengängen in Deutschland.

iversity
office@iversity.org

www.iversity.org
Eine interdisziplinäre Plattform für Forschung und Lehre, um gemeinsam online zu arbeiten und zu publizieren.

LLEK Bookmarks
webmaster@llek.de

www.llek.de
Umfangreiches Link-Verzeichnis wissenschaftlicher Ressourcen und weltweiter Medien im Internet.

was-studiere-ich.de

www.was-studiere-ich.de
Der Selbsttest zur Studienorientierung gibt Empfehlungen für die Studien- und Berufswahl.

Uni/Auslandsstudium

Studium im Ausland
beratung@college-contact.com

www.college-contact.com
Das Portal zum Studium im Ausland mit Studienführern, Erfahrungsberichten, Beratung und Vermittlung zu Universitäten.

Uni/BAföG

BAföG-BMBF
information@bmbf.bund.de

www.das-neue-bafoeg.de
Klare Infos zu BAföG-Anspruch, -Antragstellung und Auslandsförderung anhand von Rechenbeispielen und Merkblättern.

BAföG-Rechner
info@bafoeg-rechner.de

www.bafoeg-rechner.de
Sicherheit, ob Anspruch besteht: Genaueste Infos zur BAföG-Regelung mit hilfreichen Tipps aus Studentensicht.

Uni/Diplom- & Hausarbeiten

**Diplom.de BACHELOR
+ MASTER PUBLISHING**
info@diplom.de

www.diplom.de
Marktplatz für die Veröffentlichung und den Verkauf von Bachelor-, Master-, Diplom- und Magister-Arbeiten.

Hausarbeiten.de
info@grin.com

www.hausarbeiten.de
Hausarbeiten.de bietet über 100.000 kostenlose und kostenpflichtige Referate, Seminar- und Diplomarbeiten.

Uni/Doktorarbeiten, Habilitationen & Promotionen

Doktorandenforum.de
post@doktorandenforum.de

www.doktorandenforum.de
Zur Suche von Doktorvater und Thema, Promotionsmöglichkeiten für FH-Absolventen, Muster für Exposés.

Uni/Stipendien & Forschungsförderungen

DAAD

www.daad.de
Infos für alle Studierenden sowie für Graduierte und Promovierte zum Studien- und Arbeitsangebot im In- und Ausland.

Deutsche Forschungsgemeinschaft

www.dfg.de
Infos über verschiedenste Fördermöglichkeiten in allen Wissenschaftszweigen durch Unterstützung und/oder Zusammenarbeit.

Förderberatung
beratung@foerderinfo.bund.de

www.foerderinfo.bund.de
Die Erstanlaufstelle für alle Fragen zur Forschungs- und Innovationsförderung. Ausführliche Infos und Telefonberatung.

Kooperation international
info@kooperation-international.de

www.kooperation-international.de
Der Wegweiser zur internationalen Zusammenarbeit in Bildung und Forschung: Information, Kommunikation und Kooperation.

Studienstiftung des deutschen Volkes e. V.
info@studienstiftung.de

www.studienstiftung.de
Infos zu Auswahlverfahren und Förderprogrammen der Studienstiftung für begabte Abiturienten, Studierende und Doktoranden.

Uni/Studentenportale

Academicworld
info@academicworld.net

www.academicworld.net
Interaktives Internet-Magazin für Studenten mit Wissenswertem aus den Themen Studium, Karriere und Studentenleben.

MeinProf.de

www.meinprof.de
Übersichtliche Bewertungsplattform für Hochschulprofessoren und deren Lehrveranstaltungen.

Studentenpilot
studentenpilot@aschendorff.de

www.studentenpilot.de
Tipps zu allen Lebensbereichen angehender oder derzeitiger Studenten. Komplette Studienplanung bis Einstieg in den Beruf.

Studenten-WG.de
info@studenten-wg.de

www.studenten-wg.de
Große Studienplatz-Tauschbörse, Wohnungsmarkt für Studenten sowie ein Netzwerk für eine Zusammenarbeit über das Internet.

Studis Online
info@studis-online.de

www.studis-online.de
Tipps zu BAföG, GEZ-Befreiung, Kindergeld, Stipendien, WG-Börse, Studienplatztausch, Foren für alle Fragen.

studiVZ
team@studiverzeichnis.com

www.studivz.net
Auf dieser Plattform kann man Kontakte zu anderen Studenten knüpfen und sein eigenes Profil anlegen.

Studserv.de
info@studserv.de

www.studserv.de
Umfangreiche Informationen zu Studium, BAföG und Karriere, Kleinanzeigen sowie Jobs und Praktika.

uni.de
presse@uni.de

www.uni.de
Infos rund um die Themen Studium, Karriere, Ausbildung und Networking.

uni-protokolle.de
info@uniprotokolle.de

www.uni-protokolle.de
Diskussionsforum für viele Studienfächer und Einstellungstests. Praktisch: Protokolle und Fragen von Prüfungen.

BILDUNG & LERNEN

Uni/Studentenzeitschriften

CAREER-CENTER by audimax
info@audimax.de

www.audimax.de
Mit Erfahrungsberichten, Videos, Branchennews und Unternehmensporträts schafft das CAREER-CENTER ‚Arbeitgeber zum Anfassen' – und bietet damit neben zahlreichen Stellenangeboten einen Informationspool für Schüler, Studenten und Absolventen bei der Stellensuche und der beruflichen Orientierung. **(Siehe Abbildung)**

UNICUM.de
redaktion@unicum-verlag.de

www.unicum.de
Tipps zu Studium und Berufseinstieg sowie Foren, Tests, eine Praktikums-, Studienplatztausch- und Nachhilfebörse.

Uni/Studienplatztauschbörsen

Studienplatztausch.de
vsb@studienplatztausch.de

www.studienplatztausch.de
Vermittlung von Tauschpartnern. Suchmaschine für den Direkt- und Ringtausch, Beratung und Antworten zum Studienplatztausch.

Siehe auch

Uni/Studentenportale

Uni/Universitäten & Hochschulen

Hochschulranking, Das
info@che.de

www.che-ranking.de
In dem detaillierten Ranking werden ausgewählte Studienangebote an Hochschulen (Uni und FH) vergleichend dargestellt.

hochschulstart.de

www.hochschulstart.de
Informationen über die Vergabe von Studienplätzen für die Studiengänge Medizin, Pharmazie, Tiermedizin und Zahnmedizin.

HRK-Hochschulkompass
kompass@hrk.de

www.hochschulkompass.de
Studienangebote, Promotionsmöglichkeiten und internationale Kooperationen der deutschen Hochschulen im Überblick. **(Siehe Abbildung)**

researchgate.net

www.researchgate.net
Englischsprachige Community für Wissenschaftler aller Fachbereiche.

Studien- & Berufswahl
stub-redaktion@willmycc.de

www.studienwahl.de
Studien- und Ausbildungsangebote, Orientierungshilfen, Infos zum Studium und Verzeichnis aller deutschen Hochschulen.

studieren.de
info@studieren.de

www.studieren.de
Portal zur Studienwahl: Datenbank mit allen Studiengängen und Hochschulen, ausführliche Studienprofile.

Uni/Universitätsorganisationen

Deutsches Studentenwerk
dsw@studentenwerke.de

www.studentenwerke.de
Zusammenschluss deutscher Studentenwerke: Infos zu Studienfinanzierung, Wohnen, Mensen, Beratung und sozialen Diensten.

Hochschulrektorenkonferenz HRK
post@hrk.de

www.hrk.de
Stimme der deutschen Hochschulen – Informationen und Stellungnahmen zu Hochschulthemen, Datenbank mit Studienangeboten.

Volkshochschulen

Deutscher Volkshochschul-Verband e. V.
info@dvv-vhs.de

www.dvv-vhs.de
Adressen aller deutschen Volkshochschulen, wichtige Termine von Vorträgen, Workshops und Schulungen sowie Pressemitteilungen.

HRK-Hochschulkompass　　　　　　　　　　　　　**www.hochschulkompass.de**

EINKAUFEN

---

erfolgreich-einkaufen.de
Das Einkaufsportal

Home | Web-Seite anmelden | Impressum

Produkte | Surf-Tipps | Einkaufs-Links

Produkte:

Redaktionell ausgewählte Links zu vielen Produkten finden Sie hier.

» weiter zu den Produkten ...

Surf-Tipps:

Allgemeine Surf-Tipps rund um das Thema "Einkaufen" finden Sie hier.

» weiter zu den Surf-Tipps ...

Links zum Thema Einkaufen:

spielzeughit.de

Buntes und kreatives Spielzeug und Zubehör von namhaften Herstellern wie Lego, Schleich, Playmobil, Kosmos, Ravensburger oder Depesche. In den verschiedenen Themengebieten des Online-Shops wie Outdoor, Sommer und Strand, Rollenspiele oder Restposten findet man eine große Auswahl an Spielwaren.

www.spielzeughit.de

Handyortung.info

Mit handyortung.info kann man einfach, schnell und preiswert sein Handy und das seiner Schutzbefohlenen orten. Besonders praktisch bei verlorenen oder gestohlenen Handys oder für Eltern, die wissen möchten, wo sich ihre Kinder gerade aufhalten. Voraussetzung für die Ortung ist die vorherige Anmeldung.

www.handyortung.info

Aktuelle Pressestimme:

Erfolgreich-Einkaufen: Ist die gefundene Schnäppchenseite auch vertrauenswürdig? Aufschluss kann Erfolgreich-Einkaufen liefern, denn die Seite listet nur Shops, die vom m.w. Verlag (der auch das „Web-Adressbuch" veröffentlicht) geprüft wurden.

BILD.de vom 17.04.2011

Aktueller Buchtipp:

JETZT NEU!
„Das Web-Adressbuch für Deutschland 2012"
Aktuelles Special-Kapitel: Die besten Web-Seiten rund ums Wohnen.

Die besten Web-Seiten Deutschlands kompakt in einem Buch!

Mit den wichtigsten Web-Seiten zum Thema Einkaufen.

Hier versandkostenfrei bestellen!

Weitere Informationen über das Web-Adressbuch finden Sie hier.

Sparwelt.de

Schnäppchen-Portal für alle, die gerne online einkaufen und dabei sparen möchten. Täglich werden aktuelle Angebote und die neuesten Gutscheine vorgestellt, die das Einkaufen im Netz günstiger machen, ganz gleich ob es um Eletronikartikel, Mode und Beauty oder Haus und Garten geht.

www.sparwelt.de

WeNext - Trendfashion

Trendfashion, Club- und Streetwear für Damen und Herren. Hier gibt es eine große Auswahl an modischen Accessoires, Hüten, Jacken, Pullovern, Jeans, Röcken, Hosen, Kleidern, Partyoutfits, T-Shirts, Tops und Beachwear. WeNext peppt den persönlichen Style auf und sorgt für ein perfektes Outfit.

www.wenext.eu

Surf-Tipp des Tages:

Verivox

Sie sind genervt von unübersichtlichen Handy-, Telefon- und Internet-Tarifen? Vermissen Sie den Durchblick bei der Vielzahl an Gas- und Stromanbietern? Wer keine Lust mehr hat, sich durch den chaotischen Tarif-Dschungel von Telekommunikations- und Energiedienstleistern zu schlagen, dem bietet Verivox die ideale Lösung! Denn hier werden täglich über 19.400 (!) Tarife miteinander verglichen, um den besten für Sie herauszufinden. Nicht nur, dass Sie schnell und einfach den passenden Anbieter angezeigt bekommen: Ein Klick auf den mitgelieferten Link führt Sie direkt zum entsprechenden Angebot. Man spart also Geld und Zeit!

www.myoma.de

My Oma

Ihre Oma kann nicht stricken? Auf warme, selbstgestrickte Schals, Mützen oder Fäustlinge müssen Sie trotzdem nicht verzichten! Auf myoma.de können Sie bei der Oma Ihrer Wahl Woll-Accessoires für Damen, Herren und Kinder aus den verschiedenen Kollektionen bestellen: Schals mit Perloptik, Mützen aus Babyalpakawolle für Groß und Klein oder Hausschuhe aus Merino-Wolle – Sie können sich nicht nur das Produkt, die Farbe und die Größe aussuchen, sondern auch die Strick-Oma: Wenn Sie sich durch die Steckbriefe der Damen klicken, erfahren Sie, wie lange Oma Rosi und Oma Christel schon die Stricknadel schwingen und welches Kleidungsstück sie am liebsten stricken.

www.shooks.de

Shooks

Ob Winterboots mit kuscheligem Fell, schicke Ballerinas, modische Sneaker oder ausgefallene Gummistiefel – wer seine Fußbekleidung im Internet kaufen möchte, hat heutzutage eine riesengroße Auswahl an Modellen und Anbietern. Die beliebtesten Schuhmarken wie Gabor, Converse, Tamaris, Nike oder Geox sind schließlich in den meisten Online-Shops vertreten. Da fällt es oft schwer, nicht den Überblick zu verlieren. SHOOKS bietet daher eine Übersicht für Damen-, Herren und Kinderschuhe von verschiedenen Shops. Wer seine Suche einschränken möchte, kann die Angebote nach Farbe, Größe, Preisklasse, Marke und sogar Sonderangeboten sortieren lassen.

www.kleiderkreisel.de

Kleiderkreisel

Der Kleiderschrank quillt mal wieder über und trotzdem haben Sie nichts zum Anziehen? Dann wird es höchste Zeit, frischen Wind in die Schubladen und auf die Kleiderbügel zu bringen und sich von ehemaligen Lieblingsstücken zu trennen. Auf diesem virtuellen Flohmarkt können Sie nicht nur ein wenig Kleingeld für die nächste Shopping-Tour verdienen, sondern Ihre getragenen Schätze auch gegen die aussortierte Garderobe anderer Mitglieder eintauschen. Neben Vintage-Armbanduhren, schwarzen Pumps, Baby-Smokings und Hochzeitskleidern mit passenden Schleiern finden Sie hier sogar selbstgestrickte Mützen, Schals oder Socken.

www.givester.de

Givester

Auf der Suche nach einem kreativen Weihnachtsgeschenk für die Großeltern, einem romantischen Valentinstags-Präsent für die Liebste oder einem Geburtstagsgeschenk für jemanden, der eigentlich schon alles hat? Wie wäre es mit einem Bilderrahmen aus Schokolade, einer echten Sternschnuppe oder einem Gutschein für eine Tortenschlacht? Mit dieser Geschenkesuchmaschine brauchen Sie bei der alljährlichen Geschenkejagd nicht mehr zu verzweifeln: Einfach Geschlecht, Alter, Thema, Anlass oder Interessen und Hobbys der Person auswählen, die Sie gerne beschenken möchten – die Vorschläge können Sie anschließend noch nach Preisklasse oder Stichwort eingrenzen.

www.erfolgreich-einkaufen.de

erfolgreich-einkaufen.de

Wenn es Ihnen auf die Nerven geht, bei der Suche nach hochwertigen Online-Shops die zahllosen Ergebnisse der Suchmaschinen durchzuarbeiten, sollten Sie auf diesem Portal vorbeischauen. Hier werden redaktionell getestete Online-Shops übersichtlich präsentiert und Sie können sogar sofort erkennen, welcher Shop zusätzlich über ein Gütesiegel verfügt. Auch ein Blick auf die Surf-Tipps lohnt sich, denn hier können Sie auch ohne ein Schlagwort im Kopf zu haben auf Entdeckungstour gehen und neue Shops finden. Egal ob Sie DVDs und Bücher tauschen oder sich Ihr Lieblingsoutfit selbst zusammenstellen möchten, hier werden Sie fündig!

www.momox.de

momox.de

Wenn Bücher, CDs, Spiele, DVDs oder alte Handys im Regal verstauben, dann wird es wohl Zeit, Ihr Inventar einmal gründlich zu durchforsten. Aber keine Sorge, wegwerfen bleibt nicht Ihre einzige Option! Auf dieser Seite können Sie all Ihre veralteten Schätze direkt verkaufen, ganz ohne Wartezeit, Stress oder Gebühren. Sie tragen nicht einmal die Portokosten! Geben Sie einfach die Strichcode-Nummer des betreffenden Artikels ein, lassen Sie sich den Preis anzeigen und machen Sie aus Ihrer wertlosen Deponie eine fließende Geldquelle, ganz gleich ob es sich bei den Produkten um in- oder ausländische Ware handelt. Na, wenn das mal kein Deal ist!

www.sparwelt.de

Sparwelt.de

Schnäppchenjäger können hier fette Beute machen! Diese Seite ist eine wahre Goldgrube für jeden, der möglichst viel von Rabattaktionen profitieren will. Egal, ob man eine neue Digitalkamera zum halben Preis sucht oder Markenschuhe möglichst günstig kaufen möchte, hier verpasst man garantiert keine Aktion. Ein Countdown-Zähler informiert zusätzlich, ob man lieber schnell zugreifen sollte, oder auf das bessere Schnäppchen warten kann. Hier wird sogar verraten, wo etwas verschenkt wird. In der Rubrik „Kostenlos" können Online-Spiele heruntergeladen oder Gratis-Kinokarten bestellt werden. Die Schnäppchenjagd kann beginnen!

www.factory-outlets.org

Factory-Outlets.org

Sie suchen Markenprodukte zum Schnäppchenpreis? Auf diesem Portal finden Sie über 6.000 Adressen von Factory Outlets, Lager- und Werksverkäufen. Die komfortablen Suchfunktionen nach Städten, Postleitzahlen, Branchen, Marken und Produkten erleichtern Ihnen den Überblick über die Schnäppchenmöglichkeiten in Ihrer Nähe. Sparen Sie beim Kauf von Bekleidung, Computern, Accessoires, Elektronik, Möbeln und Sportgeräten, indem Sie in einen nahegelegenen Outlet Store vor Ort einkaufen und bis zu über 50% Preisnachlass erhalten. Von Esprit, Tom Tailor bis hin zu Siemens oder Swarovski – einfach anklicken und preiswert shoppen gehen!

Allgemein

erfolgreich-einkaufen.de

www.erfolgreich-einkaufen.de
Auf dem Einkaufsportal kann man in einer Vielzahl an redaktionell ausgewählten Links rund um das Thema Einkaufen stöbern.

netshoppers.de
info@netshoppers.de

www.netshoppers.de
Übersicht von deutschsprachigen Online-Shops zu nahezu allen Themen wie Mode, Wohnen, Multimedia, Auto und Sport.

Augenoptik/Kontaktlinsen

● **kontaktlinsen-vergleichen.de**
info@tmx-marketing.de

www.kontaktlinsen-vergleichen.de
Der Kontaktlinsen-Preisvergleich informiert über die aktuellen Preise der beliebtesten Kontaktlinsenmarken wie Air Optix, Acuvue, SofLens, Pure Vision oder Focus Dailies. Gesucht werden kann nach Tageslinsen, Wochenlinsen und Monatslinsen sowie nach torischen Kontaktlinsen und Gleitsichtlinsen. **(Siehe Abbildung)**

● **Lensmile**

☎(0821) 907 34 30

www.lensmile.de
Das Sortiment umfasst Kontaktlinsen und Pflegemittel aller großen Marken wie Air Optix, Purvision, Soflens oder Proclear – auch als Sparset. Zahlung auf Rechnung möglich. 10 Euro Gutschein ab 40 Euro Bestellwert mit dem Code WAB16. **(Siehe Abbildung)**

● **meineLinse.de**
info@meinelinse.de
☎(0800) 60 60 960

www.meinelinse.de
meineLinse.de bietet ein großes Sortiment an Kontaktlinsen und -pflege. Außerdem findet man modische Marken-Sonnenbrillen und Lesehilfen. Der Online-Shop überzeugt mit kostenloser Optikerberatung, günstigen Preisen und einem schnellen Versand. Jetzt exklusiv 10€ sparen (40€ Mindestbestellwert): web2013. **(Siehe Abbildung)**

kontaktlinsen-vergleichen.de   **www.kontaktlinsen-vergleichen.de**

Anzeige

124

Lensmile

www.lensmile.de

meineLinse.de

www.meinelinse.de

Einkaufen

Kontaktlinsen.de
service@kontaktlinsen.de

www.kontaktlinsen.de
Breite Auswahl an Kontaktlinsen, Pflegemitteln, spezieller Kosmetik und praktischem Zubehör.

Lensbest
service@lensbest.de

www.lensbest.de
Der Brillenersatz in allen Varianten: Tages- und Monatslinsen, farbige Linsen, Weich- und Hartlinsen sowie Pflegemittel.

Lensspirit
info@lensspirit.de

www.lensspirit.de
Kontaktlinsen, Pflege, Zubehör, Accessoires und Kosmetik.

markenlinsen.de
info@markenlinsen.de

www.markenlinsen.de
Markenkontaktlinsen zu günstigen Preisen. Tageslinsen, 14-Tages-Linsen, Monatslinsen, farbige Linsen und Pflege-Produkte.

misterlinse.de
kundenservice@misterlinse.de

www.misterlinse.de
Tages-, Wochen- und Monatskontaktlinsen sowie Zubehör und Pflegemittel für harte und weiche Linsen.

Augenoptik/Brillen

Brille24
kundenservice@brille24.de

www.brille24.de
Bei Brille24 kann man zwischen 500 Modellen wählen und sein Lieblingsmodell ganz einfach virtuell anprobieren.

brillen.de
service@brillen.de

www.brillen.de
Viele Brillen, immer der gleiche Preis. Mit dem Brillenkonfigurator findet man dabei schnell das passende Modell.

briloro
kontakt@briloro.de

www.briloro.de
Brillen mit Gleitsichtgläsern, Sonnenbrillen und Kontaktlinsen. Auch Gläserwechsel.

Eyemade
info@eyemade.de

www.eyemade.de
Internet-Optiker mit einer Auswahl an Damen-, Herren- und Sonnenbrillen.

megabrille.de
info@megabrille.de

www.megabrille.de
Brillen mit verschiedenen und innovativen Fassungsgestellen, Sonnenbrillen sowie Kontaktlinsen im Abo und Pflegemittel.

Mister Spex
service@misterspex.de

www.misterspex.de
Online-Optiker mit preiswerten Korrektionsbrillen, Designersonnenbrillen und Kontaktlinsen.

netzoptiker
info@netzoptiker.de

www.netzoptiker.de
Damen- und Herrenbrillen, Brillengläser, Kontaktlinsen aller Marken sowie Lesebrillen, Sport- und Sonnenbrillen.

Sehshop.de
info@sehshop.de

www.sehshop.de
Brillen, Sonnenbrillen und Gleitsichtbrillen mit individueller Sehstärke. Mit praktischer Online-Brillenanprobe.

trendoptiker.de
info@trendoptiker.de

www.trendoptiker.de
Brillen, Markenbrillen, Sonnenbrillen, Switch-it-Brillen, Einstärkengläser, Gleitsichtgläser und Lesebrillengläser.

Augenoptik/Brillen/Sonnenbrillen

BrillenStore24.de
info@brillenstore24.de

www.brillenstore24.de
Sonnenbrillen für Frauen, Männer und Kinder. Wählbar nach Marke oder Form. Auch Brillen mit polarisierenden Gläsern.

Sonnenbrillenladen.de

☎(07021) 571 48 20

www.sonnenbrillenladen.de
Der Online-Shop für Sonnenbrillen bietet eine große Auswahl an Modellen für Damen, Herren und Kinder aller namhaften Marken in vielen verschiedenen Formen und Farben. 15 Euro Gutschein ab 50 Euro Bestellwert mit dem Code WAB16. **(Siehe Abbildung)**

Uvstars
info@uvstars.com

www.uvstars.com
Sonnenbrillen von der klassischen Pilotenbrille über Buttefly-Modelle bis hin zu sportiven oder randlosen Varianten.

Auktionen/Allgemein

auktionshaus.info

www.auktionshaus.info
Forum rund um Fragen zu Online-Auktionen, besonders Ebay betreffend: Erfolgreich kaufen und verkaufen, Versand, Zahlung.

Auktionssuche.de
info@auktionssuche.de

www.auktionssuche.de
Online-Auktionen übersichtlich nach Kategorien und Alphabet sortiert. Zahlreiche Auktionen gleichzeitig durchsuchbar.

Auktionen/Auktionsportale

1-2-3.tv
info@1-2-3.tv

www.1-2-3.tv
Auktionsportal mit drei parallel laufenden Live-Auktionen und vielen Sofortkauf-Angeboten zu Schnäppchenpreisen.

auktionshaus.de
info@auktionshaus.de

www.auktionshaus.de
Auktionsplattform für Auktionshäuser, freie Auktionatoren, gewerbliche Anbieter und öffentliche Einrichtungen.

auvito.de
info@auvito.de

www.auvito.de
Das kostenlose Auktionshaus mit Produkten aus allen Lebensbereichen.

eBay Deutschland

www.ebay.de
Der weltweite Online-Marktplatz für den Verkauf von Gütern und Dienstleistungen aller Art.

Hood.de
info@hood.de

www.hood.de
Kostenloses Anbieten und Ersteigern von Produkten aller Art. Auf der Startseite gibt es Verweise zu begehrten Angeboten.

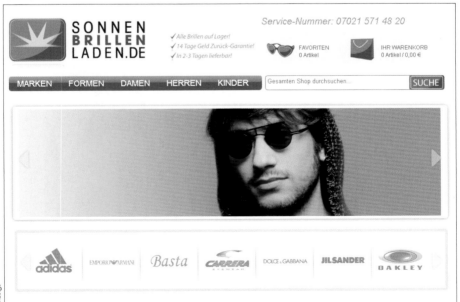

Batterien & Akkus

Akkus von A-Z
info@akkushop-online.de

www.akkushop-online.de
Akkus für Elektrogeräte aller Art: Video- und Foto-Akkus, Notebook-Akkus, PDA-, Handy- und Telefon-Akkus.

AkkuShop ExtremeEnergy
anfragen@akkushop.de

www.akkushop.de
Internet-Shop für Akkus, Batterien, Ladegeräte, Netzteile und Taschenlampen sowie Speicherkarten.

subtel.de
info@subtel.de

www.subtel.de
Elektronisches Zubehör wie Akkus und Ladegeräte für Mobilfunkgeräte, Notebooks, MP3-Player und andere Elektronikgeräte.

Bekleidung

7 Trends
service@7trends.com

www.7trends.com
Kleider, Röcke, Jeans, Shirts, Accessoires, Pullover, Jacken, Mäntel, Tops, Hosen, Tuniken und Blusen.

bonprix
service@bonprix.de

www.bonprix.de
Mode für Sie und Ihn, Kindermode, Schuhe und Wohnaccessoires mit Online-Katalogen zum Blättern.

Brax
info@brax.com

www.brax.com
Mode für Damen und Herren. Der Größenfinder hilft auch online, perfekt sitzende Kleidung zu finden.

Breuninger
kontakt@breuninger.de

www.breuninger.com
Damen-, Herren- und Kindermoden sowie Sportmode und Kosmetikartikel.

C&A
service@shop-cunda.de

www.c-and-a.com
Im C&A-Online-Shop findet man aktuelle, modische Freizeitbekleidung.

Ernsting's family   **www.ernstings-family.com**

CONLEY'S
info@conleys.de

www.conleys.de
Ein Mix aus ausgewählten Mode- und Freizeitartikeln, Design-Klassikern, bequemen Basics und ausgefallenen Accessoires.

Coutie
mail@coutie.com

www.coutie.de
Ausgewählte Marken, Kreationen von unbekannten Labels weltweit sowie außergewöhnliche Modeideen.

dress-for-less
service@dress-for-less.de

www.dress-for-less.de
Schnäppchenjäger finden hier Designerbekleidung zu günstigen Preisen. Außerdem gibt es Accessoires und Unterwäsche.

Eddie Bauer
service@sportscheck.com

www.eddiebauer.de
Legere und bequeme Damen- und Herrenbekleidung sowie Schuhe und Accessoires von Eddie Bauer. Mit Sendungsauskunft.

● **Ernsting's family**
service@ernstings-family.com

www.ernstings-family.com
Im Online-Shop von Ernsting's family finden junge Familien eine große Auswahl attraktiver und modischer Kleidung. Neben Textilien für Damen, Babys und Kinder findet man auch Mode für Herren, Spielzeug, Home-Accessoires sowie aktuelle Online-Wochenangebote. **(Siehe Abbildung)**

Fashion.de
info@fashion.de

www.fashion.de
Deutschlands großes Modeportal bietet für jeden Stil und jede Preisklasse eine riesige Produktauswahl aus vielen Shops.

Fashionesta
kontakt@fashionesta.com

www.fashionesta.com
Markenmode und Accessoires für Männer und Frauen zu reduzierten Preisen.

● **Heinrich Heine Versand**
service@heine.de

www.heine.de
Aktuelle Trends, zeitlose Basics, ausgewählte Marken und exquisite Einrichtungsideen: Es lohnt sich, den Heine Online-Shop zu entdecken und sich von einem vielfältigen Angebot an Mode und Wohnideen inspirieren zu lassen. **(Siehe Abbildung)**

Heinrich Heine Versand   www.heine.de

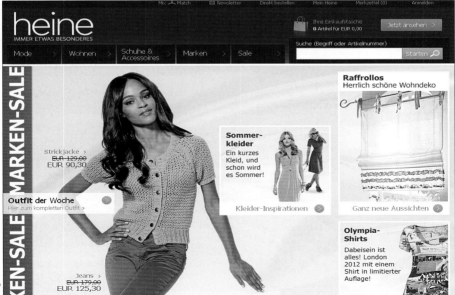

Einkaufen

fashionlend
team@fashionlend.com

www.fashionlend.de
Eine Plattform, auf der man Mode von und an Privatpersonen leihen und verleihen kann.

Fashiontrüffel
kontakt@fashiontrueffel.de

www.fashiontrueffel.de
Großes Angebot an Taschen, Schmuck, Accessoires, Kerzen und Kleidern.

inflammable.com
info@inflammable.com

www.inflammable.com
Streetwear, Fashion, Schuhe und Accessoires bekannter Marken für Männer und Frauen. Mit News-Blog und Styling-Tipps.

● **Kleiderbuegelprofi.de**
info@kleiderbuegelprofi.de
☎(06721) 30 86 44

www.kleiderbuegelprofi.de
Kleiderbügelprofi ist „das Fachgeschäft im Internet" für Garderoben- und Kleiderbügel aus Metall, Holz, Leder, Acryl und Kunststoff. Große Auswahl an hochwertigen Bügeln für Oberteile, Hosen, Röcke, Tücher, Krawatten, Gürtel oder Taschen. Ein Profi auch bei Wandhaken, Garderoben oder Schirmständern.
(Siehe Abbildung)

Lands' End GmbH Deutschland
info@landsend.de

www.landsend.de
Große Auswahl an hochwertiger Freizeitkleidung für Damen, Herren und Kinder. Mit Möglichkeit, die Ware online zu bestellen.

Luxodo.com
service@luxodo.com

www.luxodo.com
Gemeinsamer Shop von mehreren Luxus- und Design-Geschäften mit Kleidung, Accessoires, Einrichtung oder Beauty-Artikeln.

My Oma
info@myoma.de

www.myoma.de
„Strick-Omas" stricken in Handarbeit individuelle modische Damen-, Herren- und Kindermode.

Peter Hahn
service@peterhahn.de

www.peterhahn.de
Eine Auswahl an hochwertiger Mode und Designer-Marken. Mode für jeden Anlass und für jeden Stil.

Kleiderbuegelprofi.de   **www.kleiderbuegelprofi.de**

s.Oliver
onlineshop@soliver.com

www.soliver.de
Großes Angebot an Kleidung, Schuhen und Accessoires der Marke s.Oliver: Damen, Herren, Kinder, aktuelle Fashion Trends.

Stylight
info@stylight.de

www.stylight.de
Bei Stylight kann man sich die unterschiedlichen Bekleidungsstücke nach Farben geordnet zusammenstellen lassen.

Tom Tailor
e-shop@tom-tailor.de

www.tom-tailor.de
Die gesamte Kollektion der Marke Tom Tailor auf einen Blick. Top-Looks kann man als Komplett-Outfit bestellen.

Upcload
contact@upcload.com

www.upcload.com/de
UPcload nimmt via Webcam maß, legt ein Profil an und hilft so, bei angeschlossenen Shops passende Kleidung zu finden.

Walbusch
service@walbusch.de

www.walbusch.de
Hier findet man bequeme Damen- und Herrenmode: Bekleidung und Accessoires für Freizeit und Beruf. Mit Schnäppchenmarkt.

Bekleidung/Bademode

Greenbay Olympia
info@eco-bikini.de

www.eco-bikini.de
Bikini, Tankini, Badeanzug und Shorts aus einer ökologisch sinnvollen und nachhaltigen Badekollektion findet man hier.

Bekleidung/Biomode

● **colourmoods**
info@colourmoods.com
☎(089) 45 70 91 84

www.colourmoods.com
Die Bio-T-Shirts von colourmoods wirken sich positiv auf Emotionen aus. Eine ganzheitliche Farbberaterin hat sieben Farben zusammengestellt: Vom energiereichen Rot über harmonisches Grün bis zum entspannenden Blau. Alle Shirts sind schonend gefärbt, 100% aus Biobaumwolle und fair gehandelt. **(Siehe Abbildung)**

colourmoods   **www.colourmoods.com**

Einkaufen

Hess Natur
dialog@hess-natur.de

www.hessnatur.com
Online-Shop für hochwertige und giftfreie internationale Mode. Außerdem eine Babykollektion und Wohnaccessoires.

modeaffaire.de
info@modeaffaire.de

www.modeaffaire.de
Hintergründe der grünen Modewelt, alles zu jungen Labels und Herstellern sowie die Trends und Entwicklungen der Branche.

Bekleidung/Brautmoden & Abendkleider

CRUSZ
info@crusz.de

www.crusz-ballmode.de
3.500 Kleider aus den Bereichen Abendmode und Brautmode. Ergänzend dazu Accessoires wie Schmuck und Taschen.

Bekleidung/Damenmode

Alba Moda
service@albamoda.de

www.albamoda.de
ALBA MODA präsentiert exklusive und immer trendaktuelle Damenmode – mit der unverwechselbaren, italienisch inspirierten Designhandschrift in allen Kollektionen. Bequemes Online-Shopping auch von erlesener Markenmode von Top-Designern, exquisiter Bademode sowie hochmodischen Schuhen und Accessoires.
(Siehe Abbildung)

Elégance
kunden.service@elegance.de

www.elegance.de
Bekleidung für die Frau: Jacken, Röcke, Shirts, Hosenanzüge, Blusen und Schuhe. Sortierbar auch nach Farbe oder Modelinie.

GERRY WEBER
service@house-of-gerryweber.de

www.gerryweber.de
Aktuelle Mode und Sale-Angebote in großer Auswahl sowie jede Menge modischer Ideen für attraktive Damenbekleidung.

Högermann und Kox
info@hoegermann-kox.de

www.hoegermann-kox.de
Jacken, Strickwaren, Mäntel, T-Shirts, Blusen, Kleider, Röcke, Tops und Blazer für Damen.

kleidersuche.de
team@kleidersuche.de

www.kleidersuche.de
Die Suchmaschine für das Traumkleid im Internet. Hier findet jeder sein Lieblingskleid für den richtigen Anlass.

MONA
service@mona.de

www.mona.de
Klassische Damenmode mit Modellen namhafter Marken.

sheego
service@sheego.de

www.sheego.de
Umfangreiches Sortiment an aktueller Damenmode, bekannte Modemarken, sinnliche Dessous, Schuhmode und Accessoires.

stylefruits
info@stylefruits.de

www.stylefruits.de
Bei stylefruits.de können verschiedene Kleidungsstücke und Accessoires zu individuellen Outfits zusammengestellt werden.

zero
zero@zero.de

www.zero.de
Shirts, Tops, Blusen, Röcke, Kleider, Hosen, Boleros, Jacken, Mäntel, Blazer, Accessoires und Schuhe.

Bekleidung/Damenmode/Übergrößen

Dickewelten.de
kontakt@dickewelten.de

www.dickewelten.de
Das Informationsportal für große Größen. Mit XXL-Branchenführer und Plussize-News aus Mode, Lifestyle und Gesundheit.

happy-size.de
service@happy-size.de

www.happy-size.de
Spezialist für Damenmode in den Größen 40 - 60, Online-Shop mit junger Trendmode, Business-Outfits und Freizeit-Looks.

meyer-versand.de
service@meyer-versand.de

www.meyer-versand.de
Damenbekleidung, festliche Mode, Nachtwäsche und Bademode ab Größe 44 bis 66 sowie Kurzgrößen.

navabi.de
info@navabi.tv

www.navabi.de
Exklusive Boutique-Mode für Damen mit Größe 38 bis 54. Wöchentlich neue Outfit-Ideen, Designer, Labels und Angebote.

SAMOON by Gerry Weber
service@house-of-gerryweber.de

www.samoon.de
Mode für Frauen mit Anschlussgrößen von 42 - 54 in trendigen Schnitten.

Ulla Popken
kunden-service@popken.de

www.ullapopken.de
Junge, trendige Mode ab Größe 42. Von Oberteilen, Mänteln und Hosen bis zu Bademode, Dessous sowie Accessoires.

Bekleidung/Designermode

bevonboch.com
serviceteam@brigittevonboch.de

www.bevonboch.com
Mode, Accessoires, Schmuck, Möbel des Designerlabels Brigitte von Boch für modernen Country- und klassischen Urbanstyle.

Closed
info@closed.com

www.closed.com
Damen- und Herren-Designermode. Komplette Outfits, Hosen, Shirts, Kleider und Schuhe.

haburi.de

www.haburi.de
Exklusive Designer- und Markenware.

Kiss A Frog
info@kissafrog.de

www.kissafrog.de
Markenbekleidung im Outlet-Shop: Damen-, Herren- und Kindermode. Schuhe, Wäsche, Accessoires, Uhren und Schmuck.

Luxury Loft
info@skytrade.de

www.luxuryloft.eu
Shopping-Community, die Luxusartikel aus den Bereichen Designermode, Designertaschen, Schuhe und Schmuck anbietet.

Alba Moda   **www.albamoda.de**

Mary & Paul
info@maryandpaul.de

www.maryandpaul.de
Hochwertige Designermode, von Premium-Brands bis zu exklusiven Luxus-Labels.

Modestern
info@modestern.de

www.modestern.de
Das Sortiment reicht von Underground- über Insider- bis hin zu Mainstream-Labels vieler bekannter Designer.

mytheresa.com
info@mytheresa.com

www.mytheresa.com
mytheresa.com bietet Modeliebhabern ein sorgfältig ausgewähltes Sortiment aktueller Designer-Labels und neuer Kollektionen.

nelou
info@nelou.com

www.nelou.com
Mode für Damen, Herren und Kinder von jungen Designern. Viele Video-Interviews mit Designern.

verypoolish.com
contact@verypoolish.com

www.verypoolish.com
Exklusive Designermode für anspruchsvolle, junge Leute.

Bekleidung/Dessous & Unterwäsche

Andalous Dessous
info@andalous-dessous.de

www.andalous-dessous.de
Tag-, Nacht- und Reizwäsche, Corsagen, Strumpfmode, Beachware. Negligees, Bodys und Catsuits, Shapeware und Sets.

Enamora
service@enamora.de

www.enamora.de
Unterwäsche für Sie und Ihn: BHs, Tops, Nightwear, Shorts, Slips und Shirts. Mit einem Dessousratgeber.

Lascana
info@lascana.de

www.lascana.de
Große Auswahl an Dessous, Unterwäsche, Bademode und Bikinis von ausgewählten Marken.

onmyskin
info@onmyskin.de

www.onmyskin.de
Tagwäsche, Nachtwäsche, Wellnesswear und Swimwear von namhaften Herstellern wie Triumph, Schiesser, Skiny und Aubade.

sheloox.de
info@sheloox.de

www.sheloox.de
Dessous-Shop mit Dessous von erotisch bis edel, schicker Bademode, High Heels, Strümpfen und Strumpfhosen.

Bekleidung/Herrenmode

babista.de
service@babista.de

www.babista.de
Hochwertige und komfortable Herrenbekleidung bekannter Modemarken wie Olymp, Gardeur oder Bugatti.

businesshemden.com
lidl@businesshemden.com

businesshemden.com
Große Auswahl an verschiedenen Farben, Mustern und Ärmellängen für Herrenhemden der Hemdenmarke Olymp.

Dockers
shop@dockers.de

www.dockersshop.com
Hosen, Oberteile und Accessoires der Marke Dockers. Beschreibung der Passformen und Größentabelle.

eterna online-shop
lidl@businesshemden.com

www.markenhemd.de
Online-Shop für Eterna Hemden mit einer großen Auswahl an verschiedenen Farben, Kragenformen und Ärmellängen.

herrenausstatter.de
service@herrenausstatter.de

www.herrenausstatter.de
Mode für Herren. Bekleidung für Freizeit und Beruf, aktuelle Kollektionen von über 200 Marken.

herrenmodewelt.de
service@herrenmodewelt.de

www.herrenmodewelt.de
Jacken, Anzüge, Sakkos, Krawatten, Partymode, Lederjacken, Gürtel, Unterwäsche und Strümpfe.

hirmer-grosse-groessen.de
service@hirmer-grosse-groessen.de

www.hirmer-grosse-groessen.de
Herrenmode wie Jeans, Hemden, Sakkos und Bademoden in Übergrößen von Ralph Lauren, Tommy Hilfiger, Brax oder Joop.

Just4Men.de
service@just4men.de

www.just4men.de
Schicke Anzüge und andere Businesskleidung bis hin zum Surfer- oder Boarder-Outfit.

menswear.de
info@menswear.de
☎(0800) 663 47 24

www.menswear.de
Der Online-Shop für Herrenmode bietet aktuelle Mode bekannter Marken an, z. B. Seidensticker, Falke, Gardeur, Prime Shoes, März, Roy Robson, Schiesser, Samsonite, Jacques Britt, Jockey, Joker Jeans, Olymp, Eterna, Allen Edmonds u. v. m. Inklusive Newsletter und 5 EUR Gutschein.

O Boy
service@oboy.de

www.oboy.de
Internationaler Versandhandel für exklusive Herrenmode: Bademäntel, Hemden, Hosen, Jacken, Jeans, Shirts und Schuhe.

Outfittery
service@outfittery.de

www.outfittery.de
Herrenkleidung von einer Style-Expertin ausgewählt wird in passenden Kombinationen nach Hause geliefert.

stresslessdress.de

www.stresslessdress.de
Stressfreies Einkaufen für die Männerwelt: Fotos hochladen, Wünsche angeben und der passende Anzug wird geliefert.

Topman
customer.service@topman.com

de.topman.com
Hipster finden hier die Grundausstattung: Von Schuhen über Anzüge, T- und Sweatshirts bis hin zu ausgefallenen Accessoires.

Bekleidung/Herrenmode/Krawatten

● **krawatten-viadimoda.de**

☎(0421) 244 35 96

www.krawatten-viadimoda.de
Hier findet man ein vielfältiges Angebot an Krawatten aller Art für geschäftliche und gesellschaftliche Anlässe. Die Auswahl reicht von Business- und Designerkrawatten in zahlreichen verschiedenen Mustern über Herrenschals und Damentücher bis hin zu eleganten Hochzeitswesten sowie Manschettenknöpfen.
(Siehe Abbildung)

krawatten-viadimoda.de

www.krawatten-viadimoda.de

Krawattenforum.com
service@krawattenforum.com

www.krawattenforum.com
Krawatten in vielen Farben und Mustern. Nützliche Infos über Krawatten.

Krawattenknoten.org

www.krawattenknoten.org
Alle wichtigen Krawattenknoten mit einfachen Anleitungen.

Krawatten-Ties.com
service@krawatten-ties.com

www.krawatten-ties.com
Große Auswahl an klassischen und modischen Krawatten führender Designer und Hersteller.

Young Office
service@krawatte-hemd.de

www.krawatte-hemd.de
Krawatten, Fliegen, Hemden, Manschettenknöpfe und Einstecktücher.

Bekleidung/Individuell bedruckt

Deutsche Textil
info@deutsche-textil.com

www.deutsche-textil.com
Großes Angebot an Markentextilien aller Art, die individuell in verschiedenen Druckverfahren bedruckt werden können.

SantaFeTex
info@santafetex.com

www.santafetex.com
Poloshirts, Hemden, Mützen, Jacken, Taschen, Arbeitskleidung, Schirme oder Blusen individuell bedrucken lassen.

shirtcity
info@shirtcity.de

www.shirtcity.com
Hier können T-Shirts, Lady-Shirts und andere Kleidungsstücke mit eigenen Texten und Motiven bedruckt werden.

spreadshirt
info@spreadshirt.de

www.spreadshirt.de
Über 70 Produkte online mit einer persönlichen Message oder einem Motiv versehen. Fünf Druckarten stehen zur Auswahl.

T-Shirt Druck
service@shirtinator.de

www.shirtinator.de
Auf dieser Homepage kann man sich sein eigenes T-Shirt mit selbst hochgeladenen Bildern entwerfen.

Bekleidung/Individuell bestickt

● **Aufnäher Express -
Aufnäher von Ihrer Vorlage**

☎(05138) 600 34 38

www.aufnaeher-express.de
Bei Aufnäher Express können Firmen, Vereine und Clubs hochwertige individuelle Aufnäher mit einem Firmenlogo, Vereinswappen oder sonstigem Motiv sticken lassen. Im Showroom findet man eine Übersicht von bisher bestickten Aufnähern und Patches. Ideal für Vereinsausstattung, Arbeitskleidung und Promotion.
(Siehe Abbildung)

Bekleidung/Jeans

Jeans-One.com
kontakt@jeans-one.com

www.jeans-one.com
Jeans für Sie und Ihn. Levi's, Lee, Wrangler, Mustang, HIS, Colorado, Paddock's. Große Auswahl an Modellen und Waschungen.

Jeanswelt.de
shop@jeanswelt.de

www.jeanswelt.de
Jeans, Shirts sowie Jacken von namhaften Jeansanbietern.

my-jeans.de
info@my-jeans.de

www.my-jeans.de
Bei my-jeans.de findet man Jeans von Diesel, Dockers, G-Star, Herrlicher, Lee, Levi's, Mustang, Replay und Wrangler.

Bekleidung/Kaschmir

Pashmina.de
info@pashmina.de

www.pashmina.de
Hier gibt es original Kaschmir-Produkte aus Nepal. Pashmina-Stolen, -Schals und -Babydecken.

Bekleidung/Kinder-, Baby- & Umstandsmode

Green Avenue
info@green-avenue.com

www.green-avenue.com
Modebewusste, ökologische Babybekleidung. Lauflernschuhe, Tragehilfen und -tücher, Kindermöbel und Spielzeug.

Isadisa
kontakt@isadisa.de

www.isadisa.de
Kindermode im skandinavischen Stil aus Dänemark. Für Babys, Jungs und Mädchen.

Kater Schorsch
info@kater-schorsch.com

www.kater-schorsch.com
Internet-Laden für außergewöhnliche und individuelle Baby- und Kleinkinderkleidung aus Skandinavien in farbenfrohem Design.

Kids Stars
info@kidsstars.de

www.kidsstars.de
Markenmode für Kinder. Strickjacken, Blusen, Jeans, Kleider, Schlafanzüge und Unterwäsche.

kinderado
info@kinderado.de

www.kinderado.de
Second-Hand-Kinderkleidung im Paket. Entweder ganz normal zu kaufen oder im Tausch.

liebkind - grün ist schön
info@lieb-kind.de

www.lieb-kind.de
Bio- und fair gehandelte Mode und Accessoires für Schwangere, Mütter und Kinder. Mit Blog und Forum.

littlelabel
info@littlelabel.de

www.littlelabel.de
Trendige Baby- und Kinderbekleidung. Jacken, Mützen, Hosen, Shirts, Pullover und Schlafanzüge.

Nitis Umstandsmode
umstandsmode@t-online.de

www.nitis-flotte-kindermoden.de
Junge und moderne Umstandsmode wie Umstandshosen, Umstandsröcke oder Umstandsoberbekleidung sowie Bauchbänder.

pollywoggie
kontakt@pollywoggie.de

www.pollywoggie.de
Marktplatz, um Baby-, Kinder- und Jugend-Second-Hand-Waren einzukaufen und zu verkaufen.

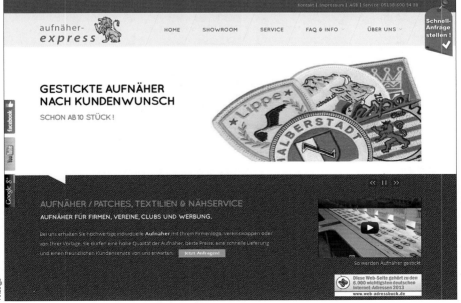

prinzessin-erbse.de
kontakt@prinzessin-erbse.de

www.prinzessin-erbse.de
Stilvolle Kinderbekleidung und Kinderzimmerzubehör der Marken Cakewalk, Naturino, Petit Bateau und Oilily.

snowkidz.de
info@warehouse-one.de

www.snowkidz.de
Ein speziell auf Kinder und Jugendliche ausgerichteter Shop für Ski- und Snowboardbekleidung sowie Wake- und Snowboards.

tauschteddy
info@tauschteddy.de

www.tauschteddy.de
Kinderkleidung tauschen. Pakete mit der richtigen Größe bestellen und im Gegenzug die alten Sachen einstellen.

tausendkind
service@tausendkind.de

www.tausendkind.de
tausendkind bietet Baby- und Kindermode sowie Spielzeug und Accessoires von großen und kleinen Marken.

Vertbaudet
service@vertbaudet.de

www.vertbaudet.de
Kinderbekleidung für Jungen und Mädchen sowie Babybekleidung, Kindermöbel und Umstandsmode mit französischem Charme.

Yulaby.de
info@yulaby.de

www.yulaby.de
Kinder- und Babybekleidung wie Schuhe oder Lätzchen sowie Wickeltaschen und Mückennetze.

Zuckerwolke
info@zuckerwolke.de

www.zuckerwolke.de
Kinderbekleidung für Kinder ab fünf Jahren.

Bekleidung/Maßbekleidung

● **hemdwerk**

☎(0941) 569554700

www.hemdwerk.de
Echte Maßhemden online seit 2005: Online selbst Wunschhemd designen, mehr als 80 ÖkoTex-zertifizierte Stoffe, kein Aufpreis für Übergrößen, kostenlose Erstbestellerkulanz, sicher einkaufen und bezahlen, versandkostenfrei ab 100 €, bei sieben Hemden ein Hemd gratis. Neu: „Made in EU". **(Siehe Abbildung)**

hemdwerk   **www.hemdwerk.de**

Die Jeans
info@united-innovations.de

www.diejeans.de
Maßgeschneiderte Jeans. Von den Maßen, über die Farbe bis hin zu Besonderheiten wie Applikationen ist alles wählbar.

Lieblingshemd
service@lieblingshemd.de

www.lieblingshemd.de
Wenn das Lieblingshemd kaputt geht, dann kann man es sich hier neu nähen lassen.

Limberry
info@limberry.de

www.limberry.de
Maßbekleidung für Damen: Modell auswählen, Details bestimmen wie Stoffe oder Farbe, Maße eingeben und bestellen.

Bekleidung/Mützen & Hüte

Cappson Your Cap Store
cappsonservices@cappson.com

www.cappson.com
Fashion-, Lifestyle-, Sport-Caps von Top-Marken. Verschiedene Styles wie Trucker-, Army-, Mesh-, Flexfit- und Pitching-Caps.

Hutshopping.de
support@hutshopping.de

www.hutshopping.de
Klassische Hüte, sportliche Caps, Cowboy- und Westernhüte.

hutx.de
info@hutx.de

www.hutx.de
Eine große Auswahl an Hüten und Mützen für Sie und Ihn.

kopfgold
info@kopfgold.de

www.kopfgold.de
Ob Hüte, Mützen oder Kappen, ob klassisch, sportlich, lässig oder trendig – hier findet jeder die richtige Kopfbedeckung.

Bekleidung/Schuhe

Humanic
service@shoemanic.com
☎(0800) 80 100 100

www.shoemanic.com
Der Online-Shop bietet Damen- und Herrenschuhe in allen Styles und Größen von Trendmarken wie Adidas, Buffalo, Converse, Gamloong, Geox, Nike, Esprit, Lacoste oder Tommy Hilfiger. Auch Extragrößen, eine große Auswahl modischer Schuhe für Kids sowie Taschen und Accessoires sind hier erhältlich. **(Siehe Abbildung)**

Humanic   **www.shoemanic.com**

Einkaufen

ChicChickClub.de

www.chicchickclub.de
In der Style-Community kann man jeden Monat neue Schuhe und Accessoires ausprobieren.

Colorway
info@colorway.de

www.colorway.de
Crocs-Fans und Schuhbegeisterte finden hier Top-Trendmarken aus den Bereichen Schuhe und Fashion.

Deichmann
info@deichmann.de

www.deichmann.de
Großes Sortiment an Damen-, Herren-, Kinder- und Sportschuhen sowie Accessoires. Mit Schuhknigge und Passformberater.

GISY-Schuhe.de
info@gisy-schuhe.de

www.gisy-schuhe.de
Das Sortiment reicht von eleganten Business-Schuhen über Stiefel und Sneaker bis hin zu Sandalen oder Hausschuhen.

Görtz
service@goertz.de

www.goertz.de
Große Auswahl modischer Schuhe und Accessoires für Damen, Herren und Kinder. Attraktive Trend- und Fashion-Marken.

I'm walking
service@imwalking.de

www.imwalking.de
Elegante Schuhmode von hippen Sandaletten über schicke Pumps, Ballerinas und Stiefel bis hin zu Pantoletten.

italienische-damenschuhe.de
info@ahmore.de

www.italienische-damenschuhe.de
Handgefertigte Damenschuhe aus Italien zu jedem Anlass in tollen Designs.

javari
impressum@javari.de

www.javari.de
Damen-, Herren- und Kinderschuhe, Taschen und Accessoires.

 SchuhTempel24
info@schuhtempel24.de

www.schuhtempel24.de
In einer großen Auswahl an preiswerten Damenschuhen aller Art finden Frauen den passenden Schuh für jeden Anlass. Das Angebot umfasst neben Stiefeln und Stiefeletten auch Sneakers, Sandalen und Pumps sowie High Heels und Ballerinas. Im Sale-Bereich lässt sich teilweise kräftig sparen. **(Siehe Abbildung)**

SchuhTempel24   www.schuhtempel24.de

Markenschuhe.de
bestellung@markenschuhe.de

www.markenschuhe.de
Großes Angebot von über 3.000 verschiedenen Schuhmodellen aller namhafter Marken mit praktischer Schuhgrößentabelle.

mirapodo
service@mirapodo.de

www.mirapodo.de
Pumps, Sneaker und Spezialschuhe für Herren, Damen und Kinder. Sortierbar nach Schuhart, Marke, Preis, Material und Farbe.

Schuhdealer
info@schuhdealer.de

www.schuhdealer.de
Herren-, Damen- und Kinderschuhe. Lauflernschuhe, vegane Schuhe, Joggingschuhe und Liefestyle-Accessoires.

schuhfans.de
mail@kreowsky.de

www.schuhfans.de
Markenschuhe verschiedener Online-Shops.

Shooks
post@shooks.de

www.shooks.de
Übersichtsportal für Schuhe-Online-Shops. So kann man schnell Damen-, Herren- und Kinderschuhe finden.

Siemes Online-Shop
service@siemes.de

www.siemes.de
Damen-, Herren-, Kinder- und Sportschuhe.

spartoo.de

www.spartoo.de
Mehr als 150 Schuhmarken wie Converse, Kickers, Doc Martens, Pataugas oder Nike und über 20.000 Schuhmodelle.

Vamos

www.vamos-schuhe.de
Slipper, Schnürschuhe, Klettschuhe, Sandaletten, Pantoletten, Stiefel und Hausschuhe für Frauen und Männer.

Zalando
info@zalando.de
☎(0800) 240 10 20

www.zalando.de
Zalando ist Deutschlands beliebter Online-Shop für Schuhe, Fashion, Accessoires, Produkte aus dem Wohnbereich, Beauty-Artikel und Sport-Produkte für Frauen, Herren und Kinder. Hinzu kommt ein umfassender Service aus kostenlosem Versand und Rückversand, 100 Tagen Rückgaberecht und Gratis-Service-Hotline.
(Siehe Abbildung)

Zalando   **www.zalando.de**

Bekleidung/Second-Hand

Kleiderkreisel
kommando@kleiderkreisel.de

www.kleiderkreisel.de
Plattform, um Klamotten zu tauschen, zu verkaufen oder zu verschenken. Für Damen, Herren und Kinder.

Bekleidung/Socken & Strümpfe

Bellegs
service@bellegs.de

www.bellegs.de
Strumpfhosen, halterlose Strümpfe, Kniestrümpfe und Leggins aus Mikrofasern. Mit dem Premium-Service sogar im Abo.

Falke Online-Shop
service@falke-shop.com

www.falke-shop.de
Ob Freizeit, Business oder Sport, ob Damen, Herren oder Kinder, in dieser Auswahl findet jeder die passenden Füßlinge.

FunnyLegs
postfu@funnylegs.de

www.funnylegs.de
FunnyLegs bietet über 800 verschiedene, nicht alltägliche Strumpfhosen und Nylons an.

Hosieria Ernst Mende
kontakt@hosieria.de

www.nylons-strumpfhosen-shop.de
Strumpfhosen, halterlose Strümpfe, echte Nylons, Spezialstrümpfe und Socken. Produktbewertungen durch Besucher.

sympatico
webshop@sympatico.de

www.sympatico.de
Strumpfwaren im Fein- bzw. Strickbereich für Damen, Herren, Kinder. Mit praktischem Jahresabo für Socken und Kniestrümpfe.

Vondensocken
office@vondensocken.com

www.vondensocken.com
Große Auswahl an Socken in verschiedenen Farben und Mustern. Einzellieferungen sind genauso möglich wie Abonnements.

Bekleidung/Stoffe & Kurzwaren

Modestoffe Hemmers
service@stoffe-hemmers.de

www.stoffe-hemmers.de
Viele hochwertige Stoffe für Bekleidung und Dekoration, Meterware sowie Kurzwaren.

stoffe.de
kundenservice@stoffe.de

www.stoffe.de
Über 7.000 hochwertige Stoffe, passendes Kurzwarensortiment, Musterversand gratis, Anwendungsbeispiele und Nähservice.

Stoffkontor
info@stoffkontor.eu

www.stoffkontor.eu
Eine große Auswahl an Stoffen und Meterwaren für Bekleidung, Kostüme, Hobby, Garten und Dekoration.

Bekleidung/Übergrößen

Uebergroesse.com
kontakt@loewenstark.de

www.uebergroesse.com
Das Portal für Übergrößen-Kleidung bietet eine große Vielfalt an Blusen, Hosen, Jacken von ausgewählten Online-Shops.

Bekleidung/Young Fashion

A better tomorrow
service@a-better-tomorrow.com

www.a-better-tomorrow.com
Online-Shop für junge Designklamotten, mit eigener Community und einem Designcontest für jedermann.

DefShop
info@def-shop.com

www.def-shop.com
Hip-Hop- und Streetwear-Shop für junge Menschen. Über 17.500 verschiedene Artikel von 200 Markenherstellern.

depot2.de
contact@depot2.de

www.depot2.de
Sneaker, Fashion und Streetwear, Schuhen, Hosen, Jacken und T-Shirts.

Esprit
service@esprit-online-shop.com

www.esprit.de
Die gesamte Kollektion der Marke Esprit kann hier detailliert betrachtet und bequem bestellt werden.

fancybeast.de
info@fancybeast.de

www.fancybeast.de
Offizieller Shop der Fashion- und Designer-Marke FancyBeast mit ausgefallenen Klamotten und Partymode.

frontlineshop.com
kundenservice@frontlineshop.com

www.frontlineshop.com
Online-Shop für Streetwear und Fashion von über 300 Top-Marken. Sneaker, Jacken, T-Shirts, Accessoires und mehr.

guna.de
info@guna.de

www.guna.de
Versand von Modeartikeln zahlreicher Marken für junge Leute: Hosen, Oberteile, Jacken, Caps, Schuhe und modische Accessoires.

kolibrishop.com
info@kolibrishop.com

www.kolibrishop.com
Young Fashion und Accessoires für Damen und Herren sowie ein Mode-Blog mit News und Infos.

numelo.com
feedback@numelo.com

www.numelo.com
Hier gibt es eine riesige Auswahl an Sneakers, Caps, Streetwear und Urban-Fashion.

Pimkie
supportpne@pimkie.com

www.pimkie.com
Eine breite Auswahl an trendigen Styles für junge, selbstbewusste Frauen.

zebraclub.de
info@zebraclub.de

www.zebraclub.de
Schöne Auswahl an Markenbekleidung aus dem Streetwear-Bereich.

Blumenversand

fleurop.de
info@fleurop.de

www.fleurop.de
Blumengrüße zu verschiedenen Anlässen können hier bestellt und weltweit über Partnerfloristen versendet werden.

FloraPrima
info@floraprima.de

www.floraprima.de
Rosen, bunte Sträuße und eine große Anzahl von Pflanzen für jeden Anlass findet man hier. Alle Sträuße sind handgebunden.

florito
info@florito.de

www.blumen.de
Auswahl an gebundenen Blumensträußen mit Grußkarte. Aktuelle Angebote passend zur Jahreszeit.

JollyFlowers
service@jollyflowers.de

www.jollyflowers.de
Blumensträuße werden an fast jeden Ort der Welt ausgeliefert. Mit Floristen vor Ort, die den Strauß frisch binden.

Rosarot-Pflanzenversand.de
hartung-rosen@t-online.de

www.rosenversand24.de
Pflanzenversand spezialisiert auf Rosen. Beet-, Duft-, Edel- und Kletterrosen gehören neben Spezialzüchtungen zum Angebot.

Valentins
service@valentins.de

www.valentins.de
Ob Glückwünsche, Dankeschön oder Liebesgruß – hier findet man die passenden Blumen und Geschenke von Valentins.

EINKAUFEN

Bücher

Amazon.de

www.amazon.de
Online-Händler für Bücher, CDs, DVDs, PC-Spiele, Software, Elektronik und Foto sowie Produkte für Haus und Garten.

buch.de
info@buch.de

www.buch.de
Bücher, Hörbücher, E-Books, Musik, Filme, Software, Spiele, Blumen, Bürobedarf und Geschenkideen.

● **Buch24.de**
mail@buch24.de
☎(0911) 92 86 970

www.buch24.de
Nicht nur Bücherfans werden hier fündig. Mit weit über 2,6 Millionen Büchern, Hörbüchern, Kalendern, Filmen, Software und Spielen lässt das Sortiment keine Wünsche offen. 850.000 fremdsprachige Bücher zu attraktiven Preisen, viele davon sofort verfügbar. Bücher werden versandkostenfrei nach Hause geliefert.
(Siehe Abbildung)

Buchkatalog.de
infowebknv@knv.de

www.buchkatalog.de
4,8 Millionen Titel können nach Hause geliefert oder von jeder Buchhandlung abgeholt werden.

buecher.de
service@buecher.de

www.buecher.de
Riesige Auswahl an Büchern, Hörbüchern, Software, Musik und Filmen.

Der Club
service@derclub.de

www.derclub.de
Der Club Bertelsmann bietet über 450.000 Bücher und Hörbücher, mehr als 15.000 DVDs sowie jede Menge Musik-CDs und Spiele.

Libri.de
service@libri.de

www.libri.de
Über fünf Millionen Titel aus den Bereichen Bücher, Filme, Musik und Downloads (E-Books und Hörbücher).

Buch24.de   **www.buch24.de**

144

Weltbild
info@weltbild.de

www.weltbild.de
Über drei Millionen Artikel mit teils erheblichen Preisreduzierungen: Bücher, E-Books, DVDs, CDs, Geschenke und Technik.

Bücher/Antiquariate & Bücherschnäppchen

AbeBooks.de
info@abebooks.de

www.abebooks.de
AbeBooks.de ist Teil des weltweit größten Internet-Marktplatzes für neue, gebrauchte, antiquarische und vergriffene Bücher.

● **Arvelle**
service@arvelle.de
☎(040) 87 97 44 690

www.arvelle.de
Arvelle ist ein Buchversand, bei dem Leseratten Bücherschnäppchen zu günstigen Preisen erwerben können. Angeboten werden Mängelexemplare mit kleinen Fehlern, wie etwa Eselsohren, die aber dafür bis zu 90% günstiger als der Verlagspreis angeboten werden. Auch Spiele, Filme und Musik sind erhältlich.
(Siehe Abbildung)

booklooker.de
support@booklooker.de

www.booklooker.de
Hier können gebrauchte und antiquarische Bücher, Hörbücher, Filme und Spiele gekauft und selbst verkauft werden.

Jokers
mail@jokers.de

www.jokers.de
Große Auswahl an Bücherschnäppchen 40-90 % billiger als frühere Ladenpreise, Newsletter, Printkatalog und Services gratis.

Rhenania Buchversand
service@rhenania-buchversand.de

www.rhenania-buchversand.de
Sonderausgaben, Restauflagen und Standardwerke sortiert nach verschiedenen Themengebieten. Mit einer großen Resteecke.

ZVAB
info@zvab.com

www.zvab.com
Vergriffen, antiquarisch, exklusiv oder gebraucht: Hier findet man fast jedes Buch, das es im Neubuchhandel nicht mehr gibt.

Zweitausendeins
service@zweitausendeins.de

www.zweitausendeins.de
Umfangreicher Katalog an CDs, DVDs und Büchern zum Bestellen.

Arvelle   www.arvelle.de

Bücher/Buchhandlungen

buchhandel.de

www.buchhandel.de
Bücher, Hörbücher, E-Books oder Kalender, aber auch DVDs und Software, per Versand oder Abholung bei der Buchhandlung.

Buchhaus Antiquariat Stern-Verlag
e-mail@buchsv.de

www.buchhaus-sternverlag.de
Deutsche und fremdsprachige Bücher, Hörbücher, DVDs und Geschenkartikel – neu und antiquarisch.

Buchhaus Weiland
service@hl.weiland.de

www.weiland.de
Über eine Million Bücher mit 400.000 US-amerikanischen Titeln. Informationen der einzelnen Filialen in deutschen Städten.

Hugendubel
service@hugendubel.de

www.hugendubel.de
Hugendubel bietet Bestseller, Belletristik, Sachbücher, Taschen-, Kinder- und Hörbücher sowie zahlreiche Neuerscheinungen.

Mayersche
info@mayersche.de

www.mayersche.de
Neben dem Online-Shop gibt es den Firmen- und Bibliotheksservice, die Fachliteratur-Datenbank und Hilfe bei der Filialsuche.

Thalia.de
info@thalia.de

www.thalia.de
Hier findet man über drei Millionen Bücher, E-Books, Hörbücher, DVDs, CDs, Spiele und Software.

Bücher/Buchsuchmaschinen & Bücher-Datenbanken

BookButler.com
4contact@bookbutler.com

www.bookbutler.com
Sehr umfassende Suchmaschine für Bücher. Sucht weltweit nach Buchtiteln und zeigt Lieferzeit und Preis an.

Buchpreis24.de
supportd@buchpreis24.de

www.buchpreis24.de
Umfassender Preisvergleich für neue und gebrauchte Bücher. Verglichen werden auch Versandkosten und Zustand des Buches.

findmybook.de
service@findmybook.de

www.findmybook.de
Neue und gebrauchte Bücher gleichzeitig bei diversen Online-Anbietern suchen. Preise und Lieferkonditionen auf einen Blick.

Google-Buchsuche

books.google.com
Bei der Google-Buchsuche ist es möglich, vollständige Buchtexte zu durchsuchen, neue und alte Bücher zu entdecken.

Bücher/E-Books

pubbles

www.pubbles.de
Plattform für digitale Zeitschriften, Zeitungen und Bücher. Für viele verschiedene Endgeräte.

textunes
support@textunes.de

www.textunes.de
E-Books für das iPhone, das iPad und den iPod touch.

Bücher/Fachbücher

fachbuecher.de
info@holzer.de

www.fachbuecher.de
Riesenauswahl an Büchern/Printmedien, PC-Schulungsmaterialien, Taschenrechnern, Zeichengeräten und Software.

Science-Shop
info@science-shop.de

www.science-shop.de
Großes Angebot an Sach- und Fachliteratur aus Bereichen wie Astronomie, Biologie, Chemie, Mathematik, Medizin oder Physik.

Bücher/Hörbücher

Buch24.de Hörbücher
mail@buch24.de
☎(0911) 92 86 970

www.buch24.de
Wer bei Hörbüchern Geld sparen möchte, sollte bei Buch24.de vorbeischauen. Nicht nur Topseller sind dort regelmäßig günstig zu haben, sondern auch Titel aus der Backlist werden oft sehr preiswert angeboten. Breit gefächertes Sortiment, ständige Sonderangebote, Geschenkservice. **(Siehe Abbildung)**

claudio.de
info@claudio.de

www.claudio.de
Der Online-Shop rund um kulturelle Medien: Über 8.000 Hörbuch-Downloads sowie 450.000 CDs, Bücher und DVDs.

hoerjuwel
info@hoerjuwel.de

www.hoerjuwel.de
Shop für deutsche und fremdsprachige Hörbücher und Sprachkurse für viele Sprachen. Große Auswahl mit zahlreichen Titeln.

hoerstern.de
info@hoerstern.de

www.hoerstern.de
Spannende Hörbücher, Hörspiele und Musik für Kinder und Jugendliche zum Downloaden.

Jokers
mail@jokers.de

www.jokers.de
Große Auswahl an Hörbücherschnäppchen 40-90 % billiger als frühere Ladenpreise.

Amazon.de

www.amazon.de
Bei Amazon gibt es über 100.000 Hörbücher: Ratgeber, Romane, Krimis, Sachbücher, Science Fiction, Fantasy und Hörbücher für Kinder.

audible.de
audible_de@custhelp.com

www.audible.de
Audible ist eine Download-Plattform für Hörbücher und weitere Audio-Inhalte.

Buch24.de Hörbücher **www.buch24.de**

Bürobedarf/Büroeinrichtung

Cairo
cairo@cairo.de

www.cairo.de
Exklusive Produkte bekannter Designer für das Büro: Stühle, Tische und Accessoires für Industrie, Handel und Gewerbe.

● **Chairholder**
info@chairholder.de
☎(07181) 98 05 115

www.chairholder.de
Das bekannte Internetportal für Stühle, Tische, Möbel und Leuchten im Bereich Wohnen und Büro, sowie Büromöbelsystemen, Chefzimmer, Konferenzmöbel und Outdoor-Möbel von namhaften Herstellern und Designern. **(Siehe Abbildung)**

gaerner GmbH
service@gaerner.de

www.gaerner.de
B2B Online-Shop für Einrichtungslösungen in Büro, Betrieb, Lager und Labor: Über 30.000 Produkte.

● **KAISER+KRAFT**
service@kaiserkraft.de
☎(0800) 100 8267

www.kaiserkraft.de
Über 30.000 Qualitätsprodukte aus den Bereichen Büro-, Betriebs- und Lagerausstattung online. Eine kostenfreie Lieferung, drei Jahre Mindestgarantie, Kundendienst, Ersatzteile und Nachkaufgarantie gehören ebenso zum Service wie Sonderanfertigungen und eine kostenlose CAD-Planung. **(Siehe Abbildung)**

Bürobedarf/Büromaterial

● **Schäfer Shop**
info@schaefer-shop.de
☎(0800) 2242526

www.schaefer-shop.de
Ordnungssysteme und Möbel für das Büro sowie Ausstattung für Lager, Betrieb und Werkstatt. Von Kugelschreibern, Karteikarten, Drehstühlen und Aktenvernichtern bis zu Sicherheitskleidung, Reinigungsmaschinen und Transportwägen findet man hier alles, was man für die Arbeit im Büro und Lager benötigt. **(Siehe Abbildung)**

Chairholder   **www.chairholder.de**

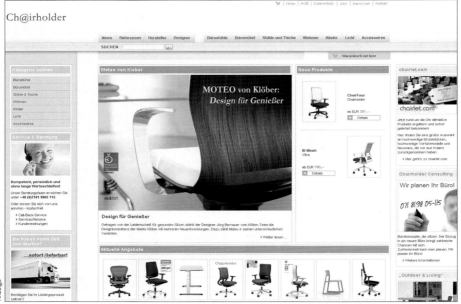

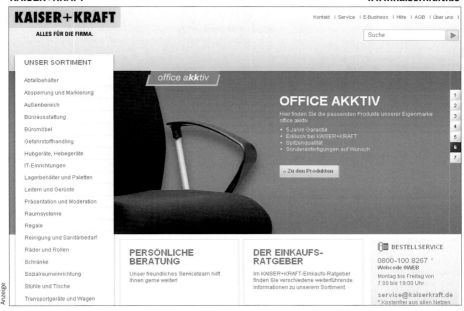
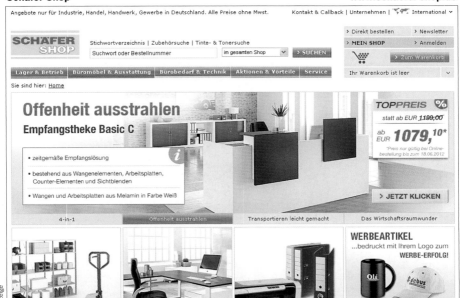

EINKAUFEN

mcbuero.de
info@mcbuero.de

www.mcbuero.de
Online-Versand für Bürobedarf. Büroausstattungen, Büromaschinen, EDV-Zubehör und Software sowie Verbrauchsmaterialien.

office discount
info@office-discount.de

www.office-discount.de
Der Discountversand für Bürobedarf. Mit Zubehörsuche für Bürogeräte und der Möglichkeit, den Gratis-Katalog anzufordern.

OTTO Office GmbH & Co KG
service@otto-office.de

www.otto-office.com/de
Der Partner fürs Büro: Über 17.000 Produkte von Ablagekorb über Monitor bis Zettelblock und viele hilfreiche Features.

Papersmart
support@papersmart.de

www.papersmart.de
Preisvergleich für Bürobedarf. Großes Sortiment an Büroartikeln von Markenherstellern oder aus der Eigenproduktion.

Printus
kundenservice@printus.de

www.printus.de
Der Fachvertrieb für Bürobedarf. Rund 20.000 Artikel rund ums Büro. 24-Stunden-Lieferservice. Online-Katalogbestellung.

Bürobedarf/Tinte & Toner

Druckerpatronen.de
info@menzemedia.de

www.druckerpatronen.de
Hier kann man Druckerpatronen, Toner und Druckerzubehör günstig im Online-Shop von Druckerpatronen.de kaufen.

Druck

clickandprint.de
info@clickandprint.de
☎(0371) 909 7320

www.clickandprint.de
Bei clickandprint.de hat man die Möglichkeit, selbstgestaltete Produkte zu bestellen. Aufkleber, Schilder, Stempel, Shirts und andere Textilien, PVC-Banner etc. Also (fast) alles, was bedruckt oder graviert werden kann, ist direkt gestaltbar, oder man lädt seine eigene fertige Grafik hoch. **(Siehe Abbildung)**

clickandprint.de   **www.clickandprint.de**

diedruckerei.de
info@diedruckerei.de

www.diedruckerei.de
Flyer, Plakate, Briefpapier, Post- und Visitenkarten sowie Broschüren kann man hier in Druckauftrag geben.

Discountdruck.de
info@discountdruck.de

www.discountdruck.de
Online-Druckportal mit zahlreichen Druckprodukten und einer Vielzahl von Formaten, Papieren und Veredelungsvarianten.

● **Druckereien.info**
info@druckereien.info

www.druckereien.info
Druckereien.info ist die Suchmaschine für Druckereien im Internet. Egal ob Flyer, Geschäftspapiere, Broschüren, Kataloge, Mappen, Etiketten, Aufkleber, Formulare, Fahnen, Schilder, Textildruck: Hier sind alle Druckereien Deutschlands gelistet und man findet die richtige Druckerei für sein Druckobjekt. **(Siehe Abbildung)**

flyerpilot.de
info@flyerpilot.de

www.flyerpilot.de
Das Online-Druckportal für Flyer, Plakate, Poster, Visitenkarten, Briefpapier und Broschüren.

Druck/Allgemein

Das Druckanfrageportal
info@druckanfrage-online.de

www.druckanfrage-online.de
Hier geben Druckereien aus dem gesamten Bundesgebiet Angebote auf eingestellte Druckanfragen ab.

Druck/Designfolien

DesignSkins.com
mail@designskins.com

www.designskins.com
DeinDesign™ ist spezialisiert auf passgenaue Designfolien für Electronics. DesignSkins® sind individuell gestaltbar.

Druckereien.info　　　　　　　　　　　　　　　**www.druckereien.info**

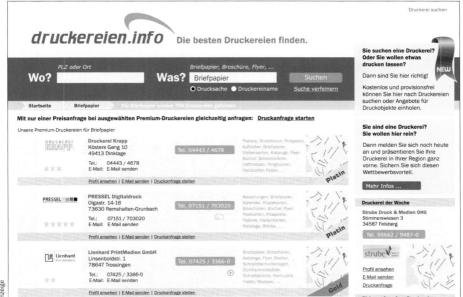

Einkaufen

Druck/Schilder & Etiketten

Seton
info@seton.de

www.seton.de
Kennzeichnungen für Brandschutz, Fluchtwege, Umweltschutz, Erste Hilfe, Arbeitsschutz, Absperrungen oder Verkehrssicherheit.

 Wolkdirekt.com
info@wolk.de

www.wolkdirekt.com
Schilder und Etiketten für die Ausstattung von Büro, Betrieb, Werkstatt und Freiraum zum Beschriften, Orientieren, Warnen und Sichern. Neben genormten Sicherheitskennzeichen finden sich hier auch individuell gefertigte Schilder sowie Arbeitsschutzausrüstungen. **(Siehe Abbildung)**

 www.watsonlabel.net
service@watsonlabel.net
☎(0212) 2474524

www.watsonlabel.net
Mit dem Etiketten-Konfigurator können Etiketten in drei einfachen Schritten online selbst gestaltet werden: Aufkleber für Flaschen und Gläser, Hochzeitsetiketten, Weihnachts-Sticker, Geschenkanhänger, Foto-Sticker, Weinetiketten, Einmach-Etiketten und Wäsche-Etiketten. Viele Materialien, Formen und Farben. **(Siehe Abbildung)**

Druck/Stempel

stelog
info@stelog.de

www.stelog.de
Datumstempel, Stempelkissen, Motivstempel, Textplatten, Taschenstempel und Prägezangen online gestalten und bestellen.

Stempel.de
info@stempel.de

www.stempel.de
Stempel online bestellen: Textstempel, Grafikstempel, Datumstempel, Selbstfärber, Trodat professional und Holzstempel.

stempelservice.de

www.stempelservice.de
Firmen- und Adressstempel online konfigurieren und bestellen. Es gibt eine Auswahl von über 100 Stempelautomaten.

Wolkdirekt.com **www.wolkdirekt.com**

152

Elektronik/Allgemein

Conrad Electronic
webmaster@conrad.de

www.conrad.de
Das renommierte Unternehmen bietet online über 100.000 Artikel rund um das Thema Elektronik und Technik an.

cyberport.de
info@cyberport.de

www.cyberport.de
Computer- und Technik-Shop mit über 8.000 Produkten von Camcordern, Digitalkameras über PC- und Netzwerkprodukte bis zu DVDs.

EURONICS

www.euronics.de
Elektronikartikel aus verschiedenen Sparten: Fotografie, Notebooks, Haushaltsgeräte, Telefon, TV, Spielekonsolen, Handys.

getgoods.de
service@getgoods.de

www.getgoods.de
Computer, Notebooks, Tablets, Smartphones, jede Menge Zubehör, Unterhaltungselektronik und Kinderspielzeug.

KabelScheune.de
info@kabelscheune.de
☎(09843) 93 660 960

www.kabelscheune.de
Der Versandhändler für Privat- und Geschäftskunden hat sich auf die Bereiche Elektronik, Netzwerktechnik, Elektromaterial und Multimedia spezialisiert. Von der Mantelleitung über HDMI bis zum Netzwerkkabel ist alles erhältlich. Dazu gibt es gleich das passende Installationswerkzeug.

Media Markt
presse@mediamarkt.de

www.mediamarkt.de
Der Shop zur Kette mit Audio, Video, TV, Car-HiFi, Computer, Foto, Camcorder, Mobilfunk, Haushalt und Entertainment.

Pearl Agency GmbH
service@pearl.de

www.pearl.de
Angeboten werden über 12.000 Produkte, von PC-Hardware, Drucker-Verbrauchsmaterial, Software bis zu Freizeitartikeln.

ProMarkt
service@promarkt.de

www.promarkt.de
Große Auswahl an Audio, DVD, Film und Foto, Haushaltstechnik, PC sowie Telekommunikation.

Einkaufen

redcoon.de
service@redcoon.de

www.redcoon.de
Internet-Fach-Discounter für LCD-TV, HiFi, Haushaltsgeräte, Computer, Notebooks, Handys und Sportgeräte.

Saturn
support@saturn.de

www.saturn.de
Computer, TV, HiFi, Software, Haushaltswaren, digitale Fotowelt und weitere Markenartikel.

Völkner Elektronik

www.voelkner.de
Artikel aus den Bereichen Computer, Kommunikation, Unterhaltungselektronik, Modellbau und Haustechnik.

Elektronik/Fotoapparate & Digitalkameras

AC-Foto
info@ac-foto.com

www.ac-foto.de
Hochwertige Kameras und Zubehör zum Bestellen. Großes Gebrauchtangebot und wertvolle Informationen rund ums Fotografieren.

Brenner Foto Versand
info@fotobrenner.de

www.alles-foto.de
Digitalkameras, Camcorder, analoge Kameras, Fotozubehör und Fotolaborzubehör. Fotoentwicklung von digitalen Bildern.

digitalkameravergleiche.de
info@testroom.de

www.digitalkameravergleiche.de
Rezensionen, Vergleiche, Tipps, Tests und Kaufberatung für Digitalkameras.

Elektronik/TV, Video, Heimkino, Beamer & HiFi

beamershop24.net
info@beamershop24.net

www.beamershop24.net
Alles zum Thema Heimkino- und Präsentationstechnik: Beamer, Leinwände, LED- und LCD-Fernseher, Whiteboards und Zubehör.

elektronik star
service@elektronik-star.de

www.elektronik-star.de
Das gesamte Spektrum der Unterhaltungselektronik und ein großes Angebot an DJ-Equipment und Musiktechnik.

154

Plasma-TV
info@aardon.de

www.plasma-tv-vergleich.de
Infos zum Thema Plasmafernseher: Tipps, was man beim Kauf beachten sollte, Erfahrungsberichte und ein Diskussionsforum.

Screenmaxx
info@screenmaxx.com

www.screenmaxx.com
Alles fürs Heimkino: Beamer, Projektoren, Leinwände und Zubehör.

● **Winnings GmbH Multimedia und Präsentation**
info@winnings.de
☎(05233) 95 48 28

www.winnings.de
Bei der Winnings GmbH erhält man Beamer und Multimediaprodukte. Das Angebot umfasst Projektoren, Leinwände, Deckenlifte, Halterungen, Flipcharts und Zubehör wie Projektionstische. Dazu werden auch individuelle Lösungen nach Wunsch angeboten. Alles für den Profi und Heimkinobereich. **(Siehe Abbildung)**

Elektronik/HiFi & Lautsprecher-Boxen

Bose
info_de@bose.com

www.bose.de
Bose informiert über innovative Klangwelten und präsentiert Lautsprecher- und Musiksysteme für zu Hause und unterwegs.

Lautsprecher Teufel
info@teufel.de

www.teufel.de
Spezialist für Lautsprecher, komplette Lautsprechersysteme, Heimkino und HiFi im Direktvertrieb.

● **Nubert**
info@nubert.de
☎(0800) 68 23 780

www.nubert.de
HiFi- und Heimkino-Boxen, Surround-Boxensets, Subwoofer. Die Testsieger und Preis-Leistungs-Highlights von Nubert gibt es nur direkt und günstig vom Hersteller. Individuelle Beratung über Gratis-Hotline. Vier Wochen zu Hause Probehören mit Rückgaberecht. Info-Downloads, Diskussions-Forum. **(Siehe Abbildung)**

Nubert   **www.nubert.de**

EINKAUFEN

Flaggen

flaggen.org
info@flaggen.org

www.flaggen.org
Online-Shop für Flaggen von A wie Alabama bis Z wie Zypern sowie historische Flaggen und Flaggen von Organisationen.

Gadgets

China-Gadgets.de
info@china-gadgets.de

www.china-gadgets.de
Dieses Blog hat sich auf Kurioses aus China spezialisiert. Es stellt die Produkte vor und zeigt, wo sie zu kaufen sind.

CoolStuff
info@coolstuff.de

www.coolstuff.de
Von Robotern, über Star-Wars- und Star-Trek-Produkte, iPhone-Zubehör und LED-Accessoires bis hin zu Waagen mit W-Lan.

getDigital.de
info@getdigital.de

www.getdigital.de
Hunderte technische Spielereien, originelles Spielzeug, besondere Geschenkideen und intelligente Geek-Shirts.

Gizmodo
redaktion@netmediaeurope.com

www.gizmodo.de
Artikel und Anekdoten über digitales Spielzeug und Gadgets. Was gibt es Neues, rund um Apple, Google und Co.?

Megagadgets.de
kundenservice@megagadgets.de

www.megagadgets.de
Megagadgets.de ist spezialisiert auf den Einzelhandel und Vertrieb sowie die Vermarktung der neuesten Gadgets.

neuerdings.com
tipps.neuerdings@blogwerk.com

www.neuerdings.com
Das Gadgetblog bespricht die neuesten Notebooks, Kameras, Smartphones, Navigationsgeräte und sonstiges Technikspielzeug.

Planet Gadget
info@planetgadget.de

www.planetgadget.de
Der Online-Shop bietet notwendige Accessoires für Nerds und Geeks. Vom iPhone-Ventilator bis zur Pac-Man-Tasse.

TechGalerie
info@techgalerie.de

www.techgalerie.de
Die TechGalerie ist ein Spezialversand für innovative und außergewöhnliche Technik aus aller Welt.

Welt der Wunder
kundendienst@weltderwundershop.de

www.weltderwundershop.de
Der Shop zur Fernsehsendung bietet Spionageausrüstung, Outdoor- und Survivalprodukte, Verrücktes und Praktisches.

Geschenkgutscheine & Prämiensysteme

● **Gutschein-Maker.de**
info@gutschein-maker.de

www.gutschein-maker.de
Gutschein-Maker.de bietet Karten und Gutscheine, die nach persönlichen Wünschen gestaltet werden können. Es kann auf eine Vielzahl Vorlagen zurückgegriffen werden. Ist das Wunschmotiv gefunden, kann dies mit persönlichem Text gestaltet und ganz einfach am heimischen Drucker ausgedruckt werden. **(Siehe Abbildung)**

Geschenke & Überraschungen

City Souvenir Shop
info@city-souvenir-shop.de

city-souvenir-shop.de
Hier findet man Spiele, Mode, Bücher, Souvenirs und Spezialitäten aus seiner Stadt sowie Geschenkideen für Lokalpatrioten.

die-geschenkidee.de
shop@die-geschenkidee.de

www.die-geschenkidee.de
Eigene Fotos als Kunstwerk drucken lassen.

edelight.de
info@edelight.de

www.edelight.de
Produkte der internationalen Online-Shops, neueste Fashion-trends, Must-Haves und besondere Geschenkideen.

Geschenk & Korb
info@geschenkundkorb.de

www.geschenkundkorb.de
Geschenkkorb-Service für den europaweiten Versand. Geschenke nach Themengebiet und Preis sortierbar.

Givester
office@givester.com

www.givester.de
Wenn man mal nicht weiß, was man verschenken soll, hilft diese Geschenkesuchmaschine weiter.

Heimathimmel.de
info@heimathimmel.de

www.heimathimmel.de
Design, Kleidung, Geschenke: Einzigartiges und Praktisches aus kleinen Manufakturen in Deutschland.

Hot-Princess.de
info@hot-princess.de

www.hot-princess.de
Ausgefallene Geschenke und Geschenkideen, Partydekoration, Wohnaccessoires und Firmenpräsente.

Jochen Schweizer

www.jochen-schweizer.de
Geschenke für Mann und Frau – der Gutscheinshop für Erlebnis-se und Abenteuer.

Jollydays.de
office@jollydays.de

www.jollydays.de
Ob Action oder Wellness, Sport oder Kulinarik – über 600 Erleb-nisse als Geschenk oder zum Selbsterleben buchen.

Meine Geschenke.net
info@geschenke24-gmbh.de

www.meinegeschenke.net
Vielzahl an Geschenkideen für die unterschiedlichsten Anlässe wie Geburtstag, Hochzeit, Weihnachten oder Valentinstag.

meventi.de
info@meventi.de

www.meventi.de
Außergewöhnliche Geschenkgutscheine in Kategorien wie Sport, Action, Abenteuer, Kulinarisches oder Kurztrips.

Gutschein-Maker.de   **www.gutschein-maker.de**

EINKAUFEN

MonsterZeug
info@monsterzeug.de

www.monsterzeug.de
Ausgefallene Gadgets, witzige Geburtstagsgeschenke und coole Geschenke für Männer, Frauen und Kinder.

mydays

www.mydays.de
Ein ESA-Space-Training? Ein Criminal-Weekend? Fotoshooting? Oder Oktoberfest-Tickets? Mit mydays Träume erleben.

MySTAR® Sterntaufen
service@mystar.de

www.mystar.de
Wenn das nicht romantisch ist: Ein eigener, selbst benannter Stern als Geschenk.

Spassbaron.de
service@spassbaron.de

www.spassbaron.de
Spassbaron.de bietet viele Erlebnisgeschenke und besondere Geschenkideen für jedermann.

StyleOn.de
support@styleon.de

www.styleon.de
Lifestyle und Trendartikel mit einem großen Angebot an extravaganten Geschenk- und Einrichtungsideen.

tiadora
info@tiadora.de

www.tiadora.de
Neben dem Kindergeschenke-Shop ist dies auch eine Community für Tanten, Freunde oder Bekannte, die gerne Geschenke machen.

trash.de
info@cultstylesgmbh.de

www.trash.de
Außergewöhnliche oder ausgefallene Geschenkideen für Sie und Ihn: Von Badeenten über Scherzartikel bis hin zu Fun-Shirts.

Geschenke & Überraschungen/Kunst

ars mundi
info@arsmundi.de

www.arsmundi.de
Bilder, Gemälde, Grafiken und Skulpturen, Replikate, Kunst für den Garten, Schmuck, Uhren, Accessoires und Geschenkideen.

Das Tropenhaus　　　　　　　　　　　　　　　　**www.das-tropenhaus.de**

Kataloge

Produkte24.com

www.produkte24.com
Die Suchmaschine für Produktkataloge, Prospekte und Broschüren findet in einer Auswahl von ca. 20.000 Katalogen die jeweils aktuellsten Angebote für das gewünschte Produkt. Das Spektrum reicht dabei von Technik über Einrichtungsgegenstände, Reisen oder Dienstleistungen bis hin zu Kfz und Industriebedarf.

Kinder

Das Tropenhaus
kontakt@das-tropenhaus.de
☎(07665) 50 210 25

www.das-tropenhaus.de
Hochwertige Kindermöbel und alles rund ums Kinderzimmer kauft man bei das-tropenhaus.de – darüber hinaus findet man hier eine Auswahl an durchdachten Kinderwagen, ausgefallenen Wohnaccessoires und Spielwaren für Babys und Kinder. Zu den Herstellern gehören Oliver Furniture, Bopita, Woodwork und Rice.
(Siehe Abbildung)

JAKO-O
firma@jako-o.de

www.jako-o.de
Online-Shop für ausgewählte Kindersachen mit Tipps und Tricks rund um Kinder und Familie.

Green4Kids
info@green4kids.de

www.green4kids.de
Ökologische Kleidung und unbedenkliche Spielwaren für Kinder erhält man in diesem Shop.

KIDOH
info@kidoh.de

www.kidoh.de
Spielen ist Lernen – Lernen ist Spielen. KIDOH ist mit seinen vielen exklusiven Produkten zu fairen Preisen der kompetente Partner für eine altersgerechte Entwicklung und Förderung von Kindern. Hier findet man etwa Spielwaren-Schnäppchen, Kinderbekleidung, Bastelzubehör und über 30.000 Kinderbücher.
(Siehe Abbildung)

KIDOH   **www.kidoh.de**

EINKAUFEN

Kinderbutt
service@kinderbutt.de

www.kinderbutt.de
Kinderbutt – der Spezialversender für Kindermode (Größe 86 bis 164), Bettwäsche, Spielwaren, Freizeit-Accessoires, Bastelspaß, Bücher und noch vieles, vieles mehr. Bei Kinderbutt werden fast alle Kinderwünsche erfüllt. Hier werden Qualität und Service zu familienfreundlichen Preisen geboten. **(Siehe Abbildung)**

Kinderschmuck4u.de
shop@kinderschmuck4u.de
☎(0421) 258 4 685

www.kinderschmuck4u.de
Pinkfarbene Herzen als Ohrringe, süße Marienkäfer-Anhänger, edle Creolen oder Freundschaftsketten in Silber: Kinder lieben Schmuck. Der übersichtliche Online-Shop Kinderschmuck4u.de bietet vom Taufring bis zum Fußballanhänger altersgerechten, hochwertigen Schmuck für Mädchen und Jungen.

walzkidzz Spielzeug-Online-Shop
info@walzkidzz.de

www.walzkidzz.de
Spielend die Welt entdecken. Große Markenvielfalt und jede Menge spannendes Spielzeug für Babys und Kids.

Kinder/Baby

Baby Butt
service@babybutt.de

www.babybutt.de
Baby Butt ist ein Spezialversender für Qualitätsartikel rund um Schwangerschaft und Baby. Von Umstands- und Babymode über Kinderwagen, Bettausstattungen, Babymöbel bis hin zu Krabbeldecken oder auch witzigen Geschenkideen. Bei Baby Butt findet man alles, was Mama und Baby brauchen. **(Siehe Abbildung)**

Babyartikel.de
kundenservice@babyartikel.de
☎(089) 9047506 200

www.babyartikel.de
Babyartikel.de bietet eine große Auswahl für alles rund ums Baby. Unter anderem gibt es Kinderwagen, Kindersitze, Hochstühle und Babyspielzeug vieler Marken zu günstigen Preisen. Bestellungen ab 40 Euro werden kostenlos geliefert. Durch ein tolles Bonuspunktesystem lässt sich zusätzlich Geld sparen. **(Siehe Abbildung)**

Kinderbutt   **www.kinderbutt.de**

160

Baby Butt   www.babybutt.de

Babyartikel.de   www.babyartikel.de

Babyland-Online.com
shop@babyland-online.com

www.babyland-online.com
Großer Online-Shop für zahlreiche Artikel rund ums Baby, übersichtlich gegliedert und mit praktischer Suchfunktion.

Baby-Markt
info@baby-markt.de

www.baby-markt.de
Artikel und Ausstattung für Mutter und Baby wie Spielzeug, Bücher, Babykleidung und Umstandsmode.

 Baby-Online-Shop
info@babyonlineshop.de
☎(02641) 90855 0

www.babyonlineshop.de
Baby-Online-Shop ist das „Fachgeschäft im Internet" mit qualifizierter Beratung. Angeboten werden z. B. die Marken Teutonia, Gesslein, Hartan, Quinny, bei Autositzen Maxi-Cosi oder Römer, bei Möbeln Schardt, Taube, Geuther, Stokke, Paidi u. a. Individuell konfigurierbar und optional mit Aufbauservice. **(Siehe Abbildung)**

Babyoutlet24.de
service@babyoutlet24.de

www.babyoutlet24.de
Babyartikel von führenden Marken. Kinderwagen, Autositze, Babykleidung, Laufställe, Spielwaren und Kindermöbel.

 babywelt
info@babywelt.de

www.babywelt.de
Alles für das Baby: Erstausstattung, Kinderwagen, Kindermöbel, Spielzeug, Kleidung, Bücher und vieles mehr. Dazu Tipps und Tricks für zukünftige Eltern. Im Angebot der über 40 Partner-Shops kann man stöbern und direkt bestellen. Kostenlose Kataloge sowie Fotoalbum, Geschenk-, Bastel- und Spielideen. **(Siehe Abbildung)**

Kaliso.de
info@kaliso.de

www.kalisobaby.de
KalisoBaby&Young bietet Babymode für besondere Anlässe. Im Online-Shop findet man Taufanzüge, festliche Baby- und Kinderanzüge sowie Kleider für Taufen oder Hochzeiten, wie etwa Mädchenkleider oder Anzüge für Jungs mit feinen Nadelstreifen, Hemd und Krawatte. Passende Kinderschuhe sind ebenfalls erhältlich. **(Siehe Abbildung)**

babywelt **www.babywelt.de**

Kaliso.de **www.kalisobaby.de**

Deine Babywelt
info@deine-babywelt.de

www.deine-babywelt.de
Online-Shop für Produkte rund ums Baby und Kleinkind wie Erstausstattung für Babys, Pflegeprodukte und Spielsachen.

Babyprofi
info@babyprofi.de

www.babyprofi.de
Alles rund ums Baby. Riesiges Sortiment an Produkten bekannter Marken und Hersteller wie HABA, Puki, Römer oder Schleich.

babywalz Online-Shop für Babyausstattung
info@baby-walz.de

www.baby-walz.de
Online-Shop für Familien rund um Schwangerschafts- und Babyartikel: Neben aktueller Umstandsmode, innovativen Kinderwagensystemen, Autositzen, Babykleidung, Körperpflege, Spielwaren und Zubehör finden Familien Beiträge über wichtige Themen rund um Gesundheit, Sicherheit und Wohlbefinden.

kinderflohmaerkte.de
info@kinderflohmaerkte.de

www.kinderflohmaerkte.de
Termine von Kinderflohmärkten, Babybasaren und Kindertrödel bundesweit.

labelini.de
info@labelini.de

www.labelini.de
Große Auswahl an besonders ausgefallener Babybekleidung, Kindermode, Schuhen, Kinderwagen, Pflegeartikeln, Geschenksets, Möbeln und praktischem Zubehör für das Kinderzimmer. Das Angebot umfasst Marken wie Trunki, Love from Australia, Landing Angels, Rock Star Baby oder Ed Hardy.

 MyBaby-alive.de
kontakt@mybaby-alive.de
☎ (0385) 7451360

www.mybaby-alive.de
Der Anspruch von mybaby-alive.de liegt darin, Babys wohl zu behüten. Deshalb stehen Qualität und Sicherheit bei diesem Online-Shop im Vordergrund. Er bietet alles für Babys, von der Geburt bis zum Vorschulalter. Etwa Laufgitter, Babyphones, Kinderwagen, Möbel oder Herdschutzgitter für den Küchenbereich.
(Siehe Abbildung)

myToys.de
info@mytoys.de

www.myToys.de
Ob Umstandsmode, Babyerstausstattung, Spielwaren oder Kindermode: Bei myToys.de finden Eltern einfach alles für ihr Kind. Über 100.000 Artikel sind erhältlich und werden bequem nach Hause geliefert. Zusätzliche Services, wie der Geschenkefinder oder Wunschzettel, runden das vielfältige Angebot ab.

windeln.de
kundenservice@windeln.de

www.windeln.de
Großes Online-Sortiment an Windeln, Feuchttüchern, Babypflege- und Babynahrungsmittel-Produkten.

Windelnkaufen.de
shop@windelnkaufen.de

www.windelnkaufen.de
Der Windelfachhandel im Internet bietet eine große Auswahl an Babywindeln und Pflegeartikeln.

Kinder/Schulartikel

Humpfle
info@humpfle.de

www.humpfle.de
Schulranzen, Rucksäcke und Sporttaschen der Marken Scout, 4You und McNeill.

Schulranzen Onlineshop

www.schulranzen-onlineshop.de
Schulranzen, Schultaschen und Schulrucksäcke.

Schulranzen.com
info@schulranzen.de

www.schulranzen.com
Schultaschen und -ranzen für Vorschule, Schule und Teens.

Kinder/Spielwaren

Holzfarm
service@holzfarm.de

www.holzfarm.de
Hochwertiges Spielzeug aus Holz und natürlichen Materialien, kreative Spielideen sowie ausgefallene Accessoires.

Holzspielzeug-Discount
info@holzspielzeug-discount.de

www.holzspielzeug-discount.de
Holzspielzeug, Babyspielzeug, Kindertragesäcke und Kinderhochstühle sowie Kinderzimmer-Einrichtungen.

Holzspielzeugworld
info@holzspielzeugworld.de

www.holzspielzeugworld-shop.de
Hochwertige Holzspielwaren der Firma BRIO, Plantoys, Helga Kreft und Baufix.

KIDDINX-Shop
info@kiddinx-shop.de

www.kiddinx-shop.de
Alle Hörspiele der Lieblinge Benjamin Blümchen, Bibi Blocksberg, Wendy und Leo Lausemaus gibt's im KIDDINX-Shop.

lirumlarum24
info@lirumlarum24.de

www.lirumlarum24.de
Spielzeug und Spiele, Accessoires für Kinderzimmer und alles rund ums Baby.

mein LiLaLu
kontakt@meinlilalu.de

www.meinlilalu.de
Schaukelpferde, Kinderautos, Spielmöbel sowie das passende Zubehör findet man in diesem Shop für Kinder.

MeineSpielzeugkiste.de
info@meinespielzeugkiste.de

www.meinespielzeugkiste.de
Statt das Kinderzimmer mit gekauftem Spielzeug zu überfüllen, kann man es hier mieten.

Spielfuchs
info@spielfuchs.com

www.spielfuchs.com
Produkte wie Puppen, Lego, Holzspielzeug, Kinderautos, Hüpfburgen, Spieltürme oder Trampolins.

Spielwelt.de
info@spielwelt.de

www.spielwelt.de
Kinderspielzeug, Sammlerstücke und Modellbau-Artikel. Zudem Partyartikel und Bastelzubehör.

spielzeug-schütte
team@spielzeug-schuette.de

www.spielzeug-schuette.de
Spielwaren bekannter Hersteller für drinnen und draußen. Übersichtlich gegliedert, in Altersstufen unterteilt.

Kinder/Spielwaren/Marken

Lego

www.lego.de
Lego-Produkte für jedes Alter und jeden Geschmack kann man hier in Computeranimationen bewundern und bestellen.

Playmobil
service@playmobil.de

www.playmobil.de
Hier taucht man in die faszinierende Welt von Playmobil ein und lernt die neuesten Figuren kennen. Auch online bestellbar.

Ravensburger
info@ravensburger.de

www.ravensburger.de
Spiele, Bücher und Beschäftigungsangebote für Kinder und Kleinkinder.

● **spielzeughit.de**
service@spielzeughit.de
☎(07123) 360 320

www.spielzeughit.de
Buntes Spielzeug und Zubehör von Herstellern wie Lego, Schleich, Playmobil, Kosmos, Ravensburger oder Depesche. In den Themengebieten des Shops wie Outdoor, Sommer und Strand, Rollenspiele oder Restposten findet man eine große Auswahl an Spielwaren. Spielzeug kann man hier auch auf Rechnung kaufen. **(Siehe Abbildung)**

Steiff
info@steiff.de

www.steiff.de
Die offizielle Web-Seite mit Online-Shop, dem Museum „Die Welt von Steiff", Steiff-Club, Steiff-Galerien und News.

Körperpflege/Fingernägel

Nageldesign
info@nail-designer.com

www.nail-designer.com
Hier kann man sein Fingernageldesign auf Nagelfolien individuell gestalten.

Profi Nail Products
info@profi-nail-products.de

www.profi-nail-products.de
Umfangreiche Produktpalette für Nageldesign wie Lacke, Gele und Nail-Art mit Anleitung.

spielzeughit.de   www.spielzeughit.de

Anzeige

Körperpflege/Haarpflege & Friseure

Friseurbedarf
info@friseurpower.de

www.friseurpower.de
Der Profi-Shop für Friseurbedarf. Alles für die Haarpflege.

Friseurzubehör24
info@friseurzubehoer24.de

www.friseurzubehoer24.de
Nicht nur Friseurbedarf, sondern auch jede Menge Haarkosmetik und Geräte wie Haartrockner.

Hagelshop.de
info@hagelshop.de

www.hagelshop.de
Über 4.000 friseurexklusive Pflege- und Stylingprodukte von Herstellern wie L'Oréal, Kerastase, Revlon, Wella, Schwarzkopf.

Hairshop24
info@hairshop24.com

www.hairshop24.com
Alles für Friseurbedarf, Haarpflege und Haarstyling.

PomadeShop.de
info@pomade-shop.de

www.pomade-shop.de
Spezial-Shop für klassische Haarstylingmittel der 1920 - 1950er. Ohne Chemie und mit Düften von damals.

ready2style
info@ready2style.de

www.ready2style.de
Bei ready2style gibt es Haarteile aus hochwertigem Kunst- und Echthaar für Hochsteckfrisuren und Haarverlängerungen.

webhair.de
info@webhair.de

www.webhair.de
Der Shop für friseurexklusive Haarkosmetik mit allen Markenartikeln wie Paul Mitchell, Glätteisen, Tigi, Wella und Joico.

Körperpflege/Kosmetik & Parfum

 Iparfumerie.de
info@iparfumerie.de
☎(089) 121 405 749

www.iparfumerie.de
In der Internet-Parfümerie www.iparfumerie.de findet man Markenparfüms, Kosmetik, Haarkosmetik und Accessoires mit Rabatten bis zu 50%. Marken wie Armani, Chanel, Dior, Hugo Boss, DKNY, Dolce & Gabbana, Lanvin und andere. Expresszustellung in ganz Deutschland. **(Siehe Abbildung)**

Iparfumerie.de

www.iparfumerie.de

Einkaufen

ausliebezumduft.de
info@ausliebezumduft.de

www.ausliebezumduft.de
Exklusive Düfte, Kosmetik, Haarpflege, Haarschmuck, Raumdüfte, Seifen, Geschenkideen und Accessoires.

beautynet.de
info@beautynet.de

www.beautynet.de
Gesichts- und Körperpflege für Sie und Ihn, Parfum, Make-up und die neuesten Trends, außerdem viele Geschenkideen.

dm-drogerie markt
servicecenter@dm.de

www.dm.de
dm online bietet alles rund um Themen wie Schönheit, Gesundheit, Haushalt, Baby und Foto sowie einen Filialfinder.

Douglas
service@douglas.de

www.douglas.de
Geschenkgutscheine, Geschenkberater, aktuelle Aktionen und Tipps für Kosmetik, Parfum und Pflegeprodukte.

Flaconi
service@flaconi.de

www.flaconi.de
Die Online-Parfümerie führt dank klar strukturiertem Menü direkt zum Wunschparfum oder Körperpflegeprodukt.

Glossybox
kontakt@glossybox.de

www.glossybox.de
Ein Abo von monatlich fünf Luxus-Kosmetikproben, die auf das eigene Beautyprofil individuell zusammengestellt sind.

Parfumdreams
service@parfumdreams.de

www.parfumdreams.de
Die Online-Parfümerie für hochwertige Düfte und Kosmetik bietet ein großes Sortiment mit über 23.000 Produkten an.

Parfumo - Düfte im Netz
info@parfumo.de

www.parfumo.de
Parfumo ist ein deutschsprachiges Meinungsportal für Parfums. Es lassen sich Düfte bewerten und beurteilen.

Parfümplatz.de
info@parfuemplatz.de

www.parfuemplatz.de
Große Auswahl an Damen- und Herrendüften aller bekannten Marken. Zudem aktuelle Neuheiten und Geschenksets.

168

Point Rouge
mail@point-rouge.de

www.point-rouge.de
Düfte, Make-Up, Körperpflegeprodukte, spezielle Herrenangebote sowie Accessoires.

Rossmann Online-Shop
information@rossmannversand.de

www.rossmann-online.de
Neben Kosmetik gibt es Produkte für Haushalt, Tiere, Babys sowie Wein und Feinkost, Technik und den digitalen Fotoservice.

sei schön zu dir
bestellung@sei-schoen-zu-dir.de

www.sei-schoen-zu-dir.de
Große Auswahl an Luxuskosmetik in den Kategorien Düfte, Pflege, Make-Up und Herren mit Marken- und Produktliste.

Xergia Beautyspot
service@xergia.de

www.xergia.de
Damen- und Herrenparfums aller Luxusmarken sowie Geschenkideen, Kosmetik- und Beauty-Produkte.

Körperpflege/Zahnpflege

dental care shop
annett.oettl@dentalcareshop.de

www.dentalmarktplatz.com
Shop für Zahnpflege und Mundhygiene: Zahnbürsten, Zahnpasta, Zahnseide, Zahnstocher, Mundduschen und Mundspülungen.

smileStudio Dentalkosmetik
info@smilestudio.de
☎(06255) 6 48 94 25

www.smilestudio.de
Deutschlands ältestes Studio für professionelle Permanent-Zahnaufhellung ist zahlreicher Testsieger und bietet Bleaching als Studiobehandlung sowie als Homebleaching mit dem einzigartigen smileKit europaweit ganz ohne Studiobesuch per Post an. Außerdem hochwirksame Schnarchschutzschienen (Silensor). **(Siehe Abbildung)**

Zahnputzladen
service@zahnputzladen.de

www.zahnputzladen.de
Zahnpflege auf hohem Niveau. Neben hochwertigen Markenprodukten erhält man auch spezielle Produkte zur Pflege von Zahnspangen, Zahnimplantaten und Zahnersatz. Ein Zahn-Check hilft, den persönlichen Zahntyp zu finden. **(Siehe Abbildung)**

Zahnputzladen **www.zahnputzladen.de**

Anzeige

Körperpflege/Naturkosmetik

Bio-Naturwelt
info@bio-naturwelt.de

www.bio-naturwelt.de
Online-Shop für Naturkosmetik und Naturwaren mit großem Sortiment an Produkten für eine gesunde Körperpflege.

naturalbeautyshop.de
info@naturesbest.de

www.naturalbeautyshop.de
Informationsportal der Naturkosmetikmarken Dr.Hauschka, lavera, Logona, Primavera, Santaverde und Weleda mit Online-Shop.

Naturprodukte Schwarz
info@Naturprodukte-Schwarz.de

www.naturprodukte-schwarz.de
Naturkosmetik zur Hautpflege und Körperpflege. Produkte zur Hornhautentfernung und Nahrungsergänzung.

Primavera Life
info@primaveralife.de

www.primaveralife.com
Primavera vertreibt naturreine Produkte aus kontrolliert biologischem Anbau: Öle, Naturkosmetik und Wohlfühlprodukte.

Spinnrad
info@spinnrad.de

www.spinnrad.de
Online-Shop der grünen Drogerie. Kosmetik, ätherische Öle, Wasch- und Reinigungsmittel und Lebensmittel.

WELEDA AG
dialog@weleda.de

www.weleda.de
Ausführliche Vorstellung von Naturkosmetikprodukten, Massage- und Pflegetipps sowie Themen rund um die junge Familie.

Körperpflege/Rasur

Gut Rasiert Forum
admin@gut-rasiert.de

www.gut-rasiert.de
Informationsforum zur klassischen Nassrasur in all ihren Variationen.

NassRasur-Portal
wolf@nassrasur.com

www.nassrasur.com
Wissenswertes rund um Rasiermesser, -klingen, -pinsel und -seife. Diskussionsforum, Online-Shop, Tipps und Sammlerinfos.

Shavemac
info@shavemac.de

www.shavemac.com
Alles für die Rasur für Sie und Ihn. Zudem gibt es einen Service, bei dem der eigene Name in den Rasierer eingraviert wird.

Linkshänderartikel

Lafüliki
info@lafueliki.de

www.lafueliki.de
Fachversand und Online-Shop für linkshändige Kinder sowie Grundschulbedarf für alle Kinder.

lieblinks
mail@lieb-links.com

www.lieb-links.com
Linkshänderartikel mit typischen Produkten wie Scheren und Dosenöffnern aber auch ausgefallenem wie Messbecher.

Merchandising- & Werbeartikel

absatzplus.com
info@absatzplus.com

www.absatzplus.com
Werbemittel-Online-Shop mit über 20.000 Produkten, vom Streuartikel über Kalender bis hin zu hochwertigen Prämienartikeln.

BoKonzept
info@bokonzept.de

www.bokonzept.de
Werbeartikel, die es entweder mit Werbeaufdruck oder Logo für Unternehmen sowie auch ohne Aufdruck zu kaufen gibt.

Cultstyles GmbH
info@cultstyles.de

www.cultstyles.de
Beschaffungsagentur für Agenturen und Vereine mit tollen Ideen für Promotion, Give-aways, Events, Halloween und Karneval.

Giffits GmbH
info@giffits.de

www.giffits.de
Über 50.0000 Werbeartikel: Werbeklassiker, Streuartikel, Markenartikel, Ökowerbeartikel, Elektronik und Sportartikel.

Schneider
service@schneider.de

www.schneider.de
Spezialist für Werbe- und Geschenkartikel, Prämien und Streuartikel. Lieferung nur an Industrie, Handel und Gewerbe.

ŠKODA SHOP
info@skoda-auto.de

shop.skoda-auto.de
Im ŠKODA SHOP werden Artikel angeboten, die gut zur ŠKODA Markenwelt passen. Man findet hier Mode, Accessoires, Kinderartikel, Uhren, ŠKODA Modellautos u. v. m. Der Einkauf in diesem Online-Shop ist einfach, die Benutzeroberfläche leicht verständlich und selbsterklärend. Ideal zum gemütlichen Shoppen.
(Siehe Abbildung)

Mieten & Vermieten

erento.de

www.erento.de
Großer Mietmarktplatz mit Mietgeschäften von Büromöbeln bis hin zu Partyausstattungen, für Suchende und Vermieter.

Miet24.de
service@miet24.de

www.miet24.de
Großes Mietportal: Fahrzeuge, Ferienhäuser, Boote, Flugzeuge, Immobilien, Musiker und Künstler.

Rentinorio
info@rentinorio.de

www.rentinorio.de
Hier kann man alles mieten von A wie Absperrgitter über Partyausstattung, Baumaschinen und Bands bis Z wie Zeppeline.

rentorado
info@rentorado.de

www.rentorado.de
Hier findet man von A wie Anhänger bis Z wie Zuckerwattemaschine alles, was man mieten, leihen und chartern kann.

Navigationssysteme & GPS

GPS24
info@gps24.de

www.gps24.de
GPS-Geräte für Lauf-, Fahrrad- und Outdoorsport. Herzfrequenzmesser und Navis fürs Auto.

ŠKODA SHOP
shop.skoda-auto.de

Einkaufen

GPS-Haus
info@gps-haus.de

www.gps-haus.de
Der Navigationsspezialist bietet alles rund um GPS-Empfänger und Zubehör.

Navigogo

www.navigogo.de
Tests und Preisvergleiche von Navigationssystemen und Routenplanern für Autos, Fahrräder oder Smartphones.

Navishop.de
info@navishop.de

www.navishop.de
Navigationssysteme fürs Auto, Wohnmobil, Motorrad oder Fahrrad, Handynavigation, Kartenupdates und passendes Zubehör.

Öffnungszeiten

ichbinoffen.de
info@ichbinoffen.de

www.ichbinoffen.de
Portal mit Informationen zu Öffnungszeiten von Banken, Geschäften oder Arztpraxen.

Ökologische Produkte & Fairer Handel

Avocado Store
info@avocadostore.de

www.avocadostore.de
Avocado Store ist ein Online-Marktplatz für nachhaltige Produkte in Deutschland.

ecofaires
info@nobrands.de

www.nobrands.de
Ratgeber für ökologische und fair gehandelte Produkte. Mit einem Produktverzeichnis, vielen Interviews und einem Blog.

entia
info@entia.de

www.entia.de
Nachhaltige Produkte aus sozialen Projekten: Holzspiele, Deko aus Holz, Schulzubehör, Bürozubehör, Spielzeug oder Schmuck.

i am fair!
info@iamfair.de

www.iamfair.de
Großes Einkaufsportal für zertifizierte Fairtrade-Produkte. Bekleidung, Textilien und Lebensmittel.

Oeko-Fair.de
mail@verbraucher.org

www.oeko-fair.de
Informationen über ökologische und soziale Hintergründe von Konsumentscheidungen sowie öko-faire Alternativen.

vivanda
kundenservice@vivanda.de

www.vivanda.de
Eine ideenreiche Auswahl an Mode, Naturkosmetik, Haushalt, innovativen Solarprodukten oder Wohnaccessoires.

Waschbär-Umweltversand
kundenservice@waschbaer.de

www.waschbaer.de
Ökologische Produkte aus Bereichen wie Textilien, Wäsche, Haushalt, Kosmetik oder Wohnen.

Outdoor

ASMC
info@asmc.de

www.asmc.de
Versandhandel mit über 20.000 Artikeln für die Bereiche Abenteuer, Sicherheit, Militär, Camping, Outdoor und Survival.

Camp4
info@camp4.de

www.camp4.de
Shop für Camping- und Outdoor-Ausrüstung sowie Expeditions-Equipment für Sie und Ihn.

doorout.com
info@doorout.com

www.doorout.com
Großer Outdoor-Shop: Von Rucksäcken bis zu Zelten findet man hier alles, was das Wanderherz begehrt.

Globetrotter Ausrüstung
info@globetrotter.de

www.globetrotter.de
Großer Outdoor-Ausstatter: Von der Bekleidung über Schuhe und Outdoor-Ausrüstung bis hin zu Freizeitkarten und Büchern.

Nordzeiger – Outdoor Expedition
info@nordzeiger.de

www.nordzeiger.de
Outdoor-Ausrüstung wie Kompass, Messer, Werkzeuge, Lampen, Feuerstarter, Rucksäcke, Zelte und Zubehör.

Ranger-Shop.de®
info@ranger-shop.de

www.ranger-shop.de
Outdoor-, Militär- und Bundeswehrartikel: Parkas, Fliegerjacken, Feldhosen, Hemden, Schuhe, Zelte, Taschen und Rucksäcke.

Perücken

Peruecken24
info@peruecken24.de

www.peruecken24.de
Ausgewählte Perückenkollektionen namhafter Hersteller. Mehr als 1.000 Echthaar- und Partyperücken für Männer und Frauen.

Porto/Briefe & Pakete

Billigerverschicken.de

www.billigerverschicken.de
Versandkosten-Rechner für Paket- und Briefsendungen aller Art. Vergleich von Tarifen der zahlreichen Paketdienste.

Deutsche Post
kundenservice@deutschepost.de

www.deutschepost.de
Infos zu Leistungen und Preisen der Deutschen Post, die PLZ-Suche sowie alle Filial- und Briefkastenstandorte.

Post Tip
kontakt@posttip.de

www.posttip.de
Briefe und Pakete verschicken leicht gemacht: Portorechner, Tipps und Tricks zum Thema sowie Infos über Tarife und Anbieter.

versandtarif.de
info@versandtarif.de

www.versandtarif.de
Versandkostenrechner und versenderübergreifender Versandscheindruck aller Paketdienste für Briefe, Päckchen und Pakete.

Produkte/Allgemein

apnoti.com
mail@apnoti.com

www.apnoti.com
Social-Shopping-Plattform, die es jedem ermöglicht, die besten Preise, Tipps und Informationen zu Produkten zu finden.

betabuzz
user@betabuzz.de

www.betabuzz.de
Aktuelle Tests und Produktinformationen zu Fernsehern, Handys, Digitalkameras und Notebooks.

dawanda.com
support@dawanda.com

www.dawanda.com
Online-Marktplatz für handgefertigte und individuelle Produkte.

erfolgreich-einkaufen.de

www.erfolgreich-einkaufen.de
Eine Vielzahl an redaktionell ausgewählten Links und Surf-Tipps rund um das Thema Einkaufen sowie Produkte für fast alle Bereiche und die wichtigsten Online-Shops des deutschen Internets.

Google Produktsuche

www.froogle.de
Mit dieser Suchmaschine kann man nach Produkten im Internet recherchieren.

Ladenzeile.de
info@visual-meta.com

www.ladenzeile.de
Schnellsuche für über 6 Mio. Produkte aus hunderten Shops: Das Angebot von Ladenzeile.de reicht von Schuhen, Taschen und Mode über Möbel und Sportartikel bis hin zu Schmuck, Uhren, Kosmetik und Brillen. Die praktische Suche lässt sich nach Preis, Farben, Marken, Material und Shops eingrenzen.

Quelle
service@quelle.de

www.quelle.de
Der Marktplatz mit großem Angebot von Artikeln aus den Bereichen Multimedia, Haushalt, Wohnen, Garten und Sport.

Shopping.com

www.shopping.com
Produktkatalog mit Millionen Produkten und Angebote von Tausenden von Händlern.

Shopping.de

www.shopping.de
Produkte aus den Bereichen Küche, Haus, Büro, Geschenke, Parfum, Schuhe, Software und Spielzeug.

EINKAUFEN

Shopwiki
info@shopwiki.com

www.shopwiki.de
Auflistung von Produkten verschiedener Online-Shops nach Kategorien sortiert.

smatch.com
info@smatch.com

www.smatch.com
Smatch.com ist die Produktsuche für die Segmente Mode, Wohnen und Lifestyle mit über 1,5 Millionen Produkten.

Trendish
mail@trendish.de

www.trendish.de
Infos zu den neuesten Produkten: Kosmetik, Mode, Haushalt, Media, Musik, Design, Auto, Sport, Games und Technik.

Utopia
info@utopia.de

www.utopia.de
Utopia ist die Plattform für strategischen Konsum. Mit hilfreichen Tipps, Produkten, Adressen für ein nachhaltiges Leben.

yieeha
info@yieeha.de

www.yieeha.de
Die Community für besondere Produkte. Entdecken, empfehlen und gewinnen auf yieeha.

Produkte/Ankaufdienste

flip4new.de
info@flip4new.de

www.flip4new.de
Gebrauchte Elektronik-Geräte einfach in Zahlung geben und dafür ein neues Produkt, einen Gutschein oder Bargeld erhalten.

momox.de
info@momox.de

www.momox.de
Hier erhält man für Bücher, CDs, DVDs oder Spielesammlungen ein Preisangebot und kann dann sofort verkaufen.

reBuy.de
support@rebuy.de

www.rebuy.de
Der An- und Verkaufsshop kauft gebrauchte Computer- und Konsolenspiele, Bücher, Handys, Videospiele und Filme an.

regalfrei.de
info@regalfrei.de

www.regalfrei.de
Hier kann man gebrauchte Bücher schnell und einfach verkaufen und erhält das Geld direkt auf das Konto. Mit Portozuschuss.

textil-ankauf.com
info@textil-ankauf.com

www.textil-ankauf.com
Bei textil-ankauf.com bekommt man für das Ausmisten seines Kleiderschrankes Geld.

Wirkaufens

www.wirkaufens.de
Der Elektronikankauf im Internet. Einfach, schnell und sicher Handys, MP3-Player, Navis und Digitalkameras verkaufen.

zonzoo
info@zonzoo.de

www.zonzoo.de
Auf zonzoo kann man sein altes Handy zum Verkauf anbieten. Das Unternehmen holt es auch kostenlos ab und recycelt es.

Produkte/Gebrauchtwaren

medimops
info@momox.de

www.medimops.de
Gebrauchte CDs, DVDs, Filme, Bücher und Spiele.

Produkte/Produktinformationen

Larovo
info@larovo.com

www.larovo.com
Mit detaillierten Fragen führt dieser Kaufberater direkt zum perfekt passenden Produkt.

produktrueckrufe.de
kontakt@produktrueckrufe.de

www.produktrueckrufe.de
Hier kann man prüfen, welche Waren von Rückrufaktionen betroffen sind und warum.

Produkte/Prospekte & Angebote

Discounto
kontakt@discounto.de

www.discounto.de
Discounto ist eine Preissuchmaschine für den regionalen Bereich. Hier findet man aktuelle Angebote vom Discounter.

kaufDA
kontakt@kaufda.de

www.kaufda.de
Auf kaufDA kann man die aktuellen Angebote der Geschäfte und Supermärkte in der Umgebung sehen und vergleichen.

meinprospekt.de
info@myprospekt.de

www.meinprospekt.de
Alle Angebote und Prospekte von Lidl, Aldi, Penny, Netto, Ikea und anderen Discountern.

Supermarktcheck.de
info@supermarktcheck.de

www.supermarktcheck.de
Verzeichnis mit über 39.000 Supermärkten, Discountern und Biomärkten. Alle wichtigen Prospekte in der Wochenübersicht.

Scherzartikel & Partyausstattung

**Crazy Bomber |
Die ultimative Konfettikanone**
info@crazy-bomber.de

www.crazy-bomber.de
Handliche Konfettikanonen, die auf jeder Party für Stimmung sorgen – in diesem Shop können kleine und große Kanonen mit farbigen Luftschlangenfüllungen für die Geburtstagsparty, die Hochzeit oder das Firmenjubiläum erworben werden. Außerdem gibt es eine große Auswahl an Wunderkerzen und Zaubersternen.
(Siehe Abbildung)

Racheshop
info@racheshop.de

www.racheshop.de
Witzige und originelle Produkte aus dem Bereich Rache- und Scherzartikel: Voodoopuppen, Konfettibomben oder Rückwärtsuhren.

Crazy Bomber | Die ultimative Konfettikanone   **www.crazy-bomber.de**

Anzeige

Scherz-Artikel.de
info@scherz-artikel.de

www.scherz-artikel.de
Online-Shop für Spaßvögel mit Scherzartikeln, verrückten Geschenken und integriertem Clown-, Party- und Halloween-Shop.

Scherzartikel-Geschenke.de
info@trendgringo.de

www.scherzartikel-geschenke.de
Scherzartikel, Ausstattungen für Motto-Partys, Spaßartikel und lustige Geschenke.

Schmuck

Amenido Markenschmuck
info@amenido.de

www.amenido.de
Markenschmuck für Damen, Herren und Kinder: Armbänder, Beads, Ketten, Ohrschmuck, Ringe, Schlüsselanhänger und Uhren.

Colors of Eden
info@colors-of-eden.com

www.colors-of-eden.com
Exklusive Ringe, Halsketten und Ohrringe. Auch nach Edelsteinen, Edelmetallen oder Perlenart auswählbar.

eigenArt
mail@eigenart-online.de

www.eigenart-online.de
Titan- und Edelstahlschmuck, Gold- und Silberschmuck, Indianerschmuck sowie Uhren. Auch individuelle Wünsche werden erfüllt.

Juwelier Diemer
service@diemer.de

www.diemer.de
Online-Shop mit ausgewählten Schmuckstücken u. a. aus den Bereichen Diamant, Gold, Perlen sowie Markenschmuck und Uhren.

kronjuwelen.com
infoperle@kronjuwelen.com

www.kronjuwelen.com
Schmuck und StarStyles auch zum Selbermachen. 7.000 verschiedene Schmuckstücke wie Perlen, Ketten, Anhänger und Bänder.

● **Luna-Pearls Schmuckshop**
info@luna-pearls.de
☎(0800) 0005821

www.luna-pearls.de
Der Online-Shop bietet eine große Auswahl von über 11.000 Juwelierartikeln: Von Markenuhren bis zu Designerschmuck wie Colliers, Armbänder, Ringe, Ohrringe, Ketten und Anhänger. Über die kostenlose Servicenummer kann man sich vor dem Schmuck- oder Uhrenkauf zudem kompetent beraten lassen. **(Siehe Abbildung)**

Luxxos.com
kontakt@luxxos.com

www.luxxos.com
Über 4.000 verschiedene Produkte von über 40 Herstellern aus dem Uhren- und Schmuckbereich.

Markenschmuck-billiger.de
info@markenschmuck-billiger.de

www.markenschmuck-billiger.de
Schmuck- und Trauring-Online-Shop mit großer Auswahl an wunderschönen Schmuckstücken für jeden Anlass.

Melovely.de
service@melovely.de

www.melovely.de
Handgemachte Schmuckstücke. Unikate und Kleinserien für Frauen, Männer und Kinder.

Rockberries.com
info@rockberries.com

www.rockberries.com
Persönliche Schmuck-Kreationen aus echten Steinen selbst gestalten. Viele Variationsmöglichkeiten und Basismodelle als Vorlage.

theperfectstyle
info@theperfectstyle.de

www.theperfectstyle.de
Uhren, Schmuck und Accessoires wie Armbänder, Gürtel, Schlüsselanhänger, Taschen, Tücher und Schals.

Schmuck/Edelsteine

Stonejewel.de
myinfo@stonejewel.de

www.stonejewel.de
Edelsteinschmuck, bei dem Verarbeitungsqualität, Echtheit und Seltenheit der Edelsteine im Vordergrund stehen.

Yorxs
service@yorxs.de

www.yorxs.de
Dieser Shop hat sich ganz den Diamanten verschrieben. Man kann 70 Fassungen mit 100.000 Diamanten kombinieren.

Schmuck/Individueller Schmuck

Amoonìc
info@amoonic.de

www.amoonic.de
Amoonìc bietet die Möglichkeit massiven Echtschmuck online selbst zu gestalten.

Les Facettes Manufaktur
mail@lesfacettes.de

www.lesfacettes.de
Mit Hilfe der Kategorien Art, Stil, Edelstein und Anlass kann man hier sein ganz persönliches Schmuckstück kreieren.

pearlfection
info@pearlfection.de

www.pearlfection.de
Schmuck-Unikate kinderleicht online gestalten, z. B. Ohrringe oder Armbänder aus Edelsteinen. Ideal als Geschenk.

renesim.com
service@renesim.com

www.renesim.com
Echtschmuck mit kostbaren, farbigen Edelsteinen. Die Schmuckstücke können individualisiert werden.

Schmuck/Perlen

Perlenkicker
info@perlenkicker.de

www.perlenkicker.de
Perlenschmuck, Modeschmuck und Schmuckaccessoires für die verschiedensten Anlässe.

Schmuck/Piercingschmuck

meinPiercing.de
sales@meinpiercing.com

www.meinpiercing.de
Eine breite Auswahl an Piercing- und Körperschmuck, mit hilfreichen Tipps und Tricks zur richtigen Pflege.

Luna-Pearls Schmuckshop **www.luna-pearls.de**

EINKAUFEN

Schmuck/Trauringe & Eheringe

123gold.de
info@123gold.de

www.123gold.de
Große Auswahl an Trauringen und Schmuck sowie individuelle Anfertigungen.

Amodoro
info@amodoro.de

www.amodoro.de
Individuelle Trauringe mit kostenloser Beratung. Dazu eigene Designs mit dem Konfigurator erstellen.

traumringe24.de
1million@heinrichplatz.de

www.traumringe24.de
Großes Angebot an Trauringen aus verschiedenen Materialien zu verschiedenen Preiskategorien.

Schnäppchen

discount24.de
info@discount24.de

www.discount24.de
Hier gibt es Schnäppchen in den Bereichen Multimedia, Fashion, Sport und Wellness, Spielwaren, Haushalt und Wohnen.

mydealz.de
webmaster@mydealz.de

www.mydealz.de
Aktuelle Beiträge zu Schnäppchen, Gutschein-Codes und Tagesangebote verschiedener Online-Shops.

● **Sparwelt.de**
info@sparwelt.de

www.sparwelt.de
Empfehlungsportal für alle, die gerne online einkaufen und dabei sparen möchten. Täglich stellt die SPARWELT-Redaktion kompetent und verständlich die aktuell besten Angebote und neuesten Gutscheine vor. Elektronik, Mode sowie Drogerie- und Haushaltsartikel stehen dabei im Vordergrund. **(Siehe Abbildung)**

178

Sparwelt.de **www.sparwelt.de**

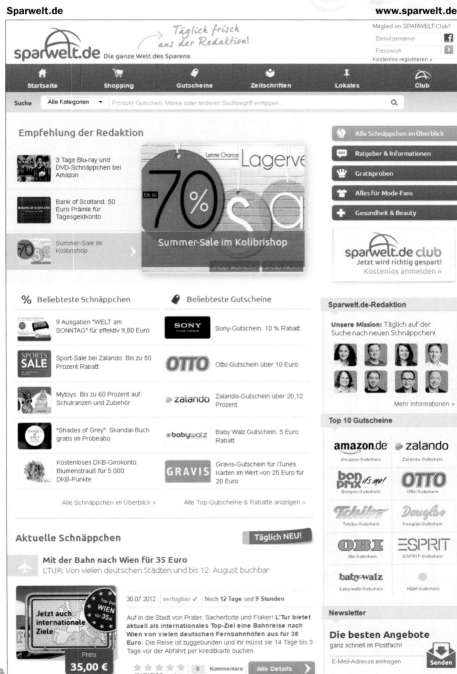

Anzeige

Schnäppchen/Fabrikverkauf

Factory-Outlet-Center
info@factory-outlet-center.biz

www.factory-outlet-center.biz
Verzeichnis von Firmen, die Fabrikverkauf, Factory-Outlet oder Lagerverkauf anbieten. Mit praktischer Routenberechnung.

● **Factory-Outlets.org**
info@factory-outlets.org

www.factory-outlets.org
Für Schnäppchenjäger ist factory-outlets.org die Adresse für Produkte aus dem Fabrikverkauf. Sortiert nach Branchen und Städten finden sich hier die wichtigsten Kontakte für Outlet Stores und Fabrikverkäufe. Von Mode bis Technik bietet factory-outlets.org die passende Adresssammlung für Sparfüchse. **(Siehe Abbildung)**

Mybestbrands.de
info@mybestbrands.de

www.mybestbrands.de
Plattform, die Angebote von Outlet-Stores vieler bekannter Marken bündelt.

Schnäppchen/Gutscheine & Rabatte

● **coupons4u**
info@coupons4u.de

www.coupons4u.de
Hier findet man kostenlose, redaktionell geprüfte Coupons und Gutscheine, die beim Einkauf Rabatte gewähren oder das Anfordern von Gratisproduktproben erlauben. Die Anbieter sind übersichtlich von A bis Z aufgeführt sowie nach Produktkategorien sortiert. Zudem werden aktuelle Gewinnspiele aufgelistet. **(Siehe Abbildung)**

● **gutscheine.biz**
info@b13-media.de

www.gutscheine.biz
Das Gutschein-Portal gutscheine.biz ist die erste Anlaufstelle für sparwillige Schnäppchenjäger. Viele Web-Shops locken mit Gutschein-Codes, die bei einer Online-Bestellung für saftige Preisrabatte sorgen. Der kostenlose Online-Dienst bietet Gutscheine von hunderten Anbietern an. **(Siehe Abbildung)**

Factory-Outlets.org   **www.factory-outlets.org**

coupons4u   **www.coupons4u.de**

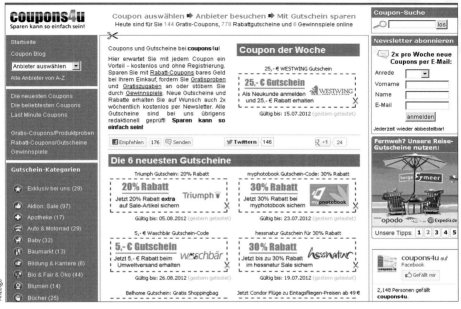

gutscheine.biz   **www.gutscheine.biz**

181

EINKAUFEN

Andasa
info@andasa.de

www.andasa.de
Beim Online-Einkauf erhalten Nutzer in allen Partnershops 2 % vom Nettowarenwert und 10 € Startguthaben als Bonus.

Bazando

www.bazando.de
Bei mehr als 7.500 Partnershops billiger einkaufen, Gutscheine nutzen und bis zu 50 % Rabatt erhalten.

Deutschland Card

www.deutschlandcard.de
Coupons und Gutscheine von Geschäften aus der Region zum Ausdrucken.

GuteGutscheine.de

www.gutegutscheine.de
Gutscheincodes und Hinweise auf Sonderangebote für über 1.400 Online-Shops.

gutscheinbox.de
info@vatago.de

www.gutscheinbox.de
Hier gibt es täglich neue und kostenlose Gutscheine und Gutscheincodes für hunderte von Online-Shops.

Gutscheine.cc

www.gutscheine.cc
Übersichtliche Gutschein-Code-Seite mit Gutscheinen aus vielen verschiedenen Rubriken von Bekleidung bis Elektronik.

Gutscheine.de
info@gutscheine.de

www.gutscheine.de
Portal für regionale Gutscheine, Online-Gutscheine, Geschenkgutscheine und Gutscheinvordrucke.

Gutscheinpony
gutschein@gutscheinpony.de

www.gutscheinpony.de
Ständig aktuelle Gutscheincodes und Rabattaktionen von knapp 400 Online-Shops werden hier übersichtlich gelistet.

Loupus
info@loupus.de

www.loupus.de
Nützliche Coupon-Seite, die Vergünstigungen aus Rubriken wie Essen und Trinken, Sport oder Wellness anbietet.

meingutscheincode.de

www.meingutscheincode.de
Aktuelle Gutscheine für viele Online-Shops.

vergleichen.de **www.vergleichen.de**

182

mysale.de

www.mysale.de
Portal für Sonderangebote, Gutscheine und Rabatte.

PAYBACK

www.payback.de
PAYBACK ist das größte Bonusprogramm in Deutschland, das inzwischen über 500 Unternehmen unter einem Dach vereint. Punktesammeln ist in den Filialen (u. a. Aral, Galeria Kaufhof, dm-drogerie markt, real,-), online (Amazon, eBay, Zalando,...) und über die PAYBACK App möglich.

tamola
kontakt@tamola.de

www.tamola.de
tamola gibt die Werbeprämien der Unternehmen an die Kunden weiter.

webmiles
info@webmiles.biz

www.webmiles.de
Für Einkäufe bei Partnern oder die Teilnahme an Aktionen gibt es webmiles, die man später gegen Prämien eintauschen kann.

Schnäppchen/Preisvergleiche & Testberichte

● **vergleichen.de**
kontakt@vergleichen.de

www.vergleichen.de
Großes Vergleichsportal für Shopping, Reisen, Handy, Energie und vieles mehr. Zahlreiche Tarifrechner und Anbieterübersichten. Keine reine Preissuchmaschine, sondern gleichzeitig Angebotsvergleiche auch für Finanzen und Versicherungen, Immobilien, Strom und Gas, Handy und DSL und viele mehr. **(Siehe Abbildung)**

● **Yopi.de**
info@yopi.de

www.yopi.de
Das Verbraucherportal dient als Einkaufsassistent beim Online-Shopping und bietet neben Preisvergleichen auch persönliche Erfahrungsberichte, Tests und Kritiken von anderen Verbrauchern. Wer selbst Produkte bewertet und Testberichte schreibt, erhält sogar bares Geld dafür. **(Siehe Abbildung)**

Yopi.de   **www.yopi.de**

Einkaufen

billiger.de
info@billiger.de

www.billiger.de
Mit dem Preisvergleich können Schnäppchenjäger die preisgünstigsten Angebote von vertrauenswürdigen Shops ermitteln.

Ciao! from bing
info@ciao-group.com

www.ciao.de
Ausführliche Produktinformationen, Erfahrungsberichte und Preisvergleiche zu mehr als 13 Millionen Produkten.

decido
contact@become.eu

www.decido.de
Der Einkaufsratgeber im Internet mit Testberichten zu einzelnen
Produkten aus über 800 Quellen.

dooyoo
info@dooyoo.com

www.dooyoo.de
Erfahrungsberichte, Kritiken, Empfehlungen und Tests von anderen Verbrauchern inklusive Preisvergleich.

eTest
info@etest.de

www.etest.de
Testberichte, Kaufberatung und Preisvergleiche zu über 20.000
Produkten aus dem Haushaltswaren- und Elektronikbereich.

Geizkragen.de
info@geizkragen.de

www.geizkragen.de
Das Verbraucherportal im Internet: Preisvergleiche, aktuelle Ver-
braucher-News, Produktproben, Schnäppchen und Gewinnspiele.

GetPrice.de
info@getprice.de

www.getprice.de
Preisvergleich für Produkte aller Art, Tarife und Reisen. Dazu Testberichte, Verbrauchermeinungen und Bewertungen.

guenstiger.de
info@guenstiger.de

www.guenstiger.de
Preisvergleich für Produkte der Bereiche Unterhaltungselektronik,
Telekommunikation, EDV, Haushalt und Freizeit.

idealo.de
info@idealo.de

www.idealo.de
Produktsuche und Preisvergleich in den Bereichen Elektronik und
Foto, Bücher, DVD, Musik, PC-Spiele und Software.

preis.de
info@comparado.de

www.preis.de
Preisvergleich von mehr als 200.000 Angeboten aus Technik,
Haushalt, Garten, Mode und Freizeit.

Preiskuh.de
support@preiskuh.de

www.preiskuh.de
Die Preiskuh vergleicht Produkte aus verschiedenen Online-
Shops in zahlreichen Kategorien und liefert Testberichte.

Preisroboter.de
info@preisroboter.de

www.preisroboter.de
Produktsuche und Preisvergleich – auch mit Smartphone oder
Handy möglich.

PreisSuchmaschine
post@metashopper.de

www.preissuchmaschine.de
Preissuchmaschine mit rund 50 Mio. gelisteten Preisen verschiedenster Produkte von Unterhaltungselektronik bis Haushalt.

Preisvergleich.de
info@preisvergleich.de

www.preisvergleich.de
Unter vielen Kategorien findet man Links zu günstigen Anbietern
und einen Filter nach Preisbereich, Farbe oder Material.

Testsieger.de
info@testsieger.de

www.testsieger.de
Marktplatz mit integriertem Preisvergleich und über 366.000
Testberichten aus 1.810 verschiedenen Quellen.

Schnäppchen/Kostenloses

gegenabholung
info@gegenabholung.de

www.gegenabholung.de
Nach einer einmaligen Registrierung findet man viele Artikel, die
zu verschenken sind, die man nur selbst abholen muss.

GratisTempel.de
info@gratistempel.de

www.gratistempel.de
GratisTempel.de listet zahlreiche aktuelle Shopping-Gutscheine, Rabatt-Coupons, kostenfreie Produktproben sowie Gutscheine für Vergünstigungen in den verschiedensten Bereichen. Zudem erhält man Tipps zu vielen kostenlos erhältlichen E-Books, Hörbüchern und Zeitschriften.

Kostenlos.de
webmaster@kostenlos.de

www.kostenlos.de
Links zu allem, was es kostenlos im Internet gibt: Newsletter, Probe-Abos, Gratis-SMS, Gratis-Homepages und Produktproben.

KostNixx
webmaster@kostnixx.de

www.kostnixx.de
Kostenlose Angebote aus dem Internet, gleichgültig, ob Grafikprogramme, Dienstleistungen, Warenproben oder Software.

Schnäppchen/Tagesprodukte

Biodeals
info@biodeals.de

www.biodeals.de
Gutscheinportal mit dem bekannten Tagesprodukt-Prinzip, allerdings spezialisiert auf nachhaltige Produkte.

DailyDeal
info@dailydeal.de

dailydeal.de
Tagesaktuelle Schnäppchen in vielen deutschen Städten.

Groupon

www.groupon.de
Auf Groupon.de gibt es täglich einen neuen Gutschein für Reisen und Shopping mit Rabatten bis zu 70 %.

guut.de
support@guut.de

www.guut.de
guut.de bietet jeden Tag ab Mitternacht für maximal 24 Stunden ein Produkt zu einem sehr günstigen Preis an.

My Groupon
info@groupon.de

www.mygroupon.de
Lifestyle-Guide, welcher die besten Locations der Top-Ten Groupon Städte präsentiert.

myliveshopping.de
info@tagesangebote.de

www.myliveshopping.de
Live-Shopping im Internet: Hier findet man jeden Tag neue Schnäppchen-Angebote vieler Online-Shops zum Aktionspreis.

qypedeals.de

www.qypedeals.de
Wer auf der Suche nach einem Schnäppchen ist, findet hier regelmäßig neue Deals für seine Stadt zum Vorteilspreis.

tagesangebote.de
info@tagesangebote.de

www.tagesangebote.de
Täglich neue Schnäppchen von lokalen Unternehmen und Online-Shops, besonders in den Bereichen Wellness und Gastronomie.

Schnäppchen/Tauschbörsen

Balu
info@balu.de

www.balu.de
BALU ist eine Tauschbörse für legales und günstiges Tauschen von Büchern, Filmen, Hörbüchern, Musik, Games und Software.

exchange*me
info@exchange-me.de

www.exchange-me.de
Die Web-Seite bietet kostenlosen Tausch von Dienstleistungen. Private Hilfe wird mit Punkten statt mit Geld verrechnet.

hitflip.de
support@hitflip.de

www.hitflip.de
Die Online-Tauschplattform für DVDs, Spiele, Musik-CDs, Bücher und Hörbucher.

Tauschring Bambali
info@bambali.net

www.bambali.net
Handelsplattform zum geldfreien Tausch von Waren und Dienstleistungen.

Tauschticket
service@tauschticket.de

www.tauschticket.de
Große Tauschbörse für Bücher, Filme, Musik und PC-Spiele.

EINKAUFEN

Selbstschutz- & Sicherheitszubehör

safe4u
info@kh-security.de

www.safe4u.de
Produkte zum Selbstschutz für zu Hause und unterwegs, wie etwa Alarmgeräte, Fernsehsimulatoren oder Bewegungsmelder.

Shop-Betreiber

3D Commerce Solutions
info@3d-commerce.com

www.3d-commerce.com
3D Commerce ist ein Anbieter für Online-Shop-Software, Internet-Shop-Hosting und Web-Shop-Programmierungen.

ecommerce-lounge.de
info@conpark.de

www.ecommerce-lounge.de
Blog für Shop-Betreiber mit aktuellen Themen, Fachartikeln, Tipps und Trends für den Online-Handel.

eCommerce-vision.de
info@ecommerce-vision.de

www.ecommerce-vision.de
Artikel rund um Fragen des E-Commerce. Tipps und Tricks, Events, Interviews, Online-Marketing, Social Media und Recht.

eKomi
info@ekomi.de

www.ekomi.de
Mit Hilfe von eKomi kann man durch unabhängige Kundenmeinungen mehr Vertrauen und Umsatz mit dem eigenen Shop erzielen.

etailment

www.etailment.de
Das Blog präsentiert Themen rund um den E-Commerce. Neue Online-Shops, Marketingstrategien und Marktentwicklungen.

gambio
info@gambio.de

www.gambio.de
Diese Seite bietet Online-Lösungen für die eigene Homepage. Es gibt verschiedene Shop-Varianten.

Handelskraft
info@dotsource.de

www.handelskraft.de
Online-Blog für E-Commerce, Selbstständigkeit und Web 2.0.

shopbetreiber-blog.de
info@shopbetreiber-blog.de

www.shopbetreiber-blog.de
Aktuelle Beiträge zu Themen für Online-Shop-Betreiber mit Infos zu Gesetzen, Marketing und Abmahnungen.

Shoplupe
info@shoplupe.com

www.shoplupe.com
Professionelle Usability-Beratung für Online-Shops mit Expertengutachten und Optimierungsvorschlägen für Shop-Betreiber.

shoptrainer.de
info@shoptrainer.de

www.shoptrainer.de
Informationen und Artikel mit wertvollem Know-how für Online-Shop-Betreiber.

shopware AG
info@shopware.de

www.shopware.de
Shop-Software, mit der man schnell und einfach einen professionellen Online-Shop erstellen kann.

Shop-Bewertungen

Shopauskunft.de
info@shopauskunft.de

www.shopauskunft.de
Online-Shop-Bewertungsportal mit über 5.000 eingetragenen Shops.

Trustpilot.de
support@trustpilot.com

www.trustpilot.de
Bei Trustpilot.de werden die Kundenbewertungen der Online-Shops von verschiedenen Portalen zusammengetragen.

Shop-Gütesiegel

Geprüfter Online-Shop
info@shopinfo.net

www.shopinfo.net
Verleihung eines Gütesiegels an Shops, die sich zur Einhaltung von umfangreichen Prüfkriterien verpflichtet haben.

Trusted Shops
info@trustedshops.de

www.trustedshops.de
Shopping-Portal ausschließlich mit Online-Shops, die höchste Anforderungen an Daten- und Liefersicherheit erfüllen.

TÜV SÜD s@fer-shopping
info@safer-shopping.de

www.safer-shopping.de
Gütesiegel für Online-Shops des TÜV SÜD. Geprüft werden Gebrauchstauglichkeit, Serviceaspekte, Sicherheit und Datenschutz.

Shopping-Sender

Channel21
info@channel21.de

www.channel21.de
Home-Shopping-Artikel aus unterschiedlichen Bereichen sowie ausführliche Informationen zu Neuheiten und Bestsellern.

HSE24
service@hse24.de

www.hse24.de
Die neuesten Produkt- und Lifestyle-Trends aus über 10.000 Produkten des Shoppingsender HSE24 auch online.

QVC Deutschland GmbH
kundenservice@qvc.com

www.qvc.de
Zahlreiche Produkte aus den Bereichen Schmuck, Mode, Wohnen, Haushalt, Gesundheit, Elektronik und Küche.

Tarifvergleiche

CHECK24
info@check24.de

www.check24.de
Deutschlands großes Vergleichsportal für Versicherungen, Finanzprodukte, Energie, Telekommunikation und Reisen.

preis24.de
kontakt@preis24.de

www.preis24.de
Tarifvergleiche für Strom, Versicherungen, Kredite, Konten sowie Preisvergleiche für Artikel aus verschiedenen Web-Shops.

TopTarif.de
info@toptarif.de

www.toptarif.de
Vergleichsportal mit Tarifrechnern für Strom, Gas, Kredite, Kfz- und Sachversicherungen, Geldanlagen und DSL.

transparo
kundenservice@transparo.de

www.transparo.de
Detailreiches Vergleichsportal für Versicherungen, Geldanlagen und Energieanbieter.

Verivox
info@verivox.de
☎(0800) 80 80 890

www.verivox.de
Verivox.de ist ein neutrales, unabhängiges Verbraucherportal für Energie und Telekommunikation in Deutschland. Verbraucher können auf www.verivox.de einfach, schnell und kostenlos verfügbare Tarife vergleichen und direkt zum für sie besten Anbieter wechseln.

wer-ist-billiger.de
info@wer-ist-billiger.com

www.wer-ist-billiger.de
Preise objektiv vergleichen und sparen: Strom, Gas, Heizöl, DSL, Versicherungen, Finanzen und Auto.

Taschen, Handtaschen, Koffer & Rucksäcke

Alligator
bestellung@alligator-lederwaren.de

www.alligator-lederwaren.de
Reisegepäck, Businesstaschen und Kleinlederwaren. Koffer, Trolleys, Rucksäcke, Reisetaschen und Schmuckkoffer.

Deuter Sport & Leder GmbH
infode@deuter.com

www.deuter.com
Großes Angebot an Rucksäcken, Taschen und Schlafsäcken.

Fashionette
info@fashionette.de

www.fashionette.de
Designer-Taschen von A wie Armani über G wie Gucci bis hin zu Y wie Yves Saint Laurent zum Mieten oder Kaufen.

● **Koffer, Trolleys, Kofferset, Reisekoffer online kaufen**
service@markenkoffer.de
☎(08466) 904 130

www.markenkoffer.de
Stilvoll verreisen mit Trolleys, Reisetaschen, Koffern, Kleidersäcken, Umhängetaschen oder Beauty Cases führender Hersteller. Das Angebot umfasst Marken wie Rimowa, Samsonite, Titan, Delsey, Deuter, Nike, Vaude oder Eastpak, die einfach online oder über die Telefon-Hotline bestellt werden können. **(Siehe Abbildung)**

● **Koffer-Arena.de**
kontakt@koffer-arena.de
☎(07191) 327 225

www.koffer-arena.de
Große Auswahl an Reisegepäck, Reisetaschen, Koffern, Trolleys, Businesstaschen, Laptoptaschen, Rucksäcken und Accessoires sowie Geldbörsen von namhaften Herstellern wie Samsonite, Titan, Stratic, Roncato, Eastpak, Vaude, Picard, The Bridge, Victorinox, Strellson und Porsche Design. **(Siehe Abbildung)**

● **Kofferprofi.de**
kontakt@kofferprofi.de
☎(06838) 903 832

www.kofferprofi.de
Online-Versandhaus für Markenartikel rund um Reise, Business, Freizeit und Schule. Zum Sortiment gehören z. B. Koffer, Reisetaschen, Handtaschen, Rucksäcke und Schulranzen. Top-Marken wie Samsonite, Rimowa, 4You, Deuter, Jansport, Eastpak, Scout, Dakine und Jack Wolfskin zu günstigen Preisen. **(Siehe Abbildung)**

EINKAUFEN

Frauen-lieben-Taschen.de
kontakt@frauen-lieben-taschen.de

www.frauen-lieben-taschen.de
Trendige Handtaschen für jeden Anlass: Freizeittaschen, Strandtaschen, Abendtaschen, Businesstaschen, Accessoires.

koffer-direkt.de
info@koffer-direkt.de

www.koffer-direkt.de
Umfangreiche Auswahl an Koffern, Taschen, Trolleys, Kleidersäcken, Flugtaschen, Kulturbeuteln und Reisezubehör.

Lieblingstasche
service@lieblingstasche.de

www.lieblingstasche.de
Handtaschen aller Art: Umhängetaschen, Ledertaschen, IT-Bags, Designertaschen, Clutches und Reisetaschen.

Luxusbabe
info@luxusbabe.de

www.luxusbabe.de
Glamouröser Taschenverleih bekannter Marken und Verkauf von modischen Taschen und hochwertigen Accessoires.

Rucksack-Center.de
service@rucksack-center.de

www.rucksack-center.de
Egal ob Rucksäcke, Schulranzen, Sport-, Hand-, Reise- oder Notebook-Taschen – in diesem Online-Shop findet jeder etwas.

Taschenkaufhaus
info@taschenkaufhaus.de

www.taschenkaufhaus.de
Taschen für alle Lebenslagen: Online-Shop für Handtaschen, Umhänge-, Laptop-, Kamera- und Reisetaschen bekannter Marken.

Valigia
info@valigia.de

www.valigia.de
Exklusive Handtaschen, Abendtaschen, Henkeltaschen, Herrentaschen, Schultertaschen, Shopper oder Reisegepäck.

 Rucksack Onlineshop

☎(089) 442 38 38 38

www.rucksack-onlineshop.com
Unter Rucksack-Onlineshop.com gibt es eine große Auswahl an Rucksäcken, Koffern und Taschen vieler Marken. Egal ob für Schule, Büro oder Sport: Hier findet man garantiert das richtige Rucksackmodell von Herstellern wie 4You, TakeitEasy, Dakine, Jack Wolfskin, Burton, Deuter, Tatonka, Nitro oder Eastpak.
(Siehe Abbildung)

Rucksack Onlineshop   **www.rucksack-onlineshop.com**

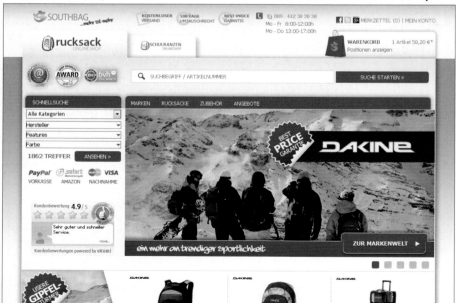

Anzeige

190

Humpfle
info@humpfle.de

www.humpfle.de
Schulranzen, Rucksäcke und Sporttaschen der Marken Scout, 4You und McNeill

doorout.com
info@doorout.com

www.doorout.com
Großer Outdoor-Shop: Von Rucksäcken bis Taschen und Reisegepäck findet man hier alles, was man für das Wandern oder für die Reise braucht.

Globetrotter Ausrüstung
info@globetrotter.de

www.globetrotter.de
Großer Outdoor-Ausstatter mit Taschen und Rucksäcken aller Art: Trekkingrucksäcke, Kofferrucksäcke, Tourenrucksäcke, Radrucksäcke, Reisetaschen und Rollkoffer.

Schulranzen Onlineshop

www.schulranzen-onlineshop.de
Schulranzen, Schultaschen und Schulrucksäcke verschiedener Hersteller.

Schulranzen.com
info@schulranzen.de

www.schulranzen.com
Schultaschen, Schultrolleys und Schulranzen für Vorschule, Schule und Teens.

Zalando
info@schulranzen.de

www.zalando.de/taschen
Über 6.000 Taschen, Handtaschen, Umhängetaschen, Koffer und Reisetaschen. Kostenloser Versand und Rückversand, 100 Tage Rückgaberecht.

Taschenparadies
info@taschenparadies.de
☎(03378) 518 23 666

www.taschenparadies.de
Der Taschenparadies Online-Shop bietet ein vielfältiges Sortiment an Taschen, Rucksäcken, Koffern sowie Reise- und Sporttaschen aller Art. Das Angebot umfasst zahlreiche bekannte Marken und Hersteller wie Samsonite, The North Face, Esprit, Dakine, Eastpak, McNeill, Adidas, Nike oder Puma. **(Siehe Abbildung)**

Taschenparadies   **www.taschenparadies.de**

Telekommunikation/Handy

getmobile.de
service@getmobile.de

www.getmobile.de
Online-Plattform rund um das Thema Mobilfunk mit Informationen und aktuellen Handyangeboten mit und ohne Vertrag.

● **handytarife.de**
kontakt@handytarife.de

www.handytarife.de
Großes Mobilfunkportal mit Tarifrechner, der für jeden Telefonier-Typ individuell den richtigen Tarif bestimmt. Dazu eine Handyda-tenbank mit Testberichten, Bildern und Spartipps sowie viele wei-tere Infos und hilfreiche Tipps zu den Themen Discount-Tarife, Handyabzocke, Homezone oder Flatrates. **(Siehe Abbildung)**

● **Sparhandy.de**
info@sparhandy.de

www.sparhandy.de
Sparhandy.de sind die Flatrate- und Handy-Experten und bereits seit 12 Jahren etabliert. Der Onlineshop ist Deutschlands ers-ter unabhängiger Mobilfunkhändler mit dem TÜV SÜD Gütesie-gel. Der Kunde findet Tarife und Handys aller Hersteller sowie Smartphones mit Vertrag ab 1,-€. Der Versand erfolgt kostenfrei. **(Siehe Abbildung)**

telfish
mail@telfish.com

www.telfish.com
Die Mobilfunk-Suchmaschine findet aus über 100.000 Handytari-fen unabhängig und kostenlos den günstigsten Tarif.

Telekommunikation/Handy/Handyortung

● **Handyortung.info**

www.handyortung.info
Mit handyortung.info kann man einfach, schnell und preiswert sein Handy und das seiner Schutzbefohlenen orten. Besonders praktisch bei verlorenen oder gestohlenen Handys oder für El-tern, die wissen möchten, wo sich ihre Kinder gerade aufhal-ten. Voraussetzung für die Ortung ist die vorherige Anmeldung. **(Siehe Abbildung)**

handytarife.de   **www.handytarife.de**

Sparhandy.de

www.sparhandy.de

Handyortung.info

www.handyortung.info

193

piCOS - Der Handyorter!

www.picosweb.de
Mit piCOS kann man einfach, schnell und preiswert sein Handy und das seiner Schutzbefohlenen orten.

Telekommunikation/Handy/iPhone & iPad

Arktis.de

www.arktis.de
Viele Artikel für Mac, iPod, iPad und iPhone außerdem lustige Gadgets rund um Apple.

Telekommunikation/Handy/Netzbetreiber

Siehe Kapitel Wirtschaft

Telekommunikation/Mobilfunk

Telekommunikation/Tarife

Billiger-Telefonieren.de
webmaster@billiger-telefonieren.de

www.billiger-telefonieren.de
Durchblick im Dickicht des Tarifdschungels: Tarifschnellrechner, günstige Telefonauskünfte und Überblick über Tarifanbieter.

Telekommunikation/Telefone

telefon.de
info@telefon.de

www.telefon.de
Handys, Handyzubehör und Festnetztelefone. Ausführlicher Handy- und Vertragsvergleich. Zudem Apps für Apple und Android.

Telefone.de
info@telefone.de

www.telefone.de
Festnetztelefone, Handys, Anrufbeantworter, Funkgeräte, Headsets, Konferenztelefone und Navigationsgeräte.

teleprofi Shop
shop@tphl.de

www.teleprofi-shop.de
Telefone und Zubehör sowie Technik für Netzwerke, Elektroinstallation, Sicherheit und Computer. Außerdem Bürobedarf.

Uhren

Christ
info@christ.de

www.christ.de
Online-Shop für Schmuck und Uhren.

chrono24.com
info@chrono24.com

www.chrono24.com
Die internationale Börse für hochwertige Uhren. Angebote einstellen oder suchen, mit Händlerliste und Suchauftrag.

 eigenArt
mail@eigenart-online.de

www.eigenart-online.de
Online-Shop und Infoseite für Sport- und Trenduhren von Adidas, Festina, Fossil, Diesel, Storm und vielen weiteren Marken. Außerdem gibt es Silber-, Gold- und Titanschmuck sowie als besonderes Highlight Trauringe mit individueller Lasergravur aus eigener Werkstatt. **(Siehe Abbildung)**

faszinata
service@faszinata.de

www.faszinata.de
Uhren und Schmuck. Sowohl schlicht und elegant als auch grell und auffallend.

Luxo24

www.luxo24.de
Eine große Auswahl an Markenuhren sortierbar nach Preis, Marke, Laufwerk, Funktionen und Armbandmaterial.

 Markenuhren-billiger.de
kundenservice@markenuhren-billiger.de
☎(07042) 37 66 332

www.markenuhren-billiger.de
Großer Uhren-Onlineshop mit über 7.500 Artikeln rund um die Uhr. Marken wie Oozoo, Festina, Hugo Boss, Junkers, Lotus, TW-Steel oder Lacoste. Außerdem Uhrenbeweger, Uhrenboxen, Taschen- und Kinderuhren, Wanduhren und Wecker. **(Siehe Abbildung)**

mogani.de
mail@mogani.de

www.mogani.de
Über 2.500 reduzierte Herren-, Damen-, Kinder-, Automatik- und Taschenuhren von namhaften Marken und Herstellern.

Stetefeld Design
info@stetefeld-design.de

www.stetefeld-design.de
Zubehör und Werkzeuge für Uhren: Uhrenetuis, Uhren-Ersatzteile, Öle und Fette, Batterien.

Markenuhren-billiger.de   **www.markenuhren-billiger.de**

EINKAUFEN

TrustedWatch
info@trustedwatch.de

www.trustedwatch.de
TrustedWatch ist das Uhrenportal, Uhrenmagazin und Uhrenforum für alle Themen rund um die Uhr und die Zeit.

uhrbox.de
info@uhrbox.de

www.uhrbox.de
Großes Angebot an Markenuhren und Schmuck namhafter Hersteller sowie Spezialuhren wie Fliegeruhren und Höhenmesser.

Uhren4you
service@uhren4you.de

www.uhren4you.de
Uhren-Versandhandel mit über 6.000 Uhren: Wohnraumuhren, Wanduhren, Pendeluhren und Armbanduhren.

Uhrenwarenhaus
info@uhrenwarenhaus.de

www.uhrenwarenhaus.de
Große Auswahl an Herren-, Damen- und Militäruhren.

Uhr-Forum
web@uhr-forum.de

uhrforum.de
Forum zum Thema Uhren. Hier treffen und unterhalten sich Uhrmacher, Uhrenhändler, Uhren-Fans und Uhren-Einsteiger.

Uhrzeit.org
shop@uhrzeit.org

www.uhrzeit.org
Uhren-Shop mit Anzeige der sekundengenauen Uhrzeit der Atomuhr in Braunschweig. Mit Uhrenforum und Uhren-Lexikon.

● **Wanduhr.de**
info@wanduhr.de
☎(0711) 945 46 045

www.wanduhr.de
Ob klassisch oder rustikal, bunt oder ausgeflippt. Hier werden die neuesten Wanduhrentrends und hochwertige Zeitmesser verkauft. Spannend ist die integrierte Videofunktion, die viele Modelle in Filmen zeigt. Das Blog mit Designtipps und Informativem zum Thema Wanduhr ist hier ebenfalls zu empfehlen.
(Siehe Abbildung)

Verbraucherinformationen

ABZocknews.de
abzocknews@web.de

www.abzocknews.de
Aktuelle Warnungen zu Abo- und Kostenfallen, Phishing-Versuchen oder sonstigen Gefahren aus dem Internet.

Wanduhr.de   **www.wanduhr.de**

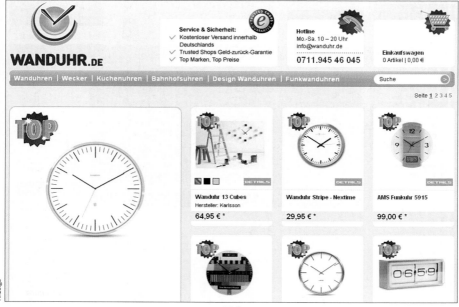

Die Verbraucher Initiative e. V.
mail@verbraucher.org

www.verbraucher.org
Detaillierte Informationen und aktuelle Verbrauchertipps zu Themen wie Ernährung, Gesundheit, Umwelt, Recht oder Finanzen.

Europäisches Verbraucherzentrum
evz@evz.de

www.evz.de
Das EVZ hilft bei europäischen Verbraucherthemen und grenzüberschreitenden Streitigkeiten.

Geldsparen
info@geldsparen.de

www.geldsparen.de
Viele Tipps zum Geldsparen. Praktische Rechner zum Berechnen von Wohngeld, BAföG, Geldanlagen und Baufinanzierungen.

konsumo
info@konsumo.de

www.konsumo.de
Ratgeber von Verbrauchern für Verbraucher mit umfangreichen Produkttipps.

Label online
mail@verbraucher.org

www.label-online.de
Informationen zu über 400 Labeln und Management-Standards. Suche nach Label, Kategorie, Bewertung oder Alphabet möglich.

● **nachhaltig-einkaufen.de**

www.nachhaltig-einkaufen.de
Verbraucher finden hier Informationen darüber, welche Auswirkungen Konsumentscheidungen auf Mensch und Umwelt haben, und erhalten praktische Tipps, wie sie ihren Einkauf nachhaltiger gestalten können. Ergebnisse einer bundesweiten Befragung zeigen, wie nachhaltig Einzelhandelsunternehmen in Deutschland sind. **(Siehe Abbildung)**

Öko-Test
verlag@oekotest.de

www.oekotest.de
Alle Tests und Berichte aus den Öko-Test-Magazinen, der Kompakt-Reihe, den Ratgebern und Jahrbüchern.

Stiftung Warentest
email@stiftung-warentest.de

www.test.de
test.de bietet Testergebnisse und Meldungen aus den Bereichen Technik, Gesundheit, Freizeit, Ernährung und Finanzen.

nachhaltig-einkaufen.de   **www.nachhaltig-einkaufen.de**

Anzeige

EINKAUFEN

Versandhäuser & Kaufhäuser

BADER
service@bader.de

www.bader.de
Attraktive Mode, trendige Uhren und Schmuck, aktuelle Multimedia- und Unterhaltungstechnik sowie Heim- und Haustextilien.

Baur Versand
service@baur.de

www.baur.de
Artikel aus den Kategorien Mode, Schuhe und Wohnen. Mit Wochenhighlights und tagesaktuellen Preisen.

Edeka24
edeka24@edeka.de

www.edeka24.de
Das Angebot von Lebensmitteln, Drogerie-Artikeln, Elektrogeräten, Bürobedarf und Getränken kann online bestellt werden.

Galeria Kaufhof
service@galeria-kaufhof.de

www.galeria-kaufhof.de
Breites Produktangebot aus den Bereichen Uhren, Schmuck, Spielwaren, Haushaltswaren oder Technik. Mit Filialfinder.

Karstadt
info@karstadt.de

www.karstadt.de
Artikel aus Mode, Multimedia, Sport und Spielwaren, Schmuck und Parfümerie, Haushalt und Elektro sowie Reisen und Wein.

Klingel
service@klingel.de

www.klingel.de
Damen- und Herrenmode, Schuhe, Schmuck, Wohnen und Haushalt sowie Schnäppchen.

Lidl
info@lidl-shop.de

www.lidl.de
Der Online-Shop der Discounterkette Lidl mit einem breiten und aktuellen Angebot von Non-Food Artikeln.

● **OTTO Online-Shop**
service@otto.de

www.otto.de
Online-Händler für Mode und Lifestyle mit einer großen Auswahl aus rund 3.500 Marken. Das Angebot umfasst Bekleidung für Damen, Herren und Kinder, Bademoden, Sportartikel, Schuhe, Multimedia, Haushaltswaren, Möbel und Einrichtungen für jeden Wohnbereich, Heimtextilien, Spielwaren und sogar Reisen.
(Siehe Abbildung)

OTTO Online-Shop   www.otto.de

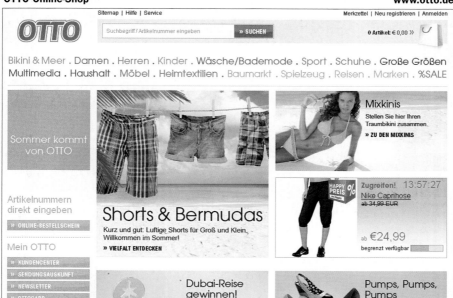

Anzeige

Pro-Idee
info@proidee.de

www.proidee.de
Produktideen aus den Bereichen Mode, Technik, Sport, Schmuck und Uhren, Garten, Wohnen, Gesundheit sowie Haushalt.

real,- Onlineshop
kundenservice@real-onlineshop.de

www.real-onlineshop.de
Elektronik, Sportartikel, Möbel, Spielwaren, Wellnessprodukte, Drogerie und Babykleidung mit Sonderangebote-Countdown.

Schwab Versand
service@schwab.de

www.schwab.de
Großes Sortiment an Damen-, Herren- und Kindermode, Schuhen, Bademode sowie Technik. Dazu Mode- und Stylingtipps.

Tchibo.de
service@tchibo.de

www.tchibo.de
Hier findet man die Tchibo-Themenwelten, Reisen, Kredite, Versicherungen, Mobilfunk, Blumen sowie Kaffee.

wenz
service@wenz.de

www.wenz.de
Aktuelle Modetrends, stilvolle Wohnideen, individuelle Accessoires und edler Schmuck.

Westfalia
info@westfalia.de

www.westfalia.de
Westfalia ist das Spezialversandhaus für Autozubehör, Elektronik, Haus und Garten, Heimtierbedarf, Landwirtschaft und Werkzeug.

Versandhäuser & Kaufhäuser/Internet-Kaufhäuser

Amazon.de

www.amazon.de
Händler für Medienprodukte und Unterhaltungselektronik, Produkte für Haus und Garten, Sport, Freizeit, Uhren und Schmuck.

Erlebnisladen
info@triway.de
☎(0800) 87 49 290

www.erlebnisladen.de
Beauty-, Trend-, Sport- und Ideen-Shop finden sich in dem Online-Kaufhaus „Erlebnisladen". Die Produktpalette reicht von Trends und aktuellen Artikeln aus der TV-Werbung über Sport- und Fitnessgeräte sämtlicher Markenhersteller bis hin zu Beauty- und Wellnessprodukten. **(Siehe Abbildung)**

Erlebnisladen   **www.erlebnisladen.de**

EINKAUFEN

Fossil
info@fossil.de

www.fossil.de
Uhren, Schmuck, Sonnenbrillen, Geldbörsen und Taschen für Damen und Herren.

Hitmeister

www.hitmeister.de
Internet-Marktplatz für Spiele, Filme, Bücher und Elektronik.

Landecht
info@landecht.de

www.landecht.de
Der Online-Shop für Land und Natur. Produkte aus den Bereichen Garten, Jagd, Forst, Agrar, Volksmusik und mehr.

meinpaket.de

www.meinpaket.de
Online-Marktplatz mit Artikeln aus den Bereichen Technik, Freizeit, Genießen, Haus und Garten.

rakuten
service@rakuten.de

www.rakuten.de
In dieser Shopping-Mall kann man Produkte von unterschiedlichen Shops in nur einem Bestellvorgang einkaufen.

relaxdays.de
support@relaxdays.de

www.relaxdays.de
Ein Online-Versandhaus mit Möbeln, Kochutensilien, Heimwerkerzubehör, Gartenaccessoires, Sportbedarf oder Schreibwaren.

Zahlungssysteme

● sofort.com
info@sofort.com

www.sofort.com
Mit sofortüberweisung zahlt der Käufer direkt mit dem eigenen Online-Banking Konto. Der Verkäufer erhält eine Echtzeitbestätigung und kann die Ware sofort versenden. Daneben bietet die Sofort Gruppe weitere Produkte wie sicheren Rechnungskauf, automatisierte Vorkasse und Lastschriftabwicklung an.
(Siehe Abbildung)

sofort.com   **www.sofort.com**

ClickandBuy
sales@clickandbuy.com

www.clickandbuy.com
„Firstgate click & buy" ist ein Internet-basiertes Zahlungssystem für das Bepreisen und Abrechnen von Internet-Inhalten.

GeldKarte im Internet
info@geldkarte.de

www.geldkarte.de
Alles Wissenswerte zur GeldKarte wie Laden und Bezahlen, Einsatzmöglichkeiten oder Akzeptanzstellen.

giropay
info@giropay.de

www.giropay.de
giropay ist ein Online-Verfahren zur Bezahlung von Waren und Dienstleistungen im Internet.

iclear
service@iclear.de

www.iclear.de
Bezahlungssystem auf Treuhand-Basis für beiderseitige Sicherheit im Online-Geschäft.

Infin
info@infin.de

www.infin.de
Online-Kasse für anonymes, wirtschaftliches Kassieren weltweit.

Novalnet AG
sales@novalnet.de

www.novalnet.de
Die Novalnet AG ist ein Zahlungsdienstleistungsinstitut, welches von der BaFin beaufsichtigt wird.

PayPal

www.paypal.de
Mit PayPal kann man die Einkäufe in vielen Online-Shops einfach, schnell und sicher bezahlen.

paysafecard.com
info@paysafecard.com

www.paysafecard.com
Hier erhält man Infos zu paysafecard, der Prepaid-Karte, mit der man einfach und unkompliziert im Internet bezahlen kann.

EINKAUFEN

EROTIK

Erotisches zur Nacht

Startseite • Autorensuche • Listings • Copyright • Impressum

Suchen nach …

Sie sind hier: Startseite

Erozuna - Erotische Geschichten

AUF DEN LEIB GESCHRIEBEN

Helmut Brandt

Didier Carré

Martin Boelt

- hier finden Sie alle Photographen und Graphiker
- hier finden Sie alle Lyriker
- hier finden Sie alle Bilder als Thumbnail

EROTISCHE GESCHICHTEN AUS DEM ARCHIV

Michael Stein

Gioias Unterrichtung

Die Geschichte mit Gioia hat sich, oder könnte sich so oder ähnlich ereignet haben. Zustande kam sie durch eine Anzeige, in der in einer sm orientierten Internetseite nach einem erotischen Schr...

Andrea Pfister

Anna ist zurück

Anna ist zurück Manche Ereignisse die man schon lange in einem zwischenzeitlich verstaubten Regal seines Gedächtnisses abgelegt hat und dort sicher aufgehoben wähnt, tauchen plötzlich und uner...

Brigitte Steger

Singapur

Bin ich froh, endlich aus meiner Uniform raus zu kommen. So sehr ich mich gefreut habe, wieder einmal nach Singa pur zu fliegen, an 14 Stunden Flugzeit werde ich mich wohl nie gewöhnen, auch we...

Erozuna

Sie möchten Ihre eigene erotische Geschichte auf Erozuna veröffentlichen?

Bücher von Erozuna

Ich bin ein Schwein

ist ein Erzählungsband mit erotischen Kriminal- und Gaunergeschichten. Hier erfahren Sie mehr.

weitere Bücher aus unserem Verlag

Nachts sind alle Katzen geil
Die Schokospalte
Porno Royal
Leck mich auf
Mir ist so heiß, Herr Doktor
MitteMörderMystery: Berlin Trilogie I
Keiner sagt: I love you: Berlin Trilogie II

www.erotische-blogs.de

erotische-blogs.de

Das Internet ist voll von niveaulosen Erotikseiten, da ist es nicht einfach, schöne und anregende Artikel zu finden. Das Verzeichnis für erotische Blogs hat sich zur Aufgabe gemacht, die niveauvollsten und interessantesten Blogs zusammenzustellen. Zwischen himmlischer Freude und teuflischer Lust gibt es hier zu allen Facetten der Erotik spannende Beiträge, die informieren, aufklären und inspirieren. In der Rubrik „Erotische Geschichten" erhält man Einblicke in die erotische Welt anderer Paare oder Singles sowie deren Fantasien und Erfahrungen. Nutzen Sie diese Anregungen, um den Alltag zu zweit wieder zu einem Abenteuer werden zu lassen!

www.nightbloom.de

Nightbloom.de

Liebe, Lust und Leidenschaft – dieses Blog veröffentlicht in unterschiedlichen Kategorien Artikel zum Thema Erotik. Leser finden hier neben Veranstaltungstipps wie Erotikmessen und heißen Events verschiedene Portraits über „Miss Tuning" oder das neue „Wiesn Playmate", anregende Wallpapers oder Testberichte über aufregende Sex-Spielzeuge. Dazu werden passende Online-Shops genau unter die Lupe genommen. Außerdem können Sie kuriose Artikel über das Nacktradeln für den Regenwald lesen oder herausfinden, welches Gemüse oder Obst helfen kann, Ihr Liebesleben aufzupeppen und wo neue Erotik-Apps wie Strip-Poker zu finden sind.

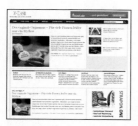

www.sex-mister.de

sex-mister.de

Es gibt viele Unterschiede zwischen Männern und Frauen, wenn es um die schönste Nebensache der Welt geht. Die hier zu lesenden, schön geschriebenen Beiträge helfen, Licht in das Dunkel zu bringen und informieren über alle Facetten rund um das Thema Sex. Niveauvoll und sinnlich wird beschrieben, wie man mehr Spaß zu zweit oder auch alleine haben kann. Beim Lesen der Kolumnen erhält man Anregungen und neue Ideen zu allen Spielarten der Liebe und Erotik und zur hohen Kunst der Verführung. Geben Sie sich Ihren Gefühlen hin, seien Sie offen für Neues und experimentieren Sie mit der Lust!

www.joyclub.de

JOYclub.de

JOYclub.de ist die große Community für stilvolle Erotik im deutschen Web, in der man Frauen, Männer und Paare zum gegenseitigen Kennenlernen finden kann. Das große Forum eignet sich wunderbar zum Erfahrungsaustausch mit anderen, wenn es um Fragen zu Lift-Sex, Body-Painting, Parkplatztreff oder Erotik-Kino geht. Egal ob hetero, bi, lesbisch oder schwul – hier finden Sie Anregungen zum Thema Beziehung und Sex, Tipps für Events, Swinger-Clubs und andere aufregende Locations. Wer auf High Heels, Nylon, Lack und Leder oder Tattoos und Piercings steht, wird sich in der Rubrik „Fetisch Friends" wohlfühlen!

Erotisches zur Nacht

www.erozuna.de

Wer am Ende eines langen, anstrengenden Arbeitstags noch nach etwas Abwechslung sucht, kann sich die Abendstunden mit einer erotischen Geschichte versüßen! Dieses Portal bietet seinen Usern über 1.350 deutschsprachige erotische Erzählungen zum Träumen. Doch nicht nur erotische Literatur, sondern auch ästhetische Videos, Fotografien und Hörbücher sind hier zu finden. Hören Sie sich die erotischen Geschichten an und tauchen Sie ein in eine neue fantasieanregende Welt! Hier erleben Sie erotische Kunst in all ihren Facetten, können aber auch selbst als Autor tätig werden und Ihre eigenen Geschichten veröffentlichen lassen.

Akt.de

www.akt.de

Freunde der Aktfotografie finden auf dieser Seite stilvolle und ästhetische Bilder. Das Forum hilft Künstlern und Aktmodellen, neue Kontakte zu knüpfen und gibt Gelegenheit, eigene Werke auszustellen. Beim virtuellen Rundgang durch die Galerie gibt es viele erotische Fotografien sowie Malereien und Zeichnungen zu bestaunen, über die man sich später mit Fotografen, Kennern und Interessierten austauschen kann. Auch männliche Modelle zeigen viel nackte Haut, aber immer geschmackvoll und ansprechend. Wer hier noch nicht genug gesehen hat, kann weitere Ausstellungen über die umfangreiche Link-Liste besuchen.

Classic Nude Galleries

www.gallery-of-nudes.com

Die Aktfotografie der etwas anderen Art! Hier vereinen sich Erotik und Kunst zu unvergleichlichen Aufnahmen internationaler Fotografen und Künstler. Die Idee dahinter war, Künstlern eine Plattform für anspruchsvolle Aktfotografie zu bieten. Sie müssen kein Profi sein, denn Nachwuchstalente sind hier genauso gern gesehen. Die Seite bietet Bilder von Paaren, Porträts sowie kunstvoll verfremdete Aktfotos und richtet sich an Künstler oder Liebhaber anspruchsvoller Erotikfotografie. Lassen Sie sich in eine Welt aus Erotik und Kunst entführen und entdecken Sie sinnliche, anspruchsvolle Bilder, die die Schönheit menschlicher Körper in Szene setzen!

Sextra

www.sextra.de

Was passiert beim Orgasmus? Kann man beim Baden schwanger werden? Macht onanieren impotent? Pubertierende wissen heute viel über Sex und Liebe und haben doch tausend Fragen, die beantwortet werden wollen. Die Online-Beratung von Pro Familia wendet sich speziell an Jugendliche mit Fragen rund um Sexualität, Partnerschaft, Verhütung und Schwangerschaft. Ob Pille, Spirale oder Diaphragma, in der Verhütungstabelle werden alle Mittel und Methoden der Empfängniskontrolle erklärt und deren Vor- und Nachteile aufgezeigt. Auch Erwachsene sind eingeladen, auf der virtuellen Couch Platz zu nehmen. Nur Mut, irgendwann ist es immer das erste Mal!

Erotikblogs

erosa
kontakt@erosa.de

www.erosa.de
Erotikportal mit stilvollen erotischen Links, Anbietern und Shops sowie Blog.

erotische-blogs.de
info@erotische-blogs.de

www.erotische-blogs.de
Verzeichnis mit verschiedenen Erotik- und Sexblogs mit allen aktuellen Beiträgen der Erotik-Blogosphäre auf einen Blick.

Lustgespinst
info@lustgespinst.de

www.lustgespinst.de
Erotische Geschichten und Neuigkeiten aus der Welt der Liebe, Lust und Leidenschaft.

Nightbloom.de
infoin@nightbloom.de

www.nightbloom.de
Erotikblog mit interessanten Artikeln über Erotik, Sex, die Erotikindustrie und Sextoys.

sex-mister.de
info@sex-mister.de

www.sex-mister.de
Niveauvolle Artikel zu Sex und Erotik.

Erotikfilme

Blitz-Illu
webmaster@coupe.de

www.blitz-illu.de
Hier kann man Filme auf den Rechner laden und bereits beim Download ansehen.

● **Filmundo: Erotikfilme & Auktionen**
xmail@filmundo.de

erotik.filmundo.de
In der Erotiksektion von Filmundo kann man Erotikfilme aller Art als Blu-rays bzw. DVDs kaufen oder selbst Videos anbieten und verkaufen. Zudem steht eine Filmdatenbank zur Verfügung, in der man nach Kategorien sortiert nach Filmen recherchieren kann. Für FSK-18-Rubriken ist ein Altersnachweis nötig.
(Siehe Abbildung)

Filmundo: Erotikfilme & Auktionen **erotik.filmundo.de**

bluvista.tv
service@bluvista.tv

www.bluvista.tv
Erotische Videothek im Internet mit über 1.500 Filmen als Stream oder Download.

CoupeVideo.de
helpdesk@imckg.de

www.coupevideo.de
Die erotische Videothek im Netz: Über 4.600 Filme können direkt heruntergeladen werden.

Praline Videos
online@imckg.de

www.praline-videos.de
Erotik-Online-Videothek mit über 10.000 Filmen in Spielfilmlänge zum Sofortsehen mit täglichen Neuerscheinungen.

Erotikforen & Erotik-Communitys

● **JOYclub.de**
webmaster@joyclub.de

www.joyclub.de
JOYclub.de ist das beliebteste deutsche Forum rund um Sex und Erotik. Hier treffen Sie über 1 Million aufgeschlossene Frauen, Männer und Paare zum gegenseitigen Kennenlernen, Austauschen und Verabreden rund um die schönste Nebensache der Welt. Einfach nur schauen oder aktiv dabei sein, jeder wie er möchte. **(Siehe Abbildung)**

sexforum.tv

www.sexforum.tv
Diskussionen zu Liebe, Sex, Rollenspiele, FKK, Gesundheit und Verhütung.

Erotikgeschichten

erotische-geschichten.biz

www.erotische-geschichten.biz
Geschichten zu Liebe und Leidenschaft. Vorstellung erotischer Literatur.

Erotisches zur Nacht
erozuna@t-online.de

www.erozuna.de
Anspruchsvolle erotische Kunst und Literatur: Künstler und Autoren präsentieren sinnliche Geschichten und Bilder.

JOYclub.de   **www.joyclub.de**

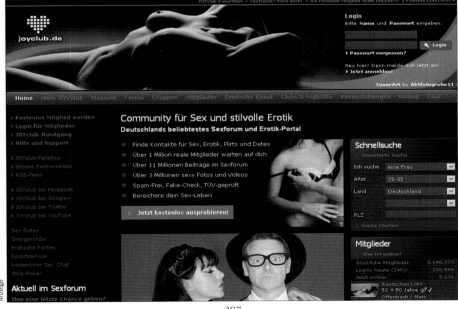

EROTIK

Erotikkunst/Aktfotografie

Akt.de
info@akt.de

www.akt.de
Akt.de ist eine Community und Galerie für stilvolle Aktfotografie mit angeschlossenem Branchenverzeichnis.

Classic Nude Galleries

www.gallery-of-nudes.com
Große englischsprachige Online-Galerie mit über 163 internationalen Fotografen und weit über 2.500 Aktfotografien.

Erotik-Online-Magazine

sex-tipps.net
webmaster@powerbasis.de

www.sex-tipps.net
Der Erotikratgeber bietet Sextipps und Sextricks.

Erotikversand

Beate Uhse
info@beate-uhse.com

shop.beate-uhse.de
Alles, was die Liebe schöner und aufregender macht. Die aktuelle Kollektion des Beate-Uhse-Sortiments.

diskret-bitte.de
kontakt@diskret-bitte.de

www.diskret-bitte.de
Vibratoren, Dildos, Sexspielzeug für Sie, für Ihn und für Paare, Gleitmittel, Kondome und Dessous.

Sabasin
lustmittel@gmx.net

www.sabasin.com
Versand für Erotik- und Wellnessprodukte sowie Informatives wie das Eroskop, Lexikon der Lustmittel und erotische Bücher.

 verwoehndich.de
info@verwoehndich.de
☎(030) 9302 7608

www.verwoehndich.de
Der verwoehndich-Erotik-Shop bietet Singles und Paaren ein gut sortiertes Angebot an Erotikartikeln für aufregende Stunden. Vom Vibrator bis hin zu scharfen Dessous lädt der Shop zum ausgiebigen Stöbern ein. Bekannte Marken, guter Service und acht Jahre Erfahrung. **(Siehe Abbildung)**

verwoehndich.de   **www.verwoehndich.de**

einkaufserlebnis24
service@einkaufserlebnis24.de

www.einkaufserlebnis24.de
Online-Shop mit über 6.000 Erotikartikeln.

Eis.de
info@eis.de

www.eis.de
Großer Anbieter von Erotikprodukten mit einem vielfältigen Sortiment, das nationale und internationale Produkte umfasst.

Erodies
support@erodies.de

www.erodies.de
Eine große Auswahl an Erotik-Artikeln, Sex-Spielzeugen, sexy Dessous und Fetisch-Kleidung.

Matilda´s
kontakt@matildas.com

www.matildas.com
Sexy Toys und Accessoires für Sie und Ihn. Dildos, Vibratoren, Cock-Rings, Bondage und eine erotische Bibliothek.

my-Lovetoy.com
kontakt@my-lovetoy.com

www.my-lovetoy.com
Preisvergleich für die Suche nach Erotikartikeln mit Händler- und Herstellerberichten, Videos sowie Erfahrungsberichten.

RedStore
service@redstore.de

www.redstore.de
Sexspielzeug, erotische Dessous für den Mann und die Frau, Drogerieprodukte und erotische Partyspiele.

www.joycess.de
info@joycess.de

www.joycess.de
Erotik für alle Sinne: Liebesaccessoires, Love Toys, Dessous, Bücher, Massageöle, Körperpflege und erotische Spiele.

Hostessen, Dressmen & Begleitservice

● **LadyFever.de**
info@ladyfever.de

www.ladyfever.de
LadyFever.de ist eine erotische Suchmaschine, in der Escort-Agenturen, Escort Ladies und Callgirls ihre Dienstleistungen anbieten. Der Betreiber ermittelt regelmäßig die LadyFeverCharts und bietet zudem das kostenfreie LadyFeverMagazin und kostenpflichtige E-Books zum Download an. **(Siehe Abbildung)**

LadyFever.de   **www.ladyfever.de**

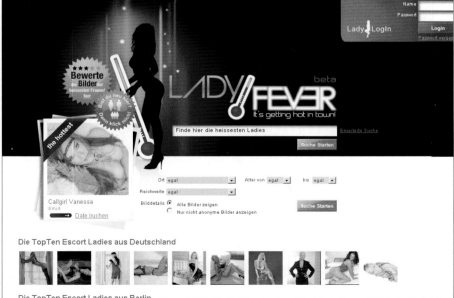

Anzeige

Ladies.de
info@ladies.de

www.ladies.de
Die Erotik-Online-Zeitung. Erotische Kontakte mit Originalfotos und -videos: Hostessen, Escort, FKK-Clubs, Eroscenter.

Erotikzeitschriften

Coupé
webmaster@coupe.de

www.coupe.de
Der Coupé-Surfer kann sich die ganze heiße Themenvielfalt der jungen Illustrierten ansehen, viele tausend private Aktfotos.

Feigenblatt
redaktion@feigenblatt-magazin.de

www.feigenblatt-magazin.de
Das erotische Kulturmagazin für Frauen und Paare. Kurzgeschichten, Essays, Aktfotografien und aktuelle Rezensionen.

Kostenpflichtige Erotik-Angebote

● **FunDorado.com**
service@fundorado.com

www.fundorado.com
FunDorado.com – Deutschlands größtes Erotik Portal bietet Premium Erotik ab € 9,95 im Monat. Mit im Paket: Die heiße Cam Girl Flatrate mit hunderten sexy Live Cams 24 Stunden täglich, die unzensierte Community und eine riesige Erotik-Videothek. Der Vorteilscode WAB13 bringt zusätzlich 5 Gratistage. **(Siehe Abbildung)**

Küsse

Kuss, Der
gekuesst@gekuesst.de

www.gekuesst.de
Politisch und medizinisch, geografisch oder literarisch: Welche unterschiedlichen Kussformen es gibt, erfährt man hier.

FunDorado.com   **www.fundorado.com**

Liebeslexikon

● **lechzen.de**

www.lechzen.de
Dieses Lexikon beschäftigt sich mit der Welt der Liebe, Lust und Leidenschaft. **(Siehe Abbildung)**

Sadomasochismus

Lustschmerz
redaktion@lustschmerz.com

www.lustschmerz.com
Kostenloses Lifestyle-, Erotik- und Fetisch-Online-Magazin mit Artikeln, Storys, Fotografien und angeschlossener Community.

Selbstbefriedigung & Masturbation

lovetoytest.net

www.lovetoytest.net
Erotikratgeber zum Thema Masturbation: Infos und Tipps zur Selbstbefriedigung. Testberichte von Erwachsenenspielzeugen.

Schoener-onanieren.de
mail@schoener-onanieren.de

www.schoener-onanieren.de
Verschiedene Stellungen, Grifftechniken und weitere Tipps für Männer und Frauen.

Sexualberatung

pro familia
info@profamilia.de

www.profamilia.de
Familienplanung, Sexualpädagogik, -beratung, die Pille danach, Kurzprofile und Adressen der einzelnen Beratungsstellen.

Sextra

www.sextra.de
Beratung und Infos für Jugendliche und Erwachsene rund um Sexualität, Partnerschaft, Verhütung und Schwangerschaft.

lechzen.de **www.lechzen.de**

DAS SERIÖSE LEXIKON DER LIEBE UND DER EROTIK

Das Lechzen nach der wahren Bedeutung

Liebe, Lust und Leidenschaft – das sind die Themen, nach denen sich die Menschheit immer wieder verzehrt, die uns einfach nicht loslassen. Deshalb beschäftigt sich dieses Lexikon mit allen Themen rund um die **"Liebe, Erotik & Sex"**.

Lechzen.de ist informativ, humorvoll und manchmal auch kritisch. Und natürlich nicht perfekt. Für Anregungen sind wir daher immer dankbar.

» Startseite

Erotik-Lexikon

» alphabetisch
» Top 100
» Vertiefungen
» die Redaktion
» neue Einträge

Artikel zur Erotik

» Liebe, Erotik & Sex
» Über die Verführung
» Sich ausziehen

Das größte Erotik-Lexikon im WWW

Auf Lechzen.de findest Du das mit **über 3.300 Begriffen zur Zeit größte Erotik-Lexikon im Internet**. Hier kannst Du Erklärungen zu Begriffen aus der Themenwelt *"Liebe, Dating, Erotik & Sex"* nachschlagen. Wir haben die Stichwörter selbst recherchiert und formuliert, aber natürlich findest Du auch weiterführende Links zu informativen Quellen.

Der Einstieg ins Erotik-Lexikon:

Erotik

Sexwoerterbuch.info
reagieren@sexwoerterbuch.info

www.sexwoerterbuch.info
Infos und Erklärungen zu sämtlichen sexuellen Themen und Prak-tiken. Mit nützlichen Querverweisen und Tipps.

Swinger

augenweide.com
webmaster@augenweide.com

www.augenweide.com
Community für telefonisch geprüfte Paare, Treffpunkt und Anlauf-stelle für (Swinger-) Paare und Interessierte.

swingerclubs.com
info@swingerclubs.com

www.swingerclubs.com
Community für Swinger und Clubbetreiber. Mit Swinger-Suchma-schine, Forum und kostenlosen Kontaktanzeigen.

FREIZEIT & HOBBY

Mamilade Ausflugstipps

präsentiert von
Eltern.de

| Was? | > | 10178 Berlin | SUCHEN |

Wir haben für dich 1656 Tipps gefunden   Erweiterte Suche

| AUSFLUGSTIPPS | ESSEN | BÜCHER | TERMINE | GEWINNSPIEL |

NATUR & ABENTEUER

FLANIEREN AUF DER GREENWICHPROMENADE IN BERLIN-TEGEL

> Der CLIMB UP! - Kletterwald® in Klaistow
> CLIMB UP! - Kletterwald® in Strausberg
> Kleiner Spreewald-Park in Schöneiche bei Berlin
> Domäne Dahlem - Ein Bauernhof mitten in Berlin
> Kinderbauernhof "Roter Hof" in Strausberg

Alle Tipps zum Thema Natur & Abenteuer

ESSEN

RESTAURANT "GIRAFFE" IN BERLIN

> Restaurant "Köllnitzer Fischerstuben" bei Groß Schauen
> Josef Jakobs Spargelhof in Beelitz-Schäpe
> Westernrestaurant "Richtershorn am See" in Berlin
> BUNTE SCHOKOWELT BERLIN - SCHOKOCAFE
> Kindercafé Freund Blase in Berlin

Alle Tipps zum Thema Essen

MEISTGEKLICKTE ARTIKEL

> Sea Life Berlin und AquaDom
> Der Aquazoo in Düsseldorf
> LIMARE Familien- und Vitalbad Lindau
> Sea Life Konstanz
> Pippolino Indoorspielpark in Duisburg-Wedau

AKTUELLE TERMINE

> Asterix-Aussstellung im Weltkulturerbe Völklinger Hütte
01.05.2012 - 15.08.2012
> 50. Deutsch-Französisches Volksfest in Berlin 15.6.-15.7.2012
15.06.2012 - 15.07.2012
> Spießbratenfest in Idar-Oberstein
22.06.2012 - 26.06.2012
> Das Nienburger Scheibenschießen und Pelkartoffelessen
22.06.2012 - 27.06.2012
> Das Friesische Brauhaus Jever
24.06.2012 - 29.06.2012

Freizeitparks mit Hotel
3 Tage Familienurlaub ab € 99. Inklusive Freizeitpark-Eintritt!
Familien.Spar-mit.com/Freizeitparks

Australien Aktivitäten
Eine perfekte Australienreise. Touren, Karten, Videos, Infos.
www.WesternAustralia.com/de

Kindergeburtstag feiern
Ein unvergeßlicher Tag für Ihr Kind im Keramikmalstudio
www.madebyyou-frankfurt.de

Google -Anzeigen

ANMELDEN

Benutzername

••••••••••

Registrieren
Passwort vergessen?   LOG IN

LÄNDERAUSWAHL

WIR SUCHEN UNTERSÜTZUNG

Mamilade Ausflugstipps sucht eine/n Portalmanager/in!
JETZT BEWERBEN!

GEWINNSPIEL

Mamilade Ausflugstipps verlost einen Gutschen für vier Übernachtungen im Erlebnisreich BESI im Wert von 822 Euro! Jetzt mitmachen und mit etwas Glück gewinnen!
MITMACHEN

Kletterwald STEINAU
Kletterpark und Europaseilbahn 800 m lang

www.kostenlos-horoskop.de

kostenlos-Horoskop.de

Hier erfahren Sie, wie die Sterne für Sie stehen: Ob Beruf, Liebe, Freundschaft oder Gesundheit – die Tages-, Wochen- und Jahreshoroskope zeigen Ihnen, wie Sie jederzeit zur Höchstform auflaufen können, wann der richtige Zeitpunkt für eine berufliche Veränderung ist und welche unentdeckten Talente in Ihnen stecken. Mit dem Partnerhoroskop können Sie außerdem Ihr Liebesleben genauer unter die Lupe nehmen: Wie gut passen Stier und Löwe zueinander, wie kann ich frischen Wind in meine Beziehung bringen und wann ist der richtige Zeitpunkt für die Traumhochzeit? Hier finden Sie auf jede Frage ausführliche und humorvolle Antworten.

www.wawerko.de

Wawerko.de

In dieser Community wird gebastelt, genäht, getüftelt, gekocht, gehämmert und noch sehr viel mehr. Wawerko.de ist ein Anleitungsportal für Bastler, Tüftler und Kreative aller Art. Jeder kann jedem etwas zeigen, indem er seine Anleitungen, Bilder und Videos hochlädt. Schritt für Schritt wird erklärt, wie der Tortellinisalat gelingt, wie man einen Autoreifen wechselt oder was man beim Bau eines Piratenschiffs beachten muss. Mit anschaulichen Bildern wird auch das schwierigste Bastelprojekt zum Kinderspiel. Nachdem man dann die Anleitung zum Ohrringebasteln oder Benzinsparen gelesen hat, bewertet man sie im Punktesystem.

www.mamilade.de

Mamilade Ausflugstipps

Für Eltern, die gerne etwas richtig Tolles mit ihren Kindern unternehmen wollen, gibt es jetzt die Lösung: Besuchen Sie einfach Mamilade und im Nu erhalten Sie mehr als 11.700 Freizeittipps deutschlandweit. Wandern Sie über Barfußpfade, erleben Sie den Geschwindigkeitsrausch auf Rodelbahnen, steigen Sie in Tropfsteinhöhlen, klettern Sie durch Wald-Hochseilgärten, tauchen Sie nach versunkenen Schätzen, machen Sie eine Dampferrundfahrt auf einem tollen Natursee, besuchen Sie Indianerdörfer oder lassen Sie sich auf einer Märchenburg verzaubern! Durch die vielen Freizeitideen bleibt kein Wochenende mehr langweilig.

www.promiflash.de

Promiflash

„Wusstest du, dass Angelina Jolies kleine Tochter neuerdings Extensions trägt?" Wer sich für den neusten Klatsch und Tratsch und die Skandale der Stars und Sternchen interessiert, wird auf promiflash.de immer aktuell informiert. Ob Promis aus Deutschland oder Hollywood – hier erfahren Sie, welcher Star neuerdings mit wem anbändelt, wer seinen Trennungsschmerz mit einem Friseurbesuch zu überwinden versucht und wer sogar mit einem Auftritt im Dschungelcamp liebäugelt. Außerdem können Sie selbst über den besten Song des Jahres, das Traumpaar bei Bauer sucht Frau oder die schönsten Herbst-Looks der Stars abstimmen.

www.hausgemacht.tv

hausgemacht.tv

Wer braucht schon Bäcker oder Handwerker, wenn man alles selbst in die Hand nehmen kann? hausgemacht.tv bietet praktische Videoanleitungen zum Selbermachen für Themen wie „Haus & Garten", „Essen & Trinken" oder „Urlaub & Freizeit". Das spart nicht nur Geld, sondern ist auch noch lehrreich! So kann man nachschauen, was man im Haus gegen Zugluft tun kann, wie man Starthilfe beim Auto gibt oder warum hausgemachte Kost immer noch die beste ist. Nutzerbewertungen runden das Angebot ab und zeigen, welche Tipps besonders hilfreich waren. Und wer sein Wissen mit der Gemeinschaft teilen will, der postet einfach selbst einen Beitrag.

www.giga.de

GIGA.de

Hier gibt es Nachrichten aus den Themenbereichen Technik, Games und Entertainment unter einem Dach: Wer sich für Apple und Android interessiert oder gerne in die Welt von Konsolenspielen, Browser-Games und Filmen abtaucht, ist auf giga.de goldrichtig. In hilfreichen Tutorials, Videos und Artikeln erfahren Sie, was zu tun ist, wenn Sie den Sperrcode für ihr iPhone vergessen haben, ob das Tablet von Acer besser abschneidet als das iPad, welches neue Playstation-Spiel sein Geld wert ist und welchen Kinofilm man nicht verpassen sollte. Wer eine ganz spezielle Frage hat, sollte nicht lange zögern und die große Community zu Rate ziehen.

www.fbparty.de

fbparty.de

Heute Abend noch nichts vor? Wer bei Facebook vergeblich nach einem Veranstaltungskalender für alle öffentlichen Partys sucht, wird bei fbparty. de fündig: Ob Neueröffnungen von Rock-Cafés, Straßenfeste, Lesungen oder sogar Proteste gegen Delfintötungen: Hier sind alle Veranstaltungen übersichtlich nach Städten mit Datum, Uhrzeit und der bisherigen Teilnehmerzahl aufgelistet. Mit einem Klick auf das gewünschte Event werden weitere Informationen, der Link zur Facebook-Eventseite, die Location und der genaue Standort in einem Stadtplan angezeigt. So entgeht Ihnen kein Event mehr und langweilige Abende vor dem Fernseher sind Vergangenheit!

www.binpartygeil.de

BinPartyGeil.de

Are you ready to party? Wer gerne tanzt oder mal so richtig abfeiern möchte, sollte unbedingt auf diese Seite gehen! Denn hier erfährst Du, wo und wann in Deiner Region der Bär steppt! Ob Discos, Bands oder Clubs – dank des umfangreichen Partyverzeichnisses verpasst Du kein Event mehr! Lust auf Schaumparty? Karaoke? Oder doch lieber Schlager? Mit Hilfe der Stichwortsuche findest Du schnell, was Du suchst. Dazu gibt es eine umfangreiche Fotogalerie mit den besten Party-Pics sowie eine große Community zum Chatten, Flirten und Daten. Wem für die Party das passende Outfit fehlt, wird vielleicht im Online-Shop fündig. Na dann – let's fetz!

Ahnenforschung & Genealogie

Ahnenforschung.net
info@genealogie-service.de

www.ahnenforschung.net
Hilfe bei der Ahnenforschung durch Links, Diskussionsforen, einen Genealogie-Shop, Anfängertipps und Wissensdatenbanken.

Ahnenforschungen
support@ahnenforschungen.de

www.ahnenforschungen.de
Der Link-Katalog für Ahnenforschung, Genealogie, Familienkunde, Geschichte, Wappen, Archive und Vereine.

ancestry.de
info@ancestry.de

www.ancestry.de
Online-Erstellung von Familienstammbäumen und Vernetzung zu Mitgliedern, die nach den gleichen Personen forschen.

familyone.de
info@familyone.de

www.familyone.de
Hier kann man kostenlos einen gemeinsamen Online-Familienbaum, Bilder und Erinnerungen mit der ganzen Familie teilen.

iGENEA
info@igenea.com

www.igenea.com
Mit einem DNA-Genealogie-Test erfährt man die Herkunft der Vorfahren und findet Verwandte auf der ganzen Welt.

myheritage.de
support@myheritage.com

www.myheritage.de
Kostenlosen Online-Stammbaum erstellen und mit der Familie in Kontakt bleiben.

Verein für Computergenealogie e. V.
compgen@genealogy.net

www.genealogy.net
Datenbanken für Ahnenforscher, ein Lexikon für Familienforscher zum Mitmachen und Links zu genealogischen Web-Seiten.

Astrologie & Horoskope

Astrologie.de
info@astrologie.de

www.astrologie.de
Infos zu Astrologie, Esoterik und Horoskopen. Außerdem Bücher zum Thema und Geschenkideen in der Rubrik „Shopping".

goastro.de
info@vasmedia.ch

www.goastro.de
Kostenlose Tages-, Wochen- und Monatshoroskope. Mit Mondkalender, Traumdeutung und dem Chinesischen Horoskop.

● **kostenlos-Horoskop.de**
info@kostenlos-horoskop.de

www.kostenlos-horoskop.de
Das Lifestyle-Magazin kostenlos-Horoskop.de ist keine „normale" Horoskop-Seite, sondern Astrologie mit Humor: mehr als 180 Horoskope; Tageshoroskop, Tagesform und Tagesbarometer, XXL-Monats- und Jahreshoroskop, Lebensthemen, Psychotests, Kurzkrimis, Chinesisches Horoskop und Feng Shui – 100% kostenlos.
(Siehe Abbildung)

Noé Astro
noe@noeastro.de

www.noeastro.de
Horoskope und individuelle, astrologische Analysen zu Persönlichkeit, Liebe, Partnerschaft und Beruf.

Astronomie

astroinfo
info@astronomie.info

www.astroinfo.org
Informationsservice für Amateurastronomen: Himmelnews, Sternenbilder, ein Astrolexikon, Finsternisse und Planeteninfos.

AstroLink.de
redaktion@cclive.net

www.astrolink.de
Link-Sammlung zum Thema Astronomie, mit Planetenkunde und Übersicht der Raumfahrtgeschichte von Apollo bis Voyager.

AstroNews
feedback@astronews.com

www.astronews.com
Der deutsche Online-Dienst für Astronomie, mit aktuellen Informationen aus Forschung und Raumfahrt.

Astronomie.de
webmaster@astronomie.com

www.astronomie.de
Infos zum Sonnensystem, Lexikon der Astronomie-Begriffe, Diskussionsforen, Bildergalerie, Termine und Hilfen für Einsteiger.

Google Mars

www.google.com/mars/
Man kann den Mars online betrachten. Man kann zwischen Profil-, Normal- und Infrarotsicht wählen.

Google Moon

www.google.com/moon
Eine Satellitenbild-Karte des Mondes. Auf dieser Seite kann man sich die Ziele der Apollo-Missionen ansehen.

Google Universum

sky.google.com
Zehntausende von Himmelsobjekten können betrachtet werden. Zu einigen Galaxien gibt es Zusatzinformationen.

Mars Society Deutschland e. V.

www.marssociety.de
Nachrichten, Infos und Links zum Thema Mars. Alles über die bemannte und unbemannte Erforschung dieses Planeten.

Raumfahrer.net
verein@raumfahrer.net

www.raumfahrer.net
Ausführliche Beschreibung aller Raumfahrtmissionen und aktuelle Meldungen zur Raumfahrt sowie der Astronomie.

Badeseen

Badesee-Temperaturen
service@donnerwetter.de

www.donnerwetter.de/badeseen
Anzeige der Wassertemperaturen deutscher Badeseen.

Seen.de
info@seen.de

www.seen.de
Freizeit- und Informationsportal zum Thema Seen in Deutschland. Mit Texten, Karten, Bildern und Videos zu über 1.900 Seen.

kostenlos-Horoskop.de

www.kostenlos-horoskop.de

Basteln & Handarbeiten

Bastelparadies, Das

www.basteln-gestalten.de
Anleitungen zum Basteln mit Papier oder Naturmaterialien und Anleitungen zum Geschenkeverpacken sowie Ausmalbilder.

Bastelspass24.de
service@bastelspass24.de
☎(09099) 921 633

www.bastelspass24.de
Bastler, Hobbykünstler und Floristen sind hier genau richtig. Hier findet man eine große Auswahl an Bastlerbedarf und Dekorationsartikel aus der Floristik von A - Z. Trendige Kreativideen und themenbezogene Dekorationen lassen sich durch viele Bastelanleitungen leicht verwirklichen. **(Siehe Abbildung)**

buttinette
service@buttinette.de

www.buttinette.de
Sortiment an Bastel-, Deko- und Handarbeitsartikeln sowie große Auswahl an Faschingsstoffen, Kostümen und Zubehör.

creadoo
info@creadoo.com

www.creadoo.com
Das große Portal zum Thema Hobby, Basteln und Handarbeiten bietet ausführliche Anleitungen rund ums Basteln.

creawalz Online-Shop
info@creawalz.de

www.creawalz.de
Artikel zur Schmuckherstellung, Künstlerfarben, Keilrahmen, Bastelpapier, Mosaiksets und Material zur Textilgestaltung.

Fadenversand.de
info@fadenversand.de
☎(02451) 95 28 87

www.fadenversand.de
Dieser Handarbeitsshop ist die erste Wahl für hochwertiges Handarbeitszubehör. Fäden, Garne, Kurzwaren und Handarbeitszubehör von Top-Marken wie Madeira, Gütermann, Amann, Mettler, Prym, Gold-Zack, Clover oder Vlieseline können online bestellt werden. Mit vielen Anleitungen und Filmen. **(Siehe Abbildung)**

idee. Creativmarkt
service@idee-shop.de

www.idee-shop.de
Ein breites Spektrum von über 12.000 Produkten rund ums Basteln.

Bastelspass24.de

www.bastelspass24.de

Junghans Wollversand
info@junghanswolle.de

www.junghanswolle.de
Tipps und Infos zum Stricken, Häkeln, Knüpfen, Sticken, Malen und Basteln sowie das nötige Zubehör.

nadelspiel.com
elizzza@elizzza.net

www.nadelspiel.com
Wer gerne strickt und häkelt, findet auf nadelspiel.com zahlreiche Video-Anleitungen sowie Strick- und Häkelmuster.

Opitec Hobbyfix
info.de@opitec.com

www.opitec.de
Über 15.000 Artikel rund ums kreative Gestalten in Freizeit, Schule, Kindergarten und pädagogischen Einrichtungen.

Origami Club

de.origami-club.com
Faltanleitungen für das Basteln von Papierfliegern, Tieren, Gegenständen oder Pflanzen aus einem Blatt Papier.

Wawerko.de
info@wawerko.de

www.wawerko.de
Bastelanleitungen, Bauanleitungen und Reparaturanleitungen für Heimwerker, Kreative und Bastler.

Brieffreundschaften

Letternet.de

www.letternet.de
Großer kostenloser Briefclub mit mehr als 600.000 jugendlichen und erwachsenen Mitgliedern weltweit aus über 140 Ländern.

Mailfriends.de
info@mailfriends.de

www.mailfriends.de
Hier suchen über 70.000 Mitglieder aus aller Welt Brief- und E-Mail-Freundschaften sowie Chat- und Freizeitkontakte.

Burgen, Festungen & Schlösser

Burgen und Schlösser
info@wielage.de

www.burgen-und-schloesser.net
Diese Seite bietet eine Entdeckungsreise durch deutsche Schlösser mit geschichtlichen und touristischen Informationen.

Fadenversand.de

www.fadenversand.de

burgen.de
redaktion@burgen.de

www.burgen.de
Burgen aus Deutschland, England und Schottland: Mit einem Veranstaltungskalender und Infos zu Feiern, Tagen und Wohnen.

Burgenstraße, Die
info@burgenstrasse.de

www.burgenstrasse.de
Touristische Informationen über die Burgen, Schlösser und Orte an der Burgenstraße von Mannheim nach Prag.

Burgenwelt
info@burgenwelt.de

www.burgenwelt.de
Mit über 3.800 ausführlichen Beschreibungen eine der umfangreichsten deutschsprachigen Web-Seiten über Burgen und Festungen.

Schlösser & Gärten
info@schenck-verlag.de

www.schencksreisefuehrer.de
Porträts von über 900 Schlössern und Burgen, Herrenhäusern, Gärten, Klöstern und Denkmälern in Deutschland.

Feste/Halloween

Horrorklinik
info@horrorklinik.de

www.horrorklinik.de
Artikel für Halloween: Gruselige Kostüme, Perücken, Schminke, Masken und schaurige Accessoires.

Itshalloweenagain.de
webmaster@itshalloweenagain.de

www.itshalloweenagain.de
Die Geschichte von Halloween, Kürbis-Schnitzvorlagen, Kostüme, Rezepte und Getränke.

Feste/Karneval & Fastnacht

Kamelle.de
kamelle@kamelle.de

www.kamelle.de
Die Karnevalsseite für Bonn und die Region: Termine, Bilder, Adressen von Vereinen, Liedertexte und Sprüche.

Kölle Alaaf
info@karneval.de

www.karneval.de
Geschichte des Kölner Karnevals, Links zu Vereinen, Karnevalsbegriffe und Karnevalstermine.

Mainzer Fastnacht
icon@info-mainz.de

www.mainzer-fastnacht.de
Termine und die Route des Rosenmontagsumzugs in Mainz. Links zu Vereinen und ein Lexikon mit närrischen Begriffen.

NarrenWiki
webnarr@narrenwiki.de

www.narrenwiki.de
Lexikon rund um die internationale närrische Brauchpflege. Erklärungen zu Ritualen, Figuren und Besonderheiten.

Feste/Karneval & Fastnacht/Kostüme & Masken

buttinette – Fasching & Karneval
service@buttinette.de

www.buttinette-fasching.de
Umfangreiches Sortiment an Faschingskostümen und Zubehör: Perücken, Hüte, Schminke und Bärte.

Horror-Shop.com
info@horror-shop.com

www.horror-shop.com
Viele Kostüme, Perücken und Masken für Halloween, Fasching und Karneval.

Karneval Megastore
info@karneval-megastore.de

www.karneval-megastore.de
Große Auswahl an Kostümen aller Art, Perücken, Masken und Schminke sowie Partyzubehör und Scherzartikel.

kostuemzauber.de
info@kostuemzauber.de

www.kostuemzauber.de
Kostüme für Karneval, Halloween oder Mottopartys. Übersichtlich nach Themen wie Steinzeit oder Superhelden sortiert.

maskworld.com
contact@maskworld.com

www.maskworld.com
Alles für die professionelle Verkleidung: Kostüme, Echthaarbärte, Masken, Kontaktlinsen, Make-up und Special-Effects.

Pavodo
service@pavodo.de

www.pavodo.de
Viele Qualitätskostüme, Hüte, Perücken und Verkleidungen sowohl für Kinder als auch für Erwachsene.

Feste/Muttertag

Muttertagsseiten.de

www.muttertagsseiten.de
Passende Gedichte, Verse und Sprüche, Geschenkideen zum Selbermachen oder Kaufen sowie Muttertagsrezepte.

Feste/Weihnachten

Adventman
info@adventman.de

www.adventman.de
Adventman bietet individuelle Adventskalender „wie selbstgemacht" sowie Produkte zum Befüllen.

Weihnachtsgottesdienste.de
redaktion@gottes-dienste.de

www.weihnachtsgottesdienste.de
In der Datenbank findet man Orte und Zeiten von Gottesdiensten an Weihnachten, wenn man an den Festtagen unterwegs ist.

Weihnachtsmarkt-Deutschland.de
redaktion@weihnachtsmarkt-deutschland.de

www.weihnachtsmarkt-deutschland.de
Portal zu schönen, traditionellen, romantischen, beliebten und außergewöhnlichen Weihnachtsmärkten in Deutschland.

● **Weihnachtsseiten.de**

www.weihnachtsseiten.de
Die Weihnachtsseiten bieten jede Menge Infos rund um die Weihnachtszeit von A wie Adventskranz bis Z wie Zimtsterne. Neben Wissenswertem zum Fest und zum Weihnachtsbrauchtum findet man hier auch leckere Weihnachtsrezepte, Geschenkideen, Gedichte und Geschichten rund um die besinnliche Zeit. **(Siehe Abbildung)**

FREIZEIT & HOBBY

Feste/Ostern

Ostergottesdienste
redaktion@gottes-dienste.de

www.ostergottesdienste.de
Wer unterwegs ist zu guten Freunden, findet in der Datenbank Orte und Zeiten von Gottesdiensten an den Ostertagen.

Osterseiten.de
info@feiertagsseiten.de

www.osterseiten.de
Auf den Osterseiten findet sich alles zum Thema Ostern von A wie Abendmahl bis Z wie Zuntltragen.

Feste/Pfingsten

Pfingstseiten.de

www.pfingstseiten.de
Informatives und Lustiges zu Pfingsten. Religiöser Hintergrund, Gedichte, Verse, Rezepte, Buchtipps, Bauern- und Wetterregeln.

Feste/Silvester

Silvestergruesse.de

www.silvestergruesse.de
Bedeutung und Brauchtum zu Silvester. Ursprung und Geschichte sowie Rezepte für das Silvestermenü.

Feuerwerk

pyroland
info@pyroland.de
☎(04266) 9555811

www.pyroland.de
Im Online-Shop kann man ganzjährig Pyrotechnik, Feuerwerkskörper und Silvesterartikel aller Art erwerben. Auch Bengalfeuer und Bühnenpyrotechnik, Partyfeuerwerk, Wunderkerzen, Fackeln, Konfetti und Knicklichter sowie Fontänen, Feuer- und Raucheffekte sind hier erhältlich. **(Siehe Abbildung)**

pyroland   **www.pyroland.de**

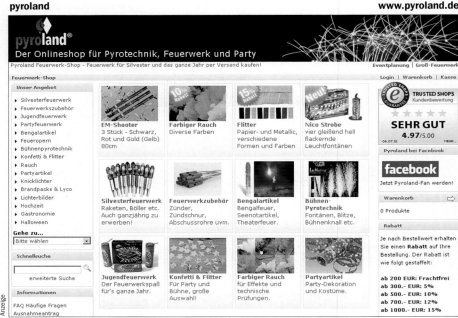

Feuerwerk Kalender
feuerwerk@feuerwerk-kalender.de

www.feuerwerk-kalender.de
Hier findet man Termine von Festen und Veranstaltungen sowie Highlights in ganz Deutschland für Feuerwerk-Begeisterte.

Feuerwerk.net
info@feuerwerk.net

www.feuerwerk.net
Informationsportal für Pyrotechniker und Fans mit Feuerwerkforum, Wiki sowie Video-, Literatur- und Silvester-Shop.

 pyroweb.de
info@pyroweb.de
☎(0371) 909 730

www.pyroweb.de
Paradies für alle Freunde des Feuerwerks und der Partyartikel. Angeboten wird Silvesterfeuerwerk, Bengalfeuer, Rauch- und Knallartikel sowie jede Menge Partyzubehör. Im Angebot findet sich ausschließlich sicherheitsgeprüftes Feuerwerk mit BAM-Nummer. Der Versand erfolgt ganzjährig an Privat und Gewerbe. **(Siehe Abbildung)**

Freizeitparks

Center Parcs
kundenservice@centerparcs.com

www.centerparcs.de
Center Parcs verfügt über insgesamt 14 schön gelegene Ferienparks in Deutschland, den Niederlanden, Belgien und Frankreich.

Parkscout.de
info@parkscout.de

www.parkscout.de
Freizeit-, Wasser- und Ferienparks in Deutschland, Europa und weltweit. Ausführliche Darstellung der Attraktionen.

Themenpark.de
info@themenpark.de

www.themenpark.de
Infos zu Freizeit- und Themenparks aus Deutschland, den Niederlanden und Belgien mit ausführlichem Online-Park-Guide.

pyroweb.de   www.pyroweb.de

Freizeittipps

● Familienfreizeit- und Generationenportal
kidsundco@email.de

www.kribbelbunt.de
Das Familienportal für die Regionen Sachsen und Thüringen hält viele spannende Informationen rund um die Themen Familie und Kinder bereit. Zudem findet man jede Menge aktueller Ausflugs- und Veranstaltungstipps für Unternehmungen mit Kindern wie etwa für Kindergeburtstage oder Familienausflüge. **(Siehe Abbildung)**

FamilienkulTour
redaktion@familienkultour.de

www.familienkultour.de
Familienkultour.de stellt ausgewählte Freizeitziele für Familien in Deutschland und dem benachbarten Ausland vor.

familion
team@familion.de

www.familion.de
Über 1.500 Freizeitideen für die Bereiche Badespaß, Kindergeburtstage, Natur, Abenteuer und Sport.

freizeitstars.de

www.freizeitstars.de
Mehr als 2.000 Ausflugsziele mit Porträts und Fotos: Museen, Schlösser, Erlebnisbäder, Freizeitparks, Zoos und Tierparks.

kultur-geniessen.de
Karin.schuster@kultur-geniessen.de

www.kultur-geniessen.de
Infos zu Festivals, Konzerten, Musicals, Theatern, Ausflügen, Museen und Ausstellungen in Nordrhein-Westfalen.

Mamilade Ausflugstipps
redaktion@mamilade.net

www.mamilade.de
Das Freizeitportal für Familien bietet viele Ideen und Anregungen, was Eltern und Kinder gemeinsam unternehmen können.

Grußkarten

Animaxx.de
info@schacks.de

www.animaxx.de
Etliche originelle Grußkarten, passend für jeden Anlass. Auch MMS können versendet werden.

Edgar Medien
edcards@edgar.de

www.edgar.de
Zahlreiche flash-animierte E-Cards, unterteilt in 13 Rubriken. Außerdem ein Online-Gastro-Führer für deutsche Städte.

familieneinladungen.de
service@familieneinladungen.de

www.familieneinladungen.de
Einladungs- und Grußkarten zu Geburt, Taufe, Kommunion und Konfirmation, Geburtstag, Hochzeit oder Jubiläen.

Grusskartenfreunde.de

www.grusskartenfreunde.de
Grußkarten für jeden Anlass direkt und einfach versenden. Aus vielen Motiven auswählen oder eigene kreieren.

Humor/Skurrile Web-Seiten

witzige-videos.com
cem.uzlu@gmail.com

www.witzige-videos.com
Lustige Videos und witzige Bilder aus dem Internet.

Humor/Witze

lustich.de
info@lustich.de

www.lustich.de
Witziges in Form von Texten, Bildern, MP3s, Videos, Powerpoints oder Online-Games. Zusätzlich auch ein Fan-Shop.

Witzcharts.de
webmaster@witzcharts.de

www.witzcharts.de
Gut sortierte Sammlung an Witzen mit Top-Charts, Zufallswitz, Stichwortsuche und der Möglichkeit, eigene Witze einzusenden.

Witze AG
info@witz-des-tages.de

www.witz-des-tages.de
Die Witze AG präsentiert fast 10.000 Witze in 46 Kategorien und bietet eine morgendliche Gratis-Witz-Mail per Newsletter.

Indianer

Indianer
annett@indianer.de

www.indianer.de
Umfangreiche Berichte über Indianer: Deren Küche und Geschichte, Weisheiten, Erziehung, Mythologien und Heilkräuter.

Indianerwww.de
h_stiebritz@web.de

www.indianerwww.de
Infos über Sitten, Bräuche, Lebensweise, Stämme, Häuptlinge, Sprachfamilien, Hochkulturen und Kriege der Indianer.

Welt der Indianer
info@welt-der-indianer.de

www.welt-der-indianer.de
Wissenswertes zur indianischen Geschichte, Kultur, Medizin, Legenden und Weisheiten sowie zur Sprache und Namensgebung.

Jagd

Waidversand
info@waidversand.de

www.waidversand.de
Jagdversand mit Ausrüstung für Jäger und Angler wie Bekleidung, Schuhe, Messer, Werkzeuge, Waffenzubehör und Rucksäcke.

Lotterien & Wetten

Deutscher Lotto und Toto Block
info@lotto-niedersachsen.de

www.lotto.de
Informations-Web-Seite des Deutschen Lotto und Toto Blocks.

Die Lottozahlen
lottoymailer@dielottozahleneu.net

www.dielottozahlende.net
Die Lottozahlen der Ziehung 6 aus 49 sowie die Ergebnisse der Klassenlotterien Spiel 77, Super 6 und Keno.

Mode & Modenschauen

anders-anziehen.blogspot.com

www.anders-anziehen.blogspot.com
Dieses Blog zeigt die Geschichten verschiedenster Menschen mit ihrer individuellen Art, sich zu kleiden.

Familienfreizeit- und Generationenportal

www.kribbelbunt.de

Anzeige

chuhchuh.de
info@chuhchuh.de

www.chuhchuh.de
Blog rund um ausgefallene Schuhe.

fabeau
kontakt@fabeau.de

www.fabeau.de
Business-News aus der Welt der Mode. Alles über Umsätze, Strategien, Kooperationen und Marktentwicklungen.

Fashion Insider
info@fashion-insider.de

www.fashion-insider.de
Modemagazin aus Berlin zu Modetrends, Designern und Models.

fashionfreax.net
info@fashionfreax.net

www.fashionfreax.net
Forum und Blog zu Mode, Fashion und Styling.

Keylooks.tv
redaktion@keylooks.tv

www.keylooks.tv
Modestrecken, Label-Videos, Interviews und Streetstyle-Videos. Die Looks aus den Videos können sofort online bestellt werden.

Les Mads
info@lesmads.de

www.lesmads.de
Täglich aktuelle Neuigkeiten über Mode, Models, Lifestyle, Musik und Fotografie.

Modeopfer110
info@modeopfer110.de

www.modeopfer110.de
Dieses Modeportal präsentiert die aktuellen Trends und porträtiert die angesagtesten Modelabels.

Modepilot
info@modepilot.de

www.modepilot.de
Fashion-Blog mit Informationen über Mode-News, Fashion-Shows, Promi-Outfits und Beauty-Produkte.

styleranking

www.styleranking.de
Die Community für modebewusste junge Menschen. Mitglieder können Fotos von Outfits hochladen und kommentieren.

stylr.de

www.stylr.de
Soziales Netzwerk für Stilfragen. Man kann seinen eigenen Kleidungsstil präsentieren und andere Stile kommentieren.

Vogue
feedback@vogue.de

www.vogue.de
Alle Themen rund um Mode, Modenschauen, Models und Modetrends von der Zeitschrift Vogue.

we are fashion

www.wearefashion.de
Die Seite berichtet über aktuelle Modetrends. Was trägt die Frau zu welcher Jahreszeit und womit kombiniert sie es.

Modellbau

graupner.de
info@graupner.de

www.graupner.de
Große Auswahl an innovativen Flugzeug-, Helikopter-, Schiffs- und Automodellen.

modellbau.härtle
modellbau@haertle.de
☎(08342) 98 395

www.haertle.de
Freunde des Modellbaus finden hier alles für ihr Hobby. Preisgünstiges Sortiment an Modelleisenbahnen, RC-Modellen, Miniaturen, Autorennbahnen bis hin zu Plastikmodellbausätzen. Jetzt Kennenlern-Gutschein in Höhe von 10,00 Euro nutzen: GS12Web – gültig ab einem Online-Einkaufswert von 75,00 Euro. **(Siehe Abbildung)**

moduni.de
info@moduni.de

www.moduni.de
Shop mit ca. 50.000 Artikeln aus allen Bereichen des Modellbaus.

RCforum.de

www.rcforum.de
In diesem Forum diskutieren Modellbauprofis über Modellautos, Flugmodelle, Helikoptermodelle und Schiffsmodelle.

RCLine Modellbau Forum
webmaster@rcline.de

www.rclineforum.de
Freunde des ferngesteuerten Modellbaus finden hier ein riesiges Forum um sich auszutauschen und fachzusimpeln.

RCM-Modellbau
info@rcm-modellbau.de

www.rcm-modellbau.de
Fachhändler für RC-Modellsport: Elektro- und Verbrenner-Cars, Fernsteuerungen sowie Tuning- und Ersatzteile.

Nähen

Dittrich Nähmaschinen
info@dittrich-naehmaschinen.de

www.dittrich-naehmaschinen.de
Nähmaschinen, Stickmaschinen, Overlock und Zubehör von baby lock, Bernina, Brother, Husqvarna, Pfaff, Singer und Toyota.

Nähmaschinen Center
service@naehmaschinen-center.de

www.naehmaschinen-center.de
Nähmaschinen, Overlock, Bügler und Zubehör.

Nähmaschinen Diederich
diederich-sg@naehmaschinen.com

www.naehmaschinen.com
Nähmaschinen, Stickmaschinen, Quiltmaschinen, Filzmaschinen und Sticksoftware.

Pfadfinder

Pfadfinder-treffpunkt.de
webmaster@pfadfinder-treffpunkt.de

www.pfadfinder-treffpunkt.de
Der Treffpunkt für alle Bünde und Stämme: Links zu den einzelnen Verbänden und ein Forum zum Austausch unter Pfadfindern.

Scout-o-Wiki

www.scout-o-wiki.de
Das Scout-o-Wiki ist eine Informationssammlung zum Thema Pfadfinder, an der jeder mitwirken kann.

Pokale & Medaillen

EuroMedaillen.de
info@em-pokale.de

www.euromedaillen.de
Fachhändler für Pokale und Medaillen, Auszeichnungstafeln und Schilder.

modellbau.härtle **www.haertle.de**

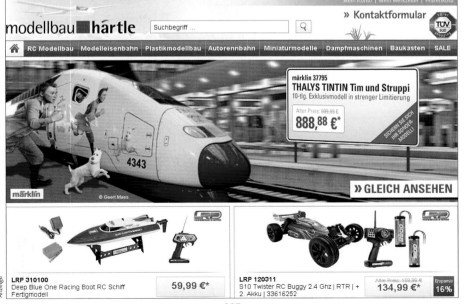

Pokale Brunk
info@pokale-brunk.de

www.pokale-brunk.de
Pokale, Urkunden, Medaillen, Siegerschleifen, Zinnartikel, Ehrentafeln sowie Schützenabzeichen und Orden.

pokale-pilsner.de
info@pokalecenter.com

www.pokale-pilsner.de
Spezialist für Pokale aus eigener Produktion und Vereinsbedarf.

pokal-fabrik.de
info@pokal-fabrik.de

www.pokal-fabrik.de
Pokale und Medaillen für viele Sportarten und andere Anlässe. Pokalzubehör, gravierte Geschenke und Scherzpokale.

Prominente, Stars & Biografien

Fan Lexikon
info@fan-lexikon.de

www.fan-lexikon.de
Das Portal bietet eine umfangreiche Auswahl an Biografien, Diskografien und Filmografien zu Stars und Sternchen aus dem Musik- und Showgeschäft, außerdem gibt es große Bildergalerien und Fanseitenverzeichnisse. Im Newsbereich findet man aktuelle Neuigkeiten aus der Welt der Stars und Promis. **(Siehe Abbildung)**

klatsch-tratsch.de
info@klatsch-tratsch.de

www.klatsch-tratsch.de
Was heute hier steht, steht morgen in der Zeitung. Klatsch und Tratsch über Stars aus der ganzen Welt.

Promi News
info@joinr.de

www.promipranger.de
Infos zu Prominenten mit Klatsch, Tratsch und News zu einzelnen Stars und Sternchen.

Promiflash
kontakt@promiflash.de

www.promiflash.de
Klatsch und Tratsch um Stars und Sternchen aus Film und Fernsehen, Mode und Gesellschaft.

Smash247
info@smash247.com

www.smash247.com
Videos, Bilder und News der großen Stars und Sternchen Hollywoods.

Fan Lexikon   **www.fan-lexikon.de**

top.de
info@top.de

www.top.de
Klatsch und Tratsch über Prominente und Stars. Mit Bewertungsfunktion für seinen Lieblingsstar.

Viviano
info@anovision.de

www.viviano.de
Hier bekommt man News und Bilder von den Stars und Sternchen. Mit Community und Infos zum allgemeinen Lifestyle.

WHO'S WHO
redaktion@whoswho.de

www.whoswho.de
Das WHO'S WHO listet Biografien international bedeutender Persönlichkeiten aus Geschichte und Gegenwart auf.

Rankings

ZEHN.DE
webmaster@zehn.de

www.zehn.de
Aktuelle Top-10-Listen, geschrieben von Experten für Motor, Digital, Lebensart, Unterhaltung, Sport und Geld.

Ratgeber

gutefrage.net
info@gutefrage.net

www.gutefrage.net
Auf dieser Seite bekommt man auf jede (ernst gemeinte) Frage
eine Antwort und lernt so vieles dazu.

hausgemacht.tv
kontakt@sevenoneintermedia.de

www.hausgemacht.tv
Videoratgeber für Bereiche von Essen und Trinken, Familie und
Wohnen über Sport und Fitness bis zu Recht und Gesetz.

● **RatGeberZentrale**
kontakt@ratgeberzentrale.de

www.ratgeberzentrale.de
Die Ratgeberzentrale bietet fundierte Tipps von Experten und
Fachjournalisten zu unterschiedlichsten Themen wie Bauen, Wohnen, Geld, Vorsorge, Gesundheit oder Reisetipps. Die Redaktion
beantwortet Fragen der Nutzer und verweist zudem auf weiterführende Informationen. **(Siehe Abbildung)**

RatGeberZentrale   **www.ratgeberzentrale.de**

MeinPlaner.com

www.meinplaner.com
MeinPlaner.com hilft bei der Planung von Umzügen, Urlaubsreisen und Geburten.

spotn.de
info@spotn.de

www.spotn.de
Ob witzig oder professionell, hier wird der Alltag anschaulich in Form von Kurzvideos erklärt.

Sammlungen/Autogramme

Autogramminsel.de
info@autogramminsel.de

www.autogramminsel.de
Hier findet man alles, was der Autogrammsammler sucht. Autogramme aus allen Bereichen sowie ca. 25.000 Autogrammadressen.

Markus Brandes Autographs
brandes@autogramme.com

www.brandesautographs.com
Professioneller An- und Verkauf von originalen Autogrammen aus den Bereichen Sport, Musik, Geschichte, Film und Models.

Sammlungen/Briefmarken

MICHEL
info@michel.de

www.briefmarken.de
Briefmarken, Münzen und mehr: MICHEL-Kataloge (Print und Online), Software, MICHEL-Rundschau, Zubehör und Community.

Philaforum.com
kontakt@philaforum.com

www.philaforum.com
Briefmarken-Diskussionsforum mit Kleinanzeigen und Veranstaltungshinweisen.

Philalex.de
philalex@sammelleidenschaft.de

www.philalex.de
Philatelie-Lexikon mit zahlreichen erläuterten Fachbegriffen, einem Wörterbuch, aktuellen Nachrichten und Buchtipps.

Mineralium.com

www.mineralium.com

Sammlungen/Mineralien & Fossilien

Fossilien.de
info@fossilien.de

www.fossilien.de
Online-Shop für Fossilien, Repliken und Rekonstruktionen, Bernstein und Ammoniten sowie Sammlungszubehör.

Mineralienatlas – Fossilienatlas
kontakt@mineralienatlas.de

www.mineralienatlas.de
Austauschplatz für Mineralien und Fossilien. Mit zahlreichen Fotos, nützlichen Tipps und umfangreicher User-Enzyklopädie.

 Mineralium.com
info@mineralium.com
☎(07664) 402 94 18

www.mineralium.com
Ausgesucht schöne Mineralien, Edelsteine und Kristalle für Liebhaber edler Steine. Außerdem nützliches Sammlerzubehör: vom Geologenhammer über Fachliteratur bis hin zu Laborbedarf wie UV-Lampen, Mikroskope und Geigerzähler. Neu jetzt auch: Trommelsteine, Handschmeichler und Edelsteinschmuck. **(Siehe Abbildung)**

Sammlungen/Münzen

Ma-Shops

www.ma-shops.com
Die Shop-Plattform für Sammler von Münzen, Banknoten und Medaillen.

Muenzauktion.com
service@muenzauktion.com

www.muenzauktion.com
Hier kann man bei Münzauktionen mitbieten: Münzen, Banknoten und Medaillen aus aller Welt, vom Altertum bis heute.

 **MDM Münzhandelsgesellschaft mbH & Co.
KG Deutsche Münze**
service@mdm.de
☎(0531) 205 666

www.mdm.de
Die MDM Münzhandelsgesellschaft mbH & Co. KG Deutsche Münze präsentiert auf ihrer Seite ein umfangreiches Sortiment an Münzen und Gedenkprägungen aus der gesamten Welt. Zudem werden aktuelle News und wichtige Hintergrundinformationen zu allen Sammelgebieten bereitgestellt. **(Siehe Abbildung)**

MDM Münzhandelsgesellschaft mbH & Co. KG Deutsche Münze   **www.mdm.de**

Muenzen.net
service@muenzenfachhandel.de

www.emuenzen.de
Im Deutschen Münzenforum findet man alles über Münzen: Eine Literaturliste rund um Münzen und ein Forum für Sammler.

Numismatikforum.de

www.numismatikforum.de
Das Forum für Münzfreunde. Diskussionen über Münzen verschiedener Zeitepochen und Länder.

Talero.de

talero.de
Online Auktion für Gold, Silber, Münzen und Medaillen. Jeder kann Münzen kaufen und verkaufen.

Saunen & Thermen

SaunaSauna.de
m.frenzel@saunasauna.de

www.saunasauna.de
Vorgestellt werden über 3.000 Saunen im deutschsprachigen Raum. Die Seite bietet Infos rund ums gesunde Saunieren.

Schatzsuche

Abenteuer Schatzsuche
info@abenteuer-schatzsuche.de

www.abenteuer-schatzsuche.de
Von der Ausrüstung bis hin zu den zehn Geboten der Schatzsuche, hier werden Schatzsucher gründlich informiert.

Goldsucher.de
info@andorf.de

www.goldsucher.de
Viele ausführliche Infos und Links für Gold- und Schatzsucher: Alles rund um die Ausrüstung, Gold und Schätze.

Schatzsucher.de
admin@schatzsucher.de

www.schatzsucher.de
Informationen rund um die Schatzsuche: Tipps zur Ausrüstung, Dokumentation und eine kleine „Höhlenethik".

Spiele/Allgemein

Ratgeberspiel
info@ratgeberspiel.de

www.ratgeberspiel.de
Informationen für Eltern und Erziehungsberechtigte zu Spielen aller Art sowie Spieletests und Anleitungen.

Spiel mit mir
michas-spielmitmir@gmx.de

www.michas-spielmitmir.de
Kritiken zu über 500 Gesellschaftsspielen und umfangreiche Übersicht für Brett- und Kartenspiele.

spielbox-online
barbara@nostheide.de

www.spielbox.de
News, Messeberichte, Neuheitenübersicht, Spieletipps, Veranstaltungskalender und Kleinanzeigen, Foren für Brettspieler.

SpieleWiki

www.spielewiki.org
Das Wiki widmet sich vor allem Gruppenspielen wie Ballspielen, Kennenlernspielen oder Geschicklichkeitsspielen.

Spielwiki
webmaster@spielwiki.de

www.spielwiki.de
Im Spielwiki findet man eine Enzyklopädie für Party-, Tanz- und Würfelspiele sowie Rätsel.

toys-for-all.de
services@toys-for-all.de

www.toys-for-all.de
Über 1.000 Geduldsspiele, Knobelspiele, Geschicklichkeitsspiele, Holzpuzzles, Würfel, Trickspiele und Brettspiele.

Spiele/Casinos & Spielbanken

ISA-GUIDE
info@isa-guide.de

www.isa-guide.de
Glücksspielnews, Glücksspielrecht, Infos zu Spielbanken und Casinos weltweit, Veranstaltungen, Spielregeln.

Spiele/Doppelkopf

Fuchstreff.de

www.fuchstreff.de
Der Fuchstreff ist eine gemütliche Doppelkopf-Community im Internet.

online-doppelkopf.com
webmaster@online-doppelkopf.com

www.online-doppelkopf.com
Lust auf das beliebte Kartenspiel? Hier kann man sich online mit anderen Spielern an einen Tisch setzen und messen.

Spiele/Freeware & Online-Spiele

7 Games
de@sevengamesinfo.com

www.sevengames.de
Großes Online-Spiele-Portal mit zahlreichen Klassikern des Genres. Man kann auch gegen Prominente antreten.

Bigpoint.com
support@bigpoint.de

www.bigpoint.com
Kostenlose Online-Games ohne Download sowie Community, Forum und Chat für einen regen Spieleraustausch.

Browser-Games.com
info@2bms.de

de.browser-games.com
Portal rund um Browsergames, Onlinespiele und MMORPG. Vorgestellt werden viele verschiedene Games, inklusive Bildern.

Browsergames.de
support@browsergames.de

www.browsergames.de
Community für Browser-, Flash- und Client-Spiele. Mit Spielebewertungen und -empfehlungen sowie einem Forum.

Browserspiele.de
kontakt@browserspiele.de

www.browserspiele.de
Spiele, die man direkt im Browser spielen kann, ohne sich ein Programm herunterzuladen. Mit umfangreichem News-Bereich.

buffed.de

www.buffed.de
Das Portal für Online-Spiele. News, Foren und Downloads für „World of Warcraft" und „Herr der Ringe".

CooleSpiele.com
mail@coolespiele.com

www.coolespiele.com
Online-Spiele nach Kategorien und Top-Listen sortiert.

Fettspielen.de

www.fettspielen.de
Spiele für jeden Geschmack.

GameDuell

www.gameduell.de
Hier kann man Online-Spiele wie Skat, Solitaire und Moorhuhn gegen reale Gegner und mit echtem Geldeinsatz spielen.

Gameforge
info@gameforge.de

www.gameforge.de
Portal für Online-Spiele, zum Download oder direkt im Browser zu spielen, ideal für Rollenspieler und Strategen.

Gamesload

www.gamesload.de
Gamesload bietet neben PC- und Casual-Games auch kostenlose Online- und Browser-Games, mobile Spiele und die Games Flatrate.

Jetztspielen.de
info@jetztspielen.de

www.jetztspielen.de
Online-Spiele in den Kategorien Sport, Aktion, Jump 'n' Run, Tiere, Denken, Gewandtheit und Spaß.

jumpjupiter.com
webmaster@spotsonfire.com

www.jumpjupiter.com
Jump 'n' Run Browser-Spiel mit über 100 Level, spielbar alleine oder im Team.

kostenlosspielen.net

www.kostenlosspielen.net
Kostenlose Online-Spiele: Flashgames, Browsergames und Downloadgames in allen Variationen und Genres.

mygame.com

www.mygame.com
Eigenes, persönliches Spiel erstellen oder die Spiele anderer Mitglieder spielen.

OnlyGame.de

www.onlygame.de
Über 500 kostenlose Flash-Spiele, die man direkt spielen kann und lustige Videos.

PlayIt-Online
mail@net-lix.de

www.playit-online.de
Sammlung kostenloser Online-Spiele in den Kategorien Action, Adventure, Denkspiele, Jump 'n' Run, Klassiker und Sport.

pogmog
info@gamegenetics.de

www.popmog.de
Ein Online-Spiele-Portal, das Browsergames, Communityfunktionen und Dienstleistungen für Spieleentwickler bietet.

Spielaffe.de
info@spielaffe.de

www.spielaffe.de
Die gut besuchte Flash-Spieleseite bietet kostenlose Online-Spiele für die ganze Familie.

spielen.com
info@spilgames.com

www.spielen.com
Spiele aller Art: Geschicklichkeits- und Denkspiele, Abenteuerspiele sowie Action-, Renn- und Kartenspiele.

Spielen.de
info@mediatrust.de

www.spielen.de
Kostenlose Online-Spiele: Karten-Spiele, Denk- und Geschicklichkeitsspiele aber auch Action-Games.

Spielesel.de

www.spielesel.de
Spielesel.de bietet ausschließlich Flash-Spiele, die Punkte speichern. So kann man sich mit Freunden messen.

Spielmit.com
info@spielmit.com

www.spielmit.com
Hier können die Spiele Solitaire, Bingo, Backgammon, Sketchmaster und Bob Game online gespielt werden.

Spielzwerg.de
info@spielzwerg.de

www.spielzwerg.de
Auf dieser Flash-Spieleseite findet man kostenlose Online-Spiele für Kinder bis zu einem Alter von sieben Jahren.

Tipp24Games.de
office@tipp24games.de

www.tipp24games.de
Sowohl kostenlose als auch kostenpflichtige Flash-Spiele, bei denen teilweise sogar Bargeldgewinne locken.

Travian
admin@travian.de

www.travian.de
Ein Browserspiel, in dem man in einer virtuellen Welt mit vielen tausend Spielern als Häuptling ein kleines Dorf regiert.

Zylom

www.zylom.de
Spieleportal mit Puzzles, Wort-, Action- und Kartenspielen. Sehr schöne Grafiken und hoher Spielspaß.

Spiele/Gewinnspiele

absahnen.de
info@absahnen.de

www.absahnen.de
Zahlreiche kostenlose Gewinnspiele, redaktionell gepflegt und geprüft. Aufteilung nach Kategorien und Gewinnspielart.

Gewinnspiele.com
kontakt@gewinnspiele.com

www.gewinnspiele.com
Eine Redaktion prüft und bewertet täglich die Gewinnspiele. Recherchemöglichkeit nach Themen oder Wert der Gewinne.

● **win4family.de**
kontakt@win4family.de

www.win4family.de
Win4family bietet jeden Tag ein neues Gewinnspiel. Ab Mitternacht kann man 24 Stunden lang Preise für die ganze Familie gewinnen. Die Gewinner werden wöchentlich gezogen. In der Vorschau sieht man, was man in den kommenden Tagen gewinnen kann und ein täglicher Newsletter informiert über die aktuellen Preise. **(Siehe Abbildung)**

Spiele/Handyspiele

eGames
info@bauerdigital.de

www.egames.de
Rezensionen vieler Spiele für iPad, iPhone, Nintendo DS, PSP und Android-Smartphones. Videos, Top 5 und Online-Spiele.

Handydownloads.net
info@handydownloads.net

www.handydownloads.net
Über 800 kostenlose Handyspiele zum Download und vieles mehr.

Siehe auch Kapitel Internet & Computer

Telekommunikation/iPhone, iPod, iPad & Apps

Spiele/PC & Video

4players.de
info@4players.de

www.4players.de
Spieleportal mit News, Redaktionsbewertungen, Berichten und Downloads zu PC-, Playstation-, Xbox- und GameCube-Spielen.

Game One
mail@gameone.de

www.gameone.de
Neuvorstellungen, Nachrichten und Reportagen aus der Welt des genreübergreifenden Gamings.

gamerhill.net
webmaster@gamerhill.net

www.gamerhill.net
Gamer-Community und Forum mit Game-Datenbank, aktuellen Release-Daten und einer Rangliste.

gameshop.de
kino@e-media.de

www.gameshop.de
Aktuelle Neuigkeiten aus der Games-Szene, mit Hintergründen, Kritiken, Daten und Terminen.

GIGA.de
info@giga.de

www.giga.de
Internet-Fernsehen und Nachrichten rund um Computerspiele und digitale Unterhaltung für PCs, alle Konsolen und Browser.

win4family.de   **www.win4family.de**

Krawall Gaming Network
feedback@krawall.de

www.krawall.de
Deutschlands ältestes Online-PC-Spielemagazin mit Tests, Vorschauen, Interviews, High-Speed-Downloads und Reportagen.

Looki
info@nextidea.de

www.looki.de
Deutschsprachiges Online-Entertainment-Portal mit den Themenbereichen PC- und Konsolenspiele, Handy, TV, Kino und Videos.

PC Games Hardware
info@computec.de

www.pcgameshardware.de
Die Seite des Computermagazins für PC-Spieler bietet Testberichte, Preisvergleiche, Downloads und eine Community.

xboxdynasty
support@xboxdynasty.org

www.xboxdynasty.de
Täglich aktuelle News, Artikel, Videos und Reviews rund um die Microsoft Xbox-360-Konsole.

Spiele/PC & Video/Cheats

Cheating.de
webmaster@cheating.de

www.cheating.de
Lösungen und Cheats zu vielen Spielen, ob auf PC oder Konsole. Alles, was das Zockerherz begehrt.

GameScan.de
webmaster@gamescan.de

www.gamescan.de
Suchmaschine, die andere Web-Seiten nach Cheats und Lösungen zu Computer- und Videospielen beinahe aller Systeme durchsucht.

Mogel-Power
info@mogelpower.de

www.mogelpower.de
Spielhilfen-Sammlung: Für PC, Konsolen und Handhelds werden Cheats und Lösungswege angeboten. Großes Diskussionsforum.

spieletipps.de
info@spieletipps.de

www.spieletipps.de
Cheats, Codes, Lösungen, Patches, Spieletests, Gewinnspiele, Downloads und Game-Charts.

Spiele/PC & Video/Zeitschriften

GamePro.de
post@gamepro.de

www.gamepro.de
Alles über Xbox 360, PS3, PSP, DS und Wii: Aktuelle News und Tests, Tipps und Videos.

GameStar
brief@gamestar.de

www.gamestar.de
Alles über PC-Spiele: Minütlich frische News, aktuelle Tests, Tipps, Videos, Demos, Patches und Mods.

PC Action.de
redaktion@pcaction.de

www.pcaction.de
Das monatliche Magazin für Action-Gamer berichtet über die Welt der PC-Spiele. Auch Demos und Videos zum Downloaden.

PC Games online
redaktion@pcgames.de

www.pcgames.de
Das Neueste aus der Welt der PC-Spiele: Heftinhalt der aktuellen Ausgabe, Charts, Hersteller- und Spieledatenbank.

Spiele/Puzzles

McPuzzle
service@mcpuzzle.de

www.mcpuzzle.de
Riesige Auswahl an Puzzles und Spielen für Kinder oder für Sammler, vom einfachen Spiel bis hin zum 18.000-teiligen Puzzle.

Puzzle.de
info@puzzle.de

www.puzzle.de
Spezial-Shop mit über 6.000 Puzzles aller Top-Marken, 3D-Puzzles, Triptychon, Pyramiden, Micro, Holzpuzzles und Zubehör.

Puzzle-Offensive.de
service@puzzle-offensive.de

www.puzzle-offensive.de
Hier finden Puzzle- und Knobelfreunde aktuelle Puzzlespiele aller Art von den verschiedensten namhaften Herstellern.

Puzzle-Online
info@puzzle-online.de

www.puzzle-online.de
Große Auswahl an Puzzles aus aller Welt, die nach Hersteller, Motiv oder Anzahl der Puzzleteile kategorisiert sind.

Spiele/Quiz

Six Break
info@thomas-becker-verlag.de

www.sixbreak.de
Ein von Spielern eigenständig erweitertes Online-Quiz, bei dem alle Fragen von den Usern selbst gestellt werden.

testedich.de
info@testedich.de

www.testedich.de
Von Sprach- und Intelligenztests über Persönlichkeits- und Liebestests bis hin zu Einstellungstests kann man hier alles üben.

Spiele/Rätsel

grauezelle.net
info@opendi.com

www.grauezelle.net
Die 400 Level des Rätsels sind eine Sammlung der schwierigsten Rätsel mit ständig steigenden Anforderungen.

kreuzwortraetsel.net

www.kreuzwortraetsel.net
Spiele-Portal mit Kreuzworträtseln, Online-Spielen, Galgenraten und humorvollen Inhalten.

Kreuzwortraetsellexikon.de

www.kreuzwortraetsellexikon.de
Lexikon mit Stichwortsuche für knifflige Kreuzworträtsel. Falls man die Lösung nicht findet, hilft der Chat weiter.

Rätsel + Denksport
post@raetselstunde.de

www.raetselstunde.de
Rätselseite mit über 3.000 Rätseln, wie z. B. Scherzfragen, Quiz, Denksportaufgaben, Streichholz- und Bilderrätseln.

Spiele/Skat

skat-online.com
info@skat-online.com

www.skat-online.com
Mehr als 200.000 Mitglieder aus über 40 Ländern. Täglich mehr als 90.000 Skatspiele. Im Standardbereich kostenlos.

Spiele/Sudoku

Sudoku-knacker.de
info@volberg.de

www.sudoku-knacker.de
100.000 Sudoku-Rätsel kostenlos online spielen oder einfach ausdrucken. Es gibt fünf Schwierigkeitsstufen.

Spiritualität/Traumdeutung

Traumdeutung
renategerdakoch@yahoo.de

www.deutung.com
Umfangreiches Lexikon zur Traumarbeit mit über 3.000 Traumsymbolen und Deutungen sowie ein Traumdeutungs-Assistent.

Traumentschluesselung.de
institut.fuer@traumentschluesselung.de

www.traumentschluesselung.de
Entschlüsselung von Traumsymbolen und Traumsituationen. Traumdeutungsseminare und telefonische Beratung.

Tattoo & Piercing

Tattoo-Bewertung.de
post@tattoo-bewertung.de

www.tattoo-bewertung.de
Über 25.000 echte Tattoo-Fotos von Community-Mitgliedern, die man auch bewerten kann.

Tattooscout.de
info@tattooscout.de

www.tattooscout.de
Die große Tattoo-Community: Ein Forum mit den Themen Motive, Tattoo-Pflege, Piercing und ein Verzeichnis mit Tattoo-Studios.

Tiere/Allgemein

dashaustierforum.de
webmaster@dashaustierforum.de

www.dashaustierforum.de
Forum für Haustierbesitzer. Hier kann man sich über Ernährung, Gesundheit, Rassen und Haltung von Haustieren austauschen.

DeineTierwelt.de
info@deine-tierwelt.de

www.deine-tierwelt.de
Großer Tiermarkt, Infos und Ratschläge für alle Haustiere: Ernährung, Pflege, Haltung, Medizin und Erziehung.

hallotiere.de
info@hallotiere.de

www.hallotiere.de
Auf hallotiere.de finden Tiere ein neues Zuhause. Neben der Tiervermittlung gibt es Angebote zu Tierfutter und -zubehör.

Haustier112
info@haustier112.de

www.haustier112.de
Für alle Tierhalter ein hilfreicher bundesweiter Service: bei Unfall, Krankheit und Unvorhergesehenem wird geholfen.

Haustiere.de
welcome@vipex.de

www.haustiere.de
Großes Forum für folgende Tierarten: Hunde, Katzen, Nagetiere, Vögel, Fische, Pferde, Reptilien und Amphibien.

Lindermanns Tierwelt
lindermanns_tierwelt@hotmail.de

www.lindermanns-tierwelt.de
Ein Online-Magazin und Marktplatz mit täglich neuen Artikeln und Aktionen rund um Katzen, Hunde und Kleintiere.

mainzoo.de
info@mainzoo.de

www.mainzoo.de
Online-Shop für Haustierbedarf. Hochwertige Markenprodukte für Hunde, Katzen, Vögel, Reptilien, Aquaristik und Pferde.

Snautz.de
mail@snautz.de

www.snautz.de
Großes Portal für kostenlose Inserate, um Hunde und Katzen zu kaufen oder zu verkaufen.

tierangebote24.de
info@tierangebote24.de

www.tierangebote24.de
Günstiger und aktueller Tierbedarf wie Spezialfutter, Spielzeug, Geschenkideen und anderes Zubehör für Hunde und Katzen.

Vivatier
info@vivatier.com

www.vivatier.com
Haustier-Community, auf der Tierfreunde ihre liebsten Haustiere kostenlos präsentieren können.

Zooclub.de
service@zooplus.de

www.zooclub.de
Hier kann man seine Haustiere vorstellen und virtuelle Leckerlis verteilen.

zookonsum
info@zookonsum.de

www.zookonsum.de
Angebote für Süßwasseraquaristik, Nanoaquaristik, Terraristik sowie Tierartikel für Hund, Katze, Kleintier und Vogel.

Aquaristic.net
info@aquaristic.net
☎(08333) 925 255

www.aquaristic.net
Im Online-Shop für Aquaristik finden sowohl Anfänger als auch Profis in über 8.500 Artikeln alles für die perfekte Aquarium-einrichtung und -pflege. Neben dem Standartsortiment gibt es auch viele exklusive Produkte zum Beispiel aus den USA. Mit dem attraktiven Bonusprogramm kann man zusätzlich sparen. **(Siehe Abbildung)**

Aquaristik Shop
info@aquaristikshop.com
☎(03771) 25 43 0

www.aquaristikshop.de
Versand von Aquarien, Aquarienkombinationen, Technik, Futter und Wasserpflanzen. Außerdem gibt es wechselnde Sonderan-gebote und Geschenkgutscheine. Umfassendes Sortiment mit mehr als 6.000 Artikeln namhafter Hersteller rund um die Aqua-ristik. Alles für das erfolgreiche Süß- oder Meerwasser-Aquarium. **(Siehe Abbildung)**

Aquaristik Shop
info@shop-aquaristik.com

www.shop-aquaristik.com
Eine große Produktvielfalt in den Bereichen Aquaristik und Terra-ristik. Auch Futter für Süßwasser- und Salzwasserfische.

Aquaristika Wirbellosen-Shop
service@aquaristika.de

www.aquaristika.de
Ein Shop rund um wirbellose Tiere: Urzeitkrebse, Garnelen, Kreb-se, Schnecken und Zubehör.

Aquaristik-Live.de

www.aquaristik-live.de
Großes Forum für Aquaristik-Fans. Außerdem ein Aquarium-Ratge-ber und ein Zierfisch-Lexikon.

Koi und Pflege
info@koi-siegen.de

www.koi-siegen.de
Produkte zur richtigen Haltung und Pflege von Koifischen können hier bestellt werden.

Aquaristic.net   **www.aquaristic.net**

mein-aquarium.com

www.mein-aquarium.com
Zierfischverzeichnis mit vielen Infos rund um die Haltung und
Zucht dieser Fische.

zoomoo-aquaristik.de
info@zoomoo-aquaristik.de

www.zoomoo-aquaristik.de
Vielfältiges Sortiment mit Produkte namhafter Hersteller rund um
Aquaristik, Terrarist und den Gartenteich.

Tiere/Insekten/Ameisen & Käfer

arthropods.de

www.arthropods.de
Geschichten aus dem Leben der Krabbeltiere wie Bienen, Fliegen,
Käfer und Schmetterlinge, illustriert mit tollen Fotos.

Insektenbox.de
webmaster@insektenbox.de

www.insektenbox.de
Fotos und Angaben zur Lebensweise von über 1.000 Insektenar-
ten, die in Mitteleuropa zu Hause sind.

Tiere/Katzen

catSpot.de
mail@creativespot.de

www.catspot.de
Katzenfreunde und -besitzer können sich hier mit Gleichsinnten
austauschen. Mit Bildergalerie und Videos.

Geliebte Katze

www.geliebte-katze.de
Aktuelle Themen und Specials rund um die Katze: Informationen
zur Tierhaltung sowie Porträts verschiedener Katzenrassen.

Katzen Forum
webmaster@katzen-forum.net

www.katzen-forum.net
Forum für Katzenbesitzer. Von der Anschaffung, über die Erziehung bis hin zu Expertentipps findet man hier Rat.

Tiere/Hunde

● **alsa-hundewelt**
info@alsa-hundewelt.de
☎(04928) 9 11 40

www.alsa-hundewelt.de
Bei alsa-hundewelt findet man ein umfangreiches Angebot an Produkten für den Hund: Futter, Pflegeartikel, Leinen, Spielzeug, Erziehungshilfen, Liegeplätze, Bekleidung und Literatur. Mit Online-Blätter-Katalog, Schnäppchenrubrik, Angebot des Tages und dem versandkostenfreien Futter-Abo. **(Siehe Abbildung)**

Bellfidel
support@bellfidel.de

www.bellfidel.de
Eine große Auswahl an Produkten für den treuen Freund des Menschen. Pflegezubehör, Halsbänder, Näpfe oder Transportboxen.

DogForum.de
redaktion@dogforum.de

www.dogforum.de
Informative Seite rund um den vierbeinigen Familienanschluss. Im übersichtlich gestalteten Forum geben Tierärzte, Tierheilpraktiker, Hundeausbilder und Hundebesitzer kompetent Auskunft auf alle Fragen. Registrierten Mitgliedern stehen zudem weitere exklusive Bereiche zur Verfügung.

dog-living
info@dog-living.de

www.dog-living.de
Für den Liebling auf vier Pfoten gibt es hier eine Auswahl an Näpfen, Sofas, Decken, Halsbändern und Hundeleinen.

DOGS today

www.dogstoday.de
Trendige und kompetente Informationen für den modernen Hundehalter, der nicht für, sondern mit seinem Hund lebt.

dogSpot.de
mail@creativespot.de

www.dogspot.de
Für Hund und Herrchen: Eine Community mit großer Bildergalerie, Gesundheits- und Pflegetipps und jeder Menge Themenblogs.

Dog-Toy.de
info@dog-toy.de

www.dog-toy.de
Online-Shop für Artikel rund um den Hund: Hundefrisbee, intelligentes Spielzeug, Clicker, Futtertuben und Hundefutter.

Hund im Erfahrungsaustausch, Der
info@polar-chat.de

www.polar-chat.de
Wissenswerte Informationen über Hunde. Mit Wissensdatenbank, Hunde-News, Hundeforum, Hundefotos und Web-Katalog.

Hundeerziehung online
redaktion@hundeerziehung-online.com

www.hundeerziehung-online.com
Portal zur Hundeerziehung, in dem Experten Tipps und Tricks verraten.

hundeland.de

www.hundeland.de
Hunde finden hier Trockenfutter, Nassfutter, Hundesnacks, Futterzusätze, Hundezubehör und Hundepflegeprodukte.

Hundeshop.de
info@tierfreunde-shop.de

www.hundeshop.de
Hund- und Outdoor-Zubehör, Halsbänder, Hundeleinen, Hundebedarf, Outdoorbekleidung.

Partner Hund

www.partner-hund.de
Magazin für Hundefreunde mit einem großen Service- und Praxisteil sowie Infos zu Gesundheit, Ernährung und Erziehung.

Tiere/Nagetiere

Meerschweinchen Ratgeber
info@schweinchenwelt.de

www.meerschweinchen-ratgeber.de
Der Meerschweinchen Ratgeber informiert über die verschiedenen Themenbereichen der Meerschweinchenhaltung.

Nager Info
info@nager-info.de

www.nager-info.de
Umfassende Informationen zur Haltung von Nagern und Kaninchen.

Tiere/Pferde

ehorses support@ehorses.de	**www.ehorses.de** Pferdemarkt mit über 18.000 Pferden. Die detaillierte Suche hilft, das passende Pferd zu finden.
HorseBase info@horsebase.de	**www.horsebase.de** Ein Marktplatz für Pferde, Pferdedeckung, Sättel, Bekleidung und Zubehör, Kutschen, Reitferien und Stallplätze.
Mein-Pferdeforum.de info@imwt.de	**www.mein-pferdeforum.de** Forum zu den Themen: Reiten, Pferde-Gesundheit, Pflege, Haltung, Bodenarbeit, Ausrüstung, Rassen und Reitbeteiligung.
Pferdeforum info@ingelmannmedia.de	**www.pferdeforum.com** Neben dem Forum gibt es auch einen Marktplatz für Reiterbedarf, einen Pferdemarkt und Reitbeteiligungen.
Pferdekauf-Online	**www.pferdekauf-online.de** Aktuelle Pferdeangebote, die nach Eignung, Rasse, Standort, Geschlecht oder Farbe des Pferdes durchsucht werden können.
Reitforum.de	**www.reitforum.de** Reitforum mit den folgenden Themen: Haltung, Ausrüstung und Pflege von Pferden, Krankheiten, Fütterung und Pferderassen.
STALL-FREI.de info@stall-frei.de	**www.stall-frei.de** Reitsportverzeichnis für Reitanlagen, Reitbeteiligungen, Pferde zum Verkauf, Weiden und Dienstleistungen.
Siehe auch Kapitel Sport	**Pferdesport**

Freizeit & Hobby

Tiere/Reptilien & Amphibien

Zierschildkröte.de
fragen@pseudemys.de

www.zierschildkroete.de
Informationen zur artgerechten Haltung von Wasserschildkröten:
Unterbringung, Beleuchtung, Ernährung und Überwinterung.

Tiere/Tierärzte

Tierärzte-Verzeichnis
info@tierarzt.org

www.tierarzt.org
Suche nach Veterinären oder Spezialisten in bestimmten Fachdisziplinen der Tiermedizin.

Tiere/Tierbedarf & Tiernahrung

Fressnapf
info@fressnapf.com

www.fressnapf.de
Die Fachmarktkette für Heimtierbedarf bietet ein großes Sortiment an Tierzubehör und -nahrung für Tiere aller Art.

Futtercoach
info@futtercoach.de

www.futtercoach.de
Futter für verschiedene Hunde- und Katzenrassen sowie Nagetiere. Mit einem Futterfinder und Infos zum richtigen Futter.

meinestrolche.de
service@meinestrolche.de

www.meinestrolche.de
Für Katzen und Hunde findet man hier: Futter, Spielzeug, Körbchen, Pflegeprodukte, Futternäpfe und Transportlösungen.

Petshop
info@petshop.de

www.petshop.de
Mehr als 7.500 Produkte für Hunde, Katzen, Vögel und Kleintiere. Außerdem Terraristik und Aquaristik sowie Pferdeartikel.

ZooBuy.net
info@zoobuy.net

www.zoobuy.net
Hier gibt es Zubehör für Hunde, Katzen, Aquarien, Nager, Vögel, Pferde, Terrarien und den Gartenteich.

zooplus
service@zooplus.de

www.zooplus.de
Der Haustier-Shop im Internet bietet unzählige Markenprodukte. Weitere Services: Tierarztadressen und Gesprächsforen.

ZooRoyal
info@zooroyal.de

www.zooroyal.de
Artikel für Hunde, Katzen, Aquaristik, Vögel, Kleintiere und Terraristik.

Tiere/Tierkrankheiten

tierarztblog
office@gratzl-it.com

www.tierarztblog.com
Tierkrankheiten von A bis Z. Online-Sprechstunde von Tierärzten und viele Berichte rund um die Tiere.

Tiermedizinportal
info@vetproduction.de

www.tiermedizinportal.de
Tierhalter und -interessierte können sich über Tierkrankheiten sowie weitere Themen rund um die Tiermedizin informieren.

Tiere/Tiervermittlung

● **Tiervermittlung.de**
webmaster@tiervermittlung.de

www.tiervermittlung.de
In der großen Datenbank können Tierheime, Pflegestellen und Privatpersonen Jungtiere, ausgesetzte Tiere oder Tiere in Not zur Vermittlung inserieren. Tierfreunde können hier die Anzeigen durchsuchen und Haustiere aller Arten finden und bei Interesse Kontakt aufnehmen. **(Siehe Abbildung)**

Tiervermittlung.net
webmaster@tiervermittlung.net

www.tiervermittlung.net
Der Tiervermittlungsplattform haben sich fast alle Tierheime angeschlossen, um Tieren ein neues Zuhause zu vermitteln.

Tiere/Tierversicherungen

Tierversicherungen-im-vergleich.de
info@tierversicherungen-im-vergleich.de

www.tierversicherungen-im-vergleich.de
Hier kann man aus 110 Tarifen den günstigsten Versicherungsta-
rif für Hunde-, Pferde- und Katzenversicherungen ermitteln.

Tiere/Tierzeitschriften

Ein Herz für Tiere
redaktion@herz-fuer-tiere.de

www.herz-fuer-tiere.de
Das bekannte Tiermagazin bietet aktuelle Infos sowie Tipps und
News für Tierfreunde und -besitzer.

Tiere/Vögel

Sittichpower
info@sittiche.de

www.sittiche.de
Auf diesen Seiten erfährt man einiges über Pflege, Haltung, Nahrung und Tipps für den täglichen Umgang mit dem Wellensittich.

Vogelforen.de
info@vogelfreund.de

www.vogelforen.de
Forensystem zur Vogelhaltung, -zucht, -bestimmung und -beobach-
tung. Moderatoren sorgen für einen reibungslosen Ablauf.

Wildvogelhilfe
wildvogelhilfe@wildvogelhilfe.org

www.wildvogelhilfe.org
Altvögel richtig pflegen, Jungvögel aufziehen, Fütterung im Winter,
Nistmöglichkeiten und Bilder einheimischer Vogelarten.

Tiere/Wale

Welt der Wale und Delfine, Die
mail@wale.info

www.wale.info
Web-Seite mit Beschreibungen aller Wal- und Delfinarten, allgemeinen Informationen, aktuellen Berichten und Forum.

Tiervermittlung.de **www.tiervermittlung.de**

Veranstaltungen

fbparty.de

www.fbparty.de
Übersicht der öffentlichen Veranstaltungen, die bei Facebook publik gemacht wurden, geordnet nach Städten.

Veranstaltungen/Disco & Partys

● **BinPartyGeil.de**
info@binpartygeil.de

www.binpartygeil.de
Dieses Partyverzeichnis bietet einen Überblick über Veranstaltungen in ganz Deutschland, Österreich und der Schweiz. Events können selbst eingetragen und etwa nach PLZ, Stadt oder Ort, Umkreis und Verlosung von Freikarten sortiert werden. Nachberichte in Form von Fotos gibt es in der großen Bildergalerie.
(Siehe Abbildung)

gesichterparty

www.gesichterparty.de
Große Community im Südwesten Deutschlands rund um Nightlife, Events, Lifestyle und aktuelle Themen für die junge Zielgruppe.

Stadtleben.de – Wissen was los ist!
kontakt@stadtleben.de

www.stadtleben.de
Freizeitportal mit einer bundesweiten Community, auf der man Infos, Termine und Tipps für seine jeweilige Stadt findet.

Virtual Nights
info@virtualnights.com

www.virtualnights.com
Hier erfährt man, was in der Partyszene bundesweit los ist, Bilder und Videos von Partys, Konzerten und Festivals.

Veranstaltungen/Flohmärkte

Markt Com
info@marktcom.de

www.marktcom.de
Floh-, Trödel- und Sammlermarkt-Termine in Deutschland. Direkter Kontakt zum Veranstalter und kostenloser Online-Marktplatz.

BinPartyGeil.de   **www.binpartygeil.de**

Anzeige

246

Troedelmaerkte.eu
info@troedelmaerkte.eu

www.troedelmaerkte.eu
Übersicht über Trödelmarkttermine in Deutschland und Europa.

Veranstaltungen/Veranstaltungstickets

Eventim.de
kundenservice@eventim.de

www.eventim.de
Tickets für jährlich über 140.000 Events: Konzerte, Comedy-, Kul-
tur- und Sportveranstaltungen sowie Musicals.

fansale.de
kontakt@fansale.de

www.fansale.de
Das deutsche Internet-Portal speziell für den Weiterverkauf von
Veranstaltungstickets aller Art.

Konzertkasse
kontakt@konzertkasse.de

www.konzertkasse.de
Konzertkasse.de ist eine offizielle Vorverkaufskasse und bietet
Tickets im bundesweiten Vorverkauf für Events aller Art.

ReserviX
info@reservix.de

www.reservix.de
Bundesweites Ticketportal. Verkauf von Eintrittskarten für renommierte Theater, Festivals und Sportvereine.

ticcats.de
info@ticcats.de

www.ticcats.de
Ticketsuche und Preisvergleich für Musicals, Konzerte und Events
in ganz Deutschland.

Ticketmaster
customersupport@ticketmaster.de

www.ticketmaster.de
Tickets für Veranstaltungen von Musik über Sport bis hin zu
Kunst und Theater.

● **HEKTICKET.de Tickets & Konzertkarten**
customer-care@hekticket-service.de

www.hekticket.de
Bundesweite Suche nach Eintrittskarten für Konzerte aus Rock
und Pop, Musicals, Festivals, Sportereignisse und Kabarett.
Eine Liste von Top-Events, Top-Locations und der „Eventalarm"
sorgen dafür, dass man keine Veranstaltung verpasst. Last-
Minute-Schnäppchen und Verlosungen runden das Angebot ab.
(Siehe Abbildung)

HEKTICKET.de Tickets & Konzertkarten   www.hekticket.de

Vereine & Gemeinnützigkeit

meinverein
info@meinverein.de

www.meinverein.de
Deutschlands große Community für Vereine, Clubs und Interessengruppen.

Nonprofit.de
kundendienst@vnr.de

www.nonprofit.de
Praxishilfen und Tipps zum erfolgreichen Spendensammeln für Vereine und soziale Einrichtungen.

Vereinsknowhow

www.vereinsknowhow.de
Infos zu Themen wie Gemeinnützigkeit, Recht, Steuern und Buchhaltung. Außerdem eine Datenbank mit über 1.200 Urteilen.

Verschwörungstheorien

Weltverschwoerung.de

www.weltverschwoerung.de
Diskussionsforum über Verschwörungstheorien.

Zauberei

Magicshop
info@magicshop.ch

www.zaubertrix.de
Online-Zauber-Shop mit Zauberartikeln, Scherzartikeln, Video-Clips, Auktionen und Gratistricks.

Zauberersuche
info@gr-webdesign.de

www.zauberersuche.de
Suchmaschine nach Zauberern für Veranstaltungen. Hierfür kann gezielt nach bestimmten Auftrittsarten gesucht werden.

zaubertricks.de
shop@zaubertricks.de

www.zaubertricks.de
Zauberer finden im Forum Rat zu allem, was sie für die Umsetzung ihrer Illusionen brauchen.

Zoos & Tierparks

zoo-infos.de

www.zoo-infos.de
Kurzporträts von Zoos in Deutschland, Österreich, der Schweiz und Frankreich.

Zukunftsdeutung/Allgemein

Die Kartenleger mit Herz
patrickkratz@aol.com

kartenlegermitherz.de
Kostenpflichtige telefonisches Wahrsagen. Aber kostenloses Online-Tageshoroskop, Tarot-Orakel und Hintergrundinfos.

Zukunftsdeutung/Bleigießen

Bleigießen
info@bleigiessen.de

www.bleigiessen.de
Das Glücks-Orakel: Bleigießen macht Spaß und verrät, was die Zukunft bringt. Mehr als 1.000 Glücksfiguren richtig deuten.

Zukunftsdeutung/Nostradamus

Nostradamus-Prophezeiungen
info@nostradamus-prophezeiungen.de

www.nostradamus-prophezeiungen.de
Alles über Nostradamus, seine aktuellen Voraussagen und interessante Themen aus dem Garten der Grenzwissenschaften.

Zukunftsdeutung/Tarot

Aleph-tarot.de
feedback@aleph-tarot.de

www.aleph-tarot.de
Erklärung der Tarot-Karten. Seine persönliche Tarot-Tages-Karte kann man sich per E-Mail zusenden lassen.

GELD & FINANZEN

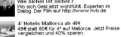

www.boerse-frankfurt.de

Börse Frankfurt

Wie steht der Dow Jones, der TecDax oder der DJ Stoxx 50? Aktien, Anlage- und Hebelprodukte, Fonds, Anleihen – um über die rasanten Börsenentwicklungen den Überblick zu behalten, findet man auf der Internet-Seite des Anlegerportals der Deutschen Börse aktuelle Finanznachrichten, Börsentermine und Infos zu neuen Börsengängen. Angezeigt werden der Live-Kursverlauf des DAX und Marktindikatoren wie Währungen oder Rohstoffe sowie Gewinner und Verlierer des Tages. Neben Basiswissen zu Indizes gibt es ein Börsenlexikon mit den wichtigsten Begriffen von A bis Z, Infos zu Handelsqualitäten und Wissenswertes für Einsteiger.

www.bankingcheck.de

BankingCheck.de

Bei BankingCheck.de können Sie Finanzprodukte wie Tagesgeld, Festgeld, Girokonto oder Kreditkarte miteinander vergleichen und nach Kundenbewertungen sortieren lassen. Sie haben kein Geld zum Anlegen und benötigen stattdessen einen Kredit? Dann machen Sie den Ratenkreditvergleich! Außerdem finden Sie Empfehlungen über Konten und Produkte, die sich aktuell durch besonders attraktive Konditionen auszeichnen, eine Übersicht der neusten Meldungen aus allen Finanzbereichen mit Angeboten und Sonderaktionen der Banken. Ein Lexikon mit den wichtigsten Finanzbegriffen ist auch vorhanden.

www.daf.fm

Deutsches Anleger Fernsehen

Hier bekommen Sie das volle Börsenprogramm: Das Deutsche Anleger Fernsehen präsentiert online rund um die Uhr, wie es um Dax, Dow Jones und Dollar steht. Zu jeder vollen Stunde berichtet das DAF über die Entwicklungen an den internationalen Finanzmärkten, dazu gibt es Unternehmensanalysen, Aktien im Chart-Check sowie Interviews mit Marktexperten und Top-Managern deutscher Unternehmen zu Finanz- und Wirtschaftsthemen. Die Sendungen werden außerdem archiviert und sind jederzeit abrufbar – so können Sie auch nach der Ausstrahlung noch erfahren, warum die weltweite Schuldenkrise für Europa auch eine Chance sein kann.

www.handelsblatt.com

Handelsblatt.com

Welche Auswirkungen hat eine Wirtschaftskrise auf die Unternehmen? Wie entwickelt sich der Ölpreis? Glauben Sie, dass die fallenden Eurokurse eine Gefahr für den Euroraum bedeuten? Die Online-Ausgabe des Handelsblattes beantwortet diese und andere Fragen. Hier können Sie stets das Neuste aus der Welt der Wirtschaft, des Handels und der Finanzen sowie aus den Bereichen Immobilien, Zertifikate, Fonds und Rohstoffe lesen. Dazu werden Sie über die aktuellen Kursentwicklungen an den Börsen auf dem Laufenden gehalten und erfahren Hintergründe zu den Entwicklungen in der Innen- und Außenpolitik sowie zur Konjunkturlage in den Industrienationen.

www.wallstreetjournal.de

Wallstreetjournal Deutschland

Wie wirkt sich die Staatsschuldenkrise in Europa auf die die großen US-Banken aus? Würde die Schaffung einer europäischen Rating-Agentur die Bonität der Euro-Länder transparenter machen? Und welche Aktie erlebt momentan eine Renaissance? Die Nachrichten, Analysen und Artikel des amerikanischen „Wall Street Journal" werden seit diesem Jahr auch für eine deutsche Online-Ausgabe aufbereitet. Interessierte können sich hier durch die meistgelesenen und -kommentierten Artikel aus Politik, Wirtschaft und den Finanzmärkten klicken und sich mit dem täglichen Nachrichtenüberblick aus Deutschland und der Welt immer aktuell informieren.

www.goldseiten.de

GoldSeiten.de

Gold hat sich schon immer bewährt. Sei es nun, um in Krisenzeiten das eigene Geld zu sichern oder um seine Herzallerliebste für sich zu gewinnen – Gold funktioniert immer. Wer ernsthaft darüber nachdenkt, sein Vermögen in diesem oder in einem anderen Edelmetall anzulegen, wird hier übersichtlich und umfassend informiert. Was ist ertragreicher: Aktien oder Schmuck? Was hingegen ist sicherer? Welche Vor- und Nachteile hat Gold? Lohnt es sich überhaupt? Antworten auf diese und viele weitere Fragen gibt es auf dieser Web-Seite. Wer zudem noch etwas über die Geschichte, Verbreitung oder Förderung des Edelmetalls wissen möchte, ist hier goldrichtig.

www.aktienboard.com

Aktienboard.com

Spekulieren mit Anleihen aus den Schwellenländern? Welche Aktien soll ich halten, welche lieber schnell verkaufen? Was passiert an der Wallstreet? Beiträge zum Börsen-Know-how, Diskussionen zu Aktienmärkten, Trading-Strategien sowie Besprechung des DAX-Markts, der europäischen und der US-Märkte im großen Forum können für (angehende) Spekulanten sehr interessant sein. Themen sind auch Zertifikate, Fonds oder Devisen. Außerdem finden Sie hier nicht nur News zu internationalen Märkten, Marktberichte, Ratings und Trackboxen, sondern auch hilfreiche Analysen zu nahezu allen auf dem Markt befindlichen Aktien, Renten und Indizes.

www.zinsen-berechnen.de

Zinsen-berechnen.de

„Die größte Erfindung des menschlichen Denkens – der Zinseszins." Was Albert Einstein hier andächtig bestaunt, bereitet manchmal große Mühen. Damit man im Gewirr von Zinsen, Renditen und Gewinnen nicht den Überblick verliert, gibt es dieses Infoportal. Möchten Sie wissen, wie viel Zinsen Sie für den Kredit aufbringen müssen? Wie viele Steuern von Ihrem Gehalt zu zahlen sind? Oder welchen Wert Ihr Geld noch hat, wenn man die Inflationswerte mit einberechnet? Mit verschiedenen Online-Rechnern wie dem Tagesgeld-, Renditen- oder Verzugszinsrechnern lassen sich ganz einfach Finanzpläne für den privaten Bedarf gestalten.

Geld & Finanzen

Allgemein

Geld-Magazin.de
info@geld-magazin.de

www.geld-magazin.de
Geld-Magazin präsentiert aktuelle Informationen, Tipps und Artikel rund um die Themen Geld sparen und Geld clever ausgeben.

infos-finanzen.de

www.infos-finanzen.de
Infos für Verbraucher rund um das Thema Geld und Vorsorge mit Tipps zu Konten, Geldanlage, Krediten und Altersvorsorge.

Aktiengesellschaften

moreir – IR Center
info@equitystory.com

www.more-ir.de
Investor-Relations-Plattform mit allen relevanten Informationen über Aktiengesellschaften und Branchennachrichten.

Banken

Commerzbank AG
info@commerzbank.com

www.commerzbank.de
Informationen für Privat- und Firmenkunden und zum Konzern: Presse, Investor Relations, Jobs, Research sowie Börsenkurse.

Deutsche Bank Gruppe
deutsche.bank@db.com

www.deutsche-bank.de
Die Seite bietet alles Wissenswerte zum Konzern Deutsche Bank sowie eine detaillierte Übersicht zum Produkt- und Serviceangebot.

GLS Bank
info@gls.de

www.gls.de
Die sozial-ökologische Universalbank bietet für Kunden verschiedene Möglichkeiten der Geldanlagen und Investition.

HypoVereinsbank AG
info@unicreditgroup.de

www.hypovereinsbank.de
Unternehmens-Web-Seite, Online-Banking und Produktportal der HypoVereinsbank für Privat- und Geschäftskunden.

KfW Bankengruppe
info@kfw.de

www.kfw-bankengruppe.de
Die KfW Bankengruppe fördert Existenzgründer, private Häuslebauer, Unternehmen und Kommunen.

Postbank
direkt@postbank.de

www.postbank.de
Online-Banking und -Brokerage, Online-Ratenkredit und Mobile-Services.

Santander Consumer Bank
email-service@santander.de

www.santander.de
Produktinfos und Online-Anträge, Online-Banking und eine Suchfunktion für Filialen und Geldautomaten im Cash-Pool-Verbund.

Sparda-Banken
info@verband.sparda.de

www.sparda.de
Breites Spektrum an Finanzdienstleistungen wie gebührenfreies Girokonto, Baufinanzierung, Geldanlage, Wertpapiergeschäft.

Sparkasse.de
service@sparkasse.de

www.sparkasse.de
Umfassende Infos von den Sparkassen. News aus Wirtschaft und Börse sowie tagesaktuelle Marktberichte und Kurslisten.

Sparkassen im Internet
kontakt@snet.de

www.snet.de
Gute Übersicht der im Internet präsenten Sparkassen sowie Links zu Unternehmen der Sparkassen-Finanzgruppe.

Targobank
kontakt@targobank.de

www.targobank.de
Versicherungs-, Investment-, Festgeld-, Devisen- sowie Finanzierungsrechner, ein Formular-Center und Online-Anträge.

Volksbanken Raiffeisenbanken
info@vr-networld.de

www.vr.de
Ausführliche Informationen über Banking, Brokerage, Bauen und Wohnen, Geldanlage sowie Vorsorge und Versicherung.

Banken/Bankenverbände

**Bundesverband der Deutschen
Volks- und Raiffeisenbanken**
info@bvr.de

www.bvr.de
Aktuelle wirtschaftspolitische Themen und Entwicklungen des genossenschaftlichen Finanzverbundes.

Bundesverband deutscher Banken
bankenverband@bdb.de

www.bankenverband.de
News, Analysen, Statistiken, Fachinfos rund um die Themen Banken, Finanzen und Wirtschaft. Mit Audiobeiträgen (Podcast).

Bundesverband Öffentlicher Banken
postmaster@voeb.de

www.voeb.de
Aktuelle bankpolitische Themen, Pressemitteilungen, Audiobeiträ-
ge, Grafiken und Informationen zum Ombudsmannverfahren.

Banken/Bankleitzahlen, IBAN & BIC

Banken & Bankleitzahlen finden
info@city-live24.de

www.blz-aktuell.de
Bankleitzahlen-Verzeichnis, Wechselkurse und Währungsrechner.

Iban-rechner.de
iban-mw.rainer@safersignup.com

www.iban-rechner.de
Berechnen oder Prüfen von IBAN-Nummer und BIC für mehrere
Länder, BLZ- und BIC-Suche. Mit Korrektheitsgarantie.

Banken/Direktbanken

1822direkt
info@1822direkt.com

www.1822direkt.com
Die Tochter der Frankfurter Sparkasse bietet Giro-, Tagesgeldkonten und ein umfangreiches Wertpapier- und Fondsangebot.

comdirect bank AG
info@comdirect.de

www.comdirect.de
Online-Investment, Direct-Banking, Finanz- und Vermögensbera-
tung. Freier Zugang zu Kursen und Wertpapierdaten.

DAB bank AG
information@dab.com

www.dab-bank.de
Die DAB bank AG ist eine Direktbank im Wertpapiergeschäft in
Deutschland und Österreich.

Deutsche Kreditbank
info@dkb.de

www.dkb.de
Kostenfreies DKB-Cash mit DKB-VISA-Card, Internet-Konto, weltweit kostenfrei Geld abheben, hohe variable Zinsen.

direktbankvergleich.de
info.de@direktbankvergleich.de

www.direktbankvergleich.de
Vergleich von Direktbanken und deren Leistungen sowie Informationen und Tipps zum Thema Online-Banking.

Ford Bank
fordbank@ford.com

www.fordbank.de
Finanzierung, Leasing, Versicherungen und Flottenmanagement.
Mit Online-Kalkulatoren und praktischem Begriffslexikon.

ING-DiBa
info@ing-diba.de

www.ing-diba.de
Internet-Banking und Brokerage sowie Infos zu den attraktiven Finanzangeboten.

Mercedes-Benz Bank
kundenservice@mercedes-benz-bank.com

www.mercedes-benz-bank.de
Informationen zu Produkten der Mercedes-Benz Bank in Bezug
auf Anlegen, Sparen, Finanzieren, Leasen und Versichern.

netbank AG
info@netbank.de

www.netbank.de
Europas Internet-Bank: Girokonto mit attraktiver Guthabensver-
zinsung.

Santander Direkt Bank
kundenbetreuung@santander-direkt.de

www.santander-direkt.de
Geldanlagen, Kredite und weitere Finanzdienstleistungen der
Santander Direkt Bank. Zinsübersicht und Formular-Center.

UmweltBank
service@umweltbank.d

www.umweltbank.de
Die UmweltBank verbindet erfolgreiches und professionelles
Bankmanagement mit ökologischer und sozialer Verantwortung.

GELD & FINANZEN

Banken/Girokonto

girokonto-onlinevergleich.de
dirk@bildmitteilungen-net.de

www.girokonto-onlinevergleich.de
Informationen, News und Vergleiche zum kostenlosen Girokonto, Tagesgeld und zum Festgeld.

Testsieger-konto.de

www.testsieger-konto.de
Die Testsieger der Girokonten im Vergleich. Mit hilfreichem Leitfaden zur Girokonto-Eröffnung.

Banken/Landesbanken

Baden-Württembergische Bank AG
Info@bw-bank.de

www.bw-bank.de
Informationen über den aktuellen Markt, Aktien, News über den Euro und Home-Banking.

Berliner Bank
kundendienste@berliner-bank.de

www.berliner-bank.de
Private und Firmenkunden: Internet-Banking, Geldanlagen und Finanzierungen sowie Immobilien.

Bremer Landesbank
kontakt@bremerlandesbank.de

www.bremerlandesbank.de
Börsen- und Devisenkurse, Chart-Analyse, Musterdepot und Vermögensmanagement.

HSH Nordbank
info@hsh-nordbank.com

www.hsh-nordbank.com
Finanzmarktprodukte wie Aktien und Anleihen, Vermögensmanagement für Privatkunden.

Landesbank Hessen-Thüringen

www.helaba.de
Finanzierungen, Vermögensanlagen, Fördermittel und Bausparen.

L-Bank
info@l-bank.de

www.l-bank.de
Die baden-württembergische Förderbank bietet Finanzierungen für den Mittelstand, Kommunen und Familien mit Kindern.

baufi24.de   **www.baufi24.de**

LRP Landesbank Rheinland-Pfalz
lrp@lrp.de

www.lrp.de
Online-Banking, Börseninfos, Refinanzierung sowie strukturierte Finanzierungen.

NORD/LB Norddeutsche Landesbank
info@nordlb.de

www.nordlb.de
Regionale Großbank mit internationaler Ausrichtung für Privat- und Firmenkunden.

SaarLB
info@saarlb.de

www.saarlb.de
Universalbank für Finanzdienstleistungen: Immobilienfinanzierung, Börsen- und Wertpapierservice.

Banken/Zentralbanken

Deutsche Bundesbank
presse-information@bundesbank.de

www.bundesbank.de
Umfangreiche wirtschafts- und währungspolitische Daten sowie Informationen zu Euro, Zahlungsverkehr und Bankenaufsicht.

Bausparen & Immobilienfinanzierung

● **baufi24.de**
anfragen@baufi24.de

www.baufi24.de
Bauherren erhalten hier umfassende Informationen rund um Baufinanzierungen und Darlehensarten sowie Ratgeber zum Thema Bauen und Kaufen. Ein Überblick über aktuelle Zinsen sowie Finanzierungsrechner stehen ebenso zur Verfügung wie ein kostenfreies Beratungsangebot. **(Siehe Abbildung)**

● **BHW – Der Baufinanzierer der Postbank**
info@bhw.de

www.bhw.de
Bausparen und Baufinanzierung mit BHW – Der Baufinanzierer der Postbank. Alle wichtigen Informationen, Rechentools, Formulare und Online-Abschlüsse zum Thema Bausparen und Baufinanzierung, zur staatlichen Förderung sowie passende Tarife für Kauf, Neubau oder Modernisierung findet man unter www.bhw.de. **(Siehe Abbildung)**

BHW – Der Baufinanzierer der Postbank   **www.bhw.de**

GELD & FINANZEN

Bausparkasse Schwäbisch Hall
service@schwaebisch-hall.de

www.schwaebisch-hall.de
Umfassende Zukunftsvorsorge mit Schwäbisch Hall und dem genossenschaftlichen FinanzVerbund: Bausparen, Baufinanzieren, Altersvorsorge. Hilfreiche Informationen zum Bauen, Kaufen, Modernisieren und Energiesparen sowie zu staatlichen Fördermitteln. Berechnungs-Tools und bundesweite Immobilienbörse.

Debeka Bauwelt
bausparservice@debeka.de

www.debeka-bauwelt.de
Die Debeka Bausparkasse AG stellt sich mit den Themen Bausparen, Baufinanzierung und dem Immobilienservice der Debeka vor. Jeder, der Wohneigentum hat oder wünscht, erhält Informationen über Fördermöglichkeiten, energiesparendes Bauen und Renovieren, sowie Rechentools zum Bausparen und Finanzieren.

Deutsche Bausparkasse Badenia AG
service@badenia.de

www.badenia.de
Bausparen und Finanzierung, Geldanlageformen, Festgeldanlagen, Sparbriefe, Spareinlagen sowie Auskünfte zur staatlichen Sparförderung. Außerdem findet man Informationen zum Modernisieren und Renovieren, zum An-, Aus- und Umbau von Haus oder Wohnung sowie Tipps zur Wohn- und Altersvorsorge.

Dr. Klein
info@drklein.de

www.drklein.de
Unabhängiger Vermittler für (Bau-)finanzierungen über das Internet. Online-Vergleiche und Beratung – auf Wunsch auch vor Ort.

● **easyhyp**
info@easyhyp.de

www.easyhyp.de
easyhyp vermittelt moderne und faire Baufinanzierungsprodukte ausgewählter Partnerinstitute mit Online-Preisvorteil. Drei Ziele stehen im Mittelpunkt: Einfache und faire Konditionen, unkomplizierte und schnelle Abwicklung sowie persönliche und ehrliche Beratung. easyhyp nutzt die Effizienz des Internets.
(Siehe Abbildung)

easyhyp   **www.easyhyp.de**

256

Interhyp AG
info@interhyp.de

www.interhyp.de
Interhyp ist der Spezialist für die private Baufinanzierung in Deutschland und vergleicht die Angebote von über 300 Darlehensgebern. Neben einer individuellen Beratung gehört zum Service von Interhyp auch ein umfassendes Internet-Angebot mit Tipps und Rechnern zur Baufinanzierung. **(Siehe Abbildung)**

LBS – Bausparkasse der Sparkassen
internet-agentur@lbs.de

www.lbs.de
Das Tor zur jeweiligen regionalen Landesbausparkasse. Umfassende Informationen zum Bausparen, Baufinanzierung, Eigenheimrente ("Wohn-Riester"), Immobilienerwerb, energetische Energieeinsparung und Modernisierung, Wohnen und Einrichten. Online-Vertragsauskunft für Kunden und Online-Antrag verfügbar.

Signal Iduna Bauspar AG
info@si-bausparen.de

www.si-bausparen.de
Wer neu baut oder modernisieren möchte, findet hier umfassende Informationen rund ums Bausparen.

Wüstenrot
info@wuestenrot.de

www.wuestenrot.de
Bausparen, Baufinanzierung, Geldanlage, Altersvorsorge, Versicherungen, Immobilien, Online-Rechner, Online-Abschluss.

Börsenspiele

Depotking.de
info@depotking.de

www.depotking.de
Bei diesem Online-Börsenspiel kann man mit Aktien und Hebelzertifikaten Preise gewinnen.

FAZ Börsenspiel
boersenspiel@faz.net

boersenspiel.faz.net
Über 200.000 Spieler kämpfen hier um einen Platz in den Top Ten. Die Anmeldung zur Teilnahme ist kostenlos.

Börsen

Börse Berlin
info@boerse-berlin.de

www.boerse-berlin.de
Großes Angebot internationaler Aktien: Schwerpunkt USA, Osteuropa, China. Börslicher Fondshandel, offene Maklerorderbücher.

Börse Düsseldorf
kontakt@boerse-duesseldorf.de

www.boerse-duesseldorf.de
Wertpapiersuche/-kurse und Überblick über die Börse Düsseldorf für jedermann sowie Informationen rund um Wertpapiere.

Börse Hamburg - Börse Hannover
info@boersenag.de

www.boersenag.de
Ermittlung der Tagesgewinner und -verlierer. Das amtliche Kursblatt zum Download und Seminarangebote für Privatanleger.

Börse München
info@boerse-muenchen.de

www.boerse-muenchen.de
Kostenlose Realtime-Kurse für 11.000 Aktien, Renten und Fonds, garantierte Geld- und Brief-Kurse inklusive Stückzahlen.

Börse Stuttgart
anfrage@boerse-stuttgart.de

www.boerse-stuttgart.de
Die Wertpapierbörse Stuttgart ist die zweitgrößte deutsche Parkettbörse und auf den Privatanleger fokussiert.

Gruppe Deutsche Börse
info@deutsche-boerse.com

www.deutsche-boerse.com
Informationen zu Deutschlands führender Börsenorganisation mit Links zu weiteren Web-Seiten der Gruppe Deutsche Börse.

n-tv TeleBörse

www.teleboerse.de
Das Anleger-Portal von n-tv informiert über alle Themen rund um Aktien, Aktienkurse, DAX, Fonds und Börse.

● **Börse Frankfurt**
redaktion@deutsche-boerse.com

www.boerse-frankfurt.de
Das Anlegerportal der Deutschen Börse bietet alle wichtigen Informationen direkt von der Quelle: Realtime-Kurse, Indizes, Unternehmensdaten und -termine, Marktberichte, Stimmungsanalysen, Währungen und Rohstoffe. Aber auch allgemeines Börsenwissen, Einsteiger-Tipps, ein Börsenlexikon und vieles mehr.
(Siehe Abbildung)

Börse Frankfurt   www.boerse-frankfurt.de

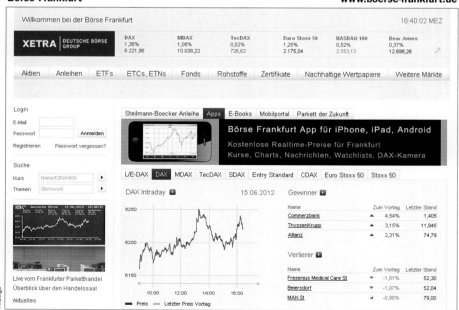

Finanzbehörden

**Bundesanstalt für
Finanzdienstleistungsaufsicht (BaFin)**
poststelle@bafin.de

www.bafin.de
Auskünfte für Verbraucher, Anbieter und Anleger.

Bundesministerium der Finanzen
poststelle@bmf.bund.de

www.bundesfinanzministerium.de
Mit dem interaktiven Steuerrechner lässt sich die Lohnsteuer
selbst berechnen. Ein Steuerlexikon und neue Steuergesetze.

Deutsche Finanzagentur

www.deutsche-finanzagentur.de
Kostenloses Depot und gebührenfreier Erwerb von Bundesschatz-
briefen, Finanzierungsschätzen und Bundesobligationen.

Finanzinformationen & Finanzvergleiche

Arbeitsgemeinschaft Finanzen
info@arbeitsgemeinschaft-finanzen.de

www.arbeitsgemeinschaft-finanzen.de
Ein unabhängiges Verbraucher- und Finanzportal mit Vergleichs-
modulen, Testberichten und aktuellen Nachrichten zu Geldanlagen, Versicherungen, Krediten und Steuern. Zahlreiche Anbietervergleiche für Tages- und Festgeld, Altersvorsorge sowie Versicherungen aller Art.

banktip

www.banktip.de
Das Finanzportal bietet Infos und Konditionsvergleiche für Raten-
kredite, Girokonto, Depots, Tagesgeld und Kreditkarten.

● BankingCheck.de
kontakt@bankingcheck.de

www.bankingcheck.de
BankingCheck.de ist ein unabhängiges Bewertungsportal für Finanzprodukte. Neben einer Übersicht über verschiedene Banken, kann man die Produkte Tagesgeld, Festgeld, Girokonto,
Depot, Kreditkarte, Kredite sowie Baufinanzierung und Miet-
kaution anhand objektiver Kriterien bewerten und vergleichen.
(Siehe Abbildung)

BankingCheck.de   **www.bankingcheck.de**

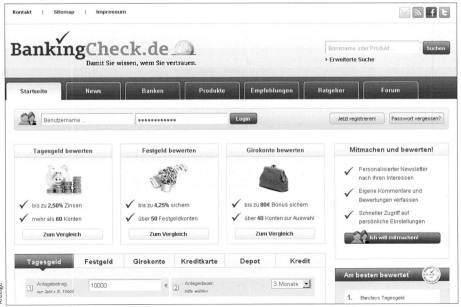

Anzeige

GELD & FINANZEN

Biallo.de
info@biallo.de

www.biallo.de
Immobilien, Kredite und Geldanlagen: Ratgeber zu allem, was die privaten Finanzen betrifft.

FinanceScout24
info@financescout24.de

www.financescout24.de
Unabhängiges Internet-Finanzportal mit persönlicher Finanzberatung vor Ort. Kostenloser Vergleich und Abschluss.

finanzberater-des-jahres.de
info@rankers-cie.de

www.finanzberater-des-jahres.de
Informationen rund um die Vermögensverwaltung und Finanzplanung.

Finanzen100.de
info@finanzen100.de

www.finanzen100.de
Finanzen100.de bietet einen Überblick über Finanz- und Wirtschaftsthemen wie Kursinformationen, Wertpapiere oder Indizes.

● **Optimal Banking**
post@optimal-banking.de

www.optimal-banking.de
Die meisten Seitenaufrufe verzeichnet Optimal-Banking bei den Konditionsvergleichen von Tages- und Festgeld, Girokonten und Kreditkarten. Eine Umfrage ergab, dass Stammleser die Hintergrundberichterstattung zu Banken und Geldideen von Absicherung über Edelmetallanlage bis Zinseszins schätzen. **(Siehe Abbildung)**

Vergleich.de
team@vergleich.de

www.vergleich.de
Online-Tarifvergleiche in den Bereichen Finanzierung, Girokonto, Tages- und Termingeld sowie Versicherungen.

WhoFinance
kontakt@whofinance.de

www.whofinance.de
Bewertungsplattform, auf der Verbraucher Finanzberater rund um die Themen Geld und Versicherung bewerten.

Finanzmagazine & Börsenmagazine

ARIVA.DE
kontakt@ariva.de

www.ariva.de
Ein Finanzportal mit aktuellen Kursen und Nachrichten, einem Forum sowie nützlichen Tools zum Thema Börse.

boersennews.de

www.boersennews.de
Aktien, Fonds, Derivate, Rohstoffe und ein Börsenratgeber.

Deutsches Anleger Fernsehen
info@daf.fm

www.daf.fm
Tägliche Liveberichterstattung von den Börsen dieser Welt. Dazu Unternehmensanalysen, Tipps und Trends. Mit Livestream.

EMFIS

www.emfis.com
Anbieter für Börseninformationen zu den Emerging Markets im deutschsprachigen Internet mit Analysen, Kursen, Nachrichten.

FAZ.NET Börsenlexikon
info@faz.net

www.boersenlexikon.de
Über 600 Begriffe aus der Sprache der Börsianer mit Querverweisen und Erklärungen.

financialport.de
info@financialport.de

www.financialport.de
Kostenlose Angebote aus allen Finanzsparten mit Anfrageformularen und individueller Finanzberatung von Experten.

Finanzen.net
info@finanzen.net

www.finanzen.net
Internet-Service für Kapitalanleger mit Börsendaten, Realtime-Kursen, aktuellen Wirtschaftsmeldungen und Depotverwaltung.

FinanzNachrichten.de

www.finanznachrichten.de
Finanznachrichtenportal, das täglich Nachrichten und Aktienkurse präsentiert.

finanztreff.de
ccc@finanztreff.de

www.finanztreff.de
Finanzportal mit umfassenden Informationen zu Wertpapieren, innovativen Suchen sowie kostenlosen Depotverwaltungs-Tools.

Focus Geld	**finanzen.focus.de**
	Ausführliche und zahlreiche Informationen zu Börse, Geldanlage, Banken, Immobilien, Versicherungen und Steuern.
OnVista	**www.onvista.de**
info@onvista.de	Kostenlose Informationen zu Aktien, Fonds, Optionsscheinen und Zertifikaten.
Stock-World	**www.stock-world.de**
info@stock-world.de	Aktuelle Börsennachrichten, Kurse und Charts, Empfehlungen, Marktberichte, Expertenkommentare und Börsenbriefe.
wallstreet:online AG	**www.wallstreet-online.de**
info@wallstreet-online.de	Große Börsenseite mit Nachrichten, Kursen und Chart-Tools sowie einem Diskussionsforum.

Finanzzeitschriften & Finanzverlage

boersen-zeitung.de	**www.boersen-zeitung.de**
redaktion@boersen-zeitung.de	Kurse, Charts, Berichte, Analysen und Hintergründe zu Politik, Banken, Unternehmen, Branchen sowie zu Anlageprodukten.
Börse online	**www.boerse-online.de**
kontakt@boerse-online.de	Aktuelle Empfehlungen und Analysen, nützliche Tools, Expertenmeinungen und Hintergrundberichte zu Aktien und Finanzen.
brandeins	**www.brandeins.de**
	brand eins – das Wirtschaftsmagazin berichtet über mehr als nur Zahlen.
Capital	**www.capital.de**
online@capital.de	Aktuelle Artikel und Finanz-Tools zu Geldanlagen, Börse, Steuern, Versicherungen und Immobilien.
die bank	**www.die-bank.de**
die-bank@bdb.de	Zeitschrift für Bankpolitik und Praxis, herausgegeben vom Bankenverband. Mit Top-100-Banken und Archiv ab dem Jahr 2000.

Optimal Banking   www.optimal-banking.de

GELD & FINANZEN

Financial Times Deutschland
leserservice@ftd.de

www.ftd.de
Nachrichten und exklusive Berichte zu Wirtschaft und Finanzen, Politik und Gesellschaft, Technik und Medien.

Handelsblatt.com
handelsblatt@vhb.de

www.handelsblatt.com
Nachrichten, Kurse, Charts sowie Hintergrundartikel und Analysen aus den Bereichen Wirtschaft, Politik und Gesellschaft.

impulse online
online@impulse.de

www.impulse.de
Nutzwert für den innovativen Mittelstand und Unternehmer im Bereich Management, Gründung, Finanzen, Recht und Steuern.

Platow Online

www.platow.de
Börsen-News mit Kauf- und Verkaufsempfehlungen, Probe-Downloads der Produkte wie Platow Börse und Platow Derivate.

Wallstreetjournal Deutschland
redaktion@wallstreetjournal.de

www.wallstreetjournal.de
Artikel und Analysen zu Finanzen, Wirtschaft und Politik. Bei Unternehmensmeldungen ist der Aktienkurs direkt verlinkt.

wiwo.de
wiwo-online@vhb.de

www.wiwo.de
Kolumnen, Foren und Umfragen. Persönliches Wertpapierdepot und Analysen von Unternehmen, Technologien, Geld und Politik.

Forderungsmanagement, Mahnungen & Inkasso

Creditreform.de
creditreform@verband.creditreform.de

www.creditreform.de
Bonitätsprüfung von Unternehmen und Privatpersonen sowie Forderungsmanagement.

Mahnerfolg.de

www.mahnerfolg.de
Mahnerfolg.de bietet Infos zu den Themen Inkasso, Finanzen und Recht, Urteilsbesprechungen und ein Anwaltsverzeichnis.

Supercheck
info@supercheck.de

www.supercheck-bonitaet.de
Bonitätsprüfungen und Wirtschaftsauskünfte sowie Adressermittlungen von Privatpersonen und Firmen.

Creditolo   **www.creditolo.de**

Geld & Banknoten

Moneypedia
info@moneypedia.de

www.moneypedia.de
Lexikon rund um das Thema Geld und Banknoten mit originalen Banknotenabbildungen.

Kapitalanlagen

GeldWelt
info@geldwelt.de

www.geldwelt.de
Wertvolle Tipps und Informationen von Experten zu den verschiedensten Möglichkeiten der Kapitalanlage.

wikifolio

www.wikifolio.com
Eine Plattform, die eine „Social Trading Anlage" verspricht. Es können auch kleinere Geldbeträge investiert werden.

Kredite

● **Creditolo**
mail@creditolo.de

www.creditolo.de
Creditolo vermittelt Online-Kredite und Darlehen mit finanziellen Rahmen von 1.000 bis 100.000 Euro sowie mit flexiblen Laufzeiten von 12 bis 240 Monaten je nach individuellen Bedürfnissen. Darüber hinaus werden Kredite ohne Schufa, Kredit Umschuldungen, Kreditkarten und weitere Spezialkredite vermittelt.
(Siehe Abbildung)

● **Kredit-Portal**
office@kredit1a.de

www.kredit1a.de
Das Kredit-Portal bietet dem Besucher eine breite Palette an Finanzierungsmöglichkeiten vom Kleinkredit über Baufinanzierung bis hin zum Kredit ohne Schufa-Auskunft. Das Service-Angebot umfasst einen Kreditrechner zur Online-Berechnung der Raten, ein Kreditlexikon sowie Urteile und Gesetze zum Thema.
(Siehe Abbildung)

Kredit-Portal   **www.kredit1a.de**

Geld & Finanzen

auxmoney
info@auxmoney.com

www.auxmoney.com
Die Plattform auxmoney vermittelt Privatkredite.

Creditplus Bank AG
info@creditplus.de

www.creditplus.de
Sofortkredit, Autokredit, Kreditablösung. Die Kreditanfrage kann schnell und unkompliziert online getätigt werden.

hammerkredit.de
info@hammerkredit.de

www.hammerkredit.de
Der Kredit-Vergleichsrechner vergleicht rund 15 Banken.

kredit.de
kontakt@kredit.de

www.kredit.de
Übersicht und Vergleich zahlreicher Kreditanbieter. Mit vielen Infos zur Finanzierung.

Kredite.de

www.kredite.de
Kredite.de ist ein unabhängiger Kreditvergleich von über 20 Banken.

Kredito

www.kredito.de
Kredito gewährt Kleinkredite innerhalb von 15 Minuten.

smava
info@smava.de

www.smava.de
Privatpersonen können bei smava Geld leihen und verleihen. Smava bringt Kreditgeber und Kreditsuchende zusammen.

Kreditkarten

American Express
info@amexbank.de

www.americanexpress.de
Neben den aktuellen Konditionen für die Kreditkarte gibt es Notfallnummern und eine Geldautomatensuche.

Barclaycard

www.barclaycard.de
Darstellung der verschiedenen Kreditkarten: Barclaycard Classic, Gold, for Students sowie Barclaycard Business.

MasterCard Deutschland
frankfurt@mastercard.com

www.mastercard.de
Informatives zur MasterCard. Neben Tipps zum Thema Reisen und Bezahlen gibt es den SOS-Dienst bei Kartenverlust.

ihre-vorsorge.de   **www.ihre-vorsorge.de**

Visa
anfragen.europa@visa.com

www.visa.de
Übersicht über die kartenausgebenden Visa-Partnerbanken, Informationen zum sicheren Bezahlen im Internet.

Rente & Altersvorsorge

Deutsche Rentenversicherung Bund
drv@drv-bund.de

www.deutsche-rentenversicherung-bund.de
Portal der Deutschen Rentenversicherung Bund mit Infos zur gesetzlichen Rentenversicherung und Beratungsangeboten.

● **ihre-vorsorge.de**
redaktion@ihre-vorsorge.de

www.ihre-vorsorge.de
Das Portal zur gesetzlichen, betrieblichen und privaten Altersvorsorge. Tagesaktuelle Meldungen, verbraucherorientierte Themen-Specials, Förderrechner, ausführlicher Rentenschätzer und weitere umfangreiche Finanz-Tools für individuelle Berechnungen. Expertenforum zu allen Fragen der Altersvorsorge.
(Siehe Abbildung)

Rohstoffe/Allgemein

Rohstoffwelt
info@rohstoff-welt.de

www.rohstoff-welt.de
Dieses Portal bietet Top-Meldungen zu den Rohstoffen dieser Welt, informiert über Aktien, Fonds und Basiswissen.

Rohstoffe/Gold & Silber

● **321goldundsilbershop.de**
service@321goldundsilbershop.de
☎(09721) 5497402

www.321goldundsilbershop.de
Verkauf von Gold und Silber in Form von Münzen oder Barren. Das große Angebot an Anlage- und Sammlermünzen zu günstigen Preisen beinhaltet umfassende Produktinformationen. Die Preise orientieren sich am Edelmetallkurs. Abgerundet wird das Angebot durch den Ankauf von Gold, Silber und Platin.
(Siehe Abbildung)

321goldundsilbershop.de   **www.321goldundsilbershop.de**

Anlagegold24.de
info@gfmshop.com

www.anlagegold24.de
Goldbarren und -münzen sowie Silbermünzen und -barren, Platin, Palladium und Aufbewahrungszubehör.

Bayerisches Münzkontor
service@muenzkontor.de

www.gold.muenzkontor.de
Gold- und Silbermünzen, Gold-, Silber- und Platinbarren. Außerdem Investmentpakete in Gold und Silber.

Bessergold.de
info@bessergold.de

www.bessergold.de
Edelmetalle in Gold, Silber, Platin und Palladium in Form weltweit bankhandelsfähiger Anlagemünzen und Barren.

edelmetallblog.de
kontakt@edelmetallblog.de

www.edelmetallblog.de
Das Edelmetallblog informiert über die Edelmetalle Gold, Silber und Platin und liefert aktuelle Nachrichten.

gold.de

www.gold.de
Vergleich von Händlerangeboten, die Gold in Form von Münzen oder Barren verkaufen. Mit Forum.

Goldankauf123.de
service@goldankauf123.de

www.goldankauf123.de
Kleine Schätze, die zu Hause rumliegen, kann man hier zu Bargeld machen. Mit Abholservice und kostenloser Analyse.

GoldSeiten.de
info@goldseiten.de

www.goldseiten.de
Hier gibt es Wissenswertes über Gold, Goldminen weltweit, verschiedene Fonds, Börsenkurse, Bücher und ein Forum.

Ophirum
kontakt@ophirum.de

www.ophirum.de
Edelmetalle schon ab einem Gramm. Gold, Silber, Platin und Palladium auch in einer Geschenkebox erhältlich.

Reisebank-gold.de
gold@reisebank.de

www.reisebank-gold.de
Der Gold-Shop der ReiseBank.

Silber.de

www.silber.de
Fragen rund um das Edelmetall Silber als Wertanlage werden hier beantwortet. Mit aktuellen News, Preisrechner und Lexikon.

silberinfo.com
team@silberinfo.de

www.silberinfo.com
Portal für Silber, Gold, Edelmetalle, aktuelle Nachrichten, Analysen, Fakten und Infos zum Thema Gold und Silber.

TG Gold-Super-Markt
gold@gold-super-markt.de

www.gold-super-markt.de
Edelmetalle-Shop mit Preisaktualisierung im Zehn-Minuten-Rhythmus. Aktuelle Edelmetall-Kurse und Einlagerungsservice.

Schulden & Zahlungsunfähigkeit

Forum Schuldnerberatung
verein@forum-schuldnerberatung.de

www.forum-schuldnerberatung.de
Großes Portal zum Thema Schulden und Schuldnerberatung. Diverse Foren, viele Informationen und nützliche Adressen.

meineSchufa.de

www.meineschufa.de
Serviceangebot der SCHUFA: Schulden-Kompass, Verbraucherinfos und Bestellung der persönlichen SCHUFA-Auskunft.

online-mahnantrag.de
office@justiz.bremen.de

www.online-mahnantrag.de
Hier kann man gegen Schuldner online einen Antrag auf Erlass eines Mahnbescheids ausfüllen.

Schuldenratgeber
info@bag-sb.de

www.meine-schulden.de
Tipps, um eine Überschuldung zu vermeiden, Telefonnummern von Schuldnerberatungsstellen und Musterbriefe.

Steuern/Allgemein

Bund der Steuerzahler
info@steuerzahler.de

www.steuerzahler.de
Hinweise zur Steuer- und Finanzpolitik, die Schuldenuhr, Steuer-tipps, Staatsverschuldung und Steuergeldverschwendung.

Elster
info@elster.de

www.elster.de
Hier kann man (Arbeitnehmer, Unternehmer und Arbeitgeber) sei-ne Steuererklärung via Internet ans Finanzamt übermitteln.

Steuerlexikon-online.de

www.steuerlexikon-online.de
Hier werden über 1.200 Fachbegriffe aus dem Steuerrecht aus-führlich erklärt.

Steuern/Lohnsteuer & Einkommenssteuer

Interaktiver Abgabenrechner
buergerreferat@bmf.bund.de

www.abgabenrechner.de
Abgabenrechner zur Berechnung der Lohn- und Einkommensteu-er. Mit wichtigen Infos.

Nettolohn.de
kontakt@nettolohn.de

www.nettolohn.de
Berechnung des Nettolohns unter Berücksichtigung der Sozialab-gaben.

● **SteuerFuchs**
service@hartwerk.de

www.steuerfuchs.de
Mit SteuerFuchs kann man bequem und einfach die Einkom-mensteuererklärung im Internet erstellen. Effizienter Steuer-rat sowie die Erfassung und Optimierung der Steuerdaten sind anmeldungsfrei verfügbar. Bei Fragen hilft ein Online-Steuerrat-geber mit Hintergrundinfos, Tipps und Umsetzungshinweisen.
(Siehe Abbildung)

SteuerFuchs   **www.steuerfuchs.de**

Steuern/Steuerberater

Datev
info@datev.de

www.datev.de
IT-Dienstleister für Steuerberater, Wirtschaftsprüfer, Rechtsanwälte und deren Mandanten. Software für Kommunen, Newsletter.

STB Web
info@stb-web.de

www.stb-web.de
Portal für Kanzleien im Internet, Artikel zahlreicher Fachautoren, Online-Steuerberatersuche und kostenloser Newsletter.

● **steuerberater.net**
info@steuerberater.net
☎(0800) 40 40 680

www.steuerberater.net
Das Steuerinformationsportal mit Steuerberaterverzeichnis im deutschsprachigen Raum. steuerberater.net vermittelt innovativ und effizient zwischen Steuerratsuchenden und Steuerberatern. Das Portal ist hervorgegangen aus dem bereits 2003 gegründeten und mittlerweile führenden Portal für Anwälte www.anwalt.de.
(Siehe Abbildung)

Steuerberater-suchservice.de
dstv.berlin@dstv.de

www.steuerberater-suchservice.de
Steuerberatersuche nach PLZ, Fachbereich, internationalem Steuerrecht, Branche sowie Fremdsprache.

Steuern/Steuertipps

steuernetz.de
info@steuernetz.de

www.steuernetz.de
Infos zu Wirtschaft, Recht und Steuern, Online-Rechner, aktuelle Gesetzestexte, Urteilsdatenbank und viele Praxistipps.

steuerspar-urteile.de
kontakt@taxandmore-online.de

www.steuerspar-urteile.de
Steuern sparen: Kostenlose, verständliche Kommentierung aktueller Urteile. Suche nach Datum, Aktenzeichen und Schlagwörtern.

Steuertipps.de
info@akademische.de

www.steuertipps.de
Die Seite bietet zahlreiche Informationen und Tipps in Steuerfragen, außerdem kostenpflichtige Downloads und einen Shop.

Steuern/Umsatzsteuer

Mehrwertsteuerrechner

www.mehrwertsteuerrechner.de
Berechnung von Mehrwertsteuer (7 % und 19 %) auf den Nettopreis und umgekehrt vom Bruttopreis zurück zum Nettopreis.

Versicherungen/Allgemein

friendsurance
info@friendsurance.de

www.friendsurance.de
Beim Abschluss von Versicherungen kann man hier sparen, indem man sich mit Menschen zu Solidargemeinschaften verbindet.

Versicherungen/Ankauf

LV-Doktor
info@lv-doktor.de

www.ankauf-versicherungen.de
LV-Doktor kauft Lebens- und Rentenversicherungen an. Es besteht die Chance auf einen hohen Rückkaufwert.

Versicherungen/Berufsunfähigkeitsversicherung

Berufsunfaehigkeitsversicherung.info
redaktion@berufsunfaehigkeitsversicherung.info

www.berufsunfaehigkeitsversicherung.info
Der Ratgeber informiert umfassend über alle Bereiche der Berufsunfähigkeitsversicherungen: Anspruch und Höhe der gesetzlichen Leistungen, Karenzzeiten oder Auswahlkriterien für den richtigen Berufsunfähigkeitsschutz. Dazu gibt es eine Checkliste, Musterbedingungen und Anbieteradressen zum Download.

Versicherungen/Kfz-Versicherung

deutsche internet versicherung ag
kontakt@deutscheinternetversicherung.de

www.deutscheinternetversicherung.de
Echte Online-Kfz-Versicherung: Ausschließlich online mit übersichtlichem Tarifrechner und Versicherungsvergleich.

Direct Line Versicherung AG
info@directline.de

www.directline.de
Haftpflichtversicherung für Kraftfahrzeuge, Teilkaskoversicherung, Vollkaskoversicherung. Außerdem ein Kfz-Tarifrechner.

nafi-auto

www.nafi-auto.de
Kfz-Versicherungsvergleich, der auch die Leistungen des jeweiligen Versicherers im Schadensfall anzeigt.

R+V24
info@rv24.de

www.rv24.de
Ob für Auto, Motorrad oder Motorroller: Kfz-Versicherungen bei R+V24 direkt online abschließen – in nur fünf Schritten.

Versicherungen/Krankenversicherung

Siehe Kapitel Gesundheit

Krankenversicherungen

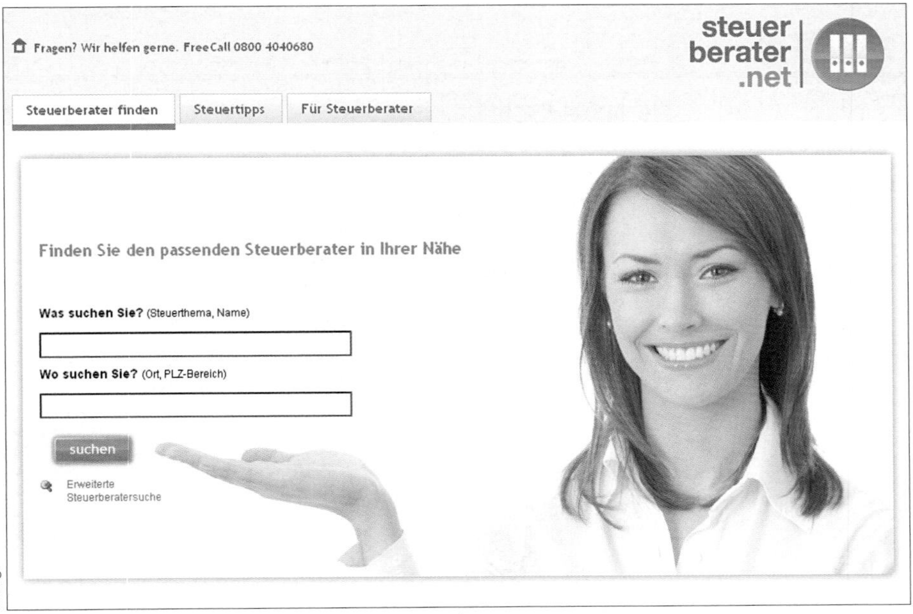

GELD & FINANZEN

Versicherungen/Rechtsschutzversicherung

Advocard Rechtsschutzversicherung AG
nachricht@advocard.de

www.advocard.de
Online-Rechtsschutz mit Antragstellung und der Rubrik „von A bis Z", einer Liste der Fachbegriffe im Rechtsschutz.

ARAG Versicherungen
service@arag.de

www.arag.de
Versicherungsberatung rund um Rechtsschutz, Lebens- und Rentenversicherungen sowie Privathaftpflicht und Gebäudeschutz.

Badische Rechtsschutzversicherung AG
ksc@bgv.de

www.badische-rechtsschutz.de
Online-Tarifrechner sowie ausführliche Informationen zu den angebotenen Produkten inklusive Online-Schadenservice.

D.A.S. Versicherungen
info@das.de

www.das.de
Infos zu Rechtsschutz und weiteren Versicherungsprodukten, umfassende Tarifberechnungen sowie Online-Abschlüsse.

Rechtsschutzversicherung.info
redaktion@rechtsschutzversicherung.info

www.rechtsschutzversicherung.info
Der Ratgeber für Rechtsschutzversicherungen klärt über verschiedene Rechtsschutzarten auf und bietet einen Preisvergleich. Es werden Hintergrundthemen behandelt und zentrale Fragen geklärt. So können Verbraucher schon vor dem Abschluss überprüfen, ob die Versicherungsbedingungen vorteilhaft sind.

Roland Rechtsschutz
service@roland-rechtsschutz.de

www.roland-rechtsschutz.de
Rechtsschutz für Privatleute, Mieter, Immobilienbesitzer, Ärzte, Unternehmer, Manager, Veranstalter und Vereine.

ALLRECHT Rechtsschutzversicherungen
service@allrecht.de

www.allrecht.de
ALLRECHT Rechtsschutzversicherungen – Zweigniederlassung der DEURAG Deutsche Rechtsschutz-Versicherung AG bietet Maßgeschneidertes für Familien, Singles, Berufsstarter oder Senioren, dazu wichtige Urteile den Rechtsschutz betreffend, eine Prozesskostenübersicht sowie Schadensbeispiele aus der Praxis.
(Siehe Abbildung)

ALLRECHT Rechtsschutzversicherungen　　　　　**www.allrecht.de**

270

Versicherungen/Reiseversicherung

Siehe Kapitel Urlaub & Reise **Reiseversicherungen**

Versicherungen/Versicherungsgesellschaften

AachenMünchener
service@amv.de

www.amv.de
Infos zum Produktangebot, Schadensmeldungen, Suche nach Ansprechpartnern vor Ort, Rentenrechner, Riester-Rechner, Glossar.

Allianz Gruppe Deutschland
info@allianz.de

www.allianz.de
Anbieter von Schadens-, Unfall- und Lebensversicherungen, Bausparen, Baufinanzierung und Krankenversicherungen.

Alte Leipziger
service@alte-leipziger.de

www.alte-leipziger.de
Infos zu Versicherungen, privater und betrieblicher Altersvorsorgung, Bausparen, Investment und Rechtsschutz.

AXA
service@axa.de

www.axa.de
Detaillierte Produktinformationen, Tarifberechnung, Online-Abschluss von Versicherungen sowie das Kundenportal „My AXA".

Condor Versicherungsgruppe
kontakt@condor-versicherungsgruppe.de

www.condor-versicherungsgruppe.de
Informationen zu allen Produkten, zum Unternehmen sowie Stellenanzeigen.

● **R+V Versicherung**
ruv@ruv.de

www.ruv.de
Umfangreiches Versicherungs- und Serviceangebot u. a. mit Tarifrechnern, Schaden- und Änderungsservice, Lexikon und Jobbörse. Besondere Highlights: informativer Ratgeberbereich, Videofilme zum Thema Versicherung, Newsletter-Service, Versorgungslückenrechner und Angebote in Twitter und Facebook.
(Siehe Abbildung)

R+V Versicherung   **www.ruv.de**

CosmosDirekt
info@cosmosdirekt.de

www.cosmosdirekt.de
CosmosDirekt ist eine Versicherung, zu deren Angebot private Absicherung, Vorsorge und Geldanlage zählen.

Deutscher Ring
service@deutscherring.de

www.deutscherring.de
Informationen über die Unternehmen Deutscher Ring: Versicherungen, Bausparen und Fonds sowie umfangreiche Services.

DEVK
info@devk.de

www.devk.de
Ein breites Spektrum nützlicher Schutz- und Vorsorgeangebote finden User im Auftritt der DEVK Versicherungen.

ERGO Direkt
beratung@ergodirekt.de

www.ergodirekt.de
Versicherungen zu allen Lebenslagen.

Ergo Versicherungsgruppe AG
info@ergo.de

www.ergo.de
Die Ergo Versicherungsgruppe bietet auf ihren Seiten Nachrichten aus der Branche sowie Infos für Journalisten und Aktionäre.

Europa Versicherungen
info@europa.de

www.europa.de
Infos rund um das Versicherungsangebot der Europa mit Tarifrechnern, Angeboten, Anträgen und Online-Abschlüssen.

Generali Versicherungen
service@generali.de

www.generali.de
Produkte für Privat- sowie Firmenkunden, Online-Rechner und Online-Formulare zum Downloaden.

Hannoversche
service@hannoversche-leben.de

www.hannoversche.de
Ausgezeichnete Risiko- oder Berufsunfähigkeitsvorsorge sowie Top-Rentenprodukte online berechnen und direkt abschließen.

HDI24
kundenservice@hdi24.de

www.hdi24.de
HDI24 bietet im Internet günstige Versicherungen mit Online-Abschluss für Privatkunden.

HUK-COBURG
info@huk-coburg.de

www.huk.de
Versicherungsinformationen, Gesundheitsratgeber, Online-Beitragsberechnung und Stellenangebote.

IAK GmbH

www.vergleichen-und-sparen.de

Anzeige

272

Mannheimer Versicherungen
service@mannheimer.de

www.mannheimer.de
Online-Angebote für den privaten Bedarf in allen Lebenslagen und Markenversicherungen für Firmen und Gewerbetreibende.

Neckermann Versicherungen
beratung@neckermann-versicherungen.de

www.neckermann-versicherungen.de
Rundum-Familien-Schutz: Von der Augen-Vorsorge über den Krankenhaus-Tagegeld-Plan bis zur Zahn-Zusatzversicherung.

SIGNAL IDUNA Gruppe
info@signal-iduna.de

www.signal-iduna.de
Infos rund um die SIGNAL IDUNA Gruppe, ihre Produkte und ihre Leistungen sowie Aktuelles aus Unternehmen und Politik.

VHV Versicherungen
info@vhv.de

www.vhv.de
Kfz-Versicherung, Lebensversicherung, Hausrat-, Wohngebäude-, Unfall-, Rechtsschutz- und Bauwirtschaftsversicherung.

Zurich Gruppe Deutschland
service@zurich.de

www.zurich.de
Die Zurich Gruppe bietet Privat-, Firmen- und Industriekunden Lösungen für Versicherungen, Vorsorge und Risikomanagement.

Versicherungen/Versicherungsvergleiche

● **IAK GmbH**
service@vergleichen-und-sparen.de

www.vergleichen-und-sparen.de
Hier kostenlos die Tarife von 183 Versicherungen vergleichen und aus der Ergebnisansicht unkompliziert online abschließen. Man findet exklusive Maklerkonzepte mit Rabatten und Leistungserweiterungen gegenüber den Normaltarifen. Es wird eine Online-Beratung für Fragen und im Schadensfall geboten. **(Siehe Abbildung)**

● **vit24**
info@vit24.de
☎(05139) 95 81 20

www.vit24.de
Unabhängige Versicherungsvergleiche für Bauherren genauso wie für Hunde- oder Pferdehalter und viele weitere Versicherungsfelder wie Privathaftpflicht oder Rechtsschutz. Der jeweilige Rechner führt den Nutzer mit wenigen Klicks und Angaben zum am besten geeigneten Versicherungspartner. **(Siehe Abbildung)**

vit24   **www.vit24.de**

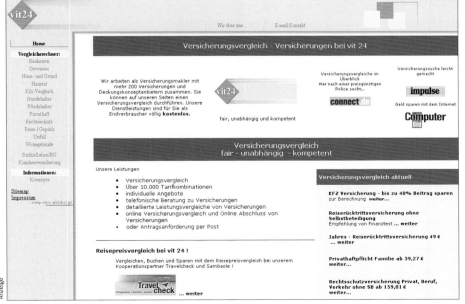

Geld & Finanzen

Kapitalmax
info@kapitalmarkt24.de

www.kapitalmax.de
Kunden stellen Anfragen nach einer Versicherung ein, die von den Versicherungsgesellschaften ersteigert werden können.

Tarifcheck24
info@tarifcheck24.de

www.tarifcheck24.de
Tarifcheck vergleicht und ist stets auf der Suche nach den interessantesten Versicherungs- und Finanzangeboten.

toptarif.de
info@toptarif.de

www.toptarif.de
Hier kann man mit Tarifrechnern die aktuellen Preise und Konditionen für Kfz- und Sachversicherungen vergleichen.

Versicherungen.de
info@versicherungen.de

www.versicherungen.de
Informative Web-Seite zu Vorsorge, Sicherheit und Finanzen.

1blick
info@1blick.de

www.1blick.de
Vergleichsportal zur Suche nach den besten Versicherungen und Geldanlagen mit detaillierten, anonymen Auswahloptionen.

aspect online
kundenservice@aspect-online.de

www.aspect-online.de
Kostenloser Online-Vergleich von Finanzdienstleistungsprodukten. Infos zu Kfz-, Kranken- und Lebensversicherungen.

Dr. Klein
info@drklein.de

www.drklein.de
Unabhängiger Vermittler für Versicherungen, Online-Vergleiche und Beratung.

finanzcheck.com
kontakt@finanzcheck.com

www.finanzcheck.com
Online-Vergleich für Versicherungen, Finanzen, Vorsorge und Tagesgeld sowie zahlreiche Ratgeber rund um Finanzthemen.

Finanzen.de
info@finanzen.de

www.finanzen.de
Versicherungsvergleiche, Stromanbietervergleiche, Geldanlage, Kredite, DSL und Telefon.

Geld.de
info@geld.de

www.geld.de
Kostenlose Infos und Vergleiche in den Bereichen Versicherung, Baufinanzierung, Geldanlagen, Kredite und Kreditkarten.

Währungen/Allgemein

Eurobilltracker.com
contact@eurobilltracker.com

www.eurobilltracker.com
Anhand der Banknotennummern geben die Mitglieder dieser Community Rückmeldungen über den innereuropäischen Geldfluss.

Währungen/Währungsumrechner

Bankenverband Währungsrechner
bankenverband@bdb.de

www.bankenverband.de/waehrungsrechner
160 Währungen „zuverlässig" (FAZ) umrechnen. Währungstabellen zum Ausdrucken, Reisekassen-Tipps und Ratgeber-Podcast.

Umrechnung24.de
info@sun-sirius.de

www.umrechnung24.de
Hier kann man sich den Wechselkurs von mehr als 160 Währungen tagesaktuell anzeigen lassen.

Wertpapiere/Analysen & Tipps

Aktien Prognose
info@aktienprognose.com

www.aktienprognose.com
Mittels Schwarmintelligenz werden hier Aktienkurse prognostiziert, indem jeder eine Prognose abgeben kann.

Aktienboard.com

www.aktienboard.com
Diskussionen auf hohem Niveau: Foren zu den Themen Trading-Strategien, europäische und US-Börsen, Blue Chips und Fonds.

aktiencheck.de
info@aktiencheck.de

www.aktiencheck.de
Aktien, Analysen, Kurse, Charts und Aktien-News sowie ein Lexikon mit über 1.000 Börsenbegriffen.

aktienmarkt.net
kontakt@myresearch.de

www.aktienmarkt.net
Aktuelles zum Thema Aktien. Analystentipps, Marktberichte, Pressekonferenzen, Geschäftszahlen, Neu-Emissionen.

Bullenbrief.de
info@bullenbrief.de

www.bullenbrief.de
Kostenloser Börsenbrief mit Marktbericht zur Entwicklung der Aktien aus dem DAX sowie Börsenlexikon und Aktientipps.

DerivateCheck

www.derivatecheck.de
Hier gibt es Infos und den Überblick über die Finanzwelt. Termine, Analysen, Kurse, Newsletter, Seminare und ein Lexikon.

PenStox - Small Cap Community
info@penstox.de

www.penstox.de
Internet-Portal, welches Unternehmensprofile und Nachrichten von börsennotierten Small Cap Unternehmen veröffentlicht.

sharewise.com
info@sharewise.com

www.sharewise.com
Sharewise ist eine Aktien-Community für Personen, die aussagekräftige und fundierte Informationen über Aktien suchen.

Wertpapier-forum.de
kontakt@wertpapier-forum.de

www.wertpapier-forum.de
Diskussionsforum zu Inlands- und Auslandsaktien, Fonds und Vermögensplanung, Strategien, Anlagen und Analysen.

Zinsen/Tagesgeld & Festgeld

Tagesgeld News
kontakt@tagesgeld-news.de

www.tagesgeld-news.de
Anleger erhalten hier täglich aktuelle Meldungen zu Tagesgeld, Festgeld, Girokonto und Finanznachrichten. Neben einer Übersicht aller Banken und deren Konten stehen Vergleiche, Rechner, detaillierte Angaben zu den momentanen Zinssätzen, Infos zur Entwicklung der Anlagen und Apps zur Verfügung.
(Siehe Abbildung)

Tagesgeld News   **www.tagesgeld-news.de**

GELD & FINANZEN

Tagesgeld.info
info@franke-media.net

www.tagesgeld.info
Mit den tagesaktuellen Vergleichsrechnern für Tages- und Festgeldkonten können Anleger schnell den besten Anbieter mit dem höchsten Zinssatz ermitteln. Darüber hinaus findet man detaillierte Informationen zu den einzelnen Angeboten sowie ein Lexikon für Fachbegriffe und Ratgeber zu Geldanlagen.
(Siehe Abbildung rechts)

Tagesgeld.org
info@performeo.de

www.tagesgeld.org
Auf den Seiten von Tagesgeld.org befinden sich ausführliche Informationen zum Tagesgeldkonto. Neben Ratgeber-Artikeln und aktuellen Meldungen, beispielsweise über neue Konten oder veränderte Konditionen, stehen ein aktueller Zinsvergleich sowie ein kostenloser Tagesgeldrechner zur Verfügung.
(Siehe Abbildung unten)

Tagesgeldrechner.de
redaktion@tagesgeldrechner.de

www.tagesgeldrechner.de
Über 100 Banken werden hier anhand ihrer Tagesgeldzinsen miteinander verglichen. Aus dem Anlagebetrag, der Anlagedauer, Neukundenangeboten und der Einlagesicherung werden individuell die Anbieter mit profitablen Zinsen berechnet und übersichtlich aufgelistet. Die Angebote werden täglich aktualisiert.

Wertpapiere/Börsenkurse, Indizes & Ad-hoc-Meldungen

ad-hoc-news
redaktion@ad-hoc-news.de

www.ad-hoc-news.de
Alle Infos zu Realtime-Aktienkursen, Börsenkursen, Devisen, ad-hoc-Meldungen, allen Märkten sowie Marktberichte und News.

boerse.de
service@boerse.de

www.boerse.de
Aktuelle Informationen zu allen in Deutschland gehandelten Wertpapieren inklusive Kursen, Charts und Nachrichten.

Tagesgeld.org   **www.tagesgeld.org**

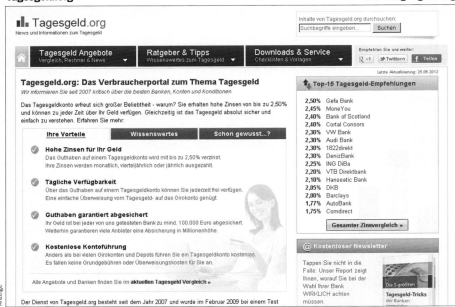

Tagesgeld.info   **www.tagesgeld.info**

Sie befinden sich hier: Tagesgeld.info

Tagesgeld.info – aktuelle Tages- und Festgeldkonten im Vergleich

Tagesgeldkonten kombinieren attraktive Zinsen mit hoher Sicherheit. Zum einen liegen die Zinsen führender Tagesgeldangebote deutlich über dem Marktdurchschnitt bzw. den Zinssätzen aktueller Sparbücher oder Girokonten und zum anderen werden innerhalb der EU alle Tagesgelder mindestens durch die gesetzlich vorgeschriebene Einlagensicherung bis zu einer Summe von 100.000 Euro pro Bank und Kunde zu 100 Prozent abgesichert.

Festgeldkonten kombinieren ebenfalls attraktive Zinsen und hohe Sicherheit, bieten darüber hinaus jedoch den Vorteil, dass die einmal vereinbarten Zinssätze über die gesamte Laufzeit des Festgeldkontos unveränderlich sind. Für diese Zinssicherheit muss der Anleger jedoch der Tatsache ins Auge sehen, dass sein Geld für die vereinbarte Laufzeit fest angelegt ist.

Tagesgeld- und Festgeld-Zinsen im Vergleich

Bei welchen Banken Sie besonders hohe Zinsen aufs Tagesgeld oder Festgeld erhalten, zeigen Ihnen unsere nachfolgenden Rechner sowie der Tagesgeld-Vergleich und Festgeld-Vergleich auf unserem Portal.

» Ratgeber

Ab wann erhalte ich Zinsen auf mein Guthaben?

Ab wann erhalte ich Zinsen auf mein Guthaben? Vom ersten Tag an, ab dem Guthaben auf dem Tagesgeldkonto vorhanden ist, werde auch Zinsen berechnet, und zwar [...]

Außergewöhnliche Belastungen

Außergewöhnliche Belastungen Steuerzahler haben die Möglichkeit, gegenüber dem Fiskus Kosten geltend zu machen, die ihm "zwangsläufig" entstehen und "nicht umgangen" werden können. Diese außergewöhnliche [...]

Auszahlung vom Tagesgeldkonto

Wie hebe ich Geld von meinem Tagesgeldkonto ab? Über das Guthaben auf einem klassischen Tagesgeldkonto lässt sich nur per Umbuchung verfügen. Das heißt, der gewünschte [...]

» Tagesgeld-News

VW Bank Tagesgeld 2,30 % für Neukunden – Zinsgarantie jetzt bis 01.12.2012
13.06.2012 um 12:25

Wie die Volkswagen Bank im Laufe des Vormittags mitteilte, gibt es ab heute die Möglichkeit, ein Plus Konto TopZins abzuschließen mit einer Festschreibung [...]

Anzeige

GELD & FINANZEN

Gesellschaft für Ad-hoc-Publizität

www.dgap.de
Ad-hoc- und Corporate-News, WpÜG- und Directors-Dealings-Meldungen sowie Pressemeldungen.

goyax.de
service@goyax.de

www.goyax.de
Goyax bietet aktuelle Kurse, News, Analysen und Kennzahlen zu allen gängigen Wertpapieren und kostenlose Tools.

vwd
info@vwd.de

www.vwd.com
Die vwd group bietet maßgeschneiderte Informations-, Kommunikations- und Technologielösungen für das Wertpapiergeschäft.

Wertpapiere/Broker

BrokerCheck24
info@brokercheck24.de

www.brokercheck24.de
Vergleichsportal der besten Aktien und Broker am Markt. Mithilfe der Ermittlung findet man den Broker, der zu einem passt.
(Siehe Abbildung)

Brokertest.de
info@ernsting.com

www.brokertest.de
Mit dem Transaktionskostenrechner lassen sich die Transaktionskosten fast aller deutschen Broker vergleichen.

Cortal Consors
infoservice@cortalconsors.de

www.cortalconsors.de
Finanzinformationen, Wertpapierhandel für Einsteiger und Profis, Anlageberatung und Altersvorsorge.

Wertpapiere/Hauptversammlungen

Hauptversammlung
dsw@dsw-info.de

www.hauptversammlung.de
Hauptversammlungstermine deutscher Aktiengesellschaften und die Tagesordnungen.

BrokerCheck24   **www.brokercheck24.de**

278

HV-Info.de
info@hv-info.de

www.hv-info.de
HV-Termine, Tagesordnungen, HV-Beschlüsse, Gegenanträge, Geschäftsberichte, Ad-Hoc-Mitteilungen und weitere Infos.

Wertpapiere/Investmentfonds

Deka Investmentfonds
service@deka.de

www.deka.de
Direkter Zugang zum DekaBank-Depot mit der Möglichkeit, Fondsanteile online zu kaufen, zu verkaufen und zu tauschen.

DWS Investment GmbH
info@dws.de

www.dws.de
Deutsche Gesellschaft für Wertpapiersparen. Alles rund um das Thema Fonds.

FondsClever.de
info@dtw-fonds.de

www.fondsclever.de
Fondsvermittler mit Investmentfonds aller namhaften Fondsgesellschaften.

Fondsvermittlung24.de

www.fondsvermittlung24.de
Fondsvermittlung von Investmentfonds, Aktienfonds, Rentenfonds, Kapitalanlagen und geschlossenen Fonds.

maxblue
maxblue.de@db.com

www.maxblue.de
maxblue ist das Online-Brokerage-Angebot der Deutschen Bank.

Zinsen/Zinsrechner

Zinsen-berechnen.de
info@zinsen-berechnen.de

www.zinsen-berechnen.de
Unabhängige Finanzrechner, mit denen individuelle Berechnungen zur Geldanlage wie Sparpläne, Tagesgeld, Fonds oder Aktien sowie Kredite direkt online und kostenlos durchgeführt werden können. Hierbei werden u. a. Zinsen, Sparraten, Laufzeiten oder Renditen, auch nach Steuern, berechnet. **(Siehe Abbildung)**

Zinsen-berechnen.de **www.zinsen-berechnen.de**

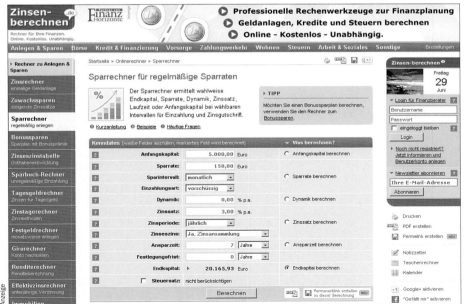

Basiszinssatz.info

www.basiszinssatz.info
Aktuelle Mitteilungen zum Thema Basiszinssatz und ein Zinsrechner für Verzugszinsen.

GESUNDHEIT

jameda

Sie haben von Ihrem Hausarzt eine Überweisung zum Orthopäden, Augenarzt, Gynäkologen oder Neurologen bekommen und wissen nicht, welcher Facharzt in Ihrer Umgebung den besten Ruf hat? Das Ärzteportal von jameda.de hat mit Sicherheit eine gute Empfehlung für Sie – hier sind über 250.000 Ärzte aus ganz Deutschland gelistet und bereits von anderen Patienten bewertet worden. Aus Kategorien wie Behandlung, Aufklärung, Vertrauensverhältnis, genommene Zeit, Freundlichkeit und telefonischer Erreichbarkeit wird die Gesamtnote ermittelt, damit Sie sich ein vollständiges Bild von der Praxis und den behandelnden Ärzten machen können.

www.jameda.de

Abnehmen.com

„Morgen fange ich wirklich an, auf mein Gewicht zu achten" – wer abnehmen möchte, weiß mit Sicherheit aus eigener Erfahrung, wie schwer es ist, ganz ohne Unterstützung eine Diät oder Ernährungsumstellung durchzuhalten. Auf abnehmen.com müssen Sie nicht alleine gegen den inneren Schweinehund ankämpfen – die Mitglieder in diesem großen Forum stehen Ihnen zur Seite. Hier können Sie Ihr persönliches Abnehm-Tagebuch führen, anderen an Ihren Erfolgen teilhaben lassen, Tipps zu verschiedenen Diäten wie Low Carb, Weight Watchers oder Trennkost erhalten und sich mit anderen über leckere, kalorienarme Rezepte austauschen.

www.abnehmen.com

Apotheken Umschau

Der Hals kratzt oder die Nase juckt und alle Apotheken haben schon geschlossen? Keine Panik, denn auf diesem Gesundheitsportal finden Sie nicht nur Tipps zu wirksamen Hausmittelchen, sondern auch alle Apothekennotdienste in Ihrer Stadt. Beim Medikamente-Check erfährt man, welche Tabletten die Symptome lindern, welche Therapiemöglichkeiten zur Auswahl stehen und was die verschlüsselten Diagnoseabkürzungen auf Überweisungsscheinen oder Arztbriefen bedeuten. Außerdem gibt es interaktive Gesundheitschecks, eine Krankheitsübersicht von A bis Z, die neuesten Forschungsmeldungen und Artikel.

www.apotheken-umschau.de

HausMed

Sie möchten mit dem Rauchen aufhören, lästige Pfunde purzeln lassen, Stress in der Partnerschaft oder im Beruf abbauen oder lernen, mit Diabetes und Bluthochdruck richtig umzugehen? Etwas für die Gesundheit zu tun, fällt gerade im Alltag nicht besonders leicht. Auf hausmed.de können Sie sich persönliche, interaktive Trainingsprogramme zusammenstellen lassen, die Ihnen den Start in ein gesundes Leben erleichtern. Mit dem Vital-Check können Sie vorher testen, wie fit Sie für Ihr Alter tatsächlich sind, mehr über mögliche Gesundheitsrisiken erfahren oder sich die jährlichen, notwendigen Vorsorgetermine abspeichern.

www.hausmed.de

www.onmeda.de

Onmeda

Informieren Sie sich hier zu über 700 Krankheiten! Symptome, Ursachen, Therapiemöglichkeiten, Prognosen sowie Vorsorgemaßnahmen werden beschrieben und Fotos der erkrankten Körperteile vermitteln einen genauen Eindruck. In den Foren erhält man noch zusätzliche Informationen und kann Fragen stellen. In der Rubrik „Ratgeber" erfährt man, wie das Entstehen von Krankheiten am besten verhindert werden kann. Zum Thema Sexualität gibt es Wissenswertes über Verhütung, Familienplanung, Potenzstörungen, Schwangerschaft oder Liebeskummer.

www.labtestsonline.de

Labtestsonline.de

Haben Sie auch schon einmal versucht, Licht in das Dunkel Ihres Laborberichtes oder Testergebnisses beim Arzt zu bringen? Ohne das nötige Fachwissen um Abkürzungen und Begriffe ist das fast unmöglich. Dieses Infoportal greift Ihnen unter die Arme! Zum einen wird verständlich erklärt was der Test ist, zum anderen bei welchen Erkrankungen er durchgeführt wird und zu welchen Behandlungen er führt. Die Infos lassen sich ganz leicht über eine Test-Suche ermitteln. Auch Krankheiten kann man hier suchen und erhält detaillierte Angaben. Es werden mehr als 200 Labortests und 500 Fachbegriffe auch für medizinische Laien verständlich erklärt.

www.gesundheit-heute.de

Gesundheit Heute

Sollte ich mit wiederkehrenden Kopfschmerzen einen Arzt aufsuchen? Woher kommen meine Rückenschmerzen und ist Schnarchen eigentlich bedenklich? Auf diesem unabhängigen Gesundheitsportal können Sie sich bereits vor dem Arztbesuch Rat holen. Der Diagnosefinder hilft Ihnen dabei, diese Fragen zu beantworten und zeigt an, ob Ihre Symptome harmlos sind oder auf eine Krankheit hindeuten und wann Sie einen Arzt aufsuchen sollten. Bei Ihnen ist Asthma, Bluthochdruck oder Diabetes diagnostiziert worden? Informationen über Krankheiten, Therapiemöglichkeiten sowie Tipps zur Selbsthilfe können Sie in Fachartikeln von Ärzten, Psychologen oder Apothekern lesen.

www.krebskompass.de

Krebs-Kompass

Im großen Forum finden Krebskranke, Angehörige und Interessierte sehr hilfreiche Tipps zu allen Bereichen der Krebserkrankung. Die Austauschplattform ermöglicht es Patienten und Betroffenen, sich über Risiken und Chancen verschiedener Behandlungsmöglichkeiten auszutauschen oder positive wie negative Erfahrungen und Gedanken in einem öffentlichen Tagebuch zu teilen. Wenn Sie wissen möchten, ob Zahnverlust mit einer Chemotherapie zusammenhängen kann, welche Rezepte für die Ernährung nach der Therapie hilfreich sind oder welche Spezialklinik in Ihrer Nähe ist, wird Ihnen hier geholfen.

Ärzte

● **Arzt-Auskunft**
info@stiftung-gesundheit.de

www.arzt-auskunft.de
Arztsuche mit gut 1.000 Therapieschwerpunkten. Angezeigt werden auch Güte-Indikatoren wie Patientenzufriedenheit, Qualitätsmanagement, medizinische Reputation. Die werbefreie Arzt-Auskunft umfasst alle niedergelassenen Ärzte, Zahnärzte, Psychotherapeuten, Chefärzte und Kliniken in Deutschland. **(Siehe Abbildung)**

docinsider.de
info@docinsider.de

www.docinsider.de
Auf diesem Bewertungsportal können Patienten ihre Ärzte bewerten und Kommentare schreiben.

esando

www.esando.de
Hier können Ärzte und Heilpraktiker gefunden und bewertet werden und im Gesundheitsforum Erfahrungen geteilt werden.

● **FACHARZT24**
kontakt@facharzt24.com
☎(0800) 00 00 67 41 7

www.facharzt24.com
FACHARZT24 ist das Patientenportal für die medizinische Expertensuche. Über die Online-Terminvereinbarung können Patienten direkt und bequem ihren Facharzt des Vertrauens kontaktieren. Der medizinische Ratgeber informiert umfassend zu Symptomen, Krankheiten, Behandlungen und Gesundheitsthemen. **(Siehe Abbildung)**

● **jameda**
gesundheit@jameda.de

www.jameda.de
jameda ist Deutschlands größte Arztempfehlung. Hier finden Patienten genau den richtigen Arzt für sich. Dabei helfen ihnen Bewertungen anderer Patienten und zahlreiche Filtermöglichkeiten. jameda umfasst u. a. Adressen von Ärzten, Zahnärzten, Heilpraktikern sowie von Kliniken und Apotheken. **(Siehe Abbildung)**

Arzt-Auskunft　　　　　　　　　　　　　　　　**www.arzt-auskunft.de**

FACHARZT24

jameda

DrEd.com
kontakt@dred.com

www.dred.com
Die Seite bietet eine Online-Sprechstunde. Mittels eines Fragebogens beschreibt man seine Symptome, Ärzte geben Feedback.

Internisten im Netz
info@internisten-im-netz.de

www.internisten-im-netz.de
Das Portal für Innere Medizin hilft bei der Arzt- und Kliniksuche und informiert über Organe und deren Erkrankungen.

medführer
info@medfuehrer.de

www.medfuehrer.de
Ganzheitliches Gesundheitsportal mit speziell nach Fachbereichen geordneter Arzt- und Kliniksuche. Hier findet man aktuelle Fachinformationen über Fachärzte sowie fundierte Infos über Behandlungsarten und OP-Eingriffe. Es werden leistungsstarke Fachkliniken und Praxen im gesamten Bundesgebiet, in Österreich und in der Schweiz vorgestellt.

Medikompass.de
info@medikompass.de

www.medikompass.de
Kostenloser Preisvergleich von Ärzten, Zahnärzten, Physiotherapeuten und Osteopathen.

Qualimedic.de
info@qualimedic.de

www.qualimedic.de
Über 80 Fachärzte stehen bei Fragen zu Themen von Allergien über Kinderkrankheiten bis hin zu Zahnproblemen bereit.

yourFirstmedicus
info@yourfirstmedicus.de

www.yourfirstmedicus.de
Werbefreies Ärzte-Bewertungs- und Empfehlungsportal auf Basis von vielen Tausend Arzt-Arzt- und Patient-Arzt-Bewertungen.

Ärzte/Arzttermine

Arzttermine.de
info@arzttermine.de

www.arzttermine.de
Termine online buchen bei Ärzten und Zahnärzten in Berlin, Frankfurt, Hamburg und München.

HalloDr.

www.hallodr.de
Ärzte in vielen deutschen Städten finden und Termine dann online buchen.

Ärzte/Behandlungsfehler

Patientenanwalt AG
info@ihranwalt24.de

www.ihranwalt24.de
Opfer von Behandlungsfehlern durch Ärzte erhalten bei der Fachkanzlei für Arzthaftung im Medizinrecht und Versicherungsrecht anwaltlichen Rat und Hilfe in Bezug auf Schmerzensgeld sowie bei Problemen mit Versicherungen.

Apotheken & Apothekennotdienste

ApoIndex
info@apoindex.de

www.apoindex.de
Apotheken- und Notdienstsuche, in der über 21.000 Apotheken in ganz Deutschland mit Anschrift gelistet sind.

aponet.de

www.aponet.de
Offizielles Gesundheitsportal der deutschen Apotheker/-innen mit Apotheken- und Apothekennotdienst-Suchmaschine.

apotheke.com
info@apotheke.com

www.apotheke.com
Apotheken- und Gesundheitsportal mit Apotheken- und Notdienstsuche, Arzneimittelvorbestellung und Gesundheitsinformationen.

apotheken.de
portal@apotheken.de

www.apotheken.de
Apothekenverzeichnis und ein deutschlandweiter und tagesaktueller Notdienstplan. Infos zu Gesundheit, Fitness und Forschung.

Ärztezeitungen & Ärztezeitschriften

Ärzte Zeitung online
info@aerztezeitung.de

www.aerztezeitung.de
Tageszeitung für Ärzte mit aktuellen Beiträgen zu Themen aus Gesundheit, Medizin, Politik, Gesellschaft und Wirtschaft.

Deutsches Ärzteblatt
aerzteblatt@aerzteblatt.de

www.aerzteblatt.de
Ausgaben der Zeitschrift stehen online zur Verfügung und bieten Wissenswertes aus Forschung, Wirtschaft und Politik.

Auslandsbehandlungen

flymedic
info@flymedic.de

www.flymedic.de
Das Gesundheitsportal zum Thema Medizintourismus: Informationen zu Behandlungen im Ausland, Ärzten und Kliniken.

Medikamente/Arzneimittel & Inhaltsstoffe

arzneimittel-datenbank.de

www.arzneimittel-datenbank.de
Umfangreiche Arzneimittel-Datenbank mit über 400.000 Medikamenten und Arzneimitteln.

Diagnosia
press@diagnosia.com

www.diagnosia.com
Diagnosia hilft bei der Medikamentensuche. Patienten und Ärzte erhalten Gebrauchs- und Fachinformationen.

Gelbe Liste Pharmindex
gelbe-liste.info@mmi.de

www.gelbe-liste.de
Das Arzneimittel-Infosystem für Fachkreise. Medikamente recherchieren und identifizieren. Kostenfrei.

Medikamente/Online-Versand

ABC arznei
info@abc-arznei.de

www.abc-arznei.de
Mittel gegen Schmerzen, Allergien, Erkältung, Schlafstörung und Magen-Darm-Erkrankungen.

Deutsche Internet Apotheke
info@deutscheinternetapotheke.de

www.deutsche-internet-apotheke.de
Die Deutsche Internet Apotheke liefert bundesweit gegen Bezahlung per Rechnung, Bankeinzug, Kreditkarte oder Nachnahme über 60.000 preisgünstige Arzneimittel, Nahrungsergänzungsmittel, Körperpflege- und Hygieneprodukte sowie Verbandstoffe.

doc bestendonk
shop@doc-bestendonk.de

www.doc-bestendonk.de
Arzneimittel, homöopathische Mittel, Körperpflege, Vitamine und Mineralstoffe, Diabetikerbedarf und medizinische Geräte.

DocMorris
service@docmorris.de

www.docmorris.de
Europas große Versandapotheke bietet ein breites Sortiment an online bestellbaren Medikamenten.

medpex.de Versandapotheke
service@medpex.de

www.medpex.de
Die Apotheke medpex bietet online über 100.000 rezeptpflichtige sowie rezeptfreie Arzneimittel – nicht verschreibungspflichtige bis zu 50% rabattiert – an. Neben den bekannten Arzneimitteln wird hier großer Wert auf homöopathische Produkte, Nahrungsergänzungsmittel sowie hochwertige Pflegeprodukte gelegt.

versandApo.de
post@versandapo.de

www.versandapo.de
Versandapotheke für rezeptfreie und rezeptpflichtige Medikamente sowie Produkte zur Körperpflege.

Versandapotheke meinPharmaversand
service@meinpharmaversand.de

www.meinpharmaversand.de
meinPharmaversand.de ist der Online-Shop einer deutschen Versandapotheke mit ausgewiesener Medikamenteneignung.

Medikamente/Preisvergleiche

apomio
info@apomio.de

www.apomio.de
Produkt- und Preisvergleich für mehr als 300.000 Medikamente, Nahrungsergänzungsmittel und Pflegeprodukte.

Arzneisucher
kontakt@arzneisucher.de

www.arzneisucher.de
Mit Hilfe des kostenlosen Preisvergleiches kann man schnell den günstigsten Preis für Medikamente, Apothekenprodukte und Arzneimittel ermitteln. Dazu werden die Angebote der verschiedenen Online-Apotheken durchsucht und die Ergebnisse übersichtlich zusammen mit eventuellen Versandkosten angezeigt. **(Siehe Abbildung)**

Medikamenta.de
info@medikamenta.de

www.medikamenta.de
Preisvergleich für Medikamente und Kosmetik.

Medikamente preiswert bestellen
info@preis-fuehrer.de

www.medikamente-preiswert-bestellen.de
Preisvergleich für Medikamente, Nahrungsergänzungsmittel, homöopathische Mittel und Pflegeprodukte.

medizinfuchs.de
info@medizinfuchs.de

www.medizinfuchs.de
Medikamente-Preisvergleich mit über 180 Versandapotheken. Außerdem Botendienst und Selbstabholung bei lokalen Apotheken.

Beauty & Wellness/Allgemein

Bellemania
email@bellemania.de

www.bellemania.de
Beauty-Portal mit zahlreichen Informationen zu Beauty-Themen, einer Beauty-Jobbörse und einem Beauty-Kleinanzeigenmarkt.

Cosmoty.de
info@cosmoty.de

www.cosmoty.de
Das Online-Magazin rund um Beauty und Wellness berichtet über neue Pflegeprodukte, Düfte und Make-Up.

Deutscher Wellness Verband e. V.
info@wellnessverband.de

www.wellnessverband.de
Qualität und Kompetenz rund um Wellness: Geprüfte Anbieter, aktuelle News und Tipps, Lexikon, Studien, Karriere-Infos.

Ihr-Wellness-Magazin.de
info@ihr-wellness-magazin.de

www.ihr-wellness-magazin.de
Ihr-Wellness-Magazin ist ein Online-Ratgeber in den Bereichen Gesundheit, Abnehmen, Fitness, Beauty, Anti-Aging und Reisen.

Wellness Interaktiv
office@wellnessinteraktiv.de

www.wellnessinteraktiv.de
Redaktionell ausgewählte Qualitätsanbieter, Angebote und Attraktionen in Deutschland, Europa und der Welt.

Wellness Lexikon

www.das-wellness-lexikon.de
Das Wellness Lexikon erklärt Begriffe rund um das Wohlbefinden und die geistige und körperliche Entspannung.

Wellness.de
wab@wellness.de

www.wellness.de
Vielfältige Informationen rund um das Thema Wellness. Ein Wellnesslexikon, Wellnesstipps und aktuelle Stellenangebote.

Siehe auch Kapitel Einkaufen

Körperpflege

Fasten & Heilfasten

● **Gesund Heilfasten**
info@gesund-heilfasten.de

www.gesund-heilfasten.de
Umfangreiche Sammlung an Informationen zum Thema „Heilfasten". Verschiedene Fastenkuren werden beschrieben, wie man gesund fastet und welche Regeln es zu beachten gilt. Außerdem gibt es Informationen zu verwandten Themen und verschiedenen Beschwerden, wie etwa Cellulite, Übersäuerung oder Darmproblemen. **(Siehe Abbildung)**

Gesund Heilfasten   **www.gesund-heilfasten.de**

Gesundheitsinformationen/Allgemein

● **Beckers Abkürzungslexikon**
arztinf@web.de

www.medizinische-abkuerzungen.de
Umfangreiche Nachschlagemöglichkeit für medizinische Fachbegriffe und Sonderzeichen mit derzeit über 150.000 Einträgen inklusive angloamerikanischer und französischer Abkürzungen. Außerdem gibt es auf der Seite zahlreiche Akronyme und Symbole sowie die Möglichkeit, neue Abkürzungen mitzuteilen. **(Siehe Abbildung)**

Bundeszentrale für gesundheitliche Aufklärung
poststelle@bzga.de

www.bzga.de
Aufklärungskampagnen zu Suchtvorbeugung, Sexualleben, Familienplanung, Nichtraucherschutz, AIDS und Organspende.

Deutsches Grünes Kreuz für Gesundheit
dgk@kilian.de

www.dgk.de
Gesundheits-Web des Deutschen Grünen Kreuz e. V.: Stets aktueller Gesundheitsratgeber für Journalisten, Laien und Fachleute.

Gesundheit Heute
info@gesundheit-heute.de

www.gesundheit-heute.de
Sachliche Infos zu Symptomen, Diagnose und Therapie der häufigsten Krankheiten.

IGeL-Monitor
info@igel-monitor.de

www.igel-monitor.de
Der IGeL-Monitor überprüft, ob und wann individuelle Gesundheitsleistungen oder Selbstzahlerleistungen Sinn machen.

Info-Gesundheit.de®
post@info-gesundheit.de

www.info-gesundheit.de
Gesundheitsportal mit Gesundheitsnews, Gesundheitsblog und 4.000 geprüften Links aus dem Bereich Gesundheit und Medizin.

medien-doktor.de

www.medien-doktor.de
Rezensionen von Medienberichten zu Gesundheitsthemen. Artikel und Sendungen werden kommentiert und bewertet.

Beckers Abkürzungslexikon   **www.medizinische-abkuerzungen.de**

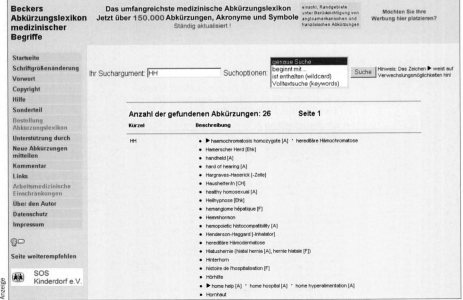

Medinfo
info@medinfo.de

www.medinfo.de
Redaktionell recherchierte Sammlung von Web-Adressen zu Themen wie Diabetes, Ernährung, Krebs oder alternative Medizin.

Medisuch.de

www.medisuch.de
Die Medizinsuchmaschine mit einfacher Bedienung und qualitativ hochwertigen Treffern aus verlässlichen Quellen.

Onmeda

www.onmeda.de/krankheiten
Onmeda geht 700 Krankheitsbildern einschließlich Ursachen, Symptomen und Therapiemöglichkeiten auf den Grund.

washabich.de
kontakt@washabich.de

washabich.de
Medizinstudenten übersetzen kostenlos medizinische Befunde in eine verständliche Sprache.

Augenheilkunde & Augenoptik

augen & mehr
info@augen-und-mehr.de

www.augen-und-mehr.de
Informationen und Neuigkeiten rund ums Auge: Brillen, Sonnenbrillen, Kontaktlinsen, Augenkrankheiten und -operationen.

Augenarztfinder.de
bva@augeninfo.de

www.augenarztfinder.de
Der Augenarztfinder im Internet. Suche nach Ort, Postleitzahl oder Name. Außerdem Infos für Patienten zum Thema Auge.

sehhelfer.de
info@sehhelfer.de
☎(0800) 100 40 88

www.sehhelfer.de
Über 450 Produkte, die das Leben für Sehschwache oder Blinde erleichtern. Im Sortiment werden neben Brillen auch Lupen, sprechende Uhren, Großtastentelefone, Wecker mit großem Display und andere Hilfsmittel angeboten. Nahezu jedes Gerät verfügt über große Anzeigen oder über eine Sprachausgabe.
(Siehe Abbildung)

sehhelfer.de   **www.sehhelfer.de**

Augen-Forum.de

www.augen-forum.de
Augen-Forum.de ist ein Online-Forum für Patienten und Augenärzte.

grauerstar-operation.de

www.grauerstar-operation.de
Infos zum Grauen Star und seiner Behandlung. Wie die Behandlung abläuft und wie es sich nach der Behandlung lebt.

Ophthalmika.de

www.ophthalmika.de
Aktuelle Informationen über Ophthalmika wie Augentropfen, Augensalben oder Augenvitamine sowie zu Augenkrankheiten.

Portal der Augenmedizin

www.portal-der-augenmedizin.de
Verzeichnis von Augenärzten und viele Hintergrundartikel zur Augenheilkunde.

Sehen.de
info@sehen.de

www.sehen.de
Alles rund ums gute Sehen und den Spaß am Brilletragen: Aktuelle Brillentrends, Typ-Beratung, virtuelle Brillenanprobe.

Siehe auch Kapitel Einkaufen

Augenoptik

Augenheilkunde & Augenoptik/Augen-Laser

Augenlaser-Ratgeber.net
info@augenlaser-ratgeber.net

www.augenlaser-ratgeber.net
Das unabhängige Portal informiert über verschiedene Lasik-Methoden und klärt über die Risiken einer Lasik-Operation auf.

FreeVis Lasik Zentren
mail@eyes.de

www.freevis.de
Alle FreeVis Lasik Zentren in Deutschland, Österreich und der Schweiz auf einen Blick mit Link zur entsprechenden Seite.

Lasik-Verzeichnis für Deutschland
info@lasikverzeichnis.de

www.lasikverzeichnis.de
Redaktionelles Verzeichnis von rund 300 Ärzten und Augenkliniken, die sich auf Lasik-Operationen spezialisiert haben.

Berufsverband der Deutschen Chirurgen e. V.　　　　**www.bdc.de**

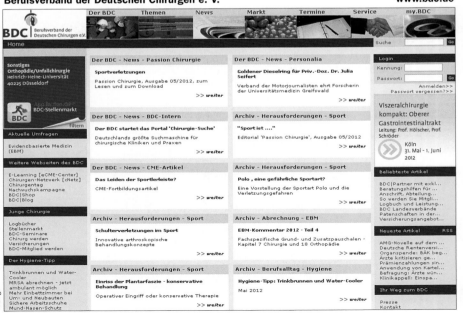

Operation Auge

www.operationauge.de
Hintergrundinformationen über die Augenlaser-Operationen mit einem großen Forum für Patienten.

Chirurgie

Berufsverband der Deutschen Chirurgen e. V.
mail@bdc.de
☎(030) 28004 100

www.bdc.de
Informations- und Service-Web-Seite des Berufsverbandes der Deutschen Chirurgen (BDC). Fakten und News zu Berufspolitik, Berufsrecht und Abrechnung, Qualität in der Chirurgie. Großer Stellenmarkt für Chirurgen. Seminar- und Veranstaltungskalender. Mitgliederportal „my.BDC". Neu: BDC-Shop. **(Siehe Abbildung)**

Chirurgie Portal
mail@chirurgie-portal.de

www.chirurgie-portal.de
Fachportal für Chirurgie mit über 500 Operationsbeschreibungen und einer Vielzahl interessanter Gesundheitsinformationen.

Chirurgie Suche
chirurgie-suche@bdc.de

www.chirurgie-suche.de
Deutschlands größte und intelligenteste Suchmaschine mit 6.000 chirurgischen Kliniken und Praxen. Fachliches und operatives Spektrum, Behandlungshäufigkeit, Qualitätsinformationen, CS-Transparenzindex u.v.m. Gesicherte und transparente Informationen durch die Schirmherrschaft des Berufsverbandes (BDC). **(Siehe Abbildung)**

ecme-Center
info@ecme-center.org

www.ecme-center.org
Online-Fortbildungsplattform für deutsche Chirurgen mit über 800 CME-Kursen, OP-Videos und Fachvorträgen.

Chirurgie/Plastische Chirurgie

Portal der Schönheit
info@portal-der-schoenheit.de

www.portal-der-schoenheit.de
Informationsportal für plastische und ästhetische Chirurgie. Besucher können bundesweit nach Fachärzten suchen.

Chirurgie Suche

www.chirurgie-suche.de

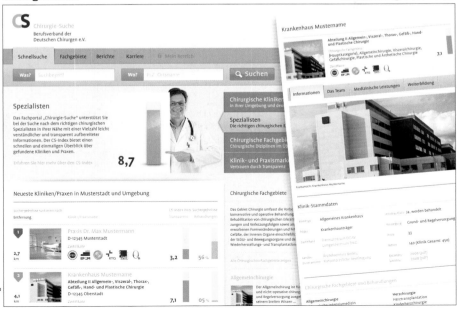

Diät & Abnehmen

Abnehmen - Das Forum

www.abnehmen-das-forum.de
Informatives zu Übergewicht und Abnehmen, Tipps zur erfolgreichen Gewichtsabnahme, Motivationstrainer und Rezepte.

Abnehmen.com
support@forumfactory.de

www.abnehmen.com
Das Forum zum Thema „Abnehmen". Hier erhält man Ernährungstipps, Diätinformationen und Rezepte von Gleichgesinnten.

Abnehmen.net
kontakt@abnehmen.net

www.abnehmen.net
Gesund und informiert abnehmen. Diäten-A-Z mit Meinungen und Hintergründen, Community-, Rezept- und Wissensbereich.

Calory Coach
info@calorycoach.de

www.calorycoach.de
Abnehminstitute in Deutschland, Österreich und der Schweiz. Infos zu Büchern, Magazinen und Standorten findet man online.

Diaeko
infos@diaeko.de

www.diaeko.de
Infos über gesunde Ernährung sowie aktuelle Meldungen zu den Themen Abnehmen, Ernährung und neue Produkte.

Diät Abnehmen
info@naschkatzen.com

www.diaet.abnehmen-forum.com
Großes Forum zum Thema Abnehmen und Diät: Beschreibung von erfolgreichen Diäten, Infos zu den einzelnen Diäten.

Diät.com
email@diaet.com

www.diaet.com
Web-Seite für die Themen Diät und gesundes Abnehmen. Diätrezepte und Diätvergleiche helfen beim erfolgreichen Abnehmen.

impuls-diät
info@impuls-diaet.de

www.impuls-diät.de
Auf Basis eines Fragebogens wird ein Diätplan zusammengestellt. In Teilen Deutschlands auch mit Lebensmittellieferung.

Kilosweg.de

www.kilosweg.de
In diesem Abnehmforum treffen sich Gleichgesinnte, um mit Hilfe einer Ernährungsumstellung ihr Körpergewicht zu reduzieren.

leichter abnehmen
grenzach.allgemein@roche.com

www.leichterabnehmen.de
Hier findet man nützliche Tipps, um sein gesetztes Ziel zum individuellen Wunschgewicht zu erreichen.

leichter abnehmen
grenzach.arzneimittel@roche.com

www.leichterabnehmen-haus.de
Informationsportal zum Thema Übergewicht mit einer Darstellung der möglichen Ursachen und verschiedenen Diätplänen.

Low Fett 30
info@lowfett.de

www.lowfett.de
Informationen zum Abnehmen und Genießen, bei maximal 30 % der Kalorien aus Fett. Mit BMI- und Fett-Rechner.

www.fddb.info
tbohlmann@fddb.info

www.fddb.info
Abnehmen leicht gemacht: Kostenloses Ernährungstagebuch mit Kalorientabelle und Lebensmitteldatenbank.

xx-well.com
info@dialog.xx-well.com

www.xx-well.com
Coaching fürs Wohlbefinden. Programme zu den Themen Abnehmen, Training, Gehirntraining und Nikotinverzicht.

Gehirntraining

brain-fit.com

www.brain-fit.com
Übungen zur Steigerung der Gedächtniskraft und Konzentrationsfähigkeit sowie Infos, wie Gehirn und Gedächtnis arbeiten.

mental-aktiv
info@schwabe.de

www.mental-aktiv.de
Wissenschaftlich fundierte Tests und Übungen zur Steigerung der geistigen Leistungsfähigkeit (Gedächtnis und Konzentration).

Gesundheits-Communitys

DocJones.de
support@docjones.de

www.docjones.de
Gesundheits-Community mit Tipps, Ratgebern und Erfahrungsberichten zu Krankheiten, Hausmitteln und Medikamenten.

med1
info@med1.de

www.med1.de
Über 50 spezialisierte Foren z. B. zu den Themen Ernährung, Bewegung, Infektionen, Krebs, Sexualität und Schwangerschaft.

sanego.de
support@sanego.de

www.sanego.de
Erfahrungsberichte für Medikamente, Krankheiten, Nebenwirkungen, Community, Arztsuche und Arztbewertung.

Gesundheitsdienstleister & Gesundheitsagenturen

docclusive®
kontakt@docclusive.com

www.docclusive.com
Full-Service Werbeagentur/Unternehmensberatung mit Spezialisierung auf Medizin, Gesundheitswesen, Pharma und Sport.

pr@xisweb
info@praxisweb.de

www.praxisweb.de
Dienstleister für Ärzte und Zahnärzte im Bereich Praxismarketing in Online-Medien.

Gesundheitsportale

● **AOK**
info@bv.aok.de

www.aok.de
Das große AOK-Portal bietet umfangreiche Infos zu Gesundheit, Tests und viel Service – wissenschaftlich überprüft und aktuell. Außerdem: Individuelle Programme, den AOK-Gesundheits-Navi mit Arztnavigator sowie Ratgeber-Foren zu Gesundheitsfragen, Ernährung, Fitness sowie Partnerschaft und Sexualität.
(Siehe Abbildung)

AOK   **www.aok.de**

Anzeige

Apotheken Umschau

www.apotheken-umschau.de
Online-Service der „Apotheken-Umschau" mit Gesundheitslexika, aktuellen Nachrichten und Forschungsmeldungen.

Ärztliches Zentrum für Qualität in der Medizin
info@azq.de

www.aezq.de
Institut von BÄK und KBV für medizinische Leitlinien, Patienteninfos, Patientensicherheit und evidenzbasierte Medizin.

Biermann Medizin
info@medcon.ag

www.biermann-medizin.de
Aktuelle News und Kongressberichte aus der Urologie, dazu allgemeine Praxisthemen und ein Veranstaltungskalender.

Deutsches Medizin Forum
info@medizin-forum.de

www.medizin-forum.de
Portal für Medizin und Gesundheit: Ärzte- und Kliniksuche sowie ca. 60 Foren zu vielen medizinischen Fachgebieten.

Gesundheit & Medizin.de

www.gesundheitundmedizin.de
Das Gesundheitsportal bietet eine redaktionell gepflegte Auswahl hochwertiger Links zu unterschiedlichen Themen aus Gesundheit und Medizin. Dazu gibt es Informationen zu Krankheiten sowie Literaturtipps.

gesundheit.de
info@gesundheit.de

www.gesundheit.de
Nachrichten und umfangreiche Infos, Ratgeber und Lexika. Themen: Gesundheit, Medizin, Ernährung, Fitness, Wellness.

Gesundheitsinformation.de
info@iqwig.de

www.gesundheitsinformation.de
Gesundheitsinfos und Fachartikel über Haut und Haare, Kopf und Nerven, Atemwege, Kreislauf, Immunsystem und Verdauung.

● **Gesundheit aktuell**
info@gesundheit-aktuell.de

www.gesundheit-aktuell.de
Gesundheit-aktuell ist ein Online-Portal für Gesundheit, Medizin und Wellness. Aktuelle Gesundheitstipps und Information über Krankheiten und deren Heilung mit unterschiedlichen Therapieansätzen runden das Informationsangebot ab. **(Siehe Abbildung)**

Gesundheit aktuell

www.gesundheit-aktuell.de

HausMed
info@hausmed.de

www.hausmed.de
Der Deutsche Hausärzteverband bietet Trainings für ein gesundes Leben und informiert über Krankheiten und Gesundheit.

imedo.de

www.imedo.de
Neben einer Gesundheits-Community bietet imedo.de Gesundheitsinfos und eine Arztsuche mit Empfehlungsfunktion.

Lifeline.de
info@bsmo.de

www.lifeline.de
Gesundheitsportal zu Krankheits- und Gesundheitsthemen. In den Expertenräten können kostenlos Fragen gestellt werden.

Mediz.Info®
redaktion@medizinfo.com

www.mediz.info
Informationen rund um die Themen Gesundheit, menschlicher Körper und medizinische Behandlungen. Mit Klinikverzeichnis.

Med-Kolleg
info@med-kolleg.de

www.med-kolleg.de
Arzt-, Klinik- und Apothekensuche sowie informative Artikel aus den Bereichen Gesundheit, Medizin, Beauty und Wellness.

Meine Gesundheit
meine-gesundheit@mmi.de

www.meine-gesundheit.de
Gesundheitsratgeber von A bis Z mit Medikamentendatenbank, Gesundheits-Newsletter und Rehaklinikendatenbank.

NetDoktor.de
info@netdoktor.de

www.netdoktor.de
Infos zu Krankheiten, Symptomen, Medikamenten und ein großes Forum zu verschiedenen Themenbereichen.

● **MyPIN – Das PHOENIX Portal für Gesundheit und Wellness**
service@p-i-n.com

www.mypin.de
Das Portal bietet ein großes Gesundheitslexikon und Infos zu Naturheilverfahren, Zahnmedizin, Immunsystemen, Krebs, Aids, Ernährung, Psyche, Wellness und mehr. Außerdem gibt es eine bundesweite Übersicht über Apotheken, Krankenkassen, Reha-Kliniken und Selbsthilfegruppen sowie interaktive Services.
(Siehe Abbildung)

MyPIN – Das PHOENIX Portal für Gesundheit und Wellness   www.mypin.de

Onmeda

www.onmeda.de
Das Gesundheitsportal im Internet. Verständlich aufbereitete Informationen rund um das Thema Gesundheit.

samedi.de
info@samedi.de

www.samedi.de
Online-Terminbuchung und Arztsuche für Patienten sowie Vernetzung von Ärzten und multifunktionales Kalendersystem.

vigo online
vigo@rh.aok.de

www.vigo.de
Infos rund um Ernährung, Sport, Wellness, Entspannung, Medizin und Behandlungsmöglichkeiten – mit vielen Videos.

vitanet.de
info@vitanet.de

www.vitanet.de
Gesundheitsportal mit umfassenden Gesundheitsinformationen, von namhaften Experten verständlich und informativ vermittelt.

Zentrum der Gesundheit
info@zentrum-der-gesundheit.de

www.zentrum-der-gesundheit.de
Gesundheitsthemen, Neuigkeiten rund um die Themen ganzheitliche Gesundheit und Ernährung sowie ein Online-Shop.

Gesundheitsprodukte

Aktivwelt
info@aktivwelt.de
☎(0800) 100 40 86

www.aktivwelt.de
Der Online-Shop bietet Hilfsmittel für aktive Menschen in jedem Alter. Anziehhilfen, Blutdruckmessgeräte, Pflegemittel, Gehstöcke, Lagerungskissen, Antirutschmatten, Badewannensitze, TV-Lupen, Duschhocker, Haltegriffe, Hörgeräte oder Senioren-Handys bieten Erleichterung für jede Lebenslage. **(Siehe Abbildung)**

health-manager.de®
info@health-manager.de

www.health-manager.de/shop/
Gesundheits- und Wellnessprodukte wie Sitzbälle, Keilkissen, Wärmekissen, Körnerkissen und Massageroller.

JustLife24.com
info@justlife24.com

www.justlife24.com
Ein umfassendes Sortiment rund um die Themen Gesundheit, Fitness und Wellness.

Aktivwelt

www.aktivwelt.de

walzvital Online-Shop für Sanitätsbedarf
info@walzvital.de

www.walzvital.de
Der Online-Shop bietet eine große Auswahl an Produkten für Gesundheit und Wohlbefinden.

Gynäkologie

PMS - Ratgeber
info@reblu.de

www.pms-ratgeber.info
Ein Ratgeber zum Prämenstruellen-Syndrom mit Tipps zu Ernährung, Therapie, Bewegung und Entspannung.

Haare

● **haar-ausfall.com**

www.haar-ausfall.com
Ausführliche Informationen zu Ursachen und Therapiemöglichkeiten bei Haarausfall und anderen Haarproblemen. Neben aktuellen Meldungen aus der Wissenschaft gibt es praktische Tipps zu Pflegeprodukten, Styling und Frisuren bei Haarproblemen sowie Broschüren und Buchempfehlungen. **(Siehe Abbildung)**

Haarerkrankungen.de
info@medizin-online.info

www.haarerkrankungen.de
Infoseite mit aktuellen Beiträgen rund um die Entstehung und die Behandlung von Haarausfall und Kopfhauterkrankungen.

Haarforum.de

www.haarforum.de
Forum mit vielen praktischen Tipps zu Haarpflege und Styling sowie zum Friseurhandwerk.

ProHaar
infocenter@msd.de

www.prohaar.de
Hilfe bei Haarausfall: Behandlungsmethoden und Erfahrungsberichte sowie bundesweite Spezialistensuche.

haar-ausfall.com   **www.haar-ausfall.com**

Haut

haut.de
redaktion@haut.de

www.haut.de
Das Portal haut.de vermittelt unabhängiges, fachlich fundiertes Wissen rund um die Themen Haut, Haar und Körperpflege.

hautstadt.de
info@almirall.de

www.hautstadt.de
Große Dermatologendatenbank mit über 4.000 Adressen und Informationen zu Haut und Allergie.

Hörgeräte, Hörhilfen & Gehörschutz

Forum Gutes Hören
info@forum-gutes-hoeren.de

www.fgh-info.de
Spannendes Portal: Informatives und Spielerisches zu den Themen Hören, Hörprobleme und Hörsysteme, Hörtest und Links.

Gehörschutz Versand
info@gehoerschutz-versand.de

www.gehoerschutz-versand.de
Egal ob für die Arbeit, den Sport, für Musiker oder für die Nachtruhe, hier gibt es den passenden Hörschutz.

Hörgeräte im Internet
info@hoergeraete-im-internet.de

www.hoergeraete-im-internet.de
Hier kann man sich über Hörgeräte informieren und diese auch bestellen. Somit entfällt der Weg zum Hörgeräteakustiker.

mein-hoershop.de
info@mein-hoershop.de

www.mein-hoershop.de
Hörgerätezubehör, Hörgerätebatterien und Pflegemittel. Auch Gehörschutz, Signalsysteme, Seniorenhandys sowie Kopfhörer.

hoerhelfer.de
info@hoerhelfer.de
☎(0800) 330 51 53

www.hoerhelfer.de
Für Menschen mit Hörminderung oder Gehörlose gibt es eine ganze Reihe hochwertiger Hilfsgeräte wie Schwerhörigentelefone, Lichtwecker, Hörverstärker, Lichtsignalanlagen oder Kopfhörer. Auch Induktionsanlagen zur Übertragung des Fernsehtons direkt auf das eigene Hörgerät sind hier erhältlich. **(Siehe Abbildung)**

Sonicshop
customerservice@sonic-shop.com

www.sonicshop.de
Infos zum Thema Gehörschutz mit fachspezifischer Auswahl an Earplugs für Musiker, Sportschützen oder Lärmarbeiter.

Starkey
customerservice@starkey.de

www.starkey.de
Alles über das Hören und Hörgeräte: Online-Hörtest, Hörgeräte-Ratgeber und Hintergrundinfos über das menschliche Ohr.

Impfschutz

Gebärmutterhalskrebs

www.gebaermutterhalskrebs.com
Die Web-Seite informiert über Gebärmutterhalskrebs und die Möglichkeiten, sich zu schützen.

Gesundes Kind
gesundeskind.info@gsk.com

www.gesundes-kind.de
Alles zu Kinderkrankheiten, Impfungen und U-Untersuchungen. Mit Erinnerungsservice, damit man keinen Termin verpasst.

● Impfen Aktuell

www.impfenaktuell.de
Die Verbraucherseite bietet allen Altersgruppen umfassende Informationen zum Thema Impfungen und Infektionskrankheiten. Zahlreiche Services wie ein interaktiver Impfkalender, ein Expertenrat zu Impffragen und kostenlos bestellbare Broschüren ergänzen das Angebot. **(Siehe Abbildung)**

impfkontrolle.de

www.impfkontrolle.de
Infos zu Impfungen: Gegen was kann man sich impfen lassen? In welchem Alter ist es ratsam? Was muss ich bei Reisen beachten?

Kinderheilkunde

Kinder- & Jugendärzte im Netz
info@kinderaerzte-im-netz.de

www.kinderaerzte-im-netz.de
Viele Gesundheitsinformationen und -tipps für Säuglinge bis hin zu Teenagern. Mit Ärzte-, Klinik- und Notdienstverzeichnis.

Impfen Aktuell   **www.impfenaktuell.de**

Anzeige

Kinderheilkunde/Aufmerksamkeits-Defizit-Syndrom

Info-ADHS
germany_webmaster@lilly.com

www.info-adhs.de
Infos zum Krankheitsbild der Aufmerksamkeitsdefizit-/Hyperaktivitätsstörung bei Kindern, Jugendlichen und Erwachsenen.

Kliniken & Krankenhäuser/Verzeichnisse

Krankenhaus.de
info@krankenhaus.de

www.krankenhaus.de
Ganz einfach ein Krankenhaus finden: Ein virtueller Körper (Bodykey) hilft Patienten bei der Suche.

medführer
info@medfuehrer.de

www.medfuehrer.de
Ganzheitliches Gesundheitsportal mit speziell nach Fachbereichen geordneter Kliniksuche.

Krankentransporte

medical transport service
service@meditras.com

www.meditras.de
Auf dieser Seite lassen sich Krankentransporte aller Art finden.

Kuren

Kur-Atlas
kontakt@kur-atlas.de

www.kur-atlas.de
Kuren und Gesundheitsreisen in Deutschland, Polen und Tschechien.

Kuren
info@kuren.de

www.kuren.de
Web-Seiten für Kuren: Auflistung von Kurhotels, Kurangebote, Kur des Monats und ein Kurenforum.

Labore

Laborlexikon
hagemann@laborlexikon.de

www.laborlexikon.de
Im Lexikon der Labormedizin beschreibt der Facharzt Dr. Olav Hagemann ausführlich alle wichtigen Blutuntersuchungen.

Labtestsonline.de

www.labtestsonline.de
Labtestsonline.de ist ein Online-Recherchesystem für medizinische Labortests für Patienten.

Gesundheitszeitungen & Gesundheitszeitschriften

ARZT ASPEKTE
redaktion@arzt-aspekte.de

www.arzt-aspekte.de
Monatlich erscheinendes digitales Magazin zu Themen der Medizin mit Infos für Ärzte, Apotheker und fachlich Interessierte.

● **BIO Magazin**
bioritter@aol.com

www.biomagazin.de
Das Internet-Portal von BIO. Dem Magazin für die Gesundheit von Körper, Geist und Seele. Neuigkeiten zu Naturheilkunde, gesunder Ernährung, Lebenskunst, Selbsthilfe, Fitness und vielen anderen Gesundheitsthemen. Die Web-Seite informiert weiter über BIO-Abos PRINT und DIGITAL, Bestellmöglichkeiten für Einzel-Hefte und das Anfordern von BIO-Probeexemplaren. **(Siehe Anzeige)**

MEDIZIN ASPEKTE
redaktion@medizin-aspekte.de

www.medizin-aspekte.de
Digitales Magazin zu Themen der Medizin, Gesundheitsvorsorge und Gesundheitspflege mit praktischen Ratschlägen.

Männerheilkunde & Erektionsstörungen

ImpoDoc-Shop
info@impodoc-shop.de

www.impodoc-shop.de
Im ImpoDoc-Shop finden Mann und Frau viele interessante Produkte, um das Liebesleben zu beleben oder zu bereichern.

mann-info.de
info@pfizer.de

www.mann-info.de
Informationen zu Männergesundheit und erfüllter Sexualität: Ursachen und Therapiemöglichkeiten von Erektionsstörungen.

Organspende

Deutsche Stiftung Organtransplantation
presse@dso.de

www.dso.de
Die Deutsche Stiftung Organtransplantation ist die bundesweite Koordinierungsstelle für die Organspende nach dem Tode.

Organspende schenkt Leben
poststelle@bzga.de

www.organspende-info.de
Informationen zur Organspende, Bestellservice für Broschüren, Organspendeausweis zum Ausdrucken und Links.

Pflege & Pflegedienst

Pflegenetz
info@pflegenetz.net

www.pflegenetz.net
Großes Forum für Pflegeschüler, Altenpfleger und Krankenpfleger. Infos zur Pflege bei Wachkoma sowie zum Arbeitsrecht.

PflegeWiki
verein@pflegewiki.de

www.pflegewiki.de
Das PflegeWiki ist eine freie Wissensdatenbank für den Gesundheitsbereich Pflege, an der jeder mitarbeiten kann.

Pharmazie & Chemie/Hersteller

● **Abtei®**
info@abtei.de

www.abtei.de
Das Gesundheitsportal – hier dreht sich alles rund um die 107 Naturrezepte von Abtei®. Egal, ob es um die alljährliche Erkältung geht, es im Magen zwickt oder man die eigene Vitalität stärken möchte: Magazine und Specials liefern Interessantes und Nützliches zu aktuellen Gesundheitsthemen. **(Siehe Abbildung)**

Amgen Deutschland

www.amgen.de
Informationen von Amgen für Patienten, Ärzte und Apotheker, aktuelle Links zu medizinischen und pharmazeutischen Seiten.

Bayer AG

www.bayer.de
Umfassende Infos über den Konzern und zu Gesundheit, Ernährung, hochwertigen Materialien, Forschung und Nachhaltigkeit.

Bayer HealthCare
bayer-vital@bayerhealthcare.com

www.gesundheit.bayer.de
Umfangreiche Informationen des forschenden Healthcare-Unternehmens mit Wissenswertem über die Gesundheitsprodukte.

Bayer Healthcare

www.bayerpharma.de
Aktuelle Informationen über Bayer Healthcare – ein weltweit agierendes Spezialpharma-Unternehmen.

Boehringer Ingelheim Deutschland
presse@boehringer-ingelheim.de

www.boehringer-ingelheim.de
Auf der Web-Seite sind aktuelle Informationen und Services des Unternehmens abrufbar.

Bristol-Myers Squibb
medwiss.info@bms.com

www.b-ms.de
Bristol-Myers Squibb konzentriert sich auf die Entwicklung innovativer Arzneimittel, um schwere Erkrankungen zu bekämpfen.

Dr. Willmar Schwabe
info@schwabe.de

www.schwabe.de
Informationen des Herstellers von Arznei- und Nahrungsergänzungsmitteln über die Produkte und pflanzlichen Inhaltsstoffe.

Abtei®

www.abtei.de

Kontakt | Sitemap | Volltextsuche

IHR ABTEI-MAGAZIN | IHR RATGEBER | ABTEI-PRODUKTE | UNSER SERVICE | APOTHEKEN EXKLUSIV | ÜBER ABTEI

107 Naturrezepte für Ihre Gesundheit

Gewinnspiel

Abtei® verlost monatlich 4 Übernachtungen in Bad Gögging!

NEU

Abtei Sommer Gewinnspiel

Abtei® hat immer das passende Rezept für Sie.

Abtei kümmert sich...

NEU

Hier finden Sie Informationen, wie Abtei ein Erbe der Menschheit schützt und vieles mehr.
» Lesen Sie mehr...

Produktneuheiten

NEU

Unterstützen Sie Ihre Leistungsfähigkeit durch Abtei

Unsere Empfehlung

Abtei Venen Aktiv Balsam
Wirkstoffkombination mit Rosskastanie zur kühlenden Venenpflege von außen
» mehr

Abtei im Social Web

Besuchen Sie uns auf unseren Social Media Kanälen:

Testergebnisse

Von ÖKO-TEST ausgezeichnete Abtei Produkte
» lesen Sie mehr...

Ihr Abtei-Magazin   Magazin-Suche

Bad Gögging | **Gesund im Takt** | **Aktiv im Winter** | »

Bad Gögging

In unserem Abtei-Magazin stellen wir Ihnen dieses Mal den Traditionskurort Bad Gögging vor. Mit Schwefel, Moor und Thermalwasser kommen hier drei Naturheilmittel gleichzeitig vor. Dies ist einzigartig in Bayern und spricht für ein großes Gesundheitsangebot am Ort. Idyllisch gelegen zwischen Ingolstadt und Regensburg finden sich viele Ausflugsmöglichkeiten. Vom alten Kloster Weltenburg bis zum modernen Kuchlbauer Turm nach F. Hundertwasser sind es nur wenige Kilometer. Bad Gögging ist ein Kur- und Urlaubsort für Gesundheitsurlauber und Genießer.

Gesundheit, die schon die alten Römer kannten

Bad Gögging ist wie eine Reise durch die Zeit. Erholen Sie sich wie einst Kaiser Trajan und seine Legionäre, die hier den Badebetrieb bereits im ersten Jahrhundert nach Christus aufnahmen. Denn schon die alten Römer wussten um die heilende Wirkung der Schwefelquellen .

Natur und Aktiv – Radeln zwischen Römern, Barock und Hopfengärten

Regelmäßig Radfahren macht nicht nur Spaß, sondern ist auch noch gesund und hält den Kopf frei. Radfahren stärkt das Immunsystem, kurbelt den Stoffwechsel an und hilft beim Abnehmen. Gut ausgebaute Radwege durchziehen ganz Deutschland und verbinden sehenswerte Orte und Regionen. Ein Drehkreuz in dem dichten Wegenetz ist etwa das niederbayerische Bad Gögging. Der Traditionskurort zwischen Ingolstadt und Regensburg, wo viele Routen zusammentreffen, ist ein idealer Stützpunkt für Pedalritter.

Gönn Dir was mit Bad Gögging und Abtei!

Altlasten loswerden und Platz für Neues schaffen - das ist für viele Menschen, gerade im Frühjahr, ein wohltuender Prozess. Durch Alltagsstress, schlechte Ernährung und zu wenig Bewegung kann das innere Gleichgewicht leicht durcheinander kommen. In ruhigen Gegenden mit viel Natur wie etwa Bad Gögging fällt es besonders leicht, die Balance wiederherzustellen. Der Kurort setzt dabei natürlich auch auf die drei Heilmittel Schwefel, Naturmoor und Mineral-Thermalquellen.

Genießen und wohlfühlen in Bad Gögging

Neben den rein gesundheitlichen Aspekten hat Bad Gögging auch sonst noch einiges zu bieten, was den Aufenthalt an Donau und Abens zu einem genussvollen Erholungsurlaub werden lässt. Die Übernachtungsmöglichkeiten reichen vom ambitionierten Vier-Sterne-Superior Hotel bis zu gemütlichen Pensionen, bequemen Ferienwohnungen oder familiären Privatzimmern. Die Gastronomie ist vielfältig und speist sich aus dem breiten landwirtschaftlichen Angebot vor Ort.

Abtei Special

Rosskastanie
Hilfe bei schweren oder schmerzenden Beinen.
» Lesen Sie mehr...

Aktuelle Meldung

Hat Salz seinen schlechten Ruf zu Unrecht?
Salz kann Sportlern und Allergikern helfen.
» Lesen Sie mehr...

Tipps und Übungen

Tipps und Übungen
Hier finden Sie verschiedene Anleitungen für Übungen zum Download.
» Weiter

Abtei Sudoku

Rätselspaß zum Download
Jeden Monat können Sie hier mit kniffligen Sudokus Ihr Gehirn trainieren.
» Weiter

Newsletter bestellen

Lassen Sie sich alle zwei Monate über Gesundheitsthemen und Neuigkeiten von Abtei informieren.

» Hier anmelden

© Abtei 2012 | Impressum |

Anzeige

Engelhard Arzneimittel
info@engelhard-am.de

www.engelhard-am.de
Philosophie, Firmenchronik, Stellenangebote und die gesamte Produktpalette von Engelhard Arzneimitteln.

GlaxoSmithKline
isc-service@gsk.com

www.glaxosmithkline.de
Aktuelle Berichte über Forschungs- und Therapiegebiete sowie Informationen über Arzneimittel und Gesundheitsprodukte.

HEXAL AG
service@hexal.com

www.hexal.de
Viele Gesundheitsseiten und Produktinformationen, Patientenratgeber zum Download und zur Bestellung.

Janssen-Cilag
jancil@jacde.jnj.com

www.janssen-cilag.de
Übersicht über die Pharmaprodukte, deren Wirkstoffe und Anwendungsgebiete. Dazu Informationen für Fachkreise und Patienten.

Jenapharm
jenapharm@jenapharm.de

www.jenapharm.de
Informationen zum Thema Frauengesundheit für Verbraucher und Fachkreise sowie Angaben zum Unternehmen.

Klosterfrau Healthcare Group
dialog@klosterfrau-service.de

www.klosterfrau.de
Unternehmensinformationen sowie Marken- und Produktübersichten. Dazu Karriereinformationen, Presse- und Fachkreisbereich.

kohlpharma
info@kohlpharma.com

www.kohlpharma.com
Informationen von kohlpharma für Patienten und Experten zu importierten Arzneimitteln, den sogenannten „Euro-Arzneimitteln".

Lilly Pharma

www.lilly-pharma.de
Infos zu Diabetes, Osteoporose, Krebs, Erektionsstörungen, ADHS, Harninkontinenz und psychiatrischen Erkrankungen.

Merck KGaA
service@merck.de

www.merck.de
Wissenswertes über die Merck Gruppe: Infos für Ärzte, Apotheker, Patienten, Laboratorien, Aktionäre und Journalisten.

Merz Pharma GmbH & Co. KGaA
merzpr@merz.de

www.merz.de
Healthcare-Unternehmen mit den Kompetenzen zentrales Nervensystem, Stoffwechsel, Selbstmedikation und Dermatologie.

mibe
service@mibegmbh.de

www.mibe.de
Informationen zum Unternehmen, zu rezeptfreien Produkten und zum Thema Gesundheit.

MSD
infocenter@msd.de

www.msd.de
Die deutsche MSD-Gruppe informiert im Internet über Asthma, Bluthochdruck, Cholesterin, Gelenkschmerz und Migräne.

Mundipharma
mundipharma@mundipharma.de

www.mundipharma.de
Wichtige Informationen zu Präparaten, Indikationen und Therapiekonzepten sowie zu den Themen Schmerz und Onkologie.

Novartis
novartis.online@pharma.novartis.com

www.novartis.de
Portal für Patienten und Fachpublikum zu Gesundheit und Pharmazie.

Novo Nordisk Pharma GmbH
kd_service@novonordisk.com

www.novonordisk.de
Firmenporträt von Novo Nordisk mit Vorstellung der verschiedenen Geschäftsfelder und aktueller Forschungsprojekte.

Pfizer GmbH
info@pfizer.de

www.pfizer.de
Angaben zum Unternehmen und Themen wie Herz-Kreislauf, Rauchentwöhnung, Cholesterin, Diabetes, Rheuma und Krebs.

Ratiopharm GmbH
info@ratiopharm.de

www.ratiopharm.de
Umfangreiche Informationen zu den Präparaten von Ratiopharm mit Suchmöglichkeit nach Wirkstoff oder Anwendungsgebiet.

Roche Pharma AG
grenzach.allgemein@roche.com

www.roche.de/pharma
Beschreibung der Krankheitsbilder (Patientenbereich) und Therapien (Arzt) mit Schwerpunkt Krebs, Rheumatoide Arthritis, Nieren- und Infektionserkrankungen, Stoffwechsel, Organtransplantation. Gesundheitsnachrichten eNewsletter und Web-TV „speakerscorner". Zum achten Male die No. 1 (Consert-Studie).
(Siehe Abbildung)

Salus
info@salus.de

www.salus.de
Ausgewählte Gesundheitstehmen, eine kleine Kräuterkunde und eine Produktübersicht des Pharma-Herstellers.

Sandoz Pharmaceuticals GmbH
info@sandoz.de

www.sandoz.de
Sandoz bietet Ärzten, Apothekern und Patienten viele verschiedene Online-Serviceleistungen und Informationsangebote.

sanofi-aventis Gruppe

www.sanofi-aventis.de
Auskunft über das Unternehmen, Forschung und Entwicklung. Foren zu Krankheitsbildern und Therapieformen.

STADA Arzneimittel AG
info@stada.de

www.stada.de
Unternehmensprofil, Investoren-, Presseservice, englischer Bereich, Produkt-, Gesundheitsinfos, Broschüren und Ratgeber.

Takeda Pharma
info@takeda.de

www.takeda.de
Informationen für Patienten, Ärzte und Apotheker zu den Themen Diabetologie, Gynäkologie, Kardiologie und Urologie.

ucb
customerservice@ucb.com

www.ucb.de
Hier erhalten Patienten und Angehörige der Fachkreise Hintergrundinformationen über das biopharmazeutische Unternehmen.

Ursapharm Arzneimittel GmbH
impressum@ursapharm.de

www.ursapharm.de
Konservierungsmittelfrei: Nasensprays und -tropfen sowie Augentropfen und -salben; Enzyme, Spurenelemente, Antiallergika.

Roche Pharma AG

www.roche.de/pharma

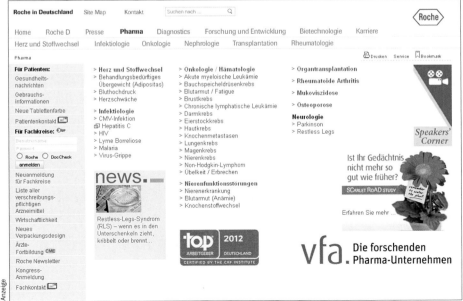

WALA Heilmittel GmbH
info@wala.de

www.wala.de
Infos zur WALA Heilmittel GmbH: Hersteller der WALA Arzneimittel, Dr. Hauschka Kosmetik und Dr. Hauschka Med.

Physiotherapie

Physioweb.de
info@desimed.de

www.physioweb.de
Das Branchenportal für Physiotherapeuten mit News, Fachbüchern, Therapiemethoden, Facharbeitendatenbank und Foren.

Psychiatrie & Psychosomatik

Borderline-plattform.de
webmasterin@borderline-plattform.de

www.borderline-plattform.de
Plattform mit vielen Informationen und Tipps zu Borderline-Störungen. Übersicht über Fachkliniken und Ansprechpartner.

Psychiatrie aktuell
kontakt@psychiatrie-aktuell.de

www.psychiatrie-aktuell.de
Umfassende Informationen zu Ursachen und Therapien psychiatrischer Erkrankungen für Interessierte, Betroffene, Angehörige.

Psychotherapie

Psychotherapie Informationsdienst
pid@dpa-bdp.de

www.psychotherapiesuche.de
Suchmaschine für Psychotherapeuten, Informationen zur Psychotherapie, telefonische Beratung und Link-Sammlung.

● **therapie.de**
psyche@therapie.de

www.therapie.de
Der gemeinnützige Verein Pro Psychotherapie e. V. hilft, mit einer umfangreichen und gezielten Suche den richtigen Therapeuten zu finden, informiert über Allgemeines zur Psychotherapie, Therapieformen, Diagnosen, Ausbildung und bietet Selbsttests und viele hilfreiche Links zu Selbsthilfen. **(Siehe Abbildung)**

therapie.de   **www.therapie.de**

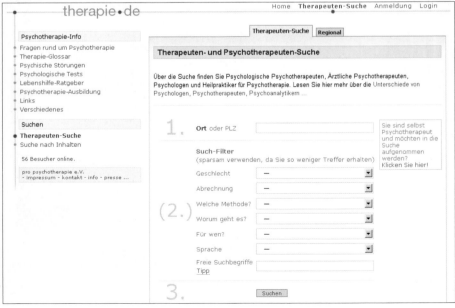

Unfälle

Giftnotruf der Charité
mail@giftnotruf.de

www.giftnotruf.de
Kurze Infos über die häufigsten Giftpflanzen sowie 24-Stunden-Telefonauskunft im Notfall durch Toxikologen.

Urologie

Urologenportal.de
info@urologenportal.de

www.urologenportal.de
Urologensuche, Selbsthilfegruppen, Lexikon, Buchempfehlungen, Patientenratgeber, Vorstellung des BVDU und der DGU.

Verhütung

familienplanung.de
familienplanung@bzga.de

www.familienplanung.de
Informationen rund um die Themen Verhütung, Familienplanung, Schwangerschaft und die erste Zeit zu dritt.

Female Affairs
info@femaleaffairs.de

www.femaleaffairs.de
Informationen zur Verhütung, Sexualität, Partnerschaft und zum Thema „Frau-sein".

meine-verhuetung.de
gynaekologie@bayerhealthcare.com

www.meine-verhuetung.de
Das Portal bietet detaillierte Informationen zur Verhütung und listet die Vor- und Nachteile von Verhütungsmethoden auf.

● Natürliche Familienplanung
info@familienplanung-natuerlich.de

www.familienplanung-natuerlich.de
Natürliche Verhütung und Familienplanung ohne Hormone. Diese Web-Seite informiert über den Zyklus der Frau, die fruchtbaren Tage und den Eisprung. Im Online-Shop gibt es dazu Verhütungscomputer, Ovulations- und Schwangerschaftstests, Thermometer und Nahrungsergänzung. **(Siehe Abbildung)**

Natürliche Familienplanung   **www.familienplanung-natuerlich.de**

Verhütung ohne Hormone
info@reblu.de

www.verhueten-ohne-hormone.de
Wissenswertes zu vielen Verhütungsmethoden und den Möglich-keiten der hormonfreien Verhütung.

Verhütungsmethoden
info@welche-verhuetungsmethode.de

www.welche-verhuetungsmethode.de
Infos zu verschiedenen Verhütungsmethoden. Von der Pille über Kondome und Spirale bis hin zu Zykluscomputern.

Verhütung/Verhütungsmittel/Kondome

Condome.de
condomservice@mapa.de

www.condome.de
Infos über die Geschichte und Herstellung von Kondomen, Benut-zertipps und Details zu BILLY BOY, Blausiegel und Fromms.

Kondomberater
team@kondomberater.de

www.kondomberater.de
Der virtuelle Kondomberater hilft, in Ruhe und anonym ein maß-geschneidertes Kondom zu finden.

Verhütung/Verhütungsmittel/Pille

Pille.com
gynaekologie@bayerhealthcare.com

www.pille.com
Antworten auf Fragen rund um Verhütung, Liebe und Sexualität. Tipps zur Pillen-Einnahme sowie ein Menstruationskalender.

Verhütung/Verhütungsmittel/Spirale

GyneFix
info@gynlameda.de

www.verhueten-gynefix.de
Die GyneFix-Kupferkette wird als Alternative zur Kupferspirale und anderen Verhütungsmethoden vorgestellt.

Zahnmedizin/Kieferorthopädie

Zahnspangen-CC
admin@zahnspangen.cc

www.zahnspangen.cc
Antworten und Erklärungen über die diversen Zahnspangen sowie Diskussionsforum für das Kultobjekt der späten 90er.

implantate.com

www.implantate.com

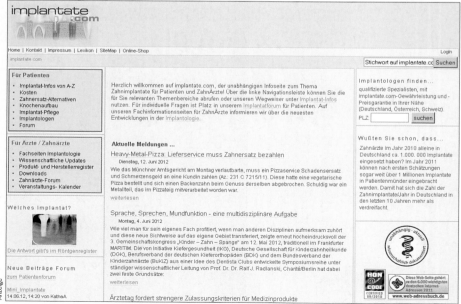

Zahnmedizin/Zahnärzte & Zahntechniker

Die-Zahnarztempfehlung.com
pbox01@die-endverbraucher.de

www.die-zahnarztempfehlung.com
Suche nach dem regionalen Zahnarzt mit den meisten Patienten-
empfehlungen sowie Infos zu Zahnersatz und Zahnimplantaten.

zahnforum.org

www.zahnforum.org
Großes Zahnforum mit Infos zu Wurzelbehandlungen, Weisheits-
zähnen, Füllungen und Kieferorthopädie.

Zahnmedizin/Zahnersatz

2te-zahnarztmeinung.de
info@2te-zahnarztmeinung.de

www.2te-zahnarztmeinung.de
Persönlichen Heil- und Kostenplan erstellen, passenden Zahnarzt
auswählen und diesen nach der Behandlung bewerten.

● **implantate.com**
info@implantate.com

www.implantate.com
Größte deutschsprachige Infoseite über Zahnimplantate. Über
4.000 Besucher täglich informieren sich hier unabhängig über
die Möglichkeiten von Zahnimplantaten. Populär sind das leben-
dige Forum und die Zahnarztsuche. 10.000 mal monatlich werden hier Implantologen mit Garantie und Preisbindung gesucht.
(Siehe Abbildung)

Zahnmedizin/Zahnpflege

● **Arbeitsgemeinschaft Zahngesundheit**
info@agz-rnk.de

www.zahnaerztliche-patientenberatung.de
Informationen rund um die Zahngesundheit, zu Therapien, Diagnostik und Technik sind hier ebenso einzusehen wie weiterführende Links und ein Zahnlexikon. Eine Zahnarztsuche rundet das Angebot ab. **(Siehe Abbildung)**

Arbeitsgemeinschaft Zahngesundheit   **www.zahnaerztliche-patientenberatung.de**

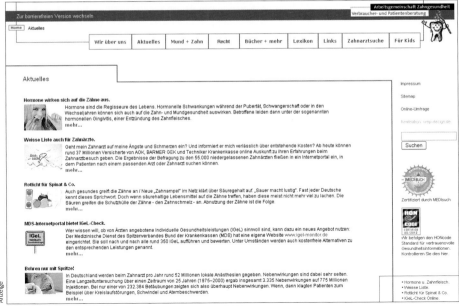

Saubere-zaehne.de
info@saubere-zaehne.de

www.saubere-zaehne.de
Produkte für Zahnpflege und Mundhygiene: Zahnbürsten, Mundduschen, wirksame Zahncremes sowie Mittel gegen Mundgeruch.

ZahnPortal.de
beratung@zahnportal.de

www.zahnportal.de
ZahnPortal.de informiert über Zahngesundheit und -pflege sowie Zahnersatz und Zahnzusatzversicherung.

Zahnwissen
info@ziis.de

www.zahnwissen.de
Zahnmedizinische Informationen, ausführliches, bebildertes Lexikon – Erklärung zahnärztlicher Behandlungen und Kosten.

Krankenkassen/Gesetzliche Krankenversicherung

AOK
info@bv.aok.de

www.aok.de
Ratgeberforen, Tests, News sowie Informationen für ein gesundes Leben – wissenschaftlich überprüft und immer aktuell.

BAHN-BKK
service@bahn-bkk.de

www.bahn-bkk.de
Die BAHN-BKK ist mit mehr als 650.000 Kunden einer der größten betrieblichen Krankenversicherer Deutschlands.

BARMER GEK
service@barmer-gek.de

www.barmer-gek.de
Alles rund um Krankenversicherungsschutz, Bonusprogramme und Zusatzversicherungen. Mit mobil nutzbaren Services.

BKK Essanelle
info@bkk-essanelle.de

www.bkk-essanelle.de
Die BKK Essanelle stellt ihr Programm vor und bietet einen Beitragsrechner, um die individuelle Ersparnis zu errechnen.

DAK Unternehmen Leben
service@dak.de

www.dak.de
Leistungsangebot, Geschäftsstellensuche, besondere Vorteile für Familien, Berufseinsteiger und Berufstätige.

ikk-suedwest.de
info@ikk-suedwest.de

www.ikk-suedwest.de
Krankenversicherer in Hessen, Rheinland-Pfalz und Saarland mit attraktiven Leistungen und exklusivem Service.

Krankenkassen.de
ac@eu-info.de

www.krankenkassen.de
Unabhängiges Informationsportal über gesetzliche und private Krankenkassen.

Techniker Krankenkasse
redaktion@tk-online.de

www.tk.de
Umfassende Infos zu den Leistungen der TK, Aktuelles aus Medizin und Gesundheit sowie Services für TK-Versicherte.

Krankenkassen/Private Krankenversicherung

Beraterkreis private Krankenversicherung
info@geld.de

www.private-krankenversicherung.de
Über 500 unabhängige PKV-Experten informieren und beraten hier rund um das Thema „Private Krankenversicherung".

Central Krankenversicherung AG
info@central.de

www.central.de
Prämien und Tarife der Central für eine passende private Krankenversicherung, mit Online-Abschluss für Auslandsreiseschutz.

Forum des Beraterkreis Finanzen

www.forum-private-krankenversicherung.de
Die Diskussionsplattform für den Bereich Private Krankenversicherung und andere Versicherungsfragen.

Widge.de

www.widge.de
Beratung bei der Optimierung bestehender privater Krankenversicherungen. Liste der privaten Krankenkassen in Deutschland.

ZERTIFIZIERTE
WEB-SEITE

VERTRAUEN SIE

WEB-SEITEN

MIT DIESEM

GÜTESIEGEL:

Infos:

www.zertifizierte-web-seite.de

Für Webmaster: Prüfen Sie Ihre Web-Seite in einem kostenlosen Vortest!

Krankenversicherungsvergleich

1A Krankenversicherung
info@1a-krankenversicherung.de

www.1a-krankenversicherung.de
Unabhängiger Vergleich mit aktuellen Informationen über gesetzliche Krankenkassen und private Krankenversicherungen.

BeratungsCentrum für Versicherungen
info@beratungscentrum.com

www.beratungscentrum.com
Ein Team von Spezialisten berät verbraucherorientiert zur Privaten Krankenversicherung. Schwerpunkt ist die Analyse der langfristigen Beitragsentwicklung, um die Stabilität und Seriosität der einzelnen PKV-Unternehmen zu beurteilen. Individuelle Vergleichanalysen und die Beratung sind dabei kostenlos. **(Siehe Abbildung)**

Ges. Krankenkassen in der Preis- und Leistungsübersicht
info@gesetzlichekrankenkassen.de

www.gesetzlichekrankenkassen.de
Der unabhängige Infodienst rund um die gesetzlichen Krankenkassen mit umfassenden Beitrags- und Leistungsvergleichen sowie Hintergrundinformationen. Interaktive Kassensuche mit über 70 Leistungspunkten zur Auswahl, Online-Mitgliedsanträge, Beitragsrechner und Abschluss von Zusatzversicherungen. **(Siehe Abbildung)**

ADHS

ADHS-Chaoten

adhs-chaoten.net
Community mit Forum, Chat und Blog für Erwachsene mit ADHS.

AIDS

Deutsche AIDS-Hilfe
dah@aidshilfe.de

www.aidshilfe.de
Links zu allen regionalen AIDS-Hilfen im Internet, Suchmaschine für Fachbegriffe und viele Hintergrundinformationen.

BeratungsCentrum für Versicherungen **www.beratungscentrum.com**

HIV-Info
service.info@gsk.com

www.hiv-info.de
Fakten über das HI-Virus, neueste Forschungsergebnisse und Therapiemöglichkeiten.

Virawoche
info@boehringer-ingelheim.de

www.virawoche.de
Infoportal zum Thema HIV/AIDS: Krankheitsbild, Behandlungsmöglichkeiten, Ratgeber und Broschürenservice.

Allergie

Allergie Hexal
service@hexal.com

www.allergie.hexal.de
Nützliche Infos für Allergiker mit tagesaktueller Pollenflugmeldung für Deutschland sowie einem E-Mail-Service.

Allergie-Helfer
allergie.info@gsk.com

www.allergie-helfer.de
Tipps zum Umgang mit Heuschnupfen im Alltag, tagesaktuelle Pollenflugvorhersage sowie Foren mit Experten.

Allergie-Ratgeber.de
info@allergie-ratgeber.de

www.allergie-ratgeber.de
Alles rund um Allergien. Unabhängig und aktuell.

allergie-speziell.de
infocenter@msd.de

www.allergie-speziell.de
Informationen zur allergischen Rhinitis („allergischer Schnupfen") sowie zur Urtikaria („Nesselsucht").

Community zur Allergieprävention
redaktion@allergie.de

www.allergie.de
Geobasierte Community-Plattform für Allergiebetroffene und Allergologen mit Allergietagebuch und Pollenflugvorhersage.

Deutscher Allergie- und Asthmabund e. V.
info@daab.de

www.daab.de
Der DAAB ist eine wichtige Anlaufstelle für Millionen Allergiker, Asthmatiker und Neurodermitis-Erkrankte.

Pollenschutz.de
info@neher.de

www.pollenschutz.de
Pollenallergiker finden hier Pollenschutzgitter zum Schutz der Wohnräume vor Pollen. Mit praktischem Pollenflugkalender.

Alzheimer & Demenz

Alois
webmaster@pfizer.de

www.alois.de
Alzheimer-Krankheit: Informationen zur Früherkennung, Diagnose und Therapie. Wichtige Tipps zur Betreuung Erkrankter.

AlzheimerForum
info@alzheimerforum.de

www.alzheimerforum.de
Umfassende Texte zu allen Aspekten der Alzheimer-Krankheit, Online-Beratung, Experten- und Internet-Selbsthilfegruppen.

Alzheimerinfo
contact@merz.de

www.alzheimerinfo.de
Infos in Bezug auf die Alzheimer-Erkankung wie zum Beispiel die Diagnose, die Therapie und Hilfen für die Angehörigen.

Atemwege/Asthma

Atemwegserkrankungen
infocenter@msd.de

www.atemwege.msd.de
Betroffene und Angehörige finden hier Informationen und Services rund um die verschiedenen Erkrankungen der Atemwege wie Asthma, allergische Rhinitis und Raucherhusten. Für Asthma- und Allergie-Patienten stehen kostenfreie Services wie ein Asthmatagebuch sowie ein Pollenflugkalender zum Download bereit. **(Siehe Abbildung)**

Luft-zum-Leben
asthma.info@gsk.com

www.luft-zum-leben.de
Alltagstipps und nützliche Dienste, wie etwa aktuelle Luftdaten (Ozon, Pollen, UV) und ein Asthmakontrolltest.

Beine

RLS gut behandeln
customerservice@ucb.com

www.rls-gut-behandeln.de
Informationsportal über das Restless-Legs-Syndrom, kurz RLS: Fakten über die Krankheit, Symptome, Diagnostik und Therapie.

● **RLS-Haus.de**
grenzach.arzneimittel@roche.com

www.rls-haus.de
Das RLS-Portal bietet umfangreiche Informationen rund um das Restless-Legs-Syndrom. Im interaktiven Haus werden Symptome, ein Selbsttest, Hilfsmöglichkeiten durch Medikamente sowie Wissenswertes aus der Forschung bildlich veranschaulicht, so dass sich Betroffene einen guten Überblick verschaffen können. **(Siehe Abbildung)**

Blase

Forum Kompetenz-In-Kontinenz
germany_webmaster@lilly.com

www.kompetenz-in-kontinenz.de
Vielfältige Informationen zum Thema Harninkontinenz, deren Diagnose, Behandlungsmöglichkeiten sowie Tipps für den Alltag.

Lifeline Special Harninkontinenz
info@lifeline.de

www.special-harninkontinenz.de
Informationen zum Thema Blasenschwäche bei Erwachsenen und Kindern. Mit Forum und Expertenrat für Betroffene und Eltern.

Cholesterin

Cholesterin
infocenter@msd.de

www.cholesterin.msd.de
Ursachen, Folgen sowie Behandlungsmöglichkeiten zu hoher Cholesterinwerte. Mit einem Herzinfarktrisikorechner.

DGFF e. V.
info@lipid-liga.de

www.lipid-liga.de
Die Deutsche Gesellschaft zur Bekämpfung von Fettstoffwechselstörungen klärt über Risiken, Prävention und Therapien auf.

Depression

Depri.ch
info_verein@depri.ch

www.depri.ch
Hier haben Betroffene, Angehörige und Interessierte die Möglichkeit, ihre Geschichte zu erzählen und sich auszutauschen.

RLS-Haus.de   **www.rls-haus.de**

Diabetes

Diabetes
infocenter@msd.de

www.diabetes-behandeln.de
Informationen über die Erkrankung und Therapien bei Typ-2-Diabetes sowie Tipps, wie man Diabetes kontrollieren kann.

Diabetes im Blick
kd_service@novonordisk.com

www.diabetes-im-blick.de
Infos über verschiedene Therapiemöglichkeiten, vorbeugende Maßnahmen und Hilfestellungen für ein Leben mit Diabetes.

Diabetesgate
info@diabetesgate.de

www.diabetesgate.de
Infos zum neuesten Forschungsstand, Reformen im Gesundheitswesen, Tipps zum richtigen Essen und Trinken.

Diabetes-News
info@diabetes-news.de

www.diabetes-news.de
Aktuelles aus Forschung und Entwicklung im Bereich Diabetes, Infos von Selbsthilfegruppen sowie Fachärzte in Deutschland.

Diabetes-Portal DiabSite
info@diabsite.de

www.diabsite.de
Aktuelle Diabetes-Infos von Alltagstipps bis Forschungs-News für Diabetiker, Diabetes-Experten und alle Interessierten.

Diabetes-Ratgeber
diabetespro@wortundbildverlag.de

www.diabetes-ratgeber.net
Informationen für Zuckerkranke und deren Angehörige über gesunde Ernährung, Medikamente und Vorbeugemaßnahmen.

Diabetesstiftung DDS
info@diabetesstiftung.de

www.diabetesstiftung.org
Infos rund um Diabetes: Von Definition über Therapie mit Aktivität und Ernährung bis hin zu drohenden Folgeerkrankungen.

Diabetes-Teens.Net
info@diabetes-teens.net

www.diabetes-teens.net
Forum von und für Jugendliche mit Diabetes mellitus für den Erfahrungsaustausch und für Diskussionen.

Lilly Diabetes – Das Diabetes Portal

www.lilly-diabetes.de
Broschüren zu Diabetesthemen, Blutzuckertest und praktische Tipps rund um das Leben mit der Stoffwechselkrankheit.

Endometriose

Endometriose-Vereinigung Deutschland e. V.
info@endometriose-vereinigung.de

www.endometriose-vereinigung.de
Infos zur Krankheit Endometriose, Übersicht zu den Beratungsmöglichkeiten, den Selbsthilfegruppen und aktuellen Terminen.

Europäische Endometriose Liga

www.endometriose-liga.eu
Informationen zur Krankheit sowie Angaben zu Diagnostik und Therapie für Betroffene. Mit Arztsuche und Expertenrat.

raus-aus-der-schmerzhaft.de
gynaekologie@bayerhealthcare.com

www.raus-aus-der-schmerzhaft.de
Betroffene und interessierte Frauen finden hier Informationen über Ursachen, Symptome und Diagnose von Endometriose.

Epilepsie

Epilepsie-Netz

www.epilepsie-netz.de
Umfassende Informationen für Betroffene und Angehörige, die sich über Epilepsie informieren möchten. Mit großem Forum.

Erkältung, Husten & Grippe

Erkaeltung-Online.de
info@erkaeltung-online.de

www.erkaeltung-online.de
Neben Tipps zum Umgang mit einer Erkältung informiert das Complex-O-Meter über aktuelle Erkältungswellen in Deutschland.

Grippe-Info
isc-service@gsk.com

www.grippe-info.de
Wissenswertes zum Thema Grippe: Allgemeines über den Erreger, Ansteckungsgefahren, Verbreitung sowie Schutzimpfungen.

grippe-wissen.de
grenzach.allgemein@roche.com

www.grippe-wissen.de
Tagesaktuelle Informationen zum Thema Grippe. Ist es Grippe oder ein grippaler Infekt? Hier gibt es den Grippe-Check.

Husten
service@hexal.de

www.husten.de
Schön gestaltete Seite mit Wissenswertem über Ursachen, Vorbeugung und Behandlung von Husten.

Schweinegrippe Beratung

www.schweinegrippe-beratung.de
Infos zur Schweinegrippe mit Hintergrundwissen zum Virus.

Essstörungen & Magersucht

Essstörungen
essstörung@bzga.de

www.bzga-essstoerungen.de
Infos über gestörtes Essverhalten, Essstörungen und ihre Ursachen, Adressenverzeichnis für Betroffene und Fachleute.

Hungrig-Online
info@hungrig-online.de

www.hungrig-online.de
Information und Hilfe bei Essstörungen: Diagnose, Behandlung und Online-Foren für Betroffene und Angehörige.

magersucht.de
info@magersucht.de

www.magersucht.de
Informationsportal, Online-Beratung und Plattform zum Thema Magersucht für Betroffene, Angehörige, Ärzte und Pädagogen.

Hämorrhoiden

Lifeline Special Hämorrhoiden
info@haemorriden.net

www.haemorriden.net
Infos zu Hämorrhoiden: Ursachen, Symptome und Behandlungsmöglichkeiten, Tipps zum Leben mit Hämorrhoiden im Alltag.

Hepatitis

Deutsches Hepatitis C Forum e.V.
vorstand@dhcf.de

www.hepatitis-c.de
Was ist Hepatitis C? Welche Behandlungsmöglichkeiten gibt es? Hier gibt es Kontaktadressen, Hilfen und Unterstützung.

Hepatitis-Care
grenzach.allgemein@roche.com

www.hepatitis-care.de
Infos zu Diagnostik und Therapie der Hepatitis C. Infos über mögliche Übertragungswege und den Krankheitsverlauf.

Herz-Kreislauf

Bluthochdruck & Herz
infocenter@msd.de

www.bluthochdruck.msd.de
Wichtiges über Bluthochdruck, Untersuchungsmethoden, Folgeerkrankungen und das richtige Blutdruckmessen.

Bluthochdruck Informationen
info@takeda.de

www.bluthochdruck-patienten.de
Diagnose und Ursachen der Volkskrankheit Nr. 1, dem Bluthochdruck. Therapien und Medikamente zur Behandlung, Expertenforum.

Herz-Info
info@pfizer.de

www.herz-info.de
Gesundheitsportal zu Themen wie Herz-Kreislauf, Bluthochdruck, Risikofaktoren oder koronare Herzkrankheiten.

Lifeline Special Arterie
info@arterie.com

www.arterie.com
Informationen zu Gefäßerkrankungen, Herzinfarkt und Schlaganfall, zu den Krankheitsbildern und zu Ursachen.

HNO-Erkrankungen

Deutsche Tinnitus-Liga e. V. (DTL)
dtl@tinnitus-liga.de

www.tinnitus-liga.de
Das Infoportal der Deutschen Tinnitus-Liga für Betroffene und Fachleute bietet Beratung rund ums Ohr und Infobroschüren.

HNO-Forum.de
info@hno-forum.de

www.hno-forum.de
Online-Forum für Patienten und HNO-Ärzte. Infos über die verschiedensten HNO-Erkrankungen sowie eine HNO-Arztdatenbank.

Tinnitus.de
info@auric.de

www.tinnitus.de
Großes Forum zum Thema Tinnitus. Viele Erfahrungsberichte und Entstehungsgeschichten.

Impotenz & Erektionsstörungen

ed-magazin.de
info@ed-magazin.de

www.ed-magazin.de
Umfangreiche Infos zu Erektionsstörungen, deren Ursachen sowie zu Therapiemethoden und Behandlungsmöglichkeiten.

Helden der Liebe

www.helden-der-liebe.de
Betroffene und Ärzte berichten hier von ihren Erfahrungen und über verschiedene Behandlungsmethoden von Erektionsstörungen.

ImpoDoc.de
info@impodoc.de

www.impodoc.de
Erektile Dysfunktion (Impotenz) – Definition, Grundlagen, Diagnose und Therapie mit ärztlich moderiertem Chat und Forum.

Kopfschmerzen & Migräne

Aktiv gegen Migräne
info@aktivgegenmigraene.de

www.aktivgegenmigraene.de
Ab wann sind Kopfschmerzen Migräne? Wie sieht die optimale Behandlung aus? Dies und mehr erfährt man auf dieser Seite.

Kopfschmerzen.de

www.kopfschmerzen.de
Informationen und Beschreibungen zu Kopfschmerzarten, deren Ursachen sowie Behandlungs- und Vorbeugungsmöglichkeiten.

Roche Pharma Onkologie

www.roche-onkologie.de

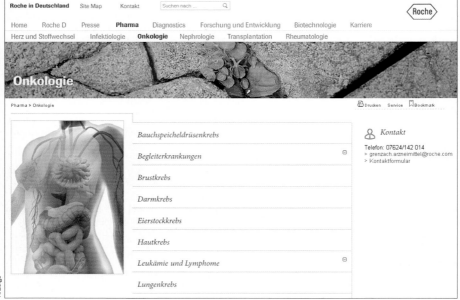

Krebs

Deutsche Krebsgesellschaft e. V.   **www.krebsgesellschaft.de**
web@krebsgesellschaft.de   Umfangreiche Fakten zu allen Krebsformen, Behandlungs- und Therapiemöglichkeiten sowie zur Früherkennung und Diagnose.

Krebs-Kompass   **www.krebskompass.de**
Patienten-Forum für Krebserkrankte mit Bereichen für Krebsarten, Behandlung, Beratung, Angehörige und Forschung.

krebs-webweiser   **www.krebs-webweiser.de**
krebsregister@uniklinik-freiburg.de   Über 1.300 Links zum Themengebiet Krebs, geordnet in 26 Kapiteln. Einzelthemen direkt über 400 Stichworte abrufbar.

● **Roche Pharma Onkologie**   **www.roche-onkologie.de**
grenzach.allgemein@roche.com   Beschreibung der Krebserkrankungen akute/chronische myeloische Leukämie, NHL, Bauchspeicheldrüsen-, Brust-, Darm-, Hautkrebs, Lungenkrebs, Nierenkrebs, Magenkrebs, Eierstockkrebs. Patienten- und Arztbereich. **(Siehe Abbildung)**

Übelkeit und Erbrechen
als Folgen einer Chemotherapie   **www.erbrechen-chemo.de**
infocenter@msd.de   Nützliche Informationen für Patienten und Angehörige zum Thema Übelkeit und Erbrechen als Folgen einer Chemotherapie.

Krebs/Bauchspeicheldrüsenkrebs

● **Aus der Mitte**
– Diagnose Bauchspeicheldrüsenkrebs   **www.aus-der-mitte.de**
Das Portal bietet Patienten und Angehörigen Orientierungshilfe und erläutert medizinische Grundlagen, Hintergründe zur Diagnose sowie Therapiemöglichkeiten der Krankheit Bauchspeicheldrüsenkrebs. Zudem können Infomaterialien wie ein Patienteninformationsfilm oder ein Ernährungsratgeber angefordert werden. **(Siehe Abbildung)**

Aus der Mitte – Diagnose Bauchspeicheldrüsenkrebs   **www.aus-der-mitte.de**

Aus der Mitte
Diagnose Bauchspeicheldrüsenkrebs

Bauchspeicheldrüsenkrebs
Medizinische Grundlagen
Diagnose & Stadieneinteilung
Therapiemöglichkeiten
Nebenwirkungen
Nachsorge & Rehabilitation
Umgang mit der Erkrankung
Hilfreiche Adressen
Fachbegriffe

Informationsmaterial
Informationsfilm
Ernährungsratgeber
Newsletter-Abo
Newsletter-Archiv

Veranstaltungen
Aktuell 2012
Rückblick

Presseportal

Ärztebereich

Herzlich willkommen auf der Internetseite

Aus der Mitte – Diagnose Bauchspeicheldrüsenkrebs

Jährlich erkranken in Deutschland mehr als 12.600 Menschen an Bauchspeicheldrüsenkrebs. Die Diagnose trifft die Betroffenen und ihre Angehörigen meist völlig unvorbereitet, und die Erkrankung schockiert leider auch häufig durch ihren schnellen Verlauf.
Um besser mit Bauchspeicheldrüsenkrebs umgehen zu können, sind verständliche Information und ein gewisser Überblick im Medizin-Dschungel sehr wichtig.
Aber auch jene Fragen, die im Hintergrund immer mitschwingen, und die Endlichkeit und Überleben thematisieren, sollten nicht verdrängt werden.

Im Rahmen der Kampagne **„Aus der Mitte – Diagnose Bauchspeicheldrüsenkrebs"** werden Informationen und Hilfen bereitgestellt, die Patienten und Angehörige im Kampf gegen den Krebs unterstützen sollen. Neben einem Informationsfilm und Broschüre soll Ihnen auch diese Internetseite eine Orientierungshilfe sein.

Ihre Dagmar Berghoff

Neuigkeiten

Interview mit Jürgen Kleeberg
Der Vorsitzende des Arbeitskreises der Pankreatektomierten über die zentrale Rolle der Selbsthilfe bei Bauchspeicheldrüsenkrebs. Mehr lesen >>

Tabakrauch – Wodurch entsteht die hohe Suchtgefahr?
Die Tabakindustrie mischt ihren Produkten Zusatzstoffe bei, die das Suchtpotential von Nikotin erhöhen. Mehr lesen >>

Vorherige Therapie macht Operation möglich.
Durch eine vorangehende Chemo- und Strahlentherapie kann der Tumor deutlich verkleinert werden.
Mehr lesen >>

Informationsveranstaltung
Am 18. August findet in **Mainz** unsere nächste Patienten-Informationsveranstaltung statt.
Mehr lesen >>

Anzeige

Krebs/Brustkrebs

● **Herausforderung Brustkrebs**
info@brustkrebszentrale.de

www.brustkrebszentrale.de
Die Brustkrebszentrale informiert über die Erkrankung sowie neue Therapiemöglichkeiten und hilft, mit der Diagnose umzugehen. Der Veranstaltungskalender zeigt aktuelle Termine der Veranstaltungsreihe „Deutsche Städte gegen Brustkrebs". Umfangreiches Infomaterial kann kostenlos angefordert werden.
(Siehe Abbildung)

Mammakarzinom-info

www.mammakarzinom-info.de
Hintergrundwissen zum Thema Brustkrebs: Krebsstadien, Diagnostik, Brustkrebsbehandlung, Ernährungstipps und Broschüren.

Krebs/Darmkrebs

Darmkrebs.de
kontakt@foundation.burda.com

www.darmkrebs.de
Hier finden Patienten und Angehörige wichtige medizinische Infos zu Früherkennung, Therapie und Nachsorge. Mit einem Forum.

Darmkrebszentrale

www.darmkrebszentrale.de
Informations- und Serviceplattform für Darmkrebspatienten und Angehörige mit Themenmagazinen und Erfahrungsberichten.

Krebs/Eierstockkrebs

Eierstockkrebs
isc-service@gsk.com

www.eierstockkrebs.de
Aktuelle Informationen für Patientinnen und deren Angehörige. Mit Glossar medizinischer Fachausdrücke.

Krebs/Lungenkrebs

● **Der zweite Atem**

www.der-zweite-atem.de
Umfangreiche Informationen über Ursachen und Symptome von Lungenkrebs, Diagnoseverfahren, Behandlungsmöglichkeiten und Hilfestellungen zum Umgang mit der Erkrankung. Erfahrungsberichte von Patienten stehen in Form von DVDs, Begleitbroschüren und einem Doku-Band zur Verfügung und können online bestellt werden. **(Siehe Abbildung)**

Multiple Sklerose

e-med forum Mulitple Sklerose

www.emed-ms.de
Experten-Chat, Expertenrat, Selbsthilfe-Chat, Diskussionsforum, Newsletter, MS-Infos und MS-Behandlungseinrichtungen.

MS – Gateway
serviceteam@betaplus.net

www.ms-gateway.de
Nachrichten aus Forschung und Wissenschaft, Diskussionsforum, Chat-Räume und Experten-Chats zum Thema Multiple Sklerose.

MS-life
info@ms-service-center.de

www.ms-life.de
Ein Team aus Ärzten, Pflegekräften und Experten im Sozialrecht steht bei Fragen zur Multiplen Sklerose zur Seite.

Neurodermitis

Informationsseite zur Neurodermitis
info@project-design.de

www.neurodermitistherapie.info
Informationsseite über Neurodermitis. Hier wird auch eine neue Therapie mit dem Wirkstoff Pimecrolimus vorgestellt.

jucknix
info@jucknix.de

jucknix.de
Portal zu Neurodermitis, Allergien, Asthma, Schuppenflechte und Nesselsucht mit Infos zu Symptomen und Behandlungen.

Der zweite Atem   **www.der-zweite-atem.de**

Lungenkrebs   Veranstaltungen   Info-Material   Presse

Der zweite Atem

Herzlich willkommen auf der Internetseite „Der zweite Atem – Leben mit Lungenkrebs"

Die Diagnose Lungenkrebs trifft Betroffene und Angehörige häufig völlig unvorbereitet und löst erst einmal einen großen Schock aus. Um besser mit dieser schweren Erkrankung umgehen zu können, sind umfassendes Wissen und ein gewisser Überblick im Medizin-Dschungel sehr wichtig.

Die 2005 initiierte **Kampagne** „Der zweite Atem – Leben mit Lungenkrebs" stellt Informationsmedien bereit, die Patienten und ihre Familien im Kampf gegen den Lungenkrebs unterstützen. Das **DVD-Set** mit zwei Filmen und einer Begleitbroschüre beleuchtet detailliert und verständlich alle Aspekte dieser Erkrankung. Im **Dokuband** „Mit meinen Worten" lesen Sie bewegende Erfahrungsberichte von Patienten und Angehörigen, die mit Lungenkrebs konfrontiert wurden.

Jedes Jahr finden außerdem bundesweite **Informationsveranstaltungen** mit lokalen Experten statt, die ich auch begleite. Ein wichtiges Ziel ist hierbei auch der Aufbau von **Selbsthilfegruppen**. Mittlerweile gibt es schon Gruppen in ganz Deutschland.

Ich hoffe, diese Internetseite bietet Ihnen genügend Informationen und Hilfe.

Ihr Dieter Kürten

Neuigkeiten

Experte im Interview
Dr. Jutta Hübner über die komplementäre Behandlung bei einer Krebserkrankung.
Mehr lesen >>

Bluttest erkennt Lungenkrebs
Neues aus der Forschung: Test zeigt Lungentumor schon in sehr frühem Stadium an.
Mehr lesen >>

Ablauf einer Computertomografie
Dreidimensionale Untersuchungsbilder liefern Informationen über die exakte Lage und Größe des Tumors. Mehr lesen >>

Informationsveranstaltung in Minden
Am 23. Juni findet in Minden unsere nächste Patienten-Informationsveranstaltung statt.
Mehr lesen >>

NEU:
Hier den aktuellen Newsletter bestellen >>

Anzeige

Osteoporose

Aktiv gegen Osteoporose

www.osteoporose-spritze.de
Informationen, Ursachen und Fakten zur Krankheit Osteoporose und viele Tipps zur Vorsorge der Knochenerkrankung.

Osteoporose
infocenter@msd.de

www.osteoporose.msd.de
Interessierte und Betroffene erhalten hier allgemeine Informationen zur Osteoporose, auch bekannt als Knochenschwund.

Parkinson

Parkinson-Aktuell.de
customerservice@ucb.com

www.parkinson-aktuell.de
Gesundheitsportal mit Informationen über Symptome, Ursachen und Therapiemöglichkeiten der Parkinsonkrankheit.

Parkinson-Haus.de
grenzach.arzneimittel@roche.com

www.parkinson-haus.de
Die Parkinson-Web-Seite der Roche Pharma AG stellt Patienten und Angehörigen zahlreiche Informationen sowie Tipps und Tricks zur Verfügung, wie Betroffene des Parkinson-Syndroms ihren Alltag besser meistern können. Die Besucher können einen virtuellen Rundgang durch das Parkinsonhaus unternehmen. **(Siehe Abbildung)**

Parkinson-Web
parkinson.info@gsk.com

www.parkinson-web.de
Informationen zum behandelbaren Krankheitsbild Parkinson. Patientenfragen werden kostenfrei im Expertenforum beantwortet.

Periode & Regelschmerzen

regelschmerzen.de
info@boehringer-ingelheim.com

www.regelschmerzen.de
Mädchen und junge Frauen erhalten hier viele Infos zur Periode und den damit zusammenhängenden Regelschmerzen.

Parkinson-Haus.de

www.parkinson-haus.de

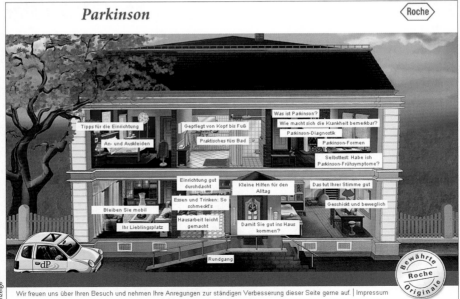

Pilzinfektionen

Lifeline Special Nagelpilz
info@infoline-nagelpilz.de

www.infoline-nagelpilz.de
Ausführliche Informationen zum Thema Nagelpilz. Tipps zu Behandlungsmöglichkeiten mit kostenlosem Expertenrat.

Prostata

prostata.de
info@prostata.de

www.prostata.de
Aktuelles zur Diagnose und Behandlung von Prostatakrebs. Die unterschiedlichen Behandlungsmethoden werden umfassend erklärt.

Prostata-Info
prostata.info@gsk.com

www.prostata-info.de
Umfassende Informationen zur männlichen Problemzone für Patienten, Interessierte, Ärzte und Apotheker.

Rheuma

Lifeline Special Rheuma
info@special-rheuma.de

www.special-rheuma.de
Informationen zur Behandlung von Rheuma, mit Patientenforum und kostenlosem Online-Expertenrat sowie Newsletter.

rheuma-online
info@rheuma-online.de

www.rheuma-online.de
Tipps zu Therapien und Medikamenten für Rheuma-Patienten, außerdem Rheumalexikon und interaktive Krankheitstests.

Schilddrüse

schilddruese.net
medizinpartner@merck-pharma.de

www.schilddruese.net
Informationen für Ärzte und Patienten zu den unterschiedlichen Schilddrüsenerkrankungen sowie zu Behandlungsmöglichkeiten.

Schlafstörungen

Schlaf.de
info@schlaf.de

www.schlaf.de
Umfangreiche Informationen zum Thema Schlaf und Schlafstörungen für alle Betroffenen und Schlafinteressierten.

Schlafgestört

www.schlafgestoert.de
Ursachen für Schlafstörungen. Therapien, Informationen zur Selbstdiagnose, zum Schlaflabor und Adressen von Anlaufstellen.

Schmerzen

Forum Schmerz
schmerz@dgk.de

www.forum-schmerz.de
Hier erhalten Betroffene und Angehörige umfassende medizinische Informationen zum Thema Schmerz und seinen Ursachen.

Schmerz.de
service@hexal.de

www.schmerz.de
Hier erfährt man alles über Schmerzen, wie sie entstehen und wie man sie behandeln kann. Dazu gibt es Infos zu Arthrose.

Schmerz60plus

www.schmerz60plus.de
Erläuterungen neuer Erkenntnisse zur Schmerztherapie bei älteren Menschen mit ausführlichem Informationsangebot.

● **Stark gegen den Schmerz**
infocenter@msd.de

www.stark-gegen-schmerz.de
Auf dieser Seite erhalten Patienten ausführliche Informationen zu Bewegungs- und Gelenkschmerzen. Es werden praktische Tipps und Übungsvideos präsentiert. Patienten lernen die verschiedenen Therapiemöglichkeiten kennen und können mit Hilfe der Facharztsuche einen auf Gelenkschmerz spezialisierten Arzt finden. **(Siehe Abbildung)**

Stark gegen den Schmerz　　　　　　　**www.stark-gegen-schmerz.de**

Schmerzen/Rückenschmerzen

Bandscheibenvorfall.de

www.bandscheibenvorfall.de
Funktionsweise und Störungen der Wirbelsäule und der Bandscheiben mit Fallbeispielen, Behandlungsmethoden und Fachwörterbuch.

Hexenschuss
info@hexenschuss.de

www.hexenschuss.de
Das Gesundheitsportal rund um das Thema Rückenschmerzen gibt Übungsanleitungen und Tipps für einen gesunden Rücken.

Lifeline Special Rückenschmerz
info@special-rueckenschmerz.de

www.special-rueckenschmerz.de
Informationen zum Thema Rückenschmerz, Tipps für den Alltag und zahlreiche Rückenübungen. Kostenloser Expertenrat.

Rückenshop24
info@rueckenshop24.de

www.rueckenshop24.de
Vom richtigen Kissen über Sitzhelferlein, Gymnastikartikel und Massagegeräte bis hin zu orthopädischen Hilfsmitteln.

Schnarchen

Schnarchportal.de
info@celon.com

www.schnarchportal.de
Informationen rund um das Thema Schnarchen. Kleines HNO-Wörterbuch und Informationen zur Celon-Methode.

Silensor Schnarchschutz
schnarchschutz@smilestudio.de
☎(06255) 6 48 94 25

www.schluss-mit-dem-schnarchen.de
Das Lindenfelser Silensor Center bietet persönliche Beratung sowie die individuelle Anpassung und Nachjustierung von professionellen Schnarchschienen nicht nur im Darmstädter Hauptstudio, sondern auch bundesweit komplett per Post mit Abdrucknahme zu Hause. Mit Online-Live-Expertenberatung. **(Siehe Abbildung)**

Silensor Schnarchschutz   **www.schluss-mit-dem-schnarchen.de**

Anzeige

Akupunktur

special-akupunktur.de
info@bsmo.de

www.special-akupunktur.de
Übersicht über die Krankheitsbilder, die mit Akupunktur behandelt werden können und eine Arztsuche.

Arzneimittel & Hausmittel

Gesunde Hausmittel
kontakt@gesunde-hausmittel.de

www.gesunde-hausmittel.de
Informationen zu alten und bekannten Hausmitteln. Für verschiedene Bereiche wie Durchfall, Bluthochdruck oder Erkältungen.

WALA Arzneimittel
info@wala.de

www.walaarzneimittel.de
Infos über WALA Arzneimittel und anthroposophische Medizin. Auskünfte über Beschwerden von A bis Z, Anwendungshinweise.

WELEDA AG
dialog@weleda.de

www.weleda.de
Vorstellung der Weleda-Arzneimittel, Ratgeber für die Hausapotheke sowie Informationen zur antroposophischen Medizin.

Ayurveda

ayurdeva
post@ayurdeva.de

www.ayurdeva.de
Eine Palette an ayurvedischen Qualitätsprodukten von Pflegemitteln und Kosmetika bis hin zu Lebensmitteln.

ayurveda-portal.de
info@ayurveda-portal.de

www.ayurveda-portal.de
Die große unabhängige Info- und Kommunikationsplattform zu Ayurveda beinhaltet ein weltweites Branchenbuch, aktuelle Facharti-kel, Orientierungshilfen, Interviews, Videos, Ayurveda Web-TV, Seminarkalender, Kleinanzeigen und ein Forum für den Austausch. Für Einsteiger, Kenner und Profis.

Europäische Akademie für Ayurveda
info@ayurveda-akademie.org

www.ayurveda-akademie.org
Aus- und Fortbildungen sowohl für Laien als auch für Mitglieder der verschiedenen medizinischen Berufsgruppen.

Bachblüten-Therapie

Bachblüten-Therapie
bach-blueten@gwx.de

www.bach-blueten-therapie.de
Interessantes rund um die Bachblüten-Therapie, Wirkungsweise der Bachblüten sowie ein Forum zum Erfahrungsaustausch.

DocNature
info@doc-nature.com

www.doc-nature.com
Bachblüten- und Gesundheitsratgeber: Bachblüten, australische und kalifornische Essenzen, Heilsteine und Silberkolloid.

Heilkräuter

Bad Heilbrunner Gesundheitsdatenbank
info@bad-heilbrunner.de

www.tee.org
Informationen zu über 200 Heilpflanzen, wichtigen Vitaminen, Mineralstoffen und Spurenelementen.

Heilpflanzen-Welt
info@heilpflanzen-welt.de

www.heilpflanzen-welt.de
Portal rund um Naturheilkunde, Phytotherapie und Komplementärmedizin für Laien und Fachkräfte in Gesundheitsberufen.

Welterbe Klostermedizin
info@klostermedizin.de

www.welterbe-klostermedizin.de
Umfangreiche Sammlung von Heilpflanzen mit Infos zu Geschichte, Anwendungsgebiet und -art und Wirksamkeit.

Heilpraktiker

Fachverband Deutscher Heilpraktiker e. V.
fdh-bonn@t-online.de

www.heilpraktiker.org
Berufsständische Vertretung für Heilpraktiker in Deutschland.

Freie Heilpraktiker e. V.
info@freieheilpraktiker.com

www.freieheilpraktiker.com
Informationen zu den Themen Naturheilkunde, Heilpraktiker, Aus- und Weiterbildung, Honorare und vieles mehr.

Union Deutscher Heilpraktiker e. V.
kontakt@udh-bundesverband.de

www.udh-bundesverband.de
Berufsverband für Heilpraktiker, Qualitätssicherung im Beruf der Heilpraktiker, Aus- und Weiterbildung.

Heilpraktiker/Heilpraktikerschulen

● **Fachverband Dt. Heilpraktiker Landesverband B-BB e. V.**
info@heilpraktiker-berlin.org

www.heilpraktiker-berlin.org
Informationen zu Heilpraktiker- und Fachausbildungen in westlicher (u. a. Homöopathie, Phytotherapie, Leibarbeit, Massage) sowie östlicher (u. a. Akupunktur, Shiatsu, Yoga, Feng Shui) Naturheilkunde; Termine zu aktuellen naturheilkundlichen Aus- und Fachfortbildungen und Seminaren; Heilpraktikersuche. **(Siehe Anzeige)**

Paracelsus Heilpraktikerschule und -ausbildung
info@paracelsus.de

www.paracelsus.de
Heilpraktikerschule, Schule für Fachtherapeuten, Psychotherapie und naturheilkundliches Seminarzentrum.

Homöopathie

Deutsche Homöopathie-Union
info@dhu.de

www.dhu.de
Infos zur Homöopathie: Von den Grundlagen über die Geschichte bis hin zur Herstellung homöopathischer Arzneimittel.

Deutscher Zentralverein homöopathischer Ärzte
sekretariat@dzvhae.de

www.welt-der-homoeopathie.de
Portal des Deutschen Zentralvereins homöopathischer Ärzte: Arztsuche, Hintergrundberichte und Infos zur Kostenerstattung.

homoeopathie-heute.de
portal@homoeopathie-heute.de

www.homoeopathie-heute.de
Das Deutsche Netzwerk für Homöopathie informiert über homöopathische Mittel.

Hypnose

Hypnoseberatung.de
post@hypnoseberatung.de

www.hypnoseberatung.de
Zahlreiche Informationen zu den Themen Hypnose, Hypnotherapie, Selbsthypnose, Show-Hypnose, NLP und Mentaltraining.

Hypnoselernen.de
info@hypnoseakademie.de

www.hypnoselernen.de
Hypnoseforum mit Angaben zu Voraussetzungen, Gefahren und Arten der Hypnose, dazu Bilder und Seminarangebote.

Kinesiologie

Europäischer Verband für Kinesiologie e. V.
info@efvk.de

www.kinesiologieverband.de
Der Europäische Verband versteht sich als eine Interessenvertretung aller Anwender, die mit Kinesiologie arbeiten.

Internationale Kinesiologie Akademie
info@kinesiologie-akademie.de

www.kinesiologie-akademie.de
Die IKA bietet Kurse in Kinesiologie, anerkannte kinesiologische Ausbildungen (Gesundheitsförderung, Lernförderung, Lebensberatung, Sport und Wellness), Studiengang Bachelor Komplementärtherapie (Kinesiologie) in Kooperation mit der Steinbeis Hochschule sowie universitäre Zertifikatslehrgänge. **(Siehe Abbildung)**

Kinesiologen.de
rsf@kinesiologen.de

www.kinesiologen.de
Informationen und Adressen zur Kinesiologie.

Naturheilkunde/Allgemein

Initiative für ganzheitliche Heilmethoden
info@thera-online.de

thera-online.de
Therapeuten und Heilpraktiker-Suche. Beschreibung der verschiedenen naturheilkundlichen Therapieformen.

naturheilt.com
info@naturheilt.com

www.naturheilt.com
Das Portal für Naturheilverfahren zeigt Wege, abseits der Schulmedizin, mit verschiedenen Erkrankungen umzugehen und wie man sie ohne chemische Medikamente heilen oder die Heilung unterstützen kann. Für 350 Krankheiten von A bis Z bietet die Seite Informationen, Empfehlungen und Therapiemethoden.

Internationale Kinesiologie Akademie   **www.kinesiologie-akademie.de**

Pascoe Naturmedizin
webmaster@pascoe.de

www.pascoe.de
Patienten-Handbuch und Nachschlagewerk der Naturheilmittel. In den Rubriken werden aktuelle Thematiken behandelt.

PhytoDoc
info@phytodoc.de

www.phytodoc.de
Das alternative Gesundheitsportal informiert, wie Krankheiten mit Naturheilkunde ganzheitlich behandelt werden können.

Yamedo – Portal für Alternative Medizin
info@yamedo.de

www.yamedo.de
Das Portal für Alternative Medizin, Naturheilkunde und Wellness führt über 300 verschiedene Beschwerde- und Krankheitsbilder auf und beschreibt anschaulich dazu passende Alternativtherapien, Heilverfahren und Medikamente, deren Wirksamkeit durch medizinische Studien belegt wird.

Yoga

Fildecoton
info@fildecoton.de

www.fildecotonshop.de
Leichte und atmungsaktive Trainingskleidung für Pilates und Yoga. Leggins, Trainingshosen, Tops, Overalls und Boleros.

Yoga Shop
service@yogishop.com

www.yogishop.com
Bilder, Bücher, Körperpflege, Matten, Bekleidung und Meditationsbedarf – alles für und um Yoga.

Yoga Vidya
info@yoga-vidya.de

www.yoga-vidya.de
Yoga, Ayurveda, Meditation und artverwandte Bereiche werden in Kursen, Seminaren sowie bei Reisen angeboten.

Yoga Welten
kontakt@yoga-welten.de

www.yoga-welten.de
Erklärungen der wichtigsten Yoga-Übungen, Artikel zur Geschichte von Yoga und ein Yoga-Forum.

yogafriends

www.yogafriends.de
Yoga-Begeisterte tauschen sich aus. Themen wie Spiritualität, Yoga-Urlaub, Workshops, Umwelt und Bücher werden diskutiert.

yogapad.de
post@wueins.de

www.yogapad.de
Community für Yoga, Meditation und Ayurveda zum Austausch über ganzheitliche oder spirituelle Themen.

GESUNDHEIT

HAUS & GARTEN

hurra-wir-bauen   **www.hurra-wir-bauen.de**

hurra-wir-bauen.de
das portal für bauherren & renovierer

LOGOCLIC FÜR JEDES VERKAUFTE PAKET DER LOGOCLIC EDITION PFLANZEN WIR EINEN BAUM!

HAUSBAU   ENERGIESPAREN   WOHNEN   RUND UMS HAUS   RATGEBER

TRAUMHAUS-SUCHE   MUSTERHAUSLISTE   HAUS-PORTRÄTS   KELLER   REPORTAGEN   GEWINNSPIEL   ePAPER

→ HAUSBAU

DEUTSCHE FLIESE

Fördermittel

Von der Energieschleuder zum Sparschwein: durch eine energieeffiziente Renovierung verwandeln Bauherren ihr Eigenheim in ein ressourcenschonendes Zuhause. Zunächst erfordern Maßnahmen zur Wärmedämmung oder Heizungssanierung allerdings einige Investitionen. Um die Energiewende zu realisieren, unterstützt der Staat die energetische Sanierung, staatliche Fördertöpfe sind meist untereinander kombinierbar. Auch die Bundesländer sowie einige Kommunen haben entsprechende Programme aufgelegt. Information ist Trumpf, um jede Möglichkeit ausfindig zu machen. Lesen Sie hier alles Wichtige zum Thema „Fördermittel".

Webpartner

HANSA Wasser erleben

◄►   Juni 2012

Mo	Di	Mi	Do	Fr	Sa	So
				1	2	3
4	5	6	7	8	9	10
11	12	13	14	15	16	17
18	19	20	21	22	23	24
25	26	27	28	29	30	

Hausbau   25.06.2012

Auszeichnung Gütesiegel „TOP 100"

Die innovativste Auszeichnung im deutschen Mittelstand geht nach Bodenwöhr: Der traditionsreiche ...
[mehr]

Energiesparen   22.06.2012

Kundenschutz im Garantiefall

Conergy bietet für seine PowerPlus Photovoltaikmodule eine „PremiumPlus-Garantie" an. Diese beinhaltet ...
[mehr]

Wohnen   22.06.2012

Parkett bietet Individualität und optische Raffinesse

„Immer wichtiger wird neben der Einrichtung und Wandfarbe die Wahl des Bodenbelags, zumal besonders dieser die ...
[mehr]

RENSCH HAUS

Baufamilie des Monats

► 00:00   00:00

Video:

Nahezu jeder träumt den Traum von den eigenen vier Wänden. Unsere Baufamilie hat sich diesen Wunsch erfüllt. Begleiten Sie die stolzen Hausbesitzer auf einem Streifzug durch ihr neues Familiendomizil.

Traumhaus-Suche

Stöbern Sie in unserer Traumhaus-Suche: Mehr als 700 Häuser warten darauf, von Ihnen entdeckt zu werden.

[Hersteller-Schnellsuche ▼]
[zur Traumhaus-Suche]

HIER GEHT'S ZUM GEWINNSPIEL

Baulexikon

Was ist ein Maulwurf? Was ein Monovalentes Heizsystem? Hier bekommen Sie Antworten.

Unterspannbahn

Die Unterspannbahn (auch „Unterdeckbahn") schützt die Dachkonstruktion, die Wärmedämmung und den Dachraum gegen das Eindringen von Staub und Flugschnee. Sie muss wasser- und ...
[zum Lexikon]

A-Z

Fullwood Wohnblockhaus
Haus „Ammergruß": Traum aus Holz.

Musterhausliste

Informieren Sie sich bei einem Besuch eines Musterhauses vorab über das Angebot der Haushersteller.

[Hersteller-Schnellsuch ▼]
[zur Musterhausliste]

Family

Sperrhäuser
Lesen Sie unsere aktuellen Magazine kostenlos als ePaper.

Expertenrat

Bauherren Schutz Bund e.V.
[zum Expertenrat]

Garagen und Carports: Weg von der Straße

Das Auto ist des Deutschen liebstes Kind. So sagt es zumindest der Volksmund. Klar, dass das „heilige Blechle" besonders gut vor Wind und Wetter geschützt werden soll. Hier erfahren Sie alles über die verschiedenen Unterstellvarianten.
Weiterlesen: Garagen und Carports

Intersolar 2012: Verhaltener Optimismus

Am Freitag ging in München die weltweit größte Fachmesse der Solarwirtschaft, die Intersolar zu Ende. Insgesamt 1.909 Aussteller aus 49 Ländern präsentierten Lösungen und Dienstleistungen in den Bereichen Photovoltaik und Solarthermie.
Weiterlesen: Messebericht Intersolar 2012

Fertigkeller: Trainingslager im Bürkle-Fertigkeller

Newsletter

Tragen Sie sich hier in unseren Newsletter ein!

Anrede   [Frau ▼]

Nachname

O₂

www.livingathome.de

livingathome.de

Tapetenwechsel gefällig? Ob Haus, Garten oder Gastlichkeit, die Online-Ausgabe der gleichnamigen Zeitschrift bietet seitenweise Tipps, Ideen, Ratschläge und Inspirationen für Wohnung, Haus und Garten in fünf übersichtlichen Themenbereichen. Von der Gestaltung Ihrer Wohn(t)räume über das Blumenbeet für Balkonien bis hin zum asiatischen Drei-Gänge-Menü, der mexikanischen Tischdekoration oder dem praktischen Fest-Einmaleins. Mit einfachen Tricks für drinnen und draußen bringen Sie schnell frischen Wind in die eigenen vier Wände. Lust aufs Aufmöbeln bekommen? Dann bummeln Sie über den Marktplatz und richten Sie es sich schön ein!

www.hurra-wir-bauen.de

hurra-wir-bauen

Möchten Sie Ihren alten Dachboden in eine schmucke Dachoase verwandeln oder im Garten einen japanischen Teich anlegen? Foto-Reportagen und Artikel von Sanierungen und Renovierungsaktionen auf hurra-wir-bauen helfen hier weiter. Im Online-Magazin finden Sie neben nützlichen Energiespartipps außerdem eine ausführliche Vorstellung verschiedener Bauweisen für die eigenen vier Wände: Ob Ausbauhaus, schlüsselfertiges Eigenheim, Massiv- oder Holzhaus, hier ist für jeden Geldbeutel das Richtige dabei. Inspirationen gibt es vorab auf zahlreichen Musterhaus-Ausstellungen; eine interaktive Karte zeigt, wohin sich eine Fahrt lohnt.

www.passiv.de

Passivhaus Institut

Wie genau funktioniert ein Passivhaus, wie hoch sind die Verbrauchswerte tatsächlich und worauf muss man beim Bau eines Einfamilien-Passivhauses achten? In der Wissensdatenbank „Passipedia" werden Interessenten, Bauherren und Planer mit allen notwendigen Informationen versorgt. Darf man in Passivhäusern die Fenster öffnen und ist es darin an heißen Sommertagen tatsächlich kühler? Experten des Forschungsinstituts Passivhaus haben hier neben Antworten auf einfache Fragen auch zahlreiche bauphysikalische Grundlagen, Grafiken zur Funktionsweise sowie Beispiele für die Rechnung der Wärmegewinne und Energiebilanzen zusammengestellt.

www.selbst.de

selbst online

Wenn Sie Renovierungsarbeiten gerne persönlich in die Hand nehmen, finden Sie hier Videoanleitungen, in denen Schritt für Schritt erklärt wird, wie man einen begehbaren Kleiderschrank für das Schlafzimmer und einen Tischkicker für Fußballfans baut, seinen Balkon fliest oder den alten Teppich ausbessert. Profis können sogar ihr eigenes Traumhaus vom Dachgeschoss bis zum Keller interaktiv planen, gestalten und sich virtuell durch Haus und Garten navigieren. Für Deko-Fans gibt es nützliche Tipps über Farbwirkung und den richtigen Einsatz von Licht, um das Eigenheim in eine gemütliche Wohlfühloase zu verwandeln.

www.schoener-wohnen.de

schoener-wohnen.de

Wenn Sie mal wieder frischen Wind in Ihre vier Wände bringen möchten, sollten Sie auf schoener-wohnen.de aktuelle Einrichtungs- und Dekorationstipps von Experten einholen. Ob Leseecke im englischen Chic, ein Spielzimmer unterm Dach oder ein begehbarer Kleiderschrank mit elegantem Schiebetür-System, mithilfe verschiedener Selbsttests können Sie herausfinden, welcher Stil Ihrem Wohn-Typ entspricht. Mit dem 3D-Raumplaner können Sie dann gleich ein individuelles Wohnkonzept erstellen und sehen, in welche Ecke der neue Schreibtisch am besten passt und ob der Entwurf tatsächlich alltagstauglich ist.

www.gartenforum.de

Gartenforum

Ihr Garten soll im nächsten Sommer neidische Blicke vom Nachbarn ernten? Dann besuchen Sie das Gartenforum und lassen sich von anderen Hobby-Gärtnern Tipps und Ratschläge geben – hier erfahren Sie, was der Unterschied zwischen den Tomatensorten „Goldene Königin und „Bloody Butcher" ist, welche tropischen Gartenpflanzen besonders pflegeleicht sind, was Sie beachten müssen, wenn Sie sich einen Goldfischteich anlegen möchten und welche Standorte für Kresse, Minze oder Basilikum bestens geeignet sind. Dazu können Sie sich von den Gartenbildern anderer Mitglieder inspirieren lassen oder eigene Fotos vom selbstgebauten Vogelhäuschen präsentieren.

www.mein-schoener-garten.de

Mein schöner Garten

Damit Sie im Frühjahr gleich mit den ersten Sonnenstrahlen erfolgreich durchstarten können, gibt es hier Tipps für die Gestaltung Ihres Gartens. Wie plane ich meinen Wassergarten? Welche Blumen kommen dieses Jahr in den Ziergarten? Wie pflege ich Hydrokulturen? Die Pflanzenporträts informieren auch über Blütezeit und den richtigen Standort für Gewächse jeder Art. Sollte es den zarten Pflänzchen doch mal schlecht gehen, wenden Sie sich an den Pflanzendoktor. Der steht Ihnen und Ihrer Blume mit einer Online-Diagnose und Heiltipps bei. Diskutieren Sie außerdem mit anderen Gartenfreunden im Forum über Balkone, Terrassen, Zier- und Nutzgärten!

www.immopionier.de

immopionier.de

Auf der Suche nach einer Vorstadtvilla, einem Mehrfamilienhaus oder einer gemütlichen Studentenbude? Diese Suchmaschine durchforstet mehrere Immobilien-Portale nach Angeboten in ganz Deutschland zum Kaufen oder Mieten: Ob WG-Zimmer, Wohnung, Haus, Loft, Garage, Grundstück oder Räumlichkeiten für Büros, Arztpraxen und Gaststätten – einfach auf der Landkarte das Bundesland sowie die gewünschte Stadt anklicken und stöbern. Die Angebote können nach Preis, Quadratmeter oder Zimmeranzahl sortiert werden. Doppelte Angebote aus verschiedenen Immobilienportalen werden zudem praktisch zusammengefasst.

Haus & Garten

Allgemein

Bauen-Wohnen-Aktuell.de
service@arkm.de

www.bauen-wohnen-aktuell.de
Magazin mit aktuellen Meldungen rund um die Themen Hausbau und Wohnen.

Bauexpertenforum
info@bauexpertenforum.de

www.bauexpertenforum.de
Forum zu Themen rund ums Bauen.

Haus, Das
info@haus.de

www.haus.de
Die Zeitschrift „Das Haus" bietet umfassende Berichte zu den Themen Wohnen, Garten, Bauen, Kaufen, Mieten und Vermieten.

hausundmarkt.de

www.hausundmarkt.de
In den Rubriken Wohnen, Renovieren und Energie findet man nützliche Infos rund ums Eigenheim.

livingathome.de
info@livingathome.de

www.livingathome.de
Services, Ideen und Produkte rund um die Themenbereiche Essen und Trinken, Wohnen, Gastlichkeit und Garten.

● **mein EigenHeim**
redaktion@jfink-verlag.de

www.mein-eigenheim.de
Das Themenspektrum reicht von Bauen über Wohnen, Garten und Selber machen bis hin zu Recht und Steuern. Es gibt Bastel- und Heimwerker-Anleitungen zum Download und Leser können regelmäßig bei Aktionen gewinnen. In der Selber-machen-Rubrik findet man zudem praktische Videoanleitungen. **(Siehe Abbildung)**

Zuhause.de
kontakt@zuhause.de

www.zuhause.de
Alles rund ums eigene Zuhause. Gartenlexikon, Einrichtungstipps, Renovierungsanleitungen, Hausbauinfos und News.

zuhause3.de
redaktion@zuhause3.de

www.zuhause3.de
Zuhause3 ist ein Online-Portal mit dem Anspruch, Trendscout für alle Themen rund um Haus, Wohnen und Garten zu sein.

Bauen/Allgemein

bauemotion
kundenservice@bauemotion.de

www.bauemotion.de
Portal zu den Themen: Bauen, Renovieren, Einrichtung, Energiesparen, Garten, Baufinanzierung und Wohntrends.

bauen.com
info@bauen.com

www.bauen.com
Tipps und Beiträge für Bauherren und Modernisierer zu den Themen Hausbau, Ausbau, Haustechnik, Garten und Do It Yourself.

bauen.de
info@bauen.de

www.bauen.de
Informations- und Beratungsplattform für Baufamilien und private Bauinteressenten mit Finanzierungs- und Baulexikon.

Bauherr, Der

www.derbauherr.de
Das Magazin rund ums Thema Hausbau präsentiert sich online mit Hausdatenbank, Rechtsurteilen und Planungshilfen.

Baulinks.de
info@archmatic.de

www.baulinks.de
Umfangreiche Link-Sammlung zum Thema Bauen.

BauPraxis
redaktion@baupraxis.de

www.baupraxis.de
Portal für Bauherren und Bauprofis mit Tipps zu Baufinanzierung, Bauplanung, Hausbau und moderner Energietechnik.

mein EigenHeim **www.mein-eigenheim.de**

EigenHeim
BAUEN WOHNEN LEBEN

| Suchen | | >> | Startseite | Kontakt |

Sie sind hier: Startseite

Aktuelle Ausgabe
» Neue Artikel
» Leseraktionen
» Gewinner
» Video Mediathek
» Sommer Gewinnspiel
» Ideenwettbewerb:
   Smart Home

Im e-Journal blättern

>> Ausgabe 2/2012

Meine Themen
» Bauen
» Wohnen
» Leben
» Garten
» Selber machen
» Steuern + Recht

Mein Service
» Abo und Gratisheft
» Bauanleitungen
» Gartenberatung
» Inserentenverzeichnis

täglich neu: 12 Uhr

 wüstenrot
Wüstenrot & Württembergische.
Der Vorsorge-Spezialist.

Wüstenrot-Magazin
» Aktuell
» Mein Haus
» Mein Alltag
» Mein Geld
» Gewinner
» E-Mail an Wüstenrot

Im e-Journal blättern

>> Ausgabe 2/2012

Machen Sie mit bei unserem Smart Home-Ideenwettbewerb:

Was sollte ein Smart Home – ein intelligentes Zuhause – Ihrer Meinung nach können?

Gehen Sie mit Ihren Ideen an den Start unseres Smart Home-Ideenwettbewerbs.

- Zu gewinnen gibt es ein **io-homecontrol-System im Wert von 15.000 Euro** sowie zwei **iPads**.

mehr...

Fernsehen in allen Räumen?
Top-moderne Technik verteilt das TV-Programm kabellos im Haus. Fernsehen in allen Räumen: tolle Errungenschaft oder nervtötend? Stimmen Sie ab! »Zur Umfrage

Wie wohnen wir in der Zukunft?
Familie Welke-Wiechers testet derzeit das Wohnen und den Alltag in einem Smart Home – wir haben sie im Effizienzhaus Plus in Berlin besucht.... »mehr

Hausautomation mit io-homecontrol
Mehr Wohnkomfort, mehr Sicherheit, weniger Energieverbrauch: Automatische Steuerungen im Haus helfen in allen Lebenslagen. »mehr

Mein EigenHeim lesen und gewinnen
Eine Vielzahl an hochwertigen Gewinnen wartet mit der aktuellen Ausgabe auf alle Leser von Mein EigenHeim. »mehr

Alles picobello: Putzen leicht gemacht
Sauberkeit ist beliebt – Putzen weniger. Mit Mikrofasertüchern und weiteren klugen Helfern geht Sauberkeit leichter von der Hand. »mehr

Gewinnspiel Heimkraftwerk: Einbau des Gewinns
Das Mein EigenHeim-Gewinnspiel „Heimkraftwerk" hat eine glückliche Gewinnerin gefunden. Lesen Sie, wie die Dachs-KWK-Anlage eingebaut wird. »mehr

Haus & Garten

Bau-welt.de
info@bau-welt.de

www.bau-welt.de
Alles rund ums Eigenheim: Mit dem Haus-Konfigurator kann man sein persönliches Traumhaus finden. Zudem erhält man umfassende Informationen rund um die Themen Neubau und Renovierung, Fertighäuser, Innenausbau, Immobilienfinanzierung, Wohnen im Alter, Haustechnik und Garten. **(Siehe Abbildung)**

Deutsche BauZeitschrift

www.dbz.de
Nachrichten aus der Baubranche: Neues zu Architektur, Technik, Produkten, herausragenden Gebäuden und Rechtlichem.

hausbau24.de
info@hausbau24.de

www.hausbau24.de
Die Web-Seite bietet zum Thema Hausbau eine Herstellerliste mit Haustypen, Detailangaben und großen Fotos.

hurra-wir-bauen
info@hurra-wir-bauen.de

www.hurra-wir-bauen.de
Das Portal der Fachredaktion von FamilyHome bietet alles rund ums Bauen und Renovieren. Die Traumhaussuche findet aus über 1.000 Beispielen das passende Haus. Große Musterhausliste (D, A, CH). Hintergrundinformationen, viele Tipps und Tricks, Adressen sowie Links zu den Top-Firmen der Branche. **(Siehe Kapitel-Deckblatt)**

Kleine Baulexikon, Das
info@baubegriffe.com

www.baubegriffe.com
Fachlexikon für die Bereiche Bau, Handwerk und Architektur.

Bauen/Architektur

Arcguide
info@arcguide.de

www.arcguide.de
Internet-Führer und Suchmaschine für Architekten. Presseschau, Jobs, Büroprofile, Projekte und architekturrelevante Infos.

archINFORM
archinf@archinform.de

www.archinform.net
Große Online-Datenbank für Architektur mit Infos über mehr als 26.000 Gebäude und Planungen bedeutender Architekten.

architekten24
info@architekten24.de

www.architekten24.de
Informationen über Architekturprojekte und Branchenverzeichnis mit Fachfirmen.

Architektur und Wohnen

www.awmagazin.de
Online-Magazin zu Kunst, Architektur und Design. Interviews und Homestorys mit Designern und Architekten.

bauten.de
info@nemetschek.de

www.bauten.de
Die Planersuchmaschine: Architekten und Ingenieure stellen sich und ihre Projekte vor.

Detail
mail@detail.de

www.detail.de
Detail berichtet über interessante Meldungen zu Architektur, Bauprojekten, Bauphysik und -recht sowie Veranstaltungen.

Emporis.com

www.emporis.com/ge
Internationale Datenbank über Gebäude, Immobilien und Architektur.

raum1
info@biz-verlag.de

raum1.net
Plattform und Netzwerk für Innenarchitektur mit Wiki für Fachbegriffe moderner Innenarchitektur.

Bauen/Baumärkte

BAUHAUS
service@bauhaus.info

www.bauhaus.info
Aktuelle Angebote, Ratgeber, Ideen und Tipps für alle Arbeiten rund um Werkstatt, Haus und Garten.

Baumarkt direkt
service@baumarktdirekt.de

www.baumarktdirekt.de
Online-Baumarkt mit allem rund um die Themen Haus und Garten, Sanitär und Heimwerken.

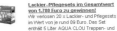

HAUS & GARTEN

hagebau
info@hagebau.de

www.hagebau.de
Internet-Portal mit umfangreichem Online-Shop sowie Tipps, Tricks und Anregungen für Bau- und Modernisierungsvorhaben.

Hornbach
info@hornbach.com

www.hornbach.de
Ob Gartenteich anlegen oder Renovierungsarbeiten durchführen, der Baumarkt weckt Ideen und unterstützt mit Tipps.

Max Bahr
anfragen@maxbahr.de

www.maxbahr.de
Tolle Tipps für Heimwerker mit Anleitungen und Einkaufslisten zum Download. Adressnachweis der Märkte in der Umgebung.

Obi
info@obi.de

www.obi.de
Der Häuslebauer findet hier Angebote zu Heizung, Fassade, Licht, Küche, Bad, Möbeln sowie Tipps und Tricks beim Heimwerken.

Praktiker
kontakt@praktiker.de

www.praktiker.de
Anbieter im Do-it-yourself-Bereich mit breitem Sortiment zum Bauen, Renovieren, für Werkstatt, Wohnen, Garten, Freizeit.

toom BauMarkt
kontakt@toom-baumarkt.de

www.toom-baumarkt.de
Der toom BauMarkt bietet viele schlaue Tipps und Tricks zum Handwerken im eigenen Heim und Garten.

Bauen/Dachbau

dach.de
info@sturm-drang.com

www.dach.de
Wissenswertes zu Dachbau und -sanierung. Baustoffe, Bautagebuch, Förderungen, Experteninterviews und Dachlexikon.

Bauen/Denkmalschutz

Deutsche Stiftung Denkmalschutz
info@denkmalschutz.de

www.denkmalschutz.de
Informationen über den Denkmalschutz.

Bauen/Einbruchschutz

„Nicht bei mir!"
redaktion@nicht-bei-mir.de

www.nicht-bei-mir.de
Infos und Tipps zum Einbruchschutz, unabhängige Sicherheitsberatung sowie über 900 Adressen von Sicherheitsexperten.

Einbrecherfrust
info@einbrecherfrust.de

www.einbrecherfrust.de
Umfangreiches Angebot zum Schutz von Haus und Hof, mit Checklisten, Vorbeugehinweisen und Ratschlägen.

Bauen/Farbe, Anstrich & Maler

1A Malerwerkzeuge
kontakt@colorus.de

www.1a-malerwerkzeuge.com
Umfangreiches Angebot an Malerwerkzeugen, Malerbedarf und Malerzubehör wie Farbroller, Malerpinsel oder Malerwalzen.

Alles zum Thema Farben
lkueper@dow.com

www.farbqualitaet.de
Tipps und Tricks zum Thema Farbe. Dekorative Effekte, aktuelle Farbtrends, häufige Farbprobleme und deren Lösungen.

Brillux
info@brillux.de

www.brillux.de
Vorstellung der Produktpalette an Lacken und Farben sowie eine Farbgestaltung des Hauses am Bildschirm.

Malervergleich.de

www.malervergleich.de
Malervergleich.de vergleicht die Angebote der Malerbetriebe aus der Region und nennt den günstigsten Betrieb.

Bauen/Garagen & Carports

Alulux
info@alulux.de

www.alulux.de
Garagentore und Rollläden aus Aluminium. Die Seite bietet eine Händlersuche, einen Konfigurator und Energiesparrechner.

ZAPF Garagen GmbH
garagen@zapf-gmbh.de

www.garagen-welt.de
Fertiggaragen, Designergaragen, Carports, Garagensonderlösungen und Garagenausstattung sowie Zubehör.

Bauen/Häuser/Energiesparen

Der Einspar Shop
kontakt@dereinsparshop.de

www.dereinsparshop.de
Mit Hilfe der angebotenen Geräte und dem Zubehör kann man Geld, Strom, Wasser und CO2 sparen und Heizkosten senken.

Energie-Fachberater.de
info@energie-fachberater.de

www.energie-fachberater.de
Alles zu Energieeffizienz: Dämmung außen und innen, Haustechnik, Energiespartipps, Fördermittel-Check und Energierechner.

Energiesparen im Haushalt
kontakt@energiesparen-im-haushalt.de

www.energiesparen-im-haushalt.de
Infos zum Bau von Passivhäusern und zur Altbausanierung sowie Verbrauchertipps zum Energiesparen.

Grünspar
service@gruenspar.de

www.gruenspar.de
Energiesparprodukte aller Art. Nützliche Helfer zum Strom, Wasser und Heizkosten sparen.

Bauen/Häuser/Energiesparhäuser & Passivhäuser

Passivhaus Institut
mail@passiv.de

www.passiv.de
Die Passivhaus-Wissensdatenbank im Wiki-Format liefert umfassende Infos für Bauherren, die ein Passivhaus bauen möchten.

PassivHausGruppe24
info@passivhausgruppe24.de

www.passivhausgruppe24.de
Das Informationsportal rund um das Thema Passivhaus bietet Beratung für jeden, der ökologisch bauen möchte. Dazu zählen Kriterien für die richtige Bauplatzsuche, Preise, Finanzierungsmöglichkeiten und Vergleichsrechner sowie die Entwurfsplanung vom Bungalow bis hin zum Mehrfamilienhaus oder Bürogebäude.
(Siehe Abbildung)

PassivHausGruppe24   **www.passivhausgruppe24.de**

Haus & Garten

Bauen/Häuser/Fertighäuser

bautipps.de
info@bautipps.de

www.bautipps.de
Bauherren erhalten hier regelmäßig neue Meldungen aus der Baubranche. Dazu gibt es eine große Fertighaus-Datenbank mit über 1.500 Fertighäusern und Massivhäusern von 150 Fertighausherstellern. Mit Bildern, Grundrissen, Daten, Infos und Preisen.
(Siehe Abbildung)

Fertighaus
info@fertighaus.de

www.fertighaus.de
Rund 100 Hersteller präsentieren Fertighäuser, Bausatzhäuser, Ausbauhäuser oder Holzhäuser. Großer Grundstücksservice.

Fertighaus.com
info@medienteam.net

www.fertighaus.com
Info-Pool für den Bau von Fertighäusern: Hausanbieter, Preise, Haustypen, Besichtigungen, Basiswissen zur Finanzierung.

fertighausscout.de
info@bautipps.de

www.fertighausscout.de
In der Datenbank werden über 1.500 Fertig-, Massiv- oder Blockhäuser sowie Kompakt- und Luxusvillen von verschiedenen Bauherstellern mit Bildern und Grundrissen dargestellt. Dazu detaillierte Daten, Infos und Preise. Über die Suchmaske kann die Auswahl nach Preisklasse oder Hersteller gefiltert werden.
(Siehe Abbildung)

Bauen/Heimwerken & Renovieren

Baumarkt.de
info@baumarkt.de

www.baumarkt.de
Das Baumarkt-Portal für Heimwerker und Bauherren. Umfangreiche Bauanleitungen und Tipps zur Renovierung.

DIY Academy
info@diy-academy.eu

www.diy-academy.eu
Tipps zum Heimwerken, Renovieren und Selbermachen mit umfangreichem Kursangebot sowie Projekten für Haus und Garten.

---

fertighausscout.de

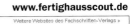

www.fertighausscout.de

bautipps.de

Weitere Websites des Fachschriften-Verlags »

Suche

 bautipps.de Das Fertighaus- und Massivhaus-Portal

Home   Aktuell   Fertighaus   Ratgeber   Energie   Finanzierung   Infoservice   NEU: Print on Demand

Aktuelle Meldungen aus der Bauwelt

Häuser mit Holzfassaden

Häuser mit Wohnkeller

Kinderfreundliches Haus

Steigende Energiekosten

Sommerlicher Wärmeschutz

Häuser mit Holzfassaden
02.07.2012 Eine Holzfassade gibt jedem Haus ein individuelles Gesicht. Dabei sind die Möglichkeiten fast unbegrenzt - auch und speziell in Verbindung mit verputzten Flächen.

NEU: PoD

Print on Demand   NEU

Ihr persönliches Infopaket aus über 5000 veröffentlichten Redaktionsseiten.
Jetzt kostenloses PDF zusammenstellen!

Bau-Ratgeber

Effizienz im Untergeschoss

26.06.2012
Wer ein Energiesparhaus mit Wohnkeller bauen will, muss das komplette Gebäude sehr gut dämmen. bautipps.de erklärt, welche Kriterien das passende Untergeschoss zum KfW-Effizienzhaus erfüllen muss und sagt, mit welchen Anbietern Sie auf der sicheren Seite sind!
Weiterlesen

Gesunde Fußböden

14.06.2012
Der Boden auf dem wir gehen, ist ständig mit uns in Berührung. Umso wichtiger also, hier auf geprüfte Qualität Wert zu legen. bautipps.de stellt Ihnen in einer Übersicht verschiedene Bodenbeläge vor, auf denen Sie unbesorgt barfuß gehen können.
Weiterlesen

Steuern sparen

05.06.2012
Immobilienbesitzer dürfen an unterhaltsberechtigte Kinder und Verwandte steuerbegünstigt vermieten. Sie müssen dabei aber bestimmte Regeln beachten.
Weiterlesen

Fertighaus-Datenbank

Hier finden Sie IHR Fertighaus:
Über 1500 **Fertighäuser, Massivhäuser** und **Blockhäuser** von 150 Fertighausherstellern mit Bildern und Grundrissen. Dazu Daten, Infos und Preise.

Schnellsuche:

| Hersteller auswählen | ▼ |

| Preiskategorie auswählen | ▼ |

Fertighaus-Firmen im ausführlichen Firmenportrait

| Firmenportrait auswählen | ▼ |

Top-Themen

Erlus   Teckentrup   Focus   Selfio   Daikin

Die Dachziegel von ERLUS stehen nicht nur für Langlebigkeit, sondern genauso für zeitloses Design.

ERLUS ®

Firma des Monats

Regnauer Vitalhäuser - Video

Haus & Garten

doit-tv.de
info@donmedien.com

www.doit-tv.de
Videos und Kurzfilme mit Anleitungen fürs Renovieren und Bauen sowie Tipps zur Gartengestaltung.

Hammerkauf
support@hammerkauf.de

www.hammerkauf.de
Ein großes Sortiment rund um den Heimwerkerbedarf. Schlitten, Laubsauger, Rollladen, Akkubohrer oder Elektrogeräte.

● **renovieren.de**
info@renovieren.de

www.renovieren.de
Auf diesem Portal findet man alle Infos, die für eine gelungene Renovierung nötig sind. Die Themen Haus und Wohnung, Außenanlagen, Sanitär, Heizung, Energie und Klima werden hier ausführlich besprochen. Die Rubrik „Renovieren mit Elmar" präsentiert Baureportagen und Schritt-für-Schritt-Anleitungen. **(Siehe Abbildung)**

selber machen
redaktion-online@selbermachen.de

heimwerkerlexikon.selbermachen.de
Vom Möbelbau über Werkzeugerklärungen bis hin zur Gartengestaltung finden sich die wichtigsten Heimwerkeranleitungen.

selbst online
selbst@selbst.de

www.selbst.de
Heimwerker-Magazin mit Infos zu Bauen, Garten und Renovieren. Großes Heimwerkerforum.

Werkzeug-news.de
losch@hallopress.de

www.werkzeug-news.de
Werkzeugportal für Heim- und Handwerker. Neue Hand- und Elektrowerkzeuge sowie Gartengeräte und ein aktives Werkzeug-Forum.

Bauen/Heizung/Erdwärme

erdwaermepumpe.de
info@erdwaermepumpe.de

www.erdwaermepumpe.de
Alles zum umweltfreundlichen Energiesystem: Beratungen, Empfehlungen sowie kostenlose persönliche Angebotserstellung.

Erdwärme Zeitung online
kontakt@erdwaerme-zeitung.de

www.erdwaerme-zeitung.de
Hier bekommt man Infos zu Erdwärme: Firmen, Wärmepumpen, Bauen, Geothermie, News und ein Lexikon.

Bauen/Heizung/Gas

erdgas.info
service@erdgas.info

www.erdgas.info
Das Informationsportal rund um Erdgas: Heizung, Modernisierung, Bio-Erdgas, Anwendungen im Haus und Erdgasfahrzeuge.

Gas-Infos.com
info@sun-sirius

www.gas-infos.com
Vergleich der aktuellen Gaspreise mit dem Gasrechner. Tipps zum Gassparen und Informationen zum Gas allgemein.

Progas
info@progas.de

www.progas.de
Gasanschlüsse fürs Eigenheim, Kraft-Wärme-Kopplung durch Blockheizkraftwerke, Autogas und Gas aus der Flasche.

toptarif.de
info@toptarif.de

www.toptarif.de
Hier kann man mit Tarifrechnern die aktuellen Preise und Konditionen der Gasanbieter vergleichen.

Bauen/Heizung/Heizöl

esyoil
esyoil@esyoil.com

www.esyoil.com
Verbraucherportal mit Preisvergleich für Heizöl sowie Informationen über die aktuelle Preisentwicklung.

HeizOel24
info@heizoel24.de

www.heizoel24.de
Unabhängiger Marktplatz für Heizöl auf dem die Heizölpreise tagesaktuell verglichen werden können.

renovieren.de

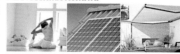

Anzeige

HAUS & GARTEN

Regionaler Heizölpreisvergleich
info@heizoel-preisanfrage.de

www.heizoel-preisanfrage.de
Angebote von Heizölhändlern aus der Region. Nach Angebotsvergleich kann dann beim besten Händler bestellt werden.

Bauen/Heizung/Pellets

HeizPellets24
info@heizpellets24.de

www.heizpellets24.de
Hier findet man zahlreiche Informationen und Händler für ökologisches Heizen mit Holzpellets.

pelletshome
info@pelletshome.com

www.pelletshome.com
Infos zu Holzpellets, Pelletöfen und -heizungen, Lieferantenverzeichnis sowie Infos zur Preisentwicklung.

Bauen/Heizung & Heizungsmodernisierung

AEG Haustechnik
info@eht-haustechnik.de

www.aeg-haustechnik.de
Mit vielen Infos, Filmen und Prospekten zum Download präsentiert AEG hier sein Haustechnik-Programm.

alpha innoTec
info@alpha-innotec.de

www.alpha-innotec.de
Infos für End- und Fachkunden über erneuerbare Energien, Heizen und Warmwasseraufbereitung, Wärmepumpen und -speicher.

Buderus
info@buderus.de

www.buderus.de
Heizsysteme für Öl, Gas, Holz und Pellets, Wärmepumpen, Regelsysteme, Speicher, Flachheizkörper und Solaranlagen.

● **Heizen mit Öl und erneuerbaren Energien**
kontakt@oelheizung.info

www.oelheizung.info
Herstellerunabhängige Informationen zum Heizen mit Öl und erneuerbaren Energien. Außerdem findet man hier aktuelle Förderprogramme und einen kostenlosen Energiesparcheck. Beispiele von erfolgreichen Modernisierungen zeigen, wie sich der Energieverbrauch senken lässt. **(Siehe Abbildung)**

Heizen mit Öl und erneuerbaren Energien   **www.oelheizung.info**

heizspiegel.de
info@heizspiegel.de

www.heizspiegel.de
Das Portal rund ums Heizen mit einem Heizungscheck für die eigene Heizung.

heizungsfinder.de
info@daa.net

www.heizungsfinder.de
Beschreibungen der verschiedenen Heizungsarten. Adressen von ca. 20.000 Heizungsbauern und ein Forum.

Initiative ERDGAS pro Umwelt
info@moderne-heizung.de

www.moderne-heizung.de
Die Initiative ERDGAS pro Umwelt informiert rund um das Thema effizient heizen mit Erdgas-Brennwert- und Solartechnik. Erklärfilme und Broschüren liefern wissenswerte Informationen, außerdem können z. B. Fördergelder berechnet oder Handwerker gesucht werden. **(Siehe Abbildung)**

Vaillant GmbH
info@vaillant.de

www.vaillant.de
Maßgeschneiderte Lösungen für Wohnkomfort wie Wand- und Elektroheizgeräte, Gaswasserheizer, Solaranlagen und Wärmepumpen.

Wolf Heiztechnik
info@wolf-heiztechnik.de

www.wolf-heiztechnik.de
Heiz-, Klima-, Solar- und Lüftungssysteme sowie Biomasse-Heizsysteme. Mit Energiespartipps und Energiesparrechner.

Bauen/Materialien

bausep
info@bausep.de

www.bausep.de
Material für Keller, Rohbau, Fassade, Dach, Innenausbau, Rohinnenausbau, Ökobaustoffe und Fliesen.

fliesen-discount24.de
info@daex-online.de

www.fliesen-discount24.de
Fliesen und Fliesenzubehör zum Bauen, Renovieren und Modernisieren von Bädern und Küchen.

Initiative ERDGAS pro Umwelt   **www.moderne-heizung.de**

Anzeige

Marmor Mosaik Bordüren
info@marmor-bordueren.de

www.marmor-bordueren.de
Große Auswahl an Marmorbordüren, Mosaikbildern, Dekoren mit Pflege- und Verlegeanleitungen.

Sto.de
infoservice@stoeu.com

www.sto.de
Dämmstoffe, Fassadendämmsysteme, Farben, Putze, dekorative Oberflächen für Fassaden und Innenräume.

Bauen/Materialien/Holz

Holz.net
eilers@holz24.de

www.holz.net
Die Suchmaschine rund ums Holz. Suche nach Web-Seiten, die sich dem Thema Holz widmen, sowie nach Holzprodukten.

Holzhandel-Deutschland
info@holzhandel-deutschland.de

www.holzhandel-deutschland.de
Online-Shop für Holzprodukte in Haus und Garten.

Holzportal, Das
info@das-holzportal.de

www.das-holzportal.de
Forum der Holzbranche: Anzeigen- und Stellenmarkt, Maschinenbörse, Branchensuchmaschine, News und Termine.

Holzprofi24.de
info@holzprofi24.de

www.holzprofi24.de
Der Online-Shop für Parkett, Laminat, Holzdielen, Gartenhäuser und Saunen.

Holzwurm-page
techniker@holzwurm-page.de

www.holzwurm-page.de
Die Holzwurm-page ist ein Infoportal für Menschen, die sich mit Holz und Technik beschäftigen wollen. Mit Holzartenlexikon.

Bauen/Ökologisch Bauen

Hiss Reet
hiss@reet.de

www.hiss-reet.de
Händler für Reet, Gaubenfenster, Naturbaustoffe und Sichtschutz aus Schilf.

Ingo Schonert Tresore

www.tresore.net

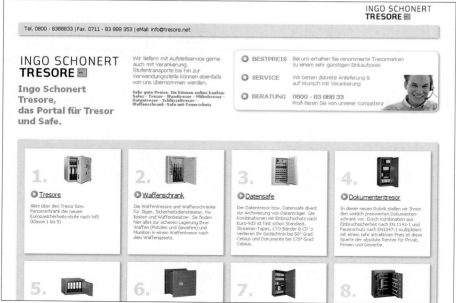

Ökologisch Bauen
portal@oekologisch-bauen.info

www.oekologisch-bauen.info
Ökologisch Bauen informiert über Naturbaustoffe, Holzbau, Altbausanierung und regenerative Heizungssysteme.

Bauen/Technik/Energietechnik/Solaranlagen

Schott Solar
solar.sales@schottsolar.com

www.schottsolar.com
Viele Infos zum Thema Solarenergie und zu den Produkten, ein Solarenergie-Ertragsrechner sowie Pressemeldungen.

SolarWorld AG
service@solarworld.de

www.solarworld.de
Spezialist für Solarstromtechnologie und Komponenten. Informationen über Solarprodukte, Zubehör und Services.

Siehe auch Umwelt

Energie/Solarenergie & Fotovoltaik

Bauen/Technik/Sicherheitstechnik & Tresore

Ingo Schonert Tresore
info@tresore.net

www.tresore.net
Das Beratungsportal zum Thema Tresor und Waffenschrank bietet umfassende Informationen sowie eine große Auswahl an Produkten. Das Angebot reicht von Tresoren und Panzerschränken über Datensafes, Wand- und Möbeltresore bis hin zu Schlüsseltresoren und Waffenschränken in unterschiedlichen Sicherheitsstufen. **(Siehe Abbildung)**

Voltus.de

☎(0451) 98 90 30

www.voltus.de
Große Auswahl an Innen- und Außenleuchten, Schaltermaterial, Türsprechanlagen, praktischen Steckvorrichtungen sowie moderner Sicherheits- und Gebäudetechnik (KNX/EIB), darunter hochwertige Rauch-, Gas- oder Bewegungsmelder, Videoüberwachungsanlagen, Dämmerungsschalter sowie Blitzschutzeinrichtungen. **(Siehe Abbildung)**

Voltus.de

www.voltus.de

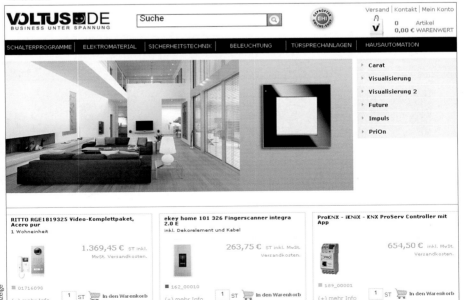

Raumspartreppen.net
info@raumspartreppen.net

www.raumspartreppen.net
Online-Shop für Raumspartreppen, Mittelholmtreppen, Bodentreppen, Einhängeleitern, Außentreppen und Dachbodentreppen verschiedener Hersteller. Herstellung und Versand individuell nach Kundenwunsch gefertigter Massivholztreppen vorwiegend aus Buche oder anderen Harthölzern. Weitere Infos online einsehbar. **(Siehe Abbildung)**

Treppen

www.treppen.net
Hier findet man fast alles zum Thema Treppen. Mit einer Treppengalerie mit Fotos von Metall-, Holz- und Designtreppen.

Treppen.de
info@treppen.de

www.treppen.de
Hier findet man individuelle Anbieter für Treppen aller Art: Stein-, Holz- und Metalltreppen, Treppensanierung und -zubehör, deutschlandweit nach Postleitzahl sortiert. Für Firmen zum Thema Treppenbau ein Basiseintrag einer erfolgreichen Präsentation ihrer Web-Seiten.

Treppenmeister
info@treppenmeister.com

www.treppenmeister.com
Interessierte finden eine große Auswahl an Treppenmodellen mit vielen Bildern. Mit dem Treppen-Konfigurator kann die gewünschte Treppe online gestaltet werden. Um ein Treppenstudio zum Probegehen in der Nähe zu finden, kann der Interessierte über den Partner vor Ort suchen. **(Siehe Abbildung)**

TreppenShop24
info@treppenshop24.com
☎ (030) 93 93 84 90

www.treppenshop24.com
TreppenShop24 ist ein Webshop für System- und Bausatztreppen mit einem umfangreichen Informationsangebot. Alle Treppen sind übersichtlich in Kategorien sortiert und sind vergleichbar. Das Angebot richtet sich an Handwerker und Heimwerker, die ein Haus oder eine Wohnung neu-, um- oder ausbauen. **(Siehe Abbildung)**

Raumspartreppen.net   **www.raumspartreppen.net**

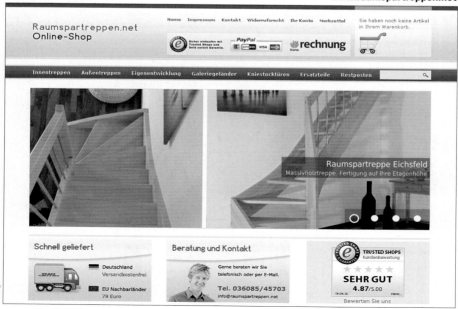

HAUS & GARTEN

1001-tür.de
service@1001-tuer.de

www.1001-tuer.de
Haustüren aus Holz, Kunststoff und Aluminium. Bei der Auswahl hilft ein Haustür-Assistent.

 fenster1.de
info@fenster1.de

www.fenster1.de
Ein Informationsportal für Architekten und Bauherren zu den Themen Fenster, Türen, Sichtschutz und Wintergärten. Aktuelles zu Gestaltung und Technik, ein Rentabilitätsrechner und ein Fenster-Fachlexikon. Dazu eine Suchmaschine für regionale Fensterbau-Fachbetriebe. **(Siehe Abbildung)**

Fenster-Check.de

www.fenster-check.de
Hier kann man kostenlos überprüfen, ob die eigenen vier Wände gut genug isoliert sind.

fensterwelt24.de
info@fensterwelt24.de

www.fensterwelt24.de
Ansprechpartner für Holzfenster, Kunststoff- und Aluminiumfenster sowie für Fensterzubehör und Sonnenschutz.

 fensterversand.com
info@fensterversand.com
☎(0711) 699 7660

www.fensterversand.com
Der informative Online-Shop der Neuffer Fensterfabrik GmbH bietet einen Produkt-Konfigurator, mit dem man sich sein Wunschfenster zusammenstellen, einen kostenlosen Preis-Check durchführen oder direkt online bestellen kann. Alle Fenster aus Kunststoff und Holz sind qualitätsgeprüft. **(Siehe Abbildung)**

 tuerwelt24.de
info@tuerwelt24.de
☎(07191) 34 23 27 0

www.tuerwelt24.de
Türen und -zubehör, Fenster und Rollladen in verschiedenen Ausführungen: Spezielle Haus-, Wohnungs- und Zimmertüren aus Aluminium, Kunststoff, Glas und Holz-Aluminium, Türgriffe, Briefkästen, Hausnummern oder Klingeln sowie ein- bis dreiteilige Fensterelemente und passender Sonnenschutz für das Eigenheim. **(Siehe Abbildung)**

fenster1.de

www.fenster1.de

Anzeige

VELUX

www.velux.de
Produkte für den Dachausbau: Dachfenster, Tageslicht-Spots, Solarkollektoren, Sonnenschutz, Rollläden und Zubehör.

WERU AG
info@weru.de

www.weru.de
Fenster- und Haustürsysteme, Vordächer, Überdachungen, Carports. Web-Seite mit Fachhändlersuche und Fensterkonfigurator.

HaBeFa
info@habefa.de

www.habefa.de
Brandschutztüren, Rauchschutztüren und Feuerschutztüren.

Porta System
info@porta-system.de

www.porta-system.de
Große Bauelemente-Auswahl mit Türen aller Art für Außen und Innen.

rollaprint.de

www.rollaprint.de
Online-Tool zur Innovativen Gestaltung von Fenstern: Auf Folie gedruckte Bilder und Motive für Rollläden.

Teckentrup
info@teckentrup.biz

www.teckentrup.biz
Feuerschutz-, Rauchschutz- und Sicherheitstüren. Garagentore, Sektionaltore, Schwingtore, Feuerschutztore und Rolltore.

Tueren-store24.de
info@tueren-store24.de

www.tueren-store24.de
Online-Handel für Türen und Garagentore. Zimmertüren, Wohnnungseingangstüren, Zargen, Türgriffe und Garagentore.

Bauen/Werkzeuge & Messer

● **DICTUM | Mehr als Werkzeug**
info@mehr-als-werkzeug.de
☎(0991) 9109 901

www.mehr-als-werkzeug.de
Neben Werkzeugen für das Holzhandwerk, Schärfzubehör und -dienst, Materialien verschiedenster Art sowie einer großen Auswahl an Messern und Gartenwerkzeugen findet man ein großes Sortiment japanisches Handwerkzeug. Ein Angebot fachlicher Kurse für traditionelle Handwerkstechniken rundet das Sortiment ab. **(Siehe Abbildung)**

DICTUM | Mehr als Werkzeug **www.mehr-als-werkzeug.de**

Anzeige

beta-werkzeuge.de
kontakt@beta-werkzeuge.de

www.beta-werkzeuge.de
Qualitäts-Werkzeuge für den Profi-Handwerker.

Drechslershop.de
info@steinert-drechseln.de

www.drechslershop.de
Maschinen, Werkzeug und Zubehör für Drechsler, Bildhauer, Schnitzer und Holzgestalter, für Profis und Amateure.

handwerker-versand.de
shop@handwerker-versand.de

www.handwerker-versand.de
Hand- und Elektrowerkzeuge sowie Betriebsbedarf.

svh24.de
info@svh24.de

www.svh24.de
Hier kann man Werkzeuge für die Profianwendung und den Heimwerkerbereich günstig online bestellen.

Werkzeughandel Roeder
kontakt@werkzeughandel-roeder.de

www.werkzeughandel-roeder.de
Werkzeuge für Reparatur und Instandhaltung, Qualitäts- und Fachwerkzeug.

wolfknives
info@wolfknives.de

www.feines-werkzeug.de
Der Versandhandel für Werkzeug und Handwerk bietet handgefertigte Outdoormesser, Kochmesser und handgenähte Lederwaren.

Bauen/Zubehör

Briefkasten Verkauf
anfrage@briefkastenverkauf.de

www.briefkastenverkauf.de
Briefkästen und Außenleuchten in Edelstahl, Stahl, Guss und Kunststoff.

 profistuck
info@profistuck.de
☎(05467) 55 69 123

www.profistuck.de
Große Auswahl an Stuckleisten, Fußleisten, Fassadenstuck sowie modernen Wand- und Deckenpaneelen: Stuckleisten aus Gips, Styropor und Polystyrol, Fußleisten, Fassadenstuck, Lichtleisten, Rosetten, 3D-Wandpaneele, Deckenplatten und Lichtlösungen zu attraktiven Preisen für ein stilvolles Ambiente. **(Siehe Abbildung)**

profistuck   **www.profistuck.de**

Anzeige

HAUS & GARTEN

Profisockelleisten

www.profisockelleisten.de
Große Auswahl an Sockelleisten und Fußleisten in zahlreichen
Farben und Größen.

Stuckleisten24

www.stuckleisten24.de
Stuckleisten aus Styropor, Rosetten und Dekoelemente aus Styropor sowie Fassadenstuck und viele weitere Stuckelemente.

Bauen/Wintergärten

Nüchter Wintergarten GmbH
firma@nuechter-wintergaerten.de

www.nuechter-wintergaerten.de
Deutschlandweite Planung und Realisierung von Wintergärten,
Überdachungen und Balkonen aus Holz, Alu oder Kunststoff.

Wintergarten-Ratgeber
info@wintergarten-ratgeber.de

www.wintergarten-ratgeber.de
Planung und Bauausführung von Wintergärten und Glashäusern.
Infos zu Themen wie Beschattung, Belüftung, Konstruktion und
Glas.

Bauen/Zäune

zaun24.de
info@zaun24.de

www.zaun24.de
Hier erhält man professionelle Zaunberatung, Materialien, Farben, verschiedene Ausführungen für den individuellen Zaun.

Zaun-Profi.de

www.zaun-profi.de
Fachhändler für Sichtschutzzäune und Vorgartenzäune.

Einrichtung/Accessoires & Designprodukte

ALOSSO.design
info@alosso.de

www.alosso.de
Geschenkideen, Wohnaccessoires und Teakholzmöbel für innen
und außen sowie Designartikel für ein schönes Tafelambiente.

356

Ambiente Select
info@ambiente-select.de

ambiente und object
store@ambienteundobject.de
☎(09185) 500 960

arshabitandi. Der Designversand
post@arshabitandi.de
☎(09287) 800 55-0

Artedona
service@artedona.com

artvoll.de
info@artvoll.de

Bell & Head
info@bhdesign.de

Bienenkorb Wohnaccessoires & Dekoration
kontakt@bienenkorb24.de

Brigitte Hachenburg
kundenservice@brigitte-hachenburg.de

www.ambiente-select.de
Online-Shop für Infrarotheizungen, Kamine, Lampen, Zimmerbrunnen, Kochgeschirr, Grills und Einrichtungsaccessoires.

www.aoshop.de
Online-Shop mit großer Auswahl an Lifestyle-, Trend- und Designartikeln. Das Angebot reicht von trendigen Wohnaccessoires für den Innen- und Außenbereich über Möbel aller Art bis hin zu Messern, Küchenhelfern, Geschirr, Leuchten, Schreibtischaccessoires sowie Produkten für Kinder. **(Siehe Abbildung)**

www.arshabitandi.de
Wer ausgefallene Geschenke mit Niveau sucht, sollte bei arshabitandi.de, dem Katalog- und Online-Versandhaus für Design-Accessoires vorbeischauen. Ausgesuchte Artikel rund um Kochen, Genießen und Lifestyle laden zum Verweilen auf der neugestalteten, kundenfreundlichen Web-Seite ein. **(Siehe Abbildung)**

www.artedona.com
Exklusives Porzellan, Glas und Silber für den gedeckten Tisch sowie ausgesuchte Wohnaccessoires von führenden Marken.

www.artvoll.de
Online-Shop für Wohnaccessoires, Designklassiker und Kleinmöbel, darunter auch viele Accessoires für das Büro.

www.bhdesign.de
Bell & Head bietet Designmöbel und ausgefallene Wohnaccessoires wie Barhocker, Stühle und Esstische.

www.bienenkorb24.de
Saisonartikel, Wohnaccessoires, Dekoration für drinnen und draußen. Übersichtlich nach Themen und Produktgruppen sortiert.

www.brigitte-hachenburg.de
Möbel für Bad, Küche, Schlafzimmer, Büro und Esszimmer, Mode, Uhren, Schmuck, Heimtextilien, Garten- und Haushaltsprodukte.

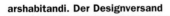

HAUS & GARTEN

Concona Wohndesign
info@concona.de

www.concona.de
Das Angebot reicht von formschönen Möbeln und funktionalen Küchenartikeln über Designerleuchten bis hin zu Outdoor.

Connox Wohndesign Versand
info@connox.de

www.connox.de
Online-Versand für hochwertiges Wohndesign, Accessoires, Haushaltswaren, Technik, Möbel und Gartenprodukte.

DEKOVILA
info@dekovila.de

www.dekovila.de
Stilvolle Dekorationsideen mit vielen Einrichtungstipps.

desiary.de
service@desiary.de

www.desiary.de
Exklusive Lifestyle- und Designprodukte aus den Bereichen Wohnen und Dekoration, Schmuck, Bekleidung und Kinder.

Design 3000
info@design-3000.de

www.design-3000.de
Schön designte Accessoires verschiedener Firmen wie koziol, xxd oder reisenthel für Küche, Bad, Büro und Freizeit.

designhoming.com
info@designhoming.com

www.designhoming.com
Im Sortiment des Fachhandels für Designprodukte sind Artikel von Alessi, Artemide, Flos, Mono und Zweibrüder zu finden.

designprinz.de
service@designprinz.de

www.designprinz.de
Ausgefallene Markenprodukte aus den Bereichen Wohntrends, Lifestyle und Design. Suchmöglichkeit mit Geschenk-Finder.

Designspotter Shop
kontakt@designspottershop.de

www.designspottershop.de
Ausgefallene Designermöbel für echte Style-Liebhaber. Von kleinen Geschenken bis zu großen Möbeln ist alles dabei.

ella HOME
kontakt@ella-home.de
☎ (0800) 40 40 448

www.ella-home.de
Das Angebot von ella HOME umfasst Wohnaccessoires und Lifestyle-Produkte in außergewöhnlichen Designs. Die hochwertig verarbeiteten Alltagsgegenstände gibt es für alle Bereiche rund um Wohnen, Lifestyle, Essen, Garten, Bad oder Beleuchtung. Auch Geschenkgutscheine und Geschenksets sind erhältlich. **(Siehe Abbildung)**

ella HOME — www.ella-home.de

Anzeige

358

Freudenhaus-online.de
info@freudenhaus-online.de

www.freudenhaus-online.de
Ausgefallene Designstücke für Bad, Deko, Küche und Garten.

Die Möbel Freunde
info@rocket-commerce.de

www.die-moebelfreunde.de
Shop für exklusive Möbel und Accessoires. Große Auswahl, viele Markenhersteller.

Discovery
webmaster@discovery-24.de

www.discovery-24.de
Hier findet man Nützliches und Kurioses für Küche, Garten, Freizeit und Haushalt aus der ganzen Welt.

GINGAR
webmaster@gingar.de

www.gingar.de
Online-Shop, der sich je nach Anlass, Stimmung und Saison ständig verändert. Ausgefallene Geschenke und nützliche Dinge.

homeform
post@homeform.de

www.homeform.de
Exklusive Möbel und moderne Wohnaccessoires von renommierten Herstellern und Designern.

ili-DESIGN
info@ili-design.eu

www.ili-design.eu
Online-Shop für Designprodukte aus den Bereichen Wohnaccessoires, Haushaltsartikel, Dekoratives und Geschenkideen.

IMPRESSIONEN Versand
webmaster@impressionen.de

www.impressionen.de
IMPRESSIONEN ist ein Lifestyle-Katalog mit trendiger Mode, Designerstücken, exklusiven Möbeln und Wohnaccessoires.

InteriorPark
service@interiorpark.com

www.interiorpark.com
InteriorPark ist der Online-Shop für innovatives und nachhaltiges Design direkt vom Hersteller.

● **Living Quality**
info@living-quality.de
☎(040) 790 118 22

www.living-quality.de
Living Quality ist der schnelle Versand mit dem besonderen Service. Hier findet man zu allen Lebensbereichen, wie Kochen, Spielen oder Wohnen, Empfehlungen an Klassikern und deren moderne Nachfolger, die das Leben erleichtern, für ein Stück mehr „Lebensqualität" sorgen und täglich Freude bereiten.
(Siehe Abbildung)

Living Quality   **www.living-quality.de**

HAUS & GARTEN

Kavaliershaus.de
info@kavaliershaus.de

www.kavaliershaus.de
Der Einrichter für ein stilvolles Zuhause mit Fertigvorhängen aus Designerstoffen, Wohnaccessoires sowie Teppichen.

kerzenprofi.com
info@kerzenprofi.com

www.kerzenprofi.com
Stumpenkerzen, Schwimmkerzen, Teelichter in vielen Größen und Farben, zu Hochzeit, Taufe, Geburtstagen oder Dekoration.

livingtools.de
info@livingtools.de

www.livingtools.de
Design-Einrichtungsgegenstände für alle Bereiche des täglichen Lebens.

maptrade24
info@maptrade24.de

www.maptrade24.de
Hochwertige Globen, Wandkarten und weitere kartographische Produkte ausgewählter, namhafter Verlage.

meinwohndekor.com
office@meinwohndekor.com

www.meinwohndekor.com
Große Auswahl an exklusivem Wohndekor und Accessoires für stilvolles Wohnen, perfekte Dinner sowie Terrasse und Garten.

monofaktur
kontakt@monofaktur.de

www.monofaktur.de
Einrichtungsideen und Wohnideen für Wohnraumindividualisten.

Promondo
info@promondo.de

www.promondo.de
Lifestyle- und Geschenkartikel sowie hochwertige Accessoires rund um Wein, Küche und Gastlichkeit.

richtig schön leben
info@richtig-schoen-leben.de

www.richtig-schoen-leben.de
Ausgesuchte Markenprodukte, Küchengeräte, Wohnaccessoires und Geschenkideen.

Neoliving.de
info@neoliving.de

www.neoliving.de
Hochwertige Wohnaccessoires und Design-Möbel wie Sofas, Tische, Stühle oder Garderoben bis zur kompletten Wohnzimmerwand. Neben ausgefallenen Dekorationen, Leuchten oder Uhren werden auch Kinderaccessoires und Kindermöbel sowie Outdoor-Artikel namhafter Hersteller angeboten. **(Siehe Abbildung)**

Neoliving.de   **www.neoliving.de**

Shopping Point 24
vertrieb@shoppingpoint24.com

www.shoppingpoint24.com
Ca. 60.000 Artikel vieler bekannter Marken wie Sun Garden, Kettler, Blome, Kurz und Müsing für das Haus und den Garten.

stilagenten.de
kundenservice@007.de

www.007.de
Stilvolle Einrichtungsgegenstände sortiert nach Kategorie, Hersteller und Neuheiten oder einfach nach Farbe suchen.

stilbasis
info@stilbasis.de

www.stilbasis.de
Interior-Design-Produkte: Möbel, Leuchten und Accessoires bekannter Marken.

stilpunkt
info@stilpunkt.com

www.stilpunkt.com
Modernes Wohndesign, außergewöhnliche Wohnaccessoires und ausgesuchte Ethanol-Kamine.

Torquato
info@torquato.de

www.torquato.de
Der Online-Shop bietet Klassiker und zeitloses Design rund um Wohnen, Büro, Küche, Kleidung, Garten, Kinder und Outdoor.

Veilchenvilla
kuemmern@veilchenvilla.de

www.veilchenvilla.de
Artikel zur Verschönerung der Wohnung, Leckereien sowie Schmuck und Taschen.

WarenBund
kontakt@warenbund.de

www.warenbund.de
Designprodukte aus deutschen Manufakturen, Werkstätten, Designbüros und Behindertenwerkstätten.

Nostalgie im Kinderzimmer
kontakt@nostalgieimkinderzimmer.de
☎ (089) 30 90 43 80

www.nostalgieimkinderzimmer.de
Wer Schönes für Groß und Klein sucht, der wird hier garantiert fündig: Charmante Wohnaccessoires, skandinavische Möbel, Spielzeugklassiker, schönes Geschirr und vieles mehr. Dabei tummeln sich ausgefallene und kleine Labels neben beliebten Marken wie GreenGate, Rice, PiP Studio und House Doctor.
(Siehe Abbildung)

Nostalgie im Kinderzimmer **www.nostalgieimkinderzimmer.de**

Weidenkörbchen
service@weidenkoerbchen.net

www.weidenkoerbchen.com
Ausgesuchte hochwertige Korbwaren, Gartenstrandkörbe, Möbel für Haus und Garten, Deko und Geschenke.

woodsteel.de
info@woodsteel.de

www.woodsteel.de
Schöne Dinge für Haus und Garten: Hochwertige Möbel, Accessoires, Skulpturen, Brunnen sowie Innen- und Außenleuchten.

Einrichtung/Bad

Aqua Trend
info@aqua-trend-handel.de

www.aqua-trend-shop.de
Infrarotkabinen, Whirlpools für innen und außen, WCs und Waschbecken sowie alles rund ums Bad.

badewannenwelt.de
info@badewannen.de

badewannenwelt.de
Ob Eck-, Raumspar- oder Duschbadewanne: Wer sein Bad mit einer individuellen Badewanne ausstatten möchte, ist hier richtig.

badewolke
info@badewolke.de

www.badewolke.de
Sitzbadewannen mit Tür. Wenn das Einsteigen in die Badewanne nicht mehr so leicht fällt.

badratgeber.de
info@portal-management.eu

www.badratgeber.de
Bad-Magazin mit Tipps, Ideen und einem Lexikon zur Planung, Ausstattung und Gestaltung eines individuellen Bads.

badspiegel.org
info@lionidas-design.com

www.badspiegel.org
Große Auswahl an Wandspiegeln jeder Art. Alle Spiegel werden nach der Bestellung individuell angefertigt.

● Badwelten24
info@badwelten24.de
☎(0208) 37 688 17

www.badwelten24.de
Badwelten24 bietet zahlreiche Qualitäts- und Markenprodukte rund um Bad und Küche. Das Sortiment umfasst Armaturen für Küche und Bad, Duschkabinen, Duschpaneele, Duschbecken, Duschzubehör, Spiegelschränke, Badewannenfaltwände, Hebeanlagen sowie Einbauspülen aus Keramik, Granit und Edelstahl.
(Siehe Abbildung)

CINO Vital & Wellness
info@cinovital.de

www.cinovital.de
Badewannen mit Tür, Fernsehsessel mit Aufstehhilfe und Massagesessel für Menschen mit eingeschränkter Mobilität.

duschkab24
info@duschkab24.de

www.duschkab24.de
Online-Shop für Duschkabinen aus Glas. Eckeinstiege, Badewannenaufsätze, Nischentüren und feste Seitenwände.

gutesbad.de
info@sanitaerwirtschaft.de

www.gutesbad.de
Viele tolle Badideen und ein interaktiver Badplaner sowie Tipps und Tricks für die Badplanung.

heizfaktor.de
info@heizfaktor.de

www.heizfaktor.de
Badezimmereinrichtungen und Heizungszubehör.

Hüppe
hueppe@hueppe.de

www.hueppe.com
Alles zum Thema Duschen, maßgeschneiderte Lösungen rund um das tägliche Duschvergnügen.

Kaldewei
info@kaldewei.de

www.kaldewei.de
Elegante Lösungen für Bade-, Dusch- oder Whirlwannen. Zubehör wie Pflegeprodukte und Sonderausstattungen.

Traumbad.de
info@traumbad.de

www.traumbad.de
Traumbad ist ein Online-Magazin rund um das Badezimmer. Neben Produktinfos findet man hier eine Galerie der Traumbäder.

Villeroy & Boch
information@villeroy-boch.com

www.villeroy-boch.com
Die internationale Seite von Villeroy & Boch enthält Infos zu Produkten und Ideen der Tisch-, Bad- und Wohnkultur.

www.duschkabine-shop.de
info@paderglas.de

www.duschkabine-shop.de
Duschkabinen und Duschabtrennungen in Formen aller Art, Duschpaneele, Badheizkörper und Badezimmerzubehör.

Einrichtung/Bad/Badaccessoires

Absolut Bad
kontakt@absolut-bad.de

www.absolut-bad.de
Bei Absolut Bad findet man moderne Badezimmereinrichtungen und stilvolle Accessoires für das Zuhause.

bademantelparadies.de
info@bademantelparadies.de

www.bademantelparadies.de
Kinder-, Damen- und Herrenbademäntel aus hochwertigem Material.

Badlux
info@badlux.de

badlux.de
Fachhandel für Badtextilien sowie Badartikel und Bettwäsche.

frottimarkt.de
info@frottimarkt.de

www.frottimarkt.de
Hochwertige Bademäntel in unterschiedlichen Farben, Schnitten und Stoffen für Damen, Herren und Kinder.

HandtuchWelt.de
info@handtuch-welt.de

www.handtuch-welt.de
Hochwertige Handtücher, ausgewählte Strand-, Bade- und Sauna-artikel, Badteppiche, Bademäntel und Strandtücher.

OSTER Badshop
shop@bad-heizen.de

www.bad-heizen.de
Einrichtungen und Möbel für das Badezimmer: Dusche, WC, Badewannen, Armaturen, Spiegelschränke und Zubehör.

Trendbad.com
info@trendbad.com

www.trendbad.com
Vielfältiges Angebot an Badartikeln wie Badmöbel, Designerarmaturen und Accessoires.

Badwelten24   **www.badwelten24.de**

Anzeige

HAUS & GARTEN

Einrichtung/Beleuchtung & Lampen

BB Leuchten
licht@bb-leuchten.de

www.bb-leuchten.de
Leuchten verschiedenster Art, Lampen und Strahler für Zuhause oder das Büro. Mit Geld-zurück-Garantie.

Click-Licht.de
info@click-licht.de

www.click-licht.de
Designerleuchten und Lampen aller Art.

Designerlampe.com
info@designerlampe.com

www.designerlampe.com
Eine große Auswahl an Designerlampen für Haus und Garten.

elektro1a
webmaster@elektro1a.de

www.elektro1a.de
Lampen für jeden Raum: Büro-, Laden-, Wohnraum- und Objektbeleuchtung, Decken-, Wand- und Bodeneinbau- sowie Außenleuchten.

intersaxonia
service@intersaxonia.de

www.intersaxonia.de
Kinderlampen, Spielzeug, Weihnachts- und Osterdekoration aus Sachsen und dem Erzgebirge.

Lampen Schubert
info@lampen-schubert.de

www.lampen-schubert.de
Vielfältiges Sortiment an Lampen aus Italien und Spanien sowie Leuchten von namhaften deutschen Herstellern.

Lampundlicht.de
info@lampundlicht.de

www.lampundlicht.de
Diverse Leuchtmittel wie Pendelleuchten, Deckenleuchten, Bogenleuchten und Badezimmerleuchten.

● **Lampenstar.de | Helle Freude**
info@lampenstar.de

www.lampenstar.de
Großes Sortiment an Lampen und Leuchten für den Innen- und Außenbereich. Die Produktpalette umfasst Wohnraumlampen, Hänge- und Pendelleuchten, Wand- und Deckenleuchten sowie Stand- und Tischleuchten. Außerdem Außenlampen, Bodeneinbauleuchten, Gartenleuchten, Unterwasserstrahler und Objektbeleuchtungen. **(Siehe Abbildung)**

Lampenstar.de | Helle Freude   www.lampenstar.de

Leuchtenstars
info@leuchtenstars.de

www.leuchtenstars.de
Großes Sortiment mit über 10.000 verschiedenen Lampen und LED-Leuchten namhafter Hersteller.

Lichtkaufhaus.de
info@lichtkaufhaus.de

www.lichtkaufhaus.de
Web-Seite mit ca. 17.500 Leuchten und Lampen für Wohnräume, Gärten, Büro- oder Geschäftsräume.

lichtversand.com
info@lichtversand.com

www.lichtversand.com
Einbau-, Außen-, Wohnraum- und Büroleuchten für das passende Ambiente.

Light Kontor
kontakt@lightkontor.de

www.lightkontor.de
Abwechslungsreiches Sortiment an Lampen, Leuchten und Leuchtmitteln im Paulmann-Design.

light11.de
info@light11.de

www.light11.de
Online-Shop für Designleuchten von vielen verschiedenen Markenherstellern, Außenleuchten und Leuchtmittel.

Luuz.de
service@luuz.de

www.luuz.de
Große Auswahl an Lampen: Pendelleuchten, Wandlampen, Badleuchten, LED-Lampen, Tischlampen sowie Außenleuchten.

Mall73.de
info@mall73.de

www.mall73.de
Online-Shop für Innen- und Außenleuchten sowie technische Leuchten.

Lampenwelt.de
– Leuchten & Lampen online
info@lampenwelt.de
☎(06642) 40 69 90

www.lampenwelt.de
Riesige Auswahl stilvoller Lampen und Leuchten mit kundenfreundlicher Fachberatung. Im benutzerfreundlichen Leuchtenshop findet man: Innen- und Außenleuchten, wie Deckenleuchten, Wandleuchten, Stehleuchten, Tischleuchten und Designerleuchten. Weitere nützliche Informationen bieten Blog und Lexikon.
(Siehe Abbildung)

Wohnlicht.com
service@wohnlicht.com

www.wohnlicht.com
Große Auswahl an Außen-, Kinder- und Wohnraumleuchten. Dazu Anregungen für die Beleuchtung des eigenen Zuhauses.

Einrichtung/Beleuchtung & Lampen/LED

LED1.de
info@led1.de

www.led1.de
LEDs für Außen- und Wohnraumbeleuchtung. Aquarien-, Deko- und Modellbaubeleuchtung, Boots- und Kfz-Beleuchtung.

led-beleuchtungstechnik.com
info@led-beleuchtungstechnik.com

www.led-beleuchtungstechnik.com
Innovative LED-Beleuchtungstechnik rund um Haus und Garten.

led-centrum.de
info@led-centrum.de

www.led-centrum.de
LED-Leuchtmittel, Energiesparlampen, LED-Kerzen, LED- Strahler, LED-Spots, Birnen und Lampen.

Ledzgo
info@ledzgo.de

www.ledzgo.de
LED-Leuchtmittel, Energiesparlampen, LED-Kerzen, LED-Strahler sowie Birnen und Lampen.

Lumitronix®

www.leds.de
Shop für LED-Produkte. Im LED-Forum erhält man wichtige Informationen über den Einsatz von LED-Leuchten.

● **LEDLabs.de | Keine Experimente.**
info@ledlabs.de

www.ledlabs.de
LED-Leuchten und Lampen für Innenräume und den Außenbereich: LED-Stripes, Hänge- und Wandleuchten, Boden- und Deckeneinbauleuchten, Schrankleuchten, LED-Schrauben, Lichtschläuche, Messestrahler sowie nützliches Zubehör wie Kabel, Steuerungselemente, Treiber oder Netzteile. **(Siehe Abbildung)**

LEDLabs.de | Keine Experimente.   **www.ledlabs.de**

Einrichtung/Betten

Bett.de
service@bett.de

www.bett.de
Angeboten werden „besondere" Betten und viele passende Artikel, die zu einem angenehmen Schlaferlebnis gehören.

Betten Braun
info@betten-braun.de

www.betten-braun.de
Maßgerechte Betten aus eigener Fertigung sowie Frottierwaren und Nachtwäsche.

Betten.de
service@betten.de

www.betten.de
Der Online-Shop bietet eine große Auswahl an Schlafzimmermöbeln: Betten, Schlafsofas, Matratzen, Lattenroste, Bettwäsche, Bettdecken, und Kissen, aber auch Kleiderschränke und Kommoden sowie komplette Schlaf- und Kinderzimmer. Kompetente Produkt- und Einrichtungsberatung durch Spezialisten-Team.

Metallbetten.com
info@metallbetten.com

www.metallbetten.com
Handgefertigte Metallbetten, Eisenbetten, Nachttische, Sitz- und Essgarnituren.

Schlafen Aktuell.de

www.schlafen-aktuell.de
Magazin rund um die Bettenbranche. Mit einem Forum für Fragen zum Bettenkauf und zur Bettenpflege.

Schlafkonzept
info@schlafkonzept.de

www.schlafkonzept.de
Große Auswahl an Schlafraummöbeln wie Kommoden, Betten und Schlafsofas sowie Matratzen, Lattenroste und Zubehör.

● **BettKonzept**
info@bettkonzept.de
☎(036926) 720 49 0

www.bettkonzept.de
Auf BettKonzept.de erhält man alles, was für die natürlich, gesunde Einrichtung des Schlafzimmers wichtig ist. Zur Auswahl stehen hochwertige Massivholzbetten, Lattenroste, Matratzen und Kissen. Weiterführende Infos und Tipps zum Thema gesunder Schlaf helfen bei der richtigen Gestaltung des Schlafraums.
(Siehe Abbildung)

BettKonzept www.bettkonzept.de

schlafwelt
service@otto.de

www.schlafwelt.de
Wahlweise ganze Betten oder Einzelteile wie Matratzen, Lattenroste, Decken und Bettwäsche.

● **wohnbedarf-pies.de**
info@wohnbedarf-pies.de
☎(0261) 3 64 68

www.wohnbedarf-pies.de
Der Online-Shop bietet ein Sortiment hochwertiger Matratzen,
Betten und Lattenroste sowie viele weitere Einrichtungsgegenstände rund um das Schlafzimmer. Im Konfigurator kann man
sein persönliches Wunschbett erstellen und sein Schlafzimmer
mit handgewebten Teppichen und Fellen gemütlich einrichten.
(Siehe Abbildung)

Einrichtung/Betten/Bettwaren

bedbird
service@bedweb.de

www.bedbird.de
Auswahl an Bettwäsche von besonderen Mustern über romanti-
sche Farbgebung bis zu lustiger Kinderbettwäsche.

● **Bettwaren-shop.de**
info@bettwaren-shop.de
☎(0800) 5 23 88 11

www.bettwaren-shop.de
Online-Shop mit mehr als 10.000 Produkten für die exklusive Bet-
tenausstattung: Bettwaren, Wasserbetten-Zubehör, Bettwäsche,
Bettdecken, Matratzen, Bettlaken, Kopfkissen und Handtücher.
Außerdem milbendichte Encasing-Schutzbezüge für Hausstauball-
ergiker sowie Lattenroste und Bettgestelle. **(Siehe Abbildung)**

Bettwäschen.de
webprojekt24@arcor.de

www.bettwaeschen.de
Produktsuchmaschine für Bettwäschen und Heimtextilien.

● **Erwin Müller**
service@erwinmueller.de

www.erwinmueller.de
Erwin Müller – Wohlfühlen zu Hause. Der Spezialversender für
Bettwäsche, Bettwaren, Badtextilien, Tischwäsche, Wohnacces-
soires und Tag- und Nachtwäsche. Alles in hoher Qualität und gro-
ßer Auswahl mit umfassendem Service: 5 Jahre Garantie auf viele
Produkte der Eigenmarke, Namensstickservice, Sondergrößen.
(Siehe Abbildung)

wohnbedarf-pies.de   **www.wohnbedarf-pies.de**

Bettwaren-shop.de   **www.bettwaren-shop.de**

Erwin Müller   **www.erwinmueller.de**

Haus & Garten

Heimtexprofi24
info@skytex24.de

www.heimtexprofi24.de
Betttücher, Bettwäsche, Bettwaren, Wohndecken, Handtücher, Bademäntel und Matratzen.

kissen-shop
office@treeworld.at

www.kissen-shop.net
Heimtextilien wie Kissen, Bettbezüge, Kissenhüllen, Nackenrollen, Dekostoffe, Tischwäsche oder Möbelstoffe.

 Linumo.de
service@linumo.de
☎(07154) 999 1730

www.linumo.de
Qualität made in Germany – Große Auswahl an hochwertigen Textilien aus edlem Leinen direkt von der schwäbischen Manufaktur. Leinenbettwäsche und Tischwäsche in zahlreichen Dessins, maßgefertigte Vorhänge und Gardinen, luftige Nachtwäsche und Sommerbekleidung sowie Leinenfrottee für Bad und Sauna. **(Siehe Abbildung)**

 schoene-traeume.de
info@schoene-traeume.de
☎(030) 62 72 36 12

www.schoene-traeume.de
Online-Shop für Matratzen, Lattenroste, Daunendecken und Bettgestelle. Die Auswahl reicht von Kaltschaum-, Federkern-, Latex- und Tempur-Matratzen über Systemrahmen bis hin zu Matratzenschonern, Vierjahreszeitendecken und Sitzsäcken. **(Siehe Abbildung)**

Seidenland Shop
info@seidenland.de

www.seidenland.de
Heimtextilien und Bettwaren aus reiner Seide und edlen Naturfasern.

Traum-Bettwaesche.de
shop@traum-bettwaesche.de
☎(08135) 991 37 97

www.traum-bettwaesche.de
Der Online-Shop bietet ein großes Sortiment an hochwertiger Bettwäsche bekannter Marken in verschiedenen Farben und in unterschiedlichen Materialien wie Baumwolle, Mikrofaser, Satin, Flanell oder Biber. Auch Spezialgrößen sind hier erhältlich, ebenso wie Spannbetttücher und hochwertige Bademäntel. **(Siehe Abbildung)**

schoene-traeume.de

www.schoene-traeume.de

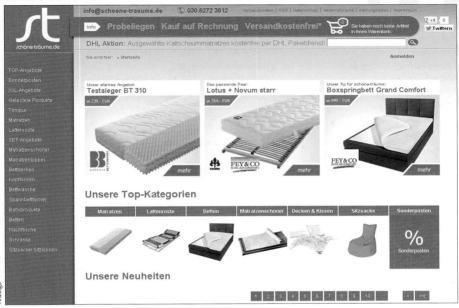

Traum-Bettwaesche.de

www.traum-bettwaesche.de

Haus & Garten

Betten Rid
kundenservice@bettenrid.de

www.bettenrid.de
Spezialist für Bettwäsche, Bettdecken, Bademäntel, Handtücher und Kinderbettwäsche.

kisseria
info@kisseria.de

www.kisseria.de
Kissen selbst gestalten: Innenkissen und Kissenhüllen, Größen, Stoffe, Leder, Farben und Muster auswählen und bestellen.

Leinenmeister
info@leinenmeister.de

www.leinenmeister.de
Feine Satin- und Jersey-Bettwäsche, Handtücher, Badvorleger sowie Küchen- und Taschentücher.

slewo.de
info@slewo.de

www.slewo.de
Große Auswahl an Bettwaren wie Matratzen, Lattenroste, Bettwäsche und Gestelle.

Daunen Manufaktur
info@bettenhaus-heintzen.de

www.daunenmanufaktur.de
Hochwertige Feder- und Daunenprodukte. Mit individuellem Bettdecken-Konfigurator, um die passende Decke zu finden.

Daunendecken-organic4.de
shop@daunendecken-organic4.de

www.daunendecken-organic4.de
Gesunder Schlaf in organic4® Bio-Daunendecken und Wolldecken mit GOTS Zertifikat (Global Organic Textile Standard).

daunen-federn.de
shop@daunen-federn.de

www.daunen-federn.de
Daunendecken, Kopfkissen, Bettwäsche und Matratzen für erholsamen Schlaf.

Design Bettwäsche
info@design-bettwaesche.de

www.design-bettwaesche.com
Hochwertige Bettwäsche namhafter deutscher Hersteller in modernen Designs.

Einrichtung/Betten/Matratzen

allnatura
service@allnatura.de

www.allnatura.de
Naturlatex-, Naturfaser-, Kaltschaum- und Allergikermatratzen, Natur-Bettwaren, Massivholzbetten und Kleiderschränke.

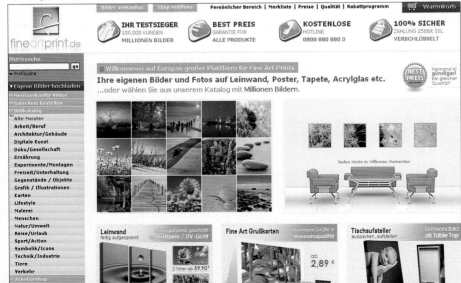
372

Betten Jumbo
service@bettenjumbo.de

www.bettenjumbo.de
Kaltschaummatratzen, Taschenfederkernmatratzen, Latexmatratzen, Lattenroste, Bettgestelle und Bettwaren.

Gut Gebettet
info@gut-gebettet.de

www.gut-gebettet.de
Matratzen, Kaltschaummatratzen, Viscomatratzen, Kindermatratzen, Babymatratzen, Lattenroste, Bettzubehör und Kissen.

Matratzenschutz24.de
schramm@matratzenschutz24.de

www.matratzenschutz24.de
Bettwäsche, Ritzenfüller für Doppelmatratzenbetten, Kindermatratzen und -bettdecken, Inkontinenzauflagen und Zubehör.

MFO Matratzen Factory Outlet AG
info@mfo-ag.de

www.mfo-matratzen.de
Matratzen aus eigener Herstellung mit Vorstellung der einzelnen Modelle sowie einem Filialfinder.

Perfekt Schlafen
perfekt-schlafen@i-ways.de

www.perfekt-schlafen.de
Matratzen, Lattenroste, Kissen und Wohndecken.

Einrichtung/Bilder

● **fineartprint.de**
info@fineartprint.de
☎(0800) 880 880 3

www.fineartprint.de
Bei FineArtPrint.de kann man Fotos als Kunstwerk auf Leinwand, Dibond, Tapete, Kalender, Grußkarte oder Poster in verschiedenen Größen und Formen drucken lassen. Wer möchte, kann den Bildkatalog mit ca. 1.000.000 Vorlagen durchstöbern oder sogar einen Shop eröffnen und eigene Bilder zum Verkauf anbieten. **(Siehe Abbildung)**

● **Picturidoo**
info@picturidoo.de

www.picturidoo.de
Auf dieser Web-Seite kann man von Künstlern gemalte Bilder individuell bearbeiten und für das Wohnzimmer als Leinwand oder Poster drucken lassen. Frei wählbar sind nicht nur Format und Bildausschnitt, sondern auch die Gestaltung und die Farbgebung des Motives – so wird jedes Bild zum Unikat. **(Siehe Abbildung)**

Picturidoo   **www.picturidoo.de**

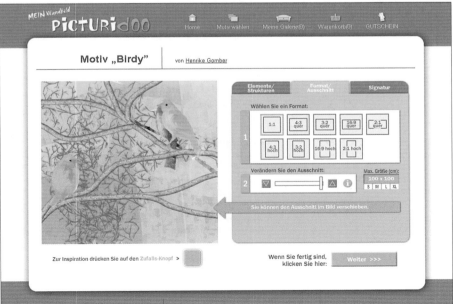

HAUS & GARTEN

Art Galerie Shop
info@art-galerie.net

www.art-galerie-shop.de
Großes Sortiment an Kunstdrucken, Leinwandbildern, gerahmten Bildern, Acrylglasbildern und Alu-Verbundbildern.

Artgeist.de
info@artgeist.de

www.artgeist.de
Mehr als 4.000 ausgewählte Leinwandbilder.

artofolio.de
info@artofolio.de

www.artofolio.de
Mehr als 10.000 Kunstdrucke von 2.000 berühmten Künstlern. Die Künstlerdatenbank ist alphabetisch geordnet.

artyourface.com
info@artyourface.com

www.artyourface.com
Das eigene Foto als Karikatur, Comic oder Pop-Art auf Leinwand drucken und zum Grafik-Kunstwerk werden lassen.

Big Freddy
kundenservice@bigfreddy.com

www.bigfreddy.com
Eigene Fotos/Bilder hochladen oder aus dem Archiv wählen und auf Wunschmaterial in Wunschgröße drucken lassen.

Bilderwelt.de
service@bilderwelt.de

www.bilderwelt.de
Dekorative Kunst und bekannte Meisterwerke verschiedener Epochen mit Online-Einrahmungsservice für Kunstdrucke.

bimago
service@bimago.de

www.bimago.de
Mehr als 4.000 Motive erhältlich als Leinwanddrucke, Drucke auf Plexiglas und handgemalte Wandbilder.

Emotion-Trends
info@emotion-trends.de

www.emotion-trends.de
Exklusive Fertigbilder und Kunstdrucke für das Zuhause und für das Büro.

Kunstgalaxie.de
info@kunstgalaxie.de

www.kunstgalaxie.de
Über 8.000 Motive im Poster- und Kunstdruck-Katalog mit Künstlerindex und Kategorienliste von abstrakt bis zeitgenössisch.

Leinwand Taxi
info@leinwandtaxi.de

www.leinwandtaxi.de
Hier kann man sich Fotos auf Leinwand drucken lassen. Auf Wunsch können Effekte und Fotocollagen erstellt werden.

Modern Living Art
mail@new-living-art.com

www.new-living-art.com
Große Auswahl an handgemalten Acrylbildern und modernen Drucken. Auf Holzkeilrahmen gespannt und fertig zum Aufhängen.

mootivoo.de
dialog@mootivoo.de

www.mootivoo.de
Leinwände, Fototapeten, Raumteiler, Möbel und geteilte Leinwände mit dem eigenen Foto oder Motiv bedrucken lassen.

My-Art-Print.de
info@my-art-print.de

www.my-art-print.de
Hier kann man seine Lieblingsfotos als Bild in verschiedenen Größen und Formaten auf Fotoleinwand herstellen lassen.

ooge.com
info@ooge.com

www.ooge.com
Bestellmöglichkeit von Kunstdrucken vieler Künstler in frei wählbaren Größen und auf verschiedenen Materialien.

Photolini
mail@photolini.de

www.photolini.de
Fotowand mit Magnetsystem: Mit wenigen Klicks Fotowände, Foto-Mehrteiler und 3D-Collagen mit eigenen Motiven gestalten.

Pixel Talents
service@pixeltalents.com

www.pixeltalents.com
Fotos hochladen, Kunststil wählen und man bekommt ein Bild auf Leinwand oder Poster, etwa im Comicstil oder Kubismus.

Wandbilder xxl
mail@wandbilderxxl.de

www.wandbilderxxl.de
Große Auswahl an handgemalten Wandbildern und modernen Kunstdrucken verschiedenster Stilrichtungen.

WandBilder24.de
service@wandbilder24.de

www.wandbilder24.de
Die Wandbilder sind nach den Themen, Epochen, Farben oder Künstlern sortiert. Mehrteilige Bilder gibt es auch.

Einrichtung/Bilder/Bilderrahmen

AllesRahmen.de
info@allesrahmen.de

www.allesrahmen.de
Bilderrahmen, über 150.000 Artikel. Holzrahmen, Barockrahmen, Fotorahmen vieler Hersteller in allen Größen und Formen.

Bilderrahmen Ars Momenti
info@arsmomenti.de

bilderrahmen-arsmomenti.de
Bilderrahmen aus italienischen Leisten, gefertigt in einer deutschen Manufaktur.

Bilderrahmen Versand
info@rahmenversand.com

www.rahmenversand.com
Rahmen aus Holz, Kunststoff, Aluminium sowie rahmenlose Bildhalter. Anfertigung von individuellen Rahmen und Passepartouts.

Bilderrahmen-kaufen.de
info@bilderrahmen-kaufen.de

www.bilderrahmen-kaufen.de
Bei Bilderrahmen-kaufen.de erhält man Bilderrahmen aus Holz, Kunststoff und Aluminium.

Holzrahmen24
info@holzrahmen24.de

holzrahmen24.de
Verschiedene Holzrahmen in hunderten Farben und verschiedenen Profilen für Bilder und Poster. Auch Sonderformate.

Rahmen-shop.de
info@rahmen-shop.de

www.rahmen-shop.de
Bilderrahmen aus Holz, Aluminium und Kunststoff, Passepartout-Zuschnitte, Bilderschienen und Kunstdrucke.

Einrichtung/Bilder/Poster

● **EuroPoster24**
info@europoster24.de

www.europoster24.de
Auf EuroPoster24 kann man eigene Digitalfotos als Poster online bestellen. Hierfür stehen zahlreiche Größen und Formate zur Auswahl, darunter Panoramas, Posterdrucke und sogar Fotoleinwände. Mit dem Aktionscode „EURO24" erhält man bei der Bestellung 5% Rabatt (gültig bis 31.12.2013). **(Siehe Abbildung)**

achtung-poster.de
info@achtung-poster.de

www.achtung-poster.de
Poster, Fototapete, Werbeplakat oder Leinwand online drucken.

Kunstdrucke.de
service@kunstdrucke.de

www.kunstdrucke.de
Grafiken, Öl-Kopien, Kunstdrucke, Poster, gerahmte Bilder und Skulpturen zur Verschönerung der eigenen vier Wände.

Kunstkopie.de
info@kunstkopie.de

www.kunstkopie.de
Über 100.000 Bilder bekannter Künstler als Kunstdrucke oder handgemalte Gemälde sowie Bilderrahmen und Passepartouts.

meinfoto.de
info@meinfoto.de

www.meinfoto.de
Seine Fotos auf Leinwände drucken lassen. Außerdem gibt es noch Druck auf Acryl- oder Aluminiumplatten und Fotobücher.

Posterlounge.de

www.posterlounge.de
Illustrationen und Grafiken als Leinwand, Kunstdruck oder Poster. Aus den Bereichen: Beauty, Fantasy, 70's, Collage, Fashion.

Postermix.de
info@posterjack.com

www.postermix.de
Individuelles Foto-Produkt in nur drei einfachen Schritten. Als Riesen-Poster, Leinwand oder Schreibunterlage.

postersmile
info@postersmile.de

www.postersmile.de
Kunstdrucke, Fotografien und Poster sortiert nach Stilen, Themen und Künstlern.

posterXXL.de
info@posterxxl.de

www.posterxxl.de
Lieblingsbilder als große Poster drucken.

Einrichtung/Brunnen & Zimmerbrunnen

Bontana
service@marcedo.de

www.bontana-zimmerbrunnen.de
Über 300 Zimmerbrunnen, Wasserwände, Vernebler sowie mehr als 100 Klangspiele und Biokamine.

delphin-brunnen
info@delphin-brunnen.de

www.delphin-brunnen.de
Zimmerbrunnen, Gartenbrunnen und Wasserwände sowie Design-Springbrunnen aus Edelstahl, Glas, Keramik und Naturstein.

Designer Wasserspiele
kontakt@designer-wasserspiele.de

www.designer-wasserspiele.de
Brunnen aller Art. Zimmerbrunnen, Gartenbrunnen, Springbrunnen und Zierbrunnen, Gartenmöbel und Gartenbeleuchtung.

designer-brunnen.de
kontakt@designerspringbrunnen.de

www.designer-brunnen.de
Springbrunnen der besonderen Art: Edelstahl-, Kupfer-, Kugel-, Wand- oder Gartenbrunnen in vielen Ausführungen.

Zimmerbrunnen - aquaspirit GmbH
info@zimmerbrunnen.de

www.zimmerbrunnen.de
Zimmerbrunnen als Standmodelle, Gartenbrunnen oder Wasserwände aus Schiefer und anderen hochwertigen Materialien.

Einrichtung/Einrichtungstipps

Deco Guide
info@winkler-online.de

www.deco.de
Der Deco Guide liefert zueinander passende Dekorationsvorschläge aus verschiedenen Kategorien.

EinrichtungsForum

www.einrichtungsforum.de
Das Forum präsentiert kreative Tipps und Ideen rund um das Thema schöner Wohnen.

homesolute.com
info@prcompany.de

www.homesolute.com
Großer Ratgeber für Einrichtungsideen, Hausplanung sowie Wohn- und Gartengestaltung mit vielen Bildern.

kreatives-wohnforum.de
info@omcon24.de

www.kreatives-wohnforum.de
Wer auf der Suche nach pfiffigen Einrichtungstipps für die eigene Wohnung ist, der findet hier im Forum Anregungen.

Planungwelten
info@planungswelten.de

www.planungswelten.de
Wohnideen, Trends und Planungs-Software rund ums Wohnen und Einrichten.

roomeon
info@roomeon.com

www.roomeon.com
Mit roomeon kann man die Einrichtung und Gestaltung seiner Wohnung ganz einfach online und in 3D planen.

schoener-wohnen.de
info@schoener-wohnen.de

www.schoener-wohnen.de
Online-Magazin der Zeitschrift Schöner Wohnen mit Deko- und Einrichtungstipps sowie einem interaktivem 3D-Raumplaner.

So leb ich
info@solebich.de

www.solebich.de
Präsentation von kreativen Wohnideen. Man kann auch selbst Fotos von Wohnräumen hochladen und andere Bilder kommentieren.

wiewohnstdu.de
info@wiewohnstdu.de

www.wiewohnstdu.de
Einrichtungs-Community mit Fotostrecken der Mitglieder zu allen Bereichen wie Schlaf-, Ess-, Arbeits- oder Wohnzimmer.

Wohnen.de
kontakt@wohnen.de

www.wohnen.de
Artikel zu den Themen Einrichten, Wohnen und Wohnraumgestaltung.

wohnidee
leserdienst@wohnidee.de

www.wohnidee.de
Plattform mit kreativen Einrichtungsideen, Farbberatung, Vorher-Nachher-Vergleichen und großer Bezugsquellen-Datenbank.

Zimmerschau
hausmeister@zimmerschau.de

www.zimmerschau.de
Die Wohnungen anderer betrachten und sich selbst präsentieren oder Anregungen erhalten. Mit Forum für den Austausch.

Zuhause Wohnen

www.zuhausewohnen.de
Artikel zu den Themen: Einrichten und Dekorieren, Wohnberatung, Wohntrends, Garten und Zuhause genießen.

Einrichtung/Fliesen & Natursteine

Casa 01
office@casa01.de

www.casa01.de
Fliesen in Steinoptik, Holzoptik, Lederoptik, Textiloptik und moderne Fliesen. Kostenlose Musterfliesen bestellen.

Fliesen Online Kaufen
info@fliesen24.com

www.fliesen24.de
Große Auswahl moderner und klassischer Wand- und Bodenfliesen, Bordüren und Zubehör.

Fliesenhandel
info@fliesenhandel.de

www.fliesenhandel.de
Das Portal führt zu dem Fliesenhändler in der Nähe und informiert über aktuelle Fliesentrends.

Mexikanische Fliesen

www.mexikanische-fliesen.de
Welche Möglichkeiten man mit mexikanischen Fliesenspiegeln beim Verlegen hat, zeigen die Verlegebeispiele dieser Seite.

natursteine-shop.de
info@jonastone.com

www.natursteine-shop.de
Bodenbeläge aus Naturstein für den Innenbereich und die Terrasse.

Einrichtung/Hängematten

Hängematten Shop
info@haengemattenshop.com

www.haengemattenshop.com
Über 100 unterschiedliche Hängematten und Hängesessel aus Südamerika sowie Gestelle und Babytragetücher.

Lamaca Hängematten
service@marcedo.de

www.lamaca-haengematten.de
Shop mit Stab- und Netzhängematten, Hängesesseln und Ständern für drinnen und draußen, Gartenmöbel und Liegekissen.

Einrichtung/Haushaltsgeräte

Wagner
info@elektroshopwagner.de

www.elektroshopwagner.de
Haushalts- und Küchengeräte wie Dunstabzugshauben, Geschirrspüler, Herde und Kochfelder, Waschmaschinen und Mikrowellen.

Siehe auch Kapitel Einkaufen

Elektronik/Allgemein

Siehe auch Kapitel Einkaufen

Versandhäuser & Kaufhäuser

Einrichtung/Haushaltswaren

Abfalleimer.com
info@abfalleimer.com

www.abfalleimer.com
Online-Shop für Abfallsammlung und Mülltrennung.

Backformen-Silikon.de
info@silikon-backform-shop.de

www.backformen-silikon.de
Im Silikon-Backform-Shop gibt es viele verschiedene Silikonbackformen aus dem Hause Silikomart.

belgusto
info@belgusto.de

www.belgusto.de
Zahlreiche Koch- und Küchenutensilien sowie alles für Tisch und Tafel von vielen namhaften Herstellern.

cookplanet
service@cookplanet.com

www.cookplanet.com
Über 7.000 Produkte rund ums Essen, Trinken, Servieren von hochwertigen Marken wie Fissler, KitchenAid, Wüsthof, Peugeot.

Cucinatech
info@cucinatech.de

www.cucinatech.de
Besteckeinsätze aus edlen Hölzern oder Kunststoff.

Kaufmarkt24 **www.kaufmarkt24.de**

Die moderne Hausfrau Online-Shop
info@moderne-hausfrau.de

www.moderne-hausfrau.de
Nützliche und dekorative Artikel für den Haushalt: Textilien, Badaccessoires, Küchenhelfer, Elektrogeräte oder Lampen.

einfach online.de
kontakt@einfach-online.de

www.einfach-online.de
Geschirrserien, Besteck, Dekoration, Frühstücksgeschirr, Gläser, Isolierkannen, Kaffeegeschirr und Teegeschirr.

endlich zuhause.de
info@endlichzuhause.de

www.endlichzuhause.de
Geschirr, Bestecke, Frühstücks-Sets und alles für die moderne Küche.

famila-nordwest24.de
info@wgo-online.com

www.famila-nordwest24.de
Große Auswahl an Produkten aus den Bereichen Küche und Haushalt, Technik, Wohnen, Garten, Spielwaren und Genuss.

Geiß - Hausgeräte
shop@geiss-hausgeraete.de

www.geiss-hausgeraete.de
Haushaltsgeräte und Haustechnik verschiedener namhafter Hersteller.

GREEN & STEEL
info@greenandsteel.de

www.greenandsteel.de
Edelstahl-Spezialist für Markenartikel.

● **Kaufmarkt24**
info@kaufmarkt24.de

www.kaufmarkt24.de
Kaufmarkt24 – Das virtuelle Kaufhaus rund um Küche, Haus und Garten bietet ein breites Sortiment verschiedenster Haushaltswaren. Das Angebot umfasst Kochutensilien aller Art, Einrichtungsgegenstände für Bad oder Büro sowie Garten- und Heimwerkerbedarf. **(Siehe Abbildung)**

● **Kochen Essen Wohnen**
rueckfrage@kochen-essen-wohnen.de
☎(04832) 9795787

www.kochen-essen-wohnen.de
Online-Shop rund um Kochen, Braten, Backen, Essen und schönes Wohnen. Hier werden hochwertige Pfannen und Töpfe, Messer und andere Küchenhelfer, Geschirr und Deko gut beschrieben und zu günstigen Preisen angeboten. Mit umfangreichem Lexikon und sehr guten Trusted Shops Kundenbewertungen. **(Siehe Abbildung)**

Kochen Essen Wohnen　　　　　　　　**www.kochen-essen-wohnen.de**

Hagen Grote
service@hagengrote.de

www.hagengrote.de
Hochwertige Produkte für Küche und Haushalt sowie Lebensmittel-Spezialitäten. Außerdem Rezept- und Geschenkideen.

hals-ueber-krusekopf.de
info@hals-ueber-krusekopf.de

www.hals-ueber-krusekopf.de
Alles rund um Haushalt, Küche, Haus, Garten und Geschenke.

hawato.de
info@hawato.de

www.hawato.de
Haushaltswaren, Porzellan, Küchengeräte und Dekorationsartikel.

Home Styles
info@home-styles.de

www.home-styles.de
Alles rund um Küche, Wohnen und Garten. Porzellan, Geschirr, Wohntextilien, Besteck und Kunstpflanzen.

Inspirationen24
shop@inspirationen24.com

www.inspirationen24.com
Im Sortiment finden sich Dekoartikel für drinnen und draußen, Geschirr, Heimtextilien, Bilderrahmen und Wohnaccessoires.

KochLand
info@kochland.de

www.kochland.de
Edle und hochwertige Produkte für Küche und Garten.

Kochshop.com
info@kochshop.com

www.kochshop.com
Umfangreiche Auswahl an Koch- und Küchenzubehör aus Edelstahl. Von Besteck über Töpfe und Rührgeräte bis zu Textilien.

lotharjohn.de
kontakt@lotharjohn.de

www.lotharjohn.de
Fachhändler für Glas, Porzellan und Besteck.

● **Pfannen Harecker**
pfannen@harecker.de
☎(08121) 400 38

www.harecker.de
Pfannen Harecker bietet in seinem Online-Shop ein großes Sortiment an Töpfen und Pfannen, Brätern, Backformen sowie praktischen Küchenhelfern. Die professionellen Pfannen und Töpfe zeichnen sich vor allem durch eine gute Versiegelung mit Antihafteigenschaften sowie Induktionsfähigkeit aus. **(Siehe Abbildung)**

Pfannen Harecker **www.harecker.de**

neueTischkultur.de
service@neuetischkultur.de

www.neuetischkultur.de
Verschiedenes Markenporzellan, Keramik, Besteck, Wein- und Backzubehör sowie Glas.

Porzellanhandel24
info@porzellanhandel24.de

www.porzellanhandel24.de
Geschirr, Besteck, Glas und Accessoires von Villeroy & Boch.

Porzellantreff.de
info@porzellantreff.de

www.porzellantreff.de
Dieser Shop offeriert Porzellan, Bestecke, Gläser und Geschenkartikel. Außerdem kann man einen Hochzeitstisch anlegen.

richtig schön kochen
info@richtig-schoen-kochen.de

www.richtig-schoen-kochen.de
Hobbyköche und Kochprofis finden hier Geschirr und Besteck, Karaffen und Gläser, Kaffee und Tee sowie Wein und Zubehör.

starcooks24.de
info@starcooks24.de

www.starcooks24.de
Hochwertiges Küchenzubehör und Gastronomiebedarf.

WMF
service@shop.wmf.de

www.wmf.de
WMF präsentiert sich und seine Produkte anhand einer Vielzahl von aktuellen Angeboten und Themen im Online-Shop.

WohnGlück
info@wohnglueck.com

www.wohnglueck.com
Haushaltswaren und Accessoires für Tisch und Tafel.

zakdesigns-shop.de
info@zakdesigns-shop.de

www.zakdesigns-shop.de
Über 500 bruchfeste Melamin-Geschirr-Artikel.

● **Tischkulturshop.com**
info@tischkulturshop.com
☎ (05433) 913 253

www.tischkulturshop.com
Haushaltswaren wie Besteck und Messer aus Edelstahl, Silber oder versilbert, Glas und Porzellan sowie nützliche und praktische Artikel für die Küche sowie Dekoratives für Haus und Garten. Alle Produkte sind von Markenherstellern wie Zwilling, Wilkens, WMF, BSF, Alfi, Seltmann und Schott Zwiesel. **(Siehe Abbildung)**

Einrichtung/Haushaltswaren/Haushaltsroboter

CleanBot.de
info@eurobots.de

www.cleanbot.de
Automatisch sauber: Roboterstaubsauger mit erheblich verstärkter Saugleistung und verbessertem Bürstendesign.

myRobotcenter
office@myrobotcenter.de

www.myrobotcenter.de
Haushaltsroboter zum Saugen, Wischen oder Rasenmähen. Service- und Unterhaltungsroboter. Luftreiniger und Soundsysteme.

 robosauger.com
office@robosauger.com
☎(0800) 500 1440

www.robosauger.com
Der Online-Shop für Haushaltsroboter bietet Staubsauger- und Wischroboter für eine automatische und gründliche Bodenreinigung an, um den täglichen Hausputz zu erleichtern. Die Roboter können 14 Tage lang kostenlos getestet werden, zudem steht eine kompetente telefonische Beratung zur Verfügung. **(Siehe Abbildung)**

Einrichtung/Heizstrahler

Solamagic Infrarot-Heizstrahler
info@solamagic24.de
☎(0800) 67 381 67

www.solamagic24.de
Sofortige Wärme wie von der Sonne: Im Solamagic 24 Fachhandels-Shop erhält man Infrarot Heizstrahler mit kurzwelliger Infrarotstrahlung für eine sofortige Wärme ohne Vorheizen z. B. für Bad und WC oder Terrasse und Balkon. Solamagic Heizstrahler sind TÜV/GS geprüft und werden in Deutschland hergestellt. **(Siehe Abbildungen)**

Solamagic Infrarot-Heizstrahler

Solamagic Infrarot-Heizstrahler

Finkeisen-Sonnenschutz
info@finkeisen-sonnenschutz.de

www.finkeisen-sonnenschutz.de
Sonnenschutz-Produkte von Markisen bis hin zu Rollladen.

Fotorollo24.de
info@fotorollo24.de

www.fotorollo24.de
Wunschmotive auf Rollos und Jalousien drucken.

Jalousiescout
service@jalousiescout.de

www.jalousiescout.de
Rollladenzubehör und passende Rollladenmotoren für Rollladen oder Vorbaurollladen, Jalousien und Markisen.

markilux
info@markilux.com

www.markilux.com
Hochwertige, stilvolle Balkon- und Terrassen-Markisen, Markisen für Wintergärten und Fenster sowie passende Markisentücher.

Plissee1fach.de
shop@plissee1fach.de

www.plissee1fach.de
Plissees, Faltstores, Rollos und Jalousien nach Maß. Mit Servicetelefon und Stoffmusterversand.

Wohn-Guide.de Online Shop
info@wohn-guide.de

www.wohn-guide.de
Riesige Auswahl an Rollos, Jalousien, Plissees und Vorhängen. Gardinenstangen und Fensterdekoration sowie Teppiche.

 Exclusiv-Home
info@exclusiv-home.de
☎(040) 226 110 90

www.exclusiv-home.de
Riesenauswahl an Produkten rund ums Haus und Garten. Neben qualitativ hochwertigen Markisen und Wintergartenbeschattungen inklusive Vollausstattung aus eigener Herstellung, Solaranlagen für den Privatgebrauch gibt es auch Heimkinoleinwände, Gartenmöbel, Strandkörbe, Torantriebe, Werkzeuge und LED-Leuchten. **(Siehe Abbildung)**

Einrichtung/Kachelöfen & Kamine

aa-shop24.de
info@aa-shop24.de

www.aa-shop24.de
Kamine und Kaminzubehör. Kaminöfen, Pelletöfen, Heizkamine, Edelstahlschornsteine und Zubehör.

KAGO
zentrale@kago.de

www.kago.de
Heiz- und Stilkamine, Kachel- und Kaminöfen. Dekorative Feuerstätten, die keinen Schornstein benötigen.

Ofen Mosmann
postmaster@ofenmosmann.de

www.ofenzentrale.de
Kaminöfen, Kachelöfen, Kamine als Bausatz, elektrische Kaminfeuer, Ofenrohre, Ölöfen, Dauerbrand-Öfen und Zubehör.

Ofenersatzteile
info@ofenersatzteile.eu

www.ofenersatzteile.eu
Ofenersatzteile, Kaminscheiben, Rost und Schornsteine. Ersatzteile aller Ofenhersteller können hier bestellt werden.

Kaminkaufhaus
info@kaminkaufhaus.de

www.kaminkaufhaus.de
Große Auswahl an Kaminbausätzen, Öfen, Kaminöfen, Pelletöfen, Schwedenöfen und Gaskaminöfen.

ofen.edingershops.de
service@edingershops.de

www.ofen.edingershops.de
Kamin- und Kachelöfen, Ofenzubehör und Kacheleinsätze.

 Feuer-Anzünder.de
info@feuer-anzuender.de
☎(0800) 5 580 580

www.feuer-anzuender.de
Der Online-Shop bietet eine vielfältige Auswahl an Anzündern und Zubehör für Kamine und Öfen. Neben Bio-Anzündern, Kienspänen oder Zapfenzündern findet man auch Ascheeimer, Kaminbesteck, Kaminreinigungsmittel und Kaminholzkörbe. Mit dem Gutscheincode „WA2013" (gültig bis 30.06.2014) spart man beim Einkauf 5%. **(Siehe Abbildung)**

Feuer-Anzünder.de

www.feuer-anzuender.de

Haus & Garten

Kaminofen, Kamin und Pelletofen Shop Feuerdepot.de
info@feuerdepot.de
☎(08143) 264 530

www.feuerdepot.de
Der Kaminofen, Kamin und Pelletofen Shop bietet eine Auswahl an Markenkaminen und Öfen führender Hersteller wie Olsberg, Oranier, Cera, Drooff etc. Ein bundesweiter Anschluss-Service zum Festpreis sowie der kostenlose Versand wird angeboten. Zudem findet man Finanzierungs- und Förderungsmöglichkeiten. **(Siehe Abbildung)**

kamin-versand.de
paul.kiss@t-online.de
☎(089) 15 777 94

www.kamin-versand.de
Kamine ohne Schornsteinanschluss in allen Variationen: Bioethanolkamine, Glasfeuer- und Elektrokamine – Neu: das Opti-Myst Feuer / Wandhängekamine mit reichhaltigem Zubehör und Einsätzen. Viele Informationen und Neuigkeiten über die modernen Alternativen ohne Holz und Rauch runden das Angebot ab. **(Siehe Abbildung)**

ofenwelten
info@bautipps.de

www.ofenwelten.de
Kamine, Kachelöfen, Pelletöfen, Specksteinöfen und Herde im klassischen, traditionellen oder modernen Design in verschiedenen Größen und Ausführungen. Dazu gibt es Infos zu Brennstoffen wie Holz, Pellets, Gas oder Strom sowie Einblicke in verschiedene Ofenbauarten wie Kachelherde oder Elektrokamine. **(Siehe Abbildung)**

Einrichtung/Küchen

Alno
mail@alno.de

www.alno.de
Die große Welt der Alno-Küchen. Mit individueller Küchenplanung, Unternehmensinfos und Händleradressen.

Dunstabzugshauben-Shop
info@wfk.biz

www.dunstabzugshauben.de
Wand- und Inselhauben, Flachlüfter, Zwischenbau- sowie Unterhauben, Lüfterbausteine, Eckhauben und Spezialdesigns.

Kaminofen, Kamin und Pelletofen Shop Feuerdepot.de　　　**www.feuerdepot.de**

kamin-versand.de

www.kamin-versand.de

Anzeige

ofenwelten

www.ofenwelten.de

Anzeige

dyk360
info@dyk360-kuechen.de

www.dyk360-kuechen.de
Küche online planen und bestellen bei Design Your Kitchen 360.

Gaggenau
info@gaggenau.com

www.gaggenau.com
Küchentechnik mit ausgefeiltem Design. Backöfen und Kochfelder, Kaffeevollautomaten, Geschirrspüler und Kühlgeräte.

Küche&Co
info@kueche-co.de

www.kueche-co.de
Hier erhält man Beratung und Informationen zum Sortiment, aktuellen Angeboten, Services und zum Küchenstudio in der Nähe.

Küchen-QUELLE

www.kuechen-quelle.de
Angebote für Einbau-, Komfort-, Kompakt- und barrierefreie Küchen samt Geräten und Zubehör inklusive Online-Planer.

Küchenspezialisten.de
derkreis@derkreis.de

www.kuechenspezialisten.de
Informationen über die richtige Küchenplanung und eine Datenbank mit Küchenfachgeschäften.

Marquardt Küchen
info@marquardt-kuechen.de

www.marquardt-kuechen.de
Der Spezialist für Granitküchen. Produktion, Sonderbau, Granitarbeitsplatten, Massivholz. 3D-Web-Küchenplaner.

moebelplus
service@moebelplus.de

www.moebelplus.de
Küchenspezialist mit einem Online-Küchenstudio und einer großen Auswahl an Küchen und Küchenzubehör.

musterhaus küchen
info@musterhauskuechen.de

www.musterhauskuechen.de
Über 1.000 Küchen, Elektrogeräte und Zubehör. Als besonderes Highlight: Ein Internet-Küchenplaner und Händleradressen.

Nolte Küchen
info@nolte-kuechen.de

www.nolte-kuechen.de
Zahlreiche Küchenwelten. Außerdem werden alle Korpusse, Böden und Holzteile innen wie außen dekorgleich geliefert.

Poggenpohl
info@poggenpohl.de

www.poggenpohl.de
International renommierte Marke im Bereich Luxusküchen.

Rundumkueche
info@rundumkueche.eu

www.rundumkueche.eu
Miniküchen für Büros und Singlehaushalte. Küchen, die in einem Schrank stecken und andere Lösungen mit wenig Platz.

smartkueche.de
info@smartmoebel24.de

www.smartkueche.de
Online-Küchenstudio mit Küchen in allen Variationen. 70 verschiedene Fronten zur Auswahl bei über 1.000 Küchen.

Einrichtung/Möbel

Audena
service@audena.de

www.audena.de
Massivholzmöbel nach Maß einfach online anpassen und bestellen. Mit Tipps zur Einrichtung und Pflege sowie Farbberatung.

avandeo
info@avandeo.de

www.avandeo.de
Designermöbel, ob ausgefallen oder schlicht. Von Sofas, Betten bis hin zu Gartenmöbeln und Wohnaccessoires.

De Life
info@delife.eu

www.delife.eu
Massivholzmöbel, Designermöbel, Wohnaccessoires, Betten, Tische, und Stühle.

e-combuy
info@e-combuy.de

www.e-combuy.de
Möbel und Einrichtungsgegenstände für Büro, Diele, Schlaf-, Kinder-, Ess- und Wohnzimmer, Küchenzubehör, Lampen.

hega-handel.com
info@hega-handel.com

www.hega-handel.com
Kindermöbel, Kinderzimmer, Babyzimmer und komplette Wohnungseinrichtung.

home24
kundenservice@home24.de

www.home24.de
Großes Sortiment an hochwertigen Möbelprodukten.

homelife24
info@homelife24.com

www.homelife24.com
homelife24 ist ein Möbel-Outlet-Shop, dessen Sortiment sich an Lebens- und Wohnstilen von deutschen TV-Serien orientiert.

IKEA Deutschland

www.ikea.de
IKEA zeigt viele Produkte, Heimeinrichtungsideen und Tipps, um das Leben zu Hause noch schöner zu machen.

Jenverso
info@jenverso.de

www.jenverso.de
Wohnwelten, Kindermöbel, Schlafzimmer, Büromöbel und Accessoires für Haus und Garten, sowie Designmöbel.

Livingo.
mail@livingo.de

www.livingo.de
Großes Möbelsortiment, das man nach den Stilen Klassik, Modern, Landhaus, Natur und Trend filtern kann.

Massivum
info@sunchairs.de

www.massivum.de
Massivholz- und Landhausmöbel aus nachwachsenden Hölzern von kontrollierten Plantagen.

mirabeau
service@mirabeau.de

www.mirabeau.de
Möbel für die ganze Wohnung im Landhausstil, dazu passende Heimtextilien und Accessoires.

● **For Living**
info@forliving.de
☎(030) 62 72 36 12

www.forliving.de
Stilvolle Designer-Möbel für Schlafzimmer, Wohnzimmer, Esszimmer und Garten. Hier gibt es eine große Auswahl an Hochglanzbetten, Systembetten, Massivholzbetten, Matratzen, Sideboards, Kommoden, Lampen, Stühlen, Tischen, Sitzbänken und Gartenmöbeln für ein modernes und komfortables Wohnen.
(Siehe Abbildung)

For Living   **www.forliving.de**

389

Möbel SB Philip
online@sbphilip.de

www.sbphilip.de
Möbel-Discounter mit vielen Angeboten rund ums Einrichten und Wohnen.

Möbel-Eins
info@moebel-eins.de

www.moebel-eins.de
Schlafzimmer, Wohnzimmer, Esszimmer und Büro.

mobello
info@mobello.de

www.mobello.de
Auf mobello.de findet man Möbel und Einrichtungsideen aller Kategorien von Möbelfachhändlern deutschlandweit.

Möbel-Sensation
info@moebel-sensation.de

www.moebel-sensation.de
Ein großes Sortiment an stilvollen Möbeln für den Innen- und Außenbereich.

Möbilia.de
info@moebilia.de

www.moebilia.de
Exklusive Polstermöbel, hochwertige Massivholzmöbel und stilvolle Speisezimmermöbel.

moebel.de
info@moebel.de

www.moebel.de
Über 500.000 Produkte aus den Bereichen Möbel, Einrichten und Wohnen. Bei über 150 Shop-Partnern online bestellen.

moebel-base.de
info@moebel-base.de

www.moebel-base.de
Wohnzimmer, Polstermöbel, Schlafzimmer, Esszimmer, Haushaltswaren und Kleingeräte.

● **moebel-shop.de**
kontakt@moebel-shop.de
☎(02302) 802022

www.moebel-shop.de
Dieser Möbel-Shop bietet gute Marken-Möbel, viel Auswahl und Ideen für alle, die sich so einrichten wollen, wie es ihrem eigenen Lebensstil entspricht. Und das alles einfach von zu Hause aus im 24 Stunden erreichbaren Online-Shop. Das Angebot reicht von Betten, über Beleuchtung bis hin zu kompletten Bädern.
(Siehe Abbildung)

moebel-shop.de   www.moebel-shop.de

owl-moebelhandel
info@owl-moebelhandel.de

www.owl-moebelhandel.de
Das Sortiment umfasst Baby- und Kinderzimmer, Polstermöbel, italienische Möbel, sowie Hochglanz- und Massivholzmöbel.

Pharao24.de
service@pharao24.de

www.pharao24.de
Möbel für das ganze Haus und den Garten. Zu finden nach Wohnbereichen, nach Produktgruppen oder Wohnideen und Themen.

porta
onlineshop@porta.de

www.porta.de
Großes Möbelsortiment für die ganze Wohnung. Mit dem Online-Raumplaner lässt sich vor dem Kauf die Einrichtung planen.

Schaffrath
info@schaffrath.com

www.schaffrath.com
Darstellung der Schaffrath-Unternehmensgruppe mit aktuellen Prospekten, Online-Küchenplaner und Preisgutscheinen.

schrankplaner.de
info@schrankplaner.de

www.schrankplaner.de
Individuelle Regale und Einbauschränke für alle Raumsituationen und sogar Dachschrägen können hier bestellt werden.

momati24.de
info@momati24.de

www.momati24.de
Möbel für Wohnzimmer, Küche, Esszimmer und Arbeitszimmer aus Massivholz, in Hochglanz oder Echtholzfurnier.

myfab
kontakt@myfab.com

www.myfab.com
Hier kann man für sein Lieblings-Designerstück abstimmen. Die Möbel mit den meisten Stimmen stehen dann zum Verkauf.

Ostermann
kontakt@ostermann.de
☎ (02302) 985 1473

www.ostermann.de
Online Einrichten von zu Hause aus. Einfach und sicher 24 Stunden am Tag. Über 13.000 Artikel aus allen Wohnbereichen sowie hilfreiche Serviceleistungen und Informationen über das Unternehmen. Seit 1993 betreibt das Unternehmen erfolgreiche Möbel-Online-Shops. **(Siehe Abbildung)**

Ostermann　　　　　　　　　　　　　　　　　　　**www.ostermann.de**

things we love
info@gooran.com

www.things-we-love.com
Stilvolle Möbel für Schlafzimmer, Wohnzimmer, Büro, Küche und Outdoor sowie Lampen und Leuchten, Spiegel und Accessoires.

Trends
kontakt@trends.de
☎(02302) 985 1473

www.trends.de
Mit über 12.000 sofort verfügbaren Artikeln bietet TRENDS Möbel und Wohn-Accessoires für jeden Raum. Neben stylischen oder retro Einrichtungsideen für Küche, Schlaf-, Wohn-, Arbeits- und Kinderzimmer sowie Bad gibt es Wohntextilien, Leuchten und Dekorationen für junge Leute jeden Alters. **(Siehe Abbildung)**

Wir lieben wohnen
info@wirliebenwohnen.de

www.wirliebenwohnen.de
Ob Esszimmer, Wohnraum oder Schlafzimmer – hier gibt es Möbel in schlichter Eleganz.

woody möbel
info@woody-moebel.de

www.woody-moebel.de
Möbel für individuelles Wohnen in allen Wohnbereichen wie Wohnzimmer, Schlafzimmer, Esszimmer und Badezimmer.

Einrichtung/Möbel/Antiquitäten

Cultureclassics.com
info@cultureclassics.com

www.cultureclassics.com
Antiquitäten aller Art: Möbel, Lampen, Kunstobjekte, Accessoires. Skandinavische Designklassiker und Danish Design.

Wandel-Einrichtungsobjekte
kontakt@wandel-einrichtungsobjekte.de

www.wandel-einrichtungsobjekte.de
Restaurierung, Verkauf und Verleih von Antiquitäten. Von Lampen über Möbel zu Uhren, Bildern und Skulpturen.

Einrichtung/Möbel/Designmöbel

Ambientedirect.com
info@ambientedirect.com

www.ambientedirect.com
Der Online-Shop bietet Designleuchten, Möbel, Accessoires und Klassiker rund ums moderne Wohnen.

Trends **www.trends.de**

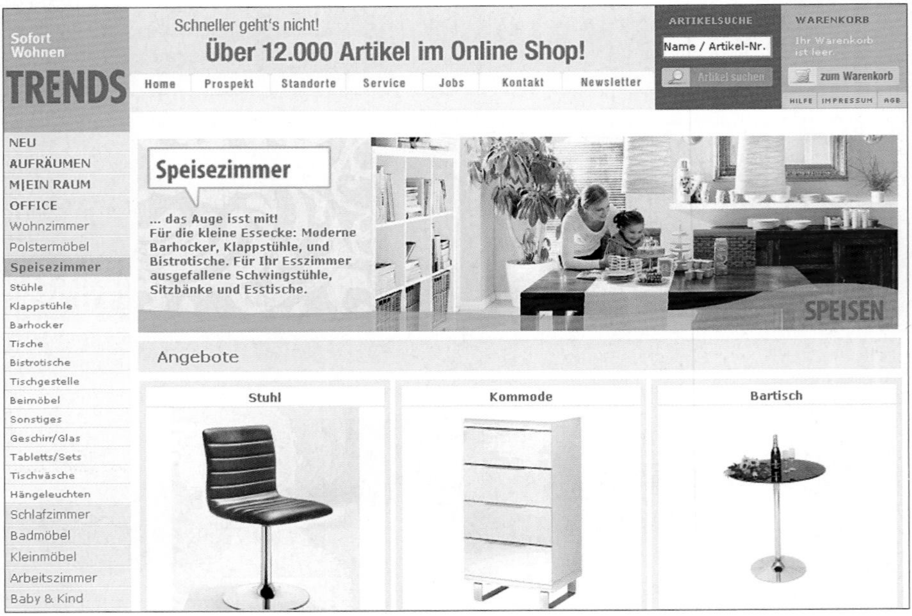

Bretz Wohnträume GmbH
cultsofa@bretz.com

www.bretz.com
Hier findet man Kult-Möbel mit außergewöhnlichen Schnitten und markanten Farben, die das Wohnen zum Erlebnis machen.

Design Meets Home
kontakt@designmeetshome.de

www.designmeetshome.de
Designer-Ausstellungsmöbel zu reduzierten Preisen. Händler können ihre Ausstellungsstücke auf das Portal stellen.

designandmiles
info@designandmiles.de

www.designandmiles.de
Designermöbel, Regale, Leuchten aller Art, Bürostühle, Esstische und Wohnaccessoires.

factory design
info@factory-design.de

www.factory-design.de
Designmöbel und Accessoires für Wohnzimmer, Esszimmer, Garderobe, Arbeitszimmer und Garten, Leuchten, Lifestyleprodukte.

Klassiker Möbel
info@klassiker-moebel.de

www.klassiker-moebel.de
Klassische und moderne Möbel berühmter Designer.

la chair.
info@lachair.de

www.lachair.de
Designermöbel und Leuchten sowie Accessoires für Wohnung und Büro sowie den Outdoorbereich.

ofisu by Lindemann PROJEKTNET
kontakt@ofisu.de

www.ofisu.de
Stilvolle Designermöbel renommierter Marken, wie Vitra und Fritz Hansen, für die Einrichtung von Büro- und Privaträumen.

Proformshop.com
info@proformshop.com

www.proformshop.com
Große Auswahl an Designmöbeln und Leuchten bekannter Designer.

DeWall Design
info@dewall-design.de
☎(05232) 975570

www.dewall-design.de
Die Produktpalette von DeWall Design umfasst eine hochwertige Auswahl an Designermöbeln aller Art und reicht von eleganten Tischen und Stühlen über Sitzmöbel, Sofas und Betten bis hin zu Schlafzimmersets, Garderoben, Schränken und Regalen. Auch Wohnaccessoires und Lampen werden angeboten.
(Siehe Abbildung)

DeWall Design   **www.dewall-design.de**

FASHION FOR HOME
info@fashionforhome.de
☎(030) 609 88 110

www.fashionforhome.de
Der Möbel-Onlineshop FASHION FOR HOME präsentiert neue Einrichtungstrends und exklusive Designermöbel. In den Bereichen Wohnen, Essen, Schlafen, Arbeiten, Outdoor und Accessoires findet man sowohl Designermöbel von zeitloser Eleganz als auch Ausgefallenes. Der Live-Chat berät bei der Kaufentscheidung. **(Siehe Abbildung)**

firstclassdesign.com
info@firstclassdesign.com

www.firstclassdesign.com
Exklusive Möbel aus italienischer Manufaktur, nach dem Vorbild ausgewählter Designklassiker entworfen.

SalesFever.de
service@salesfever.de
☎(0800) 664 87 84

www.salesfever.de
Der Online-Shop für Möbel und Wohnaccessoires bietet eine große Auswahl an hochwertigen Möbeln aller Art. Das Angebot reicht von klassischen Massivholzmöbeln über topaktuelle Designerstücke bis hin zu ausgefallenen Dekorationselementen. Mit praktischer Farb- und Materialsuche. **(Siehe Abbildung)**

stylery.com
info@stylery.com

www.stylery.com
Möbel, Leuchten, Accessoires. Designerstücke von der Küche bis zum Kinderzimmer.

Triple Style
kundenservice@123style.de

www.123style.de
Ausgefallene Designmöbel aus den Bereichen Essen, Schlafen, Wohnen, Garten und Büro.

wohnstation
info@wohnstation.de

www.wohnstation.de
Designermöbel aus Italien, Schweden und Dänemark. Wohn- und Schlafzimmer, Sideboards, Lowboards und Nachttische.

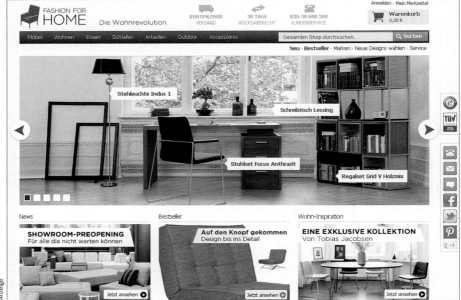

SalesFever.de

Impressum · Hilfe · Mein SalesFever: → Anmelden → Jetzt registrieren

 Kostenlose Hotline **0800 664 87 84** · Kostenloser Versand innerhalb Deutschlands*

Zum Warenkorb
0 Artikel 0,00 €

| Startseite | Zimmer | Möbelserien | Marken | Neues | Top-Angebot | Detailsuche | Suchen... |

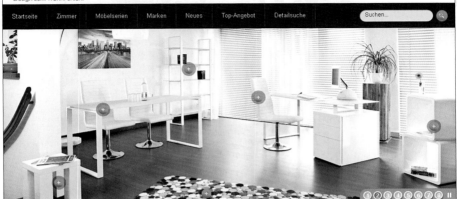

①②③④⑤⑥⑦⑧ ‖

Menü (linke Spalte)

% SALE %
- Wohnaccessoires
- Möbel

Zimmer
- Arbeitszimmer & Büro
- Esszimmer
- Flur & Diele
- Jugendzimmer
- Lampen & Leuchten
- Schlafzimmer
- Wohnaccessoires
- Wohnzimmer

Möbelserien
- Allant
- Authentico
- Best Natures
- Cabana
- Cuben
- El Barco
- Guru
- Ibiza
- Istyle
- Luke
- Alle zeigen

Marken
- A.D.
- Innovation
- Kare Design
- Karlsson
- nic duysens
- PT
- SalesFever
- Sintesi
- Spinder

Willkommen im SalesFever Online Shop für Möbel und Wohnaccessoires!

Sie suchen kreative Ideen und aufregende Optik, kombiniert mit höchsten Ansprüchen an Qualität und Design? SalesFever bietet Möbel zum WohnFühlen, die Ihren Wünschen gerecht werden. Die Angebotspalette reicht von klassisch rustikalen Massivholzmöbeln, topaktuellen Designerstücken bis hin zu ausgefallenen Dekorationselementen. Dabei kann SalesFever mit einer großen Auswahl an Marken, wie zum Beispiel Kare Design, Innovation, Wolf Möbel oder Sintesi begeistern, aber auch mit eigenen Möbelserien überraschen und überzeugen. Lassen Sie sich anstecken vom individuellen Design zum WohnFühlen und fiebern Sie mit auf SalesFever.de.

Aktuelle Angebote

Big Deal Bogenlampe schwarz lackiert

inkl. gesetzl. MwSt 19% und zzgl. Versand
99,00 €
~~169,00 €~~

Patchwork Bank

inkl. gesetzl. MwSt 19% und zzgl. Versand
169,00 €
~~199,00 €~~

Bank Wing Velvet Black

inkl. gesetzl. MwSt 19% und zzgl. Versand
169,00 €
~~199,00 €~~

Authentico Cuben Rectangular 2er Set Shisham

inkl. gesetzl. MwSt 19% und zzgl. Versand
299,00 €
~~369,00 €~~

Schlafsofa Patchwork

inkl. gesetzl. MwSt 19% und zzgl. Versand
299,00 €

Schlafsofa Tebba mit Chrombeinen

inkl. gesetzl. MwSt 19% und zzgl. Versand
349,00 €
~~399,00 €~~

Anzeige

Einrichtung/Möbel/Sofas & Sitzsäcke

Couchdecken.de
info@couchdecken.de

www.couchdecken.de
Couchdecken, Tagesdecken, Überwürfe und Plaids.

mein sofa shop
info@meinsofashop.de

www.meinsofashop.de
Traumsofa nach Wunsch. Material, Farben und Ausrichtung des eigenen Designersofas selbst bestimmen.

meinsofa24.de
info@polstermoebelplaner.de

www.meinsofa24.de
Online-Konfigurator für Polstermöbel und Sofas aller Art: Hier kann das individuelle Wunschmodell kombiniert werden.

milanetti
info@milanetti.com

www.milanetti.de
Milanetti steht für italienisches Design. Ecksofas, Relaxsessel, Rundsofas und Sofagarnituren.

SITTINGBULL
info@design-3000.de

www.sittingbull-shop.de
Offizieller Online-Shop für die original Sittingbull-Sitzsäcke.

Sitzclub
info@sitzclub.de

www.sitzclub.de
Sitzgelegenheiten zum Relaxen: Sitzsäcke, Hängematten, Sitzwürfel und Sitzsäulen sowie Taschen und Sitzecken.

smoothy.de

www.smoothy.de
Sitzsäcke und Sitzkissen sowie Hundekörbe und Hundekissen in vielen verschiedenen Ausführungen.

sofa-direkt.de
info@sofa-direkt.de

www.sofa-direkt.de
Über 120 verschiedene Sofamodelle, kombinierbar mit 5.000 Stoffen und 220 Lederbezügen.

Einrichtung/Mückenschutz & Insektenschutz

● Neher Systeme GmbH & Co. KG
info@neher.de

www.neher.de
Neuartige und innovative Lösungen für den optimalen Insektenschutz in allen Wohnbereichen. Hier findet man fast unsichtbare Rollos, Pendel- und Schiebetüren, Dreh- und Spannrahmen und Sonderlösungen für erstklassigen und lichtdurchlässigen Schutz vor Insekten und sogar Pollen oder Elektrosmog. **(Siehe Abbildung)**

tropenshop.de

www.tropenshop.de
Versand für Mückenschutzprodukte, Moskitonetze und Mückenabwehrmittel für den Urlaub oder Zuhause.

Einrichtung/Wandtattoos

123 trendy designs
info@123-trendy-designs.com

www.123-trendy-designs.com
Wandtattoos für Küche, Bad, Wohn-, Schlaf- oder Kinderzimmer in vielen Größen und Farben.

All 4 Wall
support@all4wall.de

www.all4wall.de
Wandtattoos, individuelle Foto-Leinwände, Wallprints und Fototapeten. So verleiht man den vier Wänden eine kreative Note.

Beiwanda
info@beiwanda.de

www.beiwanda.de
Große Auswahl an Wandtattoos, Wandstickern für Kinder und Erwachsene. Motive wie Pflanzen, Städte, Sprüche und Tiere.

Happywall.de
info@happywall.de

www.happywall.de
Große Auswahl an Wandtattoos und Wandaufkleber zur Dekorierung und Gestaltung der Wohnung.

Klebefieber

www.klebefieber.de
Vielzahl an Wanddesigns: Wandtattoos, Wandbilder, Foto- und Designtapeten, Leinwandbilder und Fensterdekoration.

Neher Systeme GmbH & Co. KG

www.neher.de

Kontakt | Sitemap | Partner-Login

Die Nr. 1 im Insektenschutz.

| Produkte | Service | Über Neher | Presse | Architekten | Kontakt |

Einfach besser leben.
Mit Neher Insektenschutz.

Freuen Sie sich auf ein völlig neues
Wohngefühl dank maßgefertigter
Insektenschutzgitter.

Sie schenken Ihnen einen ruhigen
Schlaf bei offenem Fenster, frische
Luft und das beruhigende Gefühl,
etwas Gutes für den Schutz Ihrer
Familie getan zu haben.

Wohlfühlen

Spannrahmen | Rollos | Drehrahmen | Pendeltüren | Plissees | Schiebeanlagen | Lichtschacht-abdeckungen

---

Transpatec.
Das fast unsichtbare Insektenschutzgitter.

Brillante Durchsicht und Lichtdurchlässigkeit.
Frisches Raumklima durch besseren
Luftdurchlass. Ein Fliegengitter mit hoher
Witterungsbeständigkeit. Reißfest und
maschenfest. Mehrfach ausgezeichnet für sein
modernes und innovatives Design. Transpatec,
unsere Empfehlung wenn Sie ein
Insektenschutzgitter nach Maß suchen, das fast
unsichtbar und transparent ist. Mehr erfahren

Transpatec®

Fliegengitter Lösungen
von Neher Insektenschutz

Insektenschutz für Fenster
Mehr erfahren

Insektenschutz für Dachfenster
Mehr erfahren

Insektenschutz für Türen
Mehr erfahren

Insektenschutz für Lichtschächte
Mehr erfahren

Aktuelles

Transpatec - ein ausgezeichnetes Gewebe
Neher erhält für Transpatec-Insektenschutzgitter
drei bedeutende Preise: den Innovationspreis der
R&T 2012, den iFdesign award 2012 und den red
dot design award 2011.

[mehr]

Neuer Neher-Markenauftritt
Mit neuem Schwung und in neuem Design startet
Neher ins Jahr 2012.

[mehr]

Messeauftritte 2012
Neher präsentiert sich und seine Innovationen auf
den beiden Welt-Leitmessen R+T in Stuttgart
(28.02. – 03.03.2012) und Fensterbau Frontale in
Nürnberg (21.03. – 24.03.2012).

[mehr]

Entdecken Sie Neher - die Nr.1 im Insektenschutz

Quicklinks
Kontakt
Transpatec
Polltec
Architekten-Downloads
FAQ - Häufig gestellte Fragen
Partner-Login

Deeplinks
Service für Privatkunden
Fliegengitter für Fenster
Insektengitter für Türen
Lichtschachtabdeckungen
Die Neher Qualität
Der Neher Vertriebsweg

Personen, die diese Seite besucht haben, haben
folgendes gesucht:
Fliegengitter Neher **Marktführer**
Insektenschutz Pollenschutz Fenster **Preis**
Insektenschutzgitter Neher Frittlingen **Beratung**
Mückengitter für Türen **Lichtschacht**

Auszeichnungen Transpatec

reddot design award
winner 2011

Zertifikate

Anzeige

Transpatec® Polltec®

Home | Sitemap | Impressum

Haus & Garten

Vertikalo
seo@ateliervision.de

www.vertikalo.de
Vertikalo bietet eine große Auswahl an Wandtattoos und Wandtexten.

Wandmotive.com
info@wandmotive.com

www.wandmotive.com
Hier kann man sein individuelles Wandtattoo mit dem Wandmotive-Designer gestalten.

Wandworte
info@wandworte.de

www.wandworte.de
Wandtattoos, Fototapeten, Türposter und weitere Wandekorationen selber gestalten.

Wandtattoos.de
info@wandtattoos.de

www.wandtattoos.de
Große Auswahl an Wandtattoos, Wandstickern und Wandaufklebern für alle Wohnbereiche: Zitate, Ornamente und Bilder.

wandtattoo-home.de
kontakt@skinking.de

www.wandtattoo-home.de
Wandsticker, Wandaufkleber und Fototapeten für die individuelle Wohngestaltung von Innenräumen.

your-design-shop.com
info@your-design-shop.com

www.your-design-shop.com
Wandtattoos sind originelle und trendige Kunstwerke, die dieser Shop selbst erstellt und produziert.

Einrichtung/Tapeten

 Decowunder Tapeten
info@protatec.de
☎(03523) 535 78 11

www.decowunder-tapeten.de
Der Online-Shop bietet eine große Palette an verschiedenen Tapeten, die von klassischen Tapeten und Fototapeten über Naturtapeten wie Gras- und Sandsteintapeten bis hin zu Landhaustapeten und extravaganten Designertapeten reicht. Zudem findet sich ein großes Angebot an Bordüren sowie Gardinen.
(Siehe Abbildung)

Decowunder Tapeten   **www.decowunder-tapeten.de**

Royaltapeten
info@royaltapeten.de

www.royaltapeten.de
Hier gibt es Tapeten von klassisch über romantisch bis hin zu opulent. Außerdem Motivaufkleber für die Wände.

Tapeten Joe
info@karo-products.de

www.tapetenjoe.de
Umfangreiche Auswahl an Tapeten, Fototapeten, Schiebevorhängen, Wandtattoos, Ecosphere und Geschirrtattoos.

TapetenAgentur
info@tapetenagentur.de

www.tapetenagentur.de
Online-Shop für Tapeten mit einem Sortiment an außergewöhnlichen Designertapeten zahlreicher internationaler Marken.

TapetenMax®
info@tapetenmax.de

www.tapetenmax.de
Hochwertige Papier- und Vliestapeten. Suche nach Farbe, der Art, dem Material und dem Hersteller möglich.

tapetenshop.de
service@tapetenshop.de

www.tapetenshop.de
tapetenshop.de bietet Tapeten und Bordüren direkt vom Hersteller. Eigene Bilder können als Tapeten bestellt werden.

tapeto
info@tapeto.com

www.tapeto.com
Über 2.000 Tapeten und Bordüren, Designertapeten von Marburg, Contzen, aber auch Wandtattoos und Bilder auf Leinwand.

Tapezieren.com
kontakt@tapezieren.com

www.tapezieren.com
Schritt für Schritt wird hier erklärt, wie man tapeziert und welche Fehler zu vermeiden sind. So wird man zum Tapezierprofi.

● **Tapeto® – hier kauft man Tapeten**
service@tapeto.de
☎(03546) 229 701

www.tapeto.de
Der Spezialversand für Wandbekleidung bietet farbenfrohe und außergewöhnliche Tapeten, Bordüren und Wandtattoos für Wohn-, Schlaf- oder das Kinderzimmer sowie die passenden Tapezierwerkzeuge an. Außerdem gibt es bunte Fototapeten speziell für die Tür oder ganze Wandflächen. **(Siehe Abbildung)**

Tapeto® – hier kauft man Tapeten   **www.tapeto.de**

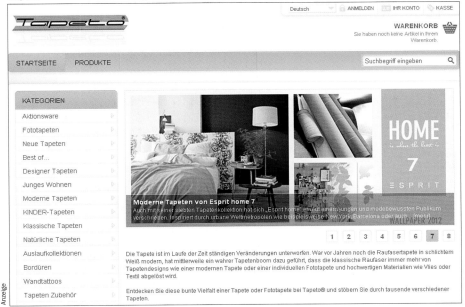

HAUS & GARTEN

Einrichtung/Teppiche, Parkett & Bodenbeläge

belopa
info@belopa.de

www.belopa.de
Sockelleisten, Übergangsprofile und weitere Fußboden- und Fliesenartikel.

benuta
info@benuta.com

www.benuta.com
Große Auswahl klassischer und moderner Designerteppiche, sortiert nach Farbe, Material, Format, Kollektion oder Marke.

Berger-Seidle-Shop.de
info@berger-seidle-shop.de

www.berger-seidle-shop.de
Online-Shop für Parkett-Pflegemittel.

Calo Design
service@calo-shop.de

www.teppich-calo.com
Trend-, Classic- und Kinderteppiche bei Calo Design in vielen Farben und Designs.

carpetvista.de
info@carpetvista.com

www.carpetvista.de
Orient-, Perser- und Designerteppiche.

Design Teppich Atelier
info@design-teppich-atelier.com

www.design-teppich-atelier.com
Shop für Designteppiche, Langflor-Teppiche, Tibeter Teppiche, gewebte Teppiche, Kinder- und Veloursteppiche.

die-parkett-welt.de
shop@die-parkett-welt.de

www.die-parkett-welt.de
Bodenbeläge wie Parkett, Laminat, Massivholzdielen, Furnierparkett, Kork, Linoleum und Vinylböden.

Doors & Floors
kontakt@hirsch-don.de

www.doors-and-floors.de
Parkett, Laminat, Vinyl, Sockelleisten und Linoleum, Werkzeuge und Unterlagen zum Verlegen.

Fussmatten & Kinderteppiche
info@peterpanpalast.de

www.kokosfussmatte.de
Online-Shop mit über 2.000 verschiedenen Kokosfußmatten und waschbaren Fußmatten, auch selbstgestaltete Fußmatten.

fussmatten.de
info@fussmatten.de

www.fussmatten.de
Fußmatten für das Auto oder zum Bodenschutz, Gummi- und Arbeitsplatzmatten oder Matten für Treppenstufen.

Gallazzo
info@gallazzo.de

www.gallazzo.de
Moderne Teppiche, Hochflor, orientalische Vorleger und schöne Läufer.

global-carpet.de
mail@global-carpet.de

www.global-carpet.de
Große Auswahl an Teppichen, ob Hochflor, Sisal oder der klassische Berber.

Haro

www.haro.de
Hier findet man den passenden Parkettboden, kann sich über die Verlegung informieren und den Händler in seiner Nähe finden.

Holz Schröer
info@holz-schroeer.de

www.parkettwelten.de
Parkett, Laminat, Massivholzdielen, Korkböden, Vinylbodenbeläge und Zubehör.

Leiste 24
info@leiste24.de

www.leiste24.de
Sockelleisten in Holzoptik, Furnierleisten, Aluleisten, Massivholz-Sockelleisten und Abschlussprofile.

mymat.de
info@mymat.de

www.mymat.de
Mit wenigen Klicks die eigene Fußmatte ganz individuell gestalten.

Orient Teppich Galerie
info@orientteppichgalerie.de

www.orientteppichgalerie.de
Großes Angebot an orientalischen Teppichen, die je nach Größe oder Art ausgewählt und direkt online bestellt werden können.

Parkett-Store24
info@parkett-store24.de

www.parkett-store24.de
Parkett, Laminat, Massivholzdielen, Furnierparkett, Kork, Linoleum und Zubehör sowie Schnäppchen.

stufenmatte.net
info@stufenmatte.net

www.stufenmatte.net
Stufenmatten, Kunstrasen, Teppichboden, Malervlies und weitere textile Bodenbeläge.

Tepgo
info@tepgo.de

www.tepgo.de
Mit dem Teppichfinder zum passenden Teppich kommen. Hochflor, modern, klassisch, luxuriös oder kindgerecht.

Teppichoase
info@company.de

www.teppichoase.de
Das Angebot reicht von Afghan-, Berber-, Kaschmir- und Perserteppichen bis zu modernen Hochflor- und Flokatiteppichen.

teppichversand24
shop@teppichversand24.de

www.teppichversand24.de
Der Shop bietet Teppiche in verschiedenen Größen, Designs und Materialien: Von kuschelweich bis strapazierfähig.

Traummatten.de
info@traummatten.de

www.traummatten.de
Online-Shop für Wohn- und Fußmatten: Einfarbige Matten, Designfußmatten, Gummi- und Kokosfußmatten sowie XXL-Fußmatten.

Traumteppich.com
info@traumteppich.com

www.traumteppich.com
Traumteppich.com ist ein Online-Shop für qualitativ hochwertige und moderne Teppiche, Kinderteppiche und Orientteppiche.

youcarpet
info@youcarpet.com

de.youcarpet.com
Klassische Teppiche, feine und erlesene Teppiche, Seidenteppiche, alte und antike Teppiche oder moderne Teppiche.

● **Carpet Center**
info@carpetcenter.de
☎(02362) 965453

www.carpetcenter.de
Den eigenen Teppich nach Wunsch gestalten: Mit dem Konfigurator kann man aus Materialien wie Sisal, Wolle, Bambus oder Seegras wählen und mit einer Bordüre aus Leder oder Baumwolle kombinieren. Außerdem gibt es fertige Teppiche und Läufer für Drinnen und Draußen, Fuß- und Stufenmatten und Fleckenschutz.
(Siehe Abbildung)

● **CK24**

www.ck24.eu
Hier findet man nützliche und dekorative Produkte rund um den gedeckten Tisch und die Küche: Tischdecken in verschiedenen Größen, Tischsets, Stoffservietten und passende Serviettenringe, Geschirrtücher mit originellen Motiven, Schürzen, Topflappen und Backhandschuhe, Körbe sowie Kissen. **(Siehe Abbildung)**

serviette.de
info@serviette.de

www.serviette.de
Geschmackvolle Tischdekoration mit hochwertigen Papierservietten, -Tischläufern und -Tischdecken.

Tableware24
info@tableware24.com

www.tableware24.com
Umfangreiches Sortiment an Porzellan, Glas, Besteck und Haushaltsgeräten namhafter Hersteller. Geschenke- und Hochzeitsliste.

tischdecken-shop.de
info@tideko.de

www.tischdecken-shop.de
Vertrieb und Fertigung von exklusiven Tischdecken und Tischdekorationen.

tischdeko-online.de
kontakt@tischdeko-online.de

www.tischdeko-online.de
Tischdekorationen, Gastgeschenke, Hochzeitsmandeln und Accessoires für die Hochzeit oder das ganz persönliche Fest.

● **tischdeko-shop.de**
info@tischdeko-shop.de
☎(02297) 90 99 380

www.tischdeko-shop.de
Der Shop für die perfekte Tischdekoration zu allen Festen. Ob Hochzeit, Taufe, Kommunion, Konfirmation, Geburtstag oder Betriebsfeier, hier findet jeder die passende Tischdeko, entweder bei den vielen Mustertischen oder individuell zusammengestellt. Bei Fragen hilft der Telefonservice gerne weiter. **(Siehe Abbildung)**

WunschTischdecke.de
info@wunschtischdecke.de

www.wunschtischdecke.de
Tischdecken nach Maß, Tischläufer, Tischsets, Servietten, Tischunterlagen, Kissen, Decken und Meterware.

CK24   **www.ck24.eu**

ZauberDeko
info@zauberdeko.de

www.zauberdeko.de
Anspuchsvolle und von Hand gefertige Tischdekorationen und Dekorationsartikel für Kommunion, Konfirmation und Hochzeiten.

Elektrizität & Strom

StromAuskunft.de
info@stromauskunft.de

www.stromauskunft.de
StromAuskunft.de ist der kostenlose Stromtarifrechner für sämtliche Stromtarife und Stromanbieter in Deutschland.

stromseite.de
info@stromseite.de

www.stromseite.de
Hier erhält man alle Informationen rund um den Strom: Tarife, Anbieter und Energiepolitik, außerdem ein Tarifrechner.

Stromsparer.de
info@stromsparer.de

www.stromsparer.de
Der Stromrechner vergleicht über 9.000 Stromtarife und hilft, individuell den passenden Anbieter zu finden.

toptarif.de
info@toptarif.de

www.toptarif.de
Hier kann man mit Tarifrechnern die aktuellen Preise und Konditionen der Stromanbieter vergleichen.

CHECK24
info@check24.de

www.check24.de
Deutschlands großes Vergleichsportal für Energie.

Verivox
info@verivox.de
☎(0800) 80 80 890

www.verivox.de
Verivox.de ist ein neutrales, unabhängiges Verbraucherportal
für Energie und Telekommunikation in Deutschland. Verbraucher
können auf www.verivox.de einfach, schnell und kostenlos verfügbare Tarife vergleichen und direkt zum für sie besten Anbieter
wechseln.

wer-ist-billiger.de
info@wer-ist-billiger.com

www.wer-ist-billiger.de
Preise objektiv vergleichen und sparen: Strom, Gas, Heizöl, DSL,
Versicherungen, Finanzen und Auto.

preis24.de
kontakt@preis24.de

www.preis24.de
Tarifvergleiche für Strom.

TopTarif.de
info@toptarif.de

www.toptarif.de
Vergleichsportal mit Tarifrechnern für Strom, Gas und DSL.

transparo
kundenservice@transparo.de

www.transparo.de
Detailreiches Vergleichsportal für Energieanbieter.

Energiespartipps & Energiesparprodukte

co2online
info@co2online.de

www.co2online.de
Die Online-Ratgeber unterstützen beim Energiesparen.

● **energie-info.net**
post@energie-info.net

www.energie-info.net
Informationsportal zum Thema Energie, Photovoltaik, Umwelt und Verkehr. Interessierte finden viele Tipps zum Energiesparen, Infos über effizientes Heizen und Hilfestellung bei Modernisierungen, außerdem Neuigkeiten über verbrauchsarme Diesel und Benziner, Hybrid- und Elektroautos. **(Siehe Abbildung)**

energiesparclub.de
info@energiesparclub.de

www.energiesparclub.de
Portalseite für Mieter und Hausbesitzer zu Energiekosten und Sparmaßnahmen.

Energiespar-Rechner
info@energiespar-rechner.de

www.energiespar-rechner.de
Der Rechner hilft, Energiesparmaßnahmen durchzurechnen. Es gibt Rechner für Photovoltaik, Solarthermie und Sparlampen.

klima-wandel.com
kontakt@klima-wandel.com

www.klima-wandel.com
Neuigkeiten zum Thema Energiesparen, Klimawandel und Umweltschutz sowie nützliche Tipps für Auto, Verkehr und Haushalt.

thema energie
info@dena.de

www.thema-energie.de
Informationen rund um rationelle Energieerzeugung, Energieeffizienz in allen Verbrauchssektoren und erneuerbare Energien.

Feuerschutz

Brand-Feuer.de
r.schwarz@brand-feuer.de

www.brand-feuer.de
Präventionsseite zur Aufklärung und Erklärung um Brände zu vermeiden.

Garten/Allgemein

derkleinegarten.de
info@derkleinegarten.de

www.derkleinegarten.de
Infoportal zur Gartengestaltung: Gestaltungsregeln, Wissenswertes zu Materialien, Gartenstilen, Wegen, Zäunen, Sichtschutz, Blumenwiesen und Rollrasen, zu Terrasse und Balkon sowie Grabgestaltung. Dazu ein Symbollexikon und ein großes Gartenlexikon (Pflanzenlexika) und Literaturtipps.

GABOT.de
info@gabot.de

www.gabot.de
Gabot.de ist das Gartenbauportal mit Suchmaschine für Gartenbaubetriebe, Organisationen, Zulieferer und Vermarkter.

Gartenforum
support@forumfactory.de

www.gartenforum.de
Gartentipps zur Gartengestaltung oder zum Gemüsegarten sowie zu Gewächshäusern, Gartenteichen, Saatgut und Kompost.

Gartenfreunde.de
info@gartenfreunde.de

www.gartenfreunde.de
Wissenswertes zum Kleingartenwesen wie das Bundes-Kleingarten-Gesetz, Adressen von Gartenakademien und Tipps zum Gärtnern.

GartenTipps.com

www.gartentipps.com
Listen mit Tipps, Schritt-für-Schritt-Anleitungen und Basiswissen rund um Garten, Gärtnern und Pflanzen.

Gartenwelt.de
service@gartenwelt.de

www.gartenwelt.de
Ratgeber, Produkte und Tipps rund um das Thema Garten. Saisonale Informationen für alle Gartenfreunde.

Gärtner-Blog

www.gaertnerblog.de
Im virtuellen Gärtner-Tagebuch finden sich viele Tipps und Tricks zu Pflege und Aufzucht von Pflanzen in Haus und Garten.

Green-24.de
impressum@green-24.de

www.green-24.de
Das Portal mit Garten- und Pflanzenforum beantwortet Fragen zu Fauna und Flora sowie zu Schädlingen, Krankheiten, Pflege.

Haus, Das
info@haus.de

www.haus.de
Die Zeitschrift „Das Haus" bietet umfassende Berichte zu den Themen Ziergarten, Gartengestaltung und Zimmergarten.

Hausgarten.net
info@hausgarten.net

www.hausgarten.net
Großes Forum mit Antworten auf alle Fragen, die Hobbygärtner, Hausbesitzer und Pflanzenfreunde beschäftigen.

kraut&rüben
dlv.muenchen@dlv.de

www.krautundrueben.de
Informationen zum gleichnamigen Magazin für biologisches Gärtnern und Wohnen mit einem Heftarchiv und einem Mondkalender.

Mein schöner Garten
garten@burda.com

www.mein-schoener-garten.de
Viele Anregungen und Tipps rund um die Gartengestaltung sowie praktische Anleitungen für Gartenarbeiten.

Wohnen und Garten

www.wohnen-und-garten.de
Hier findet man Infos rund um die Themen Garten, Wohnen, Deko und Einrichtung sowie Aktuelles aus dem Magazin.

---

energie-info.net

www.energie-info.net

Haus & Garten

Garten/Gartengeräte & Gartenbedarf

edingershops
service@edinger-maerkte.de

www.edingershops.de
Alles rund um Kaminöfen, Kinderspielgeräte, Garten, Regenwassernutzung, Wellness, Gartenmöbel, Geräte- und Gartenhäuser.

flexigarden.de
service@ro-flex.com

www.flexigarden.de
Produkte für Haus und Garten, Balkon und Terrasse. Sonnenschutz, Terrassenplatten und Gartenbedarf.

Gartenbedarf-Versand
info@gartenbedarf-versand.de
☎(08392) 1646

www.gartenbedarf-versand.de
Versand für Gartenbedarf: Schneidegeräte wie Baum- und Blumenscheren, Staudensicheln oder Astsägen, Handspaten, Unkrautstecher und Rechen zur Bodenbearbeitung, Pflanzenanzuchtsets, Rasensprenkler und Gießkannen sowie originelle Accessoires wie Hummelhäuser, den Fledermaus-Hort oder die Eichhörnchen-Station. **(Siehe Abbildung)**

Gartencenter-Shop24.de

www.gartencenter-shop24.de
Gartenpflanzen aller Art und Form, für Terrasse und Balkon sowie Wassergarten mit Zubehör für Haus und Garten.

Gartentechnik Graf
info@gartentechnik-graf.de
☎(04206) 305 628

www.gartentechnik-graf.de
Der autorisierte Gardena Internet-Händler bietet alles rund um die Gartenbewässerung. Die Produktpalette reicht von Bewässerungsanlagen und Gartenpumpen über Spritzen, Brausen und Regnern bis hin zum Gardena Schlauchstecksystem. Auch Produkte für die Bewässerungssteuerung sind hier erhältlich. **(Siehe Abbildung)**

ingadi GmbH
info@ingadi.de

www.ingadi.de
Der Online-Shop bietet alles rund um das Thema Garten. Die Auswahl reicht von Pflanzenpflege bis zum Ersatzteilservice.

MaxStore
service@maxstore.de

www.maxstore.de
Angebote rund um Haus und Garten, Möbel und Wohnen.

Gartentechnik Graf   **www.gartentechnik-graf.de**

HAUS & GARTEN

meingartencenter24.de
info@meingartencenter24.de

www.meingartencenter24.de
Saatgut und Blumenzwiebeln, Erde und Dünger, Pflanzenschutz, Gartengeräte und -zubehör sowie Bewässerungssysteme.

olerum.de
service@vdg-service.de

www.olerum.de
Gartengeräte, Pflanzen, Samen, Gefäße und Pflanzenschutzmittel.

robomow.de
robomowbe@gmail.com

www.robomow.de
Rasenmäher, die den Rasen vollautomatisch mähen.

Garten/Gartenhäuser & Gewächshäuser

bloxhuette.de
info@bloxhuette.de

www.bloxhuette.de
Großes Sortiment an Gartenhäusern, auch Sonderanfertigungen. Dazu Korbgeflechtmöbel sowie Innen- und Außensaunen.

Hoklartherm
info@hoklartherm.de

www.hoklartherm.de
Gewächshäuser, Wintergärten, Pavillons, Überdachungen, Windschutz, Biegetechnik, Blechbearbeitung.

holz-haus.de
info@holz-haus.de

www.holz-haus.de
Große Auswahl an hochwertigen Gartenhäusern, Pavillons, Carports, Holz-Swimmingpools, Gartenmöbeln und Saunen.

newgarden-shop.de
webmaster@prostylemedia.de

www.newgarden-shop.de
Gartenhäuser in verschiedenen Ausführungen sowie Terassenüberdachungen, Saunen, Gartenmöbel, Garagen und Kamine.

shoppoint24
info@shoppoint24.de

www.shoppoint24.de
Gartenhäuser, Gewächshäuser und Pools für den Garten.

Garten/Gartenmöbel & Accessoires

Aniba
info@aniba-design.de

www.rattan24-shop.de
Exklusive Gartenmöbel aus Polyrattan und Aluminium, Badzubehör, Gartendeko, Gasgrills und Küchenzubehör.

blooom
info@garten-und-terrasse.de

www.garten-und-terrasse.de
Große Auswahl an Gartenmöbeln, Hängematten, Hängestühlen, Sonnenschirmen und Gartenaccessoires.

casaplanta.de
info@casaplanta.de

www.casaplanta.de
Gartenmöbel, Bambussonnenschirme, Objektbrunnen, Feuersäulen und viele weitere Outdoordetails für die Freiluftsaison.

Gartenmöbel Thomas
info@gartenmoebel-thomas.de

www.gartenmoebel-thomas.de
Hochwertige Garten- und Loungemöbel aus Schmiedeeisen, Edelstahl, Geflecht und Resysta, Grills und Infrarotstrahler.

gartenmoebel.de
service@gartenmoebel.de

www.gartenmoebel.de
Gartenmöbel aus Polyrattan und Metall, Sonnen- und Wetterschutz, Dekorationen sowie Feuerstellen und Grills.

● **garten-und-freizeit.de**
info@garten-und-freizeit.de
☎(08271) 426 209 0

www.garten-und-freizeit.de
Der Gartenmöbelspezialist wartet mit einem umfangreichen Angebot an Gartentischen, Gartenstühlen, Liegen, Sonnenschirmen und Grills auf. Weiterhin findet man im Online-Shop Bänke, Auflagen, Pavillons, Hollywoodschaukeln, Pflegemittel, Grillzubehör und diverse Accessoires. **(Siehe Abbildung)**

● **Gartenwohnwelt**
shop@gartenwohnwelt.de
☎(0441) 21 71 34 07

www.gartenwohnwelt.de
Der Online-Shop für Gartenmöbel und Freizeitbedarf bietet eine große Auswahl an Garten- und Freizeitartikeln, die versandkostenfrei nach Hause geliefert werden. Das Angebot umfasst Gartenmöbel wie Stühle, Tische oder Liegen und Zubehör wie Sonnenschirme, Grills, Terrassenöfen und Heizstrahler. **(Siehe Abbildung)**

Gartenwohnwelt   **www.gartenwohnwelt.de**

polyrattan24.de
info@clp-trading.de

www.polyrattan24.de
Auswahl von 15.000 Polyrattan-Möbeln wie Sessel, Garnituren, Loungemöbel und Sonnenliegen.

Rattan-Profi.de
info@garten-freunde.de

www.rattan-profi.de
Große Auswahl an Rattan-Gartenmöbeln. Luxus-Lounges, Edelstahlliegen, Sonneninseln und Essgarnituren.

terrassenmoebel.de
info@terrassenmoebel.de

www.terrassenmoebel.de
Gartenmöbel für Terrassen wie Bänke, Liegen, Tische oder Sonnenschirme aus Holz oder Metall.

TrendGarden
info@trendgarden.de

www.trendgarden.de
Angebote für den Außen- und Gartenbereich wie Loungemöbel, Außenküchen und Esstischmöbel.

Garten/Gartenteiche

Bellamondo
info@bellamondo.de

www.bellamondo.de
Online-Shop für den Bereich Quellsteine, Teichtechnik und Ambiente im Garten.

NaturaGart
info@naturagart.de

www.naturagart.de
Selbstbausysteme für große Teiche, Filtertechnik, Teichfolie, Stegkonstruktionen, Dachbegrünung und zahlreiche Pflanzen.

Re-natur GmbH
info@re-natur.de

www.re-natur.de
Fragen rund um Teiche, bewachsene Dächer und den biologischen Pflanzenschutz werden hier beantwortet. Mit einem Online-Shop.

Teich-Koi-Fachhandel
info@euro-teich.de

www.euro-teich.de
Koiteiche und Schwimmteiche.

Immonet **www.immonet.de**

Garten/Grillen

bbq-shop24.de
info@bbq-shop24.de

www.bbq-shop24.de
Geräte für den Garten wie Holzkohle-, Gas- oder Elektrogrills, Kohle, Grillsaucen und Zubehör.

diegrilltester.de
info@diegrilltester.de

www.diegrilltester.de
Testberichte über Grills und viele Tipps und Tricks rund ums Grillen.

Fire & Food
post@fire-food.com

www.fire-food.com
Das Barbecue-Magazin: Grillrezepte, Barbecue-Events und -Seminare sowie aktuelle Meldungen aus der Barbecue-Szene.

starbridge.de
info@oas-lifestyle.de

www.starbridge.de
Grills, Feuerstellen, Grillbesteck und anderes Zubehör, amerikanische BBQ-Zutaten und edle Küchengeräte.

Immobilien

● **Immonet**
info@immonet.de

www.immonet.de
Immonet, eines der führenden Immobilienportale in Deutschland, bietet eine schnelle Immobiliensuche – mit diversen Apps auch von unterwegs. Gewerbliche Kunden setzen auf die reichweitenstarke crossmediale Immobilienvermarktung der Tochtergesellschaft von Axel Springer und der Mediengruppe Madsack.
(Siehe Abbildung)

● **immopionier.de**
mail@immopionier.de

www.immopionier.de
Mit dieser deutschlandweiten Immobiliensuche findet man Häuser, Apartments, Wohnungen oder Objekte für Arztpraxen, Büros, Einzelhandel oder die Hotelbranche zum Kaufen und Mieten. Das Portal durchsucht alle Ergebnisse von wichtigen Immobilienportalen und fasst doppelte Objekte gleich zusammen.
(Siehe Abbildung)

immopionier.de　　　　　　　　　　　　**www.immopionier.de**

Haus & Garten

Aktionsprogramm Mehrgenerationenhäuser

www.mehrgenerationenhaeuser.de
Das Bundesfamilienministerium informiert über Mehrgenerationenhäuser. Mit deutschlandweitem Verzeichnis der Häuser.

Bellevue
info@bellevue.de

www.bellevue.de
Das Immobilienmagazin bietet eine Datenbank mit Bildern und ausführlicher Objektbeschreibung sowie Artikeln zum Thema.

Immobilien Zeitung
info@immobilien-zeitung.de

www.immobilien-zeitung.de
News rund um die Immobilienwirtschaft. Daneben gibt es eine Datenbank für Versteigerungen und die Hypothekenzinsen.

immobilien.de
info@visio7.com

www.immobilien.de
Immobilienportal mit großer Auswahl an Häusern und Wohnungen zum Kaufen und Mieten.

ImmobilienScout24
info@immobilienscout24.de

www.immobilienscout24.de
Großes Immobilienportal mit über 1,2 Mio. verschiedenen Immobilien (Wohn-, Gewerbe-, Auslandsimmobilien).

immobilo
info@immobilo.de

www.immobilo.de
Diese Immobilien-Suchmaschine durchsucht mehrere Immobilienportale nach Mietangeboten.

Immopool
info@immopool.de

www.immopool.de
Gewerbe- und Wohnimmobilien. Special: Burgen und Schlösser, Bauernhäuser sowie Luxusimmobilien.

immo-selektor.de

www.immo-selektor.de
Die benutzerfreundliche Immobiliensuche hilft bei der Auswahl des gewünschten Objekts in der jeweiligen Region.

Immowelt.de
info@immowelt.de

www.immowelt.de
Themen wie Lifestyle, Umzug und Bauen ergänzen die Immobiliensuchmaschine mit Objekten aus ganz Deutschland.

immozentral.com
info@immozentral.com

www.immozentral.com
Immobiliendienst für Häuser, Wohnungen, Stadtvillen, Auslandsobjekte, Ferienwohnungen oder Bauernhöfe.

myimmo.de

www.myimmo.de
Das Immobilienportal mit vielen Immobilien-Angeboten und Ratgeberthemen.

ohne-makler.net
info@ohne-makler.net

www.ohne-makler.net
Das Immobilienportal für Privatanbieter. Anzeigen werden automatisch auf Immoscout, Immonet, immobilien.de übertragen.

Immobilien/Mieter

Mietrecht-Hilfe.de
pp@mietrecht-hilfe.de

www.mietrecht-hilfe.de
Infos zu Miete, Mietvertrag, Nebenkosten und Kündigung, ein Mietrechtratgeber, Mietrechturteile sowie ein Forum.

Immobilien/Mitwohnzentralen

HomeCompany
info@homecompany.de

www.homecompany.de
Der Verband der Mitwohnzentralen vermittelt bundesweit möblierte Zimmer, Apartments und größere Wohnungen auf Zeit.

Ring Europäischer Mitwohnzentralen
vorstand@mitwohnzentrale.de

www.mitwohnzentrale.de
Breites Angebot an möblierten Wohnungen für Geschäftsleute als Alternative zum Hotel. Tipps für Mieter und Vermieter.

Immobilien/Raumvermittlung

Locationguide24
service@locationguide24.com

www.locationguide24.com
Locationguide24 ist ein großes, deutschsprachiges Portal für Veranstaltungsräume mit Anschriften von über 5.000 Locations.

Immobilien/Vermieter

Haus und Grund
zv@hausundgrund.de

www.hausundgrund.de
Das Online-Portal liefert nützliche Infos für Haus- und Wohnungsbesitzer, Vermieter und Kauf- oder Bauwillige.

vermieter-forum.com

www.vermieter-forum.com
Das große Forum bietet eine Plattform für Vermieter. Hier können alle Fragen, Probleme und Hinweise diskutiert werden.

Immobilien/Versteigerungen

immoweb AG
info@immoweb.de

www.immoweb.de
Online-Immobilien-Auktionsplattform für Kaufpreis- und Mietpreisauktionen für Immobilien aus allen Bereichen.

Immobilien/Zimmervermietung & WG

WG-gesucht.de
kontakt@wg-gesucht.de

www.wg-gesucht.de
Die Seite für Wohnraumsuchende und -bietende klärt zusätzlich Fragen zum Mietrecht und bietet Checklisten für den Umzug.

zwischenmiete.de
kontakt@studenten-wg.de

www.zwischenmiete.de
Sehr beliebter Wohnungsmarkt mit ausschließlich provisionsfreien WG-Zimmern und Wohnungen.

Immobilien/Zwangsversteigerungen

Zwangsversteigerung.de

www.zwangsversteigerung.de
Bundesweite Übersicht über aktuelle Zwangsversteigerungen von gewerblichen und privaten Immobilien.

Pflanzen/Allgemein

Baumschule Horstmann
info@baumschule-horstmann.de

www.baumschule-horstmann.de
Die Baumschule bietet Pflanzenliebhabern eine Vielfalt an Bäumen, Sträuchern und Wurzelwaren sowie nützliche Pflegetipps.

Gartendatenbank.de

www.gartendatenbank.de
Pflanzenlexikon mit 1.262 Pflanzenarten, Steckbrief und Bild. Infos zu Pflege, Identifizierung und Gartengestaltung.

Pflanzenbestimmung

www.pflanzenbestimmung.de
Auf dem Botanikportal können Pflanzen nach Merkmalen oder Abbildungen bestimmt werden. Mit einem Botanikforum.

pflanzenbild

www.pflanzen-bild.de
Wer wissen möchte, welche Pflanze wie aussieht, wird hier fündig: Fotos von Pflanzen, Blumen, Kräutern und Bäumen.

Pflanzenliebe
post@pflanzenliebe.de

www.pflanzenliebe.de
Bildergalerie von Wald-, Wiesen-, Garten- und Zimmerpflanzen sowie Heilkräutern. Liste deutscher und botanischer Namen.

pflanzmich.de
service@pflanzmich.de

www.pflanzmich.de
Pflanzenversand für Hecken- und Gartenpflanzen. Gärtner kann man gleich mit dazu bestellen.

PlantShop.de
post@plantshop.de

www.plantshop.de
Über 2.000 Gehölze, Stauden und Raritäten im Sortiment.

Stubenblumen.de
info@stubenblumen.de

www.stubenblumen.de
Zimmerpflanzen, insbesondere Orchideen, Exoten und Büropflanzen. Dazu entsprechende Pflegemittel.

Pflanzen/Blumen & Sträucher

BlütenBlatt
info@bluetenblatt.de

www.bluetenblatt.de
Über 1.000 Gartenstauden, Ziergräser, Teichpflanzen, Gewürzkräuter und Farne sowie Gartentipps und Grußkarten.

Garden and more
gardenandmore@web.de

www.gardenandmore.de
Stauden, Kletterpflanzen, Clematis, Duftpflanzen, Beeren, Obstpflanzen, Tafeltrauben und Gartenpflegeprodukte wie Dünger.

Terra - Pflanzenhandel
info@terra-pflanzenhandel.de

www.terra-pflanzenhandel.de
Baumschule für Garten- und Heckenpflanzen. Versand von Thuja, Liguster, Kirschlorbeer, Rosen und Rhododendron.

Pflanzen/Bonsai

Bonsai Aktuell

www.bonsai-aktuell.de
Tolle Bonsai-Fotos, aktuelle Neuigkeiten aus der Bonsai-Welt sowie Tipps zur Pflege und zum Pflanzenschutz.

Bonsai-fachforum.de

www.bonsai-fachforum.de
Portal mit großem Forum zum Bonsai und seiner Tradition. Tipps für Einsteiger und Profis zu Pflege, Zucht und Schnitt.

Bonsai-Shop.com

www.bonsai-shop.com
Bonsai-Indoor, Bonsai-Outdoor, Dünger, Schutz, Jungpflanzen und Samen. Schalen, Steinlaternen, Werkzeug und Zubehör.

Formgehoelze-Profi.de

www.formgehoelze-profi.de
Hochwertige Bäume und Pflanzen. Bonsai- und Schirmformen, Kugel-, Pyramiden- und Spalierformen.

Pflanzen/Kräuter & Gewürze

● **Rühlemann's Kräuter und Duftpflanzen**
info@ruehlemanns.de
☎(04288) 92 85 58

www.kraeuter-und-duftpflanzen.de
Deutschlands einzigartige Kräutergärtnerei mit Raritäten aus der ganzen Welt. Seit 20 Jahren Erfahrung im Versand von Pflanzen und Saatgut. Online-Shop, Blog und eigenes Forum. Exotische und heimische Würz- und Heilkräuter. Echte Raritäten z. B. aus Mexiko, Indien, Thailand und Australien. **(Siehe Abbildung)**

Pflanzen/Kunstpflanzen

eurogreens.de
service@eurogreens.de

www.eurogreens.de
Künstliche Pflanzenarrangements, Bäume, Palmen und sogar Balkonpflanzen sowie Pflegemittel.

floraseta.de
info@flora-seta.de

www.floraseta.de
Kunstpflanzen, Kunstblumen, Kunstbäume, künstliches Obst und künstliches Gemüse.

Pflanzen/Palmen

Palme per Paket
mail@palmeperpaket.de

www.palmeperpaket.de
Gärtnerei für winterharte und tropische Palmen, Palmfarne, Baumfarne, Bananen, Bambus, Agaven, Yuccas und Samen.

Palmenversand
info@palmenversand.de

www.palmenversand.de
Alles von Anzuchtzubehör über Palmendünger bis hin zur berühmten Yucca-Palme kann man hier online ordern.

Pflanzen/Pflanzenschutz

Dünger-Shop
kontakt@duenger-shop.de

www.duenger-shop.de
Düngemittel für Blumen, Rasen und Spezialpflanzen, Mittel zum Pflanzenschutz und zur Schädlings- sowie Ungezieferbekämpfung.

Pflanzendoktor
info@zimmerpflanzendoktor.de

www.zimmerpflanzendoktor.de
Diagnose von Pflanzenkrankheiten, Übersicht über Schädlinge, Pilze und Mangelerscheinungen sowie Pflegetipps.

Pflanzotheke.de
info@pflanzotheke.de

www.pflanzotheke.de
Die Versandapotheke für den Garten. Mittel gegen Unkraut, Pilze, Insekten, Milben, Schnecken, Mäuse und Algen.

schneckenprofi.de
info@schneckenprofi.de

www.schneckenprofi.de
Web-Shop für biologischen Pflanzenschutz, Schädlingsbekämpfung, Unkrautvernichtung und Gartenzubehör sowie Saatgut.

Pflanzen/Saatgut

Ahrens+Sieberz
info@as-garten.de

www.as-garten.de
Balkonblumen, Gemüsesamen, Schlingpflanzen und Gartenstauden. Mit einem Pflanzenkalender und Pflanztipps.

Bakker
kundenservice@bakker-holland.de

www.bakker-holland.de
Versand von Blumenzwiebeln, Rosen, Stauden, Samen und Gartenprodukten.

baldur-garten.de
info@baldur-garten.de

www.baldur-garten.de
Alles was den Garten noch bunter macht: Bestellung von Blumen, Samen, Gartenzubehör, Obst und Gemüse.

Rühlemann's Kräuter und Duftpflanzen   **www.kraeuter-und-duftpflanzen.de**

Haus & Garten

Exoga
info12@exoga.de

www.exoga.de
Online-Shop und Versand für Samen und Pflanzen. Stevia, Tomaten, Chilis, Kräuter, Bananen und Palmen.

fesaja-versand
info@fesaja-versand.de

www.fesaja-versand.de
Exotische Samen und Pflanzen aus aller Welt, Zubehör für Aussaat, Kultur, Überwinterung, Gewächshaus und Wintergarten.

Gärtner Pötschke
info@poetschke.de

www.poetschke.de
Sämereien, Pflanzgut, Blumenzwiebeln, Pflanzen, Stauden und Zimmerpflanzen.

rarepalmseeds.com
mail@rarepalmseeds.com

www.palmensamen.de
Samen von über 2.000 Arten – Palmen, Palmfarne, Nadelgehölze, Bananen, Agaven, Yucca, Farne, Bromelien und Gräser.

Samenhaus.de
info@samenhaus.de

www.samenhaus.de
Saatgut und Samen für Gemüse, Kräuter und Blumen sowie Beerensamen, Bodenkuren und Futterpflanzen online bestellbar.

Reinigungs- & Waschmittel

Idealclean
info@idealclean.de

www.idealclean.de
Reinigungsmittel, Desinfektionsmittel und Hygienebedarf, Reinigungsmaschinen und Produkte der Müllbeseitigung.

Reinigungsforum
reinigungsforum@email.de

www.reinigungsforum.de
Das Reinigungsforum ist die Anlaufstelle für alle Arbeiten rund um die Reinigung und die Gebäudereinigung.

Reinigungsladen
info@reinigungsladen.de

www.reinigungsladen.de
Produkte zu Reinigung und Pflege von Haus, Garten, Bad, Sanitär, Kfz, Fliesen, Stein und Küche.

Reinigungstechnik
info@reinigung-shop.de

www.reinigung-shop.de
Professionelle Reinigungstechnik: Reinigungsmaschinen, Nass- und Trockensauger, Hochdruckreiniger sowie Kehrmaschinen.

416

Schädlingsbekämpfung

DESTRA-SHOP
info@destra-shop.com
☎(0800) 800 8 778

www.destra-shop.com
Dieser Shop bietet alles, was man zur Schädlingsbekämpfung benötigt: Lebendfallen, Ultraschallgeräte, Holz- und Pflanzenschutzmittel, Tierabwehrgeräte sowie Antischimmelprodukte. Ungebetene Hausgäste wie Ratten, Mäuse, Marder, Insekten oder lästige Schimmelpilze werden somit im Handumdrehen beseitigt.
(Siehe Abbildung)

Kammerjaeger.de

www.kammerjaeger.de
Ein Forum zu Fragen der Schädlingsbekämpfung. Außerdem Infos zu Hausmitteln gegen Ungeziefer und Bilder von Schädlingen.

Norax
info@norax.de
☎(04955) 93 440

www.norax.de
Der Online-Shop für „sicheres und sauberes Zuhause". Das vielseitige Sortiment von norax.de reicht von professionellen Schädlingsbekämpfungsmitteln, Vertreibungsmitteln, Ultraschallgeräten bis hin zu Spezialreinigern. Zudem wird ein umfangreiches Sortiment von Abdichtungsprodukten und Autoreinigern angeboten.
(Siehe Abbildung)

Schimmelpilz

Infoforum Schimmelpilz
info@schimmelpilz.de

www.schimmelpilz.de
Was ist ein Schimmelpilz? Was kann man dagegen unternehmen? Hier gibt es Antworten und Adressen von Beratungsstellen.

schimmel-schimmelpilze.de
info@contrat-projekt.de

www.schimmel-schimmelpilze.de
Hier gibt es Infos, wie man die Schimmelpilze aufspürt und bekämpft.

Norax   **www.norax.de**

Schwimmbäder, Saunen & Whirlpools

baederbau.de
info@fachschriften.de

www.baederbau.de
Der Online-Auftritt der Fachzeitschrift BäderBau bietet neben Top-Themen aus der Bäderbranche auch ein Verzeichnis von Wellness-Hotels. Zudem kann man das komplette Magazin als E-Paper betrachten und auch durch ältere Ausgaben blättern.
(Siehe Abbildung)

HotSpring Whirlpools
info@hotspring.de

www.hotspring.de
Hier gibt es verschiedene Whirlpool-Varianten, Düsen und Zube-hör. Außerdem Gesundheitstipps und Messetermine.

Klafs
info@klafs.de

www.klafs.com
Hier bekommt man alles rund um Wellness: Saunen, Infrarotkabi-nen, Dampfbäder, Whirlpools, Solarien und Saunazubehör.

naturpools.de

www.naturpools.de
Auf naturpools.de finden Badefreunde alles rund um die Themen Naturbäder, Schwimmteiche und Naturpools. Neben interessan-ten News steht eine praktische Auflistung von Naturpool-Exper-ten in der Nähe sowie ein Ratgeber zur Planung von Schwimm-teichen sowie zur Pflege und Wasseraufbereitung zur Verfügung.
(Siehe Abbildung)

Sauna-zu-Hause.de

www.sauna-zu-hause.de
Behandelt werden die Themen: Sauna, Saunabau, Materialien, Planung und Zubehör, Dampfbäder und Infrarottechnik.

schwimmbad.de
schwimmbad@fachschriften.de

www.schwimmbad.de
Der Info-Server bietet Marktübersichten zu Schwimmbädern, Whirlpools, Dampfbädern, Saunen und Zubehör wie Beckenreini-ger oder Abdeckungen. Für die Planung privater Wellness-Oasen oder Hotelbäder findet man hier viele Adressen von Herstellern sowie Firmenporträts. Prospektmaterial kann bestellt werden.
(Siehe Abbildung)

baederbau.de

www.baederbau.de

naturpools.de

www.naturpools.de

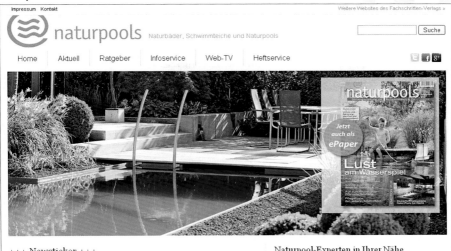

+++ Newsticker +++

(07.05.2012) "Pool for Nature" lädt zum Schwimmteichtag am 16. /17. Juni 2012
(04.04.2012) Stammtisch für Teichbesitzer bei Schleitzer baut Gärten am 21. April in München
(02.04.2012) Schautag am Schwimmteich am 15. April bei Wahlers (Gärtner von Eden) in Scheeßel
(21.03.2012) Messe "Garten outdoor ambiente" in Stuttgart vom 12. bis 15. April 2012

Naturpool-Experten in Ihrer Nähe

Ihre Ansprechpartner zum Thema
Schwimmteiche und Naturpools.
Systemanbieter, Schwimmteich-Bauer,
Planer, Produkte und Zubehör.
Hier geht's weiter »»

schwimmbad.de

www.schwimmbad.de

+++ Newsticker ++++++

(08.06.2012) n-tv berichtet heute um 18.35 Uhr im "Ratgeber Freizeit & Fitness" u.a. über Whirlpools & Swim Spas »»
(05.06.2012) Die neue Dauerausstellung "PoolsPlace" (Rheinau-Linx) ist fertig »»
(04.06.2012) Rückblick auf die "Pooltage 2012" bei RivieraPool »»
(03.06.2012) Kissel (Ehningen) hat seinen neuen "Poolgarten" erfolgreich eröffnet »»
(29.05.2012) Kennen Sie schon unsere "Facebook"-Seite? Jetzt Fan werden! »»

Marktübersichten - Firmen & Produkte

Poolpowershop
info@poolpowershop.de

www.poolpowershop.de
Swimmingpools, Saunen, Whirlpools für Garten und Terrasse, Solarien, Zubehörartikel und Verbrauchsmaterialien.

Schwimmbad-zu-Hause.de
info@btverlag.de

www.schwimmbad-zu-hause.de
Schwimmbad-Beispiele, Infos zu Pool-Schutz, Schwimmbadtechnik, Schwimmbecken, Pool-Accessoires und Hotel-Pools.

Whirlpool-zu-Hause.de
info@btverlag.de

www.whirlpool-zu-hause.de
Diese Whirlpool-Seite gibt Kaufempfehlungen und informiert über Themen wie Ausstattung, Standorte oder Energieverbrauch.

Schwimmbäder, Saunen & Whirlpools/Zubehör

Birke-Wellness
info@birke-wellness.de

www.birke-wellness.de
Viele Sauna- und Wellnessprodukte: Aufgüsse, Textilien, Hamam-Zubehör, Saunahonig, Waschlappen aus finnischer Birkenrinde.

Saunahaus.com
info@saunahaus.com

www.saunahaus.com
Saunatechnik für private und gewerbliche Saunen kann man hier online bestellen.

Sonnenschirme

sonnenschirm-versand.de
info@sonnenschirm-versand.de
☎(0821) 248 78 23

www.sonnenschirm-versand.de
Der Fachhändler, wenn es um Qualitäts-Sonnenschirme der schweizer Marke Glatz geht. Geschulte Fachberater stehen bei allen Fragen zur Verfügung. Im Shop findet man alle Glatz-Modelle, Zubehör und Infos zu den verschiedenen Beschattungssystemen. Katalog- sowie Stoffprobenversand erfolgt versandkostenfrei. **(Siehe Abbildung)**

sonnenschirm-versand.de　　　　　　　　**www.sonnenschirm-versand.de**

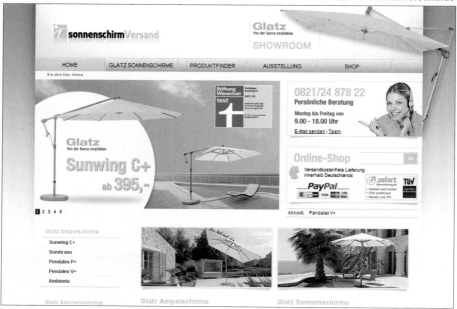

Umzüge

meldebox.de
info@meldebox.de

www.meldebox.de
Hier kann man sich bei über 3.000 Unternehmen und Organisationen online ummelden und notwendige Behördengänge verkürzen.

Ummelden.de
jm@ummelden.de

www.ummelden.de
Umzugsportal mit Hilfe zur Ummeldung des Telefons, Beauftragung des Nachsendeantrags oder Bestellung von Umzugskartons.

umzuege.de
info@umzuege.de

www.umzuege.de
Umzugsangebote kostenlos anfragen, Tipps rund um den Umzug, Umzugs-Checklisten, Adressen von über 1.000 Möbelspediteuren.

Umzugsauktion.de
info@umzugsauktion.de

www.umzugsauktion.de
Interessenten können kostenlos und unverbindlich Angebote bei Umzugsunternehmen einholen und dadurch sparen.

Umzugsfirmen-Check.de
info@immobilienscout24.de

www.umzugsfirmen-check.de
Finden und Bewerten von Umzugsfirmen aus der Nähe. Mit Tipps zur Auswahl einer Umzugsfirma.

Umzugshelden.de

www.umzugshelden.de
Hier findet man schnell und einfach Helfer für Umzüge, Haushaltsauflösungen und Klaviertransporte.

INTERNET & COMPUTER

www.computerhilfen.de

Computerhilfen.de

Hier erhält man Hilfestellungen bei Fragen rund um den Computer. Neben Anleitungen zu den Betriebssystemen Windows, Linux und MacOS finden Sie Tipps und Lösungen zu Hard- und Software-Problemen oder zur PC-Sicherheit. In den verschiedenen Foren zu Apple Mac, MSN, ICQ oder Amiga erhält man auch schnelle Hilfe bei eigenen Computer-Problemen. Für Computer-Neulinge gibt es den PC-Einsteigerkurs für Windows, in dem das meistverbreitete Betriebssystem ausführlich erklärt wird. Sie erhalten Tipps zur Dateiverwaltung, zu Windows-Programmen und zur Internet-Sicherheit.

www.tumblr.com

Tumblr

Fotos vom letzten Paris-Urlaub, Zitate, Kurzgeschichten und kleine Tagebucheinträge, Rezepte für leckere Blaubeer-Muffins, außergewöhnliche Musik und Videos oder Links zu besonderen Web-Seiten - das alles möchten Sie gerne mit anderen Internet-Nutzern teilen? Dafür brauchen Sie weder Facebook noch Twitter zu verwenden: Bei tumblr.com können Sie ganz ohne HTML-Kenntnisse Ihr eigenes Blog erstellen und nach Ihren eigenen Wünschen anpassen und gestalten. Die Bedienung ist kinderleicht und durch die große Community haben Sie garantiert bereits von Anfang an interessierte Leser, deren Einträgen Sie selbstverständlich ebenfalls folgen können.

www.mygoogleplus.de

myGoogle+

Was ist Google Plus, welche besonderen Funktionen bietet es mir und was ist eigentlich der Unterschied zu Facebook, Twitter oder Xing? Antworten gibt es auf mygoogleplus.de: Hier bloggt ein selbsternannter „Internet-Nerd" über wichtige Neuigkeiten, Wissenswertes, Tipps und Tools des sozialen Netzwerks von Google. Der Autor erklärt hier nicht nur die Grundfunktionen wie Circles, Sparks und Hangouts, sondern auch, wie Sie Ihr Profil in einen eigenen Blog mit individuellem Design verwandeln, wie Sie die Profile Ihrer Kontakte als interaktives Museum gestalten und wie Sie Ihre Facebook-Fotoalben zu Google Plus umziehen lassen können.

www.zertifizierte-webseite.de

Gütesiegel Zertifizierte Web-Seite

Pop-Ups, blinkende Werbebanner und schrille Animationen oder Audio-dateien – sicherlich ist jeder bei der Suche im Internet nach Informationen, Downloads, Nachrichten oder Online-Shops schon einmal auf solche zweifelhaften Seiten gestoßen. Doch oft sind unseriöse Web-Seiten nicht auf einen Blick erkennbar – mit dem Gütesiegel „Zertifizierte Web-Seite" können Web-Master Ihren Nutzern sofort zeigen, dass sie die von ihnen besuchte Seite an den Datenschutz hält, der Impressumspflicht nachkommt und keine unseriösen Abo-Systeme anbietet. Wenn Sie selbst eine Web-Seite betreiben, können Sie Ihre Seite hier bereits vorab kostenlos testen.

www.golem.de

Golem.de

Für IT-Profis und solche, die es gerne werden wollen: Ob Windows 8, Facebook, Android oder Firefox – die neusten Meldungen, Ankündigungen und Nachrichten finden Sie in diesem Online-Magazin. Hier erfahren Sie, wie es um Gesetze für datenschützende Voreinstellungen in sozialen Netzwerken steht, welche Smartphones für Einsteiger geeignet sind, wie Sie Windows austricksen und damit Ihren Internet-Browser schneller starten können und an welchen Merkmalen Sie ein gefälschtes iPhone erkennen. In der Testrubrik werden zudem neue Multimediageräte von der Redaktion auf Herz und Nieren geprüft – zu jedem Test werden kurze Videos veröffentlicht.

www.t3n.de

t3n.de

Sie suchen für Ihr Geschäftsmodell nach einer Nische im Internet-Business? Wie wäre es zum Beispiel mit einer Web-Seite, auf der man nicht nur Trauringe, sondern auch das Hochzeitskleid individuell gestalten kann? Wer sich für Themen aus den Bereichen E-Business, Social Media, Web 2.0 und Open Source interessiert, ist hier richtig. Zahlreiche Artikel und Info-Grafiken erklären, wie Sie mit einem optimierten Google+-Profil das Ranking Ihrer Web-Seite verbessern können, wie man Facebook als Sprungbrett für die Karriere nutzen kann oder wie Sie Design und Optik Ihrer Homepage mit den Inhalten abstimmen können.

www.android-hilfe.de

Android-Hilfe.de

Brauche ich für mein Smartphone einen Virenscanner, warum empfange ich meine E-Mails doppelt und wie kann ich PDF-Dokumente mit meinem Handy lesen oder bearbeiten? Bei android-hilfe.de dreht sich alles um das Betriebssystem „Google Android OS". Egal ob Smartphone-Neuling oder jahrelanger Nutzer – wer eine Frage rund um die Grundfunktionen von Android, zu verschiedenen Apps und Spielen oder zu Netzbetreibern hat, findet in diesem großen Forum eine Antwort. Auch spezielle Fragen, die ein bestimmtes Handymodell von HTC, Motorola, Samsung, LG oder Sony Ericsson betreffen, können hier gestellt werden.

www.psd-tutorials.de

PSD-Tutorials.de

Möchten Sie wissen, wie Sie mit ein paar Klicks Geburtstagskarten oder Partyeinladungen nach Ihrem Geschmack illustrieren, die Farben Ihrer Urlaubsfotos auffrischen oder sogar ein eigenes Weblayout erstellen können? Auf dieser Web-Seite finden Sie unzählige Anleitungen, Mini-Workshops, Video-Trainings und Downloads rund um das Thema Bildbearbeitung und Mediengestaltung mit Programmen wie Photoshop, GIMP, InDesign oder Dreamweaver. Auch das Thema Fotografie kommt nicht zu kurz: Neben einem Basic-Fotolehrgang finden Sie hier zahlreiche Hilfestellungen für gelungene Porträt-, Sport- oder Aktfotografien.

INTERNET & COMPUTER

Chats

Chatroulette

www.chatroulette.com
Chatroulette würfelt wahllos wildfremde Menschen aus der ganzen Welt zum Video-Chat zusammen.

ICQ

www.icq.de
Hier gibt es das ICQ-Programm zum kostenlosen Download. Verbindung mit Millionen von Benutzern in wenigen Minuten.

Webchat.de
info@webchat.de

www.webchat.de
Verzeichnis deutschsprachiger Chats. Hier finden sowohl Neulinge als auch erfahrene Chatter alles zum Plaudern im Web.

Computerhilfen & Computertipps

Administrator Suche
impressum@administrator.de

suche.administrator.de
Die Suchmaschine für IT-Probleme: Lösungen, Antworten und Anleitungen zu IT-Problemen.

Administrator.de
impressum@administrator.de

www.administrator.de
Plattform für erfahrene Computeranwender zum Gedankenaustausch über Betriebssysteme, Netzwerke oder Software-Entwicklung.

computerfrage.net
info@computerfrage.net

www.computerfrage.net
Computernutzer können hier Fragen stellen und Ratsuchenden ihre Erfahrungen im Bereich Computer weitergeben.

● **Computerhilfen.de**
hilfe@computerhilfen.de

www.computerhilfen.de
Bei sämtlichen Fragen rund um den Computer, zu Hardware- und Software-Problemen ist man hier genau richtig: Neben ausführlichen Anleitungen und Tipps zu den Betriebssystemen Windows, Linux und MacOS erhält man in den kostenlosen Hilfe-Foren schnellen Rat bei allen PC-Problemen. **(Siehe Abbildung)**

Computerhilfen.de   **www.computerhilfen.de**

426

IT-Republik
kontakt@it-republik.de

www.it-republik.de
Der Online-Informationsdienst für IT-Profis mit Diskussionsforen und täglichen News.

Magnus
redaktion@magnus.de

www.magnus.de
Web-Seite für Technik, Trends, Entertainment. Portal mit Infos zu Soft- und Hardware für moderne, technikbewusste Nutzer.

Netzwelt.de
redaktion@netzwelt.de

www.netzwelt.de
Aktuelle Meldungen zu allen Themen der Computerwelt, dazu Ratgeber, Lexikon für Fachbegriffe und Internet-Tarifübersicht.

Powerforen.de

www.powerforen.de
Großes Forum mit Infos zu Hardware, Software, Internet, Telekommunikation, PC-Spielen und Satellitentechnik.

Computerzeitschriften

ChannelPartner
redaktion@channelpartner.de

www.channelpartner.de
Nachrichten und Hintergrundinformationen für IT-, TK- und CE-Händler.

CHIP Online
info@chipxonio.com

www.chip.de
Hardware- und Software-Infos, interaktive Test- und Preisübersichten, Tipps und Tricks sowie Downloads.

● **IT-DIRECTOR**
info@medienhaus-verlag.de

www.it-director.de
IT-DIRECTOR ist als Business-Magazin konzipiert und berichtet über wirtschaftliche Lösungen durch den Einsatz moderner Informations- und Kommunikationstechnologien im gehobenen Mittelstand sowie in Großunternehmen und Konzernen. Der Fokus liegt auf Kosten-Nutzen-Optimierung und Investitionssicherheit.
(Siehe Abbildung)

IT-DIRECTOR   **www.it-director.de**

CIO.de
redaktion@cio.de

www.cio.de
Das Wirtschaftsmagazin für Manager informiert umfassend über die unternehmensstrategischen Aspekte im IT-Bereich.

Cnet.de

www.cnet.de
Magazin zu den Themen: Mobiles Internet, Hard- und Software, TV, HiFi und Spiele. Lesenswert sind die Insider-Tipps.

com! – Das Computer-Magazin
leser@com-magazin.de

www.com-magazin.de
Aktuelle News, Hintergrundinfos, Tests, Tipps und Ratgeber zu Windows, zu Anwendungs-Software, zum PC und zum Internet.

computerbild.de
onlinered@computerbild.de

www.computerbild.de
Das Internet-Portal von Computer Bild, Computer Bild Spiele und Audio Video Foto liefert Tests, News und Produktinfos.

COMPUTERWOCHE.de
cw@computerwoche.de

www.computerwoche.de
Für IT-Entscheider: Aktuelle Nachrichten der Branche, IT-Strategien und Lösungen für Hardware, Software, Telekommunikation.

c't
ct@ctmagazin.de

www.ctmagazin.de
Ausgewählte c't-Artikel, News und Serviceangebote wie Treiberservice oder Software-Archiv.

Internet Magazin
redaktion@internet-magazin.de

www.internet-magazin.de
Know-how für Web-Profis: Täglich aktualisierte News und Kurznachrichten, Tests, Foren und Workshops zum Heft.

InternetWorld Business
mail@internetworld.de

www.internetworld.de
News aus der Welt des Internets und Specials wie Download-Area oder Jobbörse mit Angeboten für Online-Experten.

● **IT-MITTELSTAND**
info@medienhaus-verlag.de

www.itmittelstand.de
Das Magazin für erfolgsorientierte Unternehmen. Es adressiert ausschließlich den Mittelstandsmarkt und informiert IT-Entscheider: Geschäftsführer, IT-Chefs und Bereichsleiter. Sämtliche für den Aufbau und die Nutzung von IT-Infrastrukturen und -Ressourcen relevanten Aspekte werden beleuchtet. **(Siehe Abbildung)**

iX-Magazin
post@ix.de

www.ix.de
News-Ticker, Artikel aus dem aktuellen Heft und zahlreiche Serviceangebote.

PC Magazin
redaktion@pc-magazin.de

pc-magazin.de
Von Experten für Experten: Aufwändige Einzel- und Vergleichstests, Workshops, Profi-Corner.

PC Pr@xis
networld@pcpraxis.de

www.pcpraxis.de
Großes Angebot an Software, Treibern, Online-Spielen, Kleinanzeigen, Jobs, Chat, News und Download-Tipps.

PC-WELT
info@pcwelt.de

www.pcwelt.de
Das Portal für Computer und Technik, Business-IT und Digital-Lifestyle mit News, Tests, Downloads sowie einem Forum.

TecChannel.de
redtecchannel@idginteractive.de

www.tecchannel.de
Fachinformationen, die man zur Planung, zum Betrieb und zur Optimierung der Unternehmens-EDV benötigt.

Computerzeitschriften/Betriebssysteme

Linux-Magazin

www.linux-magazin.de
Artikelübersicht und -archiv des aktuellen Heftes, Buchtipps und Linux-News.

LinuxUser

www.linux-user.de
Die Artikel der Monatszeitschrift LinuxUser können hier online gelesen werden.

Computerzeitschriften/Mac

Mac Life
redaktion@maclife.de

www.mac-life.de
Hier finden Apple-User ausführliche Software- und Hardware-Tests, Tipps und Tricks sowie viele News rund um den Mac.

Macwelt Online
redaktion@macwelt.de

www.macwelt.de
Umfassender Online-Informationsdienst für Mac-Anwender mit täglich aktualisierten Nachrichten.

Computerzeitschriften/Telekommunikation

connect
redaktion@connect.de

www.connect.de
Connect.de bietet News und Testberichte aus dem Heft zu Mobilfunk, Telekommunikation sowie PC und Internet.

Datensicherheit/Allgemein

Protecus Security
impressum@protecus.de

board.protecus.de
Großes Security-Forum mit Tipps, Anleitungen, Wissen und Hilfe rund um Computer, Internet- und Netzwerk-Sicherheit.

Datensicherheit/Datenlöschung

web killer
info@web-killer.de

www.web-killer.de
Datenentfernung, Datenlöschung, Vorsorgeschutz, Überwachung und Monitoring.

IT-MITTELSTAND   **www.itmittelstand.de**

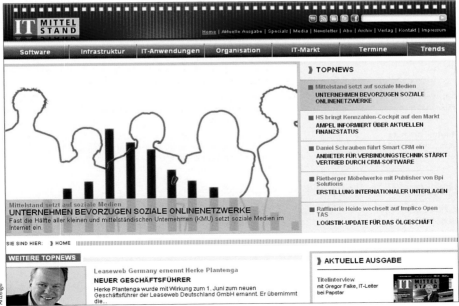

INTERNET & COMPUTER

Datensicherheit/Dialer

Computerbetrug.de
info@computerbetrug.de

www.computerbetrug.de
Diese Seite informiert über Hintergründe, Gefahren und Schutz-
möglichkeiten bezüglich teurer Web-Dialer. Mit einem Forum.

Datensicherheit/Spam

Spamschlucker.org
stephan@spamschlucker.org

www.spamschlucker.org
Der Spamschlucker sammelt möglichst viele Spam-Mails und präsentiert die originellsten Massen-E-Mails.

Datensicherheit/Viren & Trojaner

Trojaner-Board

www.trojaner-board.de
Diskussionsseite über Trojaner und Viren, deren Arbeitsweise
und Beseitigungsmöglichkeiten.

Virenschutz.info
support@virenschutz.info

www.virenschutz.info
Portal für schädlingsgeplagte Internet-User mit vielen Hilfen,
Tipps und Tricks sowie Tutorials zum Nachlesen.

DSL

DSL.de
info@dsl.de

www.dsl.de
Detailierter Vergleich von DSL-Anbietern in Deutschland, der auch
versteckte Kosten aufdeckt.

DSL-Magazin.de
redaktion@dsl-magazin.de

www.dsl-magazin.de
Eine Web-Seite rund um die Zugangstechnologie DSL: Wissenswertes über Anbieter, Angebote, Tarife und Einrichtung.

DSL-Team.de
info@dslteam.de

www.dslteam.de
Informationen rund um das Thema DSL: Tarife, Anbieter, Einrichtung, DSL-Optimierung und Software zum Download.

Hardware/Netzwerke

lancom-forum.de

www.lancom-forum.de
Das Forum für Nutzer von Lancom-Produkten mit Themen wie
Router, VPN, VoIP, Firewalls und Access Points.

Netzwerk Total
webmaster@netzwerktotal.de

www.netzwerktotal.de
Tipps und Know-how für die Einrichtung eines lokalen Netzwerkes
unter Windows.

Router-Forum.de
redaktion@dsl-magazin.de

www.router-forum.de
Großes Forum, wo User Fragen rund um Netzwerke und Router
stellen und beantworten.

Hardware/PCs, Notebooks & Computerzubehör

ALTERNATE
info@alternate.de

www.alternate.de
ALTERNATE ist einer der führenden Technik-Versender für Computer, Hardware, Software, Home-Entertainment und Digitalfoto.

billigdrucker.de
info@bueromaterial.com

www.billigdrucker.de
Testberichte zu Druckern, PCs und Notebooks. Neben Druckerzubehör sind Büromaterialien aller Art erhältlich.

computeruniverse.net
info@computeruniverse.net

www.computeruniverse.net
Riesige Auswahl an günstiger PC-Hardware, PC-Software, Digital Imaging sowie DVDs, Games und Unterhaltungselektronik.

emedo
info@emendo.de

www.emendo.de
Bei emedo kann man Notebooks entweder online einkaufen oder per Händlersuche einen Berater vor Ort finden.

MEDIONshop.de
info@medion.com

www.medionshop.de
Produkte aus den Bereichen PC, Notebook, Navigationssysteme, Heimkino, Telekommunikation, Foto und Camcorder.

Misco.de
bestellinfo@misco.de

www.misco.de
Computerprodukte aller Art: Von Komplett-PCs über Notebooks, TFT-Monitore und Drucker bis hin zu Multimedia-Komponenten.

Netbooknews

www.netbooknews.de
Informationen und Testberichte rund um Netbooks.

notebookjournal.de
impressum@notebookjournal.de

www.notebookjournal.de
Testberichte zu den neuesten Notebooks, Netbooks und Tablet-PCs. Mit Top-10-Liste und Preisvergleich.

notebooksbilliger.de
vertrieb@notebooksbilliger.de

www.notebooksbilliger.de
Online-Shop für Notebooks, Zubehör, Drucker, Monitore und Projektoren. Mit Produktbewertungen und Sonderangeboten.

Tom's Hardware Guide

www.tomshardware.de
Verschiedene Hardware-Tests, Foren und Links zu Treiber-Downloads.

Vobis
service@vobis.com

www.vobis.com
Das Angebot des Vobis Online-Shops umfasst PCs und Notebooks diverser Markenhersteller sowie PC-Zubehör und Software.

Homepage/All-in-One-Anbieter & Internet-Provider

1blu
info@1blu.de

www.1blu.de
Businesskunden und private Anwender erhalten bei 1blu günstige Homepage-Pakete, E-Shops, virtuelle und dedizierte Server.

1und1.de
info@1und1.de

www.1und1.de
Das Angebot reicht von Web-Hosting über schnelle DSL-Zugänge bis hin zum Personal-Information-Management via Internet.

● **domain*go**
support@domaingo.de
☎(089) 45 24 99 33

www.domaingo.eu
domain*go bietet mit seinem Konzept „pauschalpreis hosting" volle Kostenkontrolle für die eigene Homepage. In den online zu bestellenden Angebotspaketen sind Leistungen wie Traffic, E-Mail-Accounts oder Sub-Domains enthalten. **(Siehe Abbildung)**

● **domainFACTORY**
support@df.eu
☎(0800) 323 98 00

www.df.eu
Webhosting, Server, CloudServer, Reseller-Lösungen, Domains, Hosted Exchange und E-Mail – Angebote für jeden Bedarf, preiswert und mit ausgezeichnetem PremiumService (0800-Hotline, Forum, Zufriedenheits-Garantie, u. v. m.). Jetzt domainFACTORY 60 Tage ohne Risiko testen. **(Siehe Abbildung)**

goneo
info@goneo.de

www.goneo.de
Bei goneo finden Webmaster und solche, die es werden wollen, alles für die eigene Homepage.

Host Europe
info@hosteurope.de

www.hosteurope.de
Host Europe bietet Privat- und Geschäftskunden qualitative, innovative und preiswerte Web- und Server-Hosting-Lösungen.

Strato Medien AG

www.strato.de
Die Strato Medien AG ist ein Internet-Dienstleister mit den Schwerpunkten Web-Hosting und DSL.

domain*go **www.domaingo.eu**

Homepage/Anleitungen & Hilfen

Dr. Web Magazin
redaktion@drweb.de

www.drweb.de
Das Online-Magazin für Webmaster mit Tipps, Tricks und Know-how.

homepage-forum.de
mailbox@karl-oltmanns.de

www.homepage-forum.de
Das Forum für Webmaster bietet umfangreiche Hilfen und Tipps für die Erstellung einer eigenen Homepage.

Jimdo
support@jimdo.com

www.jimdo.com
Homepage-Baukausten mit der Möglichkeit, Texte, Bilder, Videos und Blog-Einträge einfach per Klick zu integrieren.

meine-erste-homepage.com
info@meine-erste-homepage.com

www.meine-erste-homepage.com
Alles für die erste eigene Internet-Seite: Basiswissen, Anleitungen, Tools, Software für Webmaster und Homepage-Forum.

superweb.de
kontakt@superweb.de

www.superweb.de
Die Homepage-Community: Eigene Web-Präsenz erstellen und andere Mitglieder kennenlernen. Suche nach Städten oder Hobbys.

traum-projekt.com
info@traum-projekt.com

www.traum-projekt.com
Professionelle Web-Design-Community für die Bereiche Dreamweaver, Fireworks, Photoshop, Flash sowie PHP.

Webmasterpro.de
info@webmasterpro.de

www.webmasterpro.de
Web-Magazine für professionelle Designer, Web-Entwickler und Webmaster mit vielen Artikeln und aktuellen Meldungen.

Homepage/Bilder

aboutpixel.de
mail@aboutpixel.de

www.aboutpixel.de
Lizenzfreie Bilder aus allen Bereichen. Zudem eine Community, in der man sich über die Bilder austauschen kann.

domainFACTORY

www.df.eu

picspack.de
info@picspack.de

www.picspack.de
Hochauflösendes Bildmaterial unter offener Lizenz. Man darf die Bilder legal downloaden und weiterverwenden.

piqs.de

www.piqs.de
Portal mit lizenzfreien Bildern der Community-Mitglieder. Alle Fotos können kostenfrei verwendet werden.

pixelio.de
support@pixelio.de

www.pixelio.de
In der teilweise kostenlosen Bilddatenbank für lizenzfreie Fotos findet man übersichtlich nach Kategorien geordnete Motive.

Homepage/Community

community-management.de

www.community-management.de
Aktuelles und Informatives zum Thema Community-Management.

mixxt
info@mixxt.net

www.mixxt.de
Meta-Community, die einen Online-Baukasten für Social-Networks bietet. So kann man einfach eine eigene Community gründen.

Homepage/Domain/Allgemein

domainforum.info

www.domainforum.info
Forum zu den Themen Domain verkaufen, kaufen, bewerten und Domainrecht.

Homepage/Domain-Abfragen

DENIC eG
info@denic.de

www.denic.de
Zentrale Registrierungsstelle für .de-Domains. Wissenswertes über Domains, Suchmöglichkeit und Registrierung.

Homepage/Domain-Anbieter

● **Deutsche Domainbank
– Domains günstig registrieren**
support@direktdomains.de

www.direkt-domains.de
Auf dieser Seite hat man die Möglichkeit, Internet-Domains kostenfrei zu suchen und günstig zu registrieren. Neben einer umfangreichen Domain-Verwaltung stehen auch Angebote für Domain-Reseller bereit. **(Siehe Abbildung)**

dopoly.de
info@dopoly.de

www.dopoly.de
Mehr als 150 Domain-Endungen können vollautomatisiert über das umfangreiche Webinterface oder API registriert werden.

evanzo
info@evanzo.de

www.evanzo.de
Hier kann man .de-Domains registrieren oder mit der eigenen umziehen und E-Mail Konten einrichten.

united-domains
support@united-domains.de

www.united-domains.de
Kostenlose Domain-Suche und günstige Domain-Registrierung für über 150 Domain-Endungen.

Homepage/Domain-Börsen

Domain-Börse
helm@united-domains.de

www.domain-handel.de
Die Domain-Börse zum An- und Verkauf von Domains.

Sedo

www.sedo.de
Domain-Handelsbörse mit einem Verkaufsangebot von über fünf Millionen Domains aller Endungen weltweit.

Homepage/Homepage-Vorlagen

webme.com
support-de@webme.com

www.webme.com
In nur drei Minuten eine eigene Homepage erstellen. Mit Gästebuch, Besucherzähler, Umfragen-Funktion und vielen Vorlagen.

Homepage/Newsletter, Foren & Gästebücher

foren-city.de
info@foren-city.de

www.foren-city.de
Bei foren-city.de kann ein kostenloses Forum mit vielen tollen Features erstellt werden.

Forumprofi.de
support@forumprofi.de

www.forumprofi.de
Forumprofi.de ermöglicht es, ganz einfach ein eigenes, kostenloses Forum mit sehr vielen Funktionen zu erstellen.

Homepage/Partnerprogramme

100partnerprogramme.de

www.100partnerprogramme.de
Nach Themen sortierte Partnerprogramme sowie eine allgemeine Einführung zum Thema Affiliate-Marketing.

affiliwelt.net
affiliwelt@active-response.de

www.affiliwelt.net
Viele Programme mit erfolgsabhängigem Vergütungsmodell, um mit der eigenen Homepage Geld zu verdienen.

belboon
info@belboon.de

www.belboon.de
Affiliate-Netzwerk mit über 1.200 Partnerprogrammen.

Partnerprogramme.de
info@aardon.de

www.partnerprogramme.de
Suchmaschine für Affiliate-Programme mit einer großen deutschen Partnerprogramm-Datenbank.

TradeDoubler GmbH
info.de@tradedoubler.com

www.tradedoubler.de
Anbieter für Affiliate- und Online-Marketinglösungen in Europa mit umfangreichem Know-how in verschiedenen Ländermärkten.

affiliate-marketing.de
kontakt@affiliate-marketing.de

www.affiliate-marketing.de
Die aktuelle Partnerprogramm-Datenbank ermöglicht eine individuelle Suche über alle angeschlossenen Affiliate-Netzwerke.

Homepage/Promotion & Marketing

Ayom

www.ayom.com
Der Treffpunkt für Internet-Geschäftsleute: Wissen austauschen, Kooperationen schließen und neue Kunden akquirieren.

SEA
info@activetraffic.de

www.sea.de
Berichte und Tipps über die bezahlte Werbung in Suchmaschinen wie Google, Bing und Yahoo.

Homepage/SSL-Zertifikate

● iCertificate.eu
support@icertificate.eu

www.icertificate.eu
Das Portal für SSL-Zertifikate ermöglicht eine Absicherung des Datenverkehrs zwischen Online-Shops und Kunden durch eine gesicherte Verbindung über https://. Hier können Shop- und Server-Betreiber SSL-Zertifikate namhafter Hersteller wie VeriSign™ oder GeoTrust™ preiswert direkt online bestellen. **(Siehe Abbildung)**

Homepage/Suchmaschinenoptimierung

ABAKUS Internet Marketing

www.abakus-internet-marketing.de
Tipps zur Suchmaschinenoptimierung. Mit einem großen Forum zum Thema.

iCertificate.eu   **www.icertificate.eu**

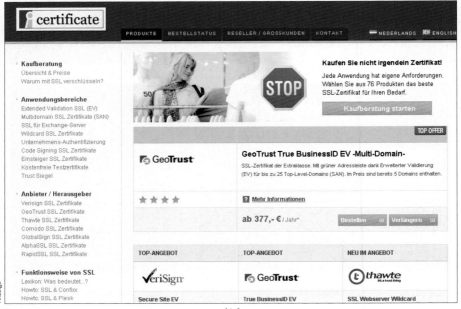

active traffic
info@activetraffic.de

www.activetraffic.de
Professionelle Suchmaschinenoptimierung und Linkaufbau.

● **content.de**
info2012@content.de

www.content.de
content.de, die technische Plattform mit persönlicher und kompetenter Kundenbetreuung, liefert mit seinen mehr als 4.500 Autoren einzigartige, suchmaschinenoptimierte Texte (Unique Content) für Webmaster, Shopbetreiber, SEOs, Agenturen, Blogger sowie sämtliche Unternehmen mit Textbedarf. **(Siehe Abbildung)**

SEO-united
kontakt@seo-united.de

www.seo-united.de
Übersichtliches Tutorial zum Thema Suchmaschinenoptimierung. Mit Links zu vielen praktischen Tools.

Sistrix

www.sistrix.de
Mit der kostenpflichtigen Sistrix-Toolbox kann man seine Web-Seite gezielt hinsichtlich SEO-Maßnahmen analysieren.

Homepage/Webspace

Homepage-Kosten.de
kontakt@homepage-kosten.de

www.homepage-kosten.de
Unabhängiger Preisvergleich für Web-Hosting und Internet-Dienstleistungen. Mit Erfahrungsaustausch.

Webhostlist.de
info@netscouts.de

www.webhostlist.de
Übersicht der Anbieter im Bereich Web-Hosting und Server-Providing mit Tests, Reportagen und Vergleichen.

Info- & Servicedienste/Kalender & Ferienkalender

Google-Kalender

www.google.com/calendar
Mit dem Google-Kalender kann man Termine online verwalten.

content.de **www.content.de**

Kalender-365.de

www.kalender-365.de
Informationen über den Mondkalender, Feiertage, Schulferien, Namenstage, Schaltjahre und Wetter. Mit Weltzeituhr.

Kalenderlexikon
info@kalenderlexikon.de

www.kalenderlexikon.de
Kalender bis 2015 in verschiedenen Übersichten von Tageskalender bis Jahreskalender.

Siehe auch Kapitel Medien

Jahrestage & Gedenktage

Info- & Servicedienste/PC-Notdienste

Computerhilfe Direkt
webmarketing@computerhilfe-direkt24.de
☎(0800) 100 39 74

www.computerhilfe-direkt24.de
Von PC-Problemen gestresste Computernutzer erhalten hier professionelle Hilfe, ohne dass ein Techniker ins Haus kommen muss. Ein Experte des Serviceteams wählt sich bei Bedarf einfach über die Internetverbindung ein und beseitigt die Probleme auf dem betroffenen PC oder Laptop. **(Siehe Abbildung)**

einfach machen lassen
info@einfach-machen-lassen.de

www.einfach-machen-lassen.de
TV-Geräte und -Empfang sowie Computer einrichten lassen oder Daten retten lassen. Zum Festpreis deutschlandweit vor Ort.

PC Gesund
info@pcgesund.de

www.pcgesund.de
Erste Hilfe bei PC-Problemen: Fragen und Probleme rund um den Computer werden hier von Experten aus ganz Deutschland gelöst – per Fernwartung und Telefon. Mit einem Formular wird das Problem kurz beschrieben, Experten geben Angebote ab, der Kunde sucht einen Experten aus. Auch PC-Checks werden angeboten. **(Siehe Abbildung)**

PC-Feuerwehr

www.pc-feuerwehr.de
Hilfe bei Hard- und Software-Problemen, Virenbefall oder verlorenen Passwörtern.

Computerhilfe Direkt

www.computerhilfe-direkt24.de

Info- & Servicedienste/Uhrzeit & Weckdienste

Weltzeituhr
info@weltzeituhr.de

www.weltzeituhr.de
Weltzeituhr mit verschiedenen Suchfunktionen für Länderinformationen, Ereignisse, Feiertage und Services.

Zeitumstellung.de

www.zeitumstellung.de
Termine für die Umstellung von der Sommer- auf die Winterzeit und umgekehrt sowie Hintergründe zur Zeitumstellung.

Info- & Servicedienste/Umrechnungstabellen

Tabellen Umrechnung
info@hug-technik.de

www.tabelle.info
Tabellen, Umrechnungen sowie Listen für Technik, Beruf, Studium, Schule, Arbeit und Privat.

Umrechnungstabelle
info@umrechnungstabelle.de

www.umrechnungstabelle.de
Umrechnungstabelle für alle bekannten Währungen, Gewichte, Volumina, Längen, Flächen und Temperaturen.

Internet/Analysedienste

NetIP.de
content@netip.de

www.netip.de
Mit Hilfe dieser Web-Seite kann der Standort des Servers oder der IP-Adresse lokalisiert werden.

Internet/Blogs

blogprofis
redaktion@blogprofis.de

www.blogprofis.de
Alles rund ums professionelle Bloggen: Blog-Design, Marketing, SEO, Contentaufbereitung und Corporate Blogging.

blogwave.de
info@terapix.de

www.blogwave.de
Blog mit vielen Artikeln über den Sinn und Unsinn des Web 2.0. Themen: Web-Design, Internet, Technik, Business und Humor.

PC Gesund

www.pcgesund.de

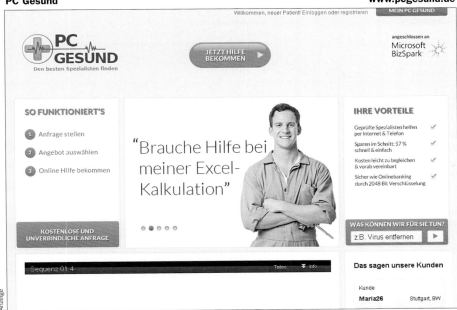

Anzeige

Diskursdisko

www.diskursdisko.de
Blog zu den Themen Pop, Art und Style.

Facebookmarketing.de
kontakt@allfacebook.de

www.facebookmarketing.de
Blog zum Thema Werbung und Marketing mit Hilfe von Facebook.
Mit Business-News und Infos über technische Neuerungen.

GermanBlogs
mail@wblogs.de

www.germanblogs.de
Informationen zu aktuellen Themen aus verschiedenen Bereichen: Wirtschaft, Gesellschaft, Technik, Sport, Leben und Reise.

GoogleWatchBlog

www.googlewatchblog.de
Nachrichten zu den Produkten und Services von Google. Die Suchmaschine, Android, YouTube, Street View, Chrome und Google+.

NachDenkSeiten
redaktion@nachdenkseiten.de

www.nachdenkseiten.de
Kritische Berichterstattung über gesellschaftliche, ökonomische und politische Probleme unserer Zeit.

Nerdcore
rene.walter@gmail.com

www.nerdcore.de
Blog zu den Themen Design, Games, Filme, Musik und Storys.

netzpolitik.org

www.netzpolitik.org
Die politische Plattform netzpolitik.org tritt für Freiheit und Offenheit im digitalen Zeitalter ein.

netzwertig.com

www.netzwertig.com
Blog über die Entwicklungen in der Internet-Wirtschaft.

Schockwellenreiter, Der
der@schockwellenreiter.de

www.schockwellenreiter.de
„Die tägliche Ration Wahnsinn". Witzige Artikel über Dinge, die die Welt bewegen.

StyleSpion
info@stylespion.de

www.stylespion.de
Interessantes Blog zu den Themen Design, Fashion, Fotografie, Inneneinrichtung, Möbel und Trends.

Techfacts Computer Magazin
andi@techfacts.net

www.techfacts.net
Aktuelle Nachrichten aus den Themenbereichen Internet und Technik. Mit einem Forum für Fragen rund um den PC.

webregard.de
mailme@webregard.de

www.webregard.de
Dieses Blog beschäftigt sich mit interessanten Internet-Angeboten und vielen Tricks im Umgang mit dem PC und dem Web.

Internet/Blogs/Blog-Erstellung

blog.de
info@blog.de

www.blog.de
In der Blog-Community kann man Blogs erstellen, eigene Profile anlegen, Foto-, Video- und Audiomaterial veröffentlichen.

blogage.de

www.blogage.de
In der Community für Blogger kann man innerhalb von zwei Minuten ein eigenes kostenloses Blog erstellen.

blogger.com

www.blogger.com
Hier kann man für sein Blog ein individuelles Design festlegen, Team-Blogs erstellen sowie Fotos und Mails veröffentlichen.

myblog.de
webmaster@myblog.de

www.myblog.de
Blog erstellen, Design anpassen, per Handy bloggen, Bilder hochladen und viele weitere Funktionen bietet diese Plattform.

Tumblr
hilfe@tumblr.com

www.tumblr.com
Schnell und einfach Inhalte teilen. Tumblr ist die Schnittstelle zwischen Foto-Blog, Smartphone und sozialen Netzwerken.

WordPress
info@inpsyde.com

www.wordpress-deutschland.org
WordPress ist eine Software, die man für die eigene Web-Seite verwenden kann, um Blogs zu erstellen.

Internet/Blogs/Blog-Marketing

hallimash
info@hallimash.com

www.hallimash.com
Blog-Marketing für Unternehmen mit einem Netzwerk von Bloggern in den verschiedensten Themenbereichen.

Internet/Blogs/Blog-Verzeichnisse

Google Blogger-Suche

search.blogger.com
Die Google-Suchmaschine für das Finden von Weblogs. Praktisch: Die Suche lässt sich zeitlich eingrenzen.

Paperblog
kontakt@paperblog.com

de.paperblog.com
Paperblog bietet eine täglich aktualisierte Auswahl der besten deutschsprachigen Blogbeiträge.

Technorati.com

www.technorati.com
Suche nach deutschen und weltweiten Blogs. Anzeige der populärsten Suchwörter und Tags.

Internet/Blogs/Video-Blogs

T2E - Talk To The Enemy
info@talk2enemy.de

www.talk2enemy.de
Video-Web-Seite für Streitkultur. Organisiert nach Staffeln zu einem Thema. Videoblogger und Experten diskutieren.

Internet/Communitys

Diaspora
info@diasp.de

www.diasp.de
Bei dieser Community hat der User volle Kontrolle über seine Daten und teilt nur das, was er auch wirklich möchte.

Freizeitfreunde.de

www.freizeitfreunde.de
Online-Community für interaktive Freizeitunterhaltung in Form von Rätseln, Spielen und der Hilfestellung bei Alltagsfragen.

futurebiz
blog@berlinerbrandung.de

www.futurebiz.de
Das Blog berichtet über Marketing und E-Commerce in sozialen Netzwerken.

hi5.com

www.hi5.com
Weltweite Community, um Kontakte zu knüpfen und Interessen zu teilen.

Jappy

www.jappy.de
Für die Mitglieder gibt es viele kostenlose Werkzeuge zur Eigenpräsentation, Kommunikation und Organisation.

KWICK!
info@kwick.de

www.kwick.de
Community, in der man schnell neue Leute kennenlernen kann. Viel Gestaltungsfreiheit in Profil, Blog und Gästebuch.

lokalisten.de
kontakt@lokalisten.de

www.lokalisten.de
Social-Community für Freunde, Party, neue Leute. Spaß beim Flirten, Social-Gaming und Feiern.

meine Nachbarschaft
support@meinenachbarschaft.de

www.meine-nachbarschaft.de
Portal zum Entdecken interessanter Orte und Lokalitäten in der Nachbarschaft und zum Bewerten von Wohngegenden.

INTERNET & COMPUTER

meinVZ

www.meinvz.net
Das Netzwerk für Leute, die sich mit Freunden und Bekannten aus Job und Freizeit vernetzen wollen.

Metropolis
info@metropolis.de

www.metropolis.de
Große virtuelle Gemeinschaft seit 1996 mit kostenlosen Chats, Homepages, E-Mails, elektronischen Postkarten und Auktionen.

myspace.com

www.myspace.com
Soziales Netzwerk zum Flirten, Daten, Bloggen, Eventseintragen und Gruppenbilden. Mit großem Musik- und Videobereich.

Platinnetz

www.platinnetz.de
Kostenloses Netzwerk für alle ab 40 Jahren zum Chatten, Flirten oder Kennenlernen netter Menschen.

Silbernetzwerk
info@silbernetzwerk.de

www.silbernetzwerk.de
Die Community für die Generation 50plus. Mit Foren, Artikeln und interessanten Berichten rund um das tägliche Leben.

Stadtleben.de – Wissen was los ist!
kontakt@stadtleben.de

www.stadtleben.de
Lebendiges Freizeitportal mit einer bundesweiten Community, auf dem jeder einen Anlaufpunkt im Netz findet.

wer-kennt-wen.de
info@wer-kennt-wen.de

www.wer-kennt-wen.de
wer-kennt-wen.de richtet sich an alle Internet-Nutzer ab 14 Jahren und bietet eine Plattform zum Vernetzen.

Internet/Communitys/Facebook

facebook

www.facebook.de
Eine der weltweit größten Communitys. Jeder kann hier ein Profil anlegen und mit anderen weltweit in Kontakt treten.

allfacebook.de
kontakt@allfacebook.de

www.allfacebook.de
Das alles ist Facebook. Hier ist man richtig, wenn man erfahren will, was das soziale Netz alles kann.

Europe versus Facebook
info@europe-v-facebook.org

www.europe-v-facebook.org
Infos zum fragwürdigen Verhältnis von Facebook zum Datenschutz. Aktuelle Nachrichten und eine Übersicht laufender Klagen.

Thomas Hutter
mail@thomashutter.com

www.thomashutter.com
Thomas Hutter bloggt darüber, welche Tricks und Fettnäpchen es bei Marketing und Vertrieb via Facebook zu beachten gibt.

Internet/Communitys/Google+

Google+

plus.google.com
Googles soziales Netz ist in Kreise aufgeteilt, sodass man nicht alles mit allen teilen muss, sondern mehr Privatsphäre hat.

myGoogle+

www.mygoogleplus.de
Nachrichten, Wissenswertes, Tools, Tutorias, Spiele und andere Software sowie Entwicklerinfos zu Googles sozialem Netz.

Internet/Gütesiegel

● **Gütesiegel Zertifizierte Web-Seite**

www.zertifizierte-web-seite.de
Das Gütesiegel „Zertifizierte Web-Seite" zertifiziert Internet-Seiten, die sich einer umfassenden Prüfung unterzogen haben. Es zeigt dem Internet-Nutzer, dass die zertifizierte Web-Seite den Datenschutz einhält, den Impressumspflichten nachkommt und benutzerfreundlich ist. **(Siehe Abbildung)**

Gütesiegel Zertifizierte Web-Seite

ZERTIFIZIERTE
WEB-SEITE

DATENSCHUTZ
IMPRESSUM
ALLG. NUTZUNGSBEDINGUNGEN

MEHR VERTRAUEN BEIM SURFEN IM INTERNET!

FÜR WEBMASTER

ÜBER UNS

PRÜFKRITERIEN

INFORMATIONEN

Für den einzelnen Internet-Nutzer ist es sehr schwer, bei den Millionen deutschsprachiger Web-Seiten zu erkennen, welche Web-Seiten seriös sind. Das Gütesiegel „Zertifizierte Web-Seite" zertifiziert Internet-Seiten, die sich einer umfassenden Prüfung unterzogen haben. Es zeigt dem Internet-Nutzer, dass die zertifizierte Web-Seite den Datenschutz einhält, den Impressumspflichten nachkommt und keine unseriösen Abosysteme anbietet. Neben den rechtlichen Aspekten wird auch die Benutzerfreundlichkeit der Web-Seite getestet. So kann man darauf vertrauen, dass sich bei den zertifizierten Web-Seiten keine unerwünschten Pop-ups oder Videos öffnen, die den Inhalt der Seite überlagern, und dass keine Werbebanner weggeklickt werden müssen.

Kostenloser Vortest^BETA für Web-Seiten

Im Vortest können Sie kostenlos überprüfen, ob Ihre Seite für eine Auszeichnung mit dem Gütesiegel in Frage kommt.

Bitte geben Sie die zu prüfende URL ein:

http:// [   ] [Test starten]

Bitte haben Sie nach dem Start des Vortests etwas Geduld, da das Ermitteln der Testergebnisse bis zu einer Minute in Anspruch nehmen kann.

Neue zertifizierte Web-Seiten

www.mietwagen-auskunft.de

Mietwagen-Auskunft.de ist ein schneller, einfacher und kostenloser Preisvergleich von zahlreichen Autovermietungen weltweit, bei dem auch Wohnmobile in Deutschland und Europa gebucht werden können. Neben Informationen zu den einzelnen Mietwagenpartnern erhält man nützliche Tipps im Mietwagen Blog.

» zum Zertifikat

www.moebel-shop.de

Dieser Möbel-Shop bietet gute Marken-Möbel, viel Auswahl und Ideen für alle, die sich so einrichten wollen, wie es ihrem eigenen Lebensstil entspricht. Und das alles einfach von zu Hause aus im 24 Stunden erreichbaren Online-Shop. Das Angebot reicht von Betten, über Beleuchtung bis hin zu kompletten Bädern.

» zum Zertifikat

www.solamagic24.de

Sofortige Wärme wie von der Sonne: Im Solamagic 24 Fachhandels-Shop erhält man Infrarot Heizstrahler mit kurzwelliger Infrarotstrahlung für eine sofortige Wärme ohne Vorheizen z. B. für Bad und WC oder Terrasse und Balkon. Solamagic Heizstrahler sind TÜV/GS geprüft und werden in Deutschland hergestellt.

» zum Zertifikat

Internet/Datenspeicher

CloudSafe
support@cloudsafe.com

www.cloudsafe.com
Daten online sichern, teilen und von überall darauf zugreifen. Verschlüsselte Verbindung und geräteunabhängiger Zugriff.

Filespots
info@filespots.com

www.filespots.de
Dateien online teilen und sichern. Einfach wie ein Dateimanager mit „drag and drop" zu bedienen und auch mobil verfügbar.

meebox
info@meebox.de

www.meebox.de
Online-Datenverwaltung. Leicht über den Browser zu bedienendes Informationsmanagement.

Internet/Internet-Cafés

Stiftung Digitale Chancen
info@digitale-chancen.de

www.digitale-chancen.de
Portal zur Internet-Nutzung: Verzeichnis von bundesweit 8.500 Einrichtungen für Medienkompetenz und Internet-Zugang.

Internet/Internet-Recht

domain-anwalt
wagner@united-domains.de

www.domain-anwalt.de
Abgemahnt? Grabbing-Opfer? Kostenlose Datenbank zum Finden von Domain-Anwälten.

Domain-recht
info@domain-recht.de

www.domain-recht.de
Rechtsauskünfte bei Fragen zu Themen wie Domain-Registrierungen, Domain-Handel sowie Domain- und Markenrecht.

e-Recht24.de

www.e-recht24.de
Online-Rechtsportal: Aktuelle Urteile und News zu Domain-Recht, Urheberrecht, Datenschutz und Strafrecht im Netz.

Datenstick.de   **www.datenstick.de**

Internet/Internet-Tarife

onlinekosten.de
info@onlinekosten.de

www.onlinekosten.de
DSL- und Breitband-Tarifrechner; aktuelle News zu den Themen DSL, Breitband, VoIP, Mobilfunk und Web-Hosting.

Internet/Internet-Tarife/Mobiles Internet

.mobook.

www.mobook.de
Shopping-Portal für mobiles Internet und Notebooks. Die Tarife ermöglichen mobiles Surfen via UMTS-Netz von Vodafone.

Datenstick.de
info@datenstick.de

www.datenstick.de
Die Marke Datenstick.de bietet Sticks und Datentarife für das D1-Netz. Verbraucher können zwischen unterschiedlichen Surftarifen für das D1-Breitbandnetz wählen. Informationen zu den USB-Stick-Modellen, zur Netzabdeckung und zur Wahl des richtigen Datenvolumens runden das Angebot der Web-Seite ab. **(Siehe Abbildung)**

laptopkarten.de

www.laptopkarten.de
Die Redaktion vergleicht Anbieter für mobiles Internet. Funktechniken wie UMTS, HSPA und LTE werden ausführlich erklärt.

Surf-Stick.net
ringo@surf-stick.net

www.surf-stick.net
Die Informationsseite bietet einen hilfreichen Überblick über das große Angebot an Surfsticks und den unterschiedlichen Tarifen. Neben einem Preisvergleich stehen zahlreiche Anleitungen, Erfahrungsberichte und Tipps sowie Links zu UMTS-Verfügbarkeitsprüfungen der Mobilfunkanbieter zur Verfügung. **(Siehe Abbildung)**

LTE-Tarife.com
ringod@web.de

www.lte-tarife.com
Unabhängiger Tarifvergleich aller LTE-Tarife. Mit einer Übersicht der Anbieter und Verfügbarkeit sowie einem Speedtest.

Surf-Stick.net   **www.surf-stick.net**

INTERNET & COMPUTER

Surfstick.de
info@surfstick.de

www.surfstick.de
Datentarife für Nutzer, die ihr Notebook mit einem Stick aufrüsten und mobiles Internet in Anspruch nehmen wollen.

Internet/Newsletter

Newsletter-Verzeichnis.de
redaktion@newsletter-verzeichnis.de

www.newsletter-verzeichnis.de
Verzeichnis, das Links zu Newslettern enthält und in verschiedene Rubriken unterteilt ist.

Internet/Online-News

Golem.de
redaktion@golem.de

www.golem.de
IT-News für Profis. Nachrichten aus der Welt der Computer, des Internets und der Telekommunikation.

heise online
post@heise.de

www.heise.de
Gemeinsames Angebot für Computer- und Internet-Interessierte von c't, iX, Technology Review und Telepolis.

t3n.de
support@yeebase.com

www.t3n.de
News aus den Bereichen E-Business, Social Media, Web 2.0 und Open Source.

ZDNet Deutschland
de.redaktion.feedback@zdnet.de

www.zdnet.de
Nachrichten aus dem IT- und Kommunikationsbereich, Produkttests, technische Hintergrundberichte und Download-Datenbank.

Internet/Online-Portale

allyve.com
support@allyve.com

www.allyve.com
allyve bündelt alle Mitgliedschaften bei Online-Portalen und die wichtigsten Information auf einer Web-Seite.

freenet.de
redaktion@freenet-ag.de

www.freenet.de
General Interest Portal: Mobilfunk, mobiles Internet, DSL, Mail und Themen-Channels wie Auto, Sport und digitale Welt.

Lycos
contact@lycos-inc.com

www.lycos.de
Lycos bietet eine Kombination aus Suche, E-Mail, Chat, Themen-Channels, Homepage-Building und Online-Communitys.

MSN Deutschland
kunden@microsoft.com

www.msn.de
Das Online-Portal bietet Premium-Inhalte und Services mit Schwerpunkt auf News, Entertainment, Lifestyle und Video.

t-online.de

www.t-online.de
Aktuelles und Wissenswertes aus Politik, Wirtschaft, Finanzwelt, Sport, Unterhaltung, Reisen und Shopping.

WEB.DE
info@web.de

www.web.de
Das deutsche Internet-Portal mit FreeMail, Suche, Nachrichten und weiteren Diensten wie Routenplaner oder Online-Office.

Internet/Podcasts

podcast.de
info@podcast.de

www.podcast.de
Alles zum Thema Podcast: News, Sender, Charts, Community und ausführliche Anleitung zum Erstellen eigener Podcasts.

Internet/RSS

rss-nachrichten.de	**www.rss-nachrichten.de** Großes RSS-Verzeichnis mit über 63.300 RSS-Feeds in der Datenbank.
rss-verzeichnis.de	**www.rss-verzeichnis.de** Das Portal rund um das Thema RSS und Atom mit einer großen redaktionellen Sammlung von Newsfeeds.

Internet/Second Life & Virtuelle Welten

Second Life	**www.secondlife.com** Second Life ist eine virtuelle 3D-Welt, die von den Nutzern geschaffen und weiterentwickelt wird.
Slinfo.de admin@slinfo.de	**www.slinfo.de** Allgemeine Diskussionen zu Second Life, News-Forum, Videoverzeichnis, Kalender, Projektgruppen und Chat.
slinside.de info@slinside.com	**www.slinside.de** Deutsches Second Life Portal mit einem Einsteiger-Guide und Downloads, Bildern, Videos sowie einer großen Community.
smeet.de	**www.smeet.de** Die Online-3D-Welt zum Freundetreffen, chatten, telefonieren, Videosanschauen und Musikhören.

Internet/Surf-Tipps & Social Bookmarks

● Deutschlands Beste Shops
service@deutschlandsbesteshops.de

www.deutschlandsbesteshops.de
TEST Online Shop ist das erste Online-Testsiegel, das rein vom Verbraucher vergeben wird. Dazu werden jede Woche auf Usersagen.de Verbraucher nach den beliebtesten Web-Seiten befragt. Die besten Web-Seiten werden dann mit „TEST Online Shop sehr gut" gekürt. **(Siehe Abbildung)**

Linkorama
info@linkorama.ch

www.linkorama.ch
Von praktisch über informativ bis zu skurril sind die Web-Seiten, die täglich auf Linkorama vorgestellt werden.

Mister Wong
info@mister-wong.de

www.mister-wong.de
Von jedem internetfähigen Rechner auf seine persönlichen Favoriten zugreifen und themenverwandte Web-Seiten finden.

oneview
kontakt@oneview.de

www.oneview.de
Kostenloser Social Bookmarking-Anbieter, bei dem Menschen Web-Seiten zu allen Themen empfehlen und bewerten können.

● Surftipp des Tages
des Web-Adressbuches

www.web-adressbuch.de
Die Redaktion des Web-Adressbuches stellt jeden Tag eine interessante Web-Seite als Surftipp des Tages vor. **(Siehe Abbildung)**

Internet/Web 2.0

go2web20.net

www.go2web20.net
Verzeichnis von englischsprachigen Web-2.0-Seiten. Die Web-Seiten werden mit einem kurzen Text und mit Logos vorgestellt.

web2null.de
web2null@active-value.de

www.web2null.de
Sammelalbum an Anwendungen, Web-Diensten und Web-Services, die unter das Schlagwort Web 2.0 fallen.

Deutschlands Beste Shops   **www.deutschlandsbesteshops.de**

Internet/Web-Seiten-Bewertungen & Web-Seiten-Analyse

seitwert

www.seitwert.de
Unabhängige Bewertung deutscher Web-Seiten durch Kriterien wie die Gewichtung bei Google und Zugriffszahlen.

Software/Betriebssysteme/Amiga

amiga-news.de
team@amiga-news.de

www.amiga-news.de
Infos aller Art zum Amiga-Betriebssystem sowie das umfangreiche „Amiga Link Directory".

Software/Betriebssysteme/Android

Android Guru
kontakt@android-guru.de

www.android-guru.de
Support-Forum für alle Handys und Tablet-PCs, die mit Googles Betriebssystem laufen.

Android-Developers
whitenexx@gmail.com

www.android-developers.de
Forum und Community für Android-Entwickler und -User. Mit Branchen-News, Programmier-Hilfen und einem Wiki.

Android-Hilfe.de
info@android-hilfe.de

www.android-hilfe.de
Großes Forum mit Themenbereichen für jedes Smartphone und Tablet, das mit Android läuft.

androidnews
info@econa.com

www.androidnews.de
Nachrichten zu Apps, Android-Smartphones und -Tablets, der Hardware, die dahinter steckt sowie Tipps und Tricks.

AndroidPIT
info@androidpit.de

www.androidpit.de
Testberichte über Android-Apps, Blog, News, Forum, Wiki, ein App-Shop und eine App-Entwickler-Suchmaschine.

Surftipp des Tages des Web-Adressbuches

www.web-adressbuch.de

AndroidSmartphone.de
info@androidsmartphone.de

www.androidsmartphone.de
Alles über Android-Smartphones, -Apps, das Betriebssystem und die Branche.

Software/Betriebssysteme/Apple Mac OS

apfelnews
info@apfelnews.eu

www.apfelnews.eu
Von Branchennews über Marktforschung bis hin zu Software- und Produkttests und -vergleichen alles über Apple.

apfeltalk magazin

www.apfeltalk.de
Die aktuellen Infos zu „Apple-Software" und Ereignisse aus der Mac-Welt sowie Hilfestellungen bei Problemen mit dem Mac.

Apple

www.apple.com/de
Die deutschsprachige Seite mit Informationen zu Hard- und Software von Apple, iPod, Quicktime-Download und Support.

Giga Macnews

www.giga.de/macnews/
Großes deutsches Macintosh-Portal mit News, Tests, Archiv, Specials, Bücherecke, Chat, Forum und Link-Liste.

MacGadget
info@macgadget.de

www.macgadget.de
News zu Apple, Mac, iPhone und iPad. Mit Support-Forum, Tests, Kleinanzeigen und Vorstellung kostenfreier Mac-Software.

Macnotes.de
mail@macnotes.de

www.macnotes.de
Macnotes ist das persönliche Online-Magazin rund um Mac und iDevicces.

Macuser.de
webmaster@macuser.de

www.macuser.de
Die MacUser-Community ist Treffpunkt und Austauschforum für MacUser und alle, die es werden wollen.

Software/Betriebssysteme/Commodore

C64 Emulatoren und Spiele
snoopy@c64games.de

www.c64games.de
Seite rund um Spiele und Emulatoren des C64.

Software/Betriebssysteme/DOS

DOS-Software.de
andre@olejko.de

dosware.de
Downloads, Tipps und Tricks zum Betriebssystem DOS, das hier in einer weiterentwickelten Version zur Verfügung steht.

Software/Betriebssysteme/Linux & Unix

Linux-Community.de

www.linux-community.de
Forum für Linux-User, in dem eigene Artikel und Kommentare mit Bezug zu Linux veröffentlicht werden können.

Linux-Onlineshop.de
info@linux-onlineshop.de

www.linux-onlineshop.de
Verschiedene Linux-Distributionen, Anwendungen und Spiele sowie Bücher und Fanartikel zum Thema Linux.

linux-web.de
webmaster@linux-web.de

www.linux-web.de
Deutschsprachiges Forum rund um Linux, Unix und freie Software.

Pro-linux.de
info@pro-linux.de

www.pro-linux.de
Aktuelle Nachrichten mit Newsletter, Tipps, Anleitungen und Foren rund um Linux, Open Source und alternative Systeme.

rpmseek.com
info@rpmseek.com

www.rpmseek.com
Umfangreiche Suchmaschine für Linux-rpm-Pakete und ein Verzeichnis für Linux-Software inklusive Forum.

Software/Betriebssysteme/MS Windows

Access-Paradies
webmaster@access-paradies.de

www.access-paradies.de
Hier bekommt der Besucher kostenlose Tipps und Tricks sowie Downloads für Microsoft Access, VBA und Visual Basic.

MCSEboard.de

www.mcseboard.de
Alles zu den Microsoft Zertifizierungen MCP, MCSA, MCSE und den verschiedenen Windows-Betriebssystemen.

MS-Office-Forum
forum@ms-office-forum.net

www.ms-office-forum.net
In diesem Forum kann man seine Fragen zu Microsoft Office loswerden und erhält kostenlose Hilfe.

Office-Lösung

www.office-loesung.de
Tipps und Tricks zu Access, Excel, Outlook, PowerPoint, Word und Office.

Windows Smartphones
daniel@windows-smartphones.de

www.windows-smartphones.de
Infos zum Smartphone-Betriebsystem Windows Phone 7 und den Smartphones, die dafür auf dem Markt sind.

windows-forum.info

www.windows-forum.info
Hier gibt es Infos zu allen Windows-Betriebssystemen, zu Netzwerken und Windows-Servern.

WinFuture.de
sk@winfuture.de

www.winfuture.de
Online-Magazin mit zahlreichen Nachrichten und Tipps aus der Computerwelt sowie einem umfangreichen Download-Archiv.

Winload.de
feedback@winload.de

www.winload.de
Über 22.000 getestete Free- und Shareware-Programme in mehr als 100 Rubriken.

WinTotal
info@wintotal.de

www.wintotal.de
Windows-Portal mit Berichten, Tipps, Downloads, Testberichten und Forum.

XP Archiv
xparchiv@xparchiv.de

www.xparchiv.de
Windows-Freeware und -Shareware-Download sowie ein Treiber-Archiv mit Beschreibungen der Programme.

Software/Betriebssysteme/OS/2

OS2.org

de.os2.org
Ausführliche Informationen zu Hard- und Software rund um das System OS/2.

Software/Bildbearbeitung

mediengestalter.lu

www.sachaheck.net/blog
Mediengestalter, die mit Adobes Creative Suite arbeiten, finden in diesem Blog viele Tricks und Anleitungen.

PSD-Tutorials.de
webmaster@psd-tutorials.de

www.psd-tutorials.de
Anleitungen für viele Programme der Bildbearbeitung, Video- und Audio-Bearbeitung, Mediengestaltung und des Web-Designs.

Internet & Computer

Software/Buchhaltungssoftware

Lexware
webmaster@lexware.de

www.lexware.de
Das Shop-, Service- und Informationsportal für innovative Softwareprodukte rund um die Bereiche Steuern und Finanzen.

Sage Software
info@sage.de

www.sage.de
Kaufmännische Anwendungen für Freiberufler, kleine und mittlere Unternehmen, soziale Organisationen und öffentliche Hand.

Software/Free- & Shareware

Download-Tipp.de
webster@hum.de

www.download-tipp.de
Umfangreiche redaktionelle Auswahl an nützlicher und unterhaltsamer Software für Windows, Mac sowie für mobile Geräte.

Freeware downloads
info@freeware-download.com

www.freeware-download.com
Antiviren-Software, Firewalls, Spiele, Firmen-Software und Programme zum Downloaden von Filmen und MP3s.

Freeware-Tipp.de
webster@hum.de

www.freeware-tipp.de
Auf Freeware-Tipp.de werden redaktionell geprüfte und übersichtlich nach Kategorien geordnete Freeware-Downloads angeboten.

Shareware.de
kontakt@shareware.de

www.shareware.de
Tausende von Shareware- und Freeware-Programmen: Spiele, Programme und Tools für Windows und Smartphones.

Softonic
info@softonic.de

www.softonic.de
Softonic bietet eine große Auswahl an Software und Apps, die von einem Expertenteam getestet und bewertet werden.

Winsoftware.de
info@winsoftware.de

www.winsoftware.de
Großes Download-Archiv, nach Kategorien sortierte Free- und Shareware-Programme für MS Windows und Screensaver.

Software/Grafik & 3D

3D-Ring.de
info@3d-ring.de

www.3d-ring.de
Deutsche 3D-Community mit umfassenden 3D-Galerien, Tutorials und allem, was dazu gehört.

C4D-Network
info@c4d-treff.de

www.c4dnetwork.com
Community für 3D-Designer, speziell für Cinema 4D- und BodyPaint3D-Anwender.

Software/Hilfen & Schulungen

IT-Fortbildung
it-services@evolvem.de

www.it-fortbildung.com
Die Suchmaschine für IT-Schulungen und Kurse für Excel, Notes, Java, DTP, SAP, AS/400.

Software/Programmierung

HotScripts.com

www.hotscripts.com
Englischsprachiges Scriptportal für PHP, CGI, Perl, JavaScript und ASP.

Tutorials.de

www.tutorials.de
User helfen Usern zu Themen wie 3D, Photoshop, Webmaster, Flash, PHP, Java, C, Pascal, VB oder Delphi.

Software/Programmierung/AJAX

AJAX-Community
kontakt@ajax-community.de

www.ajax-community.de
Deutschsprachige Community zu den Internet-Trends AJAX und Web 2.0 mit Forum, Wiki und Blog.

Software/Programmierung/CSS

CSS 4 You

www.css4you.de
Umfassende Infos zu Cascading Style Sheets mit Befehlsreferenz, Browser-Kompatibilitätstabelle und Code-Beispielen.

css-info.de

www.css-info.de
Im Forum gibt es Tipps und Hilfe bei Fragen zu Cascading Style Sheets (CSS).

YAML-Yet Another Multicolumn Layout

www.yaml.de
(X)HTML/CSS-Framework zur Erstellung moderner, flexibler, barrierefreier Layouts für Web-Designer und Programmierer.

Software/Programmierung/Delphi

delphi-forum.de
info@delphi-forum.de

www.delphi-forum.de
Hier treffen sich die Programmierer zu den Themen VCL, Visual-CLX, Datenbanken, Netzwerk und Linux-API.

delphipraxis.net

www.delphipraxis.net
Tutorials und Kurse, Jobangebote für Delphi-Programmierer, Freeware-Programme, Open-Source-Projekte und Tipps zu Delphi.

Delphi-Treff

www.delphi-treff.de
Know-how für Delphi-Programmierer; Grundlagen und Tutorials (auch als Downloads), Tipps und Tricks, kommentierte Links.

Software/Programmierung/Flash

Flashforum
wolter@flashforum.de

www.flashforum.de
Flash-Forum rund um das Thema Web-Design, das Fragen zu Sound, Effekten, Grafik, 3D sowie Adobe Flash beantwortet.

Flashhilfe.de
info@flashhilfe.de

www.flashhilfe.de
Flash-Community mit interaktivem Forum und vielen Beiträgen für Anfänger und Fortgeschrittene sowie einem Download-Bereich.

Software/Programmierung/HTML

forum-hilfe.de
impressum@forum-hilfe.de

www.forum-hilfe.de
Das HTML- und Webmaster-Forum. Fragen zu den Skripten PHP, CGI, Perl, JavaScript, Tutorials, Workshops und Anleitungen.

html.de Forum
support@webhostlist.de

www.html.de
html.de hilft HTML-Anfängern und HTML-Profis bei Fragen rund um die Programmierung mit HTML, XHTML und DHTML, PHP.

HTML-Kurs
kontakt@html-seminar.de

www.html-seminar.de
Dieser HTML-Kurs ist sowohl für Einsteiger und HTML-Neulinge als auch für Fortgeschrittene konzipiert.

SELFHTML aktuell
projekt@selfhtml.org

aktuell.de.selfhtml.org
Die allumfassende Dokumentation zu HTML, CSS, XML, XSLT, JavaScript, DOM, CGI/Perl und DHTML.

Xhtmlforum
info@xhtmlforum.de

www.xhtmlforum.de
Das Forum bietet Tipps und Tricks zur Programmierung von HTML mit Lexikon zur Programmierung.

Software/Programmierung/Java

java-forum.org
vladimir@java-forum.org

www.java-forum.org
Alles zur Programmierung von Java-Applets und Konfiguration von Java-Web-Start-Anwendungen und AWT, Swing, SWT, JDBC.

Software/Programmierung/Perl

perl-community.de

www.perl-community.de
Das große deutschsprachige Forum mit Wissensdatenbank für Perl-Programmierung.

Perlscripts
perlscripts@news-software.com

www.perlscripts.de
Rund 2.400 Perl-Skripte von A wie Animationen bis Z wie Zufallstexte.

Perlunity.de
support@perlunity.de

www.perlunity.de
Perl-Skripte, Web-Anwendungen wie Foren und Gästebücher, MySQL-Anwendungen sowie PHP- und Java-Skripte.

Software/Programmierung/PHP

phpforum.de
webmaster@phpforum.de

www.phpforum.de
Alles rund um PHP, MySQL und andere Programmiersprachen. Außerdem Jobangebote.

PHP-Welt.de
info@2bits.de

www.phpwelt.de
Alle wichtigen Infos, Downloads, Rezensionen, Artikel und Links zur Skriptsprache PHP.

Software/Programmierung/Visual Basic

ActiveVB
mail@activevb.de

www.activevb.de
Umfassende Tutorials, Tipps und Tricks zu allen Anwendungsfeldern in VB und verwandten Themen wie VBA, VB.NET und Access.

vb@rchiv
info@vbarchiv.net

www.vbarchiv.net
Mehr als 1.700 Tipps und Tricks, Befehls- und API-Referenz sowie zahlreiche Workshops zur Visual-Basic® -Programmierung.

Software/Softwarevertrieb

Asknet Softwarehouse
softwarehouse@asknet.de

www.softwarehouse.de
Software, eingeteilt nach Produkt, Kategorie oder Hersteller. Außerdem Software-Portal für Forschung und Lehre.

● **Future-X Software GmbH**
info@future-x.de
☎(0201) 102 860

www.future-x.de
Die Future-X Software ist auf den Vertrieb von Standard-, Business- und Education-Software spezialisiert. Der Software-Onlineshop bietet Hilfe bei der richtigen Auswahl, der Beschaffung und dem Unterhalt der Software-Lizenzen an und hat ein umfassendes Sortiment von Produkten aller namhafter Hersteller.
(Siehe Abbildung)

SoftGuide Softwareführer
info@softguide.de

www.softguide.de
Marktübersicht mit detaillierten Informationen über betriebliche Software-Produkte und Branchen-Software.

softwarebilliger.de
info@softwarebilliger.de

www.softwarebilliger.de
Der Softwarehändler bietet eine Rundumversorgung. Vom Betriebssystem bis hin zu Experten-Tools zur Bildbearbeitung.

Softwareload
support@softwareload.de

www.softwareload.de
Bei Softwareload umfasst die Auswahl über 30.000 Titel – darunter Vollversionen, Demos sowie Free- und Shareware.

Future-X Software GmbH

www.future-x.de

Anzeige

Software/Treiber

c't-Treiber-Service
treiber@ctmagazin.de

www.heise.de/ct/treiber
Verzeichnis für Treiber, Hersteller, FAQ-Seiten und Dokumentationen.

treiber.de
kontakt@treiber.de

www.treiber.de
Treiber für alle Systeme mit einer Suche nach Herstellern, Gerätegruppen und Produkten. Dazu aktuelle Nachrichten.

Treiberupdate.de
webmaster@treiberupdate.de

www.treiberupdate.de
Hier findet man über 150.000 Treiber zum kostenlosen Download. User können eigene Profile anlegen und Treiber hochladen.

Suchmaschinen

„Wer liefert was?"
info@wlw.de

www.wer-liefert-was.de
„Wer liefert was?" ist die führende Lieferantensuchmaschine für Produkte und Dienstleistungen.

bing

www.bing.de
Die Suchmaschine von Microsoft. Mit Suchfunktion für Bilder, Videos, Shopping, News und Karten.

blekko
support@blekko.com

www.blekko.com
Die auf englische Ergebnisse spezialisierte Suchmaschine bietet auch einen direkten Vergleich mit Google und Bing an.

DuckDuckGo

www.duckduckgo.com
Suchmaschine mit strenger Datenschutzrichtlinie, die das Netz und nicht den Suchenden analysiert.

erfolgreich-suchen.de
info@erfolgreich-suchen.de

www.erfolgreich-suchen.de
Die Suchmaschine erfolgreich-suchen.de listet nur redaktionell geprüfte Web-Seiten auf.

Google

www.google.de
Google findet schnell und zuverlässig relevante Web-Seiten, Bilder und Nachrichten mit der preisgekrönten Stichwortsuche.

Yahoo! Deutschland

www.yahoo.de
Das große Internet-Portal ist ein zentraler Startpunkt für Suche, Information, Entertainment, Kommunikation und Community.

Suchmaschinen/Lokal

suchen.de
nachrichten@searchteq.de

www.suchen.de
Lokale Suchmaschine für Deutschland: Geschäfte, Dienstleister, Unternehmen und öffentliche Einrichtungen auf einen Klick.

Suchmaschinen/Meta-Suchmaschinen

metacrawler.de
info@metacrawler.de

www.metacrawler.de
metacrawler.de sucht gleichzeitig in den wichtigsten Suchmaschinen und fasst die Ergebnisse übersichtlich zusammen.

Metager2

www.metager2.de
Meta-Suchmaschine, die Suchanfragen an andere Suchmaschinen sendet, die Ergebnisse analysiert und Spam aussortiert.

Suchmaschinen/PageRank

PageRank-Verfahren von Google

pr.efactory.de/d-index.shtml
Überblick über das PageRank-Verfahren der Suchmaschine Google: Beschreibung des Algorithmus und die Bedeutung von Links.

Ranking-check.de
info@ranking-check.de

www.ranking-check.de
Mit Hilfe von rankingCHECK können Webmaster das Ranking ihrer Web-Seiten in Suchmaschinen überprüfen und optimieren.

Suchmaschinen/Personensuche

123people.de

www.123people.de
Hier kann man den Namen einer Person eingeben und bekommt alle Informationen, die das Internet über diese gespeichert hat.

yasni.de
info@yasni.de

www.yasni.de
yasni ist eine auf Namen und Personen spezialisierte Suchmaschine.

Suchmaschinen/Suchmaschinenverzeichnisse

@-web
ifno@at-web.de

www.at-web.de
Informationen über alle bekannten Suchmaschinen und deren Funktionsweisen sowie Tipps zur Suchmaschinenoptimierung.

Suchfibel, Die
feedback@suchfibel.de

www.suchfibel.de
Detaillierte und leicht verständliche Einführung in die Nutzung und Handhabung von knapp 2.700 Suchmaschinen.

Suchmaschinen/Surf-Tipps

erfolgreich-suchen.de
info@erfolgreich-suchen.de

www.erfolgreich-suchen.de
Hier gibt es viele interessante Surftipps zu entdecken.

Suchmaschinen/Web-Kataloge

allesklar.de Web-Katalog
info@alleesklar.com

www.allesklar.de
Der Web-Katalog für das deutsche Internet: Mehr als 600.000 Web-Adressen in 30.000 Themengebieten mit Stichwortsuche.

Deutsche Internetbibliothek (DIB)
dib@bsz-bw.de

www.deutscheinternetbibliothek.de
Deutschsprachiges Portal mit kostenlosem Auskunftsdienst und geprüften Link-Listen von über 50 beteiligten Bibliotheken.

dmoz.org

www.dmoz.org
Nationales und internationales Web-Verzeichnis. Ausgesuchte Links von Editoren getestet.

erfolgreich-suchen.de
info@erfolgreich-suchen.de

www.erfolgreich-suchen.de
Die Suchergebnisse werden nicht nach einem automatisierten Algorithmus erzeugt, sondern sind das Ergebnis redaktioneller Arbeit.

Internet Archive
info@archive.org

www.archive.org
Die englischsprachige Seite führt in die Vergangenheit. Sie speichert alte Web-Seiten, sodass diese nicht verloren gehen.

Telekommunikation/E-Mail

Mailhilfe.de
webmaster@mailhilfe.de

www.mailhilfe.de
Hier findet man alles zum Thema elektronische Post: E-Mail-Anbieterübersicht und Hilfe zu fast jedem E-Mail-Programm.

Telekommunikation/E-Mail/E-Mail-Dienste

GMX
gmx@gmx.net

www.gmx.de
E-Mail- und Messaging-Kommunikationsdienste: Kostenlose und kostenpflichtige E-Mail-Accounts mit extragroßer Mailbox.

Google Mail

mail.google.com
Kostenlose E-Mail-Adresse bei Google einrichten, mit viel Speicherplatz.

WEB.DE FreeMail
info@web.de

freemail.web.de
Kostenlose E-Mail-Adresse mit Spam-Filter, Virenschutz, Online-Office, Video-Mail, SMS-, MMS- und Faxversand.

Telekommunikation/iPhone, iPod, iPad & Apps

Allemeineapps.de
scheibe@typemania.de

www.allemeineapps.de
Die Seite für alle iPhone- und iPad-Junkies. Hier werden täglich neue Apps und Gadgets besonders ausführlich besprochen.

apfelticker.de
info@apfelticker.de

www.apfelticker.de
Neuigkeiten aus der Apple-Welt mit Artikeln und Fotos zu iPod, iPhone, iPad und anderen Produkten von Apple.

appgefahren.de
info@appgefahren.de

www.appgefahren.de
Neuerscheinungen, News, Reviews und Tests der Apps für das iPhone und das iPad.

APPS & CO
info@appsundco.de

www.appsundco.de
Übersicht der meistgeladenen und meistverkauften Apps, technische Daten zum iPhone, Tarifübersicht und News.

apps.de

www.apps.de
Apps und Spiele für das iPhone, iPad und den iPod Touch.

Appsnews
admin@apps-news.de

www.apps-news.de
Hier findet man Neuigkeiten über aktuelle iPhone-Apps, Kaufempfehlungen, Bestsellerlisten und einen iPhone-Ratgeber.

ifun.de

www.ifun.de
Community mit aktuellen News und Diskussionen zu iPod, iPad, iPhone und iTunes.

iPhoneBlog.de
info@iphoneblog.de

www.iphoneblog.de
Nachrichten, Kommentare und Reviews über das iPhone und andere Produkte aus der Apple-Familie sowie deren Apps.

iphone-fan.de
kunde@iphone-fan.de

www.iphone-fan.de
Skurriles, Witziges und Praktisches rund ums iPhone. Videobeiträge und -anleitungen, Blogs, News zu Apps und Zubehör.

iphone-könig.de
info@interaktiv-net.de

www.iphone-könig.de
Neuigkeiten und Infos über das iPhone, das iPad, Produktneuerscheinungen sowie eine App-Übersicht.

iphone-magazine.de

www.iphone-magazine.de
Online-Magazin für das iPhone mit vielen Infos, News, Preisvergleichen und einer App-Übersicht.

iPhone-notes.de
info@iphone-notes.de

www.iphone-notes.de
Nachrichten, Tutorials, Videos und eine Community zu Apple, dem iPhone und seinen Apps.

iPhone-Ticker
ifun.de@gmail.com

www.iphone-ticker.de
Das deutsche Online-Magazin zum iPhone. News zu Apps, App-Store Top 10 und Infos zu neuen Funktionen und Entwicklungen.

iPlayApps.de
kontakt@iplayapps.de

www.iplayapps.de
Spiele-Magazin für iPad, iPod und iPhone. Aktuelle Nachrichten, Testberichte, Tipps und Tricks und ein Forum.

iszene
news@iszene.com

www.iszene.com
Das Forum zu allen Themen rund um Apple und iPhone. Aktuelles, Podcasts, Anleitungen, Downloads und ein iWiki.

Macerkopf.de
macerkopf@googlemail.com

www.macerkopf.de
Neben Nachrichten und Rezensionen zu Apple-Produkten macht die Seite vor allem auf Schnäppchen aufmerksam.

PortableApps.com
Contact@Rareldeas.com

www.portableapps.com
Portable Apps zum Download. Einfach auf den USB-Stick, iPod oder MP3-Player herunterladen und überall nutzen.

appguide.de
support@appguide.de

www.appguide.de
Beschreibung interessanter iPhone-Apps.

Telekommunikation/Smartphones & Tablets

mobiFlip.de
kontakt@mobiflip.de

www.mobiflip.de
Testberichte zu Smartphones, Apps und Handy-Spielen. Dabei werden die Handys auch schon mal in ihre Einzelteile zerlegt.

Telekommunikation/SMS

CatSMS.de
kontakt@catsms.de

www.catsms.de
Gratis SMS-Versand mit bis zu 160 Zeichen. Versand weltweit, Antwortfunktion, zeitversetzte SMS und Flash-SMS.

SMS-Lotse
info@smslotse.de

www.sms-lotse.de
Der SMS-Lotse zeigt nur die besten Free-SMS-Anbieter ohne Anmeldung an, die gerade einen SMS-Versand ermöglichen.

Telekommunikation/Telefon/Internet-Telefonie

ip-phone-forum.de
ippf@ip-phone-forum.de

www.ip-phone-forum.de
Im großen Voice-Over-IP-Forum kann man über verschiedene Anbieter diskutieren sowie Tipps und Tricks austauschen.

PeterZahlt
info@peterzahlt.de

www.peterzahlt.de
Kostenlos telefonieren, national und international, ohne Registrierung oder Installationen, bis zu 30 Minuten pro Gespräch.

Skype

www.skype.com
Skype ermöglicht kostenlose Anrufe, Videoanrufe und den Versand von Sofortnachrichten über das Internet.

Telekommunikation/Telefonauskunft

118000
info@118000.de

www.118000.de
Günstige Telefonauskunft, die direkt weiterverbindet und besonderen Wert auf Datenschutz legt.

DasÖrtliche

www.dasoertliche.de
Telefonnummern und Adressen von Firmen und Privatpersonen.

GelbeSeiten
info@detemedien.de

www.gelbeseiten.de
GelbeSeiten online mit Schnellsuche, Nahbereichsuche und Branchen-Finder.

klickTel.de
info@klicktel.de

www.klicktel.de
Die Plattform für lokale Suche vernetzt Telefon- und Branchenbücher mit Routenplanung, dynamischen Karten und Luftbildern.

Telefonbuch, Das

www.telefonbuch.de
Das bundesweite Online-Kontaktdatenverzeichnis.

telefonbuch.com
kritik@telefonbuch.com

www.telefonbuch.com
Links zu Telefonverzeichnissen, Branchenverzeichnissen, Vorwahlen, Postleitzahlen aus aller Welt, deutsch und englisch.

Twitter

Twitter

www.twitter.com
Auf Twitter kann man ein eigenes Blog mit Textnachrichten von maximal 140 Zeichen veröffentlichen.

Deutsche Twitter Trends

www.twitter-trends.de
Twitter Trends analysiert deutschsprachige Tweets und erstellt eine Liste der am häufigsten verwendeten Schlagworte.

favstar

de.favstar.fm
Favstar präsentiert die besten Tweets aller Zeiten, des Tages und nach Anmeldung von jedem persönlich.

tweetnews Blog

www.tweetnews.de
Neuigkeiten, Trends, Tools und Tipps aus der Welt von Twitter.

tweetranking

www.tweetranking.com
Verzeichnis der interessantesten Menschen auf Twitter. Die Ranglisten zeigen, wem es sich zu folgen lohnt.

Tweetster

www.tweetster.de
Statistik zu Twitter: Von wem und wo werden Tweets favorisiert und retweetet oder wer hat schon mal ähnliches getweetet.

twitpic

www.twitpic.com
Auf twitpic lassen sich Fotos direkt vom Handy oder vom PC aus auf Twitter hochladen und veröffentlichen.

twittagessen.de
info@twittagessen.de

www.twittagessen.de
Auf der Web-Seite Twittagessen kann man sich mit anderen Twitterern zum Mittagessen verabreden.

Twitter Suchmaschine

search.twitter.com
Die Suchmaschine für Einträge bei Twitter.

Webcams

City-Webcams.de
info@city-webcams.de

www.city-webcams.de
Webcams bundesweit aus vielen Städten. Hier kann man sich einen Überblick über deutsche Städte verschaffen.

KUNST & KULTUR

---

nachtkritik.de

www.nachtkritik.de

Das unabhängige Theaterportal
werktags ab 9 Uhr
Wochenende ab 10 Uhr

**nacht
kritik.de**

Volksbühne | Die Marquise von O...

Suchen... | **übersicht** die nachtkritiken die anderen gemein & nützlich theaterbriefe bücher lexikon archiv

---

neueste kommentare

Immer noch Sturm,
Nürnberg: Blätterschnipsel,
nicht Ziegel?

Intendantengage: wer nur
das Schlechte sieht

Wiener Wald, Berlin: Geben
Sies zu

Die Gerechten, Stuttgart:
Sprachbarrikaden

Buchhinweise Juni: Eng-
oder Einführung?

Immer noch Sturm,
Nürnberg: rote und weiße
Ziegel

Der Kirschgarten, Köln: die
Geschichte wird nicht
transportiert

Intendantengage: wer
bald fehlt

Immer noch Sturm,
Nürnberg: mit dem Teufel
im Bunde?

Unendlicher Spaß, Berlin:
ein Bravo vor dem Schlaf

alle Kommentare

---

die nachtkritik

In Originalbesetzung: "Jandls Humanisten" am
Berliner Ensemble © Marcus Lieberenz

🔖 Berlin, 26. Juni 2012

Kunstschutz auf dem Sockel

Vier Schauspieler arbeiten sich mit
verrenkten Zungen vom "blaablaablaa" zum
"bäbäbbb" vor. Vor zwölf Jahren waren
Jandls Humanisten, vom Regisseur **Philip
Tiedemann** inszeniert, ein kleines
Kunststück. Und heute? Das Berliner
Ensemble hat Tiedemanns Inszenierung neu
aufgelegt. Wie die in Zeiten wirkt, in denen
Herbert Fritsch die Spiel- und Sprechweisen
hochgejazzt hat, berichtet Sophie
Diesselhorst.

🔖 München, 24. Juni 2012: Kroetz' **Wunschkonzert** gespielt von Annette Paulmann

🔖 Berlin, 23. Juni 2012: Enrico Lübbe inszeniert **Geschichten aus dem Wiener Wald** am BE

🔖 Baden-Baden, 23. Juni 2012: Katja Fillmanns Version der **Madame Bovary** in Baden-
Baden

🔖 Wuppertal, 23. Juni 2012: Thomas Melles **Licht frei Haus** in Wuppertal

▸ Mehr Nachtkritiken hier

---

in eigener sache

🔖 26. Juni 2012

Brief zur Spendenkampagne

Seit 37 Tagen läuft die zweite große
Spendenkampagne auf nachtkritik.de. Viele,
aber noch nicht genug Nutzer haben sich zur
finanziellen Unterstützung dieser Webseite
bereitgefunden. Vielen Dank! Aber die Aktion
hat auch Fragen unter den Kommentatoren
aufgeworfen: Was soll man hier überhaupt
bezahlen? Wie arbeitet nachtkritik.de? Sind
die Abläufe hinreichend transparent? **Wofür
steht nachtkritik.de?** In seiner Antwort an
die Diskutanten beschreibt nachtkritik.de-
Mitgründer und Redakteur Nikolaus Merck
noch einmal die Eckpfeiler der
Berichterstattung, redaktionellen Abläufe,
Planungsverfahren, inhaltlichen Ausrichtung
und Gatekeeping bei den Kommentaren.

porträt & profil

---

kritikenrundschau

🔖 25. Juni 2012: Enrico Lübbe inszeniert
Horváths **Geschichten aus dem Wiener
Wald** am Berliner Ensemble

🔖 25. Juni 2012: Annette Paulmann spielt
Kroetz' **Wunschkonzert** an den Münchner
Kammerspielen

🔖 25. Juni 2012: Katja Fillmanns
Bühnenfassung der **Madame Bovary** in
Baden-Baden

🔖 25. Juni 2012: Thomas Melles **Licht frei
Haus** in Wuppertal

🔖 23. Juni 2012: Die Wiebadener
Theaterbiennale **Neue Stücke aus Europa**

🔖 23. Juni 2012: **Tschick** am Gostner
Hoftheater Nürnberg

▸ Mehr Kritikenrundschauen hier

bücher

**nachtkritik
charts**

Die Top 10 des Theaters
Jeden Mittwoch NEU!

meldungen

22. Juni 2012
Köln kündigt
Opernintendant Uwe Eric
Laufenberg fristlos

21. Juni 2012
Rostock beschließt
Theaterneubau

20. Juni 2012
Enrico Lübbe wird Intendant
in Leipzig

19. Juni 2012
Kasachischer Regisseur
Bolat Atabajew inhaftiert

18. Juni 2012
Preise beim NRW-
Theatertreffen 2012
vergeben

mehr meldungen ...

kwerfeldein

Sie fotografieren für Ihr Leben gerne? Oder haben zum Geburtstag eine hochwertige Kamera geschenkt bekommen und möchten jetzt wissen, wie Sie damit professionelle Fotos schießen können? Dann ist dieses Online-Magazin genau das Richtige für Sie. Hier erklären Fotografen und Hobby-Knipser, worauf man bei seinen Fotografien achten sollte, auf welches Objektiv man unter keinen Umständen verzichten sollte und wie man aus seinen Fotos mit Photoshop kleine Kunstwerke zaubern kann. Dazu gibt es überdies außergewöhnliche Fotoreportagen der Autoren zu sehen und eine deutschlandweite Zusammenstellung interessanter Fotografie-Ausstellungen.

Vorleser.net

Ob Sie nun Geschichten für Ihre Kinder brauchen oder sich die Jogging-Zeit mit etwas Unterhaltung vertreiben möchten, auf vorleser.net können Sie rund 550 Hörbücher gratis downloaden und im mp3-Format anhören – natürlich allesamt in CD-Qualität! Vorgelesen werden die Texte von mehr als 30 professionellen Sprecherinnen und Sprechern. Dabei stehen Märchen, Geschichten, Krimis und Gedichte von zeitgenössischen oder klassischen Autoren wie Andersen, Balzac oder Tucholsky im Mittelpunkt. Sie können natürlich auch Texte nach Themen oder Sprechern aussuchen oder sich mit dem Newsletter über Neuerscheinungen auf dem Laufenden halten.

CastingShow-News

Sie möchten wissen, welcher ehemalige DSDS-Star Mama geworden ist, wann die erste CD des aktuellen Supertalent-Gewinners erhältlich ist und welche hübsche Kandidatin von „Germany's next Topmodel" trotz Rauswurf mittlerweile über die internationalen Laufstege schwebt? In diesem Online-Magazin finden Sie jede Menge Neuigkeiten zur Casting-Landschaft in Deutschland. Neben Interviews, Biografien und Fotos der Gewinner sowie Porträts der anderen Show-Teilnehmer gibt es hier auch Informationen über die Moderatoren und Jury-Mitglieder. Sie erfahren zudem, welches neue Casting-Konzept sich für das nächste Jahr durchgesetzt hat.

Festivalguide

Welches Konzert ist sein Geld wert und wo finde ich sogar kostenlose Musikfestivals? Musikfans können sich hier informieren, wo die Lieblingsband als nächstes spielt, die Eventdatenbank nach internationalen Veranstaltungen, Konzertberichten und Bildergalerien durchstöbern, interessante Termine per Klick auf dem Merkzettel festhalten, später wieder darauf zurückgreifen oder gleich Tickets kaufen. Das kleine Festival-ABC gibt dazu nützliche Orientierungshilfen auf dem Weg zum ersten Open Air Konzert fernab der Zivilisation. Alle Tickets ausverkauft? Hier findet man Tipps, um doch noch an die begehrten Karten zu kommen!

www.laut.fm

laut.fm

Sie hören gerne Jazz, Elektro-Pop oder klassische Musik und kennen keinen Radiosender, der Ihren Geschmack trifft? Schauen Sie mal auf laut.fm vorbei! Bei diesem Internet-Radio wird die Musik nicht einfach per Zufallsprinzip abgespielt – hier stellen laut.fm-DJs die Musikprogramme selbst zusammen und sind jederzeit für Ihre Wünsche ansprechbar. Einfach das Genre auswählen und nach Herzenslust in die verschiedenen Blues-, Techno-, Rock- oder Oldies-Stationen reinhören. Kein passendes Programm gefunden? Dann bewerben Sie sich einfach selbst als DJ, stellen Ihre Lieblingsmusik und Beiträge zusammen und gehen mit dem eigenen Programm auf Sendung!

www.rautemusik.fm

RauteMusik.FM

Musik ist Geschmackssache und darüber lässt sich bekanntlich nicht streiten – deswegen gibt es das Internet-Radio rautemusik.fm, das aus zwölf verschiedenen Sparten auch abseits vom Mainstream gute Musik spielt. Von Techno, House und Lounge über Rock, Alternative, Indie, Metal und Oldies bis hin zu orientalischen Klängen und Schlagern bieten die Internet-DJs und Moderatoren hier passende Playlists an und nehmen Liedwünsche, Grüße und Fragen der Hörer entgegen. In der Übersicht können Sie sehen, welchen Song die jeweiligen Sender gerade spielen. Der Sendeplan zeigt Ihnen außerdem an, an welchem Tag sogar Live-Sendungen ausgestrahlt werden.

www.jamendo.de

jamendo

Keine Lust auf Mainstream-Musik? Auf jamendo können Sie freie Musikstreams von unbekannten Künstlern auf der ganzen Welt genießen. User haben hier die Möglichkeit, kostenlos und völlig legal Musik herunterzuladen und mit der Community auszutauschen. Musiker dagegen können selbst und unverbindlich entscheiden, ob und wie sie ihre Musik verbreiten, um sich selbst und ihre Werke zu promoten. Die beliebtesten und meistgehörten Songs haben die Chance, ins Jamradio zu kommen und können sogar als Hintergrundmusik für Gewerbe oder Geschäfte genutzt werden, und das ganz ohne GEMA-Gebühren! Auf jamendo zählt eben nur die Musik.

www.nachtkritik.de

nachtkritik.de

Ein Muss für jeden Theaterliebhaber ist diese Online-Plattform! nachtkritik. de versteht sich als unabhängiges Theaterfeuilleton, das Kritiken zu den neuesten Stücken im deutschsprachigen Theater verfasst. Schon am Morgen nach der Premiere kann man hier lesen, ob sich ein Besuch bei der italienischen Oper lohnt, wie vielversprechend die neueste Brecht-Aufführung ist, welcher Regisseur wieder einen Skandal verursacht hat und was die nächsten Sommerfestspiele an Überraschungen bieten. Im Forum diskutieren Theaterkritiker, Zuschauer, Schauspieler und Künstler angeregt über die aktuellen Inszenierungen und bringen frischen Wind in die Theaterwelt.

KUNST & KULTUR

Allgemein

ARTE Creative
creative@arte.tv

creative.arte.tv
Ein redaktionell betreutes und interaktives Kulturnetzwerk für Kunst, Film, Popkultur, Design und Architektur.

Deutsche Kultur International
info@deutsche-kultur-international.de

www.deutsche-kultur-international.de
Portal zu allen Fachbereichen und Institutionen der deutschen Auswärtigen Kulturpolitik.

Goethe-Institut
info@goethe.de

www.goethe.de
Informationen zur deutschen Kultur sowie zu Goethe-Instituten weltweit. Angebote für Deutschlerner und Deutschlehrende.

kulturportal
redaktion@kulturserver.de

www.kulturserver.de
Bundesweite Kulturveranstaltungen von Theatern, Bühnen und Museen. Datenbank mit Künstlern.

Kunstring.de

www.kunstring.de
Vorstellung herausragender Künstler und deren Werke aus den Bereichen Malerei und Fotografie mit Links zu deren Homepages.

Comic

comic.de
sackmann@comic.de

www.comic.de
Aktuelles aus der Welt der Comics: Bildberichte zu wichtigen Comic-Veranstaltungen, News und Börsentermine.

Comicforum
support@comicforum.de

www.comicforum.de
Großes Diskussionsforum für Comic- und Manga-Fans mit zahlreichen offiziellen Verlagsforen.

Deutsches Asterix Archiv

www.comedix.de
Der Asterix-Fan kommt hier auf seine Kosten: Alle Filme, Hefte und eine Suchmaschine für Namen, Daten und Fakten der Comics.

Disney.de
info@disney.de

www.disney.de
Hier gibt es alle Infos über Mickey Mouse und Co. sowie Neuheiten aus dem Disneyland Paris.

Mangaka.de
info@comicstars.de

www.mangaka.de
Alles für Manga-Fans und Manga-Zeichner: Zeichenkurs, Forum, Termine und ein Magazin mit Neuigkeiten.

mycomics.de
kontakt@mycomics.de

www.mycomics.de
Hier kann jeder eigene Comics hochladen und die Comics anderer bewerten.

toonity.com
info@toonity.com

www.toonity.com
Internationale und kostenlose Comic-Community mit regelmäßiger Comic-Soap, Comic-Creator und Tipps von Profizeichnern.

Design

dasauge.de
service@dasauge.de

www.dasauge.de
Treffpunkt für „Kreative im Netz". Mit aktuellen Nachrichten, einem umfangreichen Stellenmarkt, Anbieterprofilen und Foren.

Designlexikon International
info@designlexikon.net

www.designlexikon.net
Das Online-Lexikon bietet Infos über Firmen, Designer, Museen und Verbände der Branche und erklärt Fachbegriffe.

HilfDirSelbst.ch
info@gamper-media.ch

www.hilfdirselbst.ch
Großes Hilfsforum rund um Mediendesign: Von Web-Design über E-Books, Fotografie, Layout, Film und Sound bis zum Druck.

Ignant

www.ignant.de
Auf Fotografie, Kunst und Design spezialisiertes Blog. Bemerkenswerte Künstler und Projekte werden porträtiert.

R9005 Designportal
mail@r9005.de

www.r9005.de
Infos für Designer: News, Termine, Web-Verzeichnis, Bibliothek, Newsletter, Jobs und Ausbildung zum Thema Design.

visualblog.de

www.visualblog.de
Blog für Kreative und an Kreativität interessierte Menschen, Design, Film und das Web 2.0.

Foto

dforum.de
info@dforum.de

www.dforum.de
Treffpunkt im Internet für Canon DSLR-Fotografen. Infos zu Kameras, Workshops und ein großes Forum.

DSLR-Forum
support@dslr-forum.de

www.dslr-forum.de
Deutschsprachiger Treffpunkt für digitale Spiegelreflexfotografie. Fragen und Antworten zu Kameras, Objektiven und Zubehör.

fototv.de
info@fototv.de

www.fototv.de
Das Fotoportal zeigt im wöchentlich wachsenden Programm Fotokurse, Foto-Workshops und Fotografen-Interviews.

kwerfeldein
kwerfeldein@googlemail.com

www.kwerfeldein.de
Magazin, in dem Fotografen ihr Wissen teilen und Ausstellungen sowie Bücher über Fotografie rezensiert werden.

PHOTOGRAPHIE
info@untitled-verlag.de

www.photographie.de
Hier findet man die neuesten Fotoprodukte, aktuelle Tests, Workshops, hilfreiche Tipps und die Top-Trends der Fotoszene.

PhotoInfoWeb.com
info@photoinfoweb.com

www.photoinfoweb.com
News und Links zu Fotogalerien, Communitys, Bildagenturen, Fotoclubs und Produktneuigkeiten.

prophoto-online.de
info@prophoto-online.de

www.prophoto-online.de
Tipps aus der Fotopraxis mit einem digitalen Fotokurs, einem Glossar, tollen Bildern und einer Foto-Community.

Foto/Bildarchive & Bildagenturen

fotolia

www.fotolia.de
Bei fotolia können lizenzfreie Bilder gekauft und verkauft werden.

Istockphoto.com

www.istockphoto.com
Auf dieser englischsprachigen Web-Seite findet man unzählige lizenzfreie Bilder zum kostenpflichtigen Herunterladen.

pixabay
info@pixabay.com

www.pixabay.com
Eine Sammlung an kostenlosen, gemeinfreien Bildern. Man kann auch die eigenen Bilder anderen zur Verfügung stellen.

seen.by
contact@seen.by

www.seen.by
Topfotografen bieten hier ihre Bilder zum Kauf an. Auch eigene Bilder können auf Leinwand gedruckt werden.

Foto/Digitale Fotografie

Digitalfotonetz.de
mail@digitalfotonetz.de

www.digitalfotonetz.de
Viele Infos, Tipps und Tricks rund ums digitale Fotografieren. Dazu wird die Pentax-Digital-Produktreihe vorgestellt.

Digitalkamera.de
mail@medianord.de

www.digitalkamera.de
Umfangreiches Produktarchiv mit Bewertungen rund um das Thema Digitalkameras mit Workshops, Forum und Fotolexikon.

DigitalPhoto
redaktion@digitalphoto.de

www.digitalphoto.de
Das Fachmagazin für digitale Fotografie bietet alles zum Thema „Foto": News und Foren sowie Infos zur aktuellen Ausgabe.

dkamera.de
kontakt@dkamera.de

www.dkamera.de
Online-Magazin über die digitale Fotografie, umfangreiche Digitalkameratests aus dem eigenen Testlabor. Mit Forum.

image-scene.de
info@image-scene.de

www.image-scene.de
Ausführliche Vorstellung aller wichtigen Digitalkameras und dem Zubehör. Infos zur Bildspeicherung und Bildbearbeitung.

Foto/Fotobücher, Fotogeschenke & Fotokalender

Fotobuch
support@fotobuch.de

www.fotobuch.de
Die Software für die Gestaltung privater Fotobücher sowie eine große Auswahl von Umschlaggrafiken und Layouts.

fotopuzzle.de
service@fotopuzzle.de

www.fotopuzzle.de
Liebevolle, individuelle Fotogeschenke wie z. B. Fotopuzzles bestellen und beim Beschenkten für Staunen sorgen.

framily
service@framily.de

www.framily.de
Fotobücher und -kalender zum Selbstgestalten, auch mit bekannten Figuren wie Snoopy.

Mein CEWE FOTOBUCH
fotobuch@photoprintit.de

www.cewe-fotobuch.de
Infos zum CeWe Fotobuch, kostenloser Software-Download, ein Händlerverzeichnis sowie Preise und Formate.

myphotobook.de
info@myphotobook.de

www.myphotobook.de
Seine schönsten digitalen Bilder kann man hier in Buchform bringen. Farbe und Bindungsart können selbst gewählt werden.

myprinting
support@myprinting.de

www.myprinting.de
Ob ein einzelnes Foto als Poster oder Leinwand oder eine Fotocollage aus vielen Bildern, bei myprinting ist vieles möglich.

Personello.com
kontakt3@personello.com

de.personello.com
Fotogeschenke selbst gestalten mit eigenem Foto und individuellem Text: Taschen, Becher, Kalender, Poster oder Kissen.

Pixelspeed.com
info@pixelspeed.com

www.pixelspeed.com
Pixelspeed liefert digital gedruckte Fotobücher, -alben und -kalender, welche die Kunden selbst gestalten.

Printeria
service-printeria@unitedshopservices.com

www.printeria.de
Fotobücher, Fotokalender, Wandbilder, Taschen, Karten, Fotogeschenke und Textilien.

Wandsachen
info@wandsachen.de

www.wandsachen.de
Einkaufsportal für individuelle Produkte zur Wandgestaltung wie Wandtattoos, Fotoleinwände, Fotokalender und Posterdruck.

Foto/Foto-Communitys

Chip Fotowelt
info@chip-fotowelt.de

www.chip-fotowelt.de
Hier kann man Fotos präsentieren, bewerten, kommentieren und sogar zum Kauf anbieten.

flickr

www.flickr.de
Flickr präsentiert Millionen von Fotos zu allen Themenbereichen. Man kann hier eigene Fotos hochladen und verwalten.

fotocommunity
office@fotocommunity.net

www.fotocommunity.de
Die Fundgrube für alle Hobbyfotografen: Hier kann man seine Fotos veröffentlichen und zur Diskussion freigeben.

fotolog.com

www.fotolog.com
Bei fotolog.com kann man sich selbst präsentieren, neue Leute treffen sowie Bilder tauschen.

locr
info@locr.com

www.locr.com
Verwaltung von Fotoalben mit einer lokalen Verknüpfung zu den Orten, wo die Fotos entstanden sind.

Foto/Fotoentwicklung

eportrait
service@eportrait.de

www.eportrait.de
Mit Hilfe der eigenen Webcam lassen sich hier biometrische Passbilder selbst erstellen.

fotopost24 Fotoservice
info@fotopost24.de

www.fotopost24.de
Online-Fotoservice für digitale Fotoabzüge, Poster, Fotobücher, Fotokarten, Fotokalender, Glasbilder und Fotogeschenke.

photo-druck.de
info@photo-druck.de

www.photo-druck.de
Fotoabzüge in Fachlabor-Qualität. Außerdem von Digitalfotos: Poster, Postkarten, Glasbilder, Kalender und Geschenkartikel.

Pixum
info@pixum.com

www.pixum.de
Pixum Fotobuch, Fotoabzüge auf Premiumpapier, Poster, Leinwandbilder, Fotogeschenke und Online-Alben.

Foto/Fotoentwicklung/Preisvergleiche

Bilder-Dienste Preisvergleich
info@bilder-dienste.de

www.bilder-dienste.de
Der Preisrechner vergleicht die Leistungen verschiedener Anbieter im Bereich der Digitalfoto-Entwicklung.

Billigefotos.de
info@billige-fotos.de

www.billige-fotos.de
Preisvergleich von Fotolaboren im Internet. Hier findet man günstigste Preise für die Entwicklung von Digitalfotos.

Kulturdenkmäler

Monumente-online.de
online-redaktion@monumente.de

www.monumente-online.de
Deutschlands und Europas Kulturdenkmäler und -geschichte kennenlernen. Online-Magazin der deutschen Stiftung Denkmalschutz.

Schätze der Welt
schaetze-der-welt@swr.de

www.schaetze-der-welt.de
Die Seite der SWR-Fernsehreihe „Schätze der Welt" erzählt in eindrucksvollen Bildern Geschichten vom Erbe der Menschheit.

Kunst- & Kulturzeitschriften

art - Das Kunstmagazin
kunst@art-magazin.de

www.art-magazin.de
Aktuelle News und Hintergrundberichte zu Kunst, Architektur, Design, Kunstmarkt und Kunstszene. Mit kostenlosem Heftarchiv.

mare online
mare@mare.de

www.mare.de
Publikationen des mareverlags: mare – Die Zeitschrift der Meere, Bücher, Bildbände und Kalender. Archiv und Online-Shop.

Kunstdrucke, Bilder & Galerien

AllPosters.de
bestellungen@allposters.com

www.allposters.de
Eine große Auswahl von Postern, nach Kategorien geordnet, mit einzelnen Angeboten und einer Suchfunktion.

ars mundi
info@arsmundi.de

www.arsmundi.de
Europas führender Kunstversender bietet Bilder, Skulpturen, Museumsrepliken, Schmuck, Accessoires und Gartenobjekte.

artflakes
info@artflakes.com

www.artflakes.com
Hier können Künstler ihre Kunstwerke einstellen und verkaufen. Größe, Papier und Rahmen der Kunstdrucke sind variabel.

Artfolio.de
office@artfolio.de

artfolio.de
Ein Kunstportal, auf dem in virtuellen Galerien und Vernissagen Kunstwerke präsentiert werden.

Easyart
kundenservice@easyart.de

www.easyart.de
Über 80.000 Poster, Kunstdrucke, Leinwanddrucke und Fotografien. Rahmen aus eigener Werkstatt.

fineartprint.de
info@fineartprint.de

www.fineartprint.de
Eigene Bilder oder Fotos als Kunstwerk auf Leinwand, Tapete, Papier, oder Poster drucken lassen.

Kunsthaus ARTES
info@kunsthaus-artes.de

www.kunsthaus-artes.de
Mehr als 1.500 Werke internationaler Künstler, handsignierte Originale und exklusive Sammlerstücke.

Lumas
info@lumas.de

www.lumas.de
Künstlerkatalog, der inspirierende Kunst und Fotografien im Original anbietet.

REIGN OF ART
info@reignofart.com

www.reignofart.com
Virtuelle Galerie für zeitgenössische Kunst. Plattform für junge, aufstrebende Künstler.

start your art
info@startyourart.de

www.startyourart.de
Das Online-Auktionshaus für junge Kunst. Nach dem ersten Gebot startet die Auktion und endet eine Woche später.

Siehe auch Kapitel Haus & Garten

Einrichtung/Bilder

Crabbel.de

www.crabbel.de

Anzeige

Kunsthandwerk

Arcademi
info@arcademi.com

www.arcademi.com
Junge Künstler und Labels präsentieren Kunstwerke und Design-Objekte.

boesner.com
kontakt@boesner.com

www.boesner.com
Professionelle Künstlermaterialien wie Farben, Pinsel, Rahmen, Tusche und Zeichenmaterial.

livemaster.de
info@livemaster.de

www.livemaster.de
Handgefertigte Unikate, wie z. B. Bilder, Skulpturen, Wohnaccessoires, Handarbeiten, Schmuck und Spielzeug.

Künstler & Künstlerverzeichnisse

● **Crabbel.de**
redaktion@crabbel.de

www.crabbel.de
Das Verzeichnis für den Show- und Eventbereich listet über 15.000 Einträge zu Künstlern, Artisten, Musikern, Bands, Tänzern und Agenturen bundesweit. Die Datenbank lässt sich übersichtlich nach Kategorien durchsuchen und zeigt direkte Kontaktadressen der Anbieter. Auch mobil mit Smartphone Such-App. **(Siehe Abbildung)**

eventagentur.com
info@eventagentur.com

www.eventagentur.com
Die Datenbank exklusiv für Eventagenturen und -dienstleister. Umfassende Kontaktmöglichkeiten rund um die Eventbranche.

● **gedu**
info@gedu.com

www.gedu.com
Der Künstler-Katalog online ist eine Internet-Datenbank für die Show- und Eventbranche. Man findet professionelle Künstler und Dienstleister mit Kontaktadresse und vielen Videos, gegliedert nach Rubriken, wie Artistik, Bands, Comedy, Entertainment sowie Serviceanbietern für Shows, Messen und Events. **(Siehe Abbildung)**

gedu   **www.gedu.com**

Kuenstler4u
info@kuenstler4u.de

www.kuenstler4u.de
Redaktionell geführtes Künstlerverzeichnis für Art und Kultur in Deutschland, Europa und der Welt.

Kunstclub
info@kunstclub.com

www.kunstclub.com
Der Kunstclub ist eine Community und Galerie für Kunst. Über 520 Künstler stellen rund 2.800 Kunstwerke aus.

Künstlersuche
eintrag@kuenstlersuche.de

www.kuenstlersuche.de
Die Künstlersuchmaschine sucht Künstler der verschiedensten Richtungen. Angezeigt werden die Adresse und die URL.

myartist.tv
info@mymediagroup.de

www.myartist.tv
Innovative Suchmaschine für die Vermittlung von Künstlern und Eventbedarf.

ZAV-Künstlervermittlung
zav@arbeitsagentur.de

www.ba-kuenstlervermittlung.de
Vermittlungsservice der Bundesagentur für Arbeit für darstellende Künstler/innen und künstlerisch-technische Fachkräfte.

Literatur/Allgemein

Leselupe
info@leselupe.de

www.leselupe.de
Große Literaturplattform mit Literatursuchmaschine. Veröffentlichung eigener Werke in den Foren sowie Texte anderer Autoren.

literaturcafe.de
redaktion@literaturcafe.de

www.literaturcafe.de
Umfangreiche Seiten zum Thema Literatur mit Prosa, Lyrik, Buchtipps, Berichten und literarischen Links.

liviato.de
mail@liviato.de

www.liviato.de
Hier kann jeder Zusammenfassungen von Büchern lesen oder selbst schreiben und für die Veröffentlichung Prämien kassieren.

Literatur/Autoren & Publizieren

● **BookRix.de**
support-de@bookrix.com

www.bookrix.de
Hobbyautoren können hier ihre eigenen Geschichten als E-Book veröffentlichen. Wer möchte, kann sein Buch kostenlos zum Lesen anbieten oder verkaufen. Im Online-Bücherregal stehen die Werke anderer Autoren, über die in der Community diskutiert werden kann. Zudem gibt es Schreib- und Lesewettbewerbe. **(Siehe Abbildung)**

Lulu.com
pr@lulu.com

www.lulu.com/de
Die Plattform für das Erstellen, Kaufen und Verkaufen von digitalen Inhalten on Demand.

neobooks
team@neobooks.com

www.neobooks.com
Plattform für Jungautoren. Leseproben veröffentlichen, an Wettbewerben teilnehmen und Feedback von der Community bekommen.

Pageballs
info@pageballs.com

www.pageballs.com
Bei der Autoren-Community Pageballs kann man Texte schreiben, Geld verdienen und kann dieses auch spenden.

readbox
post@readbox.net

www.readbox.net
Bücher, E-Books und mehr: Die Plattform für unabhängige Literatur.

Suite101.de
redaktion@suite101.de

www.suite101.de
Das Netzwerk der Autoren bietet freien Autoren redaktionelle Freiheit und eine Umsatzbeteiligung.

triboox
triboox@triboox.de

www.triboox.de
Auf triboox kann jeder seine eigenen Texte hochladen oder die neuesten Werke von anderen Autoren bewerten.

XinXii
info@xinxii.com

www.xinxii.com
Plattform, auf der jeder seine Werke selbst kostenfrei hochladen und verkaufen kann: Texte, Dokumente und E-Books.

Literatur/Bücherdatenbanken

buchhandel.de
info@msu.biz

www.buchhandel.de
Verzeichnis aller lieferbaren Bücher aus dem deutschsprachigen Raum. Bestellungen bei angeschlossenen Buchhandlungen.

Literatur/E-Books

beam
support@beam-ebooks.de

www.beam-ebooks.de
E-Books aus verschiedensten Themenbereichen: Krimi, Science-Fiction, Lexika, Ratgeber, Reiseführer.

ciando Ebooks
info@ciando.com

www.ciando.com
Der E-Book-Shop hält über 250.000 Bücher zum Download bereit. Von Romanen über Ratgeber bis zu Geschichtsbüchern.

E-Book-News.de

www.e-book-news.de
Online-Magazin zum Thema E-Books: Marktentwicklungen, Rezensionen, Reader-Vergleiche und Urheberrechtsfragen.

lesen.net E-Reader Forum

www.e-reader-forum.de
Diskussionen rund ums elektronische Buch, die neuesten Reader, den Markt, Formate und Software.

libreka!
info@mvb-online.de

www.libreka.de
Über 1,5 Millionen E-Books und gedruckte Bücher zum Reinlesen, Bestellen beziehungsweise Herunterladen.

Paper C

www.paperc.de
Hier kann man Fachbücher kostenlos lesen, Texte kaufen, abspeichern, sammeln und mit Notizen und Markierungen versehen.

BookRix.de

www.bookrix.de

Skoobe
mail@skoobe.de

www.skoobe.de
Für eine monatliche Gebühr kann man sich E-Books auf sein iPhone oder iPad ausleihen.

'txtr
info@txtr.com

txtr.com
'txtr bietet zu seinem E-Book-Shop gleich noch die passende App, um die Bücher auf dem Smartphone lesen zu können.

Verlage der Zukunft
vdz.communityredaktion@googlemail.com

www.verlagederzukunft.de
Wohin entwickelt sich das Verlagswesen? Trends wie E-Books, Apps, und Social-Media werden unter die Lupe genommen.

Literatur/Gedichte, Reime, Zitate & Märchen

Aphorismen
p.schumacher@aphorismen.de

www.aphorismen.de
Sammlung von Aphorismen, über 100.000 Texte, Gedichte, Geschichten und Bauernweisheiten nach Themen geordnet.

Lyrikline.org
mail@lyrikline.org

www.lyrikline.org
Über 7.000 Gedichte von 770 Dichtern in 55 Sprachen und über 9.000 Übersetzungen in 55 Sprachen.

Märchen im Internet
buero@internet-maerchen.de

www.internet-maerchen.de
Internet-Märchenbuch mit einigen hundert Märchen aus der ganzen Welt.

Projekt Gutenberg
info@abc.de

gutenberg.spiegel.de
Über 14.000 Gedichte, 1.600 Märchen, 1.200 Fabeln, 3.500 Sagen und 1.800 Romane, Erzählungen und Novellen.

Reimemaschine
kaybischoff@gmail.com

www.reimemaschine.de
Findet auf jedes Wort den richtigen Reim. Außerdem stehen über 6.000 fertige Gedichte zu verschiedenen Themen bereit.

Reimlexikon
info@2sic.com

www.2rhyme.ch
Die Suchmaschine des deutschen Reimlexikons sucht Wörter mit gleichen Endungen. Fehlende Wörter können eingesendet werden.

sagen.at
wolfgang.morscher@sagen.at

www.sagen.at
Sagen und Märchen von der Antike bis zur Gegenwart aus ganz Europa. Hintergrundinformationen und Nachschlagewerke.

Wikiquote

www.wikiquote.de
Freie und mehrsprachige Zitatsammlung. Von Aristoteles bis Graf von Zeppelin ist so ziemlich alles vertreten.

zitate.net

www.zitate.net
Große Datenbank mit Aphorismen und Zitaten vieler bedeutender Persönlichkeiten zum Nachlesen.

zitate-online.de
info@zitate-online.de

www.zitate-online.de
Zitate für jede Lebenssituation. Auf der persönlichen Nutzerseite Lieblingszitate anlegen oder einfach eigene einreichen.

Literatur/Hörbücher

Hoerspielprojekt.de
kontakt@hoerspielprojekt.de

www.hoerspielprojekt.de
Die Community für Hörspiele bringt Sprecher, Autoren und Musiker zusammen. Hörspiele werden in der Gemeinschaft produziert.

hörbuchFM
info@hoerbuchfm.de

www.hoerbuchfm.de
Ein Web-Radio rund um das hörbare Buch: Rezensionen, Interviews, News, Features und natürlich Hörbücher.

soforthoeren.de

www.soforthoeren.de
Auf dem Download-Portal für Hörbücher ist eine große Auswahl an Literatur aller Genres erhältlich.

Vorleser.net
briefkasten@phonetics.eu

www.vorleser.net
Über 550 Hörbücher zum kostenlosen Download: Vertreten sind klassische Autoren mit Märchen, Geschichten und Gedichten.

Literatur/Lektorat & Korrektorat

Dr. Werner
service@drwerner.de

www.drwerner.de
Profi-Textagentur. Nach Angabe von Textart, -länge, Fachgebiet und Liefertermin, erhält man ein Angebot.

Lektorat.de
info@lektorat.de

www.lektorat.de
Verzeichnis von Dienstleistern aus dem Publishing-Bereich: Lektorate, Korrektorate, Übersetzer, Grafikdesigner und Texter.

Literatur/Rezensionen & Buchkritiken

Gedankenspinner.de

www.gedankenspinner.de
Aktuelle Buchtipps und Buchrezensionen.

Krimi-Couch
info@krimi-couch.de

www.krimi-couch.de
Rezensionen von Kriminalromanen und Vorstellung der Autoren.

Literra
redaktion@literra.info

www.literra.info
Literaturportal, das sich bevorzugt dem Programm von Kleinverlagen widmet. Mit Focus auf Fantasy und Science-Fiction.

lovelybooks.de
info@lovelybooks.de

www.lovelybooks.de
Community für Leser und Autoren: Austausch von Lesetipps, Bücher bewerten, Rezensionen schreiben, Gleichgesinnte finden.

Perlentaucher.de
service@perlentaucher.de

www.perlentaucher.de
Kulturmagazin im Internet mit täglicher Auswertung der Buchrezensionen in deutschsprachigen Zeitungen. Mit Leseproben.

Phantastik-Couch.de
chefredaktion@phantastik-couch.de

www.phantastik-couch.de
Buchrezensionen aus den Bereichen Science Fiction, Fantasy, Horror und Mystery.

reller-rezensionen.de
gisela@reller-rezensionen.de

www.reller-rezensionen.de
Die Rezensionen – angereichert durch Sprichwörter, Fotos und Illustrationen – stellen ins Deutsche übersetzte Bücher von Autoren der ehemaligen Sowjetunion vor, seien es Tschuktschen, russische Zigeuner, Georgier, Adygen oder Russen. Die Web-Seite hat 100 Völker der Ex-UdSSR im literarischen Blick.

Malerei

zahlenmalerei.de
info@zahlenmalerei.de

www.zahlenmalerei.de
Große Motiv-Auswahl zum Thema „Malen nach Zahlen" für Kinder und Erwachsene. Kratzbilder, Mandala, 3D, Sand und Zubehör.

Models & Castings

casting partner
info@castingpartner.de

www.castingpartner.de
Casting-Netzwerk mit spezialisierter Datenbank in Kooperation mit Sendern und Produktionsfirmen, Infos zum (Video-)Casting.

CastingShow-News
info@castingshow-news.de

www.castingshow-news.de
Hier erfährt man alles über DSDS, Popstars, Das Supertalent, X Factor, Germanys next Topmodel und andere Castingshows.

Casting-Verzeichnis.de

www.casting-verzeichnis.de
Das Portal ist ein kostenloser, redaktionell gepflegter Web-Katalog für die Casting-, Medien- und Showbranche.

Fame on Me
mail@fameonme.de

www.fameonme.de
Deutschlands große Casting-Community für Models, Schauspieler, Moderatoren, Sänger, Komparsen und TV-Kandidaten.

Model.de
kontakt@model.de

www.model.de
Plattform für professionelle und Newcomer-Models, für den Laufsteg oder Werbespots. Mit Agenturen- und Modeldatenbank.

Mysedcard.tv
info@mysedcard.tv

www.mysedcard.tv
Das Netzwerk für Models, Agenturen und Fotografen, um erfolgreich Kontakte innerhalb der Modelbranche zu knüpfen.

One4Model
alex@14model.de

www.14model.de
Die Model-Community präsentiert Fotografen und Sedcards. Im Forum kann man sich über die Modelszene austauschen.

ShowCast
mail@showcast.de

www.showcast.de
ShowCast ist eine Anlaufstelle für Models und Auftraggeber aus dem Segment Commercial Modeling. Kostenlose Bewerbungen.

Museen & Galerien

Deutsche Museen
info@museen.de.com

www.deutsche-museen.de
Verzeichnis von Museen in Deutschland. Schnell zu finden per Suchmaske. Termine für Museumsnächte und Veranstaltungen.

Musik/Allgemein

Deutsches Musikinformationszentrum
info@miz.org

www.miz.org
Zentrales Informationsportal zum Musikleben in Deutschland: Institutionen, News, Fachbeiträge, Dokumente und Statistiken.

Musik4fun.com

www.musik4fun.com
Diskussionen über die verschiedenen Musikrichtungen, Songtexte, Bands, Musiker und ein Lexikon.

Musiktipps24
info@whykiki.de

www.musiktipps24.com
Täglich aktuelle Neuigkeiten aus der Welt der Musik. Viele Hintergrundberichte, Rezensionen und Konzerthinweise.

Musik/Bands & Interpreten

Bandliste.de
info@bandliste.de

www.bandliste.de
Verzeichnis mit über 15.000 Bandporträts und etlichen Konzertankündigungen.

setlist.fm

www.setlist.fm
Musikwiki zu Sängern, Bands und Musikfestivals mit vielen Links zu Musikvideos und Hörbeispielen.

Musik/CD, DVD- & Vinyl-Versand

jpc
service@jpc.de

www.jpc.de
Über 400.000 CDs und DVDs, ca. 1,9 Millionen Hörproben und 220.000 Cover-Abbildungen.

Klangheimat
post@klangheimat.de
☎(08027) 904186

www.klangheimat.de
Spezialist für Vinyl und analoge Audiosysteme. Es können Schallplatten aus den Genres Jazz und Funk, Klassik, Rock, Blues und Soul, Country mit passendem Vinyl-Reinigungsmittel, Schutzhüllen und LP Register sowie Plattenspieler, Lautsprecher, Klangverbesserungselemente und analoges Equipment erworben werden.
(Siehe Abbildung)

Web-records.com
info@web-records.com

www.web-records.com
Internet-Shop für Club-Vinyl und MP3-Downloadshop für Techno, Trance, House, Black Music und Charts.

WOM World of Music
kontakt@wom.de

www.wom.de
Umfangreiches Musikangebot an CDs und Platten sowie Filmen auf DVD und Blu-ray. Download-Shop sowie Link zum WOM-Magazin.

Siehe auch Kapitel Einkaufen   **Bücher**

Musik/Charts & Hits

deutsche dj charts
mail@plattenmann.de

www.ddjc.de
Hitlisten deutscher DJs und aktuelle Charts, aber auch Hitlisten der vergangenen Jahre.

Deutsche-DJ-Playlist (DDP)
info@deutsche-dj-playlist.de

www.deutsche-dj-playlist.de
Die Deutsche-DJ-Playlist präsentiert in Zusammenarbeit mit 500 ausgewählten DJs die Hits aus Deutschlands Diskotheken.

mix1.de
news@mix1.de

www.mix1.de
Jede Menge Charts: Deutsche Discjockey-Charts, DJ-Party-Charts, Schlager-Charts, europäische und internationale Charts.

Musik/Festivals, Tourneen & Konzerte

Festivalfieber
redaktion@festivalfieber.de

www.festivalfieber.de
Festivals deutschlandweit und international. Festivalkalender mit Monatsansicht, News und Videos der Bands.

Festivalguide
festivalguide@intro.de

www.festivalguide.de
Termine, News, Berichte zu Festivals, Tourneen, Live-Events und Konzerten in Europa.

festivalhopper.de
website@festivalhopper.de

www.festivalhopper.de
Informationsplattform für Open-Air-Festivals und ähnliche Musik-veranstaltungen.

Festivalplaner.de
info@festivalplaner.de

www.festivalplaner.de
Die große Datenbank im Bereich Festivals, Open-Airs und Konzer-te. Mit praktischen Infos zu Line-Up, Anfahrt und Camping.

Klangheimat   **www.klangheimat.de**

Kunst & Kultur

livegigs.de
info@livegigs.de

www.livegigs.de
Veranstaltungen, Konzerte, Touren und Locations im deutschsprachigen Raum.

rock-spot.de
info@catchup-media.de

www.rock-spot.de
Musik-Portal mit über 22.100 Bands und 24.200 Konzerten, Events, CD- und Konzertreviews sowie Fotos.

Musik/Instrumente

Music Store
info@musicstore.de

www.musicstore.de
Umfangreiches Versandlager für Musik-Equipment wie Gitarren, Bässe, Drums, Keyboards, DJ-Equipment und Synthesizer.

Musikhaus Thomann
info@thomann.de

www.thomann.de
Hier findet man alles, was das Musikerherz höher schlagen lässt: Instrumente, Studio-, Licht- und Beschallungstechnik.

Schallquelle
info@schall-quelle.de

www.schall-quelle.de
Musikinstrumente wie Gitarre, Trompete, Piano und Streichinstrumente sowie Musiknoten und passendes Zubehör.

Musik/Internet-Musikrekorder & Online-Musik

AUPEO!
hello@aupeo.com

www.aupeo.com
Bei AUPEO! kann man sein persönliches Lieblingsmusikprogramm zusammenstellen und direkt anhören.

jango
info@jango.com

www.jango.com
Dieses Portal erfüllt Musikwünsche. Jeder User hat eine eigene Station und findet Gleichgesinnte, die seinen Geschmack teilen.

justhearit

www.justhearit.com
Die Suchmaschine für Songs findet fast jeden Titel im Internet. Es lassen sich auch eigene Playlists erstellen. Alles kostenlos.

Last.fm
office@last.fm

www.lastfm.de
Hier kann man das persönliche Radioprogramm zusammenstellen und neue Musik entdecken.

laut.fm
radio@laut.de

www.laut.fm
User-Generated-Radio bedeutet, dass jeder einen Sender gründen kann. Die Genres gehen dabei von Kinderliedern bis Rock.

play.fm
office@play.fm

www.play.fm
Das On-Demand-Radio für Live-Mitschnitte und DJ-Sets.

Rdio
info@rdio.com

www.rdio.com
Online- und Offline-Musik im Abo. Zum Hören auf PC, Mac und mobilen Geräten.

restorm
contact@restorm.com

www.restorm.com
Eine Musikplattform, die Akteure aus allen Bereichen der Musikwelt verbindet. Mit lizenzfreier Musik zum Download.

simfy.de
info@simfy.com

www.simfy.de
Bei simfy.de kann man ganz legal mit Freunden Musik tauschen und die eigene Musiksammlung archivieren.

Spotify
kundendienst_de@spotify.com

www.spotify.com
Online-Musikarchiv, bei dem man die Titel gratis hören kann, ohne sie herunterzuladen. Premiumservice kostenpflichtig.

Musik/Karaoke & Playback

Musicway

www.musicway.de
Hier gibt es neben Karaoke-Charts und Songtexten auch eine Community und eine Bewertungsfunktion der eingesungenen Titel.

Musik/Liedertexte & Songtexte

Magistrix.de
info@quartermedia.de

www.magistrix.de
Diese Community sammelt Songtexte in einer Datenbank. Dazu gibt es Songtexte-Charts und Nachrichten aus der Musikwelt.

songtexte.com

www.songtexte.com
Songtexte (fast) aller bekannter Lieder, meist auch mit Musikvideos.

Songvista.net
admin@songvista.net

www.songvista.net
Die Infoquelle für Liedtexte aller Art. Einfach durchzustöbern nach Songtexten, Übersetzungen sowie Tabs und Chords.

Musik/MP3 & Musikdownloads

akuma

www.akuma.de
Akuma bietet mehr als 1.000.000 legale MP3s von über 65.000 Künstlern. Das Downloaden ist kostenpflichtig.

Beatboat
hello@beatboat.de

www.beatboat.de
Beatboat sucht den günstigsten Preis für den eigenen Lieblingssong bei vier großen MP3-Downloadportalen.

jamendo
contact@jamendo.com

www.jamendo.de
Online-Musikplattform und Community, weltweiter Anbieter für freie Musik, private und professionelle Nutzung.

kix.de

www.kix.de
Meta-Suchmaschine für kostenpflichtige Musik-Downloads.

MEDIONmusic
service-medionmusic@medion.com

www.medionmusic.com
Mit mehr als 3,5 Millionen Songs bietet MEDIONmusic eine große Auswahl an Musik zum kleinen Preis.

Musicload
hotline@musicload.de

www.musicload.de
Bei Musicload können User unter Angabe der E-Mail-Adresse Musik, Musikclips und Hörbücher legal kaufen und herunterladen.

Napster.de
info@napster.de

www.napster.de
Musik-Service mit über acht Millionen Songs aller Genres. Einzelne Songs downloaden oder monatliche Musik-Flatrate nutzen.

Tonspion
info@tonspion.de

www.tonspion.de
Das MP3-Musikmagazin stellt neue Alben und Künstler über kostenlose MP3-Downloads in CD-Qualität vor.

tunefinder.com
info@tunefinder.com

www.tunefinder.com
Tune Finder durchsucht das Web nach legalen MP3-Downloads und listet die besten kostenlosen Songs auf.

Musik/Musicals

Musical-Magazin
kontakt@thatsmusical.de

www.thatsmusical.de
Musical-Magazin mit aktuellen Themen, Rezensionen, News und Datenbanken, einem Ticket-Shop, Spielplänen und Forum.

musical-total.de
info@musical-total.com

www.musical-total.com
Internet-Portal zum Thema Musical. News, Berichte, Termine und Informationen über Musicals, Darsteller und Spielstätten.

Musik/Musikbücher & Musiknoten

chords online
info@chords-online.de

www.chords-online.de
Der Online-Shop für Notenversand bietet über 15.000 Artikel aus den verschiedensten Musikbereichen an.

Jetelina

www.jetelina.de
Der Spezialversand im Bereich der Musik bietet die Möglichkeit, aus über 140.000 Musiknoten das gewünschte Werk zu finden.

Kinder wollen singen

www.kinder-wollen-singen.de
Eine einfach zu bedienende Web-Seite, auf der man einzelne Lieder oder ganze Liedgruppen finden kann.

Notanorm
support@notanorm.de

www.notanorm.de
Notanorm verfügt über mehr als 110.000 Noten, Songbooks und Partituren aus allen Musiksparten.

notenbuch.de
service@notenbuch.de

www.notenbuch.de
Hier findet man ein großes Angebot an Noten, Lieder- und Musikbüchern sowie internationalen Songbooks.

RowyNet

www.rowy.net
Über 1.700 kostenlose klassische Musiknoten für Schüler, Lehrer und Musiker als PDF. Außerdem viele Musiknoten-Links.

● **Stretta Music**
info@stretta.de
☎(09306) 98 52 20

www.stretta-music.com
Versand für Musikbücher und Noten aller Art: Noten für Bläser, Streicher, Zupf- und Tasteninstrumente, Schlagzeug, Sänger und die Schulmusik mit Noten- und Klangbeispielen. Bücher für Theater, Künstler, Kinder und zur Musiktheorie, Notenpulte, Stimmgeräte, Reinigungsmittel sowie Pultleuchten. **(Siehe Abbildung)**

VEZ
info@abc-noten.de

www.abc-noten.de
Hier gibt es Noten aus Klassik und Pop für alle Musikinstrumente. Die Auswahl erfolgt über eine Musiknoten-Datenbank.

Siehe auch Kapitel Einkaufen

Bücher

Musik/Musikrichtungen/Alternative

Terrorverlag
karsten@terrorverlag.de

www.musik.terrorverlag.de
Alles zu Alternative-Musik im Web. Mit vielen Interviews, Konzertberichten, CD-Rezensionen, Fotos und einem Forum.

Musik/Musikrichtungen/Black Music & Soul

JAM FM
mail@jamfm.de

www.jam.fm
Deutschlands großer Black-Music-Radiosender bietet Playlists, Programmübersichten sowie CD-, Event- und Szenetipps.

Musik/Musikrichtungen/Blasmusik

Blasmusik online
infos@blasmusik.de

www.blasmusik.de
Für Freunde der Blasmusik. Mit Infos zu Verbänden und Fachhandel, Veranstaltungstipps sowie einem Blasmusik-CD-Shop.

Musik/Musikrichtungen/Blues

Bluessource
info@bluessource.de

www.bluessource.de
Von Bluesfans für Bluesfans. Mit Historie, Lexikon, Infos zu Instrumenten, Bandverzeichnis und einer Link-Sammlung.

Musik/Musikrichtungen/Country & Western

Country Music News
hamburg@agr-music.com

www.countrymusicnews.de
Aktuelle News aus der Country-Szene, Künstlerbiografien, CD- und DVD-Tipps, Terminkalender, Charts und Forum für Fans.

Countrymusic Online-Magazin
info@country.de

www.country.de
Die aktuellen News, CD-Tipps, Künstlerbiografien, Charts, Forum, Linedance sowie ein Terminkalender.

Musik/Musikrichtungen/Folk- & Weltmusik

Weltmusikradio.de
info@weltmusikradio.de

www.weltmusikradio.de
Die Seiten mit Tipps für Folk- und Weltmusik-Fans: aktuelle CDs, Radiosendungen, Konzerte. Viele Fotos, Videos und Links.

Musik/Musikrichtungen/Hardrock & Metal

Metal.de

www.metal.de
Artikel und Infos zu neuesten, beliebtesten oder besten Bands, Clubs, Labels und Magazinen sowie CD-Reviews.

Rock Hard
megazine@rockhard.de

www.rockhard.de
Das Musikportal mit über 35.000 Reviews, Interviews, Tourdaten und die vermutlich verrockteste Community Deutschlands.

Musik/Musikrichtungen/Jazz

Jazz in Deutschland
jazz@jazzpages.com

www.jazzpages.com
Jazz in Deutschland: Jazzforum, Jazzfotografie, News, Musiker- und Clubseiten, Zitate, Reviews und Festivalübersicht.

Jazz thing
redaktion@jazzthing.de

www.jazzthing.de
Detailliertes Angebot an Jazznachrichten, Rezensionen, Konzerten und Festivals, Blogs, Podcasts und Jazz im TV und Radio.

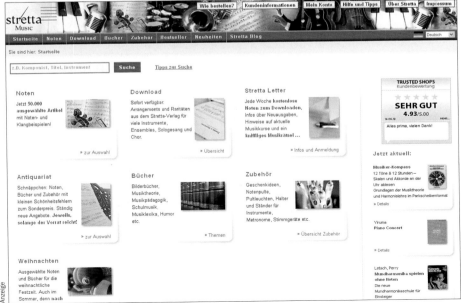

JazzEcho
kontakt@jazzecho.de

www.jazzecho.de
Jazz von A bis Z: News und CD-Rezensionen, Videos, Hörbeispiele sowie aktuelle Jazz-Charts, Live-TV- und Radio-Termine.

Musik/Musikrichtungen/Klassik

classictic
info@classictic.de

www.classictic.com
Tickets für klassische Konzerte und Oper in Kulturstädten Europas und weltweit. Suche nach Datum, Spielort oder Komponist.

crescendo
crescendo@crescendo.de

www.crescendo.de
Aktuelle Rezensionen von Veranstaltungen, CD- und DVD-Kritiken, Interviews und Kommentare sowie ein Festspielguide.

Festspiele.de

www.festspiele.de
Bregenz oder Salzburg? Wer tritt bei welcher Aufführung auf? News und Storys, Fotos und Videos für den Klassikliebhaber.

junge-klassik.de
info@staatsphilharmonie.de

www.junge-klassik.de
Spielend Klassik erfahren: Die Staatsphilharmonie Rheinland-Pfalz zeigt kleinen Entdeckern die Welt der klassischen Musik.

KlassikAkzente
kontakt@klassikakzente.de

www.klassikakzente.de
Infos zu klassischer Musik: CD-Veröffentlichungen, Konzert-, TV- und Radiotermine, Hörbeispiele und Klassik-Charts.

 Klassik Radio Shop
shop@klassikradio.de
☎(0800) 90 30 999

www.shop.klassikradio.de
Online-Shop des Premiumsenders Klassik Radio mit einer Vielfalt an CDs, DVDs, Büchern, dem Fanshop und weiteren Klassik Radio-Produkten. Alle angebotenen Produkte werden mit Bild und ausführlicher Beschreibung präsentiert und können direkt online bestellt werden. **(Siehe Abbildung)**

Klassik Radio Shop   **www.shop.klassikradio.de**

klassik radio

KUNST & KULTUR

Musik/Musikrichtungen/Rap & Hip-Hop

HipHop.de
info@hiphop.de

www.hiphop.de
Große Hip-Hop-Community. Foren, Musiktipps, MP3s, Bücher und CDs, aber auch Themen wie Graffiti und Sport.

Rap.de
info@rap.de

www.rap.de
Forum für Rap und Hip-Hop. Event- und Konzerttermine, Reviews, CDs und Charts. MP3-Files und Music-Store.

rap4fame.de
kontakt@rap4fame.de

www.rap4fame.de
Aktuelle Meldungen zu den angesagtesten Rappern, viele CD-Besprechungen und ein großes Forum.

Rapclip.de
info@rapclip.de

www.rapclip.de
Rapclip.de ist das deutsche Hip-Hop-Videoportal mit täglich neuen Videos, Bewertungen und Kommentaren.

Musik/Musikrichtungen/Rock & Pop

Pop 100
pop100@pop100.com

www.pop100.com
Das Magazin mit News aus der Pop- und Medienszene, Interviews, Entertainment-Aktien-Index und Charts aller Art.

Rolling Stone online
redaktion@rollingstone.de

www.rollingstone.de
Umfassende Reportagen, Konzert-Reviews, Platten- und Buchkritiken, Interviews und Porträts sowie exklusive Berichte.

Musik/Musikrichtungen/Techno & House

djtunes.com
info@djtunes.com

www.djtunes.com
Neue Songs, Künstlervorstellungen und Playlists rund um Electro-, Minimal-, House-, Trance- und Technomusik.

HTD-Radio
info@htd-radio.de

www.htd-radio.de
Online-Auftritt des Internet-Radios im Bereich House, Trance, Dance und allen Richtungen des Techno.

we-love-house.fm
info@we-love-house.fm

we-love-house.fm
Web-Sender für House-, Dance- und Clubmusik.

Musik/Musikrichtungen/Volksmusik & Schlager

Abella
office@abella.de

www.abella.de
Datenbank mit Tonträgern jeder Musikrichtung mit Schwerpunkt Schlager- und Volksmusik.

Schlagr.de
info@schlagr.de

www.schlagr.de
Die neuesten Nachrichten von den Schlager-Stars und -Sternchen. Verschiedene Schlager-Charts und ganz viele Videos.

Volksmusik
info@volksmusik.de

www.volksmusik.de
Im großen Katalog kann alphabetisch nach Volksmusikkünstlern gesucht werden. Mit Kleinanzeigen und Agenturadressen.

Musik/Musikschulen

Musiklehrer.de
contact@bodemer.de

www.musiklehrer.de
Online recherchierbare Musiklehrer-Datenbank. Außerdem Infos rund um das Musizieren sowie zur Wahl des Musikinstruments.

Verband deutscher Musikschulen VdM
vdm@musikschulen.de

www.musikschulen.de
Der VdM informiert über die rund 920 öffentlichen Musikschulen und eigene Projekte wie den Medienpreis LEOPOLD.

Musik/Musikvideos

deluxemusic.tv

www.deluxemusic.tv
In der rechten Spalte „Web-TV" kann ein Musikvideosender online abgespielt werden (Rubrik „Free TV").

myvideo.de

www.myvideo.de/musik
Verschiedene Top-Musik-Channels und Pop-Playlisten anderer User.

putpat.tv

www.putpat.tv
Putpat ist ein Internet-Musikfernsehsender, auf dem man seine eigenen Musikwünsche zusammenstellen kann.

Qtom
info@qtom.tv

www.qtom.tv
QTom ist interaktives Musikfernsehen im TV und Internet. Hier kann man sein Musikprogramm selbst bestimmen.

tape.tv

www.tape.tv
Aus über 12.000 Clips kann man sein eigenes Musikprogramm zusammenstellen. Mit Chart-Stream.

youtube

www.youtube.com
Millionen von Musikvideos. Viele Live-Auftritte bekannter Sänger und Bands.

Musik/Musikzeitschriften

Intro.de
feedback@intro.de

www.intro.de
Plattform des Musikmagazins Intro mit News, Reviews, Termindatenbank, Videoclips und MP3s sowie einem Forum.

Musikexpress
redaktion@musikexpress.de

www.musikexpress.de
Online-Auftritt des Musikexpress. Neuigkeiten, Interviews, Hintergrundinfos, Konzerttipps, Newcomer und viele Hörproben.

VISIONS
info@visions.de

www.visions.de
Netzauftritt der Musikzeitschrift VISIONS mit News, Tourdaten, Bandvorstellungen und Plattenkritiken.

Musik/Online-Musikmagazine

Bass-Music
info@bass-music.de

bass-music.de
Musikmagazin mit aktuellen News über Stars und Sternchen der Musik-Szene.

CDstarts.de
leserbriefe@cdstarts.de

www.cdstarts.de
Übersicht über die CD-Neuerscheinungen. Außerdem Berichte, Tourdaten und Interviews. Mit Forum.

Laut.de
redaktion@laut.de

www.laut.de
News und Storys aus dem deutschen und internationalen Musikgeschehen, CD-Reviews, Genre-Guide und Interpretendatenbank.

musicline.de
info@musicline.de

www.musicline.de
musicline.de ist die Musik-Suchmaschine im Internet mit mehr als 5 Millionen Hörproben von über 600.000 Tonträgern.

Plattentests.de
post@plattentests.de

www.plattentests.de
Große Sammlung von CD-Rezensionen aller wichtigen Erscheinungen der letzten Jahre aus den Bereichen Rock und Independent.

Recording.de

www.recording.de
Eine große Community zum Thema Musik und Computer: News, Forum, Downloads, Soft- und Hardware-Infos.

Musik/Ticketservice

Siehe Kapitel Freizeit & Hobby   **Veranstaltungen & Tickets**

Theater & Tanz

getthedance.com
info@getthedance.com

www.getthedance.com
Online-Tanzkurse, Tanzpartner-Suche, Forum, Foto-Upload und Nachrichtenaustausch.

nachtkritik.de

www.nachtkritik.de
Unabhängiges Theaterportal für den deutschsprachigen Raum. Profikritiken, Presserundschauen, Debatten und Archiv.

tanznetz.de
info@tanznetz.de

www.tanznetz.de
Das Internet-Portal präsentiert Tanzkritiken, Veranstaltungstipps sowie Infos zu Ausbildung und Auditionen. Großes Forum.

Theater & Tanz/Organisationen

Deutscher Bühnenverein
debue@buehnenverein.de

www.buehnenverein.de
Ausführliche Hintergrundinfos zum Theater in Deutschland. Außerdem: Zahlreiche Adressen der Theater und Orchester.

Theater & Tanz/Zeitschriften

● **Die Deutsche Bühne Online**
info@die-deutsche-buehne.de

www.die-deutsche-buehne.de
Die Seiten des ältesten deutschen Theatermagazins für alle Sparten bieten Berichte, Reportagen, Essays und Interviews über das Theater auf, vor und hinter der Bühne. Kritiker rezensieren aktuelle Produktionen. Sowohl der Inhalt der Printausgabe als auch Auszüge aus früheren Ausgaben sind einsehbar.
(Siehe Abbildung)

Die Deutsche Bühne Online   **www.die-deutsche-buehne.de**

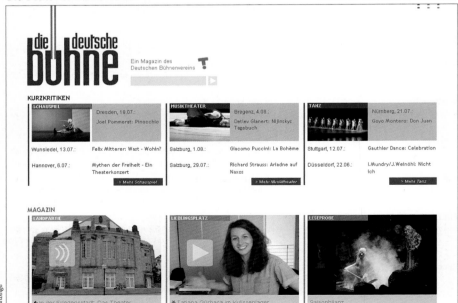

MEDIEN

commentarist
Tagesaktuelle Kommentare & Kolumnen von mehr als 1000 Journalisten

MeinCommentarist

Willkommen bei Commentarist! Login oder **Anmelden**

Themen | National | International | Wirtschaft | Sport | Wissenschaft & Technik | Kultur | Blättern | Journalisten | Nachrichtenseiten

Kommentare filtern ˅

✉ Commentarist Presseschau

Euro-Krise: Spanien beantragt Milliarden für seine Banken

Der Lohn verliert seinen Wert

👤 Fabian Leber 📄 Tagesspiegel 🕐 26 Minuten

Auch Deutschland verschuldet sich weiter - davon profitieren vor allem Wohlhabende. Denn wer dagegen keine hohen Zinseinkünfte hat, wer in erster Linie von täglicher Arbeit lebt, verliert doppelt. Wenn es etwas gibt, was Deutschlands ...

Nur Prinzipien helfen Spanien aus der Krise
👤 Florian Eder 📄 Welt Online 🕐 2 Stunden

Das griechische Paradoxon
👤 Isolde Charim 📄 taz.de 🕐 2 Stunden

Griechenlands ignorante Retter
👤 José Barrionuevo 📄 FTD.de 🕐 2 Stunden

Zeige alle 24 Kommentare zu diesem Thema

Ägypten: Muslimbruder Mursi gewinnt Präsidentenwahl

Euros für Islamisten

👤 Malte Lehming 📄 Tagesspiegel 🕐 2 Stunden

Der Arabische Frühling wird in Europa per se als gut begriffen. Doch frei gewählt, wie jetzt in Ägypten, heißt noch lange nicht human, meint Malte Lehming. Finanzielle Hilfsleistungen in der Region sollten daher an Bedingungen geknüpft werden ...

Mohammed Mursi - Leitartikel Keine Angst vor den Muslimbrüdern!
👤 Julia Gerlach 📄 Frankfurter Rundschau 🕐 2 Stunden

In den Händen der Generäle
👤 Christian Unger 📄 Hamburger Abendblatt 🕐 1 Tag

Machtkampf ohne Ende
👤 Andrea Nüsse 📄 Tagesspiegel 🕐 1 Tag

Zeige alle 18 Kommentare zu diesem Thema

National

Debatte über EU-Volksabstimmung

Bremsen bringt nichts

👤 Leitartikel - FTD.de 📄 FTD.de 🕐 1 Stunde

Sicher, Finanzminister Schäuble ist mit seinem Vorschlag zu Volksentscheiden über EU-Themen vorgeprescht. Einen Grund, ihn zu bremsen, gibt es aber nicht. Die Diskussion sollte heute schon beginnen. Es ist bemerkenswert, wie schnell die Union eine

Bitte keine Sonderplebiszite
👤 Christian Rath 📄 taz.de 🕐 1 Stunde

International

Syrien-Konflikt: Abschuss von türkischem Kampfflugzeug

Kein Fall für die Nato

👤 Thomas Frankenfeld 📄 Hamburger Abendblatt 🕐 2 Stunden

Nach dem Abschuss eines Kampfjets durch Syrien sucht die Türkei Verbündete Im Juli 1870 redigierte der preußische Ministerpräsident Otto von Bismarck ein Telegramm eines Mitarbeiters, in dem es um das äußerst angespannte Verhältnis zu

Die Nato muss Syrien jetzt Paroli bieten

KOMMENTARE & KOLUMNEN FINDEN

Themen, Journalisten, Nachrichtenseiten 🔍

WERBEPARTNER

INITIATIVE
NEUE SOZIALE
MARKTWIRTSCHAFT

MEISTDISKUTIERTE THEMEN

Euro-Krise: Spanien beantragt Milliarden f...
24 Kommentare

Euro-Krise: Nach der Wahl in Griechenland
20 Kommentare

Ägypten: Muslimbruder Mursi gewinnt Präs...
18 Kommentare

AKTUELLSTER KOMMENTAR

Die Lonesome-George-Formel

👤 Ingo Arzt 📄 taz.de 🕐 12 Minuten

Lonesome George funktioniert. Am Sonntag starb die letzte Pinta-Schildkröte des Planeten in ihrer Zuchtstation auf den Galapagosinseln. Emotional ...

www.imdb.de

IMDb

Wie oft hat Sir Sean Connery 007 gespielt und wer steckt hinter Superman? Wie hieß der erste Film von Julia Roberts? Auf diesem Portal werden all Ihre Fragen zu Film, Fernsehen und Ihren Lieblingsdarstellern beantwortet. Ob Horror oder Komödie, Stars oder Sternchen, hier finden Sie nicht nur Biografien und Filmografien von Schauspielern, Regisseuren und Filmfiguren, sondern auch die aktuellen Kinostarts, Filmkritiken und Fotos der Premieren. Werden Sie zum Filmkritiker und bewerten Sie, ob „Titanic" oder „Psycho" der größere Klassiker ist. Tauchen Sie ein in die Welt von James Bond, Terminator oder Scarlett O'Hara!

www.kino1.to

kino1.to

Im Internet Filme oder Videos zu finden, die legal und kostenlos abrufbar sind, wird immer schwieriger. Hier wird die Suche für Sie erleichtert – einfach ein Stichwort oder das gewünschte Genre angeben und die Web-Seite kino1.to durchsucht sämtliche Datenbanken und Mediatheken von zahlreichen Portalen wie ARD, ZDF, RTL, n24, myVideo oder maxdome – ganz egal, ob Sie eine bestimmte Folge von „Galileo", „TV Total" oder „Bauer sucht Frau" verpasst haben, die Tagesschau von letzter Woche ansehen möchten oder einen Dokumentarfilm über Unterwasserwelten, den Urknall oder den Maya-Kalender suchen.

www.videosurf.com

Videosurf

Sie sind auf der Suche nach einer bestimmten Filmszene aus Titanic, einer TV-Serie, dem Musik-Video Ihres Lieblingssongs, einem Kino-Trailer oder einem Konzert-Video? Die Suchmaschine von videosurf.com durchsucht sämtliche Video-Datenbanken nach Ihrem Suchbegriff und zeigt Ihnen die gefundenen Clips in einer übersichtlichen Liste an. Sie sind ein Fan von Johnny Depp und Jessica Alba oder möchten gerne mehr über Michelle Obama wissen? Ein Klick auf das Gesicht Ihres Lieblingsprominenten führt Sie zu einer Übersicht mit einer Biographie, den neusten Meldungen sowie sämtlichen Videos, in denen Ihr Star vorkommt.

www.commentarist.de

commentarist

Euro-Rettung, Schuldenbremse, Ganztagsschulen und arabischer Frühling – wer zu tagesaktuellen Themen nicht bloß Nachrichten oder Meldungen lesen möchte, ist mit commentarist.de gut beraten. Hier finden Sie eine Sammlung meinungsstarker Kommentare und unterhaltsamer Kolumnen von mehr als 1.000 Journalisten. Egal, ob Sie die Texte eines bestimmten Journalisten oder Mediums lesen möchten – von der Berliner Morgenpost oder der Frankfurter Rundschau über Financial Times, Welt und Zeit bis hin zum Spiegel, Focus und Stern – hier können Sie selbst entscheiden, aus welcher Online-Zeitung oder Zeitschrift Sie informiert werden möchten.

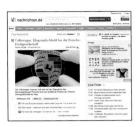

www.nachrichten.de

Nachrichten.de

Sie wollen keine ellenlangen Hintergrundberichte lesen, sondern eine schnelle Übersicht der aktuellen Nachrichtenlage haben? Dann sind Sie hier genau richtig. Nachrichten.de ist ein vollautomatisiertes News-Portal, das aus 500 Nachrichtenquellen, darunter den wichtigsten journalistischen Web-Seiten, unentwegt nach den neuesten Meldungen des Tages sucht und diese aufbereitet. So werden Themen zunächst in einzelne Ressorts wie Wirtschaft, Sport oder Kultur unterteilt und anschließend in übersichtlichen Clustern angezeigt. Damit haben Sie alles Wichtige im Blick und können sich bei Bedarf durch die Seiten mit den tiefgründigeren Berichten klicken.

www.radio.de

Radio.de

Wozu Radiofrequenzen per Schieberegler durchforsten? Das Radio des 21. Jahrhunderts geht übers Internet und wird lediglich per Maus-Klick gesteuert. Auf Radio.de finden Sie alle erdenklichen Sender und können sich diese dank integrierter Livestreams sofort anhören. Einfach Lieblingsstation auswählen und los geht's! Egal, wo Sie sich befinden und welche Sender in Reichweite sind, ob traditionelle Folklore aus Europa, heiße Latin-Beats aus Südamerika oder gefühlvolle Balladen aus Asien, hier können sich Radioliebhaber austoben und aus über 4.000 Sendern weltweit nach Musik-, Themen- oder Sprachkriterien auswählen. Na, sind Sie schon ganz Ohr?

www.surfmusik.de

Surfmusik

Sie hören gerne Radio? Jetzt müssen Sie im Urlaub oder auf Geschäftsreisen nicht mehr auf Ihren Lieblingssender verzichten. Denn hier gibt es über 3.000 Radiosender aus Deutschland und der ganzen Welt, die Sie live mit dem RealPlayer empfangen können! Lauschen Sie den Radioklängen der Fidschi-Inseln und wenn Sie Thai können, verstehen Sie vielleicht auch den Moderator des Radiosenders Bangkok oder entdecken Sie einfach die Chart-Ansage aus Kinshasa im Kongo. Die Sender-Homepage wird stets mitgeliefert. Oder hören Sie den Polizei- oder Flugfunk in Amerika ab und erleben Sie heiße Verfolgungsjagden!

www.tvspielfilm.de

TV Spielfilm

Sie möchten wissen, was heute Abend im Fernsehen läuft? Bei tvspielfilm.de können Sie schnell das aktuelle Fernsehprogramm nachlesen, und selbst bei kurzfristigen Programmänderungen werden Sie immer aktuell informiert. Bei der Suche nach einem spannenden Krimi oder dem neusten Actionfilm hilft eine Übersicht, die das TV-Programm von 106 deutschsprachigen Sendern beinhaltet. Wenn Sie sich in der Masse nicht mehr zurechtfinden, sind Sie mit dem Tipp des Tages immer gut beraten. Praktisch sind die zusätzlichen Infos zu den einzelnen Sendungen sowie aktuelle Interviews und Filmografien der Schauspielstars.

Allgemein

IOFF
kontakt@ioff.de

www.ioff.de
Großes Fernseh- und Medienforum. Themen: TV-Serien, Doku- und Reality-Soaps sowie Kino, Video, Spiele und andere Medien.

Kress.de
office@kresspost.de

www.kress.de
Branchendienst für Medien und Kommunikation mit Nachrichten aus Print, TV, Radio, Werbung und Internet.

mediabiz
emv@e-media.de

www.mediabiz.de
Großes Informationsportal für die professionelle Entertainment- und Medienbranche mit News, Stellenmarkt und Shop.

Anzeigenblätter/Baden-Württemberg

Boulevard Baden
info@boulevard-baden.de

www.boulevard-baden.de
Lokale Sportnachrichten, Veranstaltungskalender für die Region Baden und das Kinoprogramm für Karlsruhe.

Stuttgarter Wochenblatt
webmaster@stw.zgs.de

www.stuttgarter-wochenblatt.de
Neben Nachrichten gibt es einen Anzeigenmarkt für Kfz und Immobilien sowie einen gut sortierten Veranstaltungskalender.

Wochenblatt online
wochenblatt.gesamt@wbrv.de

www.wochenblatt-online.de
Kleinanzeigen können online gelesen und aufgegeben werden. Veranstaltungshinweise zwischen Alb und Bodensee abrufbar.

● **Zypresse**
kleinanzeigen@zypresse.com

www.zypresse.com
Die Zypresse ist die Anzeigenzeitung für den südbadischen Raum (Region Freiburg, Lörrach, Offenburg). Auf der Web-Seite findet man alle Anzeigen, die im Print erscheinen, und kann sie direkt aufgeben. Zusätzlich enthält die Web-Seite einen Veranstaltungskalender, ein Kinoprogramm, einen Mittagstisch u. v. m.
(Siehe Abbildung)

Zypresse   www.zypresse.com

Anzeigenblätter/Bayern

Allgäuer Anzeigeblatt
info@allgaeuer-anzeigeblatt.de

www.allgaeuer-anzeigeblatt.de
Anzeigen für das Oberallgäu und Kleinwalsertal mit umfangreichem Veranstaltungskalender, Regionalwetter und Skiliftdaten.

Blizz aktuell
info@blizzaktuell.de

www.blizzaktuell.de
Aktuelle Nachrichten über lokale und regionale Ereignisse in Regensburg und Umgebung. Mit Hintergrundberichten über Themen wie Recht und Finanzen, Gesundheit, Reisen, Auto, Sport oder Rund ums Haus. Zahlreiche Video-News, Kinotipps und diverse Fotogalerien. **(Siehe Abbildung)**

lokalnet
orga@lokalnet.de

www.lokalnet.de
Nachrichten, Veranstaltungstipps und Angebote vor Ort aus dem Landkreis Schwandorf, Regensburg und Amberg.

Online Wochenblatt
verlag@wochenblatt.de

www.wochenblatt.de
Wochenblatt für 16 Regionalausgaben. Jobbörse, Ticketservice mit Detailinformationen und Sitzplan.

Anzeigenblätter/Berlin

Berliner Woche
redaktion@berliner-woche.de

www.berliner-woche.de
33 Lokalausgaben mit Informationen aus den Bezirken sowie Tipps für Einkauf, Freizeit und Lebensqualität. Online lesbar.

Anzeigenblätter/Bremen

Bremer Anzeiger
info@bremer-anzeiger.de

www.bremer-anzeiger.de
Zweimal wöchentlich erscheinendes und kostenlos verteiltes Anzeigenblatt. Mit Kleinanzeigen und aktuellen Nachrichten.

Blizz aktuell   **www.blizzaktuell.de**

489

Anzeigenblätter/Hamburg

Lokal-Anzeiger Hamburg
hb@lokalanzeiger.info

www.lokal-anzeiger-hamburg.de
Aktuelle Lokalnachrichten, Autoinfos, Reise-, Buch-, Musik-, Computer-, DVD- und Videotipps.

Anzeigenblätter/Hessen

Extra Tip Mediengruppe
info@ks.extratip.de

www.etmedien.de
Belegungsservice für Anzeigen- und Prospektwerbung in Nord-Osthessen. Hier präsentieren sich über 25 lokale Titel.

Extra Tipp
info@extratipp.com

www.extratipp.com
Lokale Auto-, Immobilien- und Stellenanzeigen, Nachrichten aus der Rhein-Main-Region und aktuelle Wetterdaten.

Frankfurter Stadtkurier
info@frankfurterstadtkurier.de

www.frankfurterstadtkurier.de
Neben regionalen Themen findet man hier auch News aus Politik, Wirtschaft, Wissenschaft und Multimedia.

Mittelhessische Anzeigen-Zeitung
info@maz-verlag.de

www.maz-verlag.de
Karten-Shop, private Kleinanzeigen, kostenloses Branchenbuch, Zeitungsarchiv sowie Redaktionsseiten.

Verlag Blitz-Tip GmbH & Co. KG
info@blitztip.de

www.blitztip.de
Regionale Nachrichten aus dem Rhein-Main-Gebiet und überregionale Nachrichten aus Bereichen wie Politik und Wirtschaft.

Anzeigenblätter/Mecklenburg-Vorpommern

Blitz
blitz@blitzverlag.de

www.blitzverlag.de
Der Mecklenburger Blitz erscheint wöchentlich flächendeckend mit 19 Ausgaben in sieben Verlagen. Mit Kleinanzeigen online.

Anzeigenblätter/Niedersachsen

Hannoversche Wochenblätter
gesamtredaktion@wochenblaetter.de

www.wochenblaetter.de
Wochenblätter für Hannover und Region, unter anderem mit den Themengebieten Regionales, Politik, Sport und Kultur.

Marktspiegel
anzeigen@marktspiegel-verlag.de

www.marktspiegel-verlag.de
Anzeigen in den Rubriken Stellenmarkt, Automarkt, Immobilien und Bekanntschaften können angesehen und aufgegeben werden.

neue Braunschweiger
nb-anzeigen@nb-online.de

www.nb-online.de
Anzeigenzeitung der Region Braunschweig mit Berichten zu lokalen Themen und einem wöchentlichen Veranstaltungskalender.

Anzeigenblätter/Nordrhein-Westfalen

Kölner Wochenspiegel
info@koelner-wochenspiegel.de

www.koelner-wochenspiegel.de
Wochenzeitung mit Infos aus der Region und einem Kleinanzeigenmarkt. Links zu 14 weiteren Regionalausgaben.

Lokal Kompass

www.lokalkompass.de
Lokal Kompass ist die gemeinsame Plattform der WVW/ORA-Anzeigenblätter. Jeder kann zum Reporter werden und lokal berichten.

Panorama online
info@panorama-online.de

www.panorama-online.de
Hauptseite mehrerer Anzeigenblätter im Raum Niederrhein.

Schaufenster Bonn
info@schaufenster-bonn.de

www.schaufenster-bonn.de
Wochenblatt mit aktuellen Meldungen aus der Region und einem Kleinanzeigenmarkt für Bonn und den Rhein-Sieg-Kreis.

Anzeigenblätter/Sachsen

LAV-Online
leitung@leipziger-anzeigenblatt-verlag.de

www.sachsen-sonntag.de
Seite der Leipziger Rundschau mit nationalen und internationalen Meldungen sowie aktuellen Lokalnachrichten.

Anzeigenblätter/Sachsen-Anhalt

Super Sonntag
verlagsleitung@wochenspiegel-halle.de

www.supersonntag-web.de
15 Lokalausgaben bieten ihre Berichterstattung (Topstory, Aktuelles, aus der Region und Kleinanzeigen) an.

Archive

Bundesarchiv
koblenz@barch.bund.de

www.bundesarchiv.de
Gesichert werden Unterlagen des Deutschen Bundes, des Deutschen Reiches, der DDR und der Bundesrepublik Deutschland.

Fernsehen/Allgemein

Quotenmeter.de
info@quotenmeter.de

www.quotenmeter.de
Fernsehportal mit aktuellen News und Quoten. Außerdem gibt es ein Serienlexikon, ein Oscar-Special und ein Forum.

Fernsehen/Digitales Fernsehen

INFOSAT
service@infosat.de

www.infosat.de
Multimedia-Ratgeber mit redaktionellem Schwerpunkt auf dem digitalen Satellitendirektempfang. Neue Technologien wie HDTV, Hybrid-TV oder 3D-TV stehen dabei im Mittelpunkt. Gleichzeitig spielen neue Entwicklungen wie Heimvernetzung, IP-Streaming oder Internet-Fernsehen eine wichtige Rolle. **(Siehe Abbildung)**

INFOSAT　　　　　　　　　　　　　　　　　**www.infosat.de**

Digitalfernsehen.de
online@digitalfernsehen.de

www.digitalfernsehen.de
Umfassende Informationen über das Digitalfernsehen, von der Technik bis hin zu den Programmen. Mit einem großen Forum.

DVB-T Portal
info@technisat.de

www.dvb-t-portal.de
Wichtige Infos zum digitalen Antennenfernsehen, unter anderem zu Empfangsgebieten, Programmangeboten und Empfangsgeräten.

Inside-digital.de

www.inside-digital.de
Unabhängiges Digital-TV-Wissensmagazin: Große Fernseher- und Receiver-Datenbank sowie News zum Thema Digital-TV.

Fernsehen/Fanseiten

Fernsehserien.de
webmaster@fernsehserien.de

www.fernsehserien.de
Fernsehserien-Datenbank. Mit Sendeterminen, Episodenführern und Zuschauerkommentaren. Übersicht aktueller Serienstarts.

myFanbase
mail@myfanbase.de

www.myfanbase.de
Neuigkeiten und Hintergrundinformationen zu vielen US-amerikanischen Fernsehserien und Schauspielern.

retro-tv.de

www.retro-tv.de
Auf Retro-TV findet man viele Beiträge zu alten Fernsehserien, Filmen und Fernsehzeitschriften.

tvforen.de

www.tvforen.de
Großes Fanforum: Fragen, Antworten und Meinungen zum aktuellen Fernsehprogramm und eine Nostalgieecke.

wunschliste.de
schoenfeldt@wunschliste.de

www.wunschliste.de
Wunschliste mit Fernsehserien, die nie im deutschen Fernsehen liefen oder zur Zeit nicht laufen. Mitmachen kann jeder.

Zeichentrickserien.de
duckfilm@web.de

www.zeichentrickserien.de
Episodenführer zu Zeichentrickserien. Die Folgen sind alphabetisch aufgelistet und mit Hintergrundinfos aufgearbeitet.

Fernsehen/Fernsehprogramm

Klack
redaktion@klack.de

www.klack.de
TV-Programm, Programm-Finder, Spielfilmvorschau, Serien oder Sport sowie ausführliche Beschreibungen der Sendungen.

toptv.de
info@capitas.de

www.toptv.de
Auf dem TV-Ranking-Portal kann man auf einen Blick sehen, welche Filme und Serien wirklich sehenswert sind.

tv DIGITAL
leserservice@tvdigital.de

www.tvdigital.de
Aktuelles Fernsehprogramm und eine Übersicht über alle Digital-TV-Sender nach Kategorien geordnet.

tvtv

www.tvtv.de
Übersichtliche Darstellung des Fernsehprogramms, einschließlich einer Suchmaschine und einem Katalog für Spielfilme.

zzz Siehe auch

Zeitschriften/Fernsehprogramm

Fernsehen/Internet-TV

ARD Mediathek
info@br-online.de

www.ardmediathek.de
Überblick über die Radio- und Fernsehsendungen der ARD. Mit Live-Stream, Videos, Bildern und vielen Nachrichten.

Clipflakes
info@clipflakes.tv

www.clipflakes.tv
Eine Suchmaschine, die 27 Videoportale gleichzeitig durchsucht, hilft beim Erstellen persönlicher Web-TV-Programme.

fernsehsuche.de
info@drewes-scholz.de

www.fernsehsuche.de
Überblick über die aktuellen Sendungen in den Mediatheken der privaten und öffentlich-rechtlichen Fernsehsender.

Global internetTV
contact@global-itv.com

www.global-itv.com
Die TV-Datenbank bietet freien Zugang zu über 10.000 TV-Stationen aus fast allen Staaten der Welt.

glotzdirekt.de
info@tvtutti.com

www.glotzdirekt.de
Durch das Klicken auf die Abbildungen der einzelnen Sender kann man direkt über die Internet-Verbindung fernsehen.

iptv.de
info@iptv.de

www.iptv.de
Über 1.000 Links zu Internet-Fernsehsendern aus den Bereichen Comedy, Sport oder Bildung auf einen Blick.

IPTV-Anbieter.info
info@iptv-anbieter.info

www.iptv-anbieter.info
Angebotsübersicht der verschiedenen Internet-Fernsehpakete mit Leistungen, Preisen, Sendern und Infos zur Technik.

rtl-now.de
webmaster@rtlinteractive.de

www.rtl-now.de
Filme, Shows, Serien und Videos verschiedener Sparten von RTL online ansehen. Mit Programmübersicht und Vorschau.

sendungverpasst

www.sendungverpasst.de
Sendungverpasst.de ist eine Suchmaschine für Magazinbeiträge und Videos der deutschen TV-Sender.

stream-tv.de

www.stream-tv.de
Bei stream-tv ist täglich aktuell zu sehen, welche Fernsehsendungen kostenlos im Internet verfügbar sind.

supermediathek.de
info@tvtutti.com

www.supermediathek.de
Übersicht über die online angebotenen Sendungen von vielen Fernsehsendern, auch aus dem Ausland.

Zattoo

www.zattoo.com
Einmal anmelden reicht aus und man kann Sendungen, die gerade im TV laufen, über den Computer anschauen.

Fernsehen/Sender/Bundesweit

3sat
info@3sat.de

www.3sat.de
Inhalt, Vorschau, Zusatzinfos zu den Sendungen auf „3sat". Umfangreiche Infos zu „Kulturzeit", „Nano", „Scobel" und „makro".

ARTE
multimedia@arte-tv.com

www.arte.tv
Deutsch-französisches Angebot des europäischen Kultursenders mit Hintergrundinfos zu den Sendungen und Reportagen.

DasErste.de
info@daserste.de

www.daserste.de
Portal des Ersten Deutschen Fernsehens mit Informationen, Nachrichten und Serviceangeboten zu den Sendungen von A bis Z.

kabel eins
onlinefeedback@kabeleins.de

www.kabeleins.de
Großes Film- und Serienlexikon, ausführliches TV-Programm, dazu jede Menge Autoinfos, Online-Games und Gewinnspiele.

ProSieben.de
userservice@prosieben.de

www.prosieben.de
Kino, Musik, Games und Lifestyle: Das Portal verspricht spannendes Entertainment im Internet.

RTL II
zuschauerredaktion@rtl2.de

www.rtl2.de
Infos zum Programm von RTL II. Außerdem ein Musikarchiv, die aktuellen Kinoneustarts, Gewinnspiele und Infotainment.

RTL.de

www.rtl.de
Entertainment, Informationen und Services rund um das RTL-Programm, interaktive Spiele sowie aktuelle News.

SAT.1
info@sat1.de

www.sat1.de
Multimediale Unterhaltung zu Magazinen und Sport, Flirt, Spiele und Gewinne, Comedy und Fun, Quiz, Shows und Nachrichten.

SUPER RTL
kontakt@superrtl.de

www.superrtl.de
Die Seite bietet eine Mischung aus TV-Programm, programmbezogenen Gewinnspielen sowie Infos für Eltern und Pädagogen.

VOX
mail@vox.de

www.vox.de
Programminfos, Specials zu Themen wie Reise, Auto und Serien. Praktisch: Die Rezeptsuche der „Promi-Kocharena".

ZDFkultur
info@zdfkultur.de

www.zdfkultur.de
Internet-Auftritt des digitalen Kulturkanals ZDFkultur, mit den Programmfarben Popkultur, Musik und Spiel.

ZDFonline
info@zdf.de

www.zdf.de
Aktuelle Nachrichten, politische Hintergrundberichte, buntes Unterhaltungsangebot, Servicethemen, aktuelle Programminfos.

Fernsehen/Sender/Musiksender

MTV
info@mtv.de

www.mtv.de
Der Musikfernsehsender präsentiert Nachrichten aus der Musikszene, Events, Charts und Programminformationen.

viva.tv

www.viva.tv
Alle Neuigkeiten über Musik, Lifestyle und Stars sowie Wissenswertes über das Programm, Web-Videos, MP3s und Spiele.

Fernsehen/Sender/Nachrichtensender

N24.de
info@n24.de

www.n24.de
Aktuelle Nachrichten und Meldungen zu Politik, Wirtschaft und Unternehmen, Börse, Wissenschaft, Gesundheit, Reise und Wetter.

n-tv

www.n-tv.de
n-tv ist Deutschlands erster Nachrichtensender mit den Kernkompetenzen Nachrichten, Wirtschaft, Börse und Talk.

Fernsehen/Sender/Regional

Bayerischer Rundfunk
info@br-online.de

www.br-online.de
Online-Begleitung zu den Sendungen des Bayerischen Fernsehens. Die Inhalte sind nach Sendungen und Themen gegliedert.

hr
info@hr-online.de

www.hr-online.de
Der Sender für ganz Hessen: Nachrichten, Sport, Ratgeber und Freizeit. Infos zu allen hr-Wellen sowie Mitschnittservice.

MDR
neue-medien@mdr.de

www.mdr.de
Eine Vielfalt an Nachrichten und Themen fasst das programmbegleitende Internet-Angebot des MDR unter www.mdr.de zusammen.

Rundfunk Berlin Brandenburg
internet@rbb-online.de

www.rbb-online.de
Hier findet man alles zu den Sendungen – Radio und Fernsehen – sowie Veranstaltungstipps für Berlin und Brandenburg.

SWR
info@swr.de

www.swr.de
SWR-Portal mit Nachrichten aus BW und RP, Sport, Kultur und Ratgeberinfos sowie Audios und Videos on demand.

WDR Fernsehen
tv-home@wdr.de

www.wdr-fernsehen.de
Die Homepage von WDR Fernsehen mit tagesaktuellen Programmhinweisen und Informationen zu allen Sendungen.

Fernsehen/Sender/Spartenkanäle/Kinder

BoomerangTV

www.boomerangtv.de
Zahlreiche Games mit Bugs Bunny, Tom und Jerry, der Familie Feuerstein sowie vielen weiteren berühmten Cartoonhelden.

KI.KA
kika@kika.de

www.kika.de
kika.de richtet sich an alle von 3 bis 13 Jahren. Inhalte und Spiele sind kostenlos und werbefrei. Mit Community mein!KI.KA.

Nick.de

www.nick.de
Online-Auftritt des Kindersenders NICK mit Programm für die ganze Familie und einer Spiel- und Gewinnzone.

nickjr.de

www.nickjr.de
Der Fernsehsender für die Kleinsten: Hier gibt es die aktuelle Programmvorschau, Spiele und Basteltipps für Vorschulkinder.

Toggo.de
zuschauerinfo@superrtl.de

www.toggo.de
Kostenlose Kommunikationsplattform für Kinder, viele Spiele, kindgerechte Inhalte, aktuelle Themen, Super RTL-TV-Programm.

ZDF tivi
tivi@zdf.de

www.tivi.de
Das Kinderangebot des ZDF bietet Videos, Spiele und Infos zu Löwenzahn, logo!, 1, 2 oder 3 und vielen anderen.

Film/Allgemein

Blickpunktfilm.de

www.blickpunktfilm.de
Informationsportal rund um die Filmbranche. Aktuelle Nachrichten, Daten und Termine sowie zahlreiche Datenbanken.

Cinefacts
news@cinefacts.de

www.cinefacts.de
Das Infoportal rund um den Film mit Startterminen, Film-Charts, Trailern und einem sehr großen Forum.

cinefreaks.com
mail@cinefreaks.com

www.cinefreaks.com
Cinefreaks ist ein Kino- und Filmportal mit Blog, Web-TV, Film- und Schauspielerdatenbank und vielem mehr.

crew united
info@crew-united.com

www.crew-united.com
Netzwerk der Film- und Fernsehbranche: Umfassende Informationen zu Filmen, Schauspielern, Filmschaffenden und Firmen.

Filmforen.de

www.filmforen.de
Diskussionsforum für Filmfans: Infos zu aktuellen Fimstarts, TV-Tipps und zur Filmwissenschaft.

filmportal.de
redaktion@filmportal.de

www.filmportal.de
Zentrale Informationsplattform zum deutschen Kino: Filme, Filmschaffende, Historie, News und Multimedia.

IMDb

www.imdb.de
Umfangreiche Hintergrundinfos zu allen wichtigen Filmen: Filmkritiken, Darsteller, Produzenten, Starttermine und Fotos.

Movieworlds.com
webmaster@movieworlds.com

www.movieworlds.com
Filmkritiken und das aktuelle Kinoprogramm. Dazu Serien, Charts, eine Filmdatenbank sowie Neuheiten auf DVD und Blu-ray.

Programmkino.de
redaktion@programmkino.de

www.programmkino.de
Filmportal mit Filmkritiken, Filmankündigungen und Nachrichten zu aktuellen film- und branchenspezifischen Themen.

Schnitt
info@schnitt.de

www.schnitt.de
News und Kritiken zu den aktuellen Kinostarts, zu DVD-Neuerscheinungen, Büchern und Filmfestivals.

Film/DVD Informationsportale

Bluray-Disc.de
info@bluray-disc.de

www.bluray-disc.de
Aktuelle Berichte rund um das Thema Blu-ray Disc mit Filmdaten-bank, Magazin, Testberichten und News.

DigitalVD
info@digitalvd.de

www.digitalvd.de
Alles zum Thema Home Entertainment. Infos und Tipps zu DVD-Playern, -Typen, Ländercodes, Ton- und Bildformaten, Technik.

dvdb.de
kontakt@dvdb.de

www.dvdb.de
Hier kann man seine DVD- und Blu-ray-Filmwünsche online in ei-ner Moviebase erfassen, verwalten und veröffentlichen.

dvdboard.de

www.dvdboard.de
Großes Forum mit Beiträgen zu den Themen DVD-Player, Heimki-no-Komponenten, DVD- und Festplatten-Rekorder.

DVD-Palace Home Entertainment
redaktion@dvd-palace.de

www.dvd-palace.de
Das Online-Magazin mit Mediendatenbank, News, Reviews und Preisvergleich für DVD und Blu-ray.

Player.de
news@player.de

www.player.de
News, Ratgeber und Tests zu den Themen Audio- und Videoplay-er, Blu-ray, DVD, HDTV, Settop-Boxen und MP3-Playern.

video.de
kino@e-media.de

www.video.de
Überblick über aktuelle und demnächst erscheinende Videos, DVDs und Blu-rays, mit Kauf-Charts, Bewertungen und Trailern.

Film/DVD Verkauf

Amazon.de

www.amazon.de
DVDs können hier nach den Suchkriterien Genre, TV-Serien, Schauspieler und Regisseure gefunden werden.

● **Filmundo: Filme & DVDs kaufen**
xmail@filmundo.de

www.filmundo.de
Filmundo – die Film- und Erotikauktion. Hier kann jeder Filme und (Blu-ray) DVDs kaufen oder selbst Videos anbieten und verkaufen. Alle Genres sind vertreten, von Actionfilmen über Erotik und Hor-ror bis Zombies. Weitere Angebote wie Videospiele, Filmplakate und ein Filmforum runden das Angebot ab. **(Siehe Abbildung)**

Film/DVD Verleih

dvd-verleih.info
info@aardon.de

www.dvd-verleih.info
Seite, die darüber informiert, was man alles beachten muss, wenn man DVDs übers Internet ausleiht.

LOVEFILM.de
service@lovefilm.de

www.lovefilm.de
Großer Filmverleih – Wunschliste anlegen und einen Film nach dem anderen per Post zugeschickt bekommen.

Verleihshop.de
verleihshop@jakob.de

www.verleihshop.de
Hier gibt es DVDs, CD-Roms und Konsolenspiele für Gamecube, Nintendo, Playstation oder Xbox zum Ausleihen. Auch Gutschei-ne.

videobuster.de
support@videobuster.de

www.videobuster.de
DVDs online ausleihen und per Post nach Hause bekommen. Tau-sende Topfilme, Musik-DVDs und Serien zur Auswahl.

Film/Filmarchive

filmarchives-online

www.filmarchives-online.eu
Zugang zu Bestandsinformationen von Filmarchiven aus ganz Eu-ropa.

Film/Filmdownloads & Stream

flimmit.com

www.flimmit.com
Die große Online-Videothek bietet Filme aller Sparten als Stream oder Download an.

kino1.to
kontaktkino1@gmail.com

www.kino1.to
Filme und Serien von den Portalen ARD, ZDF, MyVideo, Maxdome und Videoload übersichtlich präsentiert. Legal und kostenlos.

maxdome
info@maxdome.de

www.maxdome.de
Videoportal mit den neuesten Filmen zum Herunterladen mit 20.000 Titeln auf Abruf (Filme und TV-Serien).

videoload

www.videoload.de
Online-Videoportal der Deutschen Telekom, auf dem man aktuelle Top-Filme sowie Filmklassiker zu Hause anschauen kann.

Film/Filmkritiken & Filmrezensionen

filmforward.de
info@filmforward.de

www.filmforward.de
Hier findet man Filminfos, -tipps und Trailer sowie Filmmusik aus den Sparten Filmkunst, Programmkino und Arthouse.

Film-Lexikon
info@phoenix-publishing.de

www.film-lexikon.de
Portal für Filmkritiken, Bilder und umfangreiche Infos zu Filmen, Schauspielern und Regisseuren aus der ganzen Welt.

Filmstarts.de
redaktion@filmstarts.de

www.filmstarts.de
Ausführliche Beschreibungen neuer Filme, mit Bewertungen, Trailern und einer Community.

filmszene.de
filmszene@filmszene.de

www.filmszene.de
Filmrezensionen aktueller Filme und ein großes Filmarchiv.

Filmmundo: Filme & DVDs kaufen

www.filmundo.de

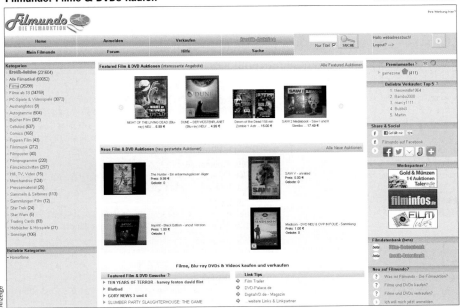

MEDIEN

Filmzentrale.com

www.filmzentrale.com
Über 4.600 gesammelte Filmkritiken von A bis Z. Mit aktuellen TV-Tipps.

MovieGod.de

www.moviegod.de
Das Portal für Filmkritiken, -vorstellungen, Trailer, News und Berichte. Mit Bildergalerien und Kommentarfunktion.

moviepilot
info@moviepilot.de

www.moviepilot.de
Die Community für Filmfans und Kritiker. Mit Filmtipps, die sich am eigenen Geschmack orientieren: Für Kino, DVD und TV.

Film/Filmproduktion & Regie

Soundarchiv
info@soundarchiv.com

www.soundarchiv.com
Erst mit den richtigen Geräuschen wird ein Film stimmungsvoll vertont, das Soundarchiv bietet Soundeffekte zum Download.

Film/Heimkino, HDTV & Video

Camcorder News

www.camcordernews.de
Infos für Hobbyfilmer und Profis zu verschiedenen Geräten, Zubehör, Videoschnitt sowie ein Blog.

heimkinomarkt.de
info@heimkinomarkt.de

www.heimkinomarkt.de
Neben Zeitschriften, Testberichten und Fachartikeln finden Heimkinofans große Bildergalerien zu Heimkino-Installationen.

Hifi-forum.de
mail@highfi.de

www.hifi-forum.de
Das Forum für HiFi-Fans mit Rubriken wie Stereo, Surround und Heimkino, Tuning, Zubehör und Voodoo sowie Do-it-yourself.

Slash Cam
slashcam@slashcam.de

www.slashcam.de
Hier werden Grundlagen zum digitalen Video vermittelt. Man erfährt alles über Soft- und Hardware sowie die Filmpraxis.

● **TVfacts.de**
mail@tvfacts.de

www.tvfacts.de
Der Online-Ratgeber für Fernseher, Beamer, Heimkino und Digitales Fernsehen verrät, ob sich der Kauf eines 3D-Fernsehers lohnt, wie diese neue Technologie funktioniert und erklärt die Unterschiede zwischen LCD, LED und Plasma. Dazu gibt es Testberichte, Schnäppchentipps und eine ausführliche Kaufberatung.
(Siehe Abbildung)

Film/Kinoprogramm & Kinofilmrezensionen

Cinema
cinema@milchstrasse.de

www.cinema.de
Bundesweite Auskunft über das Kinoprogramm jeder Stadt. Außerdem: Filmtipps der Woche und Interviews mit Schauspielern.

critic.de
redaktion@critic.de

www.critic.de
Filmmagazin mit ausführlichen Kritiken aktueller Kinofilme und DVDs, Interviews, Festivalberichten und Specials.

Filmreporter.de
leserbrief@filmreporter.de

www.filmreporter.de
Übersicht über die Kinostarts in Deutschland, Österreich und der Schweiz. Infos über Stars und DVDs.

kino.de
kino@e-media.de

www.kino.de
Das bundesweite Kinoprogramm, Infos über aktuelle und demnächst anlaufende Kinofilme sowie die Kino-Charts.

Kinonews
redaktion@kinonews.de

www.kinonews.de
Alle Kinofilme, Kinoprogramm, Biografien, DVDs, Trailer, Charts, Musik, Games und Gewinnspiele.

MovieMaze.de
info@moviemaze.de

www.moviemaze.de
Aktuelle Film-Charts aus Deutschland und den USA, kommende Neustarts, Starporträts, Kino-News und Filmbesprechungen.

Film/Kurzfilme & Videos

blinkx.com

www.blinkx.com
Metasuchmaschine für Kurzvideos im Internet. Mit kurzen Beschreibungen zu den Ereignissen.

Clipdealer
support@clipdealer.de

www.clipdealer.de
Umfangreiche Seite für lizenzfreie Videos, Fotos und Audiofiles zu (fast) jedem Themengebiet.

clipfish.de
feedback@clipfish.de

www.clipfish.de
Neben Kurzfilmen, die man selbst hochladen und mit Freunden teilen kann, findet man hier auch Video-Podcasts.

dailymotion

www.dailymotion.com
Kurzvideos nach Rubriken geordnet: Lustiges, Leben auf der Straße, Kunst, Sport, Wissenschaft, Partys und Reise.

dokumentarfilm24.de

www.dokumentarfilm24.de
Das kostenlose Online-Dokumentarfilm-Verzeichnis.

Google Video

video.google.de
Mit diesem Google-Dienst kann man nach Videos suchen.

Liveleak.com

www.liveleak.com
Englischsprachige Video-Plattform mit Videos zu vielen Themenbereichen: News, Unterhaltung, Seltenes und Skurriles.

LOOM.TV
feedback@loomtv.com

www.loom.tv
Suchmaschine für Videos, auf der man eigene Channels erstellen kann.

MySpass.de
info@myspass.de

www.myspass.de
Videos, Clips und Serien von Comedians und jungen Talenten. Kostenlos und in voller Länge.

TVfacts.de

www.tvfacts.de

myvideo.de
info@videoflip.net

www.myvideo.de
Private Videos im Internet, nach Kategorien geordnet, die man bewerten kann. Eigene Videos können auch eingestellt werden.

sevenload
info@sevenload.de

www.sevenload.de
Medienplattform für Fotos und Videos. Eigene Filme und Fotos hochladen, anschauen, archivieren und bewerten.

Trailerseite.de
service@pirate-media.eu

www.trailerseite.de
Trailerseite im Netz mit Kino-Trailern und DVD-Starts sowie Film-News, Bilder-Shows und Kurzfilmen.

Videosurf
feedback@videosurf.com

www.videosurf.com
Eine englischsprachige Video-Suchmaschine. Detaillierte Filtereinstellungen helfen das richtige Video zu finden.

YouTube

www.youtube.de
Auf dieser Seite können Millionen von Kurzvideos zu allen möglichen Themenbereichen angesehen werden.

Film/Online-TV-Recorder

onlinetvrecorder.com

www.onlinetvrecorder.com
Mit dem kostenlosen Online-TV-Recorder kann das Programm von 57 Fernsehsendern gleichzeitig aufgenommen werden.

save.tv

www.save.tv
Damit man kein TV-Highlight mehr verpasst, kann man hier Sendungen online aufnehmen und jederzeit abrufen.

Jahrestage & Gedenktage

● **Feltas**
redaktion@feltas.com

www.feltas.de
Der Feltas Kalender liefert den Abgleich mit über 250.000 Datumszahlen aus etwa 70.000 Ereignissen mit rund 45.000 Kurzbiografien. Die Ausgabe erfolgt mit einer Vorsortierung nach gewählter Priorität, mit Berücksichtigung von Jubiläen, Jahres- und Aktionstagen sowie Nationalfeiertagen und Gedenktagen.
(Siehe Abbildung)

Kalenderblatt
kontakt@kalenderblatt.de

www.kalenderblatt.de
Historische Ereignisse des Tages, Geburtstage berühmter Personen, Zitat des Tages und Gedenktage.

Journalismus/Informationsdienste

Digitalmagazin.info
redaktion@digitalmagazin.info

www.digitalmagazin.info
Der tägliche Premium-Newsletter aus der INFOSAT-Redaktion für alle, die wissen wollen, was in der Medienbranche wichtig ist.

DWDL.de

www.dwdl.de
Das Online-Medienmagazin beinhaltet aktuelle Nachrichten zur Medienbranche sowie Infos über Reichweiten und Quoten.

Journalismus.com
redaktion@journalismus.com

www.journalismus.com
Die Journalisten-Community bietet Medienprofis umfangreiche Infos wie Recherche-Links, E-Books oder Presserabatte.

Journalistenlinks.de
redaktion@newsroom.de

www.journalistenlinks.de
Übersichtliche Link-Liste für die Medienbranche: Verlage, Verbände, Institutionen, Aus- und Weiterbildung sowie Netzwerke.

KROLLcontent
info@krollcontent.de

www.krollcontent.de
Mit KROLLcontent.de erhält man aktuelle und preiswerte Presseverteiler aus der Redaktionsdatenbank von KROLL.

mediummagazin.de
redaktion@mediummagazin.de

www.mediummagazin.de
Das Magazin für Journalisten präsentiert im Internet den gesamten Inhalt früherer Ausgaben.

MEEDIA

www.meedia.de
Großes Medienportal mit aktuellen Meldungen zum Internet und Fernsehen, zu Musik, Werbung und Print.

press1
info@press1.de

www.press1.de
Pressedienst für den Versand von Presseinformationen zu interaktiven Medien, Entertainment und Health Relations.

Pressekonditionen.de
brinkmann@pressekonditionen.de

www.pressekonditionen.de
Die Web-Seite informiert kostenfrei über mehr als 1.300 Journalistenrabatte. Ein Newsletter informiert über neue Rabatte.

Presseportal
info@newsaktuell.de

www.presseportal.de
Die Datenbank für Presseinformationen in Deutschland enthält Pressemitteilungen, Bilder, Grafiken und Videos.

Pressetreff

www.pressetreff.de
Servicethemen von Journalisten für Journalisten.

pressguide.de
info@pressguide.de

www.pressguide.de
Umfangreiches und kostenloses Branchenverzeichnis zu deutschsprachigen Medienkontakten, sortiert nach Rubriken.

Journalismus/Organisationen

Deutscher Journalisten-Verband
djv@djv.de

www.djv.de
Die Gewerkschaft der Journalist(inn)en vertritt die Interessen der hauptberuflichen Journalisten aller Medien.

Journalist
info@rommerskirchen.com

www.journalist.de
Das Branchenmagazin des Deutschen Journalisten-Verbandes.

Jugendpresse Deutschland
buero@jugendpresse.de

www.jugendpresse.de
Der Bundesverband junger Medienmacher bietet Informationen zu Ausbildung, Presserecht und Veranstaltungen der Medienbranche.

Feltas　　　　　　　　　　　　　　　　　　**www.feltas.de**

MEDIEN

reporter-ohne-grenzen.de
kontakt@reporter-ohne-grenzen.de

www.reporter-ohne-grenzen.de
Die internationale Menschenrechtsorganisation stellt sich vor und bietet umfassende Hintergrundinfos zur Pressefreiheit.

VG Wort
vgw@vgwort.de

www.vgwort.de
Die Gesellschaft verwaltet die Rechte an Sprachwerken aller Art und wendet sich an Autoren und Verleger.

Kleinanzeigen

anonza

www.anonza.de
Hier findet man Kleinanzeigen sehr vieler Kleinanzeigenblätter zusammengefasst auf einer Web-Seite.

Das Anzeigenportal
das-anzeigenportal@t-online.de

www.das-anzeigenportal.de
Kostenlose Anzeigen und Inserate für jedermann, privat oder geschäftlich. Regional und auch deutschlandweit.

heise marktplatz

www.heise-marktplatz.de
Hier kann man kostenlose Kleinanzeigen veröffentlichen sowie Veranstaltungen, Dienstleistungen und Produkte finden.

kalaydo.de
info@kalaydo.de

www.kalaydo.de
kalaydo.de ist das gemeinsame Anzeigen-Online-Portal der regionalen Tageszeitungen im Rheinland.

Kleinanzeigen bei ebay

kleinanzeigen.ebay.de
Kleinanzeigen in den Rubriken Auto, Haustiere, Immobilien, Musik, Unterricht und Eintrittskarten.

local24.de
info@local24.de

www.local24.de
Deutschlandweite Suche für Kleinanzeigen sowie kostenloses Aufgeben von Kleinanzeigen.

Locanto
support@locanto.de

www.locanto.de
Ein bundesweiter Kleinanzeigenmarkt mit vielen Anzeigen in verschiedenen Rubriken.

markt.de
service@markt.de

www.markt.de
markt.de ist ein Anzeigenportal mit ca. zwei Millionen Kleinanzeigen. Jeder kann schnell und kostenlos inserieren.

Quoka
info@quoka.com

www.quoka.de
Suche und Kauf neuer und gebrauchter Produkte von Händlern und privaten Anbietern. Auch Wohnungs- und Kfz-Anzeigen.

rheinmainclick.de
webmaster@rheinmainclick.de

www.rheinmainclick.de
Immobilien-, Stellen-, Reise-, Flohmarkt- und Kfz-Anzeigen von 30 Tageszeitungen aus dem Rhein-Main-Gebiet.

Suchebiete.com
info@suchebiete.com

www.suchebiete.com
Kleinanzeigenmarkt mit über 645.000 Anzeigen. Alle Funktionen sind kostenlos und können ohne Anmeldung genutzt werden.

Nachrichtenagenturen

AFP
post@afp.de

www.afp.de
Die Agence-France-Presse verbreitet Nachrichten in fünf Sprachen. Info-Grafikangebot und Nachrichten für Online-Medien.

dapd

www.dapd.de
Die Nachrichtenagentur liefert Meldungen und Zusammenfassungen und bietet einen Bilderdienst zu aktuellen Themen.

dpa Deutsche Presse-Agentur GmbH
info@dpa.com

www.dpa.de
Informationen zur dpa-Unternehmensgruppe, ihrer Arbeitsweise und Kontaktdaten von dpa-Redaktionen weltweit.

Reuters

www.reuters.de
Nachrichten in den Rubriken Politik, Wirtschaft, Unternehmen, Panorama und Weltnachrichten sowie Börseninformationen.

Nachrichtenticker & Nachrichtenportale

commentarist
info@commentarist.de

www.commentarist.de
Diese Seite sammelt täglich Kommentare und Kolumnen von etwa 1.000 Journalisten.

Google News

news.google.de
Hier kann man in über 700 aktuellen nationalen und internationalen Nachrichtenquellen recherchieren.

MisterInfo.de
kontakt@misterinfo.de

www.misterinfo.de
Informationsportal mit redaktionell recherchierten Nachrichten sowie Artikeln und Beiträgen von Community-Mitgliedern.

Nachrichten.de
kontakt@nachrichten.de

www.nachrichten.de
Aktuelle Nachrichten deutscher Medien aus den Bereichen Politik, Wirtschaft, Sport, Gesundheit, Kultur, Computer und Reisen.

nandoo.net
info@nandoo.net

www.nandoo.net
Hier kann man sich seine persönlichen Nachrichten zu den eigenen Lieblingsthemen selbst zusammenstellen.

netzpublik.de
mail@netzpublik.de

www.netzpublik.de
Ein von Nutzern gemeinsam verfasstes Magazin, das einen spannenden Blick auf Wirtschaft, Medien und Politik wirft.

newsecho.de
info@newsecho.de

www.newsecho.de
Nachrichtenportal mit aktuellem News-Ticker und Reportagen über die Themen Kultur, Sport, Gesellschaft, Auto und Digital.

Noows.de
online@noows.de

www.noows.de
Tagesaktuelles Nachrichtenportal, das Meldungen aus Deutschland, Europa und der Welt bietet.

Paperball
webmaster@paperball.de

www.paperball.de
Spezialsuchmaschine für tagesaktuelle Artikel aus über 150 deutschsprachigen Online-Zeitungen.

Readers Edition
info@readers-edition.de

www.readers-edition.de
Engagierte Bürger schreiben und diskutieren zu Themen, die sie bewegen. Hier wird man selbst zum Reporter.

Romso
t@4est.de

www.romso.de
Suche in über zwei Millionen Online-Artikeln mit Darstellung der Medienpräsenz des Suchthemas im zeitlichen Verlauf.

ShortNews
info@shortnews.de

www.shortnews.de
Hier kann der User selbst Nachrichten schreiben und dafür Prämien kassieren, lesen, diskutieren und Freunde treffen.

Wikinews.de

www.wikinews.de
Aktuelle Meldungen, von Internet-Nutzern zusammengetragen.

PR, Pressemitteilungen & Pressemeldungen

Firmenpresse.de
kontakt@firmenpresse.de

www.firmenpresse.de
Portal für Pressearbeit für kleine und mittelständische Unternehmen.

newsmax.de

www.newsmax.de
Auf diesem Presseportal können Pressemeldungen, Ankündigungen und Web-News veröffentlicht werden.

openpr.de
redaktion@openpr.de

www.openpr.de
Reichweitenstarkes Presseportal. Kostenloses Einstellen von Pressemeldungen, PR-Services, täglicher Medien-Newsletter.

Medien

PresseAnzeiger.de
service@presseanzeiger.de

www.presseanzeiger.de
Freies Presseportal, auf dem Unternehmen, Organisationen und Vereine kostenlos Pressemitteilungen veröffentlichen können.

presse-artikel.org
submit@presse-artikel.org

www.presse-artikel.org
Deutsches Presseportal, auf dem Unternehmen die Möglichkeit haben, kostenlose Pressemitteilungen und Artikel einzustellen.

presseecho.de
info@presseecho.de

www.presseecho.de
Hier können PR-Agenturen, Redakteure und Journalisten kostenfrei Pressemitteilungen veröffentlichen.

pressrelations.de
mail@pressrelations.de

www.pressrelations.de
Die Serviceplattform für Journalisten und die PR-Branche. Pressemitteilungen und -termine von über 3.000 Unternehmen.

themenportal

www.themenportal.de
Veröffentlichung von Pressemitteilungen, Social Media Releases, Videos, Bildern, Infografiken, Dokumenten und Pressemappen.

Rundfunk/Allgemein & Internet-Radios

ByteFM
radio@byte.fm

www.byte.fm
ByteFM ist Musikradio im Internet: moderiertes Programm mit journalistischem Anspruch und handverlesener Musikauswahl.

detektor.fm
kontakt@detektor.fm

www.detektor.fm
Internet-Radio mit Journalismus und alternativer Popmusik.

phonostar.de
mail@phonostar.de

www.phonostar.de
Über 6.000 Sender und ihre Sendungen finden, hören, aufnehmen: bei phonostar, dem großen Internet-Radio-Portal.

Radio.de
kontakt@radio.de

www.radio.de
radio.de ermöglicht den einfachen und direkten Zugriff auf das hörbare Internet.

Radioforen.de

www.radioforen.de
Die Diskussionsplattform der Radioszene. Studio- und Sendertechnik, Sendemitschnitte, Internet-Radios und Radio-Links.

radio-today.de
fux@radio-today.de

www.radio-today.de
Ausführliches Radioprogramm plus Live-Streams, Web-Radio, Musik, Konzerte, Hörspiele, Features, Lesungen und Senderwahl.

radioWOCHE
redaktion@radiowoche.de

www.radiowoche.de
Täglich aktualisierte Nachrichten aus der Radiobranche für Deutschland, Österreich, die Schweiz und Tschechien.

RauteMusik.FM
info@rautemusik.fm

www.rautemusik.fm
15 verschiedene Webradiosender.

● **Surfmusik**
webmaster@surfmusik.de

www.surfmusik.de
Über 3.000 Radiosender aus der ganzen Welt: Ob Bayern1 oder Radio Pakistan, hier findet jeder seinen Lieblingsradiosender. Neben Web-TV gibt es auch weltweiten Polizei- und Feuerwehrfunk live. Außerdem kann die Software Radiograbber zum Mitschneiden von Musik der Internet-Radios heruntergeladen werden.
(Siehe Abbildung)

Rundfunk/Baden-Württemberg

bigFM
info@big-fm.de

www.bigfm.de
Aktuelle Musik-News, Events und einige Gewinnspiele sind hier zu finden. Außerdem ist bigFM auch im Web zu empfangen.

Die Neue 107.7
info@dieneue1077.de

www.dieneue1077.de
Infos des Lokalsenders in der Region Stuttgart zu Programm, Gewinnspielen und Wissenswertem zu Events.

Die neue Welle
info@meine-neue-welle.de

www.meine-neue-welle.de
Aktuelle Nachrichten aus der Region, Deutschland und der Welt, dazu Wetter- und Verkehrsservice.

Donau 3 FM
info@donau3fm.de

www.donau3fm.de
Neben einem umfangreichen Eventkalender sind das Programm von Donau 3 FM sowie Infos über das Team abrufbar.

Hit-Radio Antenne 1
info@antenne1.de

www.meinantenne1.de
Unterhaltungsorientiertes Musikradio mit aktuellen regionalen, nationalen und internationalen News.

HITRADIO OHR
info@hitradio-ohr.de

www.hitradio-ohr.de
Informationen des Ortenauer Lokalsenders aus Offenburg über das Programm sowie neueste Nachrichten aus der Region.

Radio 7
hoererservice@radio7.de

www.radio7.de
Porträt des Senders, der regionale Informationen für Ulm, Ravensburg, Tuttlingen, Göppingen und Aalen liefert.

Radio Regenbogen
info@regenbogen.de

www.regenbogen.de
„Das Radio von hier mit Musik der 80er und dem Besten von heute": Morningshow, Infos, Verkehrs-, Blitzer- und Stauservice.

Radio Ton
info@radioton.de

www.radioton.de
Radio Ton ist Baden-Württembergs größtes Regionalsender-Network. Live Stream und alle Infos gibt es im Internet.

Schwarzwaldradio.com
info@schwarzwaldradio.com

www.schwarzwaldradio.com
Infos über das Programm und das regionale Tagesgeschehen sowie Webcam, Vorstellung des Teams und Live-Stream.

Surfmusik   **www.surfmusik.de**

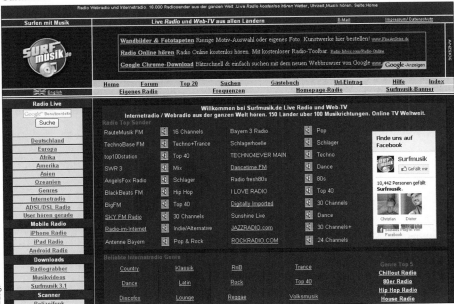

ANTENNE BAYERN
redaktion@antenne.de

www.antenne.de
Breit gefächertes Angebot: Infos über den Sender, Musik, Nachrichten, Service sowie Web-Radio und Podcasts.

Bayerischer Rundfunk
info@br-online.de

www.br-online.de
Aktuelle Nachrichten, Verkehrsservice, Wetterdienst, Programmhinweise, Manuskripte, Audios, Videos und Podcasts.

ego FM
info@egoFM.de

www.egofm.de
Junges Radio für Bayern mit einem ausführlichen Veranstaltungskalender für den Freistaat und vielen Infos zur Musik.

Hit Radio RT.1
feedback@rt1.de

www.rt1.de
Playlist, Augsburg-Cam, Live-Stream, Bildergalerie, Eventkalender, Radarreport und viele Gewinnspiele.

Radio Arabella
info@radioarabella.de

www.radioarabella.de
Der Oldie- und Schlagersender für München und Region bietet Programminfos, Gourmetrezepte und Veranstaltungstipps.

Radio Charivari 95.5
radio@charivari.de

www.charivari.de
Programmübersicht, Videoportal, Titelanzeige, Live-Stream, Titel-Download, Podcast, Social Media, mobil.charivari.de.

Radio Charivari Regensburg
charivari@charivari.com

www.charivari.com
Ostbayerns Radio im Internet mit tagesaktuellen News, Veranstaltungen, Bildergalerien, Chat und kostenloser Clubkarte.

● **vilradio premium musik**
info@vilradio.de

www.vilradio.de
Der Lokalsender aus Nürnberg bietet ein breites Spektrum verschiedener Musikrichtungen. Von zeitgenössischem Pop spannt sich der Bogen über Jazz, Classics, Lounge, Blues bis hin zu Rock, lateinamerikanischen Rhythmen, Smooth Jazz und Instrumentalmusik. Ausstrahlung: UKW, DigitalRadio DAB+ und via Internet. **(Siehe Abbildung)**

vilradio premium musik   **www.vilradio.de**

Anzeige

Radio Charivari Würzburg
info@charivari.fm

www.charivari.fm
Regionalnachrichten, Weltnachrichten, Veranstaltungstipps, Main-franken-Wetter, Schneehöhen, Kinotipps und Charivari-Reisen.

Radio Galaxy
feedback@radio-galaxy.de

www.radio-galaxy.de
Bildergalerien, Insider-Partytipps, Web-Charts, flippige E-Cards, Galaxy-Chat und Infos rund um Bayerns jungen Radiosender.

Radio Gong 96,3
info@radiogong.de

www.radiogong.de
Der Münchner Sender gibt Hinweise zu Programm und Events und bietet ein Kauf- und Tauschforum.

Radio gong fm
gongfm@gongfm.de

www.gongfm.de
„Spielwiese" mit Link-Room, Chat „Baggergrube", Web-Charts, Bitman-Foren und Online-Games.

Radio Regenbogen Rosenheim
info@rr-online.de

www.rr-online.de
Der Spartensender gibt Hinweise zu seinen Themen aus den Be-reichen Kultur, Soziales, Kirche, Kinder und Jugend.

Radio Trausnitz Online
info@radio-trausnitz.de

www.radio-trausnitz.de
Sende- und Programmhinweise sowie Berichte über die Aktionen von Radio Trausnitz.

radioWissen
radiowissen@br-online.de

www.bayern2.de/radiowissen
Die weite Welt des Wissens: Spannend und gut, nützlich für die Schule und bereichernd für alle Bildungsinteressierten.

TOP FM 106.4
redaktion@top-fm.de

www.top-fm.de
Frequenzen, Programm, Standorte von Blitzanlagen mit passen-dem Bußgeldrechner, Regionalnachrichten und Gastro-Guide.

Rundfunk/Berlin

104.6 RTL Berlins Hit-Radio
zentrale@104.6rtl.com

www.104.6rtl.com
104.6 RTL Berlins Hit-Radio Online mit großem Comedy-Archiv, Musik-Streams, News, Fotos, Videos und Games.

Klassik Radio   **www.klassikradio.de**

105'5 Spreeradio
kontakt@spreeradio.de

www.spreeradio.de
Die Lieblingssongs aus fünf Jahrzehnten mit umfassenden Informationen, Service und intelligenter Unterhaltung.

Berliner Rundfunk
info@berliner-rundfunk.de

www.berliner-rundfunk.de
Berlin- und Freizeittipps, Job- und Lehrstellenangebote, Servicethemen und Link-Tipps sowie Live-Stream mit Titelanzeige.

Kiss FM
kissfm@kissfm.de

www.kissfm.de
Infos zu Kiss FM, Tickets für Konzerte und Partys sowie Fotos von allen Kiss-Events.

rs2
rs2@rs2.de

www.rs2.de
Programminformationen, Live-Stream mit Titelsuche, Ticket-Shop, Wetter, Verkehr und rs2-Club.

Rundfunk/Bundesweit

● **Klassik Radio**
info@klassikradio.de

www.klassikradio.de
Neben den aktuellen News sind die Klassik Radio-Playlist, Programminformationen, eine Frequenzsuche, Veranstaltungstipps, Service- und Lifestyle-Themen sowie Gewinnspiele abrufbar. Via Livestream ist Klassik Radio inklusive der drei genrespezifischen Channels (Lounge, Movie, Opera) auch im Internet zu hören.
(Siehe Abbildung)

● **sunshine live**
radio@sunshine-live.de

www.sunshine-live.de
„Radio sunshine live" – electronic music radio. In ganz Deutschland. Empfang: In Baden-Württemberg auf UKW 102,1, 104,9, 106,1 und 107,7, bundesweit im Kabel und über DAB+, europaweit über Satellit, weltweit im Internet und als Mobile-App. Alles rund um Dance, House, elektronische Musik, Partys.
(Siehe Abbildung)

sunshine live   **www.sunshine-live.de**

MEDIEN

Radio Energy
webmaster@energy.de

www.energy.de
Web-Portal aller Radio-Energy-Sender in Deutschland mit Enter-
tainment-News und elf Web-Radio-Kanälen plus Livestreaming.

Deutschlandradio
presse@dradio.de

www.dradio.de
Begleitend zu den Radiosendungen gibt es Artikel aus den Rubriken Politik, Wissenschaft, Bildung und Literatur.

DW-World.de
info@dw-world.de

www.dw-world.de
Das informative und abwechslungsreiche Web-Angebot des deutschen Auslandrundfunks Deutsche Welle in über 30 Sprachen.

JAM FM
mail@jamfm.de

www.jamfm.de
Deutschlands großer Black-Music-Radiosender: Momentane Programmübersicht, Playlisten sowie aktuelle CD-Tipps.

Rundfunk/Brandenburg

BB Radio
info@bbradio.de

www.bbradio.de
Moderatoren und Programme werden präsentiert, zudem gibt es
Staumeldungen, eine Jobbörse, die Top 25 und einen Eventkalen-
der.

rbb Radio
internet@rbb-online.de

www.rbb-online.de/radio/
Infos zu den Radioprogrammen des RBB. Programmübersicht, Podcasts und Web-Radio.

Sender KW
info@sender-kw.de

www.sender-kw.de
Die Seite des Brandenburgischen Regionalsenders bietet Programminfos, Veranstaltungstipps, Sport- und Kinonews.

Rundfunk/Bremen

Radio Bremen
online@radiobremen.de

www.radiobremen.de
Infos zu den Radiostationen Bremen Eins, Bremen Vier, Nordwest-
radio und dem Funkhaus Europa.

Rundfunk/Hamburg

Norddeutscher Rundfunk
info@ndr.de

www.ndr.de
Fernsehen und Radio im Norden, Programmtipps. Infos aus Politik, Wirtschaft, Sport, Kultur und Unterhaltung sowie Service.

Oldie 95
info@oldie95.de

www.oldie95.de
Das Oldie-Radio mit Hits der 60er, 70er und 80er für Hamburg
präsentiert Nachrichten aus Hamburg und Star-News.

Radio Hamburg
service@radio-hamburg.de

www.radiohamburg.de
Musiktitel recherchieren, Stauplan samt Blitzern in Hamburg und
eine steuerbare Webcam, die die Stadt von oben zeigt.

Rundfunk/Hessen

Hessischer Rundfunk
webmaster@hr-online.de

www.hr-online.de
Informationen aus Hessen zu Nachrichten, Sport, Kultur, Ratgeber und Freizeit sowie zu hr-Radiowellen und dem hr-Fernsehen.

Planet Radio
info@planetradio.de

www.planetradio.de
Infos zum Programm, Flirt und Chat, Trend-Scout-Partytipps, Webcam, Blitzer-Warnung und Ticketkontrollen.

RADIO BOB!
info@radiobob.de

radiobob.de
Hessens Radiosender für junge Erwachsene informiert online u. a. über das Programm, Aktionen und Frequenzen.

Radio fortuna

www.radiofortuna.de
Der Sender für das Rhein-Main-Gebiet bietet online Lokalnachrichten, Veranstaltungstipps und Infos zum Programm.

Rundfunk/Mecklenburg-Vorpommern

Antenne MV
info@antennemv.de

www.antennemv.de
Nachrichten, Verkehr, Jobs und Konzerte in Mecklenburg-Vorpommern. Web-Radio, Programm und Senderinfos.

Ostseewelle HIT-RADIO
info@ostseewelle.de

www.ostseewelle.de
Wetter, Verkehrsinformationen, Ticket-Shop, Jobbörse, Gewinnspiele, Programminfos und Veranstaltungen in MV.

Rundfunk/Niedersachsen

Hit-Radio Antenne Niedersachsen
marketing@antenne.com

www.antenne.com
Nachrichten aus Niedersachsen und der Welt. Programminfos, Veranstaltungen und Aktionen, Playlist und Web-Radio.

radio ffn
radio@ffn.de

www.ffn.de
www.ffn.de bietet Aktuelles aus Niedersachsen, Bildergalerien, Comedy, Web-Radio-Streams, Events und Gewinnspiele.

Rundfunk/Nordrhein-Westfalen

Radio NRW
info@radionrw.de

www.radionrw.de
Rahmenprogramm für den Lokalfunk in Nordrhein-Westfalen. Hier sind Links zu den einzelnen Lokalstationen aufgeführt.

Westdeutscher Rundfunk
radio@wdr.de

www.wdr.de/radio
Informationen zu den WDR-Hörfunkprogrammen, Nachrichten, Verbraucherservice und Verkehrsinformationen.

Rundfunk/Rheinland-Pfalz

rpr1.de
info@rpr1.de

www.rpr1.de
Regionale News aus Rheinland-Pfalz, Staus, Blitzer, Wetter, Events, Shopping, Streams und Porträts der Moderatoren.

Rundfunk/Saarland

Radio Salue
hotline@salue.de

www.salue.de
Der saarländische Privatsender mit Porträts der Mitarbeiter und Sendungen sowie Nachrichten, Charts und Konzertterminen.

Saarländischer Rundfunk
info@sr-online.de

www.sr-online.de
Zahlreiche Programme. Hörfunk: SR1 Europawelle, SR2 KulturRadio, SR3 Saarlandwelle, UnserDing/Jugendradio, Südwest Fernsehen.

Rundfunk/Sachsen

Hitradio RTL Sachsen
mail@hitradio-rtl.de

www.hitradio-rtl.de
Nachrichten, Charts, Jobs und Stauinfos für Sachsen. Ein Web-Radio sowie Programminfos.

Mitteldeutscher Rundfunk
neue-medien@mdr.de

www.mdr.de
Infos zu mehr als 70 Fernsehsendungen und acht Radioprogrammen. Regionales für Sachsen, Sachsen-Anhalt und Thüringen.

Radio Leipzig
mail@radioleipzig.net

www.radioleipzig.net
Charts sowie Musiktipps, News und Aktuelles sind auf den Web-Seiten von Radio Leipzig zu finden.

Radio PSR
info@radiopsr.de

www.radiopsr.de
Radio PSR – der „Supermix" für Sachsen präsentiert Programminfos, News, Musik und Sachsen.

Rundfunk/Sachsen-Anhalt

89.0 RTL
service@89.0rtl.de

www.89.0rtl.de
Infos zum Sender, Events und Musik sowie Web-Radio.

radio SAW
info@radiosaw.de

www.radiosaw.de
Musik-News, Gewinnspiele, Comedys, kostenlose Kleinanzeigen, Veranstaltungstipps, Tickets und verschiedene Live-Streams.

Rundfunk/Schleswig-Holstein

delta radio
delta@deltaradio.de

www.deltaradio.de
Programminfos, Konzerttickets, Interviews, Podcasts und umfassende Berichterstattung aus der alternativen Musikszene.

Radio Schleswig-Holstein
redaktion@rsh.de

www.rsh.de
Aktuelle Nachrichten über Musik, Sport und Verkehr sowie Gewinnspiele, Eventtipps und Online-Club.

Rundfunk/Thüringen

Antenne Thüringen
kontakt@antennethueringen.de

www.antennethueringen.de
Nachrichten und Infos rund um Thüringen, Aktionen, Gewinnspiele, Wetter und Reise-Center sowie Live-Stream und Webcam.

LandesWelle
kontakt@landeswelle.de

www.landeswelle.de
Studio-Webcam, Live-Stream, Blitz- und Verkehrsmeldungen sowie Veranstaltungen aus Thüringen.

Rundfunk/Verschiedenes

Bundesverband Freier Radios
bfr@freie-radios.de

www.freie-radios.de
Übersicht über alle Freien Radios in Deutschland mit Querverweisen, Adressen und Frequenzen.

Jingle-Service.de
vertrieb@jingle-service.de

www.jingle-service.de
Sprachansagen, Jingles für Radios, Trailer, Werbespots, Ansagen für Anrufbeantworter und Audio-Spots aller Art.

Radiopannen.de
info@radiopannen.de

www.radiopannen.de
Versprecher, Chaos im Studio und andere Peinlichkeiten: Die schönsten Pannen deutscher Radiosender als MP3-Clips.

Stadtmagazine

Bewegungsmelder
hotline@bewegungsmelder.de

www.bewegungsmelder.de
Portal für weit über 50 Stadtmagazine. Termine für Kino, Konzerte und Partys können städtebezogen abgefragt werden.

Blitz Stadtmagazin
info@blitz-world.de

www.blitz-world.de
Terminkalender, Kleinanzeigen und Veranstaltungtipps für Leipzig, Dresden, Chemnitz, Halle, Erfurt und Weimar.

piste.de
webmaster@piste.de

www.piste.de
Städtemagazin für Norddeutschland: Hamburg, Hannover, Lübeck, Neubrandenburg, Rostock und Schwerin.

port01.com
zentrale@port01.com

www.port01.com
Deutschlands großes Szene- und Lifestyle-Magazin erscheint mit 25 Regionalausgaben.

Prinz
redaktion@prinz.de

www.prinz.de
Veranstaltungskalender für alle größeren deutschen Städte wie Berlin, Hamburg, Bremen, Hannover, Köln und Frankfurt.

Sub Culture
info@subculture.de

www.subculture.de
Sub Culture liefert Veranstaltungsinfos für Rhein-Neckar, Ulm, Stuttgart, Koblenz, Köln, Basel, Bielefeld und Freiburg.

Stadtmagazine/Baden-Württemberg

chilli
info@chilli-online.de

www.chilli-online.de
Das Freiburger Stadtmagazin chilli präsentiert aktuelle Partys und Kulturveranstaltungen in Freiburg und Umgebung.

ka-news.de
info@ka-news.de

www.ka-news.de
Karlsruher Stadtmagazin, das viele Infos zum Stadtgeschehen (Kinotipps und Veranstaltungshinweise) bietet.

Lift
info@lift-online.de

www.lift-online.de
Magazin mit Datenbank für Termine zu Konzerten, Partys, Theater, Kino und Kleinkunst für Stuttgart und Region.

meier-online
info@meier-online.de

www.meier-online.de
Hier kann man in einem Veranstaltungskalender und im Kleinanzeigenmarkt ebenso stöbern wie im Kultur- und Gastro-Planer.

Stadtmagazine/Bayern

Doppelpunkt
info@doppelpunkt.de

www.doppelpunkt.de
Führer für Gastronomie und Freizeitgestaltung. Szenebereich mit Nachrichten, Partys und einer Clubübersicht.

Plärrer
info@plaerrer.de

www.plaerrer.de
Veranstaltungstermine und Tipps zu Freizeit und Kultur des Plärrer Stadtmagazins für Erlangen, Nürnberg und Fürth.

Stadtmagazine/Berlin

berlin030.de
info@berlin030.de

www.berlin030.de
Szene-Guide, Nightlife-Tipps, Galerien, Filmschau und viele Links für Berlin.

TIP BerlinMagazin
online@tip-berlin.de

www.tip-berlin.de
Berlin im Griff mit dem TIP: Alle Filme, alle Partys, alle Termine dank Suchfunktion schnell parat. Großstadtleben pur.

Zitty
magazinredaktion@zitty.de

www.zitty.de
Eine „Findemaschine", Programmhinweise und ein großer Registerteil mit Bühnen-, DJ-, Musik-, Film- und Kunst-ABC.

Stadtmagazine/Bremen

● **Bremer**
info@bremer.de

www.bremer.de
Die Stadtillustrierte für Bremen und den Norden mit umfangreichem Veranstaltungskalender, Party-Tipps, der Kinovorschau, einer Mitfahrbörse und Nachrichten aus der Kulturszene. Dazu gibt es Bildergalerien verschiedener Party-Events. **(Siehe Abbildung)**

Stadtmagazine/Hamburg

Hamburg Pur
hamburg-pur@hamburg-pur.de

www.szene-hamburg.de
Programmkalender für die Hansestadt: Events, Filmtipps, Kritikerspiegel, Musikveranstaltungen, Gastro-News und Ticket-Shop.

Oxmox online
info@oxmoxhh.de

www.oxmoxhh.de
Das Stadtmagazin bietet Veranstaltungshinweise (Konzerte, Partys, Theater), Filmtipps und Kleinanzeigen.

Stadtmagazine/Hessen

FRIZZ Das Magazin für Mittelhessen
redaktion@frizz-mittelhessen.de

www.frizz-mittelhessen.de
Hessenweiter Veranstaltungskalender mit kulturellen Inhalten, Nachrichten, Reportagen und Kulturtipps.

Journal Frankfurt
journal@mmg.de

www.journal-frankfurt.de
Shopping-, Ausflugs- und Veranstaltungstipps.

mein Journal
info@mein-journal.de

www.meinjournal.de
Lokale Infos für den Main-Kinzig-Kreis und den Wetteraukreis sowie für Offenbach und Aschaffenburg.

Bremer   **www.bremer.de**

Stadtmagazine/Niedersachsen

BS-Live!
redaktion@bs-live.de

www.bs-live.de
Das Stadtmagazin für Braunschweig und Umgebung mit aktuellen Informationen, Terminen und Fotogalerien, täglich aktuell.

SUBWAY

www.subway.de
Das Braunschweiger Stadtmagazin mit Veranstaltungen der Region. Außerdem: Konzerttipps sowie Klein- und Kontaktanzeigen.

Stadtmagazine/Nordrhein-Westfalen

Bonnaparte.de
redaktion@bonnaparte.de

www.bonnaparte.de
Das Online-Magazin für Bonn mit Tipps zu Veranstaltungen, Konzerten, Bars, Restaurants, Kneipen und kulturellen Events.

CityNews Köln
info@citynews-koeln.de

www.citynews-koeln.de
Das Online-Portal des Stadtmagazins rund um die Stadt Köln informiert über das Stadtgeschehen und Neuigkeiten aus Sport, Kunst und Kultur sowie Partys, Freizeitaktivitäten, Gesundheit und Schönheit, Shopping und Wohnen. In der Galerie finden den Leser Fotoserien von verschiedenen Events aus Köln. **(Siehe Abbildung)**

coolibri

www.coolibri.de
Der Freizeitführer für die Region West mit zahlreichen Veranstaltungen und Kinoprogramm.

Klenkes
redaktion@klenkes.de

www.klenkes.de
Das Stadtmagazin für Aachen und die Euregio gibt Auskunft über Termine, Kultur, Events und Serviceangebote.

Kölner Illustrierte
online@koelner.de

www.koelner.de
Zahlreiche Artikel, ein Gastronomieführer, ein Veranstaltungskalender mit Tagestipp, Kleinanzeigen und Gewinnspielen.

CityNews Köln   **www.citynews-koeln.de**

MEDIEN

Stadt-Revue
verwaltung@stadtrevue.de

www.stadtrevue.de
Ein Kinokalender, eine Veranstaltungsdatenbank mit verschiedenen Kategorien, Köln-Links und ein Kleinanzeigenmarkt.

Stadtmagazine/Sachsen

Kreuzer – Das Leipzig Magazin
info@kreuzer-leipzig.de

www.kreuzer-leipzig.de
Kreuzer – Das Leipziger Stadtmagazin präsentiert Nachrichten und Veranstaltungshinweise sowie Kleinanzeigen.

Stadtmagazine/Thüringen

t.akt Magazin
info@takt-magazin.de

www.takt-magazin.de
Das Kultur- und Freizeitmagazin für Thüringen mit dem Monatsprogramm der Region, Kleinanzeigen, Fotos und Gewinnen.

Urheberrecht

iRights.info
redaktion@irights.info

www.irights.info
Zuverlässige Informationen zum Urheberrecht in der digitalen Welt bezüglich Musik, Bildern, Filmen, Texten und Software.

Werbung & Marketing

HORIZONT.NET
info@horizont.net

www.horizont.net
Online-Fachmedium für Entscheider in Marketing, Werbung und Medien, die das Internet zur beruflichen Information nutzen.

Slogans.de
info@slogans.de

www.slogans.de
Die Datenbank der Marken und Werbeslogans. Rechercheportal für Werbung, Marketing und Kommunikation.

Werben und Verkaufen
online@wuv.de

www.wuv.de
Die Branchenplattform für Marketing, Kommunikation und Werbung: News, Specials, Studien und Tools.

Zeitschriften/Allgemein

Fachzeitung
verlag@fachzeitung.de

www.fachzeitungen.de
Portal für Fachzeitungen, -zeitschriften und Magazine. In vorsortierten Fachgebieten sind Infos zu Publikationen abrufbar.

Pressekatalog
infoservice@pressekatalog.de

www.pressekatalog.de
Infos und Bestellung von 50.000 Fach-, Publikums- und internationalen Zeitschriften, E-Paper, eine Million Artikel-Downloads.

PressePorträts
pponline@presse-fachverlag.de

www.presse-portraets.de
Informationen über die Zeitschriften Deutschlands mit Angaben über Verlag, Preis, Leserschaft und Verbreitungsgebiet.

Zeitschriftendatenbank (ZDB)

www.zeitschriftendatenbank.de
Verzeichnis von Zeitschriften, Zeitungen und Datenbanken in deutschen und österreichischen Bibliotheken.

Zeitschriften/Allgemein/Zeitschriftenabonnements

Abo-bar.de
kontakt@abo-bar.de

www.abo-bar.de
Prämienabos mit hohen Barprämien. Günstige und gratis Zeitschriften und Zeitungen. Unabhängiger Schnäppchen-Suchservice.

Abopool
aboservice@presse-union.de

www.abopool.de
Über 300 verschiedene Zeitschriftenabos, über 1.000 hochwertige Prämien und viele tolle Geschenke.

leserkreis.de
info@leserkreis.de

www.leserkreis.de
Aktuelle Zeitschriften günstig vom Leserkreis mieten – in ganz Deutschland – weit unter Kioskpreis.

mc-abo.de
suma@analog.de

www.mc-abo.de
Zeitschriften im Abo mit Prämien – Zeitschriftenabonnements mit Preisvorteil.

online-zeitschriften-abo.de

www.online-zeitschriften-abo.de
Vergleichsportal für Zeitschriftenabo-Anbieter und Abo-Arten.

Zeitschriften/Autozeitschriften

Siehe Kapitel Verkehr

Auto/Zeitschriften

Zeitschriften/Elektronik

Plattform für Elektronik & Mikrocontroller
info@elektor.de

www.elektor.de
Der Elektronik-Fachverlag bietet auf seiner Web-Seite allen Elektronikern eine Plattform mit aktuellen Informationen, Projekten, Schaltungen und Entwicklungen in der Elektronik und Technischen Informatik.

Zeitschriften/Elternzeitschriften

Kinderzeit
kinderzeit@familymedia.de

www.kinderzeit.de
Die Web-Seite des Fachmagazins Kinderzeit informiert über Themen rund ums Kind. Mit informativem Forum zum Austauschen.

Siehe auch Kapitel Soziales

Eltern/Allgemein

Zeitschriften/Esoterik & Astrologie

Visionen
info@visionen.com

www.visionen.com
Das Magazin für ganzheitliches Leben „VISIONEN" hält Beiträge zu den Themen Spiritualität, alternative Gesundheit und Wellness, Astrologie, Kultur und Wissen sowie bewusstes Reisen bereit. Neben der Vorstellung des jeweils aktuellen Heftes wird über interessante Termine, Bücher und Links informiert.
(Siehe Anzeige)

Zeitschriften/Fernsehprogramm

GONG

www.gong.de
Das Fernsehmagazin für die ganze Familie: Mit dem aktuellen TV-Programm, Infos zu den einzelnen Filmen und Abo-Service.

Hörzu
online@hoerzu.de

www.hoerzu.de
Das aktuelle Fernsehprogramm mit TV-Tipps.

Prisma
info@prisma-redaktion.de

www.prisma.de
Prisma, das wöchentliche Supplement zu 62 Tageszeitungen, steht für Fernsehen, Kultur, Wellness, Sport und Reisen.

rtv
info@rtv.de

www.rtv.de
TV-Programm- und Entertainment-Guide: Über 150 Sender, TV-Tipps als Video, Movisto-Filmbewertung, Web-Clips und Sudoku.

tv Hören und Sehen
service@tv-hoeren-und-sehen.de

www.tvhus.de
Programm durchsuchbar nach Kategorien wie Sport, Natur, Kinder und Comedy. Archiv, Radiofrequenzen und Senderanschriften.

TV Movie online
userservice@tvmovie.de

www.tvmovie.de
TV-Service mit ausführlichen Infos zum deutschen und europäischen Fernsehprogramm, Infos zu Kino, Musik und Multimedia.

TV Spielfilm
tvspielfilm@milchstrasse.de

www.tvspielfilm.de
TV-Highlights werden nach Sparten wie Spielfilm, Sport und Reportage sortiert vorgestellt und stündlich aktualisiert.

TVdirekt.de
redaktion@tvdirekt.de

www.tvdirekt.de
Mit der Online-Senderübersicht von TVdirekt findet man schnell zum gewünschten Fernsehprogramm.

TV-Today
service@tvtoday.de

www.tvtoday.de
Das aktuelle Fernsehprogramm mit Programmwähler, Tagestipps sowie News und kurzen Reportagen.

Zeitschriften/Frauen

Amica
amica@tomorrow-focus.de

www.amica.de
Reportagen zu Themen, die Frauen interessieren: Mode, Medien, Fitness, Reisen, Shopping und Sex.

BILD der FRAU
service@bildderfrau.de

www.bildderfrau.de
BILD der FRAU – Informieren. Rat finden. Mitmachen. Immer neue Rezepte. Immer neue Videos. Immer neue Tipps.

Brigitte online
service@brigitte.de

www.brigitte.de
Frauentreffpunkt mit Jobbörse, Rezepten, Reise-, Geld-, Berufs- und Gesundheitsinfos, Psychotests und Kennenlerndatenbank.

Brigitte Young Miss
mail@bym.de

www.bym.de
Infos für Mädchen und junge Frauen, Jobtipps, City- und Reise-tipps, Lifestyle-Foren, Wettbewerbe und Chat.

Celebrity
redaktion@celebrity.de

www.celebrity.de
Celebrity ist das People-Magazin mit Berichten über Leben und Lifestyle der Stars.

Cosmopolitan.de
info@cosmopolitan.de

www.cosmopolitan.de
Alles über Stars und Szene, Lieben und Leben, Beauty und Wellness, Mode, Job und Lifestyle.

ELLE
elle@elle.de

www.elle.de
News aus Mode, Beauty, Lifestyle und Kultur. Experten-Chat und moderierte Foren. Im Shop: Fashion- und Lifestyle-Produkte.

Emma
info@emma.de

www.emma.de
Das politische Magazin von Frauen für Frauen. Herausgegeben von der bekannten Frauenrechtlerin Alice Schwarzer.

Freundin
freundin@freundin.de

www.freundin.de
Themen rund um Fashion, Beauty, Jobs, Food und Travel.

fuersie.de
redaktion@fuer-sie.de

www.fuersie.de
Neben der aktuellen Ausgabe Tipps zu Gesundheit, Schönheit und Mode. Infos zum Club, Horoskop und Rezept des Tages.

Gala
redaktion@gala.de

www.gala.de
Gala.de bietet täglich die wichtigsten News aus der Welt der Stars sowie exklusive Videos und Fashiontrends aus Hollywood.

Glamour
feedback@glamour.de

www.glamour.de
Infos über die neuesten Modetrends. In der Dating-Area und in den Foren kann man sich treffen und austauschen.

Jolie.de
info@jolie.de

www.jolie.de
Das Lifestyle-Magazin Jolie.de zeigt jungen Frauen aktuelle Beauty-, Frisuren- und Modetrends. Dazu Psychotests und Horoskope.

Joy.de
online@joy-mag.de

www.joy.de
Das Trendmagazin für Frauen mit Highlights zu Fashion und Beauty sowie exklusiven Storys aus der Welt der Stars.

Madame
info@madame.de

www.madame.de
Ausgewählte Themen der aktuellen Ausgabe können direkt online gelesen werden. Zudem Abo-Angebote und Madame-Shop.

MySelf.de

www.myself.de
Das Magazin für Frauen, die sich für ein Leben mit Karriere, Kindern, Genuss, Shoppen und Reisen entschieden haben.

Petra

www.petra.de
Lifestyle und Trends im Bereich Mode, Entertainment und Beauty. Kostenlose Community mit vielen Gewinnspielen und Vorteilen.

Shape.de
online@shape.de

www.shape.de
Web-Seite für Frauen, die sich in Form klicken wollen. Mit aktuellem Expertenrat zu Fitness, Beauty und Gesundheit.

y-style
young-magazine@burda.com

www.y-style.de
Die Web-Seite des Young Woman's Magazin „young". Viele Infos zu Mode, Beauty und Lifestyle.

Zeitschriften/Kunst & Kultur

Siehe Kapitel Kunst & Kultur

Kunst- & Kulturzeitschriften

Zeitschriften/Männer

GQ
feedback@gq.de

www.gq-magazin.de
Hier finden Männer alles rund um Lifestyle, Mode und Technik. „Girls Gallery" mit erotischen Bildern von Topmodels.

Men's Health
usermail@menshealth.de

www.menshealth.de
Männermagazin mit News und Infos aus den Rubriken Fitness, Gesundheit, Ernährung, Sex, Technik, Mode, Beruf und Surf-Tipps.

Playboy
team@playboy.de

www.playboy.de
Das Männermagazin mit allem, was Männern Spaß macht. Schöne Frauen, spannende Reportagen und interessante Interviews.

Medien

Zeitschriften/Musik

Siehe Kapitel Kunst & Kultur

Musik/Musikzeitschriften

Zeitschriften/Nachrichtenmagazine

FOCUS Online
webmaster@focus.de

www.focus.de
„News to use" rund um Politik, Finanzen, Immobilien, Auto, Reisen, Sport, Digital, Gesundheit, Job, Kultur und Wissen.

manager-magazin.de
redaktion_mm_online@manager-magazin.de

www.manager-magazin.de
Liefert täglich die wichtigsten Wirtschaftsnachrichten aus Unternehmen, Finanzen, Politik, Karriere und Lifestyle.

SPIEGEL ONLINE
spiegel_online@spiegel.de

www.spiegel.de
Deutschlands bekannte Nachrichtenseite. Alles aus Politik, Wirtschaft, Sport, Kultur und Wissenschaft – 24 Stunden am Tag.

stern.de

www.stern.de
Der Online-Auftritt des „stern" präsentiert neben den Themen des Tages stets neueste Meldungen aus Politik und Wirtschaft.

Zeitschriften/Organisationen

Verband Dt. Zeitschriftenverleger e. V.
info@vdz.de

www.vdz.de
Der „VDZ" ist der Dachverband aller Landes- und Fachverbände der Zeitschriftenverlage und bietet Branchendaten.

Zeitschriften/Ratgeber

Emotion
info@emotion.de

www.emotion.de
Tipps und Infos rund um Partner- und Elternschaft sowie das Verstehen und Erkunden der eigenen Emotionen ist hier möglich.

Zeitschriften/Satire

● **Satiremagazin Eulenspiegel**
verlag@eulenspiegel-zeitschrift.de

www.eulenspiegel-zeitschrift.de
Die offizielle Seite des bekannten Monatsmagazins für Satire, Humor und Nonsens. Neben Auszügen aus dem jeweils aktuellen Heft gibt es Cartoons und allerlei skurrile Artikel. Im „Eulenspiegel"-Laden sind die einzelnen Ausgaben, Satire-Bücher und die legendären „Eulenspiegel"-Poster erhältlich. **(Siehe Abbildung)**

Titanic
info@titanic-magazin.de

www.titanic-magazin.de
Das Titanic-Magazin bietet satirische Meldungen, Themen der aktuellen und älteren Ausgaben sowie satirische E-Cards.

Zeitschriften/Sport

Siehe Kapitel Sport

Sportzeitschriften

Zeitschriften/Umwelt

Siehe Kapitel Umwelt

Umweltzeitschriften

Zeitschriften/Unterhaltung

Bunte online
bunte@burda.com

www.bunte.de
Mittwochs erscheint die aktuelle Ausgabe der Zeitschrift im Internet. Entertainment, Chat, Interviews und Promi-News.

Max
echo@milchstrasse.de

www.max.de
Die Fotos in Max beweisen, dass Max das Forum für die neuen innovativen Stars der internationalen Fotoszene ist.

Reader's Digest Deutschland
verlag@readersdigest.de

www.readersdigest.de
Porträt der Zeitschrift Reader's Digest mit einem Shop, in dem auch Bücher, Hörbücher, CDs und DVDs verkauft werden.

Super-Illu
post@super-illu.de

www.super-illu.de
Das Web-Angebot der Illustrierten mit dem Schwerpunkt „neue Bundesländer". Aktuelle Interviews und Reportagen.

Zeitschriften/Verbraucher

Guter Rat
kontakt@guter-rat.de

www.guter-rat.de
Themenschwerpunkte des modernen Ratgebermagazins sind Geld, Recht, Gesundheit, Autos sowie Bauen und Wohnen.

Zeitschriften/Wirtschaft

Siehe Kapitel Geld & Finanzen

Finanzzeitschriften & Finanzverlage

Zeitschriften/Wissenschaft

GEO.de
webmaster@geo.de

www.geo.de
GEO – „Das neue Bild der Erde" ist ein aktuelles Magazin zu internationaler Wissenschaft, Gesellschaft, Kultur und Medizin.

MEDIEN

National Geographic Deutschland
leserbriefe@nationalgeographic.de

www.nationalgeographic.de
Die Web-Seite stellt die Highlights des aktuellen Magazins vor und berichtet über Neuigkeiten aus der Geografie.

P.M. online
kontakt@pm-magazin.de

www.pm-magazin.de
U. a. „P.M. Magazin", „P.M. HISTORY", „P.M. Perspektive", „P.M. Fragen & Antworten" sowie Logik- und Intelligenz-Trainer.

wissenschaft.de
info@komedia.de

www.wissenschaft.de
Aktuelle Beiträge, Hintergrundberichte und Web-Katalog zu den verschiedensten Wissenschaftsbereichen.

Zeitungen

Bild.de

www.bild.de
News, Sport, Promis, Videos, Tipps und Trends – stets aktuelle Themen aus Deutschland und der Welt.

FAZ.NET
info@faz.net

www.faz.net
Aktuelle Nachrichten, Hintergründe, Kommentare und Analysen zu allen Themen des Tages mit passenden Serviceangeboten.

Frankfurter Rundschau
redaktion@fr-online.de.de

www.fr-online.de
Nachrichten aus dem In- und Ausland, Sport, Medien, Anzeigenmarkt, Dossier, Wirtschafts- und Kulturspiegel.

Neues Deutschland
redaktion@nd-online.de

www.neues-deutschland.de
Die sozialistisch orientierte Tageszeitung berichtet über politische, wirtschaftliche und kulturelle Themen.

sueddeutsche.de
wir@sueddeutsche.de

www.sueddeutsche.de
sueddeutsche.de berichtet hintergründig und schnell aus klassischen Ressorts wie Politik, Wirtschaft, Kultur oder Sport.

taz.de
berlin@taz.de

www.taz.de
Komplette Ausgabe der Tageszeitung (taz) inklusive großes Archiv und die deutsche Ausgabe der „Le Monde diplomatique".

Welt online
redaktion@welt.de

www.welt.de
Ausführliche Berichte zu aktuellen Themen, Zeitungsartikel-Archiv, Börse, viele weitere Informationen und Services.

Zeitungen/Allgemein

PressePorträts
pponline@presse-fachverlag.de

www.presse-portraets.de
Informationen über die Zeitungen Deutschlands mit Angaben über Verlag, Preis, Leserschaft und Verbreitungsgebiet.

tageszeitung-24.de

www.tageszeitung-24.de
Großes Online-Verzeichnis für regionale Tageszeitungen im deutschsprachigen Raum.

Zeitungen/Ausland

Press-guide.com
info@press-guide.com

www.press-guide.com
Auflistung von Adressen, E-Mails und Links deutschsprachiger Zeitungen im Ausland, nach Ländern geordnet.

Zeitungen/Baden-Württemberg

Badische Zeitung
online-werbung@badische-zeitung.de

www.badische-zeitung.de
Tageszeitung online mit Nachrichten, Lokalem, Wetter, Anzeigenmarkt und Ticketservice.

Badisches Tagblatt
info@badisches-tagblatt.de

www.badisches-tagblatt.de
Neben täglichen, lokalen News gibt es Tipps und Termine aus der Region sowie einen Kleinanzeigenmarkt.

Eßlinger Zeitung
online.redaktion@ez-online.de

www.esslinger-zeitung.de
Berichterstattung aus der Region Esslingen/Stuttgart, Nachrichten aus Deutschland und der Welt, Veranstaltungskalender.

Fränkische Nachrichten
fn.info@fraenkische-nachrichten.de

www.fnweb.de
Nachrichten aus Tauberbischofsheim, Wertheim, Bad Mergentheim und Buchen/Walldürn. Mit Kino- und Kulturprogramm.

Gmünder Tagespost
redaktion@gmuender-tagespost.de

www.gmuender-tagespost.de
Suchmaschine für Veranstaltungen aus der gewünschten Region. Nachrichten sowie Hinweise zum Kino- und TV-Programm.

Heidenheimer Zeitung
redaktion@hz-online.de

www.swp.de/heidenheim
Aktuelle Heidenheimer Stadt-News. Regionale und überregionale Sportnachrichten, Kino- und TV-Programm sowie Kulturinfos.

Heilbronner Stimme
info@stimme.net

www.stimme.de
Das regionale, interaktive Nachrichtenportal des Medienunternehmens Heilbronner Stimme mit stündlich aktuellen Infos.

Mannheimer Morgen
info@morgenweb.de

www.morgenweb.de
Berichterstattung aus der Rhein-Neckar-Region, ein Veranstaltungskalender sowie ein Stellen-, Immobilien- und Automarkt.

Nürtinger Zeitung
forum@ntz.de

www.ntz.de
Nachrichten aus Nürtingen, Wendlingen und Umland. Mit Sportinfos, Veranstaltungstipps, Business- und Serviceadressen.

Oberbadische, Die
info@verlagshaus-jaumann.de

www.die-oberbadische.de
Infos aus aller Welt zu Wirtschaft und Web, Boulevard oder Sport, umfangreiche Lokalnachrichten, Freizeittipps.

Pforzheimer Zeitung
webmaster@pz-news.de

www.pz-news.de
Zahlreiche Veranstaltungshinweise und Inseratanzeigen der Region sind online abrufbar.

Reutlinger General-Anzeiger
gea@gea.de

www.gea.de
Die übersichtlichen Seiten bieten aktuelle News, einen Veranstaltungskalender und Tipps zu Web und Wissen.

Rhein-Neckar-Zeitung
rnz-kontakt@rnz.de

www.rnz.de
Nachrichten aus Politik, Wirtschaft, Kultur und Sport. Lokale Neuigkeiten und ein Anzeigenmarkt ergänzen das Angebot.

Schwäbische Post
redaktion@schwaebische-post.de

www.schwaebische-post.de
Regionale sowie überregionale Nachrichten. Suchmaschinen für Kino, TV und Veranstaltungen.

Schwäbische Zeitung Online
info@szo.de

www.szon.de
Das Portal mit neuesten Meldungen aus der Welt und der Heimat. Jede Menge Unterhaltung wie Gewinnspiele und Flirtspaß.

Schwäbisches Tagblatt
online@tagblatt.de

www.tagblatt.de
Aktuelle Lokalnachrichten, Videos, Bildergalerien, Wochenrückblick, Kleinanzeigen, Veranstaltungen, Sport und Kultur.

Schwarzwälder Bote
service@schwarzwaelder-bote.de

www.schwarzwaelder-bote.de
Welt-News und Regionales auf einen Blick. Das Serviceangebot umfasst u. a. den Veranstaltungskalender und Kleinanzeigen.

Stuttgarter Nachrichten
leserpost@stn.zgs.de

www.stuttgarter-nachrichten.de
Tageszeitung mit Beiträgen aus Stuttgart und der Region, umfangreicher Veranstaltungskalender, Theater- und Musikmagazine.

Stuttgarter Zeitung
webmaster@stz.zgs.de

www.stuttgarter-zeitung.de
Themen des Tages, Sport aktuell, Musikmagazin sowie Neues aus der Kinobranche, Veranstaltungen und Wettervorhersage.

suedkurier.de
kontakt@suedkurier.de

www.suedkurier.de
Aktuelle Nachrichten, Videos, Veranstaltungen und über 10.000 Fotogalerien vom Bodensee, Schwarzwald und Hochrhein.

MEDIEN

Teckbote online, Der
redaktion@teckbote.de

www.teckbote.de
Lokalnachrichten für Kirchheim und Umgebung, aktuelle Lokal-sporttabellen, Kulturinfos und nützliches Nachrichtenarchiv.

Zeitungen/Bayern

all-in.de
info@all-in.de

www.all-in.de
Aktuelle Nachrichten der Allgäuer Zeitung aus der Region und aus aller Welt. Mit Veranstaltungs- und Kinodatenbank.

Augsburger Allgemeine
info@augsburger-allgemeine.de

www.augsburger-allgemeine.de
(Über-)regionale News, Sporttabellen, Veranstaltungen, Ratge-berthemen, Branchenbuch, Archiv und Kleinanzeigen.

Bayerische Staatszeitung
redaktion@bayerische-staatszeitung.de

www.bayerische-staatszeitung.de
Bayerischer Blick auf Politik, Wirtschaft, Kommunales und Kultur. Mit Stellenmarkt und Archiv.

Bayernkurier
redaktion@bayernkurier.de

www.bayernkurier.de
Wochenzeitung für Politik, Wirtschaft und Kultur mit Artikeln der jüngsten Ausgabe und der zurückliegenden Wochen.

Berchtesgadener Anzeiger
redaktion@berchtesgadener-anzeiger.de

www.berchtesgadener-anzeiger.de
Aktuelle Berichterstattung aus dem Berchtesgadener Land mit zahlreichen Serviceangeboten und einem Online-Archiv.

Chiemgau online
info@chiemgau-online.de

www.chiemgau-online.de
Große Lokalberichterstattung, Kino- und Veranstaltungshinweise. E-Cards mit Chiemgau-Motiven können verschickt werden.

Donaukurier
online-redaktion@donaukurier.de

www.donaukurier.de
Neben lokalen News gibt es einen täglich aktualisierten Anzei-genmarkt und einen umfangreichen Entertainment-Bereich.

Frankenpost
verlag@frankenpost.de

www.frankenpost.de
Lokales und Internationales, Ticket-Shop, Veranstaltungskalen-der, Jugendredaktion und ein ausführlicher Serviceteil.

inFranken.de

www.infranken.de
Das Gemeinschaftsportal der Zeitungen Fränkischer Tag, Bayeri-sche Rundschau und Coburger Tageblatt mit News aus Franken.

Main-Netz
info@main-netz.de

www.main-netz.de
Lokalnachrichten für die Region Aschaffenburg und Miltenberg, Sport, Kultur, Anzeigenteil und Internet-Neuigkeiten.

Mainpost
red.online@mainpost.de

www.mainpost.de
Weltweite Nachrichten und Sport mit Ticker, lokale Nachrichten aus Würzburg und ein Anzeigenmarkt.

Mittelbayerische Zeitung
donau@donau.de

www.mittelbayerische.de
Der Online-Dienst der „Mittelbayerischen Zeitung" mit News, Sport, Firmen-ABC, Gewinnspielen, E-Cards und SMS-Manager.

Münchner Abendzeitung
info@abendzeitung.de

www.abendzeitung.de
Münchner und überregionale Nachrichten aus den Bereichen Po-litik, Kultur, Boulevard und Wissenschaft. Mit Anzeigenmarkt.

Münchner Merkur
info@merkur-online.de

www.merkur-online.de
Ein News-Ticker ergänzt das Angebot an Nachrichten und Repor-tagen. Außerdem: Kfz-Markt, Kleinanzeigen und Jugendseiten.

Neue Presse

www.np-coburg.de
Nachrichten für Coburg, Kronach, Lichtenfels und Haßberge. Haushaltstipps und ein Online-Knigge, der Stilfragen klärt.

Nordbayerischer Kurier

www.nordbayerischer-kurier.de
Nachrichten aus der Region und der Welt, Infos über den Verlag oder direkt ein Abo bestellen oder eine Anzeige inserieren.

Nordbayern Infonet
info@nordbayern.de

www.nordbayern.de
Portal der Nürnberger Nachrichten und Nürnberger Zeitung. Computer, Freizeit- und Eventseiten zu regionalen Veranstaltungen.

Oberpfalz Netz
info@zeitung.org

www.oberpfalznetz.de
Aktuelle Nachrichten, regionale News, Kinotipps, Zeitungsarchiv und Beschreibung sämtlicher Freizeitparks in Bayern.

ovb online
info@ovb.net

www.ovb-online.de
Aktuelle Ausgaben mit lokalen, nationalen und internationalen Nachrichten, Kinodatenbank, Party-Guide und Gewinnspielen.

tz online
info@tz-online.de

www.tz-online.de
Berichte aus München und Bayern, Leserfotos, Kleinanzeigen, Eventkalender und einige Themenportale.

Zeitungen/Berlin

B.Z.
redaktion@bz-berlin.de

www.bz-berlin.de
Boulevardnachrichten aus Berlin und der Welt. Infos aus der Musik-, Kino- und Kulturszene, ein Archiv und E-Cards.

Berliner Abendblatt

www.abendblatt-berlin.de
Aktuelle Lokalnachrichten mit Infos aus einzelnen Bezirken. Überblick über Apotheken-Notdienste, interaktiver Stadtplan.

Berliner Kurier
berliner-kurier@berlinonline.de

www.berliner-kurier.de
Tagesnachrichten, Auto- und Reisereportagen, Musik-Charts und CD-Kritiken, Tipps zu Beruf, Computer, Freizeit und Fitness.

Berliner Morgenpost

www.morgenpost.de
Die Berliner Morgenpost stellt Artikel vollständig ins Internet und bietet besonders aufgearbeitete Themenschwerpunkte.

Berliner Zeitung
leserbriefe@berliner-zeitung.de

www.berliner-zeitung.de
Nachrichten aus Berlin und aller Welt: Lokales, Politik, Wirtschaft, Sport, Kultur. Mit Textarchiv, Fotos, Blogs.

Tagesspiegel, Der
redaktion@tagesspiegel.de

www.tagesspiegel.de
Neben Regionalem auch Weltgeschehen. Außerdem gibt es die Community „Mein Berlin" und spezielle Online-Reportagen.

Zeitungen/Brandenburg

Lausitzer Rundschau
lr@lr-online.de

www.lr-online.de
Online-Angebot der Lausitzer Rundschau. Aktuelle Nachrichten der Region aus verschiedenen Themenbereichen.

Märkische Allgemeine
kontakt@mazonline.de

www.maerkischeallgemeine.de
Brandenburgportal für die Hauptstadtregion mit aktuellen lokalen Informationen, Anzeigen, Wetter und Terminkalender.

Märkische Oderzeitung
info@moz.de

www.moz.de
Ausführliche regionale und überregionale Berichterstattung für Brandenburg.

Potsdamer Neueste Nachrichten
pnn@potsdam.de

www.pnn.de
Online-Präsenz der Tageszeitung Potsdamer Neueste Nachrichten mit allem, was auch die Printausgabe zu bieten hat.

Zeitungen/Hamburg

Hamburger Abendblatt
online@abendblatt.de

www.abendblatt.de
Der umfangreiche Serviceteil umfasst Horoskope, ein Branchenverzeichnis, Reisemarktplatz und Nachrichtenarchiv.

Hamburger Morgenpost
verlag@mopo.de

www.mopo.de
Online Ausgabe der MOPO und MOPO am Sonntag. Täglich News, Veranstaltungen aus und für Hamburg, Deutschland und die Welt.

Zeitungen/Hessen

Echo Online
kontakt@echo-online.de

www.echo-online.de
Nachrichten aus Darmstadt und Südhessen, Tipps und Termine zu Kultur und Freizeit, Anzeigenmarkt für die Rhein-Main-Region.

Fuldaer Zeitung
internet@fuldaerzeitung.de

www.fuldaerzeitung.de
Wissen, was in der Heimat läuft: Aktuelle Nachrichten aus Fulda und Region auf fuldaerzeitung.de.

● **Gießener Allgemeine**
redaktion@giessener-allgemeine.de

www.giessener-allgemeine.de
Aktuelle Infos und Nachrichten aus Gießen, dem Landkreis, aus Mittelhessen und der ganzen Welt. Neben Themen aus Wirtschaft, Sport, Kultur und Politik wird auch ausführlich über den Lokalsport informiert. Im Servicebereich werden Leserreisen angeboten sowie aktuelle Veranstaltungstermine bekannt gegeben. **(Siehe Abbildung)**

Hessisch Niedersaechsische Allgemeine
info@hna.de

www.hna.de
Lokale, regionale und internationale Nachrichten, umfangreiches Anzeigenportal, Veranstaltungstipps und regionale Sportinfos.

Oberhessische Presse
info@op-marburg.de

www.op-marburg.de
Die große Tageszeitung für den Landkreis Marburg-Biedenkopf präsentiert sich als vielfältiges Nachrichtenportal.

Offenbach-Post
service@op-online.de

www.op-online.de
Aktuelle Nachrichten aus Politik, Wirtschaft und Sport. Lokales Kinoprogramm und Freizeittipps.

Wetterauer Zeitung
redaktion@wetterauer-zeitung.de

www.wetterauer-zeitung.de
Lokale Nachrichten aus dem Wetteraukreis, aus Politik, Wirtschaft, Sport, Kultur sowie Veranstaltungstipps.

Wiesbadener Kurier
wk-redaktion@vrm.de

www.wiesbadener-kurier.de
Lokal-, Regional- und Weltnachrichten aus Politik, Wirtschaft und Sport, Anzeigenmarkt für Immobilien, Kfz und Reisen.

Wiesbadener Tagblatt
wt-stadtzeitung@vrm.de

www.wiesbadener-tagblatt.de
Die Tageszeitung online bietet regionale, lokale sowie weltweite Nachrichten, Kleinanzeigenmärkte und vielerlei Ratgeber.

Zeitungsgruppe Lahn-Dill
internet@mittelhessen.de

www.mittelhessen.de
Nachrichten, Archive, Kleinanzeigen, Gastro-Führer und zahlreiche Shopping-Tipps der Zeitungsgruppe aus Mittelhessen.

Zeitungen/Mecklenburg-Vorpommern

Norddeutsche Neueste Nachrichten
info@svz.de

www.nnn.de
Nachrichten aus Rostock, Online-Diskussionen, Ratgeber zu verschiedenen Themen sowie Telefon- und Internet-Tarife.

Ostsee-Zeitung
online@ostsee-zeitung.de

www.ostsee-zeitung.de
Aktuelles aus Politik, Wirtschaft, Kultur und Medien, Sport und Wetter. Kleinanzeigen und ein Veranstaltungskalender.

Schweriner Volkszeitung
info@svz.de

www.svz.de
Nachrichten aus Mecklenburg-Vorpommern, Veranstaltungskalender, Specials zu Ratgeberthemen und Kleinanzeigendatenbank.

Zeitungen/Niedersachsen

Braunschweiger Zeitungsverlag

www.newsclick.de
Lokale Nachrichten, Sport-News, Anzeigenmarkt, Events, Fotogalerien und Ratgeber.

Cellesche Zeitung
verlag@cellesche-zeitung.de

www.cellesche-zeitung.de
Lokale Nachrichten aus der Region Celle. Events, Leser-Service, Unterhaltung. Alles, was man über Celle wissen muss.

Cuxhavener Nachrichten
info@cuxonline.de

www.cuxonline.de
Außer den neuesten Nachrichten bietet diese Web-Seite auch Informationen über das Kinoprogramm oder Veranstaltungstipps.

Goslarsche Zeitung
info@goslarsche-zeitung.de

www.goslarsche.de
Regionales und Überregionales mit News-Ticker, Szene-News, Kleinanzeigen und vielen Serviceangeboten rund um den Harz.

Hannoversche Allgemeine
haz@madsack.de

www.haz.de
Die Zeitung für Hannover mit Lokalnachrichten und Lokalsport sowie einem Veranstaltungskalender und dem Regionalwetter.

Landeszeitung für die Lüneburger Heide
redaktion@landeszeitung.de

www.landeszeitung.de
Lokale und weltweite Nachrichten, virtueller Stadtrundgang durch Lüneburg, Veranstaltungskalender, Forum und Webcams.

Mediengruppe Kreiszeitung
info@kreiszeitung.de

www.kreiszeitung.de
Nachrichten mit lokalen Hintergründen und Berichte über regionalen Sport. Dazu Kleinanzeigen, Leserreisen sowie Gewinnspiele.

Münsterländische Tageszeitung
redaktion@mt-news.de

www.mt-news.de
Lokalnachrichten und -sport, Veranstaltungskalender und Neuigkeiten aus dem Münsterland.

Neue Osnabrücker Zeitung online
info@neue-oz.de

www.neue-oz.de
Regionale und überregionale Nachrichten aus Politik, Sport, Wissenschaft und Kultur mit kostenlosem Online-Archiv.

Gießener Allgemeine   **www.giessener-allgemeine.de**

MEDIEN

Neue Presse
np@madsack.de

www.neuepresse.de
Neuigkeiten aus Hannover und der Welt: Politik, Sport, Serviceteil mit Fahrplanauskunft, Stadtplan und Horoskop.

Niederelbe-Zeitung

www.nez.de
Die Online-Ausgabe der Zeitung aus Cuxhaven berichtet fokussiert über das Tagesgeschehen entlang der Niederelbe.

Nordsee-Zeitung Bremerhaven
nzonline.admin@nordsee-zeitung.de

www.nordsee-zeitung.de
Neueste Nachrichten aus der Wissenschaft sind neben allgemeinen Meldungen ebenfalls Inhalte der Zeitung aus Bremerhaven.

Nordwest-Zeitung
online@nordwest-zeitung.de

www.nwzonline.de
Politik und Weltgeschehen, Wirtschaft, Sport sowie Regional- und Lokalnachrichten aus Nordwest-Niedersachsen.

Oldenburgische Volkszeitung
info@ov-online.de

www.ov-online.de
Die Tageszeitung im Oldenburger Münsterland liefert täglich Neuigkeiten und Termine aus Vechta und der Region.

Weser Kurier
redaktion@weser-kurier.de

www.weser-kurier.de
Berichterstattung aus der Region, ein breitgefächertes Themenmagazin, Anzeigenaufgabe und das Regionalwetter.

Wolfsburger Allgemeine Zeitung
waz@madsack.de

www.waz-online.de
Zeitung für Wolfsburg und Umgebung mit Schwerpunkt Lokalnachrichten und Lokalsport.

Zeitungen/Nordrhein-Westfalen

Aachener Nachrichten
info@an-online.de

www.an-online.de
Lokale Berichterstattung mit Sportteil, regionaler Kulturszene und Terminen, Weltnachrichten und Wirtschaft.

Aachener Zeitung
redaktion@aachener-zeitung.de

www.az-web.de
Umfangreiches Sortiment an Nachrichten aller Art: Lokales, Sport, Branchen- und Gastro-Guide sowie Hochschulnachrichten.

derwesten
kontakt@derwesten.de

www.derwesten.de
Das Portal der WAZ-Mediengruppe: Westdeutsche Allgemeine Zeitung, Westfalenpost und Neue Rhein Zeitung.

Express.de
post@express.de

www.express.de
Umfangreiches Angebot des Boulevardblattes, das von Sport über Lokales, Computer und Autos bis hin zu Reisen reicht.

General-Anzeiger
online@ga-bonn.de

www.general-anzeiger-bonn.de
News, Sport, Wirtschaft, Annoncen, Freizeit, Wetter, Stadtpläne, Webcams und Archiv.

Glocke, Die
postmaster@die-glocke.de

www.die-glocke.de
Lokalnews und Anzeigen aus den Kreisen Gütersloh und Warendorf. Sporttabellen, Ratgeberseiten, Bildgalerie, Fußballtipp.

Hellweger Anzeiger
info@hellwegeranzeiger.de

www.hellwegeranzeiger.de
Die Tageszeitung für Unna, Kamen, Bergkamen, Fröndenberg und Holzwickede mit Lokalnachrichten und Freizeitkalender.

Kölner Stadt-Anzeiger
info@ksta.de

www.ksta.de
Magazinseiten über Computer, Verkehr, Reisen und Anzeigen (Immobilien, Kfz, Bekanntschaften).

Kölnische Rundschau
info@rundschau-online.de

www.rundschau-online.de
Politik, Sport, Lokales, Kultur, Aus aller Welt, Computer, Verkehr, Reisen, Wohnen und Anzeigen.

Lippische Landes-Zeitung
webmaster@lz-online.de

www.lz-online.de
Nachrichten aus Politik, Wirtschaft, Sport und der Region sowie Veranstaltungshinweise und Kleinanzeigen.

Mindener Tageblatt
mt@mt-online.de

www.mt-online.de
Aktuelle Ausgabe mit lokalen und überregionalen Nachrichten, Anzeigenmarkt und zahlreichen Serviceangeboten.

Neuß-Grevenbroicher Zeitung
redaktion@ngz-online.de

www.ngz-online.de
Online-Auftritt mit Journalcharakter: Informationen über alles Wissenswerte aus der Region und Tipps für den Alltag.

OWL-Online
info@team.owl-online.de

www.owl-online.de
Hier gibt es Nachrichten aus Ostwestfalen (Bielefeld, Gütersloh, Herford, Höxter, Lippe, Minden und Paderborn).

RP ONLINE

www.rp-online.de
Rund um die Uhr Nachrichten, Fotos und Hintergründe aus Düsseldorf und der Region sowie aus Deutschland und der Welt.

Siegener Zeitung
info@siegener-zeitung.de

www.siegener-zeitung.de
Weltnachrichten und Lokales aus den Kreisen Siegen, Olpe, Wittgenstein und Altenkirchen.

Westdeutsche Zeitung
online.redaktion@wz-newsline.de

www.wz-newsline.de
Täglich aktualisierte Nachrichten aus Wuppertal, Krefeld, Düsseldorf und Mönchengladbach sowie Weltnachrichten.

Westfalen Blatt
wb@westfalen-blatt.de

www.westfalen-blatt.de
Hier kann man unter anderem Kleinanzeigen aufgeben oder Veranstaltungskarten für Konzerte und Theater bestellen.

Westfälische Nachrichten
info.digital@aschendorff.de

www.wn.de
Die Westfälischen Nachrichten berichten über aktuelle Nachrichten aus Politik, Wirtschaft und Kultur.

Westfälischer Anzeiger
webmaster@wa-online.de

www.wa.de
Ausführliche Informationen über Politik, Wirtschaft und Sport, unter besonderer Berücksichtigung der lokalen Ereignisse.

westline
redaktion@westline.de

www.westline.de
Die zehn Zeitungsverlage bieten Berichte (Lokales, Wirtschaft, Sport) über das Münsterland und das nördliche Ruhrgebiet an.

Zeitungsverlag Neue Westfälische
redaktion@nw-news.de

www.nw-news.de
Lokale News zu verschiedenen Regionen sowie zahlreiche Infos zum regionalen und überregionalen Sport sind abrufbar.

Zeitungen/Rheinland-Pfalz

Pfälzischer Merkur
merkur@pm-zw.de

www.pfaelzischer-merkur.de
Tageszeitung für die Saarpfalz. Lokalnachrichten, Regionalsport, Weltnachrichten, Bäckersuche, Partybilder, Karriereportal.

Rhein Main Presse
info@main-rheiner.de

www.rhein-main-presse.de
Seiten des „Wiesbadener Kurier", der „Allgemeinen Zeitung", des „Wiesbadener Tagblatt" und der „Wormser Zeitung".

Rheinpfalz, Die
info@rheinpfalz.de

www.rheinpfalz.de
Weltnachrichten, Pfalzsport (Ergebnisse und Tabellen), Lokalnachrichten aus der Pfalz, Immobilien- und Kfz-Markt.

Rhein-Zeitung
onlinered@rhein-zeitung.de

www.rhein-zeitung.de
Aktuelle Nachrichten, Magazin, News-Ticker und Archiv für das nördliche Rheinland-Pfalz, Mainz, Wiesbaden und Umgebung.

Trierischer Volksfreund

www.volksfreund.de
Das Online-Portal des Trierischen Volksfreundes: Regionale und überregionale Nachrichten. Mit interaktiver Wanderkarte.

MEDIEN

Zeitungen/Saarland

SOL.DE
redaktion@sol.de

www.sol.de
Online-Magazin der Saarbrücker Zeitung mit den neuesten Ereignissen aus dem Saarland und dem Rest der Welt.

Zeitungen/Sachsen

Dresdner Neueste Nachrichten
info@dnn-online.de

www.dnn-online.de
Lokale Berichterstattung, Veranstaltungskalender, Anzeigenmarkt, Kinoprogramm und ein Stadtplan von Dresden.

freiepresse.de
info@freiepresse.de

www.freiepresse.de
Nachrichten, Freizeittipps, e-Commerce, Tickets, Ratgeber, Chat, Marktplatz und Anzeigen.

Leipziger Volkszeitung
post@lvz-online.de

www.lvz-online.de
Regionale und lokale News, Terminkalender, Rubrikenmärkte, Stadtpläne, Forum, Tickets, Fotoservice und Gewinnspiele.

Sächsische Zeitung
postmaster@sz-online.de

www.sz-online.de
Aktuelle Nachrichten aus Politik, Wirtschaft, Kultur, Sport sowie ausführliche Meldungen aus Sachsen.

Zeitungen/Sachsen-Anhalt

Mitteldeutsche Zeitung
service@mz-web.de

www.mz-web.de
Aktuelle Berichterstattung für Halle und Umgebung, Ausgehtipps, virtueller Marktplatz und umfangreiche Ratgeberseiten.

Volksstimme
online-redaktion@volksstimme.de

www.volksstimme.de
Informationsportal der regionalen Tageszeitung Volksstimme. Sachsen-Anhalt, Magdeburg, Nachrichten und Anzeigenmarkt.

Zeitungen/Schleswig-Holstein

Dithmarscher Landeszeitung
redaktion@boyens-medien.de

www.boyens-medien.de
Ausgabe der Dithmarschen Landeszeitung und Infos über die Region Nordseeküste sowie Ferienwohnungen.

Kieler Nachrichten
m.gothsch@kieler-nachrichten.de

www.kn-online.de
Nachrichten aus aller Welt sowie aus Kiel und Schleswig-Holstein mit einer Fülle an regionalen Kleinanzeigen.

Lübecker Nachrichten
redaktion@ln-luebeck.de

www.ln-online.de
News aus Lübeck und Umgebung, Deutschland und der Welt, Archiv, Veranstaltungshinweise, Stadtplan und ein Anzeigenmarkt.

Schleswig-Holsteinischer Zeitungsverlag
info@shz.de

www.shz.de
Alle 16 Publikationen des Verlages für Schleswig-Holstein zusammengefasst auf der Homepage.

Wilhelmshavener Zeitung
info@wzonline.de

www.wzonline.de
Aktuelle Nachrichten von der Küste, auch mit Hinweisen zu Ebbe und Flut.

Zeitungen/Thüringen

Allgemeiner Anzeiger
service@allgemeiner-anzeiger.de

www.allgemeiner-anzeiger.de
Nachrichten, aktuelle Features, Hintergründe, Tageshoroskop und Gewinnspiel. Anzeigen online suchen und aufgeben.

inSüdthüringen.de
fwonline@freies-wort.de

www.insuedthueringen.de
Die Zeitungen Südthüringens informieren über lokale und überregionale Neuigkeiten aus Politik und Wirtschaft.

Ostthüringer Zeitung
redaktion@otz.de

www.otz.de
Nachrichten aus Thüringen und der Welt, Sport und Sporttabellen, Ratgeber, Spiele sowie umfangreiche Online-Rubrikenmärkte.

Thüringer Allgemeine
redaktion@thueringer-allgemeine.de

www.thueringer-allgemeine.de
Aktuelle Nachrichten aus Thüringen und der Welt, Sonntagsteil, Ratgeber, Sport und umfangreiche Online-Rubrikenmärkte.

Thüringische Landeszeitung
redaktion@tlz.de

www.tlz.de
Nachrichten, Ratgeber, Tarif- und Finanzvergleiche, Sporttabellen, Quiz, Spiele und umfangreiche Online-Rubrikenmärkte.

Zeitungen/Wochenzeitungen

Freitag
verlag@freitag.de

www.freitag.de
Die Ost-West-Wochenzeitung mit Artikeln zu Politik, Kultur und Literatur sowie einem umfangreichen Online-Archiv.

Jungle World
redaktion@jungle-world.com

www.jungle-world.com
Linke Zeitung für Politik, Wirtschaft, Kultur und Sport mit Volltext der Printausgabe sowie mit Online-Shop und Anzeigen.

Zeit, Die
zeitiminternet@zeit.de

www.zeit.de
Aktuelle Artikel der Wochenzeitung, online-exklusive Kommentare, Weblogs, Fotogalerie und Premiumbereich für Abonnenten.

POLITIK & BEHÖRDEN

Bundeszentrale für politische Bildung

Ein großes Angebot an Materialien über Politik und Gesellschaft lädt dazu ein, sich mit politischen Themen zu befassen. Neben zahlreichen interessanten Beiträgen zu deutscher und internationaler Politik, Geschichte, Gesellschaft, Kultur, Wirtschaft und Medien, die online zur Verfügung stehen, können viele Publikationen für eine geringe Gebühr bestellt werden. Sehr viele Broschüren und Texte liegen aber auch als PDF zum Ausdrucken bereit. Der Veranstaltungskalender zeigt Termine für Seminare, Kongresse, Ausstellungen und Studienreisen zur politischen Bildung an. In der Rubrik „Wissen" kann man in Lexika und Gesetzestexten schmökern.

www.bpb.de

bund.de

Die informative Seite des Bundesinnenministeriums hilft, sich im großen Netz von Behörden und Verwaltungen zu orientieren. Politische Zusammenhänge und Informationen zu Bund und Ländern werden hier sachlich, aber sehr verständlich erklärt. Wer auf der Suche nach einer Behörde ist, findet genauso leicht den passenden Link wie zu 400 Dienstleistungen, Fachinformationen und Kontaktadressen der Bundesverwaltung. Das Portal mit reichhaltigem Angebot von Verfassungsorganen, Verwaltungen und anderen Institutionen veröffentlicht auch aktuelle Stellenangebote im Öffentlichen Dienst und Ausschreibungen.

www.bund.de

Deutscher Bundestag

Hier erfährt man, wie der Arbeitsalltag des Deutschen Bundestages abseits der öffentlichen Debatten aussieht. Was im Bundestag beraten und verabschiedet wird, kann man hier in den Tagesordnungen oder in den Plenarprotokollen nachlesen. Das Parlamentsfernsehen überträgt Sitzungen des Bundestages live als Web-TV. Auch die Tagesordnungen und öffentlichen Anhörungen der Ausschüsse sind hier abrufbar. Neben Biografien zu allen Abgeordneten kann man auf die Datenbanken des Deutschen Bundestages zugreifen. Für Jugendliche und Kinder gibt es spezielle Portale, die die Arbeit und die Aufgaben des Parlaments verständlich erklären.

www.bundestag.de

Gesetze im Internet

Auf dieser Seite steht Ihnen das gesamte Bundesrecht kostenlos zur Verfügung und wird fortlaufend aktualisiert. Möchten Sie die Verordnung Ihrer Berufsausbildung nachlesen oder sich über die Gebührenordnung im Straßenverkehr informieren? Mit der einfachen Benutzerführung findet man die gesuchten Informationen entweder durch die alphabetische Sortierung, die Titel- oder die Volltextsuche. Der Aktualitätendienst hilft, nicht den Überblick zu verlieren: Hier gibt es aktuelle Mitteilungen über neue Gesetzesänderungen, Staatsverträge und Verordnungen.

www.gesetze-im-internet.de

www.abgeordnetenwatch.de

abgeordnetenwatch.de

„Die da oben machen doch eh, was sie wollen." Solche und ähnliche Sprüche müssen sich unsere Abgeordneten im Deutschen Bundestag sicherlich oft anhören. Nun kann sich jeder Bürger in gewisser Weise am politischen Geschehen beteiligen – indem er sich mit kritischen Fragen direkt an die Mitglieder des Bundestags wendet. Interessant wird das Ganze dadurch, dass alle Fragen und Antworten für jeden sichtbar sind. So erkennt man, wer knifflige Fragen aus dem Weg geht und wer zumindest um Rechtfertigung bemüht ist. Darüber hinaus erfährt man, wer in welchem Ausschuss aktiv ist und wie die letzten Abstimmungen im Bundestag gelaufen sind.

www.powerofpolitics.com

Power of politics

„Wenn ich Politiker wäre und etwas zu sagen hätte, dann…!" Wer kennt diesen Spruch nicht? Mit powerofpolitics.com kann nun jeder in diese Rolle schlüpfen und den Politiker-Alltag hautnah erleben. Man gründet Parteien, kann die Kommunal- oder Bundespolitik konstruktiv verändern und mit etwas Glück sogar die Kanzlerwahlen gewinnen. Auf dem langen Weg dorthin wird man immer wieder vor Entscheidungen gestellt und muss dabei stets versuchen, möglichst viele Wählerstimmen zu erhalten. Der wöchentlich stattfindende Wahlsonntag entscheidet darüber, wer ins Parlament einzieht und ein Mandat erhält.

www.wahl.de

wahl.de

Die nächste Landtagswahl steht an und Sie möchten nicht nur das Parteiprogramm durchblättern, sondern auch wissen, welcher Politiker derzeit am aktivsten seine Interessen vertritt? Auf wahl.de erhalten Sie nicht nur Informationen über einzelne Spitzenpolitiker oder Wahlkreiskandidaten, sondern erfahren auch, wer seine Kontakte aktuell besonders erhöht hat und wer in den letzten Tagen aktiv auf Online-Kanälen wie Twitter oder Facebook war. So können Sie nicht nur einen bestimmten Politiker, sondern auch die momentane Entwicklung der fünf größten Parteien einsehen und dazu Kommentare anderer Bürger lesen.

www.direktzurkanzlerin.de

Direkt zur Kanzlerin

Sie finden Hartz IV sozial ungerecht? Sie sind gegen die Rente mit 67? Oder haben Sie neue Vorschläge zur Familienpolitik? Egal was Sie politisch bewegt, hier können Sie der Kanzlerin Ihr Anliegen mitteilen, wahlweise per Text, Audio oder Video. Einmal pro Woche werden die drei Beiträge, die von den Usern am besten bewertet wurden, im Auftrag der Kanzlerin vom Presse- und Informationsamt der Bundesregierung beantwortet. So ist gewährleistet, dass die Themen, die sehr viele bewegen, auch Gehör finden. Eine ideale Plattform also, um sich aktiv in die Politik einzubringen – ohne auf die nächste Bundestagswahl warten zu müssen!

Politik & Behörden

Allgemein

Bundeszentrale für politische Bildung
info@bpb.de

www.bpb.de
Enzyklopädie politischen Wissens mit aktuellen Themen, Buchladen, Veranstaltungen und Lehrmaterialien.

Deutschland-Portal, Das

www.deutschland.de
Deutschlands Visitenkarte im Internet stellt kommentierte Links zu vielen Rubriken in sechs Sprachen bereit.

dol2day.com
team@dol2day.com

www.dol2day.com
Die große Politik-Community: Hier kann man sich mit anderen Politikinteressierten treffen und über Politik diskutieren.

Politische Bildung Online

www.politische-bildung.de
Das Portal der Politischen Bildung mit zahlreichen interessanten Beiträgen und Links zu allen Bereichen der Politik.

Behörden

Bayerischer Behördenwegweiser
baybw@stmi.bayern.de

www.behoerdenwegweiser.bayern.de
Der Bayerische Behördenwegweiser beschreibt über 1.800 kommunale und staatliche Dienstleistungen und führt zum zuständigen Amt.

bund.de
redaktion-buergeranfragen@bva.bund.de

www.bund.de
Informationen und Services der öffentlichen Verwaltung. Hier sind alle Bundesbehörden mit Adresse und URL gelistet.

Bundesnetzagentur
info@bnetza.de

www.bundesnetzagentur.de
Die Bundesnetzagentur reguliert die Bereiche Elektrizität und Gas, Telekommunikation, Post und Eisenbahnen.

Botschaften & Konsulate

Auswärtiges Amt
poststelle@auswaertiges-amt.de

www.auswaertiges-amt.de
Adressen und Telefonnummern aller Deutschen Botschaften im Ausland und aller ausländischen Botschaften in Deutschland.

Bundesländer

Bayerische Staatsregierung
poststelle@stk.bayern.de

www.bayern.de
Fakten zur Politik in Bayern, Infos zum Wirtschaftsstandort, zu Tourismus, Kultur und Ausbildung.

Berlin
info@berlin.de

www.berlin.de
Offizielles Portal der Hauptstadt Berlin mit Infos aus dem Senat, Hauptstadtporträt sowie Empfehlungen für Touristen.

Brandenburg
presseamt@stk.brandenburg.de

www.brandenburg.de
Berichte zur Landesregierung und den Ministerien, touristische Themen, Infos zu Wirtschaft sowie Aus- und Fortbildung.

Bremen
info@bremen.de

www.bremen.de
Portal der Städte Bremen und Bremerhaven. Mit Aktuellem aus Politik, Wirtschaft, Bildung, Sozialem, Kultur und Tourismus.

Hamburg
vertrieb-office@hamburg.de

www.hamburg.de
Großstadtführer durch die Gebiete Politik, Arbeit, Bildung, Kultur, Veranstaltungen, Wirtschaft und Wohnen.

Hessen
info@stk.hessen.de

www.hessen.de
Hessen auf einen Blick: Aktuelle landespolitische Nachrichten und Infos zu Staat, Wirtschaft, Bildung, Umwelt und Kultur.

Landesportal Baden-Württemberg
info@baden-wuerttemberg.de

www.baden-wuerttemberg.de
Vielfältige Informationen rund um Baden-Württemberg und zur Arbeit der Landesregierung sowie zahlreiche Bilder und Links.

Mecklenburg-Vorpommern
landesportal-mv@m-v.de

www.mecklenburg-vorpommern.de
Service-Angebote und Meldungen für Bürger und Touristen, die Infos zu Sehenswürdigkeiten, Unterkünften und Stränden suchen.

Niedersachsen
pressestelle@stk.niedersachsen.de

www.niedersachsen.de
Infos und Wissenswertes über Land und Leute, die Landespolitik, daneben Kultur- und Freizeitangebote der Region.

Nordrhein-Westfalen
info@callnrw.de

www.nrw.de
NRW-Portal mit Berichten über Land und Regierung, Links zu den Ministerien und Bürgerservice mit vielen Formularen.

Rheinland-Pfalz
poststelle@stk.rlp.de

www.rheinland-pfalz.de
Das Land informiert über Tourismus, Justiz, Bildung und Wissenschaft mit aktuellen Meldungen sowie einer Bildergalerie.

Saarland
presse@staatskanzlei.saarland.de

www.saarland.de
Saarland auf einen Blick: Alle Themen- und Verwaltungsportale sind in einem System vernetzt und übersichtlich geordnet.

Sachsen.de
info@sk.sachsen.de

www.sachsen.de
Infos zu Bürgern und Freistaat, Land und Leuten, Wirtschaft und Umwelt, Bildung und Wissen sowie Kultur und Freizeit.

Sachsen-Anhalt
onlineredaktion@stk.sachsen-anhalt.de

www.sachsen-anhalt.de
Informationen über Wirtschaft, Bildung, Forschung, Tourismus, Kultur, Umwelt, Behörden und Formulare.

Schleswig-Holstein
landesregierung@schleswig-holstein.de

www.schleswig-holstein.de
Schleswig-Holstein auf einen Blick: Land, Leute, Kultur, Wirtschaft, Tourismus sowie Ministerien und Landesbehörden.

Thüringen

www.thueringen.de
Informationsangebote des Freistaats Thüringen im wirtschaftlichen, politischen und kulturellen Bereich mit zahlreichen Links.

Bundestag & Bundesrat

Bundesrat, Der
bundesrat@bundesrat.de

www.bundesrat.de
Das föderative Verfassungsorgan der Bundesrepublik berichtet über seine Arbeit, seine Strukturen und seine Aufgaben.

Deutscher Bundestag
mail@bundestag.de

www.bundestag.de
Ausführliches Informationsangebot über Aufgaben, Mitglieder und Strukturen des Bundestages. Mit Live-Übertragung der Debatten.

OffenerHaushalt
info@offenerhaushalt.de

bund.offenerhaushalt.de
Statistikseite, die mit Grafiken und Statistiken vor Augen führt, wofür der Etat des Bundes ausgegeben wird.

Bundeswehr & Militär

Bundeswehr
presse.bmvg@bundeswehr.de

www.bundeswehr.de
Daten, Fakten und Hintergründe rund um das Thema Bundeswehr: Freiwilliger Wehrdienst, Karrierechancen, Termine und Adressen.

Deutscher Bundeswehr-Verband e. V.
info@dbwv.de

www.dbwv.de
Aufgabe des Verbandes ist es, die allgemeinen, ideellen, sozialen und beruflichen Interessen der Soldaten wahrzunehmen.

Meine-Bundeswehr.de
generalstab@meine-bundeswehr.de

www.meine-bundeswehr.de
Treffpunkt für Bundeswehrangehörige und Ehemalige mit Erlebnisberichten sowie Infos über Ehemaligentreffen.

Bürgerbeteiligung

18. Sachverständiger

www.enquetebeteiligung.de
Hier kann jeder seine Ideen in die Arbeit der Enquetekommission für Internet und Digitale Gesellschaft einbringen.

Datenschutz

selbstauskunft.net
selbstauskunft@digineo.de

www.selbstauskunft.net
Hier kann man kostenlos alle Informationen anfordern, die Unternehmen über die eigene Person gespeichert haben.

Virtuelles Datenschutzbüro
info@datenschutz.de

www.datenschutz.de
Aktuelle Meldungen sowie Fragen und Antworten zur Rechtslage, zur Technik und zu Institutionen im Bereich Datenschutz.

Entwicklungshilfe

Siehe Kapitel Soziales

Entwicklungshilfe/Organisationen

Entwicklungspolitik

Entwicklungspolitik Online
redaktion@epo.de

www.epo.de
Ausgangspunkt für entwicklungspolitische Recherchen mit Specials, News und Links zu verschiedenen Entwicklungsländern.

WEED e. V.
weed@weed-online.org

www.weed-online.org
WEED ist eine kritische und unabhängige Stimme in der nationalen und internationalen Nord-Süd- und Ökologie-Politik.

Europa

EurActiv.de

www.euractiv.de
Online-Informationsdienst zur Europapolitik: Täglich aktuelle Nachrichten aus der EU zu allen europarelevanten Themen.

EUR-Lex

eur-lex.europa.eu/de/index.htm
Amtsblatt der Europäischen Union, alle Verträge, Rechtsetzungsakte und die Rechtsprechung.

Europäische Union

europa.eu
Informationen über die EU und ihre Institutionen, dazu Nachrichten und Pressemitteilungen der einzelnen EU-Organe.

European Views
redaktion@european-circle.de

www.european-circle.de
Magazin zu europäischer Politik, Wirtschaft, Entwicklung und Gesellschaft.

Europa/Europäische Organisationen & Institutionen

Europäisches Parlament

www.europarl.europa.eu
Kurzdarstellung des EU-Parlaments sowie Links zu den Informationsbüros der Mitgliedsländer und zu anderen EU-Institutionen.

**Europäisches Parlament
– Deutsches Infobüro**
epberlin@europarl.europa.eu

www.europarl.de
Das Informationsbüro stellt die deutschen Europaabgeordneten vor und berichtet über die Arbeit des Parlaments.

Europa-Online
eu-de-kommission@ec.europa.eu

www.eu-kommission.de
Die Vertretung der Europäischen Kommission in Deutschland. Serviceleistungen und Infos über die Europäische Union.

Europarat Portal

www.coe.int/de
Infos zum Europarat, der sich um Menschenrechte, Demokratie und Rechtsstaatlichkeit in 47 europäischen Ländern kümmert.

Feuerwehr

Feuerwehr

www.feuerwehr.de
Großes, gut besuchtes Feuerwehrforum. Aktuelle Einsatzberichte und ein Feuerwehrmarkt.

Feuerwehr-Magazin
redaktion@feuerwehrmagazin.de

www.feuerwehrmagazin.de
Weltweite Feuerwehr-Links und Ausbildungsunterlagen.

Geheimdienste & Nachrichtendienste

Bundesamt für Verfassungsschutz

www.verfassungsschutz.de
Information über den gesetzlichen Auftrag, Befugnisse und Kontrolle des Verfassungsschutzes.

Bundesnachrichtendienst
zentrale@bundesnachrichtendienst.de

www.bundesnachrichtendienst.de
Der Auslandsnachrichtendienst informiert über seine Aufgaben, Ziele, Geschichte und Strukturen, auch als PDF-Downloads.

Informationen über Nachrichtendienste
redaktion@geheimdienste.org

www.geheimdienste.org
Überblick über die Nachrichtendienste in Deutschland und aller Welt, umfangreiche Link-Listen und Literaturempfehlungen.

Gerichte

Gerichtssuche.org

www.gerichtssuche.org
Verzeichnis aller deutschen Gerichte mit Adresse, Postanschrift, Karte, Bildern und Links zur Homepage.

Justizadressen.de

www.justizadressen.de
Datenbank, in der nach den örtlich zuständigen Gerichten und Staatsanwaltschaften gesucht werden kann.

Gesetze & Entscheidungen

Bundesanzeiger Verlag

www.bundesgesetzblatt.de
Das komplette Bundesgesetzblatt (BGBL) Teil I (seit 1998) und Teil II (seit 2002) kann hier kostenlos eingesehen werden.

dejure.org
kontakt@dejure.org

www.dejure.org
Juristischer Informationsdienst und Suchmaschine für aktuelle Gesetzesänderungen zu zahlreichen Rechtsgebieten.

Gesetze im Internet
poststelle@bmj.bund.de

www.gesetze-im-internet.de
Nahezu alle Gesetze und Rechtsverordnungen des Bundesrechts können hier nachgelesen werden. Ständige Aktualisierung.

kostenlose-urteile.de

www.kostenlose-urteile.de
Gerichtsurteile und -entscheidungen können in dieser Datenbank anhand von Aktenzeichen und Schlagwörtern gefunden werden.

Lobbyismus

Lobbypedia
lobbypedia@lobbycontrol.de

lobbypedia.de
Daten, Fakten und Zusammenhänge über die Einflussnahme von Lobbys auf Politik und Öffentlichkeit.

Ministerien

Auswärtiges Amt
poststelle@auswaertiges-amt.de

www.auswaertiges-amt.de
Außenpolitische Themen, Länder- und Reiseinformationen, konsularischer Service und Links zu wichtigen Institutionen.

BM für Ernährung, Landwirtschaft und Verbraucherschutz

www.bmelv.de
Infos zu Landwirtschaft, Ernährung, Verbraucherschutz in Deutschland, der EU sowie zur internationalen Arbeit des BMELV.

**BM für Familie, Senioren,
Frauen und Jugend**
poststelle@bmfsfj.bund.de

www.bmfsfj.de
Gesetze, Aktionen, Publikationen und Presseinfos zur Politik für
Familien, Kinder, Jugendliche sowie für Frauen und Senioren.

**BM für Umwelt, Naturschutz
und Reaktorsicherheit**
service@bmu.bund.de

www.bmu.de
Aktuelle Umweltthemen von A bis Z, Presseservice, Bildarchiv,
Gästebuch und interaktive Link-Liste. Extra: BMU-Kids-Seite.

BM für Verkehr, Bau und Stadtentwicklung
buergerinfo@bmvbs.bund.de

www.bmvbs.de
Publikationen, Hintergrundartikel und Presseinformationen zu
Verkehr, Bau und Stadtentwicklung.

Bundesministerium der Finanzen
poststelle@bmf.bund.de

www.bundesfinanzministerium.de
Pressemitteilungen und Finanznachrichten, Infos zu Postwertzei-
chen, Euro, Gedenkmünzen und Steuerreform.

Bundesministerium der Justiz
poststelle@bmj.bund.de

www.bmj.de
Pressemitteilungen, Reden und Vorträge, Gesetzgebungsvorha-
ben sowie Neuigkeiten der tagesaktuellen Rechtspolitik.

Bundesministerium der Verteidigung
poststelle@bmvg.bund.de

www.bmvg.de
Informationen zum Verteidigungsressort, seiner Organisation und
Geschichte sowie zur deutschen Sicherheitspolitik.

Bundesministerium des Innern
poststelle@bmi.bund.de

www.bmi.bund.de
Umfassende Informationen, Nachrichten und Pressemitteilungen
zu allen Themenbereichen der Innenpolitik.

Bundesministerium für Arbeit und Soziales
info@bmas.bund.de

www.bmas.bund.de
Informationen zu Arbeitsmarkt, Arbeitsrecht, Arbeitsschutz, Rente
und sozialer Sicherung.

**Bundesministerium für Bildung
und Forschung**
information@bmbf.bund.de

www.bmbf.de
Infos zur Forschungsförderung, zur Bildungs- und Hochschulpoli-
tik und zum System der Berufsausbildung in Deutschland.

Bundesministerium für Gesundheit

www.bmg.bund.de
Infos über Kranken- und Pflegeversicherung, Gesundheitspolitik,
soziale Sicherung, Rente und behinderte Menschen.

**Bundesministerium für Wirtschaft
und Technologie**
info@bmwi.bund.de

www.bmwi.de
Informationen zur Wirtschaftspolitik, zu neuen Technologien und
Innovationen, Ausbildung sowie Förderprogramme.

**Bundesministerium für
wirtschaftliche Zusammenarbeit**
poststelle@bmz.bund.de

www.bmz.de
Informationen zu den Aufgaben, Schwerpunkten und Zielen deutscher Entwicklungspolitik.

Parteien

Parteien-online.de
parteien@parteien-online.de

www.parteien-online.de
Informationen zu den meisten Parteien, die bei Wahlen in den
letzten Jahren kandidiert haben.

Politiker & Abgeordnete

abgeordnetenwatch.de
info@abgeordnetenwatch.de

www.abgeordnetenwatch.de
Übersicht über Stimmverhalten der Bundestagsabgeordneten sowie deren Antworten auf hier öffentlich gestellte Fragen.

abgeordneter.de

www.abgeordneter.de
Verzeichnis mit sämtlichen Mitgliedern des Bundestages, der
Landtage, sowie des Europaparlaments aus Deutschland.

Mitglieder des Deutschen Bundestages

www.bundestag.de/mdb/
Biografien der Abgeordneten des Deutschen Bundestages, auch vorangegangener Wahlperioden.

Politiker.de

www.politiker.de
Parteiunabhängiges Politik-Portal mit Meinungsaustausch zu Politikern und Parteien in Foren und Umfragen.

Power of politics

www.powerofpolitics.com
Bei dem Online-Spiel „Power of Politics" kann jeder selbst Politiker werden und um den Einzug ins Kanzleramt kämpfen.

wahl.de
office@compuccino.com

www.wahl.de
Die Plattform analysiert und präsentiert wie deutsche Politiker im Internet präsent sind.

Politikzeitungen & Politikzeitschriften

Blätter für deutsche und internationale Politik
redaktion@blaetter.de

www.blaetter.de
Die „Blätter" verstehen sich als Forum für aktuelle wissenschaftliche und politische Diskussionen.

Cicero
verlag@cicero.de

www.cicero.de
Ein gedruckter Salon, mit pointierten Autorenbeiträgen aus Politik, Wirtschaft und Kultur. Heftbeiträge online.

● **Das Parlament**
redaktion.das-parlament@bundestag.de

www.das-parlament.de
Der Online-Auftritt der Parlamentszeitung des Deutschen Bundestags bietet viele Artikel und Hintergrundberichte zur deutschen und internationalen Politik. Das Spektrum reicht dabei von außen- und innenpolitischen Themen über wirtschafts- und finanzpolitische Aspekte bis hin zu Kultur und Zeitgeschichte. **(Siehe Abbildung)**

Das Parlament   **www.das-parlament.de**

Das**Parlament**

Mit der Beilage **Aus Politik und Zeitgeschichte**

Homepage des Bundestages | Startseite | Volltextsuche | Ausgabenarchiv | Abonnement | Übersicht | Links | Impressum

Sie befinden sich hier: Jahrgang 2012 >> Ausgabe 22-24 2012

Volltextsuche
[Suchbegriff]   >> suchen

Das Parlament
Nr. 22-24 / 29.5.2012

Titelseite

Menschen und Meinungen

Thema der Woche

Innenpolitik

Europa und die Welt

Wirtschaft und Finanzen

Kultur und Medien

Das Parlament
NR. 22-24 / 29.5.2012

▶ **Bilanz einer Bruchlandung**
BERLINER GROSSFLUGHAFEN
Verschiebung der Eröffnung und Kostenexplosion sorgen für heftige Debatte
In der Beschreibung des "Desasters" rund um den Flughafen Berlin-Brandenburg waren sich die Redner der Fraktionen einig. Den "einzig positiven Aspekt" stellte Sören Bartol (SPD) heraus: Dass mehr Zeit für die Umsetzung des Lärmschutzes gewonnen werde. Ansonsten wurde am Freitag im Plenum des ... ▶▶

Jörg Biallas
▶ **Der Kamm schwillt**
VON JÖRG BIALLAS
Jeder Häuslebauer kennt das: Es dauert länger als geplant, und teurer wird es auch. Das

Anzeige

le Monde diplomatique
diplo@monde-diplomatique.de

www.monde-diplomatique.de
Die Web-Seite der internationalen Monatszeitung mit Analysen und Kommentaren zur weltweiten Politik und Kultur.

theeuropean.de
info@theeuropean.de

www.theeuropean.de
Online-Magazin mit Beiträgen, Kolumnen und Debatten zu den Themen Wirtschaft, Politik, Medien, Gesellschaft und Kultur.

Polizei

Polizei
info@bka.de

www.polizei.de
Links zu den Polizeien der Länder, zur Bundespolizei, zum Bundeskriminalamt und zu weiteren polizeilichen Einrichtungen.

Polizei-beratung.de
info@polizei-beratung.de

www.polizei-beratung.de
Tipps der Polizei zum Schutz vor Kriminalitätsgefahren.

Polizeipresse
polizeiservice@newsaktuell.de

www.polizeipresse.de
Die Datenbank für Presseberichte von deutschen Polizei-Pressestellen.

Staatsorgane

Bundeskanzlerin
posteingang@bpa.bund.de

www.bundeskanzlerin.de
Informationen zum Kanzleramt, zum Ablauf der Kanzlerwahl und zu den verfassungsmäßigen Aufgaben der Kanzlerin.

Bundespräsident
poststelle@bpra.bund.de

www.bundespraesident.de
Infos zum Amt des Bundespräsidenten, seinen Terminen und Reden, zu den Amtssitzen und den Altbundespräsidenten.

Bundesregierung
internetpost@bundesregierung.de

www.bundesregierung.de
Tagesaktuelle Nachrichten, politische Schwerpunkte sowie verfassungsrechtliche Grundlagen der Arbeit der Bundesregierung.

Direkt zur Kanzlerin
info@direktzu.de

www.direktzurkanzlerin.de
Bürger stellen Fragen, die Kanzlerin antwortet – jede Woche werden die besten Fragen an die Kanzlerin beantwortet.

Städte & Kommunen

Kommunalweb
webmaster@kommunalweb.de

www.kommunalweb.de
Das Portal für kommunale Forschung und Praxis des Deutschen Instituts für Urbanistik listet Links zu Planung, Politik und Verwaltung von Stadt und Gemeinde (von Abfallentsorgung bis Wohnen). Ein Terminkalender mit Veranstaltungen zu lokalen Themen und aktuelle Neuerscheinungen runden das Angebot ab. **(Siehe Abbildung)**

meinestadt.de
info@meinestadt.de

www.meinestadt.de
meinestadt.de ist das Portal für alle 12.241 Städte Deutschlands mit Jobs, Lehrstellen, Events und Stadtplänen.

Wegweiser-Kommune

www.wegweiser-kommune.de
Daten und Fakten zu den Auswirkungen des demografischen Wandels für über 3.000 Gemeinden in Deutschland.

Stiftungen

Bertelsmann Stiftung
info@bertelsmann-stiftung.de

www.bertelsmann-stiftung.de
Die Stiftung informiert über ihre Arbeit in Politik, Gesellschaft, Wirtschaft, Kultur, Bildung und Gesundheit.

Breuninger Stiftung
info@breuninger-stiftung.de

www.breuninger-stiftung.de
Aufgabe der gemeinnützigen Einrichtung ist die Förderung von Bildung, Kultur, Wissenschaft und Forschung.

Buergerstiftungen
info@buergerstiftungen.de

www.buergerstiftungen.de
Von der Idee bis zur Umsetzung – hier findet man alle Fakten zu Gründung, Inhalten und Praxis von Bürgerstiftungen.

Friedrich-Ebert-Stiftung
presse@fes.de

www.fes.de
SPD-nahe politische Stiftung für politische Bildung, internationale Zusammenarbeit, Forschung, Beratung und Studienförderung.

Friedrich-Naumann-Stiftung für die Freiheit
info@freiheit.org

www.freiheit.org
Informationen über die Aufgaben der Friedrich-Naumann-Stiftung wie politische Bildung oder Förderung des Politikdialogs.

Hanns-Seidel-Stiftung
info@hss.de

www.hss.de
Politische Erwachsenenbildung, Stipendiaten-Förderprogramm und internationale Entwicklungszusammenarbeit.

Hans-Böckler-Stiftung
info@boeckler.de

www.boeckler.de
Mitbestimmungs-, Forschungs- und Studienförderungswerk des DGB.

Heinrich-Böll-Stiftung
info@boell.de

www.boell.de
Die den GRÜNEN nahe stehende Stiftung fördert die politische Bildung unter den Hauptaspekten Ökologie und Gewaltfreiheit.

Index Deutscher Stiftungen
webmaster@stiftungsindex.de

www.stiftungsindex.de
Stiftungssuche des Bundesverbandes Deutscher Stiftungen mit Links zu über 6.500 Stiftungen und Recherchefunktion.

Konrad-Adenauer-Stiftung e. V.
zentrale@kas.de

www.kas.de
Die christdemokratisch-orientierte Stiftung setzt sich für politische Bildung ein und informiert über aktuelle Projekte.

Rosa-Luxemburg-Stiftung
info@rosalux.de

www.rosalux.de
Die der Partei DIE LINKE nahe stehende politische Stiftung organisiert und fördert politische Bildungsarbeit.

Kommunalweb

www.kommunalweb.de

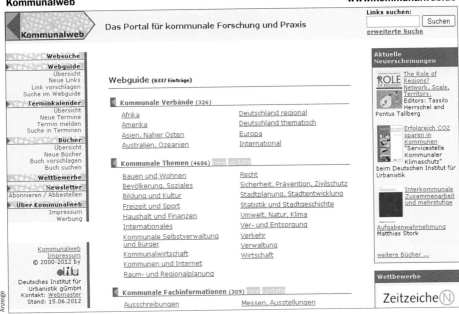

POLITIK & BEHÖRDEN

Vereinte Nationen

Deutsche UNESCO-Kommission
info-bibliothek@unesco.de

www.unesco.de
Koordination und Erarbeitung deutscher Beiträge zu den UNESCO-Programmen: Bildung, Wissenschaft, Kultur und Kommunikation.

UNO

www.uno.de
Regionales Informationszentrum der Vereinten Nationen: Mitglieder und Aufbau, UNO-Charta, Infos zum Völkerrecht.

Wahlen

Wahlen in Deutschland
feedback@election.de

www.election.de
Aktuelle Nachrichten, Ergebnisse und Archiv zu Wahlen in Deutschland und Europa.

Wahl-O-Mat
info@wahl-o-mat.de

www.wahlomat.de
Bei Wahlen kann man hier ermitteln, welche Partei mit den eigenen Ansichten am meisten übereinstimmt.

Wahlrecht.de
info@wahlrecht.de

www.wahlrecht.de
Alles rund um Wahlen, Wahlrecht und Wahlsysteme, mit Links zum Thema.

Zoll

Zoll online
office@zoll.de

www.zoll.de
Alle Informationen zum Zoll auf einen Blick: Reisefreigrenzen, Import und Export sowie Finanzkontrolle Schwarzarbeit.

familie.de

kontakt | über uns | newsletter | mediadaten | presse | impressum | datenschutz

familie.de
Empfohlen von NACHHILFE.DE

| RATGEBER | FORUM | VIDEOS | KIDS & CO. | ABO & SHOP | SUCHE: | Los! |

Schwangerschaft   Baby   Kind   Eltern   Freizeit   Spielen & Basteln   Gewinnspiele

PLANUNG KINDERPARTY

So gelingt die Kinderparty

Sie möchten eine Kinderparty veranstalten? Mit Planung, guter Organisation und Vorbereitungszeit wird das Fest für alle ein Erfolg. Diese Tipps helfen.

Planung Kinderparty

VIDEO

Die Geburt im Krankenhaus

Wie läuft eigentlich eine Geburt im Krankenhaus ab? Dr. med. Eric Steiner erklärt was auf Gebärende zukommt.

Geburt im Krankenhaus

---

11 goldene Fernsehregeln zur Fußball-EM

AKTION

Futurino fördert Kinder

familie&co und Persil stellen 10.000 Euro extra zur Verfügung: Gewinnen Sie den Sonderpreis für Ihr „Ab in die Natur"-Projekt.

Mitmachen & gewinnen

KINDERGEBURTSTAG AUF familie.de

UNSERE SHOPS	
Kindermedien	Fotoservice
DVD-Verleih	DVD-Shop
Möbelshop	Kreativshop
	Schnäppchenshop
	Spiele-Downloads
	Prämienshop

Bulldöggchen — LEICHT IST DAS NEUE STARK!

familie.de auf facebook

UNSERE SEITEN	
win4family.de	kidsundco.de
familygo.de	kinderzeit.de
familylounge.de	familymedia.de
	Zeitschriften für Familien

BASTELANLEITUNG

Froschkönig aus Holz basteln

Den Froschkönig aus Holz können Sie mit einer Laubsäge selbst basteln. Die kostenlose Vorlage und die Bastelanleitung dazu finden Sie hier.

Froschkönig basteln

KINDERADO   **ANZEIGE**

Second-hand Kleidung für Kinder, eine lohnende Alternative!

Ist der Kleiderschrank voll, aber nichts passt mehr? Kinderado hilft Ihnen, Ihren Schrank zu leeren und schnell und günstig an

Anzeige

Alle neuen Themen

www.hilferuf.de

hilferuf.de

Sie haben Probleme in der Partnerschaft, Streit mit der Arbeitskollegin, Stress mit den Kindern oder Fragen zu Krankheiten? Hier können Sie Ihre Sorgen ganz anonym mitteilen. Die Mitglieder der Community hilferuf.de stehen Ihnen mit Rat, Tat und tröstenden Worten zur Seite. In verschiedenen Tests können Sie außerdem prüfen, ob Sie unter ernsthaften Depressionen leiden, wie groß Ihr Selbstvertrauen oder wie stabil Ihre Beziehung ist. Finden Sie in den zahlreichen Foren keine Antwort? Für Hilfesuchende gibt es außerdem Telefonnummern für Soforthilfe und eine Orientierung, um den richtigen Therapeuten zu finden.

www.familie.de

familie.de

Was muss ich bei der ersten Schwangerschaft beachten? Wann soll ich meinem Baby den Schnuller abgewöhnen? Welche Impfungen sind sinnvoll für meine Kinder? Gibt es lustige Tanzspiele für den Kindergeburtstag? Dieses Portal steht Eltern und solchen, die es noch werden wollen, mit Rat und Tat zur Seite. Neben vielen informativen Artikeln finden sich auch Datenbanken mit Kinderkrankheiten, Märchen und Kinderspiele. Mit dem Body-Mass-Index-Rechner für Kinder können Sie feststellen, ob Ihr Kind Unter-, Normal- oder Übergewicht hat. Wer sich das abendliche Vorlesen sparen möchte, findet jeden Tag ein neues Bilderbuch, das online vorgelesen wird.

www.testamentsregister.de

Zentrales Testamentsregister

Ein zentral geführtes Testamentsregister, das sämtliche Urkunden und Dokumente für die Erbfolge enthält – dieses Verzeichnis der Bundesnotarkammer gewährleistet, dass Ihr Letzter Wille im Erbfall auch tatsächlich Beachtung findet. Das Register wird in jedem Sterbefall sorgfältig geprüft: Jedes amtlich verwahrte Testament und jeder Erbvertrag wird anschließend umgehend weitergeleitet – so können Nachlassverfahren ab jetzt schneller, effizienter und sicherer durchgeführt werden. Diese Web-Seite informiert umfassend über das Verfahren, die Rechtsgrundlage, erbrechtliche Gestaltungsinstrumente und Online-Testamente.

www.wunderweib.de

Wunderweib

Ob Liebe, Partnerschaft und Familie, Ernährung, Mode und Beauty oder Einrichten und Dekorieren – wunderweib.de ist die richtige Adresse für alle Frauen, die mehr aus ihrem Typ, ihrer Beziehung oder ihrer Wohnung herausholen möchten. In zahlreichen Artikeln, Psycho-Tests, Bildergalerien und Videos erfahren Sie, ob Ihnen frische und knallige Farben besser stehen als Pastelltöne, wie Sie sich zur Hochzeit Ihrer besten Freundin ganz einfach selbst eine Hochsteckfrisur stylen können, was Sie neben kleinen Stoffresten brauchen, um Ihr Sofa mit bunten Patchwork-Kissen aufzupeppen und wie Sie es schaffen, im Alltag öfter auf Tiefkühlpizza zu verzichten.

Der Bundesfreiwilligendienst

www.bundesfreiwilligendienst.de

Wer die Zeit zwischen Schule und Ausbildung oder Studium sinnvoll nutzen, sich beruflich neu orientieren oder einfach nur sozial engagieren möchte, hat im Rahmen des Bundesfreiwilligendienstes zahlreiche Möglichkeiten. Sich sozial zu engagieren, umfasst schließlich nicht nur die Arbeit im Kinderhort oder im Altenheim: Als Unterstützer der Ranger im Eifel-Nationalpark kann man bedrohte Tierarten beobachten und Wanderwege in Stand halten oder als Bundesfreiwilliger im Zoo bei Besucherführungen assistieren oder die Gehege pflegen. Hier ist für jedes Interesse die passende Aufgabe dabei – einfach die Platzbörse durchsuchen, bewerben und durchstarten!

jetzt.de

www.jetzt.de

Nachwuchsjournalisten an die Macht! Die junge Web-Seite der Süddeutschen Zeitung straft jeden Lügen, der behauptet, die heutige Jugend interessiere sich nicht für Themen wie Politik, Job oder Kultur. Denn es kommt nur auf die Verpackung an. Dass sich dann auch Jugendliche einbringen und mitreden, sieht man an den zahlreichen und fundierten Forumsbeiträgen, wo sich die junge Leser-Community über die wichtigsten Meldungen des Tages austauscht und aktuelle Themen diskutiert. Du wolltest schon immer Deinen Frust über Dein Studium loswerden oder Deinen Senf zur Piratenpartei abgeben? Dann bringe Dich ein, rede mit und tausche Dich aus!

fragFinn.de

www.fragfinn.de

Längst haben auch die Kleinsten das Internet für sich entdeckt. Aber es birgt auch Gefahren und Inhalte, die nicht für Kinder bestimmt sind. Wie kann ich meine Kleinen schützen, ohne ihnen den Zugang zu einem der wichtigsten Medien zu verbieten? Ganz einfach! Mit einem kindgerechten Internet. Auf dieser Kindersuchmaschine gelangt man nur auf Seiten, die für Kinder gemacht wurden und die durch den Verein für „Freiwillige Selbstkontrolle Multimediadienstanbieter e. V." geprüft werden. Das Angebot umfasst Quiz- und Wissensseiten, Nachrichten und Kulturseiten. So findet Ihr Kind viel Interessantes und lernt, spielend mit dem Internet umzugehen.

Der Singlebörsen-Vergleich

www.singleboersen-vergleich.de

Sie sind auf Partnersuche und wollen das Internet dazu nutzen? Bei dem unüberschaubaren Angebot von Kontaktanzeigen-Seiten, Partnervermittlungen, Seitensprung-Agenturen, Blind-Date-Anbietern und Single-Treffs fragt man sich: Was unterscheidet sie und welche davon sind seriös? Schließlich wollen Sie nicht Ihr Geld verschwenden und unnötig enttäuscht werden. Hier erfahren Sie, was Anbieter zu welchen Preisen und Konditionen leisten und welcher am besten Ihren Wünschen entspricht. Zudem gibt es hilfreiche Tipps für den Weg zum Liebesglück, wie beispielsweise zur Gestaltung einer Suchanzeige, damit Ihre Erfolgsquote steigt!

Soziales

Allgemein

Info Sozial
kontakt@info-sozial.de

www.info-sozial.de
Umfangreiche Datenbank zum Sozialwesen mit Adressen, aktuellen News, Archiv und einem sozialen Netzwerk.

Analphabetismus

Bundesverband Alphabetisierung und Grundbildung e. V.
bundesverband@alphabetisierung.de

www.alphabetisierung.de
Beratung und Infos über Lese- und Schreibkurse für Erwachsene, Unterrichts- und Kampagnenmaterialien sowie Fachliteratur.

Anthroposophie

AnthroWiki

wiki.anthroposophie.net
Enzyklopädie zum Thema Anthroposophie mit Infos zu ihrer Beziehung zu anderen Wissenschaften und praktischen Anwendung.

Asyl

Bundesamt für Migration und Flüchtlinge
info@bamf.de

www.bamf.de
Portal der zentralen Migrationsbehörde mit umfassendem Informationsangebot zu den Themen Migration, Integration und Asyl.

Informationsverbund Asyl
kontakt@asyl.net

www.asyl.net
Infos zum Thema Asyl und den Herkunftsländern von Flüchtlingen. Adressen und Asylmagazin mit Hintergrundberichten.

Pro Asyl
proasyl@proasyl.de

www.proasyl.de
Infomaterialien zum Bestellen, Liste national und international wichtiger Adressen, Informationen über aktuelle Asylpolitik.

Ausländerrecht & Einbürgerung

Aufenthaltstitel.de

www.aufenthaltstitel.de
Seite zum deutschen Zuwanderungs-, Gewerbe- und Beschäftigungsrecht, zur Biometrie sowie zu angrenzenden Rechtsgebieten.

Ausländerrecht-Portal
i4a-team@info4alien.de

www.info4alien.de
Infos zum Ausländer- und Einbürgerungsrecht mit Gesetzen und Verordnungen. Forum zur Diskussion von Problemfällen.

Einbuergerung.de
as@bk.bund.de

www.einbuergerung.de
Wie werde ich Deutsche(r)? Wissenswertes zur Einbürgerung mit Lexikon, Gesetzen und Infobroschüren zum Download.

Behinderung/Allgemein

einfach teilhaben
info@bmas.bund.de

www.einfach-teilhaben.de
Das Web-Portal für Menschen mit Behinderungen informiert über Vorsorge, Förderschulen, Ausbildung und Pflege.

Behinderung/Hörgeschädigte

Deutscher Gehörlosen-Bund e. V.
info@gehoerlosen-bund.de

www.gehoerlosen-bund.de
Interessenvertretung der Gehörlosen. Beratung für Betroffene und Informationen über Gehörlose und die Gebärdensprache.

Taubenschlag
webteam@taubenschlag.de

www.taubenschlag.de
Web-Seite für Taube und Schwerhörige. Viele Infos zu Themen wie Bildung, Kultur und Sport. Außerdem Kontaktanzeigen.

Behinderung/Körperbehinderung

**Bundesverband für
körper- & mehrfachbehinderte Menschen**
info@bvkm.de

www.bvkm.de
Informationen über die (politische) Arbeit, Strukturen, Veranstaltungen und Publikationen des Bundesverbandes.

Wheelmap.org
info@sozialhelden.de

www.wheelmap.org
Kartenbasiertes Verzeichnis für rollstuhlgerechte Orte. Jeder Nutzer kann Orte eintragen, verändern und finden.

Behinderung/Logopädie & Stottern

Bundesvereinigung Stotterer-Selbsthilfe e. V.

www.bvss.de
Informationen und Beratung für Stotternde, Eltern, Therapeuten und alle, die mit Stottern zu tun haben, inklusive Forum.

Stop-stottern.de
info@stotterer-training.de

www.stop-stottern.de
Menschen, die stottern, finden hier Informationen über den ganzheitlichen Ansatz des Stotterer-Trainings. Mit Forum.

Behinderung/Organisationen

Aktion Mensch Portal
info@aktion-mensch.de

www.aktion-mensch.de
Das Portal der Aktion Mensch informiert umfassend über die Organisation, aktuelle Projekte, Initiativen und Kampagnen.

Bundesvereinigung Lebenshilfe
bundesvereinigung@lebenshilfe.de

www.lebenshilfe.de
Bundesvereinigung Lebenshilfe für Menschen mit geistiger Behinderung, wichtige Adressen sowie Fort- und Weiterbildungen.

Sozialverband VdK Deutschland
kontakt@vdk.de

www.vdk.de
Interessenvertretung für ältere, behinderte und chronisch kranke Menschen, Links zu Landesverbänden und Diskussionsforum.

Beratungsstellen & Telefonseelsorge

Das Kummer- und Sorgenforum
webmaster@kummer-sorgen-forum.de

www.kummer-sorgen-forum.de
Forum für Menschen die Hilfe zu den Themen Liebeskummer, Kummer, Partnerschafts- und Eheprobleme benötigen.

das-beratungsnetz.de
info@das-beratungsnetz.de

www.das-beratungsnetz.de
Psychosoziales Beratungsportal im Internet mit unterschiedlichen Beratungsarten und zahlreichen Kontaktadressen zu Experten.

hilferuf.de
info@hilferuf.de

www.hilferuf.de
Foren, in denen persönliche Probleme bei Beruf, Familie, Finanzen, Gesundheit oder Partnerschaft besprochen werden können.

Kummerweb.de
info@kummerweb.de

www.kummerweb.de
Das Kummerweb hilft bei Sorgen oder Problemen direkt online. Schnell und unkompliziert ohne Registrierung.

Telefonseelsorge
telefonseelsorge@diakonie.de

www.telefonseelsorge.de
Ein Beratungs- und Seelsorgeangebot der Evangelischen und Katholischen Kirche.

Bürgerengagement

GuteTat.de
info@gute-tat.de

www.gute-tat.de
Ehrenamtliches Arbeiten in Senioren- oder Kinderheimen, Obdachlosen- oder Behinderteneinrichtungen.

Wegweiser Bürgergesellschaft
info@wegweiser-buergergesellschaft.de

www.buergergesellschaft.de
Der Wegweiser informiert über Möglichkeiten des Engagements und fördert den Erfahrungsaustausch zwischen sozialen Netzwerken.

Soziales

Drogen/Alkohol

Alkohol? Kenn dein Limit.
limit-de@bzga.de

www.kenn-dein-limit.de
Kampagne „Alkohol? Kenn dein Limit." der BZgA (Zielgruppe: Erwachsene). Tests und Infos zum Thema Alkohol und Sucht.

Anonyme Alkoholiker
aa-kontakt@anonyme-alkoholiker.de

www.anonyme-alkoholiker.de
Geschichte und Präsentation der Anonymen Alkoholiker. Es gibt Kontaktstellen, Literatur, Fragebögen und einen Terminkalender.

forum-alkoholiker.de
kontakt@forum-alkoholiker.de

www.forum-alkoholiker.de
Das Forum für Alkoholiker und deren Angehörige bietet Hilfe durch Selbsthilfe.

selbsthilfe-alkoholiker-forum.de
forum@selbsthilfe-alkoholiker-forum.de

www.selbsthilfe-alkoholiker-forum.de
Forum zu allen Themen rund um Alkohol und Sucht.

Drogen/Allgemein

drugcom
drugcom@bzga.de

www.drugcom.de
Infos zu den unterschiedlichsten Drogen und deren Wirkungsweise sowie ein Drogenlexikon und Drogenselbsttests.

drug-infopool.de
info@drug-infopool.de

www.drug-infopool.de
Beschreibung aller Rauschmittel mit der Wirkung, den Risiken und den Langzeitfolgen. Zudem das Betäubungsmittelgesetz.

Suchtmittel.de
leserbrief@suchtmittel.de

www.suchtmittel.de
Informationen rund um Sucht und Suchtmittel. Mit aktuellen Nachrichten, Lexikon, Adressdatenbank und Forum.

Drogen/Beratungsstellen

jugend hilft jugend Server
verein@jugend-hilft-jugend.de

www.jugend-hilft-jugend.de
Infos zu Suchtmittelkonsum, Therapie- und Beratungsangeboten, Suchtforum, Online-Beratung, E-Mail-Beratung und Adressen.

Drogen/Rauchen

Nichtraucher.de
support@supporthelp.de

www.nichtraucher.de
Internet-Portal für werdende und bleibende Nichtraucher. Kostenloser Rauchtest und Aktuelles zum Thema Rauchen.

Niquitin
unternehmen@gsk-consumer.de

www.niquitin.de
Infos zur Nikotinersatztherapie mit Pflastern und Lutschtabletten sowie Tipps zur Unterstützung bei der Aufgabe des Rauchens.

Raucherclub.info
info@raucherclub.info

www.raucherclub.info
Kultiges und Informatives rund ums Thema Rauchen. Mit Infos und Artikeln zu Zigarettenwerbungen und rauchenden Prominenten.

Rauchfrei.de
info@rauchfrei.de

www.rauchfrei.de
Nichtrauchen leicht gemacht: Über Zigaretteneinschränkung zur Entwöhnung und andere Methoden, mit Rauch-Frei-Rechner.

Eltern/Adoption

Adoption & Co
info@adoptierte.de

www.adoptierte.de
Hilfeseite für Adoptierte. Mit kostenloser Suchdatenbank nach Angehörigen.

adoption.de
info@adoption.de

www.adoption.de
Informationsportal zur Adoption mit Hilfestellungen, Rechtlichem sowie Kontaktbörse für Informationssuchende und -anbieter.

Eltern/Allgemein

alleinerziehend.net
alleinerziehend@ldk-online.de

www.alleinerziehend.net
Diskussionsforen, Infos zum Sorge- und Umgangsrecht, Kinder- und Erziehungsgeld, Arbeitslosengeld-II-Rechner.

Eltern Flohmarkt
admine@eltern-flohmarkt.de

www.eltern-flohmarkt.de
In diesem Forum wird über die Themen Familienplanung, Geburt, Kinderkrankheiten und Kindererziehung diskutiert.

Eltern.de
redaktion@eltern.de

www.eltern.de
Eltern.de informiert über die Themen Schwangerschaft, Geburt, Erziehung, Familienleben, Beruf und Geld.

fambooks

www.fambooks.net
Mit fambooks können junge Eltern das Leben und die Entwicklung des eigenen Nachwuchses in Fotoform im Internet festhalten.

● **familie.de**
online@familymedia.de

www.familie.de
Das Portal für Eltern und solche, die es werden möchten: familie.de bietet Informationen und Tipps rund um Kinderwunsch, Schwangerschaft, Erziehung, Baby, Kind und Familie – vom Eisprungkalender über eine Vornamen-Datenbank bis hin zu Basteltipps, Ideen für den Kindergeburtstag und großem Forum.
(Siehe Abbildung)

Familien Wegweiser.de

www.familien-wegweiser.de
Das Informationsportal für Familien und Alleinerziehende gibt viele Tipps für Eltern und Kinder.

Informationsportal für Alleinerziehende
info@allein-erziehend.net

www.allein-erziehend.net
Informationsportal für alleinerziehende Mütter und Väter mit Forum, Chat und umfangreichen Ratgeberseiten.

familie.de   **www.familie.de**

Soziales

Familienleben-aktuell.de
kontakt@mw-verlag.de

www.familienleben-aktuell.de
Ausführliche Artikel und nützliche Infos zu Familienleben, Erziehung, Schule, Ernährung, Gesundheit und Familienreisen. Ob es nun um das richtige Zeitmanagement in der Familie geht oder um „55 Tipps rund ums Grillen". Hier findet man Rat um den Familienalltag zu bewältigen. **(Siehe Abbildung)**

mamilounge.de
kontakt@mamilounge.de

www.mamilounge.de
Portal für Mütter mit den Themen: Kinderwunsch, Schwangerschaft, Babys, Kleinkinder und Familie.

paulsmama.de

www.paulsmama.de
Die Web-Seite für Mütter, Schwangere und junge Familien.

Schnullerfamilie
schnullerfamilie@ideenwerk.de

www.schnullerfamilie.de
Forum, in dem sich Eltern über alle Themen austauschen können, mit denen Erziehende konfrontiert werden.

Treffpunkt Eltern
redaktion@treffpunkteltern.de

www.treffpunkteltern.de
Ratgeber für Eltern zu den Themen: Familienrecht, Schwangerschaft, Geburt, Eltern und Kinder.

Väterzeit
info@vaeterzeit.de

www.vaeter-zeit.de
Auf Väterzeit erhalten Männer alle wichtigen Infos rund um die Themen Vaterwerden und -sein sowie Partnerschaft und Familie.

Eltern/Babysitter

babysitter.de
kontakt@babysitter.de

www.babysitter.de
Kostenloser Familienservice zum Suchen und Finden von Babysittern, Tagesmüttern oder Au-pair-Stellen.

Betreut.de
info@betreut.de

www.betreut.de
Verzeichnis für Babysitter und Tagesmütter.

HalloBabysitter.de
info@hallobabysitter.de

www.hallobabysitter.de
Großer Web-Service für Kinderbetreuung. Familien finden aktuelle Profile von Babysittern und Tagesmüttern in ihrer Nähe.

kinderfee.de
info@kinderfee.de

www.kinderfee.de
Lokale Suchmaschine für Kinderbetreuer. Die Bezahlung der Babysitter oder Tagesmütter läuft direkt über die Plattform.

Eltern/Beratung

bke-elternberatung
bke@bke.de

www.bke-elternberatung.de
Die Online-Beratung der bke richtet sich an Eltern, die Unterstützung in Fragen der Erziehung ihrer Kinder suchen.

Online-Familienhandbuch, Das
mail@familienhandbuch.de

www.familienhandbuch.de
Infos für Mütter und Väter zu allen Fragen rund um Kindererziehung und Familienleben, praktische und rechtliche Tipps.

urbia.de
info@urbia.com

www.urbia.de
Deutschlands großes Familienportal mit allen Infos zu Kinderwunsch, Geburt, Baby, Schwangerschaft, Erziehung und mehr.

Eltern/Familienplanung

BabyZauber
info@babyzauber.com

www.babyzauber.com
Informationen zu Babywunsch, Fruchtbarkeit und Schwangerschaftsvorbereitung mit eigener Community.

Siehe auch Kapitel Gesundheit

Verhütung

Familienleben-aktuell.de

Home | Impressum

Familienleben-aktuell.de
Das Familienportal

Familienleben | Erziehung | Ernährung
Schule | Gesundheit | Reise | Vermischtes

Familienleben

Auf zum Falten, fertig, los!

Mit etwa vier Jahren können Kinder selbst lernen, einfache Dinge wie ein Schiff oder einen Papierflieger zu falten. Das fördert die Kreativität, sprachliche Kompetenz und hat einen größeren Lerneffekt als Kneten. Aus Papier lassen sich tolle Spielfiguren gestalten. Das schult die Feinmotorik und macht richtig Spaß.

» zum Artikel „Auf zum Falten, fertig, los!"

» zu weiteren Artikeln aus dem Bereich „Familienleben" ...

Schule

Alles, was Recht ist

Zwischen Eltern und Lehrern entstehen nicht selten Konflikte. Während die Eltern sich zum Wohle des Kindes beschweren, bewertet der Lehrer die Leistungen von Schülern nur nach Vorschriften. Häufige Fragen zum Schul- und Lehrerrecht werden beantwortet und wo man Rat bei schulrechtlichen Fragen holen kann.

» zum Artikel „Alles, was Recht ist"

» zu weiteren Artikeln aus dem Bereich „Schule" ...

Gesundheit

Stark gegen Pollen & Co.

Unser Immunsystem ist großartig. Es kann Keime, die in unseren Körper eindringen und ihn bedrohen, erkennen und unschädlich machen. Aber manchmal spielt diese natürliche Abwehr verrückt: Sie wehrt sich gegen völlig harmlose Stoffe, die der Körper aufnimmt. Zum Beispiel gegen Pollen, Hausstaub, Nahrungsmittel oder Insektengift. Die Folge sind gerötete Augen, juckende Haut, Atemwegsreizungen – Allergien.

» zum Artikel „Stark gegen Pollen & Co."

» zu weiteren Artikeln aus dem Bereich „Gesundheit" ...

Vermischtes

Der Boss bin ich

Schon so mancher hat es sich überlegt, ob man seine Idee zu einer eigenen Marke etablieren und sich damit eine Existenzgrundlage schaffen kann. Die Selbstständigkeit, gerade bei Frauen, klingt verlockend. Doch man sollte sich im Klaren sein, dass es an den Kräften zehren kann, ein eigenes Unternehmen zu gründen.

» zum Artikel „Der Boss bin ich"

» zu weiteren Artikeln aus dem Bereich „Vermischtes" ...

Erziehung

Schau mal, was ich alles kann!

Kindergartenkinder können ihre gemalten Bilder, Basteleien und Liedtexte in einer Portfolio-Mappe sammeln. Das spiegelt die Zeit im Kindergarten wider und es werden Dinge dokumentiert wie Freundschaften, Erfahrungen und Ängste. Auch nach vielen Jahren ist es interessant zu sehen, was man als Kind im Kindergarten gemalt, gekritzelt oder gebastelt hat.

» zum Artikel „Schau mal, was ich alles kann!"

» zu weiteren Artikeln aus dem Bereich „Erziehung" ...

Ernährung

Gut und gesund essen – ganz ohne Fleisch

Heutzutage ernähren sich immer mehr Familien vegetarisch. Kinder kann man mit schmackhaften Rezeptideen auf die fleischlose Kost umgewöhnen. Aber was sollte man alles bei der vegetarischen Ernährung beachten? Kann man Kinder dauerhaft fleischlos ernähren? Die wissenswerten Infos zu verschiedenen Nährstoffen zeigen auf, was in ihnen enthalten ist.

» zum Artikel „Gut und gesund essen – ganz ohne Fleisch"

» zu weiteren Artikeln aus dem Bereich „Ernährung" ...

Reise

Deutschland im Rutschenfieber

Erlebnisbäder sind ein absolutes Highlight für Kinder und Erwachsene. Auch im Winter können die zehn vorgestellten Spaßbäder besucht werden. Hier finden Sie bundesweit Spaßbäder, deren Preise und Ausstattung in Ihrer Umgebung.

» zum Artikel „Deutschland im Rutschenfieber"

» zu weiteren Artikeln aus dem Bereich „Reise" ...

Anzeige

Eltern/Geburt/Elterngeld

Elterngeld.com
tbeese@gmail.com

www.elterngeld.com
Infos über Antragsstellung, Bezugszeitraum und Berechnung des Elterngeldes. Mit einem Forum für Fragen.

Elterngeld.net
service@elterngeld.net

www.elterngeld.net
Infos zum Elterngeld und anderen Familienleistungen des Staates. Mit Online-Rechner, großem Forum und Antragsservice.

Eltern/Geburt/Schwangerschaft & Hebammen

Baby und Familie
gesundheitpro@wortundbildverlag.de

www.baby-und-familie.de
Infos zu Kinderwunsch, Schwangerschaft, Vorsorge für Schwangere, Geburt, Stillen, Babyernährung und Kinderkrankheiten.

Baby Voten
info@mkl-service.com

www.babyvoten.de
Community für Eltern und werdende Eltern. Hier kann man sich austauschen und Antworten auf Fragen erhalten.

Babyclub.de
info@babyclub.de

www.babyclub.de
Infos zu Schwangerschaft und Geburt, Fruchtbarkeits- und Schwangerschaftskalender sowie eine Hebammensuchmaschine.

Babyforum.de

www.babyforum.de
Ein Forum rund ums Baby und die Schwangerschaft. Tipps zu Verhütung, Kinderwunsch, Kochrezepten und Kinderentwicklung.

familylounge.de
online@familymedia.de

www.familylounge.de
Online-Netzwerk für Schwangere und Eltern: Auf familylounge.de können Eltern bei Problemen und Fragen Expertenrat einholen.

Hebamme 4U
marliesgrein@hebamme4u.net

www.hebamme4u.net
Eine Hebamme gibt hier wichtige Infos rund um Schwangerschaft und Geburt.

Hebammensuche
info@hebammensuche.de

www.hebammensuche.de
Redaktionell gepflegtes Verzeichnis mit fast 10.000 Adressen von Hebammen und Geburtshäusern.

kidsgo Internetportal
fragen@kidsgo.de

www.kidsgo.de
Informationen und Tipps für junge Familien zu den Themen Schwangerschaft, Geburt, Kleinkind und Familie.

liliput-lounge
info@liliput-lounge.de

www.liliput-lounge.de
Infos zu Kinderwunsch, Schwangerschaft und Baby. Mit Forum.

Mama Community.de
info@mamacommunity.de

www.mamacommunity.de
Viele Infos, Berichte und Diskussionen über die Schwangerschaft, Geburtsprobleme und den Kinderwunsch.

mamily
kontakt@mamily.de

www.mamily.de
Die Seite für Mütter und solche, die es bald werden. Mit großem Forum, Marktplatz und Wissensbereich.

Mamiweb
communication@mamiweb.de

www.mamiweb.de
Bei Mamiweb können sich Schwangere und Mütter austauschen und sich über Schwangerschafts- und Kinderthemen informieren.

Nestlé Babyservice
babyservice@nestle.de

www.babyservice.de
Der Nestlé Babyservice informiert über die Schwangerschaft, die Geburt und das erste Jahr mit einem Baby.

netmoms.de
kontakt@netmoms.de

www.netmoms.de
Das Portal für Mütter mit Informations- und Austauschmöglichkeiten rund um die Themen Frau, Familie und Kind.

Zeit für die Familie?
Zeitschriften für die Familie!

illkommen in serem aboshop

Zeitschriften für werdende bis erfahrene Eltern sowie für Teens, Bücher im Abo und tolle Prämien finden Sie bei uns im Aboshop. Nehmen Sie sich Zeit für die Familie und schauen Sie bei uns vorbei:

www.familie.de/abo

Zeitschriften für die ganze Familie – auch als Geschenk!

ly Media GmbH & Co. KG, Geschäftsführer: Marko Petersen, Schnewlinstr. 6, 79098 Freiburg. Handelsregister: AG Freiburg i. Br., HRA 5066
ent/Min. aus dem dt. Festnetz; Mobilfunkpreis max. 42 Cent/Min

SOZIALES

Rund-ums-Baby.de
redaktion@rund-ums-baby.de

www.rund-ums-baby.de
Online-Magazin für alle (werdenden) Mamas und Papas: mit Still-
beratung, Ernährungstipps und Schwangerschaftsforum.

Schwangerschaft.de
info@urbia.com

www.schwangerschaft.de
Hilfreiche Informationen rund um Schwangerschaft und Geburt.

Eltern/Geburt/Stillen

La Leche Liga Deutschland e. V.
info@lalecheliga.de

www.lalecheliga.de
Infos rund um die Themen Stillen und Muttersein mit Kontaktadressen zu Stillberaterinnen und regionalen Stilltreffen.

stillen-info.de
post@liga-kind.de

www.stillen-info.de
Vorstellung der wichtigsten Stillberatungsgruppen und -vereine
mit Adressen und Links.

Stillgruppen
webmaster@stillgruppen.de

www.stillgruppen.de
Stillgruppen.de bietet Ratschläge und Hilfen zu den Themen Still-
vorbereitung, Probleme beim Stillen und Abstillen.

Eltern/Geburt/Vornamen

beliebte-Vornamen.de

www.beliebte-vornamen.de
Die beliebtesten Vornamen von 1890 bis heute, dazu eine spezielle Übersicht über sehr seltene Vornamen.

Firstname.de
service@firstname.de

www.firstname.de
Über 86.000 Vornamen mit Bedeutung, viele kostenlose Suchmöglichkeiten, Forum, Namenstage, Top Ten und Namensrecht.

vorname.com
verwaltung@adeos.de

www.vorname.com
Alles rund um Vornamen: Großes Verzeichnis sortiert nach Jungen, Mädchen, traditionellen und internationalen Vornamen.

Eltern/Scheidung

ehe-scheidung-online.de
kontakt@kanzlei-hinterberger.de

www.ehe-scheidung-online.de
Hier gibt es unverbindliche Informationen zu Ablauf und Kosten
einer Online-Scheidung.

iScheidung
mail@ischeidung.de

www.ischeidung.de
Anwaltsportal zum Scheidungsrecht. Bundesweite Vertretung vor
dem Familiengericht durch Online-Scheidung.

Online Scheidung
info@kanzleikah.de

online-scheidung.biz
Ein Portal zur Ehescheidung mit der Möglichkeit, die einvernehm-
liche Scheidung online zu tätigen.

Scheidung vom Spezialisten
info@scheidung-vom-spezialisten.de

www.scheidung-vom-spezialisten.de
Durch eine Online-Scheidung kann man die Scheidungskosten
auf ein Minimum reduzieren.

Scheidung.com
info@kanzlei-grashoff.de

www.scheidung.com
Infos über Prozesskostenhilfe, Düsseldorfer Tabelle und Prozess-
finanzierung. Zudem verschiedene kostenlose Ratgeber.

Scheidung.de
kontakt@scheidung.de

www.scheidung.de
Das Online-Portal zum Thema Trennung, Scheidung, Unterhalt
und Kinder bietet umfangreiche Hilfestellungen und Tipps.

Vater sein
webmaster@vatersein.de

www.vatersein.de
Hilfe für Eltern bei Scheidung und Trennung. Kostenfreie Nutzung
von Foren, Urteilen und weiteren Familienrechtsthemen.

Drück mich!

NEU!

„Ausflug ans Meer"
Jede Menge Wissenswertes von der Küste und ein riesiger Spaß für die ganze Familie.

„Malbuch Tiere"
Ausmalen oder freies Zeichnen – hier können sich kleine Künstler kreativ austoben.

familie&co

„Kinderparty"
Mit seinen eigenen Kuscheltieren großartig Geburtstag feiern. Muss man probieren!

und viele weitere Apps

„Lernen mit der Eule"
Erstes Rechnen und Schreiben. Und der Spielspaß kommt garantiert auch nicht zu kurz.

Jetzt im App Store^{SM}
Suchbegriff „familie&co"

Entwicklungshilfe/Organisationen

Brot für die Welt
kontakt@brot-fuer-die-welt.de

www.brot-fuer-die-welt.de
Infos über Projekte und Kampagnen von „Brot für die Welt". Projekte zur Selbsthilfe in Afrika, Asien und Lateinamerika.

Deutsche Stiftung Weltbevölkerung
info@dsw-hannover.de

www.weltbevoelkerung.de
Die DSW hilft Jugendlichen in Entwicklungsländern, sich vor ungewollten Schwangerschaften und AIDS zu schützen.

Diakonie Katastrophenhilfe
kontakt@diakonie-katastrophenhilfe.de

www.diakonie-katastrophenhilfe.de
Aktuelle Informationen über die humanitären Hilfsmaßnahmen der Organisation in den weltweiten Katastrophen- und Krisengebieten.

EIRENE
eirene-int@eirene.org

www.eirene.org
Wissenswertes zu Projekten in Afrika und Lateinamerika sowie Freiwilligendienste mit sozialen Randgruppen.

GIZ

www.giz.de
Die GIZ ist ein weltweit tätiges Unternehmen der internationalen Zusammenarbeit für nachhaltige Entwicklung.

Misereor
info@misereor.de

www.misereor.de
Katholisches Hilfswerk für Entwicklungszusammenarbeit mit Afrika, Asien und Lateinamerika. Infos zu Aktionen und Kampagnen.

● **World Vision Deutschland e. V.**
info@worldvision.de

www.worldvision.de
World Vision ist ein christliches Hilfswerk mit den Arbeitsschwerpunkten nachhaltige Entwicklungszusammenarbeit, Katastrophenhilfe und entwicklungspolitische Anwaltschaftsarbeit. Im Mittelpunkt der Arbeit steht die Unterstützung von Kindern und Familien durch Kinderpatenschaften. **(Siehe Abbildung)**

Erbschaft & Testament

erbrecht-heute.de
info@erbrecht-heute.de

www.erbrecht-heute.de
Umfangreiche Informationen rund um das Erbrecht sowie Muster und Vorlagen.

Erbrecht-ratgeber.de

www.erbrecht-ratgeber.de
Erben, Pflichtteilsberechtigte und Vermächtnisnehmer finden hier Infos, die man zur Abwicklung einer Erbschaft benötigt.

Zentrales Testamentsregister
info@testamentsregister.de

www.testamentsregister.de
Hier werden alle Testamente, die von Notaren oder Gerichten verwahrt werden, aufgelistet. Die Abfrage ist beschränkt.

Frauen

1001Geschichte.de
redaktion@1001geschichte.de

www.1001geschichte.de
Wahre Geschichten betrügerischer, binationaler Beziehungen. Mit einem Forum gegen Bezness.

2bstar.de
redaktion@2bstar.de

www.2bstar.de
Portal für Beauty, Fashion, Gesundheit und Lifestyle mit vielen Angeboten und Rabatten.

Erdbeerlounge
kontakt@erdbeerlounge.de

www.erdbeerlounge.de
Infos zu Stars, Liebe, Trends, Mode, Jobs und Beauty. Mit Forum, Filmquiz und Gewinnspielen.

fem.com
redaktion@fem.com

www.fem.com
Trends und News aus den Bereichen Stars, Kino, Fashion, Beauty, Lifestyle, Reise, Partnerschaft, Liebe und Gesundheit.

ForHer.de
info@forher.de

www.forher.de
Lifestyle und Mode für Frauen. Mit Community, Fotogalerie, Gewinnspiel, Forum und vielen Infos zu Stars und Sternchen.

Frauenzimmer
support@frauenzimmer.de

www.frauenzimmer.de
Das Portal für Frauen informiert über Mode, Trends, Lifestyle, Liebe, Gesundheit und Familie.

Glam
germany@glam.com

www.glam.de
Das Frauenmagazin präsentiert alle Themen, die Frauen interessieren: Mode, Beauty, Entertainment und Einrichtungstrends.

gofeminin.de
anzeigen@gofeminin.de

www.gofeminin.de
gofeminin.de bietet den Leserinnen täglich Neues zu Themen wie Mode, Beauty, Stars, Familie und Partnerschaft.

TERRE DES FEMMES
info@frauenrechte.de

www.frauenrechte.de
Menschenrechtsorganisation, die sich durch Öffentlichkeitsarbeit und Einzelfallhilfe für bedrohte Frauen einsetzt.

WomenWeb
info@womenweb.ag

www.womenweb.de
Umfangreiche Seite für Frauenthemen wie Lifestyle, Beauty und Wellness, Food und Drink, Esoterik, Sex und Working Woman.

Wunderweib
online@wunderweib.de

www.wunderweib.de
Mode und Beauty, Fitness und Gesundheit, Familie und Ratgeber, Stars und Freizeit, Liebe und Horoskop.

Freiwilligendienste

Der Bundesfreiwilligendienst
poststelle@bmfsfj.bund.de

www.bundesfreiwilligendienst.de
Infos für alle, die sich gemeinnützig engagieren möchten. Platzbörse für soziale, ökologische oder kulturelle Stellen.

ijgd
ijgd@ijgd.de

www.ijgd.de
Der Verein ijgd organisiert und vermittelt Freiwilligendienste und Workcamps im In- und Ausland.

Hilfsorganisationen

Aktion Sühnezeichen Friedensdienste
asf@asf-ev.de

www.asf-ev.de
ASF bietet langfristige Friedensdienste und Work-Camps in 13 Ländern mit kritischer Auseinandersetzung mit der NS-Geschichte.

Arbeiter-Samariter-Bund

www.asb.de
Der Arbeiter-Samariter-Bund engagiert sich in der Alten- und Behindertenhilfe sowie der Kinder- und Jugendbetreuung.

Arbeiterwohlfahrt
info@awo.org

www.awo.de
Spitzenverband der Freien Wohlfahrtspflege, mit Adressen sozialer Einrichtungen der AWO.

Ärzte ohne Grenzen
office@berlin.msf.org

www.aerzte-ohne-grenzen.de
Infos zu den Hilfsprojekten der internationalen medizinischen humanitären Organisation, zu Spenden und zur Mitarbeit.

BONO-Direkthilfe e. V.
info@bono-direkthilfe.org

www.bono-direkthilfe.org
Schwerpunkt der Organisation ist der Kampf gegen Verschleppung und Zwangsprostitution von Kindern in Nepal und Indien.

Deutsches Rotes Kreuz e. V.
drk@drk.de

www.drk.de
Portal zur Katastrophen- und Auslandshilfe, zur Ersten Hilfe und zu den sozialen Dienstleistungen des DRK.

Diakonisches Werk der EKD e. V.
diakonie@diakonie.de

www.diakonie.de
Aktuelle Infos aus der Arbeit der Diakonie, Jobbörse, Diskussionsforum und Hintergrundberichte.

HelpDirect.org

www.helpdirect.org
HelpDirect.org stellt umfassend Hilfsprojekte aus 130 Ländern von über 500 Hilfsorganisationen vor.

Helpedia.de
info@helpedia.de

www.helpedia.de
Verzeichnis von Organisationen für Helfende: Ehrenamt, Spenden, Veranstaltungen, Praktika und Hilfskoordination.

Hilfsorganisationen.de
kontakt@x-promotion.de

www.hilfsorganisationen.de
Sämtliche Hilfs- und humanitären Organisationen sind auf dieser Seite gelistet und verlinkt. Aufnahmeantrag ist möglich.

Malteser in Deutschland
malteser@maltanet.de

www.malteser.de
Wissenswertes über die Malteser in Deutschland, aktuelle Projekte, Aus- und Weiterbildungsmöglichkeiten und Jobbörse.

RESET - For a better World
info@reset.to

www.reset.to
Reset verbindet engagierte Menschen, die etwas gegen die Probleme dieser Welt unternehmen wollen, und stellt Projekte vor.

Weißer Ring e. V.
info@weisser-ring.de

www.weisser-ring.de
Der Weiße Ring ist die größte bundesweite Hilfsorganisation für Opfer von Kriminalität und Gewalt sowie deren Angehörige.

wikando
support@wikando.de

www.wikando.de
Mit der FundraisingBox bietet Wikando Fundraisingtools und Spendermanagement für Organisationen, Parteien, Stiftungen.

Hochzeiten & Heiraten

1001hochzeiten.de
info@1001hochzeiten.de

www.1001hochzeiten.de
Hochzeitsplaner mit Themen wie Fashion, Feier, Trauung, Etikette und Hochzeitstisch. Mit Branchenbuch.

braut.de

www.braut.de
Seite zur Hochzeitsvorbereitung mit detaillierten Planungstipps, besonders das große Forum lässt keine Frage offen.

Die Hochzeits-Community
info@diggis-hochzeitsforum.de

www.diggis-hochzeitsforum.de
Diskussionsforum für Personen, die sich in der Hochzeitsplanung befinden.

hochzeit.de

www.hochzeit.de
Alles zu Brautkleidern und Mode, Haaren, Eheringen und Schmuck, Locations, Hochzeitsreisen, Geschenken und Messen.

HochzeitIdeal.de
info@hochzeitideal.de

www.hochzeitideal.de
Produkte für Hochzeitsfeiern. Gastgeschenke, Tischkarten, Gästebücher, Brautaccessoires und Hochzeitsmandeln.

Hochzeitsforum.de

www.hochzeitsforum.de
Das Forum für den großen Tag im Leben: Ideen und Tipps zu allem, was zum Heiraten dazu gehört.

HochzeitsPlaza.de
info@hochzeitsplaza.de

www.hochzeitsplaza.de
Die kostenlose Serviceplattform für Brautpaare. Hier findet man Locations, Dienstleister und viel Inspiration.

Hochzeitsreisen.com
info@triplemind.com

www.hochzeitsreisen.com
Hochzeitsreisen in alle Teile der Welt können hier gebucht und anschließend bewertet werden.

Honeymoments
info@honeymoments.de

www.honeymoments.com
Portal mit Marktplatz, Branchenbuch, Magazin und Planungstools für die perfekte Hochzeit.

● **Hochzeits-Tipps.com**

www.hochzeits-tipps.com
Damit der schönste Tag im Leben rund läuft, findet man hier alles rund um Hochzeit und Heiraten – Von Adressen über Basiswissen, Geheimtipps und allem, was die Formalitäten betrifft, bis hin zu Checklisten für die kirchliche Trauung sowie Spielideen und Dekorationen für die anschließende Feier. **(Siehe Abbildung)**

Hochzeits-Tipps.com   **www.hochzeits-tipps.com**

Start ┆ Adressen ┆ Tipps ┆ Formalien ┆ Kirche ┆ Feiern ┆ Spiele & Co.

Alles rund um Hochzeit und Heiraten

Auf zum Junggesellenabschied in Mallorca

Junggesellenabschied auf Mallorca heißt natürlich Feiern ohne Ende vor allem an den Playas in direkter Nähe zur Inselhauptstadt Palma de Mallorca. Da kann sich das Trüppchen weite Anfahrten sparen und gleich nach der Landung auf dem Flughafen zur großen Sause starten. Hier finden sich auch die günstigstens Hotels, falls für den Junggesellenabschied eine Übernachtung geplant ist oder gar ein komplettes Wochenende fürs Mallorca-Feiern vorgesehen mehr...

Google-Anzeigen
Viel Glück zur Hochzeit Glückshufeisen schenken. Persönlich und Originell! Hochzeit.glueckgeschenk.de
wolkdirekt Online Shop Schilder, Sicherheitskennzeichnung, Arbeitsschutz & Betriebsausstattung www.wolkdirekt.com
Hochzeitsfotos vom Profi Sie können mir vertrauen einfach schöne Fotos www.klaus-bolz.de   Google-Anzeigen

Soziales

miss-solution.com
kontakt@miss-solution.com

www.miss-solution.com
Das Hochzeitsportal mit Braut-Fashion, Ratgeber, Forum, Flitter-wochen und einer Hochzeitsgalerie.

Traumhochzeit.com
info@traumhochzeit.com

www.traumhochzeit.com
Magazin, Hochzeitsplaner, Branchenbuch, Hochzeitsmode, Ideen-sammlung und Community.

Unser Tag
mail@unsertag.de

www.unsertag.de
UnserTag.de bietet Hochzeitspaaren und Hochzeitsgästen eine Menge Tipps und Infos rund um das Thema Hochzeit und Hei-rat.

Weddingshop.de
info@weddingshop.de

www.weddingshop.de
Hier dreht sich alles rund ums Heiraten: Ringkissen, Strumpfbän-der, Gästebücher, bedruckte Servietten und Schleier.

weddix.de
kontakt@weddix.de

www.weddix.de
Umfassendes Hochzeitsportal mit Hochzeits-Shop, Trends zu Brautmode und Schmuck, Branchenbuch, Forum und Flitterwo-chenzielen.

Homosexualität

Gaypeople.de
redaktion@gaypeople.de

www.gaypeople.de
Schwul-lesbisches Magazin mit Beiträgen zu Musik, Filmen, Games, Multimedia, Büchern, Gesundheit, Erotik und Events.

Homosexualität/Lesben

Lesarion.de
mail@lesarion.de

www.lesarion.de
Die Begegnungsstätte für Lesben, Bi-, Inter- und Transsexuelle bietet Veranstaltungstipps, Bücher und einen City-Guide.

Homosexualität/Schwule

dbna.de
email@dbna.de

www.dbna.de
„Du bist nicht allein" ist ein Online-Magazin für schwule Jugend-liche. Man kann Kontaktanzeigen aufgeben oder mit Usern chat-ten.

eurogay
info@eurogay.de

www.eurogay.de
Informative Seite zum Thema Homosexualität mit aktuellem Ma-gazinbereich, Chat, Kontaktservice und Live-Cam.

gayromeo.com

www.gayromeo.com
Große Schwulen-Community mit verschiedenen Bereichen wie Sport, Kultur und Fetisch. Zudem Infos zu Coming-out und HIV.

Queer
info@queercom.net

www.queer.de
Deutschlands großes News- und Entertainment-Portal für schwu-le Männer.

Internet-Communitys

Siehe Kapitel Internet & Computer

Internet/Communitys

Jugend/Jugendberatung

Alkohol? Kenn dein Limit.
limit-info@bzga.de

www.kenn-dein-limit.info
Aufklärungsseite für Jugendliche und junge Erwachsene: Infos zu Wirkung von Alkohol und Folgen riskanten Trinkverhaltens.

bke
bke@bke.de

www.bke-beratung.de
Kostenfreie und anonyme Online-Beratung der bke in der Einzel-beratung, im Gruppen-Chat oder im Themenforum.

kids-hotline
info@kids-hotline.de

kids-hotline.de
Online-Beratungsstelle für junge Menschen bis 21 Jahren. Anonym, kostenlos und zu allen Themen beraten Fachkräfte und Peers.

watchyourweb.de

www.watchyourweb.de
watchyourweb ist die Plattform für sicheres Surfen im Web. Sie klärt Jugendliche über die Gefahren im Internet auf.

Jugend/Jugendportale

aok-on
info@bv.aok.de

www.aok-on.de
Das große Jugend-Ratgeberportal der AOK zu den Lebensphasen Schule, Ausbildung, Studium und Berufseinstieg.

Bravo.de
redaktion@bravo.de

www.bravo.de
Die Jugendzeitschrift mit den Themenwelten: Musik, Stars, Lifestyle, Dr. Sommer, Games, Handy und Community.

fluter
info@bpb.de

www.fluter.de
fluter ist das Jugendmagazin der Bundeszentrale für politische Bildung für Gesellschaft, Film, Literatur und Events.

Habbo.de

www.habbo.de
Virtuelles Hotel für Jugendliche zum Treffen, Plaudern und Spielen. Wie ein Computerspiel, nur mit „echten" Figuren.

jetzt.de
redaktion@jetzt.de

www.jetzt.de
Artikel zu den Themen Politik, Sex, Kultur, Reise, Umwelt und allem, was sonst im Leben junger Menschen wichtig ist.

Jugendzeitschrift Spiesser
info@spiesser.de

www.spiesser.de
Das Portal der Jugendzeitschrift Spiesser.

Knuddels.de
community@knuddels.de

www.knuddels.de
Hier finden Jugendliche und junge Erwachsene 100 verschiedene Chat-Räume in sieben unterschiedlichen Kategorien.

loveline.de

www.loveline.de
Anlaufstelle für Jugendliche mit nützlichen Informationen zum Thema Liebe und Sexualität.

meet-teens.de

www.meet-teens.de
In der Jugend-Community kann man im Forum über alle Themen diskutieren, die Jugendliche interessieren und Freunde finden.

Mixopolis

www.mixopolis.de
Mixopolis ist ein interkulturelles Portal, das Jugendlichen mit Migrationshintergrund Infos und Selbstlernangebote bietet.

Netzcheckers.de
info@ijab.de

www.netzcheckers.de
Redaktionelle Artikel für Jugendliche zu allen Lebensbereichen. Mit der Möglichkeit, eigene Texte selbst zu verfassen.

punktsuche.de

www.punktsuche.de
Suchmaschine für Teenager, die nur Web-Seiten mit jugendgerechtem Inhalt anzeigt.

respect.de
redaktion@respect.de

www.respect.de
Die Jugend-Community der Aktion Mensch ist zum Austauschen, Einmischen und Aktivwerden da.

StarFlash.de
info@starflash.de

www.starflash.de
Das Jugend-Magazin bietet aktuelle Star-News, Interviews, Videos sowie viele interaktive Trend-Votings und eine Community.

yam
team@yam.de

www.yam.de
Hier kann man in der Community seine Meinung zu bestimmten Themen kundtun.

SOZIALES

Zeitjung.de
info@zeitjung.de

www.zeitjung.de
Die junge News-Community für Jugendliche. Die Leser können Nachrichten kommentieren.

Jugend/Mädchen

element girls
info@elementgirls.de

www.elementgirls.de
Die Community bietet jungen Mädchen eine Orientierungshilfe auf dem Weg zum Erwachsenwerden.

Girls-Time
team@girls-time.com

www.girls-time.com
Bei Girls-Time finden junge Mädchen eine moderne Community mit Spielen, Tipps und Diskussions-Foren.

Go girl
redaktion@sugar-online.de

gogirlblog.de
Viele Infos zu den angesagtesten Stars.

Mädchen
info@maedchen.de

www.maedchen.de
Das Online-Magazin bietet Mädchen Tipps und Rat in allen Lebenslagen, ob zu Liebeskummer, Schule, Jungs oder Styling.

Stardoll.de

www.stardoll.de
Eine Community speziell für Mädchen. Hier können Mädchen eine eigene Anziehpuppe oder die des Lieblingsstars gestalten.

TOPModel
info@top-model.biz

www.top-model.biz
Online-Spiele, virtueller Designertisch, Bewertung der eigenen Entwürfe, Kleiderschrank, Gewinnspiele und Chat.

Kinder/Allgemein

Blinde Kuh
redaktion@blinde-kuh.de

www.blinde-kuh.de
Die Suchmaschine für Kinder. Guter Ausgangspunkt für die Suche nach Web-Seiten, die für Kinder interessant sind.

fragFinn.de
info@fragfinn.de

www.fragfinn.de
Die Suchmaschine für Kinder bis zwölf Jahren findet nur kindgeeignete und von Medienpädagogen überprüfte Internet-Seiten.

Kindersuchmaschine Loopilino

www.loopilino.de
Die Suchmaschine für Kinder listet in den Suchergebnissen nur Web-Seiten auf, die für Kinder geeignet sind.

Web-Seiten für Kinder

www.websitesfuerkinder.de
Suchmaschine, die geeignete Web-Seiten für Kinder zu fast allen Themenbereichen findet.

Kinder/Hilfsorganisationen

Deutscher Kinderschutzbund e. V.
info@dksb.de

www.dksb.de
Der Kinderschutzbund setzt sich für die Umsetzung der UN-Konvention über die Rechte des Kindes ein.

Plan International Deutschland e. V.
info@plan-deutschland.de

www.plan-deutschland.de
Plan International arbeitet als eines der ältesten Kinderhilfswerke in 48 Ländern Asiens, Afrikas und Lateinamerikas.

● SOS-Kinderdorf Deutschland e. V.
info@sos-kinderdorf.de

www.sos-kinderdorf.de
In Deutschland gibt es 15 SOS-Kinderdörfer und weitere 29 SOS-Projekte, die Kindern und Jugendlichen ein neues Zuhause und eine neue Perspektive geben. Die Internet-Seite informiert über alle SOS-Einrichtungen sowie SOS-Angebote und bietet die Möglichkeit zum sicheren Online-Spenden. **(Siehe Abbildung)**

terre des hommes Deutschland e. V.

www.tdh.de
Infos zu Projekten: Einsatz gegen Kinderarbeit und -prostitution, Hilfe für Straßenkinder und Schutz vor Krieg und Gewalt.

SOS-Kinderdorf Deutschland e. V.   **www.sos-kinderdorf.de**

SOS KINDERDORF
In Deutschland und der Welt

✉ Kontakt   👤 Newsletter   🗒 Inhaltsübersicht

DZI Spenden-Siegel

Startseite   Über SOS-Kinderdorf   Helfen   Stiftungen   Jobs & Fachthemen   Service

Paten gesucht!

Ermöglichen Sie Kindern eine lebenswerte Kindheit und ein liebevolles Zuhause.

JETZT PATE WERDEN
für ein Kind im Ausland

Spenden

Patenschaften

Schenkung und Erbschaft

Als Unternehmen helfen

1 2 3 4 5 6 7

Miteinander macht stark!

"Nur wenn wir andere Kulturen und Sichtweisen schätzen lernen, wird das Zusammenleben in einer globalisierten Welt gelingen", betonte SOS-Kinderdorf-Vorstandsvorsitzender Prof. Johannes Münder beim diesjährigen Jahresempfang des SOS-Kinderdorf e.V.. Wie diese Kultur des Miteinanders gepflegt wird, zeigt sich im Alltag der SOS-Kinderdorfeinrichtungen. Lesen Sie in unserem Themenschwerpunkt mehr über die ganze Vielfalt unserer integrativen Angebote! mehr

14.06.2012
Jede Pflegefamilie hat ihre eigene Geschichte

Was bringt eine Familie dazu, ein Pflegekind aufzunehmen? Eine einheitliche Antwort gibt es darauf nicht. Jede Familie hat dafür ihre eigenen Gründe, wie sie auch ihren eigenen Weg hat, dem Pflegekind Geborgenheit, Liebe und Sicherheit zu geben. Das bestätigen folgende drei Geschichten. mehr

11.06.2012
Augen auf, Ohren auf - bei uns gibt's was zu entdecken

Die Kita im SOS-Kinderdorf Niederrhein ist ab sofort ein "Haus der kleinen Forscher". mehr

05.06.2012
Schüler radeln für SOS-Kinderdorf

25 Schülerinnen und Schüler der Münsteraner Realschule im Kreuzviertel werden zu den Olympischen Spielen 2012 nach London radeln. Und dabei Spenden für SOS-Kinderdorf sammeln. mehr

SOS im Ausland

SOS-Kinderdörfer, Schulen, Sozialzentren - Informieren Sie sich über die Auslandsarbeit von SOS-Kinderdorf.

❯ Lesen Sie mehr

SOS im Internet

Die meisten SOS-Kinderdorfeinrichtungen haben eine eigene Internetseite!

❯ zu den Links

Service
Ansprechpartner
Impressum
Datenschutz
Barrierefreiheit

Websites
SOS-Stiftung
SOS-Kartenshop
SOS-E-Cards
SOS-Wunscherfüller
SOS-Kinderwelt
SOS-Newsroom

Können wir Ihnen weiterhelfen?
Telefon: 089 12 606-0 '
Fax: 089 12 606-404
info@sos-kinderdorf.de

* Mo - Do. von 8.00 bis 18.00 Uhr
Fr. von 8.00 bis 16.00 Uhr

SOS-Kinderdorf bei...
Youtube
Facebook
Helpedia

Ihre Sicherheit

Initiative Transparente Zivilgesellschaft

© SOS-Kinderdorf e.V. - Unterstützen Sie weltweite Kinderhilfe, indem Sie spenden oder eine Patenschaft übernehmen

 Spendenkonto
Kto: 780 80 05 - BLZ: 700 205 00 - Bank für Sozialwirtschaft

 Können wir Ihnen weiterhelfen?
089 12 606-0 / info@sos-kinderdorf.de

 Auf dem Laufenden bleiben
Newsletter bestellen

Anzeige

SOZIALES

Unicef
mail@unicef.de

www.unicef.de
Die Entwicklungsorganisation der Vereinten Nationen, die sich weltweit für das Wohl von Kindern und Frauen einsetzt.

Kinder/Kindergarten

KiTa.de
info@kita.de

www.kita.de
Kitas, Träger und Erzieher präsentieren ihre Einrichtungen. Eltern finden Kitas und tauschen sich mit anderen Eltern aus.

Sprachen lernen mit der MoMouse
contact@lingo4u.de

www.momouse.de
Kindgerechte Materialien wie Spiele und Lieder für den ersten Kontakt mit Fremdsprachen in Kita, Vorschule und Grundschule.

Kinder/Kinderportale

Autokids
info@skoda-auto.de

www.autokids.de
www.autokids.de – das ist die spannende ŠKODA Web-Seite für Kinder. Die ŠKODA Maskottchen Eddy und Paul präsentieren dort interaktive Comics, Spiele, Malvorlagen, Freizeittipps und einiges mehr. Jede Menge Spaß also, kindgerechte Informationen und attraktive Gewinnspiele runden das Angebot ab. **(Siehe Abbildung)**

BR-Kinderinsel
kinderinsel@br-online.de

www.br-kinderinsel.de
Gemeinsames Internet-Angebot von Kinderfunk und -fernsehen des Bayerischen Rundfunks. Spiele, Geschichten und Links.

Diddl.de
depesche@diddl.de

www.diddl.de
Auf dem großen Portal für Kinder und Jugendliche finden Kids eine große Community mit einem moderierten Chat.

GEOlino
geolino@ems.guj.de

www.geolino.de
Ein Erlebnisheft für Kinder im Alter von 8 bis 14 Jahren: Spannende Themen aus Natur und Technik, Experimente und Rätsel.

Hanisauland.de
info@hanisauland.de

www.hanisauland.de
Infoseite, auf der Kinder die Politik spielerisch entdecken können. Auch Tipps und Material für Pädagogen.

Helles-Koepfchen.de

www.helles-koepfchen.de
Aktuelle Nachrichten und redaktionelle Artikel für Kinder und Jugendliche, Spielebereich und Freizeittipps.

Hessen-U15!

www.hessen-u15.de
Auf diesem Internet-Angebot der hessischen Landesregierung können Kinder Politik spielerisch für sich entdecken.

Internet-ABC
internet-abc@lfm-nrw.de

www.internet-abc.de
Hier finden Kinder, Eltern und Pädagogen Tipps für den sicheren Umgang mit dem Internet.

Jolinchen
info@bv.aok.de

www.jolinchen.de
AOK-Kindermagazin mit vielen Infos zu Körper, Ernährung, Bewegung, Schule und Freizeit. Große Spiele- und Rezeptesammlung.

Kids and Science
andreas.tillmann@kids-and-science.de

www.kids-and-science.de
Anhand von Videos und Experimenten werden hier Fragen rund um Natur, Technik, Physik, Biologie und Astronomie erklärt.

kidsundco.de
online@familymedia.de

www.kidsundco.de
Viele lustige Online-Spiele, Malvorlagen, Basteltipps, Zaubertricks und Ideen für leicht nachzumachende Experimente.

Kidsville
kontakt@kidsville.de

www.kidsville.de
Die Mitmachstadt für Kinder: Hier können eigene Möbel entworfen oder Rezepte ausprobiert werden, mit vielen Spielen.

Kinder-Aktuell.de
info@kinder-aktuell.de

www.kinder-aktuell.de
Malvorlagen, Bastelanleitungen, Rätsel, Spiele und viele Infos für Kinder.

KinderCampus.de
support@kindercampus.de

www.kindercampus.de
Buntes Angebot für Kinder im Alter von vier bis zwölf Jahren. Mit Lerninhalten, Community, Chat und Suchmaschine für Kinder.

Mail4Kidz
team@mail4kidz.net

www.mail4kidz.de
Mail4Kidz ist ein E-Mail-Dienst nur für Kinder, bei dem die Kinder selbst bestimmen können, wer ihnen schreiben darf.

Medizin für Kids

www.medizin-fuer-kids.de
Verständliche Informationen für Kinder über Körper, Gesundheit und Krankheiten.

Najuversum
naju@naju.de

www.najuversum.de
Auf der Internet-Plattform für Kinder, Eltern und Lehrer dreht sich alles um Menschen, Tiere und Pflanzen.

news 4 kids

www.nachrichtenfuerkinder.de
Portal mit Nachrichten für Kinder, verständlich und anschaulich erklärt.

Notenmax.de
info@notenmax.de

www.notenmax.de
Notenmax führt spielerisch durch die Welt der Musik: Singen, Basteln, Instrumente kennenlernen und vieles mehr.

Panfu

www.panfu.de
In dieser virtuellen Welt können Kinder Online-Spiele spielen, chatten, Freunde finden und spielend Englisch lernen.

Paraplüsch
kittsteiner@parapluesch.de

www.parapluesch.de
Die Anstalt – Psychiatrie für misshandelte Kuscheltiere.

Radijojo
redaktion@radijojo.de

www.radijojo.de
Radijojo ist ein Radioprogramm speziell für Kinder. Die Seite bietet einen Live-Stream, Podcasts und Infos über Projekte.

Autokids   **www.autokids.de**

Sendung mit der Maus, Die
maus@wdr.de

www.die-maus.de
Infos rund um die Maus, den Elefanten und die Ente, Käpt'n Blaubär, Shaun das Schaf, Lach- und Sachgeschichten sowie Spiele.

SWR Kindernetz
kindernetz@swr.de

www.kindernetz.de
Hier können Kinder ihre eigene Homepage erstellen: Mit Chat, Spielen und kindgerechten Nachrichten aus aller Welt.

Treff - Das Wissensmagazin
treff@commapublications.de

www.treffmagazin.de
Spannende Reportagen und Beiträge für Kinder zwischen 9 und 14 Jahren aus Forschung, Natur, Kino, Musik, Sport und Schule.

WAS IST WAS
info@wasistwas.de

www.wasistwas.de
Wissensportal für Kinder und Jugendliche mit altersgerechten Informationen zu allen Wissensgebieten, die Kids interessieren.

wortwuselwelt
poesie@wortwusel.net

www.wortwusel.net
Die Seite spielt mit Poesie. Besucher können sich eigene Klang- und Bildwelten gestalten. Das Wortwusel ist Gastgeber.

Kinder/Kindesmissbrauch

Gegen Missbrauch
info@gegen-missbrauch.de

www.gegen-missbrauch.de
Infos zum Thema Kindesmissbrauch und Kinderpornografie. Datenbanken mit Anlauf- und Beratungsstellen für Betroffene.

M.E.L.I.N.A e. V.
melina.ev@t-online.de

www.melinaev.de
Informationen des Vereins, der sich für Inzestopfer und die Rechte ihrer daraus geborenen Inzestkinder engagiert.

Liebe & Partnerschaft

Lovetalk.de
ticket2011@lovetalk.de

www.lovetalk.de
Seinen Herzschmerz teilen, Flirttipps einholen oder Gedichte schreiben: Hier wird alles rund ums Thema Liebe besprochen.

Planet-Liebe
redaktion@planet-liebe.de

www.planet-liebe.de
Rund um die Themen Liebe, Sexualität und Verhütung. Ein Forum mit über 60.000 Mitgliedern und vielen Infos wird geboten.

theratalk
theratalk@uni-goettingen.de

www.theratalk.de
Kostenlose Partnerschaftstests mit Bestandsaufnahme der Beziehung und einer kostenpflichtigen Eheberatung.

Männer

frag-mutti.de
kontakt@frag-mutti.de

www.frag-mutti.de
Nachschlagewerk für Junggesellen: Tipps zum Waschen, Putzen und Kochen für alle, die das Hotel Mama verlassen mussten.

Ichbinpapa.de
info@ichbinpapa.de

www.ichbinpapa.de
Ichbinpapa.de ist das Netzwerk für moderne Väter. Hier kann man sich austauschen und andere Väter kennenlernen.

Maennerseiten, Die

www.maennerseiten.de
Allerlei Sinniges und Unsinniges für den emanzipierten Mann, damit aus dem täglichen Leben kein Überlebenstraining wird.

Menschenrechtsorganisationen

amnesty international Deutschland
info@amnesty.de

www.amnesty.de
Web-Seite der deutschen Sektion von amnesty international mit Informationen zu Menschenrechtsverletzungen weltweit.

Gesellschaft für bedrohte Völker
info@gfbv.de

www.gfbv.de
Die GfbV setzt sich für verfolgte und bedrohte ethnische oder religiöse Minderheiten ein. Infos zu Aktionen und Kampagnen.

medico international e. V.
info@medico.de

www.medico.de
Entwicklungshilfe in den Bereichen Gesundheit, Menschenrechte und kritische Nothilfe in über 20 Ländern.

Migration

Migazin
redaktion@migazin.de

www.migazin.de
Online-Nachrichtenmagazin mit einem Themenspektrum rund um Integration und Migration in Deutschland.

Religion/Allgemein

Forum Nahrung für Seele und Geist
tzone@gmx.at

www.geistigenahrung.org
Diskussionsforum mit den Themen Religionen, Träume und Traumdeutung sowie Gebet und Meditation.

Religion/Atheismus

Internationaler Bund der Konfessionslosen und Atheisten
info@ibka.org

www.ibka.org
Der Austritt aus der Kirche wird erklärt und Statistiken, Links sowie Literatur stehen zur Verfügung.

Religion/Buddhismus

● **buddhismus.de**
info@buddhismus.de

www.buddhismus.de
Einführung in die buddhistische Lehre mit Link-Übersicht der Meditationszentren in Deutschland. Die Seite informiert über die verschiedenen buddhistischen Glaubensrichtungen wie Mahayana, Theravada oder Vajrayana mit Querverweisen zu entsprechenden Zentren und stellt empfehlenswerte Literatur vor.
(Siehe Abbildung)

buddhismus.de   **www.buddhismus.de**

Deutsche Buddhistische Union e. V.
dbu@dharma.de

www.dharma.de
Dachverband der buddhistischen Gemeinschaften in Deutschland: Infos zu Buddhismus, Gruppen, Zentren und Veranstaltungen.

Religion/Christentum

Erf
info@erf.de

www.erf.de
Plattform für Christen mit Berichten und Nachrichten, zudem christliche Radio- und Fernsehbeiträge.

Hirtenbarometer
info@hirtenbarometer.de

www.hirtenbarometer.de
Die Arbeit des Papstes wird hier genauso von Kirchgängern bewertet wie die des Pastors aus der Kirche um die Ecke.

Jesus.de
info@jesus.de

www.jesus.de
Große christliche Online-Gemeinschaft. Foren, Chats und christliche Nachrichten. Jobbörse christlicher Organisationen.

Religion/Christentum/Bibel

Bibelonline.de
info@bibelonline.de

www.bibelonline.de
Die Deutsche Bibelgesellschaft bietet ein großes Bibelangebot: Klassisch, elektronisch und zum Hören.

Bibel-Online.de
bibel@cid.net

www.bibel-online.de
Lizenzfreie Elberfelder-, Luther- und Schlachter-Übersetzungen mit schneller Volltextsuche.

bibleserver.com
info.de@bibleserver.com

www.bibleserver.com
Mehrere Übersetzungen der Bibel können hier online verglichen werden.

Die-Bibel.de
info@die-bibel.de

www.die-bibel.de
Umfangreiches Portal rund um die Bibel zum schnellen Nachschlagen von 100 Bibelversionen in über 50 Sprachen.

Religion/Christentum/Katholizismus

Heilige Stuhl, Der

www.vatican.va
Viele Dokumente, Informationen und Schriften des Vatikans. Nicht alle auf Deutsch.

Kath.net

www.kath.net
Aktuelle Nachrichten für Katholiken. Mit einem Forum zur Diskussion von Glaubensfragen.

katholisch.de
info@katholisch.de

www.katholisch.de
Offizielles Portal, das katholische Internet-Angebote bündelt. Nachrichten, spirituelle Angebote und 500 Filme.

Katholisches Deutschland
redaktion@kath.de

www.kath.de
Die Leitseite von 50 katholischen Institutionen bietet: Bistümer, Akademien, Verlage und katholische Medien.

Religion/Christentum/Protestantismus

chrismon
redaktion@chrismon.de

www.chrismon.de
Evangelisches Magazin. Monatliche Beilage in verschiedenen Tages- und Wochenzeitungen. Mit Medientipps und Kirchenlexikon.

evangelisch.de
info@evangelisch.de

www.evangelisch.de
Das Nachrichtenportal der evangelischen Kirche mit einem evangelischen Blick auf aktuelle Themen.

Evangelische Kirche in Deutschland (EKD)
internet@ekd.de

www.ekd.de
Das Portal für evangelische Christen: News, Jobbörse, Spiele, Predigten, Hintergrundberichte und „Kirche für Einsteiger".

Religion/Islam

islam.de
service@islammail.de

www.islam.de
Rundum-Service in Sachen Islam und Muslime in Deutschland. Moscheen, Veranstaltungen, Download des Koran und Gebetszeiten.

Moscheesuche

www.moscheesuche.de
Die Suchmaschine für Moscheen in Deutschland. Mit Infos zu den Gebetszeiten und den Dachverbänden der Moscheevereine.

Religion/Judentum

haGalil.com
redaktion@hagalil.com

www.hagalil.com
Einführende und weiterführende Informationen zu Israel, dem Judentum und dem jüdischen Leben in Mitteleuropa.

Senioren

50plus-Treff
info@50plus-treff.de

www.50plus-treff.de
Deutschlands Portal für Partnersuche und Freundschaft für die Generation 50plus. Regionalgruppen, Forum und Chat.

Senioren Ratgeber

www.senioren-ratgeber.de
Infos für Senioren über aktives Alter, Gesundheitsvorsorge, häusliche Pflege und Pflegedienste.

● **senporta**
info@senporta.de

www.senporta.de
Das Portal bietet einen schnellen, übersichtlichen Zugang zu umfassenden Informationen für Menschen, die sich um alte, hilfe- oder pflegebedürftige Angehörige kümmern. Die Themen reichen von Betreuung und Pflege über altersgerechtes Wohnen, Hilfsmittel, Finanzen bis hin zu Gesundheit und Ernährung.
(Siehe Abbildung)

senporta   www.senporta.de

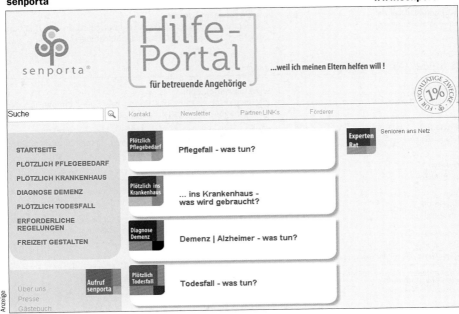

SOZIALES

Seniorenportal
info@linkart.de

www.seniorenportal.de
Die Internet-Community für Senioren zum Austausch von Erfahrungen, Meinungen und Wissen.

serviceseiten50plus
redaktion@serviceseiten50plus.de

www.serviceseiten50plus.de
Portal für die Generation 50plus mit vielen nützlichen Informationen und Freizeittipps sowie dem Forum Club50plus.

Senioren/Senioreneinrichtungen & Altenpflege

Aus kritischen Ereignissen lernen
info@kda.de

www.kritische-ereignisse.de
Online-Berichts- und Lernsystem für die Altenpflege, in dem man anonym über eigene Erfahrungen und Ereignisse berichten kann.

betreut.de

www.betreut.de
Hilfe bei der Suche nach der passenden Pflegeeinrichtung in der Rubrik Erwachsene und Senioren.

Deutscher Pflegering
info@pflegering.de

www.pflegering.de
Bundesweites Verzeichnis mit vielen Anbietern für stationäre Pflege wie Pflege- oder Altenheime.

Heimverzeichnis
info@biva.de

www.heimverzeichnis.de
Datenbank mit Betreuungsangeboten für ältere Menschen in Deutschland mit Infos zu Wohn- und Betreuungsbereichen.

pflege.de
info@pflege.de

www.pflege.de
Service-Portal zu stationärer und ambulanter Alten- und Krankenpflege und Wohnen im Alter.

seniorfirst.de
info@seniorfirst.de

www.seniorfirst.de
seniorfirst.de kann man nutzen, um Altenheime, Senioren-Residenzen, Essen auf Rädern und Krankentransporte zu finden.

seniorplace
info@seniorplace.de

www.seniorplace.de
Bundesweite Pflegewohnberatung, mit der man Alten- oder Pflegeheime sowie Pflegeeinrichtungen in seinem Umkreis findet.

Wohnen-im-Alter.de
info@wohnen-im-alter.de

www.wohnen-im-alter.de
Die Beratungsseiten über Pflege und Betreuung im Alter. Mit bundesweiter Datenbank der Altenhilfeeinrichtungen.

Singles/Communitys

KissNoFrog
support@kissnofrog.com

www.kissnofrog.com
Internet-Portal, welches das Prinzip des Speed-Datings mit den Vorteilen einer Internet-Community verknüpft.

Kizzle.net
info@kizzle.net

www.kizzle.net
Singles lernen hier nette Leute kennen, können flirten und Spaß haben – auch als App für iPhone und auf Facebook und VZ.

Meetya
info@meetya.com

www.meetya.com
Speed-Dating fürs Internet: Hier kann man nach kurzer Zeit entscheiden, ob es für mehr reicht oder ob man weiter sucht.

Single.de
info@single.de

www.single.de
Kommunikationsplattform, die Singles für Singles gestalten. Man kann Gleichgesinnte treffen und über Themen diskutieren.

Singles/Fotobewertungen

wiesiehstduaus.de
info@wiesiehstduaus.de

www.wiesiehstduaus.de
Große Vote- und Flirt-Community, viele Features, Bilder voten, Voting-Statistik zum Bild und ein Freundesnetzwerk.

Singles/Kontaktanzeigen & Partnersuche

Bildkontakte.de
support@bildkontakte.de

www.bildkontakte.de
Große Singlebörse, bei der man Singles kostenlos kontaktieren kann. Alle Profile verfügen über mindestens ein Bild.

Dating Cafe
info@datingcafe.de

www.datingcafe.de
Dating Cafe bietet sicheres Flirten mit Niveau und persönlicher Kundenbetreuung sowie Single-Reisen und Events.

Finya.de
service@finya.de

www.finya.de
Treffpunkt für alle, die auf Partnersuche sind: Man kann sein eigenes Profil erstellen sowie andere Mitglieder bewerten.

FriendScout24
info@friendscout24.de

www.friendscout24.de
Deutsche Partnerbörse mit über zehn Millionen attraktiven Singles zum Flirten und Verlieben.

ilove.de
info-de@ilove.net

www.ilove.de
Hier gilt das Motto „Dating, Flirten, Freunde finden", mit Galerie und kostenloser Anmeldung.

myFlirt
anfrage@myflirt.de

www.myflirt.de
Über 700.000 Singles aus Deutschland, Österreich und der Schweiz mit Chat, Fotoalben für die Partnersuche und Foren.

neu.de
support@neu.de

www.neu.de
Deutschlands Singlebörse – hier verliebt man sich neu.

Singles/Kontaktbörsenvergleich

Datingjungle.de
info@ynnor.de

www.datingjungle.de
Kostenlose Anbietervergleiche von Singlebörsen, Partnervermittlungen oder Blinddates.

Partnersuche-online.de
info@partnersuche-online.de

www.partnersuche-online.de
Das Portal bietet Hilfe, unter den vielen Online-Dating-Anbietern den richtigen zu finden. Ratgeber rund ums Dating.

Singlebörsen-Vergleich, Der
redaktion@singleboersen-vergleich.de

www.singleboersen-vergleich.de
Die Seite gibt einen Überblick zu den zahlreichen Singlebörsen und liefert eine ausführliche Bewertung ihrer Brauchbarkeit.

Singles/Verschiedenes

Frühstückstreff
redaktion@fruehstueckstreff.de

www.fruehstueckstreff.de
Organisation von Frühstückstreffen für alle, die mit anderen frühstücken und in netter Gesellschaft plaudern möchten.

Sozialleistungen & Arbeitslosenunterstützung

Erwerbslosenhilfe online

www.erwerbslosenhilfe.org
Das Online-Portal bietet Arbeitslosen die Möglichkeit, sich zu informieren und sich mit anderen Betroffenen auszutauschen.

Sozialhilfe-Portal
info@sozialhilfe24.de

www.sozialhilfe24.de
Informationsportal für Arbeitslose, Sozialhilfeempfänger, BAföG-Empfänger und andere sozialbedürftige Gruppen.

sozialleistungen.info
mail@sozialleistungen.info

www.sozialleistungen.info
Ratgeber zu Sozialleistungen wie Hartz IV oder BAföG: Neueste Nachrichten lesen oder Antworten im Forum finden.

Trauer, Tod & Sterben

doolia
service@doolia.de

www.doolia.de
Im Netz seine Trauer zum Ausdruck bringen: mit Anzeigen, Kondolenzbuch, Kartenversand, Ratgeber und Branchenverzeichnis.

eMORIAL
info@emorial.de

www.eMorial.de
Erinnerungsplattform, auf der das Gedenken an Verstorbene gepflegt werden kann.

Memosite
info@memosite.de

www.memosite.de
Das große weltliche Trauerportal richtet sich in erster Linie an nichtreligiöse, konfessionsfreie Menschen.

semno
info@semno.de

www.semno.de
Unterstützung beim Regeln des digitalen Nachlasses. Untersuchung des Computers und der Internetnutzung der verstorbenen Person.

strassederbesten.de
info@strassederbesten.de

www.strassederbesten.de
Auf dem Online-Friedhof kann man Verstorbenen ein Denkmal setzen oder anderen sein Beileid aussprechen.

Todesstrafe.de
info@todesstrafe.de

www.todesstrafe.de
Informationsmagazin zum Thema Todesstrafe. Länderreportagen, aktuelle Fälle und ein Diskussionsforum.

trauer.de
info@trauer.de

www.trauer.de
Plattform für Trauernde: Man kann hier für Verstorbene einen Kondolenzbereich eröffnen und eine Traueranzeige aufgeben.

verwitwet.de
service@verwitwet.de

www.verwitwet.de
Online-Treffpunkt für verwitwete Mütter und Väter. Neben Foren und Chat, Hintergrundinfos und Erfahrungsberichte.

Trauer, Tod & Sterben/Bestattungen

Bestatter-Preisvergleich.de
info@bestatter-preisvergleich.de

www.bestatter-preisvergleich.de
Unterschiedliche Angebote verschiedener Bestatter können per E-Mail oder Telefon angefordert werden.

Bestattungen.de
info@bestattungen.de

www.bestattungen.de
Bestattervergleich, der einem unverbindliche Angebote verschiedener Beerdigungsunternehmer unterbreitet.

FriedWald
info@friedwald.de

www.friedwald.de
Ein Friedhof im Wald: Im FriedWald wird die Asche Verstorbener in abbaubaren Urnen an den Wurzeln von Bäumen beigesetzt.

Lugeo.de
info@lugeo.de

www.lugeo.de
Informationsplattform zu den Themen: Bestattung, Sterben, Trauer, Tod, Erben und Testament.

SPORT

Seite empfehlen | als Favorit | Premium-Club | Abo | ePaper | Mobil | Newsletter | RSS

Mittwoch, 27. Juni 2012

👤 **Mein Motorsport-Magazin.com**
Registrieren | Login

🔲 Motorsport gratis auch am Handy! › alle Infos

🔍 Suchbegriff(e)   Suchen

🏠 | **Formel 1** | **Motorrad** | **DTM** | **Rallye** | **Mehr Motorsport** | **Auto** | **Games** | **Videos** | **Community** | **Magazin** | **TV-Programm**

Top-Themen: Rennkalender 2012   Fahrer & Teams   Ergebnisse   Bildergalerien   Mobile-Apps   F1-Tippspiel   weitere Themen

Formel 1 | Rallye | Mehr Motorsport | Motorrad | DTM

Alguersuari: RBR ist WM-Favorit

Jaime Alguersuari ist überzeugt, dass Red Bull den Rückstand zu Fernando Alonso aufholen kann.
▶ Mehr

AKTUELLES | Update: 10:28 Uhr | RSS-Feed 📶

Rennserie auswählen | Alle Rennserien

Auto - Toyota beim Goodwood Festival of Speed

Auto - 📷 Bilderserie: Toyota GRMN Sports FR Concept

Formel 1 - Alguersuari: RBR ist WM-Favorit

Games - Video - F1 Online

Formel 1 - 58 Überholmanöver in Valencia

Superbike - Melandri & Haslam: Einsatz 4 Rädern

Formel 1 - Mercedes duldet keine korrupten Praktiken

ADAC Rallye Masters - Niedersachsen Rallye kann beginnen

DTM - Video - Die Vorschau zum Norisring

Formel 1 - Piquet jr.: Zur falschen Zeit am falschen Ort

Formel 1 - Gillan: Fokus auf Silverstone

IM FOKUS

Europa GP 2012

▶ Alonso nach Valencia-Triumph ergriffen
▶ Schumacher behält Platz 3 in Valencia
▶ Hamilton vs. Maldonado
▶ Maldonado verliert Punkt am grünen Tisch
▶ Strafen für Kobayashi & Vergne
▶ Alonso gewinnt den GP von Europa

VIDEO

DTM
Die Vorschau zum Norisring

Dauer: 3:00 Min   ▶ weitere Videos

Finde uns auf Facebook

🔲 Motorsport-Magazin.com
f Soziales Plug-in von Facebook

FORMEL 1   Ergebnisse   Bilder   WM-Stand   Live-Ticker   zum Channel

Formel 1	Formel 1	Formel 1	Formel 1
Alguersuari: RBR ist WM-Favorit	**58 Überholmanöver in Valencia**	**Mercedes duldet keine korrupten Praktiken**	**Piquet jr.: Zur falschen Zeit am falschen Ort**
Jaime Alguersuari ist überzeugt, dass Red Bull den Rückstand zu Fernando	Der Grand Prix von Europa sah insgesamt 58 Überholmanöver. Damit	Mercedes und weitere Unternehmen verfolgen den Prozess gegen Gerhard	Nelson Piquet junior verließ die Formel 1 vor drei Jahren mit einem negativen

Anzeige

Eurosport

www.eurosport.de

Sie denken „Sport ist Mord"? Dann lernen Sie jetzt die unterhaltsame Seite der Leibesertüchtigung kennen und werfen Sie einen Blick auf Eurosport! Ob Boxenluder, Tennis-Beautys, Fußball-Profis oder Formel-1-Rennen, diese Seite hat sich ganz dem Sport verschrieben und bringt selbst Sportmuffel auf Trab. News, Interviews und die aktuellsten Spielergebnisse lassen jedes Herz höher schlagen. Zudem besteht die Möglichkeit, Fan-Artikel zu ersteigern, Videos anzuschauen oder Beiträge zu bloggen. So ist man vom ersten Augenblick an hautnah dabei, wenn zur nächsten WM angepfiffen wird, Klitschko in den Ring steigt oder Federer wieder aufschlägt.

sport.de

www.sport.de

Neben den Dauerbrennern Fußball und Formel 1 gibt es hier auch zu Radsport, Boxen, Fun-Sport, Basketball und Wintersport die aktuellsten Nachrichten und Wettkampfergebnisse. Wer also wissen will, wer der momentane Anwärter auf den DFB-Pokal ist, wer mit seinen Inline-Skates einen Weltrekord aufgestellt hat oder wer beim Skispringen triumphiert, wird hier umfassend informiert. Ein Terminkalender weist auf kommende Sportevents hin und wer meint, alle Ergebnisse schon zu kennen, der schließt online eine Sportwette ab oder schaut im Archiv nach, ob er sich auf sein Gedächtnis verlassen kann.

SPORT1.de

www.sport1.de

Die ganze Welt des Sports auf einer Web-Seite! Auf dem Portal von Sport1.de kommt jeder Fan auf seine Kosten: Egal, ob Sie sich für Fußball, Handball, Tennis, Formel 1, Eishockey oder American Sports interessieren. Schauen Sie im Sportkalender nach den aktuellen Events des Tages, informieren Sie sich im umfangreichen Statistik-Center über Trends, Ergebnisse und Tore oder fiebern Sie bei laufenden Ereignissen im Live-Ticker mit. Die besten Highlights kann man in einer der zahlreichen Dia-Shows noch einmal genießen. Zweimal täglich werden außerdem die aktuellsten News in einer Video-Sendung präsentiert. So bleiben Sie immer am Ball!

Bundesliga

www.bundesliga.de

Die erste Anlaufstelle für wahre Fußballfans – wer spielt diese Saison in der ersten Liga, wo bekomme ich Tickets für das Auftaktspiel her und wo finde ich schnell die aktuelle Tabelle? Die Bundesliga bündelt alle Informationen und Termine auf ihrer offiziellen Web-Seite. Im Bundesliga-TV gibt es jede Menge Videos über packende Duelle, die Spielplan-Pressekonferenz oder den Spielball für die neue Saison. Außerdem kann man die Statistiken verschiedener Vereine miteinander vergleichen, im Stadion-Guide stöbern und nachsehen, wer in der Torschützenliste auf Platz eins steht. In der Sommerpause kann man sich so die Zeit vertreiben, bis der Ball wieder rollt!

www.transfermarkt.de

Transfermarkt

Auf diesem Fußballportal wird über die Fußball Bundesliga und diverse Transfergerüchte diskutiert. Neben der Übersicht über Transfererlöse und -gewinne können Sie hier einsehen, welchen Marktwert einzelne Spieler aktuell haben und wer der erfolgreichste Torschütze der laufenden Saison ist. In der Gerüchteküche können Sie selbst mitreden – hier stehen Vermutungen über Zugänge und Abgänge aller Vereine der Bundesliga zur Diskussion. Im Trainerkarussell erfahren Sie außerdem, welcher Verein an welchem Trainer interessiert ist, wer im Begriff ist, seine Mannschaft zu verlassen und zur Konkurrenz zu wechseln.

www.runnersworld.de

runnersworld.de

Laufen macht gesund, klug und schlank! Das sollte Ansporn genug sein, aber wie startet man richtig durch? Hier werden Interessierte, Laien und Profis umfassend über das Thema Laufen informiert. Auf der Seite gibt es eine Liste mit allen Laufevents, Informatives zum Sport des Marathons, News aus der Läuferszene sowie Tipps zum richtigen Training – von Kraft über Ausdauer bis hin zur Wettkampfvorbereitung. Für alle Einsteiger werden wertvolle Hilfen zum richtigen Trainingsaufbau, verschiedenen Lauftechniken und zur Gewichtsreduzierung mittels Lauftraining gegeben. Man findet auch Laufpartner, denn gemeinsam läuft es sich doch am schönsten.

www.formel1.de

Formel1.de

Fans der Formel 1 – schnallen Sie sich an: von McLaren über Ferrari und Williams bis hin zu Toro Rosso finden Sie hier Informationen über alle Teams, Rennergebnisse, einen Eventkalender, den aktuellen WM-Stand und einen Live-Ticker. Dazu gibt es Steckbriefe der einzelnen Fahrer, Strecken-Details, Statistiken und Videos, aktuelle Rennberichte und einen Ticket-Shop. Im Forum können Sie zusätzlich über den nächsten Grand Prix, oder die neusten Modelle diskutieren. Wer sich erst einmal über das Reglement, die Startprozedur oder die Bedeutung der einzelnen Flaggen informieren möchte, findet hier auch passende Auskunft.

www.sportbild.de

sportbild.de

Fußball-Weltmeisterschaft, Bundesliga, Formel 1, Tennis oder Boxen – Sportbegeisterte finden im Online-Magazin von Sport Bild aktuelle Meldungen im News-Ticker, Ergebnisse und Tabellen, einen Renn-Kalender der Formel 1 und des Motorsports oder Tipp-Spiele. Dazu gibt es unterhaltsame Fotogalerien über die lustigsten Jubel-Posen der Gewinner, die Tattoos der Fußball-Stars, die besten Cheerleader-Performances oder die deutschen Trikots von 1954 bis heute. Außerdem finden Sie zahlreiche spannende Videos, Meinungsberichte und Kommentare von Sportjournalisten und ein großes Forum in dem jeder über die Sportereignisse mitdiskutieren kann.

SPORT

Allgemein

citysports
info@citysports.de

www.citysports.de
Für viele Städte deutschlandweit findet die Seite, nach Sportarten sortiert, Vereine, Fitnessstudios und Sportanlagen.

Eurosport
info@eurosport.com

www.eurosport.de
Großes Sportportal für nahezu alle Sportarten. Aktuelle Events und ein TV-Sport-Guide sowie spannende Games.

netzathleten.de
info@netzathleten.de

www.netzathleten.de
Das Sportnetzwerk für alle Freizeit- und Leistungssportler aller Sportarten.

sport.de
info@sport.de

www.sport.de
Aktuelle Sportnachrichten mit Hintergrundinformationen, Analysen und Live-Ticker zu den wichtigsten Sportevents.

SPORT1.de
info@sport1.de

www.sport1.de
SPORT1.de bietet seinen Usern täglich topaktuelle, hintergründig recherchierte und multimedial aufbereitete Sportinhalte.

sportal.de
info@sportal.de

www.sportal.de
Alle Sportevents im Live-Ticker mit ausführlichem Kommentar. Dazu alle aktuellen News und viele Hintergrundberichte.

Sport-Bild online

www.sportbild.de
Aktuelle Fußball-News mit einer großen Fußballdatenbank und Infos zu Handball, Radsport, Eishockey und der Formel 1.

Sportforen.de
webmaster@sportforen.de

www.sportforen.de
Diskussionsforum für die Sportarten Fußball, Basketball, Eishockey, Boxen, Tennis, Radsport und Motorsport.

spox.com
info@spox.com

www.spox.com
Aktuelles zu Formel 1, Fuß- und Handball, Golf, US-Sport, Eishockey und Boxen.

trainingslagercheck.de
info@trainingslagercheck.de

www.trainingslagercheck.de
Portal mit Suchfunktion für Trainingslager, Sportcamps und Mannschaftsfahrten in diversen Sportarten.

wannasport.de
info@wannasport.de

www.wannasport.de
Sport-Events wie Turniere und Wettkämpfe oder Sportcamps, Kurse und Lehrgänge deutschlandweit finden und inserieren.

American Football

AFVD
office@afvd.de

www.afvd.de
Informationen über American Football in Deutschland: Spielpläne der verschiedenen Ligen mit Ergebnislisten und Meldungen.

American Football in Deutschland
amfid@aol.com

www.amfid.de
Das deutschsprachige American Football-Forum mit aktuellen Meldungen, Ligen-Übersicht und Tippspiel.

Football aktuell

www.football-aktuell.de
Portal in deutscher Sprache über American Football. News und Hintergründe aus den amerikanischen und europäischen Ligen.

Ladiesfootball

www.ladiesfootball.de
Infos zum Damen-Football, mit Infos zur Geschichte, den Teams, dem Verband und News.

Win Football
postmaster@win-football.de

www.win-football.de
Online-Football-Magazin mit Nachrichten, Ergebnissen und viel Wissenswertem rund um die NFL, Podcast und Videocast.

Angeln

Angelmagazin.com
info@angelmagazin.com

www.angelmagazin.com
Eine kostenlose Anglerzeitung, die jeden Monat neue Angelberichte veröffentlicht. Immer aktuell.

Angelplatz.de
info@angelplatz.de

www.angelplatz.de
Angelruten, -rollen und -schnüre, Posen, Bleie, Sbirolinos und Knicklichter, Haken, Vorfächer, Kunstköder und Zubehör.

Anglernetz.de
redaktion@anglernetz.de

www.anglernetz.de
Viele Infos für Angler und Porträts deutscher Süßwasserfische, mit Forum.

Fisch-Hitparade
webmaster@fisch-hitparade.de

www.fisch-hitparade.de
Eines der größten Gewässerverzeichnisse und eine der umfangreichsten Fangdatenbanken Europas. Kartenausgabestellen, Rekordfische.

xxl-angeln.de
redaktion@xxl-outdoors.de

www.xxl-angeln.de
Über 450 verschiedene Angelfilme, Angelforum, Infos zu Angelprodukten und eine kleine Fischkunde.

Badminton

badminton.de
martin.knupp@t-online.de

www.badminton.de
Offizielle Seite des Deutschen Badminton-Verbandes. Infos aus dem Badminton-Geschehen, Fotos, Turnierdokumentation.

Badmintonhandel.de
info@badmintonhandel.de

www.badmintonhandel.de
Handel von Badmintonartikeln und Zubehör wie Schläger, Federbälle, Netze, Bekleidung und Schuhe.

Badzine
redaktion.badzine@badmintondeutschland.de

www.badzine.de
Nachrichten aus der Welt des Badmintonsports. Mit Ergebnissen, Interviews und Kolumnen.

Speedminton
info@speedminton.com

www.speedminton.de
Speedminton, die neue Dimension im Racket-Sport. Mit Spielregeln, Equipment-Erläuterungen, Spieltipps, Events und Terminen.

Baseball & Softball

**Deutscher Baseball &
Softball Verband e. V.**

www.baseball-softball.de
Infos zum Verband, zu Ligen und Landesverbänden mit Regelkunde, Schiedsrichterecke, Forum, Adressenverzeichnis und Shop.

Basketball

Basket.de
info@delius-klasing.de

www.basket.de
Homepage der Zeitschrift „Basket" mit allen wichtigen Hintergrundinfos zum Thema Basketball.

Basketball Bundesliga
kontakt@beko-bbl.de

www.beko-bbl.de
Informationen zu Teams und Spielern, Ergebnistabellen, Spielberichte sowie TV-Tipps.

COURT-VISION
redaktion@court-vision.de

www.court-vision.de
Aktuelle Berichterstattung rund um den fränkischen Profi-Basketball, Basketball Bundesliga und Deutschen Basketball Bund.

Schoenen-Dunk
verein@schoenen-dunk.de

www.schoenen-dunk.de
Basketball-Community mit Infos und News zu deutschen Ligen, der NBA und Europa, Tippspiel, Statistiken und TV-Terminen.

SPORT

Behindertensport

Faszination Handbike
info@handbike.de

www.handbike.de
Ergebnisse, Berichte, Termine und News zum Ausdauersport Handbike, dem Rad für Behinderte. Mit Händlerliste, Basar und Forum.

Bergsteigen & Klettern

Alpin.de
info@alpin.de

www.alpin.de
Aktuelles rund um die Berge, Infos zu Alpenwetter, Tourentipps, Produkttests, Online-Kurse sowie Fotogalerien.

Bergleben
info@bergleben.de

www.bergleben.de
Infos zu Bergregionen in Deutschland, Österreich, Schweiz und Italien. Events und Termine zum Biken, Klettern, Wandern.

Bergsteiger.de
webmaster@bergsteiger.de

www.bergsteiger.de
Der Klick in die Berge: Wetter, Touren, kostenlose Kleinanzeigen, TV-Tipps und viele weitere Infos zum Bergsteigen.

Climbing.de
webmaster@climbing.de

www.climbing.de
Die Seiten für Sportkletterer mit Informationen zu Wettkämpfen, Kletterhallen, Ausrüstung und Klettergebieten.

Deutscher Alpenverein
info@alpenverein.de

www.alpenverein.de
Infos zum Bergsteigen, Wandern und Klettern mit Verzeichnissen von Hütten, Kletteranlagen, Versicherungen und Verbänden.

Hoehenrausch.de
info@hoehenrausch.de

www.hoehenrausch.de
Infos über Berge, Touren und Bergsteigen in den Alpen.

Klettern Magazin
redaktion@klettern-magazin.de

www.klettern.de
Das Portal für Kletterfreunde. Infos zu Klettergebieten in ganz Europa mit Testberichten zu Ausrüstung und Zubehör.

Biathlon

biathlon2b.com
info@biathlon2b.com

www.biathlon2b.com
Aktuelle Ergebnisse, Termine und Interviews.

Biathlon-Online.de
info@biathlon-online.de

www.biathlon-online.de
News, Termine, Ergebnisse, Fotogalerie, Fan-Ecke, Bücher und Spiele zum Thema Biathlon.

biathlonworld
peer.lange@ibu.at

www.biathlonworld.com
Informationen über die Geschichte des Biathlons und aktuelle Infos zum Biathlon. Mit Live-Kommentar zu aktuellen Läufen.

Billard

BillardArea
shop@billardarea.de

www.billardarea.de
Billardtische, Billardzubehör, Queues, Lampen sowie Taschen und Köcher.

Bob- & Schlittenfahren

Bob- und Schlittenverband für Deutschland
info@bsd-portal.de

www.bsd-portal.de
Neuigkeiten zum Thema Bob, Rennrodeln, Naturbahn und Wettkämpfen bis zu Olympia, außerdem zu Athleten und Bahnen.

Body-Building

Bodybuilding Szene
vau@bbszene.de

www.bbszene.de
Infos zu den Themen Ernährung, Supplements, Training, Anabolika, Injektionen, Fotogalerie und Lebensmitteldatenbank.

eXtrem Bodybuilding
info@extrem-bodybuilding.de

www.extrem-bodybuilding.de
Body-Building- und Fitnessseite mit großem Forum. Infos über Training, Ernährung und Medizin. Shop für Body-Builder.

Ironsport.de
iron@ironsport.de

www.ironsport.de
Die informationsreiche Fundgrube sowie ein Forum zu allen Bereichen des Body-Building, Kraftsport, Fitness und Ernährung.

muskelfreaks.de

www.muskelfreaks.de
Großes Body-Building-Forum mit über 7.000 Mitgliedern.

Bogenschießen

bogensportinfo.de

www.bogensportinfo.de
Infos und Links zum Thema Bogensport. Vorstellung von Lehrgängen und Turnieren sowie Trainingsprotokolle zum Download.

Boule

Planetboule

www.planetboule.de
Hier gibt es Infos zum Sport, zu Turnieren und Veranstaltungen, ein Forum und einen Newsbereich.

Bumerang

Deutscher Bumerang Club e. V.
mail@bumerangclub.de

www.bumerangclub.de
Der Club informiert über Sport, Turniertermine und Treffpunkte, Geschichte, Technik, Hintergründe und stellt Baupläne bereit.

Darts

dartn.de
mail@dartn.de

www.dartn.de
Informationen zu Spielvarianten, Rekorden, Turnieren, zur Wurftechnik und zur Geschichte sowie zu Spielorten.

Dartworld - Der Dartshop
service@dartworld.de

www.dartworld.de
Dart-Shop mit großer Auswahl an Darts, Dartboards und Dartzubehör.

Das Dart-Portal
info@darts1.de

www.darts1.de
Infos rund um den Dartsport. In erster Linie geht es um den Trainingsbereich.

Eiskunstlauf & Eisschnelllauf

Deutsche Eisschnelllauf Gemeinschaft e. V.
info@desg.de

www.desg.de
Aktuelle Ergebnisse, Nachrichten, Termine, Statistiken und Auszüge aus der Verbandszeitschrift „Kufenflitzer".

Fechten

Deutscher Fechter-Bund
info@fechten.org

www.fechten.org
Informationen zu Terminen, Ergebnissen, Organisationen und Jugendarbeit, außerdem Kampfrichter- und Ausbildungsservice.

Fitness

bellicon
info@bellicon.de
☎(02203) 20 22 20

www.bellicon.com
Mit dem gummiseilgefederten, hochelastischen bellicon-Trampolin kommt Bewegung und Freude ins Leben. Neben der Rücken- und Nackenmuskulatur werden auch Gelenke, Herz und Immunsystem schonend und effektiv trainiert. Das baut Körper und Seele auf, beugt Schmerzen vor, hält fit und hilft beim Abnehmen.
(Siehe Abbildung)

Fitness Shop Fitnessgeräte
mail@fitness.de

www.fitness.de
fitness.de – das interaktive Shopping-Portal zum Thema Fitness. Der Shop bietet Trainingsgeräte von Markenartikeln für Ausdauer- und Kraftsport sowie Fitness. Wellness, Nahrungsergänzung sowie Bekleidung runden das Angebot ab. Mit Fitness Trainingsberatung.

Fitness-foren.de
info@fitness-foren.de

www.fitness-foren.de
Alles rund um die Themen Fitness und Body-Building – Trainingspläne, Ernährungsinfos, Nährwertdatenbank, große Community.

Fitnesswelt.de
info@fitnesswelt.de

www.fitnesswelt.de
Portal für Fitness mit bundesweitem Verzeichnis von Fitnessstudios und aktuellen Berichten über Fitness-Trends.

Indoorcycling-Shop

☎(0911) 5 444 5 24

www.indoorcycling-shop.com
Indoor-Fahrräder vom Marktführer für ein effektives Fitnesstraining zuhause gibt es hier: Indoor-Bikes mit diversen Trainingseinheiten, qualitative Funktionsware wie Radtrikots, Radwesten, -jacken und -hosen, Trainingscomputer und verschiedene Motivations-CDs und DVDs für ein abwechslungsreiches Workout.
(Siehe Abbildung)

Professionell Fitness
info@professionell-fitness.de

www.professionell-fitness.de
Ausdauer- und Kraftgeräte sowie Fitnessgeräte zum Muskelaufbau und Abnehmen.

bellicon   **www.bellicon.com**

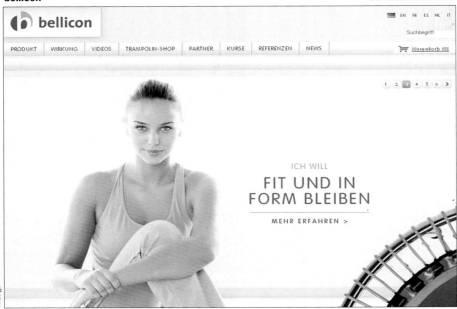

ScSPORTS.de

www.scsports.de
Der Fachhandel für Gymnastik, Kraftsport, Fitness und Reha bietet eine große Auswahl an Sportgeräten und -utensilien.

Fußball/Allgemein

11Freunde.de
info@11freunde.de

www.11freunde.de
Online-Pendant des Magazins für Fußballkultur. Aktuelle Fußballmeldungen, Heftartikel, dazu Fankurve mit großem Forum.

90elf
kontakt@90elf.de

www.90elf.de
Alle Spiele der Fußball-Bundesliga kostenlos per Internet-Radio anhören sowie die neuesten News rund um den Ball.

Bundesliga

www.bundesliga.de
Spiele der Bundesliga im Live-Ticker und im Liga-Radio. Statistiken, Interviews, Porträts und Hintergrundberichte.

Deutscher Fußball-Bund
info@dfb.de

www.dfb.de
Übersicht aller deutschen Teams, Ligen und Turniere mit Ticketdienst, aktuellen Meldungen und DFB-TV.

ergebnisse.com

www.ergebnisse.com
Internationale Fußball-Live-Ergebnisse, Quotenvergleiche und Fußballstatistiken.

Fussball 24.de
info@fussball24.de

www.fussball24.de
Aktuelle Ergebnisse und Neuigkeiten aus der Welt des Fußballs. Mit Spielberichten der Ersten und Zweiten Bundesliga.

Fussball.de
presse@sport1.de

www.fussball.de
Das Fußballportal im Internet: Aktuelle News, umfassende Informationen, mit großem Fußball-Ergebnisdienst.

Fussballdaten
kontakt@fussballdaten.de

www.fussballdaten.de
Fußballdaten zu allen europäischen Fußballligen, Länderspielen, Europapokal und Frauen-Fußball. Mit Kalender und Galerie.

Fussballoutlet24
info@fussballoutlet24.de

www.fussballoutlet24.de
Eine große Produktauswahl zum Thema Indoor- und Outdoor-Fußball.

kicker online
info@kicker.de

www.kicker.de
Berichte aus allen deutschen und internationalen Fußball-Ligen und -Pokalen. Zahlreiche Sportarten, Services und Spiele.

ran
kontakt@prosiebensat1.com

www.ran.de
Die wichtigsten Infos über die europäischen Fußball-Wettbewerbe, die Bundesliga und die Nationalmannschaft.

Stadionwelt
info@stadionwelt.de

www.stadionwelt.de
Bei Stadionwelt finden Sportfans eine riesige Auflistung aller Stadien und Sportarenen weltweit.

Transfermarkt
info@transfermarkt.de

www.transfermarkt.de
Alles über den Transfermarkt der deutschen Bundesliga mit Spieler-, Trainer- und Vereinsdatenbank, Umfragen und Foren.

Weltfussball.de
redaktion@weltfussball.de

www.weltfussball.de
Umfangreiche Übersicht über Vereine, Spieler, Verbände, Ergebnisse, Ranglisten und anstehende Meisterschaften.

Fußball/Amateurfußball

amateurfussball-forum.de

www.amateurfussball-forum.de
Forum rund um den Amateurfußball: Die 3. Liga, die Regionalligen sowie die Oberligen, Landesligen und Verbandsligen.

amator-des-monats.de
team@amator-des-monats.de

www.amator-des-monats.de
Die schönsten und kuriosesten Tore der Amateure. Mit einer Vereinsdatenbank und der Wahl zum Fußballtor des Monats.

Hartplatzhelden.de
oliver.fritsch@hartplatzhelden.de

www.hartplatzhelden.de
Community für Amateurfußballer und deren Fans mit unzähligen lustigen Videoclips.

Fußball/Frauenfußball

ff-forum.net
info@ff-forum.net

www.ff-forum.net
Frauenfußball-Forum zu deutschen und internationalen Wettbewerben. Infos zu Bundes- und Regionalliga sowie Mädchenfußball.

Frauenfußball News
redaktion@ffnews.de

www.ffnews.de
Neuigkeiten aus Erster und Zweiter Bundesliga, über den DFB-Pokal und internationalen Frauenfußball.

Fußball/Fußball-Diskussionsforen

Bundesligaforen.de
administration@foro.de

www.bundesligaforen.de
Fußballforen zu Bundesliga, Zweiter Liga und Amateurfußball. Beiträge auch zu Sportarten wie Motorrad- und Ballsport.

Fanlager.de
webmaster@fanlager.de

www.fanlager.de
Fußball- und Sport-Diskussionsforum zum internationalen Fußball, zur Bundesliga, Amateuren und einzelnen Vereinen.

Fussball Forum
kontakt@fussball-forum.de

www.fussball-forum.de
Hier können sich alle Fußballfans beteiligen: Forum mit vielen Kategorien für den nationalen und internationalen Fußball.

Fußball-Foren
info@fussball-foren.net

www.fussball-foren.net
Fussball-Community mit Foren zu Bundesliga, Champions League, nationalen Vereinen und internationalen Ligen.

Fußballstammtisch.de

www.fussballstammtisch.de
Stammtisch zum deutschen und internationalen Fußball. Zudem Team-Profile und Tabellen sowie Beiträge zu anderen Sportarten.

Wahre Tabelle.de

www.wahretabelle.de
An jedem Spieltag werden die Fehlentscheidungen der Bundesliga analysiert. Diese fließen in eine „wahre Tabelle" ein.

Gewichtheben

**Bundesverband
Deutscher Gewichtheber e.V.**
geschaeftsstelle@bvdg-online.de

www.bvdg-online.de
Bilder zu den verschiedenen Techniken des Gewichthebens, Bundesliga-Ergebnisse, Infos zum Regelwerk, Spielerporträts.

Golf

GOLF TIME
info@golftime.de

www.golftime.de
Aktuelle News, umfangreiche Serviceangebote und interessante Informationen rund um den Golfsport.

Golf.de
info@golf.de

www.golf.de
Ranglisten, Turniertermine, Statistiken, Regularien und Clubs des Deutschen Golf Verbands. Sonderinfos für Einsteiger.

Golfmagazin.de
redaktion@golfmagazin.de

www.golfmagazin.de
Alles zum Thema Golf. Viele Infos beispielsweise zur Weltrangliste, Expertenrat, Golfreisen und vielem mehr.

Golfparadise
info@golfpress.com

www.golfparadise.com
Informationen zu Tunieren, Spieler, Golfreisen, Training, Equipment und Golfplätze mit Forum.

golfplus.de
info@golfplus.de

www.golfplus.de
News rund um Golf, Tourergebnisse, Club-Vorstellungen, Golfreiseziele, Regeln, Golfschule, Anfängertipps, Produktinfos.

Golfpunk
redaktion@golfpunkonline.de

www.golfpunkonline.de
Web-Seite der Golf-Zeitschrift „Golfpunk" mit News und Infos.

golf-vergleich.de

www.golf-vergleich.de
Unabhängiger Test und Vergleich von Golfmitgliedschaft, Golfplätzen, Greenfee-Karten, Golfreisen und Tipps zum Golfen.

Gymnastik & Turnen

Deutscher Turner-Bund
hotline@dtb-online.de

www.dtb-online.de
Vorstellung der verschiedenen Sportarten im Turnbereich, Eventübersicht mit Berichten, News, Shop und Gesundheitsecke.

GYMmedia INTERNATIONAL
office@gymmedia.de

www.gymmedia.de
Tagesaktueller europäischer Online-Service für alle Turn-/Gymnastik-Disziplinen: Resultate, Ranglisten, Wettkampfkalender.

Handball

Deutscher Handballbund
kontakt@dhb.de

www.dhb.de
Infos über National- und Bundesliga-Teams, Ausbildung und Regeln, mit Fotogalerie, Jugend- und Schiedsrichterecke.

Handball Bundesliga, Die
info@toyota-handball-bundesliga.de

www.handball-bundesliga.de
Alles rund um Handball: Historie, Statistiken, Spielpläne und -berichte, Hintergrundwissen zu Meisterschaften und TV-Tipps.

Handballwoche

www.handballwoche.de
Infos zu den Bundesligen der Herren und der Damen. News und Informationen zur Champions League.

Sport

Hockey/Eishockey

Eishockey Info
info@eishockey.info

www.eishockey.info
Alle Spiele, Ergebnisse und Tabellen der Bundes- und Oberligen. Mit Ergebnisdienst und Regelbuch zum Download.

Eishockey-Portal, Das
webmaster@eishockey.net

www.eishockey.net
News und Informationen aus dem Bereich des deutschen Eishockeys. Aktuelle und unabhängige Berichte.

Hockey/Feldhockey

Hockey.de
info@deutscher-hockey-bund.de

www.hockey.de
Aktuelle Berichterstattungen rund um den Hockeysport. Mit DHB-TV, Ergebnisdienst, Spielordnungen und Clubadressen.

Jagen

Jagderleben.de
jagderleben.de@dlv.de

www.jagderleben.de
Viele bebilderte Artikel zum Thema Jagd aus ganz Deutschland. Mit Jagd-Videos, Praxis- und Veranstaltungstipps.

SuperJagd
redaktion@superjagd.com

www.superjagd.de
Online-Portal rund ums Thema Jagd. Mit Community, Forum, interessanten Artikeln, Tipps, Fotoalben und einem Online-Shop.

Kampfsport

dasjudoforum.de
webmaster@dasjudoforum.de

www.dasjudoforum.de
Umfangreiche Infos und Diskussionen zum Thema Judo: Geschichte, Techniken, Training, Wettkampfregeln, SV und Vereine.

Deutscher Judo-Bund e. V.
djb@judobund.de

www.judobund.de
Vorstand, Satzung, Aus- und Fortbildungsmöglichkeiten, Jugendarbeit und Veranstaltungen des Deutschen Judo-Bundes.

Karate News
info@arsito.de

www.karate-news.de
Internationale Karate-Community – Karate-Freunde treffen: Forum, Chat, News und Karatewissen.

Kampfsport/Online-Shops

Budoten Kampfsport-Versand
info@budoten.com
☎(03533) 519 510

www.budoten.com
Alles für den Kampfsport: Bekleidung, Bücher, Videos, Trainingsgeräte und mehr. Samurai-Katana, Tai-Chi-Schwerter, Waffen, individuelle Bestickungen mit Motiven oder Text (auch asiatische Zeichen). Großes Sortiment an europäischen Waffen und Rüstungen. Messer für Küche, Haushalt, Outdoor und Jagd.
(Siehe Abbildung)

Kanu

Kanumagazin
info@atlas-verlag.de

www.kanumagazin.de
Das Infoportal für Paddler mit vielen Tipps zur Ausrüstung und den schönsten Touren und Revieren in ganz Europa.

Soulboater.com

www.soulboater.com
Szenemagazin für Kayaking mit vielen Infos, Boots- und Flussdatenbank, Berichten, Bildergalerie sowie einem Pegeldienst.

Laufen & Joggen

Jogging Point
info@tennis-point.de

www.jogging-point.de
Laufschuhe für verschiedene Ansprüche und sogar für Kinder, Laufbekleidung und Zubehör.

jogmap
jogmaster@jogmap.de

www.jogmap.de
Lauf-Community mit der Möglichkeit, eigene Lauf-Blogs zu erstellen, Strecken anzulegen und Laufgruppen zu organisieren.

lauf-bar
info@lauf-bar.de

www.lauf-bar.de
Laufschuhe, Lauf- und Funktionsbekleidung und Zubehör wie etwa Pulsmesser und Laufrucksäcke.

Laufen in Deutschland
helge2005@lauftreff.de

www.lauftreff.de
Termine und Berichte mit Laufkalender und Volkslauf-Suche, Produktvorstellungen, Kontaktforen sowie Gesundheitstipps.

LAUFEN.DE

www.laufen.de
Läufer-Community: Lauffreunde finden, Experten-Beratung, Termine, Ergebnisse, Videos, Trainingsplanung/-dokumentation.

Lauftipps
info@lauftipps.de

www.lauftipps.de
Tipps zu Ernährung und Training, Trainingspläne, Laufnachrichten, -lexikon, -berichte und Lauf-Community mit Foren.

Marathon.de

www.marathon.de
Informationen für Marathonläufer. Liste aller bundesweiten Marathonläufe, Meldetermine, Ergebnisse, Reportagen und News.

runmap.net

www.runmap.net
Tipps für über 30.000 Laufrouten. GPS-Export möglich.

runnersworld.de
leserservice@runnersworld.de

www.runnersworld.de
Bietet als großes deutschsprachiges Laufportal Trainings- und Ernährungstipps, Laufstrecken und Berichte von Laufevents.

Leichtathletik

leichtathletik.de
info@leichtathletik.de

www.leichtathletik.de
Terminkalender der Meisterschaften, Ergebnislisten, Athletendatenbank, außerdem Fitness- und Trainingstipps.

Motorsport

autobild-motorsport.de
redaktion@autobildmotorsport.de

www.autobild-motorsport.de
Informationen, Berichte und aktuelle Ergebnisse zur Formel 1, zur DTM, zur Ralley-WM und zur MotoGP-Serie.

Motorsport2000.de
mail@ks-design.de

www.motorsport2000.de
Motorsport-News von den Formelserien über Tourenwagen, Rallye, Motorradsport bis hin zu US-Rennserien.

● **Motorsport-Magazin.com**
info@motorsport-magazin.com

www.motorsport-magazin.com
Motorsport-Magazin.com präsentiert aktuelle News, Ergebnisse, Bilder und Videos aus der Welt des Motorsports. Dabei wird umfassend über die Formel 1, MotoGP, DTM, WRC sowie alle wichtigen internationalen Rennserien berichtet. In der Fan-Community treffen sich tausende von Motorsport-Fans aus der ganzen Welt. **(Siehe Abbildung)**

Motorsport-Total.com
info@motorsport-total.com

www.motorsport-total.com
Infos und Berichte zur Formel 1, DTM-, Rallye- und Motorradrennen. Live-Berichterstattung, Ergebnisdienst, Umfrage.

Motorsport/Formel 1

Formel1.de
info@formel1.de

www.formel1.de
Aktuelle News, Fahrer-, Renn- und Streckenarchive sowie alle weiteren Informationen rund um die Königsklasse.

Rennsportnews.de
email@rennsportnews.de

www.rennsportnews.de
Neuigkeiten, Strecken, Technik, Regeln, Teams und Fahrer der Formel 1 und DTM. Mit Kalender, Rückblick und Ergebnisübersicht.

Motorsport-Magazin.com   **www.motorsport-magazin.com**

Anzeige

Motorsport/Motorrad

Internationale Dt. Motorradmeisterschaft
info@idm.de

www.idm.de
Termine, Fahrer, Rennergebnisse und Statistiken. Außerdem Archiv mit Rennberichten, Ticketinfos und Reglement-Downloads.

motoX
info@motoXmag.de

www.motoxmag.de
Online-Magazin für Motocross. Mit Hintergrundberichten, Videos, Gewinnspielen und Forum.

Siehe auch Kapitel Verkehr

Motorrad

Motorsport/Rallye

rallye-magazin.de
info@rallye-magazin.de

www.rallye-magazin.de
Rallye-Lexikon, Kleinanzeigenmarkt, Informationen zur DM, EM und WM sowie ein Link-Verzeichnis für Rallye-Seiten.

Olympia

Deutscher Olympischer Sportbund
office@dosb.de

www.dosb.de
News und Infos zu den Olympischen Spielen mit Sportkalender und Paralympic-Infos.

Outdoor

Outdoor Trends
info@outdoortrends.de
☎(08342) 896400

www.outdoortrends.de
OutdoorTrends führt ein großes Markenartikel-Sortiment für Outdoor-Aktivitäten wie Trekking, Wandern, Bergsport, Klettern, Reisen und Camping. Man findet u. a. Produkte aus den Bereichen Bekleidung, Ausrüstung, Rucksäcke, Schlafsäcke und Zelte, aber auch umfangreiche Kochsets für die Outdoor-Küche.
(Siehe Abbildung)

Outdoor Trends　　　　　　　　　　　　**www.outdoortrends.de**

Anzeige

Sport

outdoor
info@outdoor-magazin.com

www.outdoor-magazin.com
Ausrüstungstests, Tourentipps und jede Menge Know-how rund um Wandern, Trekking, Outdoorsport und Abenteuerreisen.

outdoorsports24.com
info@outdoorsports24.com

www.outdoorsports24.com
Ausrüstung und Bekleidung für zahlreiche Outdoorsportarten wie Radfahren, Klettern, Skifahren und Snowboarden.

www.outdoors.de
info@outdoors.de

www.outdoors.de
Großes Sortiment an Wander und Campingausrüstung: Zelte, Schlafsäcke, Funktionsbekleidung und Schuhe.

Pferdesport

● **Calevo**
reitsport@calevo.de
☎(05903) 940 314

www.calevo.com
Der Calevo Online-Shop bietet eine große Auswahl an Reiter- und Pferdeausrüstungen. Neben Reit- und Turnierbekleidung, Helmen und Reitstiefeln findet man Produkte für das Pferd wie Sättel, Schabracken und edle Trensen. Das Sortiment wird von Profireitern für die anspruchsvollen Calevo-Kunden zusammengestellt. **(Siehe Abbildung)**

Deutsche Reiterliche Vereinigung
fn@fn-dokr.de

www.pferd-aktuell.de
Service rund um Pferdesport und -zucht: Turnierkalender, Ergebnisse, Tipps zu Pferdehaltung, Ausbildung und Jugendarbeit.

Equiaktuell
redaktion@equiaktuell.de

www.equiaktuell.de
Reitsportnachrichten, Turnierergebnisse, Zeiteinteilungen und Fachwissen aus dem Reit- und Pferdesport täglich aktuell.

firstRider
service@firstrider.de

www.firstrider.de
Reitsportartikel wie Reitbekleidung, Reitzubehör sowie Stall- und Pflegebedarf.

Calevo   **www.calevo.com**

Horze
customerservice@horze.com
☎(0511) 27 994 999 5

www.horze.de
Riesige Auswahl an Reitsportartikeln für Pferd und Reiter. Telefonische Fachberatung zu: Reithose, Reitstiefel, Turnierjacket, Schabracke, Trense, Reithelm, Gamaschen und vielen weiteren Produkten rund um den Reitsport. Als besonderer Service werden auch individuelle Bestickungen angeboten. **(Siehe Abbildung)**

Pferde.de
support@pferde.de

www.pferde.de
Großer Pferdemarkt mit über 5.000 Pferdeanzeigen, Marktplatz für Reitartikel, Kleinanzeigenmarkt, Web-Verzeichnis.

Pferdesporthaus Loesdau
reiten@loesdau.de

www.loesdau.de
Produkte für den Pferdesport: Fliegenschutzdecken, Halfter, Bürsten, Kämme und alles Weitere für die Pferdepflege.

Q-Place Shop
kundenservice@q-place.de

www.q-place-shop.de
Western-Online-Shop mit Schwerpunkt auf amerikanischem Arbeitsmaterial wie z. B. Sättel, Lassos, Hüte und Dekowaffen.

Reiter Revue International
redaktion@reiterrevue.de

www.reiterrevue.de
Pferdeausbildung wird genauso thematisiert, wie Pferdegesundheit und Reitpraxis. Porträts von Trainern und ein Forum.

Reitsportforum.de

www.reitsportforum.de
Pferdefreunde diskutieren alle Themen rund um den Reitsport, tauschen Erfahrungen und informieren über aktuelle Termine.

rimondo
info@rimondo.com

www.rimondo.com
Interaktive Plattform für Reitsportler, Züchter, Pferdebesitzer, Reitvereine oder Reitvereinsmitglieder.

Radsport

2legs
info@2legs.eu

www.2legs.de
Radsportbekleidung für Damen und Herren wie Radtrikots, Shorts, Rucksäcke, Helme, Accessoires und Windjacken.

Horze **www.horze.de**

Anzeige

Sport

aktiv Radfahren
info@aktiv-radfahren.de

www.radfahren.de
Infos zu Fitness, gesunder Ernährung, zum Reisen mit dem Rad sowie Testberichte zu Fahrrädern und Fahrradzubehör.

bike online
bikemag@bike-magazin.de

www.bike-magazin.de
Umfangreiche Berichte zu Technik, Touren mit dem Bike sowie Renntermine, Fotogalerie, Fitness- und Ernährungstipps.

bike sport news
info@bikesportnews.de

www.bike-sport-news.de
Online-Portal der Zeitschrift „bike sport news" mit aktuelle Meldungen zu BMX, Marathon, Cross, Trial und Cross-Country.

IBC - Internet Bike Community

www.mtb-news.de
Großes Forum für Mountainbiker mit den Themen BMX, Trial, Cross-Country Racing, Touren, Events sowie Herstellerforen.

Mountainbike
leserservice@mountainbike-magazin.de

www.mountainbike-magazin.de
Die Homepage des Magazins MountainBike bietet aktuelle Nachrichten und Tests zu Bikes, Equipment und Bekleidung.

Mountainbike Magazin X4BIKER
info@x4biker.com

www.x4biker.com
Das Mountainbike-Magazin „X4BIKER.com" berichtet täglich und aktuell über die Bike-Themengebiete News, Touren & Reisen, Test & Technik, Termine & Events, Fitness, Race, Media und über vieles mehr aus der MTB-Szene.

Procycling
info@degenmediahouse.de

www.procycling.de
Umfassende Infos zum Fahrradtraining, zur Sporternährung und Radsportwettkämpfen.

Profirad AG
info@profirad.de

www.profirad.de
In zahlreiche Rubriken gegliederter Online-Shop mit großer Auswahl an Artikeln rund um den Fahrradsport.

rad-net
team@rad-net.de

www.rad-net.de
Alles zum Radsport mit deutschen Radterminen, Ergebnisdatenbank, Nachrichten, Hersteller- und Händlerverzeichnis.

Radsport-news.com
werbung@radsport-aktiv.de

www.radsport-news.com
Meldungen, Ergebnisse und ein Forum zum internationalen Profi-Radsport. Mit einer Fahrerdatenbank und Auflistung der Teams.

RoadBIKE
leserservice@roadbike.de

www.roadbike.de
News und Infos rund ums Rennrad. Mit Testberichten, Tourentipps und Know-how zu Training, Fahrtechnik und Pflege.

UniTy Bikes
info@unitybikes.de

www.unitybikes.de
Online-Shop für Mountainbikes und BMX sowie Schutzbekleidung, Rucksäcke, Streetwear und Zubehör.

Radsport/Markt

Siehe Kapitel Verkehr

Fahrrad/Markt

Rudern

Deutscher Ruderverband e. V.

www.rudern.de
Aktuelle Regatta-Termine, Ruderwettkampf-Regeln, umfangreiche Olympia-News, Vereinsübersicht und wichtige Adressen.

Schach

Deutscher Schachbund
info@schachbund.de

www.schachbund.de
Termine, Adressen, Archiv, Spielerdatenbank sowie Infos zu Bundesligen, Satzung, Ranking, Jugend- und Senioren-Schach.

Schwimmen

Swimtalk.net

www.swimtalk.net
Das große Schwimmerforum: Wettkämpfe, Schwimmfotos und -videos, Training, Technik, Ernährung und Ausrüstung.

Segeln

Segel.de
mail@segel.de

www.segel.de
Infos für Segler: Törnberichte und -tipps, Sachregister, Regatten- und Revierübersicht, Fotogalerien und Bootsmarkt.

Seglermagazin.de
kontakt@seglermagazin.de

www.seglermagazin.de
Täglich aktuelle Berichte über die bedeutendsten Ereignisse des Segelsports, neue Yachten und Produkte.

Yacht online
mail@yacht.de

www.yacht.de
Berichte und Tests zu Technik, Revieren und Regatten. Mit Bootsmarkt, Wetterdienst, Küstenklatsch, Foren und TV-Tipps.

Skifahren & Skigebiete

planetSNOW
planetsnow@red-gun.com

www.planetsnow.de
Freunde des Wintersports erhalten hier Infos zu Ski-Gebieten, Schneehöhe, Materialpflege, Fahrtechnik und Sicherheit.

Schneehoehen.de
info@schneemenschen.de

www.schneehoehen.de
Aktuelle Pistenberichte in den europäischen und nordamerikanischen Skigebieten sowie ein Skiatlas mit Pistenplänen.

Ski2b
info@ski2b.com

www.ski2b.com
Interviews, Termine und Reisetipps für Alpin, Carving, Free- und Speedskiing. Mit Gebietsverzeichnis und Starporträts.

skigebiete-test.de
info@skigebiete-test.de

www.skigebiete-test.de
Übersicht über die Skigebiete in Deutschland, Österreich, Frankreich, Italien, den USA, Australien und der Schweiz.

skinet.de
info@skinet.de

www.skinet.de
Infos zu allen Skigebieten in Europa, USA, Kanada. Pistenkarten, Lifte, Wetter, Live-Cams, Ortsinfos, Tipps und Events.

Snow-online.de
info@snow-online.de

www.snow-online.de
Informationen rund um den Wintersport: Skigebiete, Schneehöhen, Unterkünfte, Reisen, Ski- und Snowboard-Shop.

Skilanglauf

xc-ski.de

www.xc-ski.de
Aktuelle Meldungen, Ergebnisse, Interviews zum Thema Langlauf, Infos zu Langlaufgebieten, Ausrüstung und Training.

Skispringen

RTL-Skispringen.de
userservices@rtlnewmedia.de

www.skispringen.de
Zahlreiche Berichte, Interviews, Videos, Fotos, Weltcup-Datenbank, Blitz-News, Starporträts, Sportwetten und Fanecke.

Sport

Snowboarden, Skateboarden & Surf

● **Blue Tomato Shop**

☎ +43 (3687) 24 22 333

www.blue-tomato.com
Blue Tomato ist in den Bereichen Snowboard, Freeski, Skate, Surf und Streetwear der Online-Shop schlechthin. Der Shop bietet eine Auswahl von über 400 Top-Marken wie Burton, Volcom, Billabong, Bench oder Vans. Egal ob Bekleidung oder Sportausrüstung – hier findet man, was zum Lifestyle dazugehört. **(Siehe Abbildung)**

funsporting
info@funsporting.de

www.funsporting.de
Großes Online-Magazin für Fun- und Extremsportarten mit aktuellen News, Videos und Interviews.

massive-rides
info@massive-rides.de

www.massive-rides.de
Das Fun-Magazin für echte Rider: Snowboarden, Wakeboarden, Skateboarden und BMX. Artikel, Bilder und Videos.

Sportergebnisse

ergebnisselive.de

www.ergebnisselive.de
Live-Ticker für Sportergebnisse im Fußball, Eishockey, Handball, Basketball, Tennis und andere internationale Ergebnisse.

livescore.com

www.livescore.com
Internationale und aktuelle Sportergebnisse für Fußball, Hockey, Basketball, Tennis und Cricket.

Sporternährung

allsports24
info@allsports24.de

www.allsports24.de
Sportlernahrung und -Nahrungsergänzungsmittel. Dazu Fitnessstudio-Trainingspläne und Infos zur Sportlernahrung.

Blue Tomato Shop   **www.blue-tomato.com**

Sportquiz

Sportbrain
info@sportbrain.de

www.sportbrain.de
Das große Sportquiz im Internet mit über 25.000 Fragen, News und Hintergrundberichten aus allen Sportbereichen.

Sportartikel

eckball.de
info@eckball.de

www.eckball.de
Sportliche Angebote für alle Ballsportler: Nostalgische und aktuelle Trikots, Hosen, Schuhe, Bälle, T-Shirts und Fanartikel.

Himmels Sport
service@activotec.de

www.activotec.de
Fitnessgeräte wie Laufbänder, Crosstrainer, Ergometer, Rudergeräte, Vibrationsplatten oder Hanteln.

mysport.de
info@mysport.de

www.mysport.de
mySPORT.de ist das Shopping-Portal für den Bereich Sport und Ausrüstung. Alle Sportarten auf einen Klick.

mysportworld

www.mysportworld.de
Equipment und Bekleidung für Joggen, Outdoor, Lifestyle, Fitness und Wintersport.

sporTrade
info@sportrade.de

www.sportrade.de
Marktplatz, der sich ausschließlich den Themen Sport, Outdoor und Fitness widmet. Mit neuen und gebrauchten Artikeln.

 sportbedarf.de
info@sportbedarf.de
☎(02567) 93 99 180

www.sportbedarf.de
Der Online-Sportversand bietet ein großes Sortiment an Sportartikeln namhafter Marken: Von professioneller Sportbekleidung und Sportschuhen über Sportgeräte sowie Sportausrüstung bis hin zu Sporttaschen. Auch Nahrungsergänzungen und gelenkschonende Bandagen für Sportverletzungen stehen zur Auswahl.
(Siehe Abbildung)

sportbedarf.de   www.sportbedarf.de

SPORT

Sportartikel/Sportbekleidung

11teamsports
kundenservice@eleven-teamsports.de

www.11teamsports.de
Online-Shop für Fußballschuhe, -bekleidung und -equipment. Mit Lifestyle-Produkten und Fan-Shop.

craft-sports.de
info@craft-sports.de

www.craft-sports.de
Sportbekleidung, Funktionswäsche und Accessoires aus hochwertigen Materialien für Damen, Herren und Kinder.

PLUTOSPORT
info@plutosport.de

www.plutosport.de
Sportartikel und -bekleidung bekannter Marken wie Adidas, Nike, Puma, Asics, Reusch, und O'Neill.

SC24.com
info@sc24.com
☎(08282) 82644-0

www.sc24.com
SC24.com ist der Online-Sportshop für Sportartikel mit großer Auswahl an Markenprodukten aus den Bereichen Fußball, Freizeit, Outdoor, Running und Teamsport. Hier findet man hochwertige Artikel namhafter Hersteller wie adidas, Nike, asics, Jack Wolfskin u. v. m. **(Siehe Abbildung)**

Trikot.com
info@trikot.com
☎(03437) 934 99 51

www.trikot.com
Trikot.com bietet Sportlern die Möglichkeit, Sportbekleidung günstig im Internet zu kaufen und individuell zu veredeln. Neben Einzelartikeln stehen Trikotsätze für Fußball, Handball, Volleyball und Basketball im Vordergrund. Alle Trikots und Trikotsätze können individuell bedruckt werden. **(Siehe Abbildung)**

Zalando Sports
info@zalando.de
☎(0800) 240 10 20

www.zalando.de/sports
Zalando Sports bietet Performance-Schuhe, -Bekleidung und -Ausrüstung für Spitzen- und Hobbysportler. Dabei deckt das breite und tiefe Top-Marken-Sortiment die verschiedensten Sportarten ab. Besonders groß ist die Auswahl in den Bereichen Fußball, Running, Tennis, Training, Outdoor und Golf. **(Siehe Abbildung)**

SC24.com   **www.sc24.com**

Trikot.com

www.trikot.com

Anzeige

Zalando Sports

www.zalando.de/sports

Anzeige

Sportverbände

● Deutsche Sportjugend
info@dsj.de

www.dsj.de
Aktuelle Informationen über die Arbeit der Deutschen Sportjugend in den Handlungsfeldern: Junges Engagement, Bildung/Bildungsnetzwerke, Soziale Integration, Prävention/Intervention, Internationale Jugendarbeit, Europäisierung, Olympische Projekte und Qualitätsentwicklung in der Jugendarbeit im Sport. **(Siehe Abbildung)**

Deutscher Olympischer Sportbund
office@dosb.de

www.dosb.de
Tagesaktuelle Nachrichten und Hintergrundberichte zum Leistungs- und Breitensport und zu Olympischen Spielen.

Sportwetten

Wettforum.info
webmaster@wettforum.info

www.wettforum.info
Diskussionsplattform rund um Sportwetten. Hier tauschen Wettprofis und Anfänger ihre Erfahrungen und Wetttipps aus.

Sportzeitschriften

Fit for Fun
webmaster@online.fitforfun.de

www.fitforfun.de
Zahlreiche Berichte und Infos zu Sport und Fitness, Ernährung, Gesundheit, Sexualität und Reisen. Mit Flirttipps und Shop.

sportbild.de
kontakt@sportbild.de

www.sportbild.de
Aktuelle und informative Sportberichterstattung durch News, spannende Interviews und exklusive Hintergrundberichte.

Sportmagazine-Online
mail@sportmagazine-online.de

www.sportmagazine-online.de
Aktuelle News zu Sportzeitschriften und Sportzeitungen mit großer Datenbank internationaler Sportzeitschriften.

Deutsche Sportjugend   **www.dsj.de**

Squash

squashnet.de
dsp@squashnet.de

www.squashnet.de
Großes deutschsprachiges Squash-Portal mit News, Regeln, Einsteiger-Infos und Spieltipps.

Surfen

Daily Dose
info@dailydose.de

www.dailydose.de
Rundum-Service in Sachen Windsurfen: Eventkalender, Porträts, Reiseberichte, Videoclips und Shopping-Center.

oase.com - surfers world
2009@oase.com

www.oase.com
Zentrale Anlaufstelle zum Thema Surf-Sport: Forum, Kleinanzeigen, Link-Verzeichnis, Surf-Wetter, Spots und Infos.

Surfersmag.de
info@surfersmag.de

www.surfersmag.de
Neuigkeiten, Berichte, Reisetipps, Interviews, Bildergalerie und interaktive Surf-Tipps für Surfer und Windsurfer.

Windfinder
info@windfinder.com

www.windfinder.com
Weltweite Windvorhersagen für Surfer und Segler. Mit Windstatistiken, Messwerten, Webcams und einem Surfverzeichnis.

Tischtennis

Tischtennis.biz
info@tischtennis.biz
☎(0551) 53 11 828

www.tischtennis.biz
Hier gibt es eine große Auswahl an Tischtennisartikeln aller bekannten Marken von der wetterfesten Tischtennisplatte bis zum Wettkampf-Tischtennisbelag. Sucht man nach Zubehör wie Taschen oder Bällen, der richtigen Bekleidung, dem passenden Schläger oder Geschenkideen, wird man natürlich ebenso fündig.
(Siehe Abbildung)

Tischtennis.biz   www.tischtennis.biz

Deutscher Tischtennis-Bund
dttb@tischtennis.de

www.tischtennis.de
Aktuelle Meldungen und Ergebnisse von Turnieren, Bundesliga, Spielerporträts, Breitensport und Regeln.

Tischtennis-pur
info@ttpur.de

www.ttpur.de
Hintergrundinfos, Turnierkalender, Techniktheorie, Ergebnisdienst, Ranglisten, Kleinanzeigen und Herstellerübersicht.

Tauchen

aqua-nautic
info@aquanautic-tauchsport.de

www.aquanautic-onlineshop.de
Viele Produkte rund ums Tauchen, Schnorcheln und Schwimmen. Tauchausrüstungen, Atemregler und Schwimmanzüge.

taucher.net
redaktion@taucher.net

www.taucher.net
Berichte von Tauchern zu Ausrüstung und Plätzen, Kleinanzeigen, Partnersuche, Lexikon und Tipps für Einsteiger.

unterwasser.de
info@unterwasser.de

www.unterwasser.de
Tauchmagazin mit Reportagen und Tipps zum Tauchsport. Dive-Guide mit Tauchgebieten und Material-Check-Listen.

Tennis

Deutscher Tennis Bund e. V.
dtb@dtb-tennis.de

www.dtb-tennis.de
Alle Infos zum deutschen Tennissport: Stars, Ranglisten, Mannschaftswettbewerbe, Turniere und eine Bundesligaplattform.

Tennis point
info@tennis-point.de

www.tennis-point.de
Im Tennis-Shop von Tennis-Point gibt es eine große Auswahl an Schlägern, Schuhen, Taschen, Kleidung und Bällen.

Tennisredaktion.de
service@agentur-kellermann.de

www.tennisredaktion.de
Infos zu allen Tennisturnieren, ein Talentschuppen, in dem sich junge Spieler bewerben können, sowie Trainingstipps.

Triathlon

Deutsche Triathlon Union
mail@dtu-info.de

www.dtu-info.de
Szeneinfos, Terminplan, Tipps für Triathleten und solche, die es werden wollen. Porträts der deutschen Kaderathleten.

tri2b.com
info@tri2b.com

www.tri2b.com
tri2b.com ist Treffpunkt für alle Triathleten im Web – News, Infos, Rennberichte, Themenspecials, Porträts und Events.

triathlon-szene.de
info@triathlon-szene.de

www.triathlon-szene.de
Training, Trainingspläne, Trainings-Camps, Ausrüstung, Filme, Wettkampfbeschreibungen sowie Ernährungsratschläge.

Volleyball

beach-volleyball.de
info@beach-volleyball.de

www.beach-volleyball.de
Turnierberichte, Übersicht der deutschen Courts, Spielerdatenbank, News-Archiv, Ranglisten und Kleinanzeigen.

Deutsche Volleyball-Liga
info@volleyball-bundesliga.de

www.volleyball-bundesliga.de
Alles zum Thema Volleyball: Aktuelle Ergebnisse, Live-Ticker, Statistiken, Vereins-News, Volleyball-Shop und TV-Tipps.

Deutscher Volleyball-Verband
info@volleyball-verband.de

www.volleyball-verband.de
News und Infos zu den Nationalteams in Beach- und Hallen-Volleyball. Ranglisten, Turnierübersicht, Jugend- und Breitensport.

Volleyballer
timo@volleyballer.de

www.volleyballer.de
Viele Meldungen zu Hallenvolleyball und Beachvolleyball. Turnierkalender, Regeln, Volleyballvereine und ein Shop.

UMWELT

Daily Green **www.dailygreen.de**

Daily GREEN
Tägliche News für eine bessere Umwelt

DailyGreen durchsuchen.. **SUCHEN**

Home   Green Links   Redaktion

Kategorien

▷ Auto und Transport
▷ Business und Politik
▷ Ernährung und Gesundheit
▷ Erneuerbare Energien
▷ Forschung und Technik
▷ Green at home
▷ Green Gadgets
▷ Mode und Beauty
▷ Photovoltaik
▷ Umwelt

Öko News

Angela Merkel stellt
▷ Kanzleramt ab Juli auf
Ökostrom um

BMW i8: Plug-in-Hybrid
▷ soll ab 120.000 Euro
kosten

ADAC: Hitze verkürzt die
▷ Reichweite von
Elektroautos

Elektroauto: Dudenhöffer
▷ fordert Verkaufs-Quote
alternative Antriebe

Renault Twizy: Elektroauto
▷ entwickelt sich zum
Verkaufsschlager

Umweltexperten fordern
▷ 30 bis 100 Euro Pfand für
Mobiltelefone

CO2 sparen

Jetzt aktiv CO2 sparen mit
dem neuen CO2 Ratgeber von
DailyGreen. Wertvolle Tipps
zum CO2-sparen im Alltag.

Solar-Ratgeber

Infos und Tipps zur Planung
und zum Betrieb einer Solar-
Anlage gibt es in unserem
Photovoltaik Ratgeber.

DailyGreen.de - Tägliche News für eine bessere Umwelt

Auto & Transport

Auto & Transport

BMW i8: Plug-in-Hybrid soll ab 120.000 Euro kosten

Autohersteller BMW sorgte auf der
IAA 2009 mit seinem Vision Efficient
Dynamics Concept für Aufsehen.
Der Plug-in-Hybrid wird im ersten
Quartal 2014 auf den Markt
kommen. Unklar war bislang,...

Ernährung & Gesundheit

Ernährung & Gesundheit

Verkehrsverbot für Spielzeug-Giraffe "Sophie la Girafe"

Schon im November 2011 hatte das
Verbrauchermagazin Öko-Test
darauf hingewiesen, dass die
Spielzeug-Giraffe "Sophie la Girafe"
nicht verkehrsfähig sei. Die
Laboruntersuchungen hatten...

Forschung & Technik

Forschung & Technik

Studie: Aerosole in der Stratosphäre bremsten Erderwärmung

In den letzten zehn Jahren entwickelte sich die
Erwärmung des Weltklimas auf Sparflamme.
Forscher wollen nun den Auslöser dafür gefunden
haben. Angeblich sollen Aerosole in der
Stratosphäre für die leichte... *weiterlesen ...*

Erneuerbare Energien

Erneuerbare Energien

Angela Merkel stellt Kanzleramt ab Juli auf Ökostrom um

Ökostrom ist auch in der Politik seit Jahren ein
großes Thema. Trotzdem hat sich das Kanzleramt
erst jetzt dazu entschieden, von einem
herkömmlichen Strommix auf Ökostrom
umzusteigen. Auf dem Weißen Haus
in... *weiterlesen ...*

Green at home

Green at home

Studie: Spielekonsolen verbrauchen 70% ihres Stroms bei Nichtnutzung

Spielekonsolen von Sony, Microsoft und Nintendo
erfreuen sich bei Jugendlichen und jungen
Erwachsenen wachsender Beliebtheit, verbrauchen
aber auch viel Strom. Der meiste Strom "verpufft"
im so genannten... *weiterlesen ...*

Photovoltaik - Solarenergie

Green Gadgets

Umweltexperten fordern 30 bis 100 Euro Pfand für Mobiltelefone

Fast täglich kommen neue
Smartphones und Handys auf den
Markt. Hersteller wie Apple,
Samsung oder HTC...

Weitere Artikel:

⇨ PowerPot: Kochtopf l... "
⇨ iZen Bamboo: Umweltf...
⇨ Koubachi WLAN-Sensor...
⇨ Eco Clock: Uhr brauc...
⇨ Der Blaue Engel: Die...
⇨ Green-IT: HP ist Spi...
⇨ Nest: Intelligentes ...

Business & Politik

Unionspolitiker plädieren für Reform der Solarförderung

Die Stromkosten in Deutschland
steigen weiter an und vor allem für
Verbraucher mit geringen
Einkommen...

Weitere Artikel:

⇨ Stromsparplan: Im Ju...
⇨ Öko-Bilanz: Puma be...
⇨ Nordrhein-Westfalen ...
⇨ Green Goal 2011: Kli...
⇨ Rösler: Schnellerer...
⇨ Atom-Moratorium der ...
⇨ Studie: Keine Engpä...

Mode & Beauty

Daily Green

Wie färbt man Ostereier ohne giftige Mittel und haben die Dienstwagen der Politiker tatsächlich den größten CO2-Ausstoß? Solche Fragen werden im Umweltmagazin Daily Green beantwortet. In Kategorien wie Politik, Ernährung, Forschung, Mode und Transport erklären zahlreiche Berichte und Studien, warum Strom aus Wind und Wasser heute schon billiger ist als Atom- oder Kohlestrom, wie Forscher ein Bio-Auto aus Ananas und Bananen herstellen und welche Turnschuhe biologisch abbaubar sind. Daneben finden Sie zusätzlich wertvolle Tipps, die Ihnen helfen, mit ein paar einfachen Handgriffen die Umwelt zu schonen und Strom zu sparen.

GreenAction

Kein Tag vergeht, an dem wir nicht mit Bildern der drohenden Klimakatastrophe konfrontiert werden. Mensch und Tier leiden zunehmend unter den Folgen von Waldbränden, Erdrutschen und Überschwemmungen. Wer es leid ist, untätig daneben zu sitzen, der kann sich bei Greenaction registrieren lassen und aktiv zum Umweltschutz beitragen. Vernetzen Sie sich und andere und setzen Sie sich für den Erhalt des Regenwalds oder für die Abschaffung von Atomkraftwerken ein oder starten Sie Ihre eigene Kampagne für die Rettung gefährdeter einheimischer Froscharten. Hier kann jeder Einzelne aktiv werden.

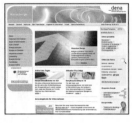

thema energie

Holen Sie sich Energiespartipps für den Alltag im privaten Haushalt und lesen Sie informative Artikel zur Finanzierung und zu erneuerbaren Energien, damit Sie die nächste Stromrechnung nicht wieder wie ein Stromschlag trifft! Wie kann man energiesparend und wärmedämmend bauen? Wo bekommt man dazu Fördermittel? Rechnet sich Solarstrom und wo lassen sich Windenergie oder Wasserkraft einsetzen? Auch den aktuellen Stand der Energiepolitik kann man hier erfahren. Was bedeutet „Absorber", was ist eine Kernfusion oder ein Solarmodul? Schlagen Sie es im Energielexikon nach!

Solarserver.de

Das Portal für Sonnenenergie enthält neben dem Solarmagazin mit Nachrichten, Fachartikeln und Reportagen zum Thema ein bundesweites Solar-Branchenbuch, eine Pinnwand für Kleinanzeigen, Jobs, Tipps und Fragen rund um die Solarenergie sowie ein umfangreiches Lexikon, in dem alle Fachbegriffe verständlich erklärt werden. Berechnen Sie Ihre Solar- oder Fotovoltaik-Anlage direkt online und informieren Sie sich über die verschiedenen Förderprogramme. Im Solar-Shop gibt es ein großes Angebot an nützlichen Produkten, mit denen Sie die Sonnenenergie nutzen können, von der Taschenlampe über Gartenleuchten bis hin zur kompletten Solaranlage.

Klimaretter.info

In diesem Online-Magazin finden Sie zahlreiche Nachrichten, Hintergrundanalysen, Reportagen und Meinungen zur aktuellen Klima- und Energiewende. Ob neue Forschungsergebnisse zu Treibhausgasen, Entwicklungen beim Abschmelzen des Polareises oder neue Klima-Gesetze – das Magazin deckt Themen aus Umwelt, Politik, Wirtschaft und Forschung ab. Wenn Sie den Stromanbieter schon gewechselt haben und bereits fleißig Papier sparen, finden Sie hier weitere nützliche Tipps für den Alltag. Der Klimaretter-Atlas gibt dazu einen Überblick darüber, wo es in Ihrer Region Organisationen gibt, die sich für den Klimaschutz stark machen.

Natur-Lexikon

Hätten Sie gewusst, dass der „Russische Bär" kein Braunbär aus Russland, sondern ein Schmetterling ist? Oder dass das „Rote Waldvögelein" ebenso wie der „Frauenschuh" zur Familie der Orchideengewächse gehört? Im Natur-Lexikon können Sie das und noch vieles mehr nachlesen. Denn hier gibt es zahlreiche Artikel zu Tieren, Pflanzen, Mineralien und Pilzen, allesamt reich bebildert sowie übersichtlich nach Arten sortiert. Zudem gibt es faszinierende Großaufnahmen von Insekten und anderen Kleintieren. Für die gezielte Suche kann der alphabetische Index oder die Suchmaske verwendet werden. So werden Sie schnell zum Naturexperten!

Baumkunde.de

Was für seltsame Bäume mit gelb-braunen Früchten in meinem Garten stehen! Wussten Sie, dass der „abienus fetuschristus" unser Weihnachtsbaum ist? Nein? Tja, hätten Sie besser mal die Baumschule besucht! Hier können Sie mit der Baumbestimmung Pflanzen nach Merkmalen wie Blätter- und Blütenformen oder Früchten und Rinden einordnen. Laub- und Nadelhölzer, Sträucher und Exoten können mit Hilfe großer Fotos von den Blättern und Stämmen der über 500 Baumarten eindeutig bestimmt werden. Zu vielen Arten finden Sie einen Steckbrief sowie eine kurze Beschreibung. In den „Baumlisten" finden Sie Infos zu den Arten von A bis Z.

WETTER.NET

Wassertemperaturen, Satellitenfilme und die Fünf-Tage-Wetter-Prognose für über 50.000 Orte und Regionen weltweit. Sie wollten schon immer mal wissen, was eine „Bora" ist, wo man „Firn" findet und ob der „Grüne Strahl" eine Krankheit ist? Wenn der Wetterfrosch zu Hause fehlt, werfen Sie doch mal einen Blick auf die visuellen Präsentationen dieser Seite. Hier finden Sie interaktive Wetterkarten und Pollenflugprognosen. Im Wetterlexikon erhalten Sie die Antworten und Erklärungen zu über 300 Stichworten zu Wetter, Klima und Meteorologie. Und damit der nächste Urlaub nicht ins Wasser fällt, führt Sie der Wetterpilot per Mausklick zum Traumwetter!

Allgemein

Daily Green
info@pixelcut-newmedia.com

www.dailygreen.de
Nachrichten über die Auto- und Energieindustrie, Umweltpolitik, Öko-Markt, Ernährung, Gesundheit, Forschung und Technik.

ECO-World
info@eco-world.de

www.eco-world.de
Die Plattform für Ökologie, Gesundheit und modernes Leben liefert Informationen rund um Bioprodukte aller Art.

GreenMAG
redaktion@european-circle.de

www.greenmag.de
Magazin mit Berichten über umweltpolitische Ereignisse und Trends.

oekosmos.de
info@oekosmos.de

www.oekosmos.de
Eine umfangreiche interaktive Informationsquelle zum Thema Umwelt. News, Buchbesprechungen sowie ein Umweltlexikon.

Umweltjournal
info@sepeur-media.de

www.umweltjournal.de
Aktuelle Nachrichten zu den Themen Umwelt, Wissenschaft, Natur, Wirtschaft, Landwirtschaft und Finanzen.

wegreen
info@wegreen.de

www.wegreen.de
Umwelt-Suchmaschine mit den Rubriken: Grün finden, Grün einkaufen, Grüne Orte, Grüne Jobs, Markencheck und News.

● GreenAction
greenaction@greenpeace.de

www.greenaction.de
GreenAction ist eine von Greenpeace initiierte Kampagnen-Community für Umweltthemen und steht Organisationen, Initiativen und Einzelpersonen für ihre Mitmachaktionen offen. Das GreenAction-Blog berichtet über Aktuelles rund um die Community und über Neuigkeiten aus den Kampagnen. **(Siehe Abbildung)**

GreenAction **www.greenaction.de**

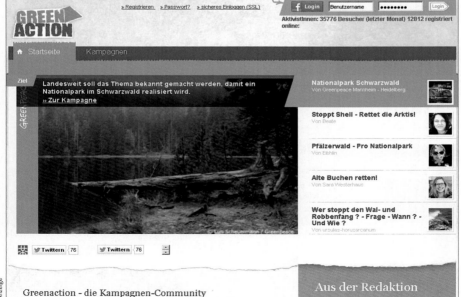

Betrieblicher Umweltschutz

**Betrieblicher Umweltschutz
in Baden-Württemberg**
info@bubw.de

www.umweltschutz-bw.de
Diese branchenspezifische Internetplattform wird vom Ministerium für Umwelt, Klima und Energiewirtschaft Baden-Württemberg unter Mitwirkung der Wirtschaftsverbände gepflegt. Mit ihrer Hilfe erhalten kleine und mittlere Betriebe eine umfassende praxisnahe Wissensgrundlage im betrieblichen Umweltschutz.

Elektrosmog

Elektrosmog.com
igef-office@elektrosmog.com

www.elektrosmog.com
Seite der Internationalen Gesellschaft für Elektrosmog-Forschung: Zertifizierung, Forschung, Produkte und Fachberater.

ohne-elektrosmog-wohnen.de
info@neher.de

www.ohne-elektrosmog-wohnen.de
Hier erhält man fundierte Informationen zum Thema Elektrosmog und Hilfe zur Vermeidung oder Minimierung der Belastung.

Energie/Heizöl

● **Institut für Wärme und
Oeltechnik e.V. (IWO)**
info@iwo.de

www.iwo.de
Das Institut für Wärme und Oeltechnik (IWO) bietet herstellerunabhängige Informationen zum Heizen mit Öl speziell für Fachleute. Diese finden hier nicht nur umfangreiches Hintergrundwissen über die Ölheizung und Heizöl, sondern auch aktuelle Meldungen zu den IWO-Veranstaltungen und Forschungsprojekten.
(Siehe Abbildung)

Institut für Wärme und Oeltechnik e.V. (IWO)   **www.iwo.de**

BOXER-Infodienst: Regenerative Energie
info@boxer99.de

www.boxer99.de
Grundlagenwissen und Fachartikel zu den Themen Biogas, Wind- und Solarenergie, Erdwärme, Wärmepumpen und Energieeinsparung.

Deutsche Energie-Agentur GmbH (dena)
info@dena.de

www.dena.de
Die Deutsche Energie-Agentur, das Kompetenzzentrum für Energieeffizienz und regenerative Energien, stellt sich vor.

energieportal24
info@energieportal24.de

www.energieportal24.de
Interaktives Informationsportal mit den Themen Wasserstofftechnik, Brennstoffzellen und erneuerbare Energien.

Energie-Visions.de

www.energie-visions.de
Alles zum Thema alternative und erneuerbare Energie: Ökologisches Heizen, Heizen mit Biomasse, Wind- und Wasserkraft.

Erneuerbare Energien

www.erneuerbare-energien.de
Infoportal des Bundesumweltministeriums über erneuerbare Energien: Fördermöglichkeiten, gesetzliche Regelungen und Links.

Sonnenseite
info@sonnenseite.com

www.sonnenseite.com
Umweltpolitische Informationen: aktuell, unabhängig und werbefrei. Die Sonnenseite täglich mit aktuellen, kommentierten Nachrichten rund um die Solarenergie, Umweltschutz, Wirtschaft, aktueller Weltpolitik, neue Arbeitsplätze, Umwelt und Menschenrechte. Jeden Sonntag gibt es einen kostenlosen Newsletter.

unendlich-viel-energie.de
kontakt@unendlich-viel-energie.de

www.unendlich-viel-energie.de
Das Portal für erneuerbare Energien informiert über Wind- und Wasserkraft, Solar- und Bioenergie.

Bundesverband Braunkohle   **www.braunkohle.de**

Energie/Kohle

Braunkohle-Forum
debriv@braunkohle.de

www.braunkohle-forum.de
Im Braunkohle-Forum bieten Experten mit ihren Diskussionsbeiträgen Argumente und Fakten zu Energie, Umwelt und Klima.

● **Bundesverband Braunkohle**
debriv@braunkohle.de

www.braunkohle.de
Der Bundesverband Braunkohle informiert über Braunkohlengewinnung und -nutzung in Deutschland. Es können u. a. aktuelle Infos zu Emissionshandel, Klimavorsorge, Energieverbrauch, Stromerzeugung und den Vorräten des wichtigsten heimischen Bodenschatzes nachgelesen werden. **(Siehe Abbildung)**

Energie/Solarenergie & Fotovoltaik

Milk the Sun
info@milkthesun.com

www.milkthesun.com
Der Marktplatz bringt Projektentwickler, Investoren und Eigentümer von Fotovoltaik-Anlagen zusammen.

Photovoltaikforum
support@photovoltaikforum.com

www.photovoltaikforum.com
Forum mit vielen hilfreichen Beiträgen zu allgemeinen Themen der Photovoltaik und Informationen zu Solarenergieherstellern.

photovoltaik-guide.de
info@photovoltaik-guide.de

www.photovoltaik-guide.de
Nachrichten aus der Solar- und Photovoltaikbranche.

● **Solarserver.de**
info@solarserver.de

www.solarserver.de
Das meistbesuchte deutsche und international anerkannte Solar-Portal: Informationen zur Solarthermie und Photovoltaik sowie zum solaren Bauen – seit 1997. Nachrichten und Berichte aus Wirtschaft, Politik und Technik. Fachartikel mit Schwerpunkt Solarstrom und Solarwärme: www.solarserver.de. **(Siehe Abbildung)**

Solarserver.de

www.solarserver.de

Photovoltaik-Web.de

www.photovoltaik-web.de
Große Wissensdatenbank und ein Branchenverzeichnis rund um die Fotovoltaik-Anlage.

Solaranlagen-Portal
info@auftragsagentur.net

www.solaranlagen-portal.com
Wissenswertes über Solaranlagen, Informationen, Vergleiche und unverbindliche Angebote von Firmen aus der Nähe.

Top50-Solar
info@top50-solar.de

www.top50-solar.de
Das Portal zum Thema „erneuerbare Energien": Ausführliches Firmenverzeichnis, Expertenplattform, Preisvergleich und News.

Energie/Wind

Bundesverband Windenergie e. V.
info@wind-energie.de

www.wind-energie.de
Grundlagen, Hintergründe und Aktuelles zur Windenergie, dazu Publikationen sowie Infos zum Verband und dessen Aktivitäten.

wind-energy-market.com

www.wind-energy-market.com
Daten zu über 50 auf dem Weltmarkt verfügbaren Windenergieanlagen sowie Kleinwindanlagen und Windenergieexperten.

Windmesse.de
info@windmesse.de

www.windmesse.de
Virtuelle Fachmesse nur für Windenergie. Umfangreiches Branchenverzeichnis: 2.500 Einträge in 68 Kategorien.

Energie/Allgemein

AG Energiebilanzen e.V.

www.ag-energiebilanzen.de
Präsentation von Statistiken aus allen Gebieten der Energiewirtschaft.

energie.de

www.energie.de
Das Informationsportal fördert mit News und Hintergrundwissen zu vielen Energiethemen die Transparenz auf dem Energiemarkt.

Energie/Erdgas

Verivox

www.verivox.de/gas
Tarife der Gas-Anbieter im Überblick mit Informationen zum Wechsel des Gasanbieters.

Entsorgung & Recycling

AbfallScout.de
info@abfallscout.de

www.abfallscout.de
Überregionaler Entsorger mit Bestellportal für die fachgerechte Abfallentsorgung bei Gewerbe, Industrie und Privat.

abfallshop.de
info@abfallshop.de

www.abfallshop.de
Passenden Entsorger für Abfall oder für Dienstleistungen wie Kanalreinigung suchen und online Angebote anfordern.

Recyclingportal
info@recyclingportal.eu

www.recyclingportal.eu
Infoportal für Abfall, Entsorgung, Recycling, Kreislaufwirtschaft und Märkte – aktuelle Nachrichten der Recyclingbranche.

Gentechnik & Biotechnologie

Bionity.com
info@chemie.de

www.bionity.com
Infodienst für die Biotech- und Pharmabranche mit Einkaufsführer, Veranstaltungskalender sowie Branchen-News.

bioSicherheit
info@biosicherheit.de

www.biosicherheit.de
Hintergrundinformationen zu gentechnisch veränderten Pflanzen und den davon ausgehenden möglichen Gefahren für Mensch und Umwelt.

TransGen
info@transgen.de

www.transgen.de
Die Datenbank gibt Auskunft über Produkte, Pflanzen, Zutaten und Unternehmen. Dazu aktuelle Meldungen und ein Lexikon.

Kinder & Jugendliche

● **Greenpeace für Kids**
mail@greenpeace.de

kids.greenpeace.de
Das Portal der Umweltschutzorganisation für Kinder und Jugendliche behandelt aktuelle Themen wie Atomenergie, Klimaschutz, Tier- sowie Naturschutz und berichtet von Projekten sowie Aktionen. In Greenteams können sich Kids organisieren und erhalten so viele nützliche Infos zum Umweltschutz. **(Siehe Abbildung)**

WWF Jugend
jugend@wwf.de

www.wwf-jugend.de
Hier gibt es Aktionen zum Mitmachen, Videos, Praktikumsstellen und interaktive Infografiken über unseren Planeten.

WWF Young Panda
young.panda@wwf.de

www.young-panda.de
Die Kinderseite des WWF informiert spielerisch über bedrohte Tiere und Pflanzen.

Klimaschutz & Treibhauseffekt

atmosfair
info@atmosfair.de

www.atmosfair.de
Klimabewusst fliegen: Flugpassagiere können hier mit einer Spende Klimagase ihrer Flugreise einsparen lassen.

Klimaretter.info
post@klimaretter.info

www.klimaretter.info
Magazin zur Klima- und Energiewende mit Nachrichten, Klimalexikon, mehreren Blogs und „Klima-Lügendetektor".

Greenpeace für Kids   kids.greenpeace.de

Umwelt

Landwirtschaft

agrarheute.com

www.agrarheute.com
Aktuelle Nachrichten aus dem Bereich der Landwirtschaft mit Infos zu Pflanzen, Tieren und Landleben. Mit Jobportal.

Landlive.de

www.landlive.de
Foren, Blogs, Videos und Bilder zu verschiedenen Themen wie Landwirtschaft, Imkerei, Garten und Pferde.

Landtreff.de

www.landtreff.de
Forum für Landwirtschaft, Landtechnik, Forstwirtschaft und Verbraucher.

Landwirtschaft/Ökologische Landwirtschaft

Demeter
info@demeter.de

www.demeter.de
Der Verband für biologisch-dynamische Wirtschaftsweise.

Informationsportal Ökolandbau
info@oekolandbau.de

www.oekolandbau.de
Hilfreiche Informationen zum Ökolandbau für Hersteller, Verarbeiter, Händler und Verbraucher.

Naturland
naturland@naturland.de

www.naturland.de
Naturland präsentiert aktuelle Informationen zum Ökolandbau, zu ökologischer Aquakultur und Wildfisch weltweit.

Nationalparks, Naturparks & Biosphärenreservate

Europarc Deutschland e. V.
info@europarc-deutschland.de

www.europarc-deutschland.de
Dachverband der deutschen Nationalparks, Naturparks und Biosphärenreservate, den „Nationalen Naturlandschaften".

naturparke.de
info@naturparke.de

www.naturparke.de
Informationen über alle 100 Naturparke Deutschlands und deren Angebote für Naturerleben, Erholung, Urlaub.

Natur

Natur-Lexikon
mail@natur-lexikon.com

www.natur-lexikon.com
Ein reich bebildertes Lexikon rund um die Natur. Es umfasst mehr als tausend Tiere, Pflanzen und Pilze.

Naturkatastrophen & Zivilschutz

ACE Zivilschutz
info@alkomat.net

www.ace-markenshop.com
Schutzmasken und Schutzausrüstungen für Epidemien, ABC-Gefahren und Feuer.

Bundesamt für Bevölkerungsschutz und Katastrophenhilfe
internet-redaktion@bbk.bund.de

www.bbk.bund.de
Tipps des Bundesamtes für Bevölkerungsschutz und Katastrophenhilfe (BBK) zur Vorsorge und zum Verhalten im Notfall.

deNIS
denis@bbk.bund.de

www.denis.bund.de
Das BBK bietet aktuelle Informationen und eine Linksammlung zum Thema Bevölkerungsschutz.

Netzwerk Bevölkerungsschutz
Winfried Glass
info@nbwg.eu

www.nbwg.eu
Infos und Hintergrundberichte zum deutschen Bevölkerungsschutzsystem. Ratschläge für individuelle Notfallvorsorge.

Schadstoffe

Kinder-Umwelt-Zentrum
info@reblu.de

www.kinder-umwelt.de
Umweltanalysen, um mögliche Giftstoffe im Wasser, in der Luft
und im Boden zu identifizieren.

Professionelle Bodenuntersuchung
info@bodenanalyse-zentrum.de

www.bodenanalyse-zentrum.de
Bodenanalyse und Bodenuntersuchung. Infos zu Belastungen,
Bodenqualität, Gesundheitsrisiken und zum Boden allgemein.

Raumluftgifte
info@raumluft-analyse.de

www.raumluft-analyse.de
Raumluftanalysen und Infos über Luft, Luftgifte, gesundheitliche
Folgen und spezielle Belastungen nach Räumen.

Schadstoffregister PRTR
info@umweltbundesamt.de

www.prtr.bund.de
Im deutschen Schadstoffregister PRTR erhält man Infos über die
Schadstoffe des Industriebetriebes in der Nachbarschaft.

Strahlenschutz

Bundesamt für Strahlenschutz
epost@bfs.de

www.bfs.de
Liste der SAR-Werte von Handys, Infos zu UV-Strahlung, elektro-
magnetischen Feldern, Kerntechnik und Endlagerung.

Tierschutz

Animal Peace
info@animal-peace.org

www.animal-peace.org
Infos zu Tierrechten und Tierschutz, Flugblätter, Rezepte für Veganer und Links zu Tierrecht- und Tierschutzseiten.

Datenbank Tierversuche
info@datenbank-tierversuche.de

www.datenbank-tierversuche.de
Analyse und Dokumentation der aktuellen Praxis bei Tierversu-
chen: Datenbankabfrage, Lexikon und ein Forum.

Deutscher Tierschutzbund e. V.
bg@tierschutzbund.de

www.tierschutzbund.de
Der Deutsche Tierschutzbund bietet Infos zu Themen wie Schutz
von Nutz- und Haustieren und Forschung ohne Tierversuche.

Pro Wildlife
mail@prowildlife.de

www.prowildlife.de
Pro Wildlife kämpft für den Schutz von Wildtieren und ihrer Le-
bensräume weltweit – vor Ort und auf politischer Ebene.

Umweltbehörden

Bundesamt für Naturschutz
bfn@bfn.de

www.bfn.de
Das Bundesamt für Naturschutz (BfN) berät, forscht, fördert und
informiert in Sachen Natur- und Artenschutz in Deutschland.

Umweltverbände

Bund für Umwelt und Naturschutz
info@bund.net

www.bund.net
Buntes Angebot an News und Aktionen: BUND-Publikationen, Pressemitteilungen, Ökotipps von A bis Z mit interner Suchmaschine.

Deutsche Bundesstiftung Umwelt
info@dbu.de

www.dbu.de
Innovative und beispielhafte Projekte zum Umweltschutz mit Projektdatenbank der einzelnen Umweltprojekte.

Greenpeace Deutschland
mail@greenpeace.de

www.greenpeace.de
Die internationale Umweltschutzorganisation hält aktuelle Umweltnachrichten und ein umfangreiches Umweltarchiv bereit. Hier finden Interessierte umfangreiches Infomaterial zu Themen wie Atomenergie, Gentechnik, Klima- und Meeresschutz, ökologische Land- und Forstwirtschaft sowie Friedenspolitik. **(Siehe Abbildung)**

NABU
nabu@nabu.de

www.nabu.de
Infos zu Projekten und Aktionen, Arten-, Natur- und Umweltschutz, Termine, Jobs, Adressen und ein Ratgeber von A bis Z.

Robin Wood e. V.
info@robinwood.de

www.robinwood.de
Infos zu den Kampagnenschwerpunkten Wald, Tropenwald, Energie und Verkehr. Neues zu Aktionen und ein Magazinarchiv.

WWF Deutschland
info@wwf.de

www.wwf.de
Der WWF konzentriert sich auf den Schutz der Wälder, Meere und Küsten sowie Süßwasser-Feuchtgebiete.

Umweltzeitschriften

Greenpeace-Magazin
gpm@greenpeace-magazin.de

www.greenpeace-magazin.de
Magazin der Umweltschutzorganisation Greenpeace.

Greenpeace Deutschland   **www.greenpeace.de**

natur
redaktion-natur@konradin.de

www.natur.de
Faszination Natur: Filme schauen, News lesen, eigene Fotos präsentieren, Meinung äußern, Reisen buchen.

UmweltMagazin
umweltmagazin@technikwissen.de

www.umweltmagazin.de
Das Entscheider-Magazin für Technik und Management: Aktuelle Meldungen, Veranstaltungshinweise und Firmendatenbank.

Wald

Baumkunde.de
webmaster@baumkunde.de

www.baumkunde.de
Umfangreiche Darstellung von über 500 Baumarten mit großen Fotos der Blätter und der Stämme.

Wald.de
unternehmenwald@wald.de

www.wald.de
Wald.de bietet umfassende Informationen zum Thema Wald und Forstwirtschaft, gibt Rat sowie Tipps für den Verbraucher.

Waldportal
keno.toenjes@waldportal.org

www.waldportal.org
Internet-Portal zu den Wäldern der Erde: Aktuelles, Links, TV-Tipps und News-Service. Taiga, Tropen und heimischer Wald.

Waldwissen.net
info@waldwissen.net

www.waldwissen.net
Wissenschaftlich fundierte Informationen zu Wald und Forstwirtschaft für die Forstpraxis.

Wasser

● **test-wasser.de**
info@test-wasser.de

www.test-wasser.de
Der Spezialist für Wasseranalysen führt Tests von Trink- und Brunnenwasser durch. Wer eine Wasserprobe einschickt, erhält eine Prüfung der Probe u. a. auf Schwermetalle, Wasserhärte, Bakterien, Keime, Legionellen und Uran. Das Ergebnis zeigt die Wasserqualität und mögliche Gesundheitsrisiken auf.
(Siehe Abbildung)

test-wasser.de

www.test-wasser.de

Umwelt

Forum Trinkwasser e. V.
info@forum-trinkwasser.de

www.forum-trinkwasser.de
Studien, Daten, Fakten und Infos zu Verwendung, Qualität und Bedeutung von Trinkwasser als Lebensmittel in Deutschland.

Legionellen Experte
info@salucor.de

www.legionellen-wasser.de
Legionellen-Schnelltests online bestellbar. Außerdem Infos rund um diesen Krankheitserreger.

luh-buerger.de
info@luh-buerger.de

www.luh-buerger.de
Wasseranalysen für das Trinkwasser, Brunnenwasser, Badewasser, Teichwasser oder für den Nachweis von Legionellen.

Wasser.de
info@wasser.de

www.wasser.de
Informationen zu Wasser, Wasserversorgung, Wasserkraft, Verordnungen sowie eine Liste der Ver- und Entsorger.

Wetter & Klima

Deutscher Wetterdienst
info@dwd.de

www.dwd.de
Wetter- und Klimainfos aus einer Hand. Landkreisbezogene Warnungen, aktuelle Wetterdaten, Klimadaten sowie Umweltinfos.

Naturgewalten
wetter@saevert.de

www.naturgewalten.de
Umfangreiche Seite über Naturgewalten mit vielen Erklärungen, Fotos und mehr als 10.000 Links zu den einzelnen Themen.

Unwetterzentrale Deutschland
uwz@meteomedia.de

www.unwetterzentrale.de
Präzise, postleitzahlengenaue Unwetterwarnungen für Deutschland.

Wettervorhersage

Donnerwetter
service@donnerwetter.de

www.donnerwetter.de
Wettervorhersage für Deutschland, auch regional, UV-Prognose, Wind, Pollenflug, Agrar-, Bio-, Straßen- und Reisewetter.

DWD-WetterShop
dwd-shop@dwd.de

www.dwd-shop.de
Vielfältiges, nach Themen sortiertes Angebot an aktuellen Wetterkarten und -daten zum Herunterladen.

Wetter
wetterpost@rtlnewmedia.de

www.wetter.de
Vorhersagen, Schneehöhen, Biowetter, Klimatabellen, Badewetter, Grillwetter, Satellitenfilme, Wetterlexikon und Bauernregeln.

Wetter.com
info@wetter.com

www.wetter.com
Wettervorhersage weltweit, Agrarwetter, UV-Werte, Ozonbelastung, Pollenflug sowie Sport- und Freizeitwetter.

Wetter.net
info@qmet.de

www.wetter.net
Wetterinfos und -vorhersagen für Deutschland und die ganze Welt. Städtewetter, Biowetter, Wetterwarnungen und Wetter-News.

Wetter24
info@wetter24.de

www.wetter24.de
Wetter für Deutschland und die Welt. Mit aktuellen Radar- und Satellitenbildern und täglichen Wetterberichten.

wetteronline.de
support@wetteronline.de

www.wetteronline.de
Wettervorhersagen und Messwerte weltweit, Radarbilder, Wetterkarten, Blitzkarten, Klimadaten, Satellitenbilder.

Urlaub & Reise

erfolgreich-reisen.de
Das Reiseportal

Home | Reisebericht veröffentlichen | Web-Seite anmelden | Presse | Impressum

Länderinfos | Landkarten | Reiseartikel
Reiseberichte | Reiseführer | Surf-Tipps | Reiselinks
Reisevideos | Reisebuchung | Kreuzfahrten | Familienurlaub

Buchtipp zum Thema Urlaub & Reise:

Die besten Web-Seiten zu Urlaub & Reise!

Entdecken Sie die besten Web-Seiten für Ihre Urlaubsplanung!

Aus den Tiefen des Internets wurden viele Surf-Tipps für den Kurz-, Aktiv- und Fernurlaub sowie Reise-Communities, Länderinformationen und Reiseportale herausgefischt. Darunter viele Geheimtipps, die mit den Suchmaschinen im Internet nur schwer zu finden sind!

» Hier können Sie das Buch versandkostenfrei bestellen !

» Weitere Infos...

Links zum Thema Urlaub & Reise:

vit24

Auf dem Vergleichsportal reiseversicherung-vergleich.info kann man einen Versicherungsvergleich für Reiserücktrittsversicherungen durchführen. Der Vergleichsrechner ermittelt die Angebote verschiedener Versicherungsdienstleister und listet die einzelnen Leistungen und Kosten detailliert auf.

www.reiseversicherung-vergleich.info

discountflieger.de

Blitzschneller gratis Preisvergleich von 700 Airlines, direkte Links zur Flugbuchung. Aktuelle Billigflieger-News und Newsletter. Neu: Schnäppchenalarm – Individuelle Flugwünsche angeben und die besten Angebote per E-Mail erhalten. discountflieger.de wurde mehrfach von namhaften Medien ausgezeichnet.

www.discountflieger.de

Reiseartikel:

Eine Auswahl an redaktionellen Artikeln zu vielen sehenswerten Reisezielen finden Sie hier.
» weiter zu den Reiseartikeln ...

Reiseberichte:

Hier können Sie private Reiseberichte zu interessanten Urlaubszielen durchstöbern.
» weiter zu den Reiseberichten ...

Skyscanner Deutschland

Die Flugsuchmaschine vergleicht Flugpreise von über 600 Airlines und 670.000 Flugstrecken weltweit. Neben der klassischen Suchoption können sich Nutzer von einer Routenkarte inspirieren oder sich im Preiskalender die Flugpreise für das gewünschte Flugziel für den ganzen Monat anzeigen lassen.

www.skyscanner.de

Sehnsucht Deutschland

Die Marke, die sich mit auflagestarkem Reisemagazin und Webportal seit März 2007 ausschließlich dem Reisen, Leben und Entdecken in Deutschland widmet. Wandern, Welterbe, Nationalparks, Regionen, Spezialitäten, Städte, Reportagen, hier lernt man Deutschland richtig kennen und lieben.

www.sehnsuchtdeutschland.com

Länderinfos:

Reiseführer:

www.euclaim.de

Euclaim

Ihr Urlaubsflieger nach Mallorca wurde annulliert? Oder haben Sie ein wichtiges Meeting in London verpasst, weil Ihre Airline vier Stunden Verspätung hatte? Dann haben Sie das Recht auf eine Ausgleichszahlung der Fluggesellschaft – doch diese durchzusetzen, ist oft schwierig. EUclaim hilft Ihnen dabei, Ihr Recht auch tatsächlich geltend zu machen, ohne dass Sie am Ende leer ausgehen oder sogar auf Anwaltskosten sitzen bleiben. Auf der Web-Seite können Sie Ihren Problemflug angeben, anschließend wird Ihr Fall individuell geprüft. Das Portal regelt für Sie den nötigen Schriftverkehrt mit der Airline und fordert die Ausgleichszahlung für Sie an.

www.erfolgreich-reisen.de

erfolgreich-reisen.de

Egal ob USA, Thailand oder Türkei – zu nahezu jedem Land der Welt bekommen Reisewillige hier alle wichtigen Infos, sei es zu Klima, Wetter, Gesundheit oder Einreisebestimmungen. Dazu gibt es eine Zusammenstellung der besten Reisereportagen und -berichte im Netz. Damit Sie auch bei der Unterkunft und Ihrem Reiseziel die richtige Wahl treffen, finden Sie darüber hinaus tausende von Hotelbewertungen, jede Menge Urlaubsbilder, persönliche Reisetipps, Landkarten mit Sehenswürdigkeiten und kommentierte Reise-Links. Besser kann man sich nicht auf die Reise vorbereiten!

www.getyourguide.com

GetYourGuide

Sie haben bereits den nächsten Sommerurlaub gebucht und sind jetzt auf der Suche nach spannenden Ausflügen, historischen Sightseeing-Touren oder ausgefallenen Museumsführungen? Bei getyourguide.de wird jeder fündig: Was halten Sie zum Beispiel von einer nächtlichen Fahrradtour durch Paris, einer Bootsfahrt auf den antiken Kanälen der Azteken in Mexiko oder Haifischtauchen in Kapstadt? Wer eher auf der Suche nach einem kulinarischen Abenteuer ist, kann auf zahlreichen geführten Gastronomietouren die lokale Küche ausprobieren oder lernen, wie man einheimische Spezialitäten wie Kokosnusscreme ganz einfach selbst herstellen kann.

www.urlaubdirekt.de

urlaubdirekt.de

Möchten Sie bei der Suche nach dem richtigen Ziel für den nächsten Urlaub in Zukunft keine Zeit mehr verlieren? Im Internet gibt es eine unüberschaubare Anzahl an Reiseangeboten von etlichen Anbietern, die meistens auch noch nahezu identische Reisen vermitteln. Die Reiseexperten des Portals urlaubdirekt.de haben für Sie die aktuellen Reiseangebote der gängigen Veranstalter durchsucht, doppelte Treffer zusammengefasst und präsentieren nur die wirklich empfehlenswerten Reisen zum günstigsten Preis. Egal ob Sie alleine, mit Freunden, Ihrem Partner oder der ganzen Familie verreisen möchten – hier finden Sie schnell Ihren Traumurlaub!

momondo

Im Internet einen preiswerten Flug, Mietwagen oder ein Hotel zu finden, ist nicht immer leicht – schließlich gibt es hunderte von Reiseseiten, die online Flugtickets anbieten oder Apartments und Hotelzimmer vermieten. Die Suchmaschine Momondo durchsucht genau diese Web-Seiten. Egal ob Sie einen Flug nach Paris, ein Zimmer in New York oder einen Stadtführer für Ihren Wochenendtrip in Prag suchen – hier werden alle Suchergebnisse übersichtlich für Sie zusammengefasst. Außerdem finden Sie die Empfehlungen anderer User, die Ihren Urlaubsort bereits besucht haben – auf einer Karte sind alle Locations markiert und sogar nach Ambiente sortiert.

www.momondo.de

swoodoo

Bei der Vielzahl an Flugangeboten kann man leicht den Überblick verlieren. Hier hilft die Flugsuchmaschine swoodoo weiter, die für Sie über 100 Flug-Web-Seiten durchsucht und Ihnen einen schnellen und umfassenden Überblick verschafft. Vergleichen Sie 700 Airlines und buchen Sie direkt beim günstigsten Anbieter! Möchten Sie ein spontanes Wochenende in London oder Madrid verbringen? Dann durchforsten Sie die Rubrik „Wochenend-Flüge" nach dem Topangebot für Ihre Städtereise! Praktisch ist auch die Suchfunktion mit freier Termin- und Ortswahl, bei der Sie die preiswerteste Reisezeit für eine bestimmte Region ermitteln können.

www.swoodoo.com

hotelmaps.com

Sie brauchen für zwei Nächte ein Hotelzimmer – am besten direkt mit Blick auf den Kölner Dom? Kein Problem! Egal, ob Sie während Ihres Städteurlaubs in Paris am liebsten neben dem Eiffelturm aufwachen möchten oder für den Strandurlaub ein Zimmer am Meer buchen wollen – auf hotelmaps.com sind jede Menge freie Hotelzimmer direkt auf einer Karte Ihres Reiseortes eingezeichnet. Einfach Reiseziel und die Anzahl der Mitreisenden auswählen und schon können Sie sich bereits vorab ein genaues Bild über die Lage Ihrer Unterkunft machen. Besonders praktisch: Die Suche kann auch nach Gästebewertung, Preis- und Sternekategorien eingegrenzt werden.

www.hotelmaps.com

Aladoo

Zwei Nächte in einem romantischen Hotel in Paris, eine Städtereise nach Berlin und Tickets für den russischen Staatszirkus oder für die Udo-Lindenberg-Tour – schon ab einem Euro können Sie auf dieser Seite Karten für Konzerte, Musicals und Operetten, Gutscheine für Freizeitparks, Golf-Schnupperkurse, Übernachtungen in Hotels und sogar Urlaub in Ferienhäusern ersteigern. Das Prinzip der Online-Auktion funktioniert ganz einfach: Gewünschtes Angebot auswählen, mitbieten und Daumen drücken! Mit ein bisschen Glück, Spontaneität und gutem Timing können Sie hier besonders günstige und unvergessliche Erlebnisse ersteigern.

www.aladoo.de

Botschaften & Konsulate

erfolgreich-reisen.de
info@erfolgreich-reisen.de

www.erfolgreich-reisen.de
Links zu den Adressen der Botschaften und Konsulate fast aller
Länder mit Öffnungszeiten und Adressen sowie Länderinfos.

Camping

Campen.de

www.campen.de
Forum mit News und Infos zum Camping, Campingplatz-Bewertungen für Europa, Stellplätze und Marktplatz mit Kleinanzeigen.

Camping.de
info@sass.de

www.camping.de
Campingführer mit ca. 50.000 Campingplätzen weltweit. Viele
Links zu den Seiten von Plätzen und Caravananbietern.

camping.info
office@camping.info

www.camping.info
Online-Campingführer mit Bewertungen, Fotos und Beschreibungen von über 23.000 europäischen Campingplätzen.

Caravaning
redaktion@caravaning.de

www.caravaning.de
Ausführliche Wohnwagen- und Zubehörtests, Touren- und Techniktipps sowie News rund ums Camping.

eurocampings.de

www.eurocampings.de
Hier werden über 8.500 geprüfte Campingplätze in ganz Europa
vorgestellt.

selectcamp
info@vacanceselect.de

www.selectcamp.de
Ob Luxus-Zelt oder Mobilheim, auf den Campingplätzen Europas
stellt selectcamp die Unterkünfte schon bereit.

Camping/Camping- & Reisebedarf

CAMPZ
mail@campz.de

www.campz.de
Die passende Ausrüstung und Bekleidung für Camping und Outdoor.

Fritz Berger
info@fritz-berger.de

www.fritz-berger.de
Spezialversandhaus für Camping, Caravaning und Freizeit mit einem reichhaltigen Angebot an Camping- und Caravanzubehör.

Outdoor Renner
info@outdoor-renner.de

www.outdoor-renner.de
Camping-, Trekking- und Outdoor-Ausrüstung. Schuhe, Regenja-
cken, Outdoorhosen und Zelte.

Sport Fischmann
info@sport-fischmann.de

www.sport-fischmann.de
Riesen Auswahl an Outdoor- und Camping-Zubehör, Freizeit- und
Sportartikel. Mit praktischer Maßtabelle.

Camping/Wohnwagen & Reisemobile

Adria-Deutschland
adria@reimo.com

www.adria-deutschland.de
Ausführliche Informationen, Preise, Bilder, Grundrisse und Pano-
ramaansichten zu Adria-Wohnwagen, Vans und Reisemobilen.

Caravaning Info
info@civd.de

www.caravaning-info.de
Tipps und aktuelle Informationen rund um das Thema Urlaub mit
Caravan und Reisemobil sowie regelmäßig neue Reiseberichte.

DRM
info@drm.de

www.drm.de
Deutschlandweit über 300 Reisemobile in acht Kategorien zum
Mieten und online Reservieren.

promobil
redaktion@promobil.de

www.promobil.de
Wohnmobil- und Zubehörtests, Techniktipps, Datenbank mit
Wohnmobilstellplätzen, Camping-News, Reisemobilforum.

Reimo.com
verkauf@reimo.com

www.reimo.com
Große Auswahl an Wohnmobil-Ausbauten, Zubehör, Wohnmobil-technik, Zelten, Campingmöbeln und anderen Freizeitartikeln.

wohnmobil-helden.de

www.wohnmobil-helden.de
Reiselustige können hier das passende Wohnmobil für ihren Urlaub mieten. Zudem Infos zu den schönsten Urlaubszielen.

Wohnwagen-Forum.de
info@wohnwagen-forum.de

www.wohnwagen-forum.de
Forum mit den Themen: Wohnwagen allgemein, Routenplanung, Campingplätzen, Reiseberichte, Messen und Technik.

FKK

fkk-freun.de
fkk@fkk-freun.de

www.fkk-freun.de
Das deutsche FKK-Forum: Beschreibung der besten FKK-Bäder, Seen und Saunen sowie Reiseberichte vom FKK-Urlaub.

Nacktbaden
webmaster@nacktbaden.de

www.nacktbaden.de
Großes Register von FKK-Stränden, Bademöglichkeiten, Saunen, FKK-Campingplätzen und -Hotels in Deutschland und weltweit.

Flughäfen

Airport Nürnberg
info@airport-nuernberg.de

www.airport-nuernberg.de
Interessante Neuigkeiten zum Flughafengeschehen, aktuelle Flugpläne, Passagier- und Besucherinfos, Online-Buchung von Flügen.

● **Dortmund Airport**
service@dortmund-airport.de

www.dortmund-airport.de
Das Online-Portal des Dortmund Airport liefert neben den aktuellen Abflug- und Ankunftszeiten alle Informationen, die man für die Reiseplanung benötigt. Die meisten Flüge ab Dortmund können sogar direkt über die Airport-Webseite gebucht werden – rund 40 Ziele in ganz Europa stehen zur Auswahl. **(Siehe Abbildung)**

Dortmund Airport   **www.dortmund-airport.de**

Berliner Flughäfen
pressestelle@berlin-airport.de

www.berlin-airport.de
Aktuelle Flugpläne, Buchungsmöglichkeiten und Reisehinweise sowie zahlreiche Informationen über die Berliner Flughäfen.

EuroAirport Basel-Mulhouse-Freiburg
info@euroairport.com

www.euroairport.com
Hier bekommt man Auskunft über Ankünfte und Abflüge, Parkplätze und Parkgebühren, Boutiquen, Taxis und Busverbindungen.

Flughafen Dresden
marketing@dresden-airport.de

www.dresden-airport.de
Starten und Landen in Dresden, Verkehrsanbindung, ein Lotse durch den Flughafen, virtueller Rundgang sowie ein Lexikon.

Flughafen Düsseldorf
webmaster@dus-int.de

www.duesseldorf-international.de
Infos rund um den Flughafen Düsseldorf mit umfassenden Flug-, Service- und Parkinformationen.

Flughafen Frankfurt-Hahn
info@hahn-airport.de

www.hahn-airport.de
Der Flughafen präsentiert sein Angebot: Übersicht der Flugpläne, Anfahrtsskizze sowie eine Liste der Dienstleister vor Ort.

Flughafen Leipzig/Halle
information@leipzig-halle-airport.de

www.leipzig-halle-airport.de
Nachrichten rund um den Flughafen Leipzig/Halle, seine Geschichte und eine Buchungsmaschine.

Flughafen München
info@munich-airport.de

www.munich-airport.de
Die Airport-Web-Seite beinhaltet Infos zu Flugplan, Flugsuche, Reiseinfos, Anfahrt, Parken, Shopping, Gastro und Events.

Flughafen Münster Osnabrück
info@fmo.de

www.fmo.de
Flugpläne mit Download-Möglichkeit, Infos zu Airport-Dienstleistern (Hotels, Shops) sowie Servicezone mit 360°-Panoramen.

Flughafen Saarbrücken
info@flughafen-saarbruecken.de

www.flughafen-saarbruecken.de
Informationen rund um den Flughafen, Linien- und Urlaubsflüge ab und nach Saarbrücken sowie Hinweise zur Anreise.

Flughafen Stuttgart
info@stuttgart-airport.com

www.flughafen-stuttgart.de
In Echtzeit werden An- und Abflugdaten angezeigt, Download des Magazins „Flugblatt", Live-Webcams und Parkinformationen.

Frankfurt Airport
info@frankfurt-airport.com

www.frankfurt-airport.de
Online findet man hier alles rund um den Standort Frankfurt Airport City: Reisen, Erleben, Business.

Hannover Airport
info@hannover-airport.de

www.hannover-airport.de
Hinweise zur Anreise, eine sehr übersichtliche Orientierungshilfe, Flugplan, Reiseangebote und Verkehrsanbindungen.

Köln Bonn Airport
information@koeln-bonn-airport.de

www.koeln-bonn-airport.de
Übersichtliche Präsentation von aktuellen Airport-Nachrichten sowie Flug- und Übersichtsplänen, Infos zu Reisezielen.

Flughäfen/Allgemein

Parken am Flughafen
info@parkplatzboerse.de

www.parkplatzboerse.de
Ein Portal zum Vergleich der Preise und Verfügbarkeit für das Parken am Flughafen.

Flughäfen/Flugplanauskunft

Flugplandaten.de
service@flugplandaten.de

www.flugplandaten.de
Infos zu Ankunft und Abflug an jedem größeren Flughafen weltweit für alle, die abfliegen, ankommen oder abholen.

Gesundheitsauskunft

CRM Centrum für Reisemedizin
info@crm.de

www.crm.de
Informationen zur Gesundheitsvorsorge für Reisen. Fortbildungen für Ärzte, Apotheker und Assistenz.

fit-for-travel
redaktion@fit-for-travel.de

www.fit-for-travel.de
Infos zu Gesundheitsrisiken in über 300 Urlaubsländern mit umfangreichen Impfempfehlungen und tagesaktuellem Newsticker.

Reise ohne Durchfall
ucb-info@ucb-group.com

www.reise-ohne-durchfall.de
Reisemedizinische Tipps finden sich auf der Durchfallrisikokarte.

Reisevorsorge.de
info@inst4med.de

www.reisevorsorge.de
Welche Gesundheitschecks und Impfungen man vor der Reise in jedes Land der Erde wahrnehmen sollte, erfährt man hier.

GPS-Touren

Alpintouren.com
office@ids-online.at

www.alpintouren.com
Große Tourenplattform für Outdoorsportarten in Europa. Kletter-, Mountainbike-, Nordic Walking-, Ski- und Wandertouren.

gpsies.com

www.gpsies.com
Plattform zum Austausch für weltweite GPS-Touren. Hier kann man beliebte Touren finden und selbst eigene Strecken eintragen.

gps-tour.info
office@xortex.at

www.gps-tour.info
Hier gibt es eine Auswahl an verschiedenen GPS-Touren mit dem Mountainbike, Rennrad, Motorrad oder zu Fuß.

gps-tracks.com
info@gps-tracks.com

www.gps-tracks.com
Infos über Alpin-, Ski-, Mountainbike- oder Fahrradtouren mit Karten, Zustandsberichten und GPS-Routen.

Länder

erfolgreich-reisen.de
info@erfolgreich-reisen.de

www.erfolgreich-reisen.de
Reiseinfos zu fast jedem Land der Welt: Reiseführer, Einreisebestimmungen, Gesundheitsinfos, Adressen, Klima und Wetter.

Tourismus.de
info@triplemind.com

www.tourismus.de
Weltweites Tourismusportal mit Informationen, Fotos und Buchungsmöglichkeiten zu Ländern, Regionen und Städten.

Landkarten

Deutsche Google Earth Community©

www.globezoom.info
Das große deutsche Internet-Portal für die digitale Erderkundung mit Satellitenfotos aus Google Earth und anderen Quellen.

Google Maps

maps.google.de
Weltweit Adressen finden und auf der Karte oder als Luftbild anzeigen lassen. Außerdem Branchensuche und Routenplaner.

Hot Maps
web@hot-maps.de

www.hot-map.com
Stadtpläne und Landkarten mit Straßensuche, Farbausdruck und Details von vielen Reisezielen Deutschlands, Europas und der Welt.

OpenStreetMap

www.openstreetmap.de
Hier entsteht eine Weltkarte, die von Freiwilligen erstellt wird und die man lizenzkostenfrei nutzen kann.

Stadtplan.net
info@verwaltungsverlag.de

www.stadtplan.net
Interaktive Stadtpläne und Karten aus ganz Deutschland mit Straßensuche, Firmenregister und vielen kostenlosen Tools.

Welt-Atlas.de
info@brennemann-deskkart.de

www.welt-atlas.de
Detaillierte Weltkarte mit Fotos der jeweiligen Region, Länderinfos und Hotelbuchung. Auch Themen- und antike Karten.

Reiseberichte

erfolgreich-reisen.de

www.erfolgreich-reisen.de
Interessante und spannende Reiseberichte zu fast allen Urlaubsländern mit vielen Geheimtipps und Insiderinformationen.

pervan.de
reiseberichte@pervan.de

www.pervan.de
Reiseberichte mit vielen tollen Urlaubsbildern und Reisetipps, die in keinem Reiseführer zu finden sind.

Rastlos.com
reisemeister@gmail.com

www.rastlos.com
Über 2.000 Reiseberichte, vorwiegend von Backpackern.

Reiseberichte
reiseberichte@globetrotter.de

www.reiseberichte.com
Hier finden sich eine Vielzahl von Links zu Reiseberichten aus aller Welt.

Reiseberichte im Netz
feedback@derreisetipp.de

www.derreisetipp.de
Links zu persönlichen Reiseberichten mit zum Teil beeindruckenden Bildern sowie vielen Geheimtipps und Hinweisen.

reiseberichte-blog.com
info@reiseberichte-blog.com

www.reiseberichte-blog.com
Reiseinformationen und Urlaubsberichte über die schönsten Urlaubsziele, Reiseziele und Sehenswürdigkeiten weltweit.

Umdiewelt.de
info@umdiewelt.de

www.umdiewelt.de
Hier findet man über 1.000 Reiseberichte von erfahrenen Reisenden aus über 150 Ländern, sehr viele davon live von unterwegs.

Reiseforen & Reisetipps

Der Reiseknigge
mail@reiseknigge.eu

www.reiseknigge.eu
Wie verhält man sich in fremden Kulturen und Ländern? Dieser Reiseknigge verhindert, dass man ständig in Fettnäpfchen tritt.

erfolgreich-reisen.de
info@erfolgreich-reisen.de

www.erfolgreich-reisen.de
Umfangreiche Reiseinfos: Reisereportagen von Reisejournalisten, Reiseberichte von Travellern, Buchtipps, Reiseführer, kommentierte Reise-Links, Gesundheitsinformationen, Urlaubsfotos, Landkarten mit Fotos und Beschreibungen von Sehenswürdigkeiten sowie viele Reisetipps.

Fernwehforum.de
info@fernwehforum.de

www.fernwehforum.de
Reiseforum zu den Themen Asien, Nordamerika, Südamerika, Australien, Afrika, Europa, Reisepartner und Fluglinien.

Panoramio

www.panoramio.de
Fotos von Sehenswürdigkeiten und Gebäuden aus (fast) jeder Stadt der Welt und Stadtansichten als Satellitenfotos.

strandbewertung.de
info@strandbewertung.de

www.strandbewertung.de
Strände werden von Urlaubern in verschiedenen Rubriken bewertet. Die Beiträge sind redaktionell geprüft.

Travelamigos.de
info@travelamigos.de

www.travelamigos.de
Forum für alles rund um Urlaub: Infos, Urlaubsbilder, Reiseerfahrungen, Reisetipps, Restauranttipps und Reiseberichte.

Weltreiseforum.de

www.weltreiseforum.de
Weltreiseforum mit Infos und Diskussionen zu Reiseplanung, Reiseländern, Gesundheit im Ausland und Reisepartnersuche.

wikitravel.org

www.wikitravel.org
Der weltweite Reiseführer für die beliebtesten Urlaubsländer und Städte. Mit einem Sprachführer.

Reiseforen & Reisetipps/Reise-Communitys

Cosmotourist
info-de@cosmotourist.net

www.cosmotourist.de
Reisende veröffentlichen hier Reisetipps, Reisetagebücher und empfehlen Sehenswürdigkeiten sowie Clubs.

GEO-Reisecommunity.de

www.geo-reisecommunity.de
In der Community kann man Reiseberichte lesen und verfassen sowie den eigenen Merkzettel für die Reiseplanung schreiben.

Globalzoo
info@globalzoo.de

www.globalzoo.de
Die moderne Community mit tausenden von Blogs und Fotos von „Work and Travel" in Australien bis zum Praktikum in den USA.

tripadvisor.de

www.tripadvisor.de
Erfahrungsberichte von Reisenden und Online-Urlaubsplanung.

Tripsbytips
support@tripsbytips.com

www.tripsbytips.de
Die Mitglieder veröffentlichen Reisetipps, Hotelbewertungen, Restaurantkritiken, Reisetagebücher und Reisebilder.

tripwolf
info@tripwolf.com

www.tripwolf.de
tripwolf ist der mobile Reiseführer für den Individualtouristen. Hier veröffentlichen Reisende ihre Reiseerfahrungen.

Reiseführer

erfolgreich-reisen.de
info@erfolgreich-reisen.de

www.erfolgreich-reisen.de
Reiseführer für jedes Urlaubsland kann man hier direkt online bestellen.

Lonelyplanet.de
onlineredaktion@lonelyplanet.de

www.lonelyplanet.de
Redaktionelle Infos und Bilder für Individualreisende zu Zielen weltweit sowie Tipps von Reisenden im Forum.

Marcopolo.de
onlineredaktion@marcopolo.de

www.marcopolo.de
Online-Reiseführer zu Zielen weltweit mit Insider-Tipps, interaktiven Karten sowie Bildern, Videos und Tipps der Community.

Michael Müller Verlag
info@michael-mueller-verlag.de

www.michael-mueller-verlag.de
Mehr als 220 individuelle Reise-, City- und Wanderführer sowie 50 Reise-Apps für Smartphones and Tablets.

Reise Know-How Verlag
info@reise-know-how.de

www.reise-know-how.de
Großes Angebot an Reiseliteratur wie etwa Reise-, Stadt- und Sprachführer, Landkarten oder Wanderführer.

Stefan Loose Travel
info@stefan-loose.de

www.stefan-loose.de
Aktuelle Neuerscheinungen und alle lieferbaren Titel im Zentralkatalog. Reisetipps für Südostasien. Globetrotter-Forum.

Reisegeld

ReiseBank AG

www.reisebank.de
Infos rund um die Themen Reisegeld und Bargeldtransfer mit Online-Bestellung von Reisegeld und Reiseschecks.

Reisepartner

Reisepartner-gesucht.de
info@reisepartner-gesucht.de

www.reisepartner-gesucht.de
Wer verreist schon gerne alleine? Hier können passende Reisepartner gesucht werden. Außerdem Reiseinfos in der Travel-Zone.

Reisezeitschriften

abenteuer und reisen
kontakt@abenteuer-reisen.de

www.abenteuer-reisen.de
Animativ und übersichtlich bietet abenteuer und reisen ausführliche Reiseberichte und Reiseführer zu über 400 Reisezielen weltweit sowie Tipps und Tricks rund ums Reisen. Spezielle Features: über 900 Reisevideos, Reise-Community, tagesaktueller News-Ticker, Wetterservice, Gewinnspiele und Reisebuchungen. **(Siehe Abbildung)**

Clever reisen!
info@clever-reisen-magazin.de

www.clever-reisen-magazin.de
Ansichtsexemplare, Leseproben und Services, viele Tests zu Zielen, Veranstaltern und Airlines. NEU: großer Reise-DVD-Shop.

fliegen-sparen.de
info-fs@fliegen-sparen.de

www.fliegen-sparen.de
Das informative Reiseportal präsentiert täglich News. Dazu Tests, Tipps und Spartricks. Viele Preisvergleiche: Airlines, Pauschalreisen, Last-Minute, Hotels und Mietwagen. Mit nutzwertigen Tipps zu: Reiserecht, Reiseimpfung und Tourtipps. Community und Gewinnspiele. **(Siehe Abbildung)**

GEO Saison.de
webmaster@geo.de

www.geosaison.de
GEO Saison ist die Reisezeitschrift von GEO mit vielen Reportagen und Urlaubstipps.

Merian
info@merian.de

www.merian.de
Auf klar strukturierten, leicht navigierbaren Seiten finden sich über 5.000 Reiseziele mit vielen interessanten Artikeln.

REISE-PREISE.de
verlag@reise-preise.de

www.reise-preise.de
Reiseportal der Zeitschrift REISE & PREISE (seit 25 Jahren). Dank persönlicher Empfehlungen von Reisejournalisten erhält man ein verlässliches Bild von weltweiten Reisezielen. Kostenlose Preisvergleiche für Billigflüge, Mietwagen, Hotels, Last-Minute und Pauschalreisen mit BEST-PRICE-GARANTIE. **(Siehe Abbildung)**

abenteuer und reisen   **www.abenteuer-reisen.de**

fliegen-sparen.de

www.fliegen-sparen.de

REISE-PREISE.de

www.reise-preise.de

Routenplaner

Siehe Kapitel Verkehr   Routenplaner

Sehenswürdigkeiten

GetYourGuide
info@getyourguide.com

www.getyourguide.com
Buchungsplattform für Touren, Ausflüge und Reiseaktivitäten. Von
Sightseeing bis hin zu Haifischtauchen.

Imposante Bauwerke
blog@searchmetrics.com

www.imposante-bauwerke.de
Die beeindruckendsten Bauwerke dieser Welt werden hier redaktionell beschrieben, zum Teil auch mit Bildern und Videos.

Panoramio

www.panoramio.com
Fotos von Sehenswürdigkeiten und Gebäuden aus nahezu jeder
Stadt der Welt sowie Stadtansichten als Satellitenfotos.

Schätze der Welt
schaetze-der-welt@swr.de

www.schaetze-der-welt.de
Porträt der Natur- und Kulturdenkmäler, die von der UNESCO geschützt werden und immer eine Reise wert sind.

Städte

Deutscher Stadtplandienst
stadtplandienst@bln.de

www.stadtplandienst.de
Deutschland, Österreich und die Schweiz im Stadtplanmaßstab:
Zehn Maßstäbe, Straßen- und Objektsuche, Routing, Luftbilder.

⬤ InTown
mail@intownmedia.ch

www.intownguide.info
Das Internetportal ist mit großen Auswahlbuttons speziell für
die Benutzung auf iPad und Smartphones ausgelegt und wird
regelmäßig um neue Städte in Deutschland, Österreich und
der Schweiz erweitert. InTownguide.info bietet Informationen
zu Hotels, Restaurants, Shopping, Wellness, Kunst und Kultur.
(Siehe Abbildung)

InTown   **www.intownguide.info**

Visa

Visum-centrale.de
info@visum-centrale.de

www.visum-centrale.de
Visa für Touristen, Geschäftsreisende. Informationen zu erforderlichen Antragsunterlagen einzelner Länder und Visumanträge.

Webcams

Webcams.travel

www.webcams.travel
Übersicht über die Webcams weltweit.

Aktivurlaub/Bergsteigen & Klettern

DAV Summit Club
info@dav-summit-club.de

www.dav-summit-club.de
Bergreisen weltweit – aktive Natur- und Kulturerlebnisse: Trekking, Bergsteigen, Expedition, Wandern, Klettern, Skitour.

Aktivurlaub/Fahrradreisen & Fahrradtouren

bikemap.net
büro@toursprung.com

www.bikemap.net
Viele Radroutentipps für Training, Urlaub und Ausflugsplanung. Aktuell gibt es über 390.000 Radrouten auf der Web-Seite.

Radreisen-Datenbank, Die
info@fahrradreisen.de

www.fahrradreisen.de
Die große Suchmaschine für Radreisen liefert über 100.000 Reisetermine, Beschreibungen und Informationen zu 800 Radwegen.

Radtouren.de
info@radtouren.de

www.radtouren.de
Das Portal für Radreisende. Wissenswertes, Bücher und etliche Links rund um das Radreisen.

Aktivurlaub/Wandern

Alpen-Guide.de
info@alpen-guide.de

www.alpen-guide.de
Der Reiseführer für die Alpen bietet umfassende Reiseinformationen für die Urlaubsgebiete in den Alpenländern.

fernwege.de
info@fernwege.de

www.fernwege.de
Fernwanderwege für Deutschland, Frankreich, Italien, Österreich, Spanien, die Schweiz und Großbritannien.

Monte
redaktion@monte-welt.com

www.monte-welt.com
Online-Reisemagazin über Berge: Hotels, Hütten, Gasthäuser, Wander-, Urlaubs- und Outdoortipps, Reportagen, Bergfotos.

Planet Outdoor
info@verlagshaus.de

www.planetoutdoor.de
Das Tourenportal mit über 3.000 Touren aus den Bereichen Wandern, Kanu, Rad, Langlauf und Klettersteige.

Wanderbares Deutschland
info@wanderverband.de

www.wanderbares-deutschland.de
Wanderwege und -regionen aus ganz Deutschland. Zusätzlich Tourentipps, Wandergastgeber und weitere Wanderinformationen.

Wanderkompass.de
info@masepo.de

www.wanderkompass.de
Attraktive Wanderziele und Wanderwege mit Wegbeschreibungen, Höhenprofilen und kostenlosen GPS-Tracks.

wandermap.net

www.wandermap.net
Fast 15.000 Tipps für Wanderrouten. GPS-Export möglich.

WanderTipp.de
info@wandertipp.de

www.wandertipp.de
Überregionales Portal für Wanderer und Bergsteiger mit individueller Tourenplanung, Wandertipps, Wanderregionen, Hütten.

Busreisen

Busreisen24
info@busreisen24.de

www.busreisen24.com
Busreisen ab Deutschland europaweit – Städtereisen, Musik und
Musicals, Rundreisen, Kuren und Wellnessreisen.

deinbus.de
info@deinbus.de

www.deinbus.de
Strecken für Fernbusfahrten vorschlagen und sobald sich ausrei-
chend Mitfahrer gefunden haben, findet die Fahrt statt.

Reisebus24.de
info@reisebus24.de

www.reisebus24.de
Das Internet-Portal rund um die Bustouristik: Busreisen, bundesweite Busanmietung für Gruppen, Suchfunktion für Buslinien.

Rotel Tours
info@rotel.de

www.rotel.de
Studien- und Expeditionsreisen mit dem Bus in über 150 Länder.
Detaillierte Reiseprogramme und Routenkarten.

Cluburlaub

Aldiana
servicecenter@aldiana.de

www.aldiana.de
Exklusiver Cluburlaub inklusive ausgiebiger Wellnessprogramme.

Cluburlaub.de
info@cluburlaub.de

www.cluburlaub.de
Angebote für Clubreisen: Robinson-Club, Club Med, Club-Aldiana,
RIU-Clubhotels und Grecotel. Mit Top-Ten-Liste.

Fähren

● **Ferrylines.com**
info@ferrylines.com

www.ferrylines.com
Das große europäische Fährenportal (neu ab März 2012) bietet
seit 8 Jahren umfassende und aktuelle Informationen zu 1.800
Routen in alle 44 Küstenländer Europas. Diese können mit Hil-
fe interaktiver Karten bequem ausgewählt werden. Die meisten
Routen können direkt ohne Aufpreis online gebucht werden.
(Siehe Abbildung)

Ferrylines.com   **www.ferrylines.com**

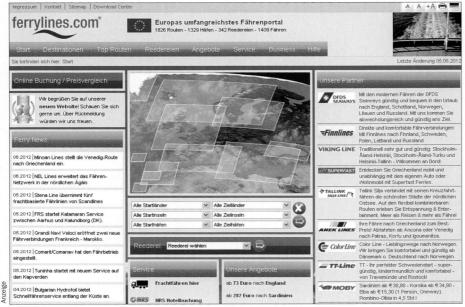

AFerry.de
mail@aferry.de

www.aferry.de
Fähren nach Italien, Griechenland, Korsika, Sardinien, England, Irland, Spanien und Skandinavien.

ocean24.com
ocean24@dertour.de

www.ocean24.com
Bei Ocean24 erhält man Online-Fährtickets aller namhaften Reedereien innerhalb Europas und Nordafrikas.

Seetour24
info@seetour24.de

www.seetour24.de
Auf Seetour24 kann man Tickets für Fähren, Autofähren und Campingfähren buchen.

Flüge & Unterkünfte

ab-in-den-urlaub.de

www.ab-in-den-urlaub.de
Pauschalreisen, Hotels, Flüge, Kreuzfahrten, Städtereisen und Last-Minute-Reisen.

Avigo
service@avigo.de

www.avigo.de
Last-Minute-Angebote, Pauschalreisen, Hotels, Ferienwohnungen, Flüge von über 500 Airlines, Fähren und Städtereisen.

Berge & Meer
info@berge-meer.de

www.berge-meer.de
Berge & Meer bietet zahlreiche Reisen, Specials und aktuelle Urlaubsangebote, die direkt online gebucht werden können.

Binoli
service@binoli.de

www.binoli.de
Auf Binoli kann man seinen Traumurlaub individuell zusammenstellen. Flüge und Hotels lassen sich beliebig kombinieren.

familygo
online@familymedia.de
☎(0991) 29 67 97 30

www.familygo.de
Service rund um den Familienurlaub: familygo ist ein Reiseportal für Familien. Hier findet man Tipps und Infos zum Urlaub mit Kindern und jeden Monat ausgesuchte Angebote für Familien. Eine telefonische Beratung erfolgt von ausgebildeten Reisekaufleuten über eine Hotline. **(Siehe Abbildung)**

familygo   **www.familygo.de**

Cheapflug.de

www.cheapflug.de
Vergleich von Billig- und Linienflügen. Mit einem Reiseführer für die beliebtesten Urlaubsziele.

DER Reisebüro
service@der.de

www.der.de
Der Urlaubsspezialist für individuelle Reisen bietet Pauschalreisen, Kreuzfahrten, Luxusreisen und Schiffsfahrten an.

Expedia.de
service@expedia.de

www.expedia.de
Online-Reisebüro für Flüge, Last-Minute- und Pauschalurlaub, Hotels, Städtereisen, Mietwagen und Reiseschutz.

fluege.de

www.fluege.de
Flüge, Billigflieger und Last-Minute. Mit Airline-Bewertungen.

Flug.de
service@flug.de

www.flug.de
Flüge, Hotels und Mietwagen weltweit sowie Airpässe.

Flughafen.de
info@flughafen.de

www.flughafen.de
Info- und Serviceportal rund ums Fliegen und Reisen.

fly.de
fly@fly.de

www.fly.de
Die clevere Flugsuche Best Mixx kombiniert alle Billig-, Charter- und Linienflüge und zeigt immer den günstigsten Preis.

Fly-east.de
service@fly-east.de

www.fly-east.de
Datenbank für weltweite Linienflüge. Mit Flughafenübersicht und umfangreicher Link-Liste für die Urlaubsvorbereitung.

● **First Class & More**
info@first-class-and-more.de

www.first-class-and-more.de
Insiderportal des „WELT"-Kolumnisten Alexander Koenig mit den besten Spartricks für luxuriöses Reisen: Business oder First Class Flüge zum Economy Preis, exklusive 5 Sterne Resorts zum 3 Sterne Preis, 7er BMW und S-Klasse zum Golf-Preis sowie schneller Statuserwerb bei Lufthansa, Hilton & Co.
(Siehe Abbildung)

First Class & More　　　　　　　　　　**www.first-class-and-more.de**

Anzeige

Gratistours.com
info@gratistours.com

www.gratistours.com
Angebote in den Bereichen Last-Minute-Reisen, Last-Minute-Hotels, Pauschalreisen und Last-Minute-Flüge.

Neckermann UrlaubsWelt
urlaubswelt@neckermann.de

www.neckermann-urlaubswelt.de
Ob Pauschalreisen, Last-Minute-Reisen, Wellnessreisen, Flüge, Hotels oder Mietwagen. Hier wird man garantiert fündig.

Opodo
marketing-de@opodo.com

www.opodo.de
Angebote von über 500 Fluggesellschaften und 65.000 Hotels sowie Mietwagen an 7.000 Standorten weltweit.

OTTO Reisen
kundenservice@otto-reisen.de

www.otto-reisen.de
Last-Minute-Angebote, Pauschalreisen, Flüge, Hotels und Ferienhäuser.

sonnenklar.tv
information@sonnenklar.tv

www.sonnenklar.tv
Die Seite des TV-Senders bietet Reiseangebote aus allen Sparten und „erweckt Reisekataloge zum Leben".

Thomas Cook Online-Reisebüro
online-redaktion@thomascook.de

www.thomascook.de
Pauschal-, Last-Minute- und Individualreisen weltweit sowie attraktive Städtereisen, Flüge und Mietwagen.

Travel Overland
tickets@travel-overland.de

www.travel-overland.de
Angebote für Flüge, Airpässe und Individualreisen sowie Hotels, Städtereisen, Kreuzfahrten und Last-Minute.

● **Flywest.de**
info@flywest.de
☎ (06321) 35 49 90

www.flywest.de
Auf der Seite von flywest.de können Linienflüge, Wohnmobile, Mietwagen und Hotels weltweit gesucht und sofort online gebucht werden. Eine Flughafen-Übersicht, die alle Airports dieser Welt nach Ländern listet, hilft, den Zielflughafen zu finden.
(Siehe Abbildung)

Travel24.com
info@travel24.com

www.travel24.com
Flüge, Hotels, Mietwagen, Pauschal- und Last-Minute-Reisen, Ferienhäuser, Event-Infos und Eintrittskarten.

Travelchannel.de
info@travelchannel.de

www.travelchannel.de
Last-Minute-Reisen, Pauschalreisen, Städtereisen, Flüge, Hotels, Mietwagen, Ferienhäuser und Kreuzfahrten.

TravelScout24
info@travelscout24.de

www.travelscout24.de
Über 70 Reiseveranstalter im unabhängigen Preisvergleich. Hotelbewertungen, Service und Beratung mit kostenlosem Rückruf.

tripado
info@tripado.de

www.tripado.de
Reiseportal für Last-Minute-Flüge, Mietwagen, Hotels, Ferienhäuser, Kreuzfahrten und Führungen zu Sehenswürdigkeiten.

TUI.de

www.tui.com
TUI.de bietet Pauschal- und Last-Minute-Reisen sowie Flüge, Hotels und Mietwagen, die clever kombiniert werden können.

TUIfly.com
marketing@tuifly.com

www.tuifly.com
Auf TUIfly.com findet man neben den touristischen TUIfly-Zielen auch zahlreiche Städte- und Fernreiseziele anderer Airlines.

Urlaub.de
info@urlaub.de

www.urlaub.de
Umfangeiche Reiseangebote und über 76.000 Reisetipps.

weg.de
info@weg.de

www.weg.de
Last-Minute-Angebote, Pauschalreisen, Hotels, Flüge, Mietwagen, Wellnessurlaub, Städtereisen und Ferienhäuser.

● urlaubdirekt.de
verwaltung@urlaubdirekt.de
☎(0228) 688 33 888

www.urlaubdirekt.de
„Die schönsten Clubs für Singles", „die exklusivsten Design-Hotels für Paare" oder Familien-Hotels „mit den tollsten Wasserrutschen in der Türkei": Die urlaubdirekt-Experten haben das Angebot von mehr als 90 Reiseveranstaltern durchforstet und präsentieren themenbezogene Hotel- und Urlaubsempfehlungen.
(Siehe Abbildung)

urlaubdirekt.de   **www.urlaubdirekt.de**

Flüge & Unterkünfte/Last-Minute

Bucher Last Minute
reisecenter1@bucher-reisen.de

www.bucher-reisen.de
Bis zu vier Millionen Angebote zu Nah- und Fernzielen rund um den Erdball sind hier täglich online verfügbar.

lastminute.de
servicecenter@lastminute.de

www.lastminute.de
Angebote für Reisen, Flüge, Hotels oder Wellness. Mit „Flug+Hotel" kann man seine Reisen selbst flexibel kombinieren.

Lastminute4u.de
buchung@lastminute4u.de
☎(0991) 374 11 99 850

www.lastminute4u.de
Lastminute4u.de bietet einen Online-Preisvergleich für Lastminute- und Pauschalreisen, Charterflüge, Mietwagen und Kreuzfahrten. Mit der Bestpreis-Garantie hat man immer die preisgünstigsten Reiseangebote, dazu gibt es wöchentliche Specials.

Lastminute-max.de

www.lastminute-max.de
Skireisen, Very-Last-Minute-Angebote, Reisen bis 299 € und Charterflüge.

L'TUR
kundenservice@ltur.de

www.ltur.de
Über eine Million aktuelle Last-Minute-Angebote, über 5.000 Hotels und mehr als 100 Airlines sowie Angebot der Stunde.

Flüge/Allgemein

Billiger-reisen.de
presse@billiger-reisen.de

www.billiger-reisen.de
Nutzer können hier nach dem billigsten Flug, dem günstigsten Mietwagen und einer preiswerten Hotel-Übernachtung suchen.

● **Flüge mit Skyscanner**
max@skyscanner.de

www.skyscanner.de
Die führende Flugsuchmaschine in Europa vergleicht Flugpreise von mehr als 1.000 Airlines und Reisebüros weltweit und findet dadurch die besten Flugpreise. Der Zugriff auf Hunderte von Informations- und Preis-Quellen sorgt dabei für die Unabhängigkeit der Flugsuchmaschine. **(Siehe Abbildung)**

Flüge mit Skyscanner

www.skyscanner.de

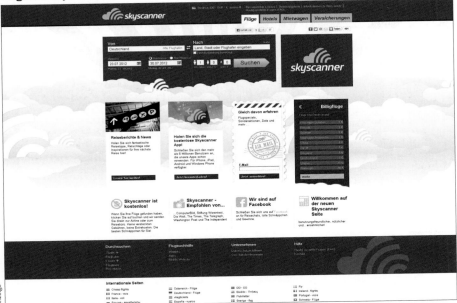

Billigflieger Vergleich

www.billig-flieger-vergleich.de
Angebote von rund 60 Billig-Airlines und über 500 weiteren Fluggesellschaften im direkten Vergleich.

fliegen.com
info@fliegen.com

www.fliegen.com
Auf der Flugsuchmaschine fliegen.com können Flugpreise verglichen und günstige Flugtickets von Anbietern gefunden werden.

flug.idealo.de

flug.idealo.de
Ob Billigflug oder Linienflug – flug.idealo.de durchsucht die Angebote verschiedener Fluglinien, Billigflieger und Reisebüros.

momondo
info@momondo.com

www.momondo.de
Eine Suchmaschine für Flüge, Hotels und Mietwagen. Zudem gibt es Reiseberichte, allerdings größtenteils auf Englisch.

Renego.de
info@renego.net

flug.renego.de
Flugsuchmaschine, die Flugpreise von mehr als 750 Fluggesellschaften abfragt und miteinander vergleicht.

skycheck.com
support@skycheck.com

www.skycheck.com
Vergleich von Flugpreisen diverser Reise-Web-Seiten und kostenlose Preisalarm-Funktion, vertreten in 14 Ländern Europas.

Vielfliegerforum.de
forum@vielfliegerforum.de

www.vielfliegerforum.de
Forum mit Tipps und Tricks (nicht nur) für Vielflieger, mit Diskussionen über die einzelnen Fluggesellschaften.

● **swoodoo**
info@swoodoo.com

www.swoodoo.com
Die Flugsuchmaschine hilft dem User, den günstigsten Flug zu finden. Dazu durchsucht swoodoo mehr als 100 Web-Seiten wie Expedia, Lastminute.de oder Airberlin nach Flügen von über 700 Airlines. swoodoo ist Testsieger im Flugpreisvergleich bei Focus Money, Bild am Sonntag, Computer Bild und GEO Saison.
(Siehe Abbildung)

swoodoo   www.swoodoo.com

Flüge/Fluggastrechte

Euclaim
info@euclaim.de

www.euclaim.de
Diese Plattform ist auf die Durchsetzung von Ausgleichszahlungen gegenüber Fluggesellschaften spezialisiert.

Fairplane
office@fairplane.net

www.fairplane.net
Wenn der Flug verspätet, überbucht oder annulliert ist, hilft Fairplane Schadensersatzansprüche durchzusetzen.

flightright
info@flightright.de

www.flightright.de
Die Betreiber dieser Seite helfen, Entschädigungen bei unvollständig oder nicht erbrachten Flugleistungen durchzusetzen.

Fluggesellschaften/Allgemein

● **airlinetest.com**
info-at@airlinetest.com

www.airlinetest.com
airlinetest.com ist das größte deutschsprachige Bewertungsportal für Flugpassagiere. Über 250.000 Airline-Bewertungen. Daten und Links von über 1.000 Airlines. Dazu Airports, Komfortbewertung, Sitzpläne, Flugsicherheit. Plus: aktuelle News aus der Welt des Fliegens. Neu: Flugpreisvergleich. **(Siehe Abbildung)**

Fluggesellschaften/Billigflieger

Billigflieger.de
support@billigflieger.de

www.billigflieger.de
Kostenloser Preisvergleich von Billig- und Linienflügen sowie von Hotels, Pauschalreisen und Mietwagen.

Qfly
info@qfly.de

www.qfly.de
Suchmaschine für Angebote verschiedener Fluggesellschaften. Alle versteckten Kosten werden bei dem Vergleich gezeigt.

airlinetest.com

www.airlinetest.com

discountflieger.de
df-info@discountflieger.de

www.discountflieger.de
Blitzschneller gratis Preisvergleich von 700 Airlines, direkte Links zur Flugbuchung. Aktuelle Billigflieger-News und Newsletter. Neu: Schnäppchenalarm – Individuelle Flugwünsche angeben und die besten Angebote per E-Mail erhalten. discountflieger.de wurde mehrfach von namhaften Medien ausgezeichnet. **(Siehe Abbildung)**

Kreuzfahrten

e-hoi.de – click and cruise
reisen@e-hoi.de
☎(0800) 80 90 500

www.e-hoi.de
Das reedereiunabhängige Kreuzfahrtportal erfüllt Reisewünsche in alle Weltmeere. Das Angebot reicht von Kurzreisen im Mittelmeer über Kreuzfahrten in der Karibik bis zu Flusskreuzfahrten auf dem Nil. Mehr als 23.000 Kreuzfahrten auf über 400 Schiffen werden zu tagesaktuellen Best-Preisen angeboten. **(Siehe Abbildung)**

Kreuzfahrten.de
info@nees.de

www.kreuzfahrten.de
Online-Reisebüro für Kreuzfahrten. Fluss-, Luxus- und Themenkreuzfahrten, Expeditionen und Frachtschiffreisen.

Kreuzfahrtguide
info@kreuzfahrtguide.com

www.kreuzfahrtguide.com
Porträts von über 200 Kreuzfahrtschiffen, Reportagen und News zu See- und Flussreisen, Routen-Finder und Hafeninfos.

Kreuzfahrten/Schiffsbewertungen

kreuzfahrer.de – „Wir waren an Bord!"
info@kreuzfahrer.de

www.kreuzfahrer.de
Das reedereiunabhängige Portal umfasst über 11.000 Schiffsbewertungen von Kreuzfahrern für Kreuzfahrer. Detaillierte Angaben zu Kabinen, Gastronomie, Entertainment, Service, sowie Sport und Wellness schaffen Transparenz und helfen bei der Entscheidung für die nächste Kreuzfahrt. **(Siehe Abbildung)**

discountflieger.de   **www.discountflieger.de**

1000Kreuzfahrten
service@1000kreuzfahrten.de

www.1000kreuzfahrten.de
Buchungsportal für Kreuzfahrten mit Infos zu Schiffen, Reederei-en, Reisezielen und aktuellen Trends der Kreuzfahrtbranche.

Kreuzfahrten/Frachtschiffreisen

Frachtschiffreisen
frachtschiff@hamburgsued-reiseagentur.de

www.hamburgsued-frachtschiffreisen.de
Von der einwöchigen Kurzreise bis zur mehrmonatigen Weltreise. Auch einfache Überfahrten sind buchbar.

Mietwagen

 autoeurope
reservierung@autoeurope.de
☎(0800) 56 00 333

www.autoeurope.de
Mit einer Firmenerfahrung von bereits 55 Jahren ist Auto Europe ei-ner der führenden Mietwagenbroker. Vermittelt werden Mietwagen aller Kategorien von renommierten Vermietpartnern an über 8.000 Stationen rund um den Globus. Über eine Million Kunden weltweit nutzen den Service von Auto Europe. **(Siehe Abbildung)**

autovermietung.de
info@autovermietung.de
☎(089) 24 44 73 580

www.autovermietung.de
Für alle Destinationen weltweit findet man bei autovermietung.de günstige Mietwagenangebote für den Urlaub oder die Geschäfts-reise. Seit 13 Jahren ist autovermietung.de erfolgreich in der Mietwagenvermittlung tätig und ermöglicht seinen Kunden eine einfache und sichere Online-Reservierung. **(Siehe Abbildung)**

billiger-mietwagen.de
info@billiger-mietwagen.de
☎(0800) 334 334 334

www.billiger-mietwagen.de
Reiselustige finden hier Mietwagen, die bis zu 50% günstiger sind als am Reiseziel vor Ort. Der Produktvergleich umfasst Mietwagen an 40.000 Stationen in 170 Ländern weltweit. Das angeschlosse-ne Reisebüro bietet eine kostenlose Hotline. Stornierungen sind bis 24 Stunden vor Anmietung kostenfrei. **(Siehe Abbildung)**

autoeurope **www.autoeurope.de**

CarDelMar
kontakt@cardelmar.com

www.cardelmar.de
CarDelMar vermittelt weltweit Mietwagen in über 60 Ländern und an über 6.000 Anmietstationen.

holidayautos.de
holi@holidayautos.de

www.holidayautos.de
Ferienmietwagen mit Rundum-Sorglos-Paket für Urlauber. Über 5.000 Mietstationen in mehr als 100 Zielgebieten.

IhrMietwagen.de
info@ihrmietwagen.de

www.ihrmietwagen.de
Preisvergleich verschiedener Anbieter von Mietwagen im Internet. Tagesaktuelle Preise durch Abfragen in Echtzeit.

maki-car-rental.com
mail@maki-car-rental.com

www.maki-car-rental.com
Maki-car-rental.com vermittelt Leihwagen in der Türkei, auf Mauritius und in Neuseeland.

m-broker
info@m-broker.de

www.m-broker.de
Weltweiter Mietwagenpreisvergleich von mehr als 15.000 Stationen in über 80 Ländern.

Mietwagen Check.de

www.mietwagen-check.de
Ein Mietwagenpreisvergleich, der weltweit sowohl Mietwagen-Broker als auch Autovermietungen vergleicht.

Mietwagenmarkt
info@mietwagenmarkt.de

www.mietwagenmarkt.de
Mietwagenmarkt ist der Preisvergleich für Mietwagen weltweit. Es werden über 130 Anbieter und 90.000 Stationen verglichen.

 Mietwagen-Auskunft.de
team@mietwagen-auskunft.de
☎(089) 99 820 99 50

www.mietwagen-auskunft.de
Mietwagen-Auskunft.de ist ein schneller, einfacher und kostenloser Preisvergleich von zahlreichen Autovermietungen weltweit, bei dem auch Wohnmobile in Deutschland und Europa gebucht werden können. Neben Informationen zu den einzelnen Mietwagenpartnern erhält man nützliche Tipps im Mietwagen Blog.
(Siehe Abbildung)

Mietwagen-Auskunft.de

www.mietwagen-auskunft.de

Immer der beste Mietwagen für Ihre individuellen Ansprüche und Wünsche

Mitfahrzentralen

mitfahrgelegenheit.de
drive@mitfahrgelegenheit.de

www.mitfahrgelegenheit.de
Europas Carpooling-Netzwerk, um Mitfahrgelegenheiten zu organisieren. Das Angebot ist einfach, günstig und nachhaltig.

Mitfahrzentrale.de
info@mitfahrzentrale.de

www.mitfahrzentrale.de
Vermittlungsseite für Fahrzeugreisen in Europa: Anmeldung kostenlos, Anzeigen der Fahrertelefonnummern gebührenpflichtig.

Reiseportale

DB Bahn: bahn.de
reiseportal@deutschebahn.com

www.bahn.de
Das Reise- und Mobilitätsportal mit Online-Buchung von Bahnfahrkarten und Reservierungen zum Selbstausdrucken.

erfolgreich-reisen.de
info@erfolgreich-reisen.de

www.erfolgreich-reisen.de
Umfangreiche Reiseinfos: Reisereportagen von Reisejournalisten, Reiseberichte von Travellern, Buchtipps, Reiseführer, kommentierte Reise-Links, Gesundheitsinformationen, Urlaubsfotos, Landkarten mit Fotos und Beschreibungen von Sehenswürdigkeiten sowie viele Reisetipps.

Insiderei
feedback@insiderei.com

www.insiderei.com
Insider geben Reisetipps zu Hotels, Restaurants und Bars, Spas und Einkaufsmöglichkeiten in vielen Ländern der Welt.

living-fine
info@klocke-verlag.de

www.living-fine.de
Das Lifestyle-Portal widmet sich ganz dem Genuss und der gehobenen Lebensart im Internet.

● **Hot Maps**
web@hot-maps.de

www.hot-map.com
Hier findet man Stadtpläne und Landkarten verschiedener Städte und Länder weltweit sowie Weltkarten. Man kann nach Ort bzw. Gebiet suchen. **(Siehe Abbildung)**

Hot Maps   www.hot-map.com

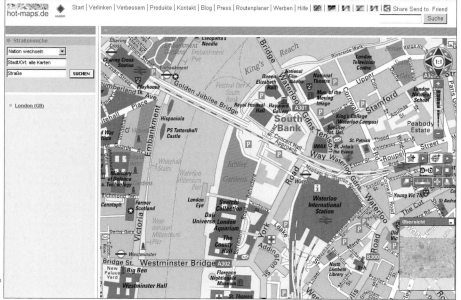

onlineweg.de
info@onlineweg.de

www.onlineweg.de
Große Online-Reisebüroplattform mit zahlreichen direkt buchbaren Angeboten aller namhaften Reiseveranstalter.

Reisegeier
info@reisegeier.de

www.reisegeier.de
Suche von Last-Minute-Reisen, Pauschalreisen, Flügen, Mietwagen und Hotels sowie nützliche Reiseinformationen.

● **smavel**
kontakt@smavel.com

www.smavel.com
Dieses Portal bietet Orientierung bei der Reiseplanung im Internet. Eine geordnete Übersicht von Urlaubsanbietern und Veranstaltern, umfangreiche Informationen, Erfahrungsberichte und Fotos zu zahlreichen Reisezielen sowie praktische Spartipps und eine Checkliste erleichtern die Reisevorbereitung. **(Siehe Abbildung)**

start.de
service@start.de

www.start.de
Das Reiseportal erfüllt Reisewünsche von Individual- und Pauschalreisenden, die sofort online gebucht werden können.

● **Weltweit-Urlaub.de**
anfrage@weltweit-urlaub.de
☎(0211) 668 87 87 777

www.weltweit-urlaub.de
Das Reiseportal hält zahlreiche Urlaubsangebote verschiedener Reiseveranstalter und Reiseanbieter bereit. Die Bandbreite reicht von Pauschalreisen und Last-Minute-Urlauben über Event-, Ski- und Sport- sowie Segelreisen bis hin zu Luxusreisen und Kreuzfahrten. Dazu Ferienhäuser und Ferienwohnungen. **(Siehe Abbildung)**

Reiseveranstalter

ADAC Reisen
service@adac-reisen.de

www.adacreisen.de
ADAC Reisen – hier findet man das passende Angebot für die mobilen Ferien.

Atlasreisen.de
service@atlasreisen.de

www.atlasreisen.de
Bei Atlasreisen.de finden sich viele Schnäppchenangebote für den Familienurlaub.

smavel 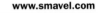 **www.smavel.com**

Attika Reisen
attika@attika.de

www.attika.de
Neben Pauschalreisen eine Vielzahl von individuellen Angeboten wie Insel-Kombis, Rundreisen oder Fährpassagen.

Colibri Travel
info@colibri-travel.de

www.colibri-travel.de
Hier werden Naturreisen nach Costa Rica, Galápagos, Uganda, Kenia, Tansania und in die Antarktis angeboten.

DERTOUR
service@dertour.de

www.dertour.de
Mit einer riesigen Auswahl an kombinierbaren Urlaubs- und Erlebnisbausteinen bietet DERTOUR die ganze Welt des Urlaubs.

Explorer Fernreisen
info@explorer.de

www.explorer.de
Fernreisen nach Asien, Arabien, Afrika, Amerika, Australien, Neuseeland und in die Südsee.

forumandersreisen.de
info@forumandersreisen.de

www.forumandersreisen.de
Zusammenschluss von etwa 130 Reiseveranstaltern, die sich dem nachhaltigen Tourismus verpflichtet haben.

Ikarus Tours
info@ikarus.com

www.ikarus.com
Studienreisen, Erlebnisreisen, Aktivreisen, Expeditionen, Kreuzfahrten und Individualreisen.

itravel.de
info@itravel.de

www.itravel.de
Spezialist für Individualreisen. Maßgeschneiderte Reiseangebote, von der Rundreise über Fernreisen bis zum Luxushotel.

JAHN REISEN
dialog@rewe-touristik.com

www.jahnreisen.de
Hier werden Reisen rund um den Globus angeboten. Man kann Hotels, Flüge, Pauschal- und Last-Minute-Reisen buchen.

Kiwi Tours GmbH
info@kiwitours.com

www.kiwitours.com
Auf weltweite Flug-, Bus- und Bahnreisen sowie Kreuzfahrten spezialisierter Reiseveranstalter. Mit Online-Buchung.

Weltweit-Urlaub.de   **www.weltweit-urlaub.de**

● Lernidee Erlebnisreisen
team@lernidee.de
☎(030) 786 00 00

www.lernidee.de
Europas großer Spezialist für Reisen auf der Transsibirischen Eisenbahn bietet neben der Sonderzugreise Zarengold exklusive Bahnreisen im Süden Afrikas, in Zentralasien, durch Kanada und die USA; dazu Flusskreuzfahrten auf dem Mekong, dem Amazonas und durch Russland plus spannende Individualtouren weltweit. **(Siehe Abbildung)**

MANGO Tours
info@mango-tours.de

www.mango-tours.de
Städtereisen, Sommerreisen, Skireisen, Gruppenreisen, Abireisen, Silvesterreisen sowie Flug- und Eventreisen.

Meier's Weltreisen
service@meiers-weltreisen.de

www.meiers-weltreisen.de
Ob Rundreisen, Badeurlaub oder Studienreisen – Meier's Weltreisen ist der Urlaubsspezialist für alles Ferne.

Neckermann Reisen
online-redaktion@thomascook.de

www.neckermann-reisen.de
Bei Neckermann Reisen findet man seinen Traumurlaub: Flug-, Individual-, Auto-, Städte-, Familien- oder Wellnessreisen.

ÖGER TOURS GmbH
webanfrage@oeger.de

www.oeger.de
Pauschal-, Rund- und Kultur-, Aktiv-, Wellness- und Städtereisen. Last-Minute-Angebote in die Türkei und andere Länder.

Select Holidays
info@selectholidays.de

www.selectholidays.de
Kreuzfahrten, Rundreisen, Flugreisen, Familienreisen, Aktivurlaub oder einfach Unterkünfte kann man hier buchen.

Tischler Reisen
info@tischler-reisen.de

www.tischler-reisen.de
Der Fernreisespezialist arrangiert Individual- und Gruppenreisen. Man findet zudem länderspezifische Reiseinformationen.

traverdo
info@traverdo.de

www.traverdo.de
Anbieter von nachhaltigen Reisen. Strand- oder Wellnessurlaub, Bildungsreise, Abenteuer- und Projekttourismus.

Reiseveranstalter/Abenteuerreisen

e-kolumbus.de – Reisewelten für Entdecker
reisen@e-kolumbus.de
☎(0800) 1492 1492

www.e-kolumbus.de
Weltentdecker finden bei e-kolumbus eine große Auswahl an spannenden Reisen. Das Angebot umfasst über 4.500 Rund-, Erlebnis- und Studienreisen, wobei die Möglichkeit besteht, über eine spezielle Funktion bis zu drei Reisen und deren Verläufe zu vergleichen. **(Siehe Abbildung)**

ONE WORLD Reisen mit Sinnen
info@reisenmitsinnen.de

www.reisenmitsinnen.de
Spezialist für Erlebnisreisen in Asien, Afrika und Europa. Kleine Gruppen, eigene Reiseleitung, ungewöhnliche Reiseprogramme.

Real Gap
info@realgap.de

www.realgap.de
Veranstalter von Auslandsaufenthalten, Karrierepausen, Abenteuer- und Sportreisen.

World Insight Rundreisen
info@world-insight.de

www.world-insight.de
Viele Erlebnisreisen und Entdeckungstouren in exotische und weit entfernte Länder.

Reiseveranstalter/Aktivurlaub

panameo.de
info@panameo.de

www.panameo.de
Ob Erlebnisreise oder Aktivreise – in kleinen Gruppen geht es oft abseits der üblichen Pfade in paradiesische Gegenden.

Sunwave Reisen
info@sunwave.de

www.sunwave.de
Skireisen und Singlereisen, gemeinsam mehr erleben in der Gruppe. Mit Männern und Frauen ähnlichen Alters.

e-kolumbus.de – Reisewelten für Entdecker   **www.e-kolumbus.de**

Reiseveranstalter/Bildungs- & Studienreisen

a&e erlebnis:reisen
anfrage@ae-reiseteam.de

www.ae-erlebnisreisen.de
Getreu dem Motto „Begegnungen in Augenhöhe erleben!" werden außergewöhnliche Individual- und Gruppenreisen angeboten.

BaikalExpress Sibirienreisen
info@baikal-express.de

www.baikal-express.de
Veranstalter von Erlebnis- und Studienreisen in Sibirien, Zentralasien und der Mongolei. Naturnahes Reisen in Kleingruppen.

Rundreisen.de
beratung@rundreisen.de

www.rundreisen.de
Das große Portal für Rundreisen und Erlebnisreisen weltweit mit vielen interessanten Rundreiseschnäppchen.

Studiosus Reisen
tours@studiosus.com

www.studiosus.com
Veranstalter von Studienreisen mit Angeboten für Alleinreisende sowie Städtereisen.

traviada.de
info@traviada.de

www.traviada.de
Studien- und Rundreisen nach Indien, Vietnam, Kanada, China, Australien, Südafrika, Mexiko, Chile, Marokko und die USA.

Reiseveranstalter/Familienreisen

Club Family
service@clubfamily.de

www.clubfamily.de
Familienfreundliche Unterkünfte, wie Hotels, Ferienparks und Ferienhäuser auf einen Blick.

Familienreise.de
info@schmetterling.de

www.familienreise.de
Angebote und Reisetipps für Familienreisen: Pauschalreisen, Autoreisen, Cluburlaub und Kurzurlaub.

Familienurlaub Baden-Württemberg
info@familien-ferien.de

www.familien-ferien.de
Hier präsentieren sich über 20 familienfreundliche Urlaubsorte im Schwarzwald, am Bodensee und auf der Schwäbischen Alb.

Reiseveranstalter/Gesundheits- & Wellnessreisen

beauty24
service@beauty24.de

www.beauty24.de
Dieser Wellnessreise-Spezialist bietet über 8.000 Wellness-Programme in über 650 ausgesuchten Hotels weltweit an.

FIT Reisen
info@fitreisen.de

www.fitreisen.de
Ob Wellness in den Alpen, ein Kurzurlaub, Kultur, Fasten, Wandern oder klassische Ayurveda-Kuren, hier wird man fündig.

Online-Reisebüro Kurreisen.de
info@kurreisen.de

www.kurreisen.de
Online-Reisebüro für Kur-, Wellness- und Beauty-Urlaub mit Kur- und Wellnesslexikon sowie Links zum Thema Gesundheit.

Transmedic
kontakt@transmedic.de

www.transmedic.de
Gesundheitsurlaub mit Krankenkassenzuschuss, Präventionsreisen und Medical Wellness.

Reiseveranstalter/Individualreisen

Accept-Reisen
info@accept-reisen.de

www.accept-reisen.de
Individualreisen und Gruppenreisen nach Kenia, Tansania, Mali, Neuseeland und Algerien.

Aphrodite Travel Lifestyle Reisen
info@aphrodite-travel.de

www.aphrodite-travel.de
Hier gibt es individuellen Urlaub: Hotels und Reisen für Paare und Erwachsene, auch FKK-Urlaub möglich.

Chamäleon Reisen
info@chamaeleon-reisen.de

www.chamaeleon-reisen.de
Fernreisen in Kleingruppen und individuelle Reisen nach dem Motto „Natur erleben – Menschen begegnen".

migrador
info@migrador.de

www.migrador.de
Eine Sammlung von Reiseangeboten spezialisierter Veranstalter fernab des Massentourismus. Angebote sind online buchbar.

singlereisen.de
info@singlereisen.de

www.singlereisen.de
Großes Reiseportal für Singles und Alleinreisende mit verschiedenen Themengebieten wie Sport, Sonne, Action oder Wellness.

tropical-travel.de

www.tropical-travel.de
Der Spezialist für Individualreisen in die Tropen bietet spezielle Informationen für Reisen in tropische Länder.

zielegal.de
info@zielegal.de

www.zielegal.de
Urlaub wählen nach vielen Kriterien wie: Abenteuer und Natur, Romantik und Träumen, Sport, Kultur, Budget und Klima.

Reiseveranstalter/Jugend- & Studentenreisen

CAMPS International
info@camps.de

www.camps.de
Ferien-, Sprach- und Gastschul/High-School-Aufenthalte in aller Welt für Kinder und Jugendliche von sechs bis 19 Jahren.

HEROLÉ-Reisen Klassenfahrten
info@herole.de

www.herole.de
HEROLÉ ist der Veranstalter für Klassen- und Studienfahrten. Europaweit über 100 Reiseziele im Angebot.

Jugendreisen.com
info@jugendreisen.com

www.jugendreisen.com
Portal mit preiswerten Reisen für Jugendliche unterschiedlichen Alters nach Italien, Spanien, Kroatien oder Frankreich.

Ki Ju Reisen
post@kiju-reisen.de

www.kiju-reisen.de
Der Veranstalter für Kinder- und Jugendreisen: Sprachreisen, Klassenfahrten, Jugendurlaub, Ferienlager und Reiterferien.

Luégo Reisen
info@luego.de

www.luego.de
Luégo ist der Spezialist für jugendliches Reisen mit einem vielfältigen Angebot an mehr als 200 Klassenfahrten.

meinejugendreise.de
info@meinejugendreise.de

www.meinejugendreise.de
Online-Marktplatz für Jugendreisen. Die besten Jugendreisen kann man hier finden und miteinander vergleichen.

Ruf Jugendreisen
info@ruf.de

www.ruf.de
Hier findet man viele europaweite Angebote für Jugendreisen für das ganze Jahr sowie nützliche Elterninformationen.

Solegro Jugendreisen
team@solegro.de

www.solegro.de
Große Auswahl an Jugendreisen, Abireisen, Skiurlaub, Städtereisen, Busreisen und Sprachreisen. Mit praktischem Suchfilter.

STA Travel
info@statravel.de

www.statravel.de
Anbieter für Jugend- und Studentenreisen: Flüge, Adventure Touren, Hostels, Mietwagen und Round-the-World-Tickets.

TSC-Jugendreisen
info@jugendreise.de

www.jugendreise.de
Jugendferien und -reisen, Reisen für junge Leute und Ferienlager. Eingeteilt in Altersklassen, Länder und Termine.

Reiseveranstalter/Kurzreisen

Ameropa-Reisen GmbH
reisen@ameropa.de

www.ameropa.de
Reiseveranstalter der Deutschen Bahn: Kurzurlaub Deutschland/ Europa, Städte-, Wellness-, Gourmetreisen, Last-Minute.

daydreams
info@daydreams.de

www.daydreams.de
Bis zu 50 % beim Kurzurlaub sparen: 3.500 Hotels europaweit – für jeden Geschmack das richtige Hotel.

Müller Touristik
info@mueller-touristik.de

www.mueller-touristik.de
Informationen zu Party- und Tagestouren sowie zu Städte- und Schiffsreisen und Infos zu Betriebsausflügen.

Staedte-reisen.de

www.staedte-reisen.de
Informationen zu Sightseeing, Shopping, Hotels und Ausgehen sowie interaktive Karten für Städtetrips.

Reiseveranstalter/Reiturlaub

Reiten.de
info@reiten.de

www.reiten.de
Großes Reitportal mit Suche nach Reiturlaub und Reiterferien, Reitschulen und Ponyhöfen sowie einem Pferdemarkt.

Reiseveranstalter/Seniorenreisen

seniorenreisen.de
info@skan-club-60plus.de

www.seniorenreisen.de
Weltweite, seniorengerechte Reiseangebote für Gruppen, Paare oder Individualreisende ab 60 Jahren.

Tourvital.de
info@tourvital.de

www.tourvital.de
Kur- und Wellnessaufenthalte, Fluss- und Hochseekreuzfahrten, aktive Erlebnisreisen, Langzeiturlaube und Erholungsreisen.

Reiseversicherungen

● **vit24**
info@vit24.de
☎ (05139) 95 81 20

www.reiseversicherung-vergleich.info
Auf dem Vergleichsportal reiseversicherung-vergleich.info kann man einen Versicherungsvergleich für Reiserücktrittsversicherungen durchführen. Der Vergleichsrechner ermittelt die Angebote verschiedener Versicherungsdienstleister und listet die einzelnen Leistungen und Kosten detailliert auf. **(Siehe Abbildung)**

vit24

www.reiseversicherung-vergleich.info

ERV - Europäische Reiseversicherung AG
contact@erv.de

www.reiseversicherung.de
Reiseversicherungen einfach und schnell online buchen bei der ERV, der Europäischen Reiseversicherung AG.

HanseMerkur Reiseversicherung
reiseservice@hansemerkur.de

www.hmrv.de
Reiseversicherungen für Urlaubs-, Gruppen- oder Geschäftsreisen, Au-pairs, Studenten und Schüler sowie Auslandsaufenthalte.

reiseversicherung.com
info@reiseversicherung.com

www.reiseversicherung.com
Wissenswertes zum Thema Reiseversicherung mit Vergleich verschiedener Versicherungsprodukte für Reisende.

Sprachreisen

Siehe Kapitel Bildung & Lernen

Sprachschulen/Kurse & Sprachreisen

Unterkünfte

adults-hotel.de

www.adults-hotel.de
Hotelportal für alle, die einmal Urlaub ohne (ihre) Kinder machen wollen. Viele empfehlenswerte kinderfreie Hotels.

Booking.com
kunden.service@booking.com

www.booking.com
Online-Hotelreservierungen für Geschäfts- und Freizeitreisende in Hotelketten, Airport- und Stadthotels in ganz Europa.

● **Unterkunft.de**

www.unterkunft.de
Auf Unterkunft.de kann man Ferienwohnungen, Ferienhäuser, Herbergsunterkünfte, Campingplätze und Hotels weltweit direkt beim Vermieter buchen. Durch die Abgabe eines Preisgebots auf die gewünschte Unterkunft lässt sich bei erfolgter Zusage des Vermieters bares Geld sparen. **(Siehe Abbildung)**

Unterkunft.de

www.unterkunft.de

DERhotel.com

www.derhotel.com
Hier kann man Hotels und Zimmer für die Geschäftsreise oder Privatreise buchen. Vom Luxushotel bis zur Familienpension.

escapio
jas@escapio.com

de.escapio.com
Hotel-Buchungsplattform für Luxus-, Boutique-, Design-, Bio-, Familien-, Golf- und Schlosshotels.

finehotel.de

www.finehotel.de
Große Auswahl von Lifestyle-Resorts und exklusiver Design-Hotels weltweit mit tagesaktuellen Preisen.

hotel.de
info@hotel.de

www.hotel.de
Gebührenfreier Hotelreservierungsservice für mehr als 210.000 Hotels weltweit. Hotels online in 37 Sprachen buchen.

Hotel-ami.de
info@hotel-ami.de

www.hotel-ami.de
Weltweites Verzeichnis mit großer Auswahl an Gästehäusern und Hotels in verschiedenen Kategorien mit Recherchemöglichkeit.

HRS - Das Hotelportal
office@hrs.de

www.hrs.de
Kostenlose Online-Buchung einer großen Auswahl an Hotels weltweit zu tagesaktuellen Preisen mit Sofortbestätigung.

trivago
info@trivago.de

www.trivago.de
trivago vergleicht die Hotelpreise von mehr als 50 Online-Reisebüros für 500.000 Hotels weltweit.

TVtrip
contact@tvtrip.com

www.tvtrip.de
TVtrip ist ein Hotel-Videoguide und hilft, dank objektiver und professioneller Videos, das richtige Hotel zu finden.

Venere
info@venere.com

www.venere.com
Hotels, Ferienwohnungen, Pensionen und Unterkünfte weltweit. 575.000 Hotelbewertungen.

Bauernhofurlaub.com   **www.bauernhofurlaub.com**

Unterkünfte/Bauernhofurlaub

Bauernhofferien.de
info@bauernhofferien.de

www.bauernhofferien.de
Bauernhofferien in Niedersachsen: Heuhotels, Fewos auf Bauernhöfen, Bett und Box.

● **Bauernhofurlaub.com**
info@bauernhofurlaub.com

www.bauernhofurlaub.com
Das Portal für Urlaub auf dem Bauernhof stellt über 13.000 Ur-
laubsbauernhöfe in Deutschland und Europa vor. Dabei sind über
25.000 ländliche Quartiere auch online buchbar. Die Suche erfolgt einfach über Land, Bundesland und Region, alle verfügbaren
Bauernhöfe werden ausführlich vorgestellt. **(Siehe Abbildung)**

Bauernhofurlaub.de
info@bauernhofurlaub.de

www.bauernhofurlaub.de/bio
Verzeichnis für Urlaub auf dem Bauernhof mit top Bio-Bauernhö-
fen sowie 1.500 weiteren Ferienhöfen in ganz Deutschland.

Landtourismus.de
landtourismus@dlg.org

www.landtourismus.de
Urlaub auf dem Bauernhof in Deutschland: Rund 800 Ferienhöfe
mit DLG-Gütezeichen warten auf Besuch.

Urlaub am Bauernhof in Österreich
office@farmholidays.com

www.urlaubambauernhof.at
Hier werden viele Bauernhöfe in ganz Österreich für den Bauern-
hofurlaub vorgestellt. Mit Online-Buchung.

Unterkünfte/Ferienwohnungen & Ferienhäuser

● **e-domizil – Feriendomizile online**
info@e-domizil.de
☎ (0800) 33 66 49 45

www.e-domizil.de
Die detaillierte Suche von e-domizil macht es leicht, aus über
250.000 Ferienhäusern und -wohnungen in mehr als 80 Län-
dern die geeignete Unterkunft zu finden und online zu buchen.
Zahlreiche Last-Minute-Angebote mit attraktiven Preisen und
Themenangebote wie Urlaub mit Hund runden das Portfolio ab.
(Siehe Abbildung)

e-domizil – Feriendomizile online

www.e-domizil.de

atraveo.de
info@atraveo.de

www.atraveo.de
160.000 Feriendomizile weltweit von bekannten Veranstaltern, regionalen Spezialisten und privaten Vermietern online buchen.

BestFewo.de
info?@?bestfewo.de

www.bestfewo.de
Die deutschlandweite Suchmaschine für Ferienwohnungen bietet eine große Auswahl an Ferienobjekten zu tagesaktuellen Preisen.

Casamundo
info@casamundo.de

www.casamundo.de
Aus zahlreichen Angeboten hochwertiger Reiseveranstalter und Privatvermieter können die Kunden ihr Feriendomizil auswählen.

ferienhuetten.de
info@ferienhuetten.de

www.ferienhuetten.de
Angebote für Urlaub im Ferienhaus sowie Alm- oder Berghütten zum Alleinbewohnen und Selbstversorgen.

ferienwohnungen.de
support@ferienwohnungen.de

www.ferienwohnungen.de
Breites Angebot an Ferienwohnungen, Ferienhäusern und Pensionen weltweit mit ausführlichen Beschreibungen und Fotos.

FeWo-direkt.de

www.fewo-direkt.de
Mehr als 220.000 Ferienhäuser und -wohnungen mit ausführlichen Beschreibungen, Farbfotos und Bewertungen.

INTER CHALET
info@interchalet.com

www.interchalet.com
26.000 Ferienhäuser und Ferienwohnungen, Chalets und (Ski-) Hütten in ganz Europa und Florida/USA. Sommer und Winter.

Novasol
novasol@novasol.com

www.novasol.de
Ferienhausurlaub für Familie, Hund und Co. in einem von über 21.000 Ferienhäusern in 21 europäischen Ländern.

urlaubsregionen.de
info@urlaubsregionen.de

www.urlaubsregionen.de
Zu den schönsten deutschen Urlaubszielen gibt es hier allgemeine Infos, Freizeitangebote und Kontakte zu Unterkünften.

Villanao

www.villanao.de
Villanao bietet 120.000 Ferienwohnungen und Ferienhäuser in ganz Europa und am Mittelmeer.

Unterkünfte/Haustausch

Haustausch
info@homelink.de

www.homelink.de
Datenbank für Haustauscher. Mit eingetragenen Tauschpartnern aus der ganzen Welt.

haustauschferien.com
admin@haustauschferien.com

www.haustauschferien.com
30.000 Angebote aus 130 Ländern – einfach und sicher zu den Traumferien.

Unterkünfte/Hotelbewertungen

Hotelkritiken.de
info@hotelkritiken.de

www.hotelkritiken.de
Hotelkritiken.de ist ein unabhängiges und vertrauenswürdiges Verbraucherportal mit Hotelbewertungen, Fotos, Reiseberichten, Reisetipps, Foren, Kreuzfahrtbewertungen und Verbraucherinfos. In rund 124 Ländern weltweit kann man Erfahrungen anderer Gäste zu Hotels, Rundreisen oder Schiffen nachlesen.

HolidayCheck
info@holidaycheck.de

www.holidaycheck.de
Über 900.000 weltweite Hotelbewertungen mit Urlaubsfotos sowie Schiffsbewertungen, Reisevideos und ein Reiseforum.

holidayranking.de

www.holidayranking.de
Hotelbewertungen, Urlaubsbilder und ein Reiseforum.

Holidaytest
service@reisen.de

www.holidaytest.de
Urlauber testen Urlaubshotels und nehmen dabei kein Blatt vor den Mund. Außerdem kann man Hotels und Flüge buchen.

wowarstdu.de

www.wowarstdu.de
Bewertungsportal mit Reisebüro-Expertentipps.

Unterkünfte/Hotel-Preisvergleiche

Bettenjagd.de
info@bettenjagd.de

www.bettenjagd.de
Suchmaschine mit umfangreichen Filterfunktionen für Hotels, Pensionen, Hostels, Ferienhäuser sowie Apartments weltweit.

Discounthotel.de
info@marktcontrol.de

www.discounthotel.de
Mit einem Klick über 30 Hotelportale weltweit im Preisvergleich, dazu ausgewählte Hoteltipps und Schnäppchen.

Hotel Reservierung

www.hotelreservierung.de
Weltweit günstige Hotels mit tagesaktuellen Gästebewertungen.

hotelmaps.com

www.hotelmaps.com
Über 900.000 Hotelangebote weltweit im Preisvergleich. Praktisch: Die Ergebnisse werden auf der Stadtkarte angezeigt.

Hotels Combined

www.hotelscombined.de
900.000 weltweite Hotelangebote von über 30 Online-Anbietern im Vergleich.

● **McHOTEL.de**
info@marktcontrol.de

www.mchotel.de
Meta-Hotelpreis-Suchmaschine mit über 100 Hotelportalen weltweit im Vergleich mit einem Klick für Urlaub, Geschäftsreisen oder Wochenend-Trips. McHOTEL.de wurde schon mehrfach von namhaften Medien ausgezeichnet. Zusätzlich: echte Gästebewertungen, Bilder, Beschreibungen und Karten zum gewünschten Hotel. **(Siehe Abbildung)**

McHOTEL.de   **www.mchotel.de**

Unterkünfte/Beauty- & Wellnesshotels

Beauty Hotels
info@beauty-hotels.com

www.beauty-hotels.com
Die besten Beauty-Hotels in Deutschland, Europa und weltweit sowie Berichte über die neuesten Trends und Produkte.

Beauwell.com
info@beauwell.com

www.beauwell.com
Wellnesshotels und Resorts in über 25 Ländern sowie Kreuzfahrtschiffe und Routen auf allen Weltmeeren. Mit Wellnesslexikon.

Kuren und Wellness TV
service@kurenundwellness.tv

www.kurenundwellness.tv
Hier findet man schöne Kur- und Wellnesshotels – ausführlich beschrieben, mit schönen Fotos und Videos vorgestellt.

Relax Guide
redaktion@relax-guide.com

www.relax-guide.com
Der kritische Wellness-Guide mit 2.000 Hotels für Wellnessurlaub – anonym getestet und mit Lilien bewertet.

SPANESS - business meets paradise
info@spaness.de

www.spaness.de
Nach Regionen geordnete Wohlfühlangebote in ausgesuchten Hotels, Wellness-Oasen, Day Spas und exquisiten Einrichtungen.

Wellness.info

www.wellness.info
Suche nach Beauty- und Wellnesshotels mit Wellnesseinrichtungen sowie aktuelle Wellnessthemen und ein Wellnesslexikon.

Wellnessfinder
info@topinternational.com

www.wellnessfinder.com
Wellnessangebote aus elf europäischen Ländern. Außerdem ein Wellness-ABC, Wellnessrezepte und eine Tippsammlung.

Unterkünfte/Jugendherbergen

Deutsches Jugendherbergswerk
service@djh.de

www.jugendherberge.de
Hier kann man online Übernachtungen buchen sowie Programme und Reiseangebote für Familien und Gruppen entdecken.

Unterkünfte/Privatunterkünfte

9flats.com
info@9flats.com

www.9flats.com
Urlaub im Landhaus oder in der Stadtwohnung. Hier findet man die schönsten Unterkünfte auf der ganzen Welt.

airbnb
support@airbnb.de

www.airbnb.de
Online-Markt für private und kommerzielle Unterkünfte. Mit Empfehlungen und Bewertungen.

belodged.com
public@belodged.com

www.belodged.com
Hier findet man einfache und kostenlose Unterkünfte bei Privatpersonen auf der ganzen Welt.

couchsurfing.org

www.couchsurfing.org
Auf dieser englischsprachigen Web-Seite bieten Privatpersonen ihre Couch kostenlos zum Übernachten an.

Ferienhaus und Ferienwohnung
info@plip.net

www.ferienhaus-privat.de
Vermietungen von ca. 2.300 Ferienwohnungen und Ferienhäusern in über 50 Ländern weltweit direkt vom Vermieter.

gloveler
mail@gloveler.com

gloveler.de
Plattform, auf der man Privatunterkünfte weltweit anbieten und buchen kann. Gäste geben Bewertungen der Unterkünfte ab.

Homelidays

www.homelidays.de
Vermietung privater Ferienwohnungen, Ferienhäuser und Gästezimmer weltweit.

HouseTrip

www.housetrip.com
Eine Alternative zu Hotels: Privatunterkünfte in vielen großen
Städten weltweit. Nach verschiedenen Kriterien suchbar.

tourist-online.de
mail@tourist-online.de

www.tourist-online.de
Hier können Urlaubssuchende aus über 192.000 Ferienwohnungen und -häusern wählen. Viele Angebote sind direkt von Privat.

Wimdu
contact@wimdu.com

www.wimdu.de
Man findet mit wimdu Privatunterkünfte auf der ganzen Welt. So
kann man direkten Kontakt zu den Einheimischen bekommen.

Unterkünfte/Reiseauktionen & Reiseschnäppchen

Aladoo
kundenservice@aladoo.de

www.aladoo.de
Auktionsportal für Städtereisen, Kurzurlaub, Veranstaltungen,
Freizeitparks sowie Übernachtungen in Hotels.

bietundweg.de
info@bietundweg.de

www.bietundweg.de
Internetportal für Hotel- und Freizeitauktionen. Derjenige, der am
Ende der Höchstbietende ist, bekommt einen Gutschein.

TripTroll
hallo@triptroll.de

www.triptroll.de
Eine Reise-Schnäppchen-Community. Reisefans teilen hier billige
Flüge, günstige Hotels und Reiseschnäppchen mit.

Afrika

afrika-travel.de
info@afrika-travel.de

www.afrika-travel.de
Portal über Reisen nach Afrika mit Länderinfos, News, Fotos, Reiseberichten und interessanten Artikeln.

Afrika/Ägypten

Aegypten.com
info@triplemind.com

www.aegypten.com
Land und Leute, Kultur und Geschichte, Urlaub und Reisen, Sehenswürdigkeiten und aktuelle Informationen.

ägypten

de.egypt.travel
Die offizielle Seite des ägyptischen Fremdenverkehrsamts bietet alle relevanten Infos für eine Reise ins Land am Nil.

Ägypten Spezialist

www.aegypten-spezialist.de
Hier findet man Infos zu Reiseanbietern, Land und Leuten, zum Ägypten von heute und dem alten Ägypten mit seinen Göttern.

Afrika/Namibia

Allgemeine Zeitung Namibia
azinfo@az.com.na

www.az.com.na
Diese deutsche Zeitung veröffentlicht Touristeninfos, Reiseberichte und Nachrichten über aktuelle Ereignisse in Namibia.

Namibia Travel Online
sun-service@natron.net

www.natron.net
Seit 16 Jahren: die „Gelben Seiten" für den Tourismus in Namibia. Nun auch fürs Smartphone. Vom Hotel bis zum Campingplatz – direkt buchbar beim Anbieter. Die Namibia-Karte bietet Übernachtungen nach Regionen. Die Rubrik „Jagdfarmen/Jagdsafaris" bietet alles für den passionierten Jäger. **(Siehe Abbildung)**

Namibia Travel Online   **www.natron.net**

namibia-info.net
contact@namibia-info.net

www.namibia-info.net
Online-Reiseführer für Namibia: Beschreibung der verschiedenen
Regionen und Städte, illustriert mit eindrucksvollen Bildern.

Afrika/Südafrika

Dein Südafrika
info.de@southafrica.net

www.dein-suedafrika.de
Ausführliche Infos zu Stränden, Städten und Nationalparks in
Südafrika. Außerdem ein schönes Bildarchiv mit Impressionen.

Südafrika.net

www.suedafrika.net
Informationen zu Reisezielen, Wild- und Naturparks, Geologie und
Klima, Bevölkerung und Reiserouten in Südafrika.

Afrika/Tunesien

Tunesien
info@tunesien.info

www.tunesien.info
Wissenswertes über Anreise, Kulinarisches, Sportmöglichkeiten,
Wetter und Ausflugsziele für den nächsten Tunesien-Urlaub.

Afrika/Uganda

Safari in Uganda
info@safari-in-uganda.com

www.safari-in-uganda.de
Das Uganda-Portal bietet Informationen zu Hotels, Unterkünften, Reisebüros, Safari-Veranstaltern und Autovermietern vor
Ort. Damit lassen sich Safaris individuell planen oder Dienstleister für Uganda finden. Zudem gibt es viele Informationen
zu Land, Leuten, Sehenswürdigkeiten und den Nationalparks.
(Siehe Abbildung)

Safari in Uganda　　　　**www.safari-in-uganda.de**

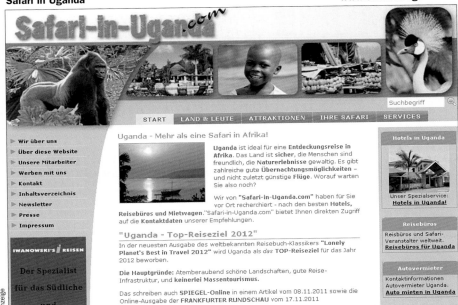

Amerika/Lateinamerika/Brasilien

Brasilien in XXL
info@brasilien.de

www.brasilien.de
Brasilien hautnah erleben: Exklusive Reiseangebote, Reiseführer und Kartenmaterial. Kostenlose Beratung und Direktbuchung.

Brasilien-Portal
info@brasilienportal.ch

www.brasilienportal.ch
Große Brasilienplattform mit umfassenden Informationen über Kultur, Land und Leute, Reisetipps, Flora, Fauna und mehr.

Amerika/Lateinamerika/Kolumbien

Kolumbienforum.net
colombia@catholic.org

www.kolumbienforum.net
Ein Forum über Kolumbien zu den Themen: Auswandern, Reisen, Musik, Kultur, Geschichte, Sport und Politik.

Amerika/Lateinamerika/Kuba

Kubaforum von Habanero, Das

www.kubaforen.de
Großes Forum, in dem man sich über das Land Kuba und seine Besonderheiten austauschen und informieren kann.

Amerika/Lateinamerika/Mexiko

Mexico-Community
mexico_community@omex.de

www.mexico-mexiko.com
Die Mexiko-Community bietet zweisprachige Foren und informiert über Mexiko sowie das mexikanische Leben in Deutschland.

Amerika/Lateinamerika/Paraguay

Paraguay Online-Magazin, Das

www.paraguay-online.net
Online-Magazin zu allen Lebensbereichen in Paraguay mit Reise-tipps und einem Verzeichnis wichtiger Adressen.

Amerika/USA & Kanada

Amerika Forum
info@ingelmannmedia.de

www.amerika-forum.de
Diskussionen rund um Reisen nach Amerika sowie Auswandern, Leben und Arbeiten in den USA und Kanada.

Das Kanada Forum

www.kanada-forum.net
Das Forum bietet alle nötigen Infos für eine Kanadareise zu Ein-reisebestimmungen, Flügen und Unterkünften.

Florida Sun
mail@floridasunmagazine.com

www.floridasunmagazine.com
Tipps zu den traumhaftesten Stränden, den aufregendsten The-menparks und den schönsten Hotels in Florida.

FLORIDAJournal.de
info@floridajournal.de

www.floridajournal.de
Deutschsprachiges Online-Magazin für den Sunshine-State Flori-da mit Vorstellung von Reisezielen, Restaurants und Hotels.

Hawaii

www.gohawaii.com/de
Reisetipps, Infos zu den sechs großen Inseln und ein nützliches Hawaii-Reisehandbuch.

MeinKanada Reiseplaner
info@meinkanada-reisebuero.de

www.meinkanada-reiseplaner.de
Umfangreiche Infos zur Reiseplanung nach Kanada: Kanadas Städte und Provinzen, Reiseberichte und -angebote.

NewYork.de
info@newyork.de

www.newyork-ticketshop.de
Städtereisen und Eintrittskarten für New Yorker Attraktionen kann man hier schon vor der Reise online bestellen.

TalkAboutUSA.com

www.talkaboutusa.com
Großes Forum zum Austausch über Leben und Reisen in den USA.

The American Dream
info@americandream.de

www.americandream.de
Alles zum Thema Leben und Arbeiten in Amerika: Infos zu US-Visa, Online-Anmeldung zur GreenCard-Lotterie sowie Beratung.

Trans Canada Touristik
info@trans-canada-touristik.de

www.trans-canada-touristik.de
Kanada-Reisen: Wohnmobile, Mietwagen, Flüge, Hotels und Erlebnisreisen durch die beliebtesten Regionen Kanadas.

USA.de
info@usa.de

www.usa.de
Kurzbeschreibungen zu Staaten und Städten sowie Karten und Links zu Reiseveranstaltern.

● **USA-Reise.de**
redaktion@usa-reise.de

www.usa-reise.de
Eine große Reise in die USA oder nach Kanada geplant? Dieses Reiseportal von Fans für Fans bietet ausführliche Informationen zu den beliebten nordamerikanischen Reisezielen in Form von Fakten, Tipps, einer Bildergalerie und vielen Reiseberichten. Zusätzlich lädt ein Forum noch zum direkten Austausch ein.
(Siehe Abbildung)

Asien/China

China-Guide

www.china-guide.de
Informationen über die Volksrepublik China, Reisen, Chinaforum, chinesischer Medizin, Rezepten, Kultur und Wirtschaft.

Chinaseite.de
info@chinaseite.de

www.chinaseite.de
Infos über die Volksrepublik China. Geschichte, Politik, Reise und ein Studienführer Sinologie.

DiscoverHongkong
frawwo@hktb.com

www.discoverhongkong.com
Infos und Tipps zur Metropole: Sehenswürdigkeiten, Veranstaltungen, Shopping-Guide, Landschaft, Kultur und asiatische Küche.

USA-Reise.de   www.usa-reise.de

Asien/Georgien

Georgien Galerie
webmaster@georgien.bilder-album.com

www.georgien.bilder-album.com
Riesige Bildergalerie: Darstellung von Regionen, Sehenswürdigkeiten, Menschen und der Kultur Georgiens.

Asien/Indien

India Tourism
info@india-tourism.com

www.india-tourism.de
Infos zu Indienreisen, indischer Kultur (Einkaufen, Feste oder Märkte) sowie Adressen zu Reiseveranstaltern und Unterkünften.

● **Indien Aktuell**
info@indienaktuell.de

www.indienaktuell.de
Das Kommunikations- und Informationsportal rund um Indien bietet alle wichtigen Informationen zu Themen wie Reisevorbereitung, Reiseberichte, Rezepte, Reisepartner, Termine und Veranstaltungen, Kontaktadressen, Hotels und Unterkunftstipps. Im Forum können eigene Erfahrungen und Tipps ausgetauscht werden. **(Siehe Abbildung)**

Asien/Iran

Iran-Now Network
info@iran-now.net

www.iran-now.net
Aktuelle News aus dem Iran zu Politik, Wirtschaft, Musik, Kultur und Geschichte sowie ein großes Forum mit vielen Infos.

Iran-today.net
info@true-illusions.com

www.iran-today.net
Wissenswertes zu Geschichte, Kunst, Kultur und Gesellschaft des Irans, der persischen Küche, Bildergalerie und Reiseinfos.

Asien/Kambodscha

kambodscha-info.de

www.kambodscha-info.de
Im Forum gibt es Reiseberichte, Tipps zur Reise, Reisepartner und Hinweise zu Gästehäusern und Hotels.

Asien/Korea

Tour2Korea.com
kntoff@euko.de

german.visitkorea.or.kr
Auskünfte und kostenfreies Infomaterial erhält man bei der koreanischen Zentrale für Tourismus.

Asien/Laos

Laos-community.de

www.laos-community.de
Forum mit Infos über die einzelnen Provinzen, Flug- und Bahnverbindungen sowie Reiseberichte der Forumsmitglieder.

Asien/Malaysia

Malaysia Tourism Promotion Board
info@tourismmalaysia.de

www.tourismmalaysia.de
Reisetipps von Einreise bis Zeitverschiebung, Sehenswürdigkeiten, Regionen Malaysias sowie Tauchen, Rafting oder Golf.

Asien/Myanmar

Myanmar-guide.de
feedback@myanmar-guide.de

www.myanmar-guide.de
Hier findet man fundierte Infos zu Land und Leuten und was man bei der Einreise nach Myanmar (Burma) beachten sollte.

Asien/Philippinen

Philippinenforum Deutschland
webmaster@philippinenforum.net

www.philippinenforum.net
Im Online-Forum kann über die Themen Urlaub, Unterkünfte, Behörden und Leben auf den Philippinen diskutiert werden.

Asien/Sri Lanka

Srilanka.travel
info@srilankatourism.de

www.srilanka.travel
Infos zu Lage, Klima, Geschichte, Lebensart sowie Fauna und Flora Sri Lankas. Viele hilfreiche Touristentipps.

Asien/Taiwan

Taiwan Reise
info@taiwantourismus.de

www.taiwantourismus.de
Praktische Hinweise und kostenloses Informationsmaterial zu Reisezielen, Freizeitangeboten und Kultur in Taiwan.

Asien/Thailand

nittaya.de
info@nittaya.de

www.nittaya.de
Thailandforum mit vielen interessanten Rubriken wie Touristik, Literarisches, Essen und Trinken oder Ehe und Familie.

Thailand-info.de
info@thailand-info.de

www.thailand-info.de
Auf dieser Seite kann man sich über die Geschichte, das Leben, Reisewege und Sehenswürdigkeiten in Thailand informieren.

Thailändisches Fremdenverkehrsamt
info@thailandtourismus.de

www.thailandtourismus.de
Informationen für Thailandreisende: Veranstaltungen, Reiseziele, Thai-Küche, Einkaufstipps, Bilder und mehr.

Thailand-reisetipps.de

www.thailand-reisetipps.de
Übersichtliches Informationsportal für das Reiseziel Thailand. Mit Diskussionsforen für den Erfahrungsaustausch.

Indien Aktuell   **www.indienaktuell.de**

Thailands Inseln
info@thailands-inseln.de

www.thailands-inseln.de
Trauminseln und Inselträume. Informationen, Fotos, Tipps, Hotel- und Resortbuchung und Beratung.

Thailandsun.com
infomail@thailandsun.com

www.thailandsun.com
Der interaktive Thailand-Reiseführer mit über 1.300 Seiten, 4.500 Fotos und 150 Videos weckt die Reiselust.

Asien/Vietnam

forum-vietnam.de
info@forum-vietnam.de

www.forum-vietnam.de
Diskussionsforum zu den Themen Reisen nach und in Vietnam, Städte und Dörfer Vietnams, Kultur, Tradition und Geschichte.

vietnam-freunde-forum.com
info@vietnam-freunde-forum.com

www.vietnam-freunde-forum.com
Ein Forum, in dem alle Fragen zu Vietnam beantwortet werden. Auch viele Reisetipps sowie Berichte zur Kultur und Geschichte.

Europa/Baltikum

Ebden Reisen - Das Baltikum Reisebüro
info@ebden-reisen.de

www.ebden-reisen.de
Der Reisespezialist für das Baltikum bietet auf seiner Seite Reisen nach Estland, Lettland und Litauen an.

Travel.lt

www.travel.lt
Touristische Informationen rund um Litauen, seine Regionen, Sehenswürdigkeiten, Nationalparks und Unterkünfte.

Europa/Belgien

Belgien Tourismus
info@belgien-tourismus.de

www.belgien-tourismus.de
Kultur, Freizeit, Unterkünfte, Restaurants für Wallonie und Brüssel. Infos über Land, Leute, Antik- und Trödelmarktliste.

flandern.com
info@flandern.com

www.flandern.com
Reiseangebote, Routenplaner und touristische Informationen zu Flanderns Küste, Kunst und Kultur.

Europa/Bulgarien

visitBG.de
info@visitbg.de

www.visitbg.de
Reiseportal für Bulgarien: Reise- und Länderinformationen, Urlaubstipps, Hotel-Finder sowie Sehenswürdigkeiten.

Europa/Dänemark

Bornholm.de
info@triplemind.com

www.bornholm.de
Infos zu Bornholm. Außerdem kann man ganze Reisen, Ferienhäuser oder den Fährentransfer buchen.

DK-forum.de
redaktion@dk-forum.de

www.dk-forum.de
Infos zum Leben und Arbeiten in Dänemark, Vorstellung dänischer Traditionen und Kultur sowie ein großes Forum.

Ferienhäuser in Dänemark
info@sonneundstrand.de

www.sonneundstrand.de
Große Auswahl von Ferienhäusern für Ziele wie Bornholm, Jütland, Seeland, Djursland, Limfjord, Fünen, Lolland und Falster.

Grönland Reiseführer
d.schaeffer@nea-net.de

www.groenlandinfo.de
Interessante Tipps für Reisen nach Grönland mit Angaben zur Landeskunde, zur Geschichte der Inuit sowie zum Klima.

VisitDenmark
daninfo@visitdenmark.com

www.visitdenmark.com
Infos zu Dänemarks Regionen, Unterkunft, Attraktionen und Aktivitäten sowie Angebote, Spiele, Shop und Online-Buchung.

Europa/Finnland

Visitfinland.de
finnland.info@mek.fi

www.visitfinland.de
Angaben über die verschiedenen Reiseregionen Finnlands, Reiseveranstalter und Wissenswertes von A bis Z.

Europa/Frankreich

Corseweb

www.corsica.net
Informationen und hilfreiche Tipps zu Unterkünften und Urlaubsaktivitäten wie Rafting, Tauchen oder Fischen auf Korsika.

Frankreich-Info
service@frankreich-info.de

www.frankreich-info.de
Rundum-Infos zu Frankreich: Wirtschaft, Geschichte und Wetter.
Mit Forum und Buchungsmöglichkeit von Feriendomizilen.

Europa/Georgien

Georgienseite.de
webmaster@georgien.net

www.georgienseite.de
Das Informationsportal für Georgien. Mit aktuellen Nachrichten,
Diskussionsforum, Veranstaltungstipps und einem Stadtführer.

Europa/Griechenland

Griechenland.com
office@griechenland.com

www.griechenland.com
Die Seite bietet Informationen zu Griechenland und den griechischen Inseln. Viele Reiseangebote und Hotelbilder.

korfu-ratgeber.de

www.korfu-ratgeber.de
Wie der Name verspricht, findet der Korfu-Reisende hier Rat. Sei
es nun zu den besten Stränden oder zu Ausflugtipps.

Europa/Griechenland/Kreta

Kreta-Impressionen.de
mails@kreta-impressionen.de

www.kreta-impressionen.de
Fast 4.000 Kreta-Fotos mit ausführlichen Ortsbeschreibungen –
umfangreiche Sammlung von Infos und Links, TV-Tipps, Forum.

Europa/Griechenland/Rhodos

Insel-rhodos-urlaub.de
webmaster@internetende.com

www.insel-rhodos-urlaub.de
Diese Seite bietet viele Fotos, Informationen, Ausflugsziele und
Tourenvorschläge für den Urlaub auf der Insel Rhodos.

Europa/Großbritannien & England

London.de
info@london.de

www.london.de
Online-Reisebüro mit großem Ticketshop für wichtige Attraktionen. Buchungsmöglichkeit für Flüge, Hotels und Musicals.

Schottland Fremdenverkehrsamt
info@visitscotland.com

www.visitscotland.com/de
Infos zu Regionen, über 10.000 Unterkünfte, Verkehrsmittel, Reiseveranstalter, Attraktionen und Ausflugsziele in Schottland.

SchottlandPortal
info@schottlandportal.de

www.schottlandportal.de
Informationsportal zu Urlaub, Reisen, Wirtschaft und Kultur, Geschichte sowie Land und Leuten in Schottland.

VisitBritain

www.visitbritain.de
Reiseziele und Urlaubsideen sowie Online-Shop für Tickets und
Touring-Pässe.

visitengland.de

www.visitengland.de
Das Reiseziel England stellt sich vor. Informationen zu Städten
und Regionen, Reiseplanung und Urlaubsideen.

Europa/Irland

discoverireland.com
info@entdeckeirland.de

www.discoverireland.com/de/
Freunde der irischen Insel finden hier Reiseangebote, Tipps zur Urlaubsplanung, Tourenvorschläge und Events. **(Siehe Abbildung)**

Dublin.de
info@triplemind.com

www.dublin.de
Die Seite macht Lust auf Dublin. Infos zu Touren, typischen Gerichten, Museen, Parks und dem öffentlichen Nahverkehr.

Ireland tours
info@irelandtours.de

www.irelandtours.de
Irland aus einer Hand: günstige Mietwagen, Ferienhäuser, Hotels, B&B, Hausboote und Rundreisen.

irish-net
kontakt@irish-net.de

irish-net.de
Informationen rund um Irland, irische Produkte, Travel-Center und Irlandforum.

Irland.com
info@triplemind.com

www.irland.com
Umfassende Infos zu Irland: Land und Leute, Sehenswürdigkeiten, Kunst und Kultur sowie Essen und Trinken.

irland.net
kontakt@irish-net.de

www.irland.net
Hier können die Erfahrungen aus und über Irland mit anderen Irlandfans ausgetauscht werden.

Europa/Island

Island Reiseführer
d.schaeffer@nea-net.de

www.iceland.de
Virtuelle Reise durch Island mit Hintergrundinfos zu Natur, Geologie, Botanik, Geschichte, Kultur, Wirtschaft und Politik.

Isländisches Fremdenverkehrsamt
info@icetourist.de

www.visiticeland.com
Informationen zu Islandreisen für Publikum, Presse und Reiseindustrie.

discoverireland.com   **www.discoverireland.com/de/**

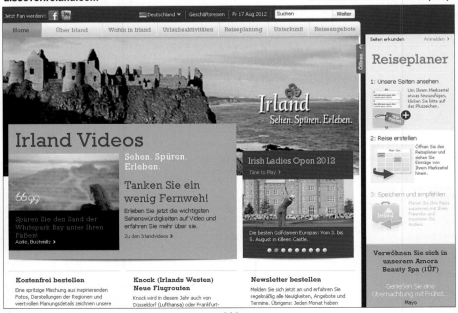

Länderinfos
Reiseführer
Reiselinks

erfolgreich-reisen.de
Das Reiseportal

Gardasee
redaktion@treffpunkt-gardasee.de

www.ferienwohnung-gardasee.it
Reiseinformationen für die Region Gardasee mit Möglichkeit der Online-Buchung von Ferienwohnungen und Hotels.

● **Italien genießen mit Italien.Info**
info@italien.info

www.italien.info
Reiseportal mit aktuellen Nachrichten, wertvollen Tipps und Informationen rund um die Italienreise: Ferienwohnungen, Hotel- und Fährenbuchung, Reisefotos und Impressionen ausgewählter Reiseziele, ein kulinarisches Glossar mit Rezepten sowie ein großes Forum zum Austausch mit anderen Urlaubern. **(Siehe Abbildung)**

Reise nach Italien
webmaster@reise-nach-italien.de

www.reise-nach-italien.de
Deutsches Italienportal mit zahlreichen Infos zu Land und Leuten, Sprache, Kultur und Gesellschaft, Lebensart und Küche.

● **Sardafit – Perfekter Urlaub im Ferienhaus**
kontakt@sardafit.com
☎(05563) 1000

www.sardinienferienhaus.de
Sardafit vermietet strandnahe Ferienimmobilien auf Sardinien zu Tiefstpreisen. Die Bestnote in puncto „Kundenzufriedenheit" (auf Holidaycheck.de) verdankt Sardafit gepflegten Unterkünften, seiner guten Beratung sowie der Betreuung vor Ort durch ein Serviceteam mit deutschsprechenden Mitarbeitern. **(Siehe Abbildung)**

● **Toskana**
vermietung@toskana-appartement.de
☎(08104) 665 00 30

www.toskana-appartement.de
Der Reiseführer mit vielen Reiseinformationen durch die schöne Toskana mit einem breiten und umfangreichen Unterkunftsangebot von über 14.000 Ferienwohnungen und Ferienhäusern in der Toskana und 200.000 Fewos weltweit – teils mit Bestpreis-Garantie. **(Siehe Abbildung)**

Europa/Kroatien

Adrialin GmbH
info@adrialin.de

www.kroatien-adrialin.de
Präsentation von vielen Hotels, Ferienwohnungen und Unterkünften in Kroatien, detailliert mit Fotos und Beschreibungen.

istrien.info
impressum@istrien.info

www.istrien.info
Infos über Kroatien wie Land und Leute sowie viel Wissenswertes über verschiedene Urlaubsregionen und Unterkünfte.

Kroatien Forum
info@printserv.de

www.forum-kroatien.de
In diesem Forum erhält man nützliche Reisetipps für den Urlaub in Kroatien. Viele Erfahrungsberichte und Empfehlungen.

Europa/Liechtenstein

Liechtenstein Tourismus
info@tourismus.li

www.tourismus.li
Aktuelle Informationen aus Kultur, Sport und Gastronomie sowie Reiseangebote und Ausflüge in das Fürstentum.

Europa/Malta

Malta Tours
info@malta-tours.de

www.malta-tours.de
Online-Reiseführer für die maltesischen Mittelmeerinseln Malta, Gozo und Comino.

Europa/Monaco

Monacoangebote.de
servicecenter@principaute-monaco.com

www.monacoangebote.de
Suchen und Finden wichtiger Informationen zu Monaco und Monte Carlo. Angebote, Hotels, Reisen und Veranstaltungen.

Monte-Carlo.mc

www.monte-carlo.mc
Gebirge und Meer, Parkanlagen, Sportveranstaltungen, kulturelle Ereignisse, Adressenverzeichnis und Hotelreservierung.

Europa/Niederlande

Holland
info@niederlande.de

www.holland.com/de
Alles Wissenswerte für den Urlaub in Holland: Küste, Städte, Wassersport und Aktivurlaub sowie nützliche Tipps und Adressen.

Europa/Norwegen

Norwegeninfo.net
post@norwegeninfo.net

www.norwegeninfo.net
Infoportal für das Reiseland Norwegen mit einem Ferienhauskatalog, Reisetipps, Norwegen-News, Sprachkursen und Jobs.

Visitnorway.de
germany@innovationnorway.no

www.visitnorway.de
Das offizielle Reiseportal für Norwegen. Infos zu Regionen, Tourvorschläge, Unterkünfte und „Norwegen A-Z".

Europa/Österreich

Nationaler Tourismusverband Österreichs
urlaub@austria.info

www.austria.info
Reiseführer für Urlaub in Österreich mit allen wichtigen Informationen, buchbaren Angeboten und Unterkunftsdatenbank.

Österreich Urlaub
info@urlaubsreif.at

www.urlaubsreif.at
Urlaubsangebote aus Österreich und dem gesamten Alpenraum: Freie Zimmer, Pauschalreisen und Last-Minute-Urlaubsangebote.

tiscover.com
callcenter@tiscover.com

www.tiscover.com
Urlaub in Österreich: Reiseführer zu Orten und Städten sowie 25.000 Unterkünfte vom Bauernhof bis zum Fünf-Sterne-Hotel.

UrlaubUrlaub.at
info@urlauburlaub.at

www.urlauburlaub.at
Von Hütten und Bauernhöfen über Pensionen und Ferienwohnungen bis hin zu Hotels gibt es Angebote für den Urlaub in Österreich.

Europa/Osteuropa

Akrizo-reisemagazin.de
redaktion@akrizo-reisemagazin.de

www.akrizo-reisemagazin.de
Reisemagazine zu Tschechien, Ungarn, Ostsee, Rügen, Mecklenburgischer Seenplatte sowie City-Guides für Prag und Budapest.

Europa/Polen

ferienland-polen.de
info@ferienland-polen.de

www.ferienland-polen.de
Ferienhäuser, Pensionen, Apartments und Hotels in Polen werden auf dieser Web-Seite ausführlich bebildert vorgestellt.

Polen
info.de@polen.travel

www.polen.travel
Praktische Reiseinformationen zum Urlaubsziel Polen. Mit Freizeittipps und vielen Sehenswürdigkeiten.

Schönes Polen
serviceteam@schoenes-polen.de

www.schoenes-polen.de
Infos rund um Polen: Reise, Land und Leute, Kultur, Essen, Städte, Kuren, Aktivurlaub, Verkehr und Sicherheit.

Europa/Portugal

Madeira Center
kontakt@madeira-center.de

www.madeira-center.de
Das Urlaubsportal für die portugiesische Atlantikinsel Madeira mit umfassenden Infos und Reiseangeboten.

Portugal
info@visitportugal.com

www.visitportugal.com
Offizielle Seite des Fremdenverkehrsamtes von Portugal mit Infos zu Unterkunft, Gastronomie, Kultur, Natur und Freizeit.

Portugal Infos
kontakt@portugal-aktuell.de

www.portugal-aktuell.de
Informationsportal mit allen wissenswerten Daten und Fakten rund um Portugal. Mit Ferienhaussuche und Städteverzeichnis.

Portugalforum

www.portugallierforum.de
Im Portugalforum werden Themen wie Urlaub, in Portugal leben, Auswandern, Politik und Veranstaltungen besprochen.

Europa/Rumänien

rumaenien-tourismus.de
info@rumaenien-tourismus.de

www.rumaenien-tourismus.de
Hilfreiche Tipps zur Anreise nach Rumänien, mit Präsentation verschiedener Reiseziele.

Tourismus in Rumänien

www.turism.ro
Infos zum Donaudelta (Naturreservat), Bukarest, Fahrten nach Transsilvanien sowie zu Sommer- und Wintersport in den Bergen.

Europa/Russland

Russland entdecken
info@russlandinfo.de

www.russlandinfo.de
Wissenswertes zur russischen Kultur und nützliche Reiseinformationen zum Russland-Urlaub wie Einreise- und Zollbestimmungen.

Russland Heute
redaktion@russland-heute.de

russland-heute.de
Nachrichten und Analysen von professionellen unabhängigen Journalisten aus Russland.

russland.RU
redaktion@russland.ru

www.russland.ru
Die Internet-Zeitung berichtet über Aktuelles aus Politik, Wirtschaft, Sport und Kultur in Russland.

RusslandJournal.de
info@russlandjournal.de

www.russlandjournal.de
Infos und Videos über Russland, gratis Audio-Podcast, Sprachübungen zum Russisch Lernen, Rezepte, Unterhaltung, Forum.

Transsibirische Eisenbahn

www.transsibirische-eisenbahn.de
9.000 Kilometer auf Schienen von Moskau in Richtung Osten. Hier kann man seinen eigenen Fahrplan zusammenstellen.

Europa/Schweden

Schwedenforum.de

www.schwedenforum.de
Hier tauscht man sich über das Leben und Arbeiten in Schweden sowie Unterkünfte, Attraktionen und Veranstaltungen aus.

Schwedentor
info@schwedentor.de

www.schwedentor.de
In der Community kann man sich mit Schweden-Liebhabern über Land und Leute unterhalten und Erfahrungen austauschen.

Smålandreisen.de
kontakt@smalandreisen.de

www.smalandreisen.de
Hier findet man Ferienhäuser, Reiseangebote, Wandertouren An- gel-, Rad-, Kanu-, und Reiseinformationen aus Südschweden.

Stockholm
info@svb.stockholm.se

www.visitstockholm.com
Die Seite präsentiert Schwedens Hauptstadt mit Reiseinfos, Freizeit-Tipps, Unterkünften und Sehenswürdigkeiten.

Visitsweden.com
germany@visitsweden.com

www.visitsweden.com
Infos zu Schwedens Regionen, Aktivitäten, Unterkünften und Anreise sowie Newsletter und integrierte Community.

Europa/Schweiz

Schweiz Tourismus
info@myswitzerland.com

www.myswitzerland.com
Beschreibung der Regionen zur Sommer- und Winterzeit, aktuelle Wetterangaben und Schneehöhenberichte sowie Wandertipps.

tourismus-schweiz.ch
info@tourismus-schweiz.ch

www.tourismus-schweiz.ch
Anhand einer Schweizer Karte kann hier nach Unterkünften gesucht werden.

Europa/Slowenien

Slovenia
slowenien.fva@t-online.de

www.slovenia.info
Slowenien als Tourismusland: Wissenswertes über Anreise, Unterkunft, touristische Attraktionen und Urlaubsmöglichkeiten.

Europa/Spanien

Barcelona
kontakt@barcelona.de

www.barcelona.de
Die schön gestaltete Web-Seite bietet Informationen zu Hotels, Gastronomie, Kunst und Kultur in Barcelona.

ferienwohnungen-spanien.de
support@spain-holiday.com

www.ferienwohnungen-spanien.de
Über 5.500 private Ferienhäuser und Ferienwohnungen in allen Urlaubsregionen Spaniens.

Spanien Tourismus
frankfurt@tourspain.es

www.spain.info
Infos zu Regionen, Stränden und Festen sowie zu Routen (wie Pilgerwege durch die Pyrenäen), Unterkünften und Spanischkursen.

Spaniens Inseln

www.spaniens-inseln.de
Informationen über Spaniens Inseln der Balearen und Kanaren sowie Hotelsuche mit Preisvergleich.

Europa/Spanien/Balearen/Ibiza

Ibiza Spotlight
info@ibiza-spotlight.com

www.ibiza-spotlight.de
Angaben über Urlaubsorte und Strände, Restaurants und das Nachtleben, Online-Buchung von Hotels und Apartments.

IbizaHEUTE online
office@ibiza-heute.de

www.ibiza-heute.de
Monatsmagazin für Ibiza und Formentera. Themen: Lokales, News, Reportagen, Service, Kunst und Nightlife.

Europa/Spanien/Balearen/Mallorca

Mallorca.de
info@mallorca.de

www.mallorca.de
Kultur, Geschichte, Tipps für die Mallorca-Reise, aber auch Leben und Arbeiten auf der „Lieblingsinsel" der Deutschen.

mallorca-today
redaktion@mallorca-today.de

www.mallorca-today.de
Detaillierte Infos: Der aktuelle Wetterbericht, Feste, Events, Hotelbewertungen, Shopping-Tipps sowie ein Strand-Guide.

Europa/Spanien/Kanarische Inseln

Urlaub Kanaren
info@lascasascanarias.com

www.lascasascanarias.com
Der Spezialist für exklusive Feriendomizile auf Teneriffa, Gran Canaria, Lanzarote, Fuerteventura, La Palma und La Gomera.

Europa/Spanien/Kanarische Inseln/La Palma

La-palma.de
contacto@la-palma.de

www.la-palma.de
Viele Informationen zur Insel, Hausverwaltung sowie ein großes Angebot an Ferienhäusern und Immobilien.

la-palma-service.de
info@la-palma-service.de

www.la-palma-service.de
Informative Berichte über Strände, Ausflugsziele, Restaurants sowie Wanderungen auf La Palma mit eindrucksvollen Fotos.

Europa/Spanien/Kanarische Inseln/Lanzarote

Lanzarote
kontakt@infolanzarote.de

www.infolanzarote.de
Beschreibungen der Strände und Sehenswürdigkeiten auf Lanzarote, Hotelbewertungen und Links zu Tauch- oder Surfschulen.

Europa/Spanien/Kanarische Inseln/Teneriffa

Insel Teneriffa
info@inselteneriffa.com

www.inselteneriffa.com
Informationen über die Insel Teneriffa, aktuelle Nachrichten, Orte, Strände, Wanderungen, Reportagen und eine Fotogalerie.

Europa/Tschechien

Prag-Cityguide.de
reservierung@akrizo-reisen.de

www.prag-cityguide.de
Über 600 Hotels, Pensionen und Apartments in Prag mit tagesaktuellen Sonderangeboten.

Tschechien Online
webmaster@tschechien-online.org

www.tschechien-online.org
Aktuelle Nachrichten zu Wirtschaft, Land und Leuten. Großes Branchen- und Web-Verzeichnis zu Tschechien.

Tschechische Republik
info1-de@czechtourism.com

www.czechtourism.com
Hier findet man viele Tipps und Informationen zum Urlaub in der Tschechischen Republik.

Europa/Türkei

alaturka.info
info@alaturka.info

www.alaturka.info
Infos über türkische Kultur und Geschichte, türkisches Leben und Essen, Sport in der Türkei und das Reisen in das Land.

goTurkey.com

www.goturkey.com
Offizielles Reiseportal für die Türkei mit Infos zum Land sowie touristischen Angeboten.

Europa/Ungarn

Balaton-Service.de
webmaster@balaton24.de

www.balaton-service.de
Das Online-Magazin für den Plattensee-Urlaub: Städteinfos, Reisetipps, Veranstaltungen, Unterkünfte und Immobilien.

Budapester Tourismusamt

www.budapestinfo.hu
Web-Seite der ungarischen Hauptstadt. Online-Unterkunftsreservierung, Attraktionen, Ausflüge, Dia-Shows und Videos.

Ungarisches Tourismusamt
berlin@ungarn-tourismus.de

www.ungarn-tourismus.de
Sonderangebote, Aktionen, Infos und Ideen für einen gelungenen Ungarn-Urlaub. Nützliche Tipps und Links.

Ungarn-reisemagazin.de
redaktion@akrizo-reisemagazin.de

www.ungarn-reisemagazin.de
Umfangreiche Informationen über alle Regionen Ungarns, mit Insider-Tipps, einem Hotel-Guide und Aktivitätsmöglichkeiten.

Europa/Zypern

Bookcyprus.com
info@bookcyprus.com

www.bookcyprus.com
Hier kann man seine Reise individuell planen und direkt online buchen: Suche nach Hotels, Mietwagen und Ausflügen.

Zypern.de
info@triplemind.com

www.zypern.de
Zypern auf einen Blick: Reiseführer, Sehenswürdigkeiten, Museen, Geschichte Zyperns und die türkische Besetzung.

Indischer Ozean/La Réunion

Insel-Reunion.de
info@insel-reunion.de

www.insel-reunion.de
Präsentation der französischen Insel La Réunion mit Bildergalerien, Reiseberichten und nützlichen Infos zur Anreise.

Indischer Ozean/Madagaskar

Madagaskar-online.de
info@madagaskar-online.de

www.madagaskar-online.de
Hier findet man Interessantes und Wissenswertes zu Madagaskar: Reiseberichte, Kultur, Hotels, Literatur und Musik.

Indischer Ozean/Malediven

Malediven
info@malediven.net

www.malediven.net
Infos über die Malediven mit Fotos und einem Forum, in dem man Reiseberichte veröffentlichen kann.

Indischer Ozean/Mauritius

Mauritius Forum
info@info-mauritius.com

www.info-mauritius.com/forum
Im Mauritius Forum kann man sich austauschen, Bilder anschauen sowie über die Insel und eigene Reiseerfahrungen plaudern.

Mauritius-Links
ff@mauritius-links.de

www.mauritius-links.de
Linksammlung, News, Reiseberichte, Interviews und Reiseinformationen zur Trauminsel Mauritius.

Indischer Ozean/Seychellen

My-seychelles.net
info@my-seychelles.net

www.my-seychelles.net
Auf my-seychelles.net findet man Reisen auf die Sonneninseln in
verschiedenen Varianten, Bilder und Reiseinfos.

Naher Osten/Israel

goisrael
info@goisrael.de

www.goisrael.de
Portal für die Reise nach Israel mit Infos zu Städten und Regionen sowie Tipps zu Unterkünften und Freizeitgestaltung.

Pazifik/Australien

Australia Today
info@australia-today.com

www.australia-today.com
Alles rund um die Reise nach Australien: Flüge, Mietwagen, Motorradreisen, Buspässe, Unterkünfte sowie Sprachreisen.

australia.com

www.australia.com
Reiseinformationen, Reiseangebote, Urlaubsregionen, Aktivitäten
und alles Wissenswerte für den Urlaub „Down Under".

There's nothing like Australia

www.nothinglikeaustralia.com/de
Viele Fotos und Reiseideen zu Australien. Mit Reiseberichten und
Empfehlungen zu den besten Urlaubszielen in Australien.

Pazifik/Fidschi-Inseln

Fidschi-Inseln
info@fijime.de

www.fijime.de
Flugverbindungen und Unterkünfte auf den Fidschi-Inseln sowie
Anregungen zum Sightseeing, Tiefseetauchen und Segeln.

Pazifik/Neuseeland

Your New Zealand Guide
info@new-z.net

www.new-z.net
Portal mit Infos über Neuseeland zu Flora und Fauna, Geschichte,
Reisezielen, Schule und Studium, Unterkünften, Sport und Fun.

Pazifik/Tahiti

tahiti-tourisme.de

www.tahiti-tourisme.de
Tahiti und ihre Inseln, Land und Leute, Veranstaltungen, Reiseziele sowie Tahiti-Spezialisten werden hier vorgestellt.

Vereinigte Arabische Emirate

Dubai Infoportal
info@ewtc.de

www.dubai.de
Infoportal für Dubai und Nachbar-Emirate u. a. mit den Themen:
Land und Leute, Reise, Shopping, Immobilien und Events.

Dubai-city.de
info@dubai-city.de

www.dubai-city.de
Infos zu Hotels, Fluggesellschaften, Sehenswürdigkeiten, Einreisebestimmungen, Sport und dem allgemeinen Klima am Golf.

Sharjah

www.sharjahtourism.ae
Offizielle Tourismusseite des Emirats Sharjah. Infos über das
Emirat, Wirtschaft, Kulturerbe und Freizeitaktivitäten.

Allgemein

Deutschland Reiseführer GermanPlaces
contacts@germanplaces.com

www.germanplaces.de
Mehrsprachiger Deutschland-Reiseführer mit Vermittlung von Unterkünften, Freizeittipps und zahlreichen Fotos.

Reiseland Deutschland
info@germany.travel

www.germany.travel
Vielfältige Infos zum Reiseland Deutschland. Inspiriert mit Bildern, 360-Grad-Panoramen und Filmen.

● **Sehnsucht Deutschland**
info@sehnsuchtdeutschland.com

www.sehnsuchtdeutschland.com
Magazin, Online- und Video-Portal für das Reisen, Leben und Entdecken in Deutschland. Bestens recherchierte Reportagen über Städte, Regionen, Aktivurlaub, Wellness und Kulinarik bringen den Lesern die schönsten Seiten Deutschlands nahe. Freizeit-, Kultur- und Veranstaltungstipps runden die Themen ab. **(Siehe Abbildung)**

Bundesländer/Baden-Württemberg

ferienregion-allgaeu.de
tourist@wangen.de

www.ferienregion-allgaeu.de
Städte im Alpenvorland, Veranstaltungen, Radeln, Wandern, Westallgäuer Käsestraße, Obst-, Wasserrouten und Ausflugsziele.

Genießerland Baden-Württemberg
info@tourismus-bw.de

www.tourismus-bw.de
Informationsservice zum Genießerland Baden-Württemberg mit Freizeittipps, Angeboten, Tourenvorschlägen und Radtourenplaner.

Regio Express
info@regio-express.com

www.regio-info-express.com
Portal für das Dreiländereck jenseits des Rheins (D, F, CH). Ausflugtipps und Freizeitangebote der Region.

Bundesländer/Baden-Württemberg/Regionen/Bodensee

Bodensee-Oberschwaben Verkehrsbund
info@bodo.de

www.bodo.de
Der Verkehrsbund informiert über Preise, Fahrpläne sowie Fahrplan- und Tarifänderungen.

Bodenseeurlaub
info@bodenseeurlaub.de

www.bodenseeurlaub.de
Hier werden Hotels, Pensionen und Ferienwohnungen am Bodensee vorgestellt sowie Informationen zur Region gegeben.

Friedrichshafen

www.friedrichshafen.de
Portal der Zeppelinstadt. News, Veranstaltungen, Tourismus und Wirtschaft. Webcams liefern aktuelle Bilder.

Lindau Bodensee
ob@lindau.de

www.lindau2.de
Umfangreiche Seite mit vielen Infos zu Kultur, Energie, Veranstaltungen und Tourismus.

Singen
presse.stadt@singen.de

www.in-singen.de
Infos zu Stadt, Tourismus und Wirtschaft. Mit übersichtlichem Veranstaltungskalender.

Stadt Konstanz
posteingang@stadt.konstanz.de

www.konstanz.de
Die Web-Seite der Stadt am See bietet Einheimischen wie Touristen Kultur- und Freizeittipps.

Verkehrsbund Hegau-Bodensee
vhb-info@t-online.de

www.vhb-info.de
Praktische Infos zu Fahrplänen, Preisen und Tarifen für Kinder oder Gruppen. Mit Verbindungssucher.

Bundesländer/Baden-Württemberg/Regionen/Franken

Taubertal
info@taubertal.de

www.taubertal.de
Hier findet man Infos zum Taubertal. Tourismus, Kunst und Kultur, Freizeit und allgemeine Städteinformationen.

Bundesländer/Baden-Württemberg/Regionen/Großraum Stuttgart

Esslingen am Neckar
info@esslingen-tourist.de

tourist.esslingen.de
Informationen zu Sehenswürdigkeiten, Museen, Ausflugszielen, Stadtrundgängen und Veranstaltungen.

Region Stuttgart
info@region-stuttgart.de

www.region-stuttgart.de
Vielfältige Informationen über die Region Stuttgart: Freizeit, Kultur, Unternehmen und Forschungseinrichtungen.

Stadt Esslingen am Neckar
stadt@esslingen.de

www.esslingen.de
Online-Formulare, Ämterwegweiser, Veranstaltungskalender und interaktiver Stadtplan.

Stadt Sindelfingen
stadt@sindelfingen.de

www.sindelfingen.de
Infos über Tourismus, Kultur, Freizeit, Bildung, Soziales und Umwelt.

Stadt Stuttgart
info@stuttgart.de

www.stuttgart.de
Stadtporträt mit Infos zu Politik, Verwaltung, Kultur und Wirtschaft Stuttgarts mit elektronischem Bürgerservice.

Stuttgart-Marketing GmbH
info@stuttgart-tourist.de

www.stuttgart-tourist.de
Touristeninformation für Stuttgart und die Region Stuttgart mit Infos über Events, Locations und Hotels.

VVS
kontakt@vvs.de

www.vvs.de
Hier finden sich die Online-Verbindungsauskunft, Infos zu allen Fahrscheintypen sowie Netzpläne für Stuttgart.

Bundesländer/Baden-Württemberg/Regionen/Rhein-Neckar

Heidelberg Tourismus
info@heidelberg-marketing.de

www.heidelberg-marketing.de
Ausführliche Infos zu Stadt und Sehenswürdigkeiten. Mit Restaurantliste, Veranstaltungshinweisen sowie Ausflugstipps.

Heilbronn Marketing
info@heilbronn-marketing.de

www.heilbronn-marketing.de
Hier gibt es alle touristischen Infos vom „Käthchen" bis hin zur Stadtgeschichte, Veranstaltungen und Unterkünften.

HNV
mail@h3nv.de

www.h3nv.de
Der HNV informiert online über Fahrpläne und Tarife im Großraum Heilbronn.

Karlsruhe

www.karlsruhe-tourism.de
Tourismusinformationen der Stadt Karlsruhe. Schlösser, Museen, Nightlife oder Shopping. Mit Veranstaltungskalender.

karlsruhe.eins.de

karlsruhe.eins.de
Wöchentlich neu erscheinen hier Beiträge zu Politik, Sport und Entertainment sowie Ausgehtipps in Karlsruhe.

Karlsruher Verkehrsverbund
info@kvv.karlsruhe.de

www.kvv.de
Hier können Tarife ermittelt und Fahrpläne abgefragt werden. Zudem werden aktuelle Nachrichten geboten.

Stadt Heilbronn
posteingang@stadt-heilbronn.de

www.heilbronn.de
Wissenswertes zu Wirtschaft, Gesundheit, Kultur, Bildung und Umwelt. Bürgerservice A-Z, Vereine und Stadtplan.

Stadt Karlsruhe
medienbuero@karlsruhe.de

www.karlsruhe.de
Aktuelle Meldungen und Infos zu den Rubriken Stadt, Rathaus, Kultur, Sport, Wirtschaft und Umwelt.

Stadt Ludwigsburg
rathaus@ludwigsburg.de

www.ludwigsburg.de
Infos zu Stadtverwaltung, Sehenswürdigkeiten, Umwelt, Freizeit und Bildung.

Stadt Mannheim
masta@mannheim.de

www.mannheim.de
Nachrichten, Terminkalender, Rathaus mit Online-Diensten, Straßenkarten, Stadtrundgang, Kultur- und Tourismusangebot.

Stadtmarketing Mannheim GmbH
stadtmarketing@mannheim.de

www.stadtmarketing-mannheim.de
Infoseite zu Themen und Projekten des Stadtmarketing Mannheim mit vielen Links und Download-Möglichkeiten.

Tourist Information Mannheim
info@tourist-mannheim.de

www.tourist-mannheim.de
Mannheim bietet Kulturerlebnisse und Shopping in der Stadt der kurzen Wege.

Bundesländer/Baden-Württemberg/Regionen/Schwäbische Alb

DING
info@ding.eu

www.ding.eu
Fahrscheine mit Preisen, Fahrpläne und Liniennetzpläne. In Ulm, um Ulm und um Ulm herum.

Ostalbmobil
info@ostalbmobil.de

www.ostalbmobil.de
Der Ostalb Verkehrstarif informiert über Fahrscheine, Fahrpläne, Zonen und Liniennetze.

Schwäbisch Gmünd
redaktion@schwaebisch-gmuend.de

www.schwaebisch-gmuend.de
Infos zu Wohnen, Freizeit, Veranstaltungen, Theater und Museen. Mit übersichtlicher Tabelle aller Hotels.

Stadt Aalen online
presseamt@aalen.de

www.aalen.de
Infos zu Stadtteilen, Touristik, Wirtschaft, Kultur, Veranstaltungen, Vereinen und Verkehr sowie ein Stadtplan.

Stadt Biberach
info@biberach-riss.de

www.biberach-riss.de
Alles über Shopping, Tourismus, Wirtschaft, Politik, Verwaltung, Bildung, Kultur und Freizeit.

Stadt Heidenheim
rathaus@heidenheim.de

www.heidenheim.de
News, Kultur, Freizeit, Tourismus, Wirtschaft, Stadtgeschichte und interaktiver Stadtführer.

Universitätsstadt Tübingen
stadt@tuebingen.de

www.tuebingen.de
Die Stadt informiert über Wissenschaft, Tourismus und Veranstaltungen. Virtueller Rundgang durch die Altstadt.

Bundesländer/Baden-Württemberg/Regionen/Schwarzwald

Baden-Baden
pressestelle@baden-baden.de

www.baden-baden.de
Infos über Tourismus, Sehenswürdigkeiten, Veranstaltungen, Hotels und Geschichte. Mit virtueller Tour.

Die Ortenaulinie
tgo@ortenaukreis.de

www.ortenaulinie.de
Die Ortenaulinie stellt sich vor. Dazu viele Informationen zu Fahrkarten und Fahrplanauskunft.

freiburg-im-netz
kontakt@freiburg-im-netz.de

www.freiburg-im-netz.de
Umfassender Link-Katalog mit Freiburger Web-Seiten, Branchenverzeichnis, Veranstaltungskalender und Stadtplan.

fudder
info@fudder.de

fudder.de
Neuigkeiten aus Freiburg. Auf dieser Plattform, mit Themen rund um Freiburg, kann sich jeder beteiligen.

schwarzwald.ag
info@andorf.de

www.schwarzwald.ag
Umfassende Informationen über den schönen Schwarzwald: Neben Hotels und Pensionen kann man hier Gäste- und Reiseführer für den Aufenthalt im Schwarzwald finden. Außerdem alles Wissenswerte zu typischen Produkten wie Kuckucksuhren oder der Schwarzwälder Kirschtorte sowie Urlaubs- und Freizeittipps.
(Siehe Abbildung)

schwarzwald.ag

www.schwarzwald.ag

HOTELS und FERIENWOHNUNGEN im SCHWARZWALD

START | UNTERKUNFT | SÜDSCHWARZWALD | MITTLERER SCHWARZWALD | NORDSCHWARZWALD | FREIZEIT | BLOG

▸ Startseite

STARTSEITE

START
UNTERKUNFT
SÜDSCHWARZWALD
MITTLERER SCHWARZWALD
NORDSCHWARZWALD
FREIZEIT
BLOG
NEWSLETTER
KONTAKT
ANGEBOT EINTRAGEN!
MOBILE VERSION
PC-VERSION

ACHERN
AITERN
ALBBRUCK
ALPIRSBACH
ALTENSTEIG
AUGGEN
BAD BELLINGEN
BAD DÜRRHEIM
BADEN-BADEN
BADENWEILER
BAD HERRENALB
BAD KROZINGEN
BAD LIEBENZELL
BAD PETERSTAL-GRIESBACH
BAD RIPPOLDSAU-

UNTERKUNFT IM SCHWARZWALD FERIENWOHNUNGEN & HOTELS

Schwarzwald-Hotels & Ferienwohnungen begrüßen Sie!

Sich verwöhnen (lassen), etwas Gutes für sich tun, ausspannen, Kraft tanken. Wo könnten Sie das besser als in einer Landschaft wie dem Schwarzwald mit seinen erstklassigen Unterkünften wie Schwarzwald-Hotels, Pensionen, Ferienwohnungen. Im Schwarzwald machen Sie unvergessliche Kultur - und Erlebnisurlaub. Dazu gibt's spannende Familienziele, Kur- und Heilorte sowie eine Küche, die ihresgleichen sucht. Sie suchen noch mehr? Bei uns wird jeder Tag zu einem ganz besonderen Ereignis.

Herzlich willkommen im Schwarzwald!

Gefällt mir 4

Gastgeberangebot eintragen! [mehr]

Kultur-Artour - Kulturkalender
kultur@kultur-artour.de

www.kultur-artour.de
Der Kulturkalender am Oberrhein und Schwarzwald informiert über Konzerte, Schauspiel und Ausstellungen.

Lörrach
stadt@loerrach.de

www.loerrach.de
Die Stadt im äußersten Südwesten Deutschlands stellt ihre Wirtschaft, Kultur, Tourismus und ihren Bürgerservice vor.

Schwarzwald
mail@schwarzwald-tourismus.info

www.schwarzwald-tourismus.info
Offizielle Seiten des Schwarzwaldtourismus, mit Angeboten und Infos zu mehr als 250 Orten der Ferienregion im Südwesten.

Schwarzwald.de
info@schwarzwald.de

www.schwarzwald.de
Gut strukturierte Seiten zu Hotels, Veranstaltungen und Ferienorten im Schwarzwald, mit verschiedenen Bildergalerien.

Stadt Freiburg
info@freiburg.de

www.freiburg.de
Infos zur Freiburger Kultur und Freizeit, Stadtverwaltung und Bürgerservice, Tourismus sowie Wirtschaft.

Stadt Offenburg
internet@offenburg.de

www.offenburg.de
Aktuelles, Tourismus, Wirtschaft, Verkehr, Kultur, Bildung, Freizeit und Soziales.

Südbaden - Schwarzwald - Bodensee
info@badische-seiten.de

www.badische-seiten.de
Orte, Geschichte, Kultur, Freizeit, Sehenswürdigkeiten und alemannische Sprache.

Villingen-Schwenningen
stadt@villingen-schwenningen.de

www.villingen-schwenningen.de
Viele Infos zu Stadt, Kultur, Bildung und Freizeit. Mit großem Bürgerservice.

www.freiburg-aktiv.de
info@freiburg-aktiv.de

www.freiburg-aktiv.de
Sportliche Stadtführungen, Fahrradverleih, Nordic-Walking Betriebsausflüge und Sightseeing-Jogging.

Bundesländer/Bayern

Bayerische Schlösserverwaltung
info@bsv.bayern.de

www.schloesser.bayern.de
Bayerns Schlösser, Burgen, Residenzen sowie die historischen Gartenanlagen werden präsentiert.

Bayern im Web
info@bayern-im-web.de

www.bayern-im-web.de
Informationen wie Sehenswürdigkeiten, Museen, Ausflugsziele, Unterkünfte und Events für alle Landkreise in Bayern.

Bayern.by
tourismus@bayern.info

www.bayern.by
Aktuelle News aus der Region, Urlaubs- und Verwöhntipps, Ferienangebote und Online-Buchung von Unterkünften.

Bayern-Online
info@bayern-online.de

www.bayern-online.de
Infoportal für Bayern. Von Hotels bis Ferienwohnungen über Gastronomie bis Events alles für den Urlaub.

Guide To Bavaria
info@guide-to-bavaria.com

www.guide-to-bavaria.com
Tipps, Anregungen und Infos zu Urlaubszielen und Unterkünften in Bayern. Kultur, Sehenswertes, Shopping und Nightlife.

Ostbayern
info@ostbayern-tourismus.de

www.ostbayern-tourismus.de
Urlaub in Ostbayern: Tipps zu Wandern, Radeln, Reiten, Wellness, Burgen, Schlössern und viele Landschaftsinfos.

Stadt Ingolstadt
presseamt@ingolstadt.de

www.ingolstadt.de
Daten und Fakten zur Stadt an der Donau: Verwaltung, Umwelt, Wissenschaft, Tourismus und Wirtschaft.

straubing.de
poststelle@straubing.de

www.straubing.de
Bürgerservice, Tourismus, Kultur, Events, Business, Freizeit und Soziales.

Bundesländer/Bayern/Regionen/Alpenvorland

Bad Reichenhall
info@bad-reichenhall.de

www.bad-reichenhall.de
Portrait der Kurstadt, mit Infos zu Gesundheit, Natur, Kultur und Einzigartigkeiten der Region.

Berchtesgadener Land
info@berchtesgadener-land.com

www.berchtesgadener-land.com
Anreise, Unterkünfte, Ausflugsziele und Veranstaltungen sowie Hinweise zum Wetter in der Region rund um den Königssee.

chiemgau.de

www.chiemgau.de
Detaillierte Informationen über Tourismus sowie eine Suchmaschine für die Chiemseeregion.

Chiemgau-tourismus.de
info@chiemgau-tourismus.de

www.chiemgau-tourismus.de
Gastgebersuche, Erlebnisplaner für das individuelle Urlaubsprogramm, Veranstaltungen und Infos zu Regionen und Orten.

Stadt Rosenheim
ro-info@rosenheim.de

www.rosenheim.de
Soziale Projekte, Freizeit, Bildung, Kultur, Tourismus und Bürgerservice.

Stadt Traunstein
info@stadt-traunstein.de

www.traunstein.de
Herz des Chiemgaus und „Vaterstadt" von Papst Benedikt XVI. Einst Stadt des Salzhandels, heute Zentrum des Chiemgaus.

Tor zum Allgäu
info@tor-zum-allgaeu.de

www.tor-zum-allgaeu.de
Infoplattform mit Sehenswürdigkeiten, Rad- und Wandertouren, Übernachtungsmöglichkeiten und Veranstaltungskalender.

Bundesländer/Bayern/Regionen/Bayerischer Wald

Breitenberg
breitenberg@bayerischer-wald.com

www.breitenberg.de
Aktivurlaub in Breitenberg im Bayerischen Wald mit zahlreichen Bauernhöfen und Ferienwohnungen.

passau-live.de
info@passau-live.de

www.passau-live.de
Informationsportal rund um die Stadt Passau. Für Passauer und Touristen interessant. Viele Fotos und Branchen.

Stadt Passau
stadtinfo@passau.de

www.passau.de
Das Portal für die Stadt zwischen Donau, Inn und Ilz: Tourismus, Veranstaltungen, Historisches und Aktuelles.

Bundesländer/Bayern/Regionen/Franken

Ansbach
pr@ansbach.de

www.ansbach.de
Informationen zu Kultur, Tourismus und Wirtschaft. Außerdem Aktuelles aus der Stadt Ansbach.

Aschaffenburg
stadt-aschaffenburg@aschaffenburg.de

www.aschaffenburg.de
Die Stadt Aschaffenburg stellt sich und ihre Einrichtungen vor.

Bamberg
tourist-info@bamberg.info

www.bamberg.info
Kulturportal der Stadt Bamberg. Viele Infos zur Altstadt, dem UNESCO-Welterbe und weiteren Sehenswürdigkeiten.

Bamberg
pressestelle@stadt.bamberg.de

www.stadt.bamberg.de
Kultur, Freizeit, Veranstaltungen, Bildung, Tourismus, Kongresse, Wirtschaft und Verwaltung.

Die Stadt Fürth
bmpa@fuerth.de

www.fuerth.de
Großer Online-Service der Stadt Fürth. Dazu viele Infos zu Kultur, Wirtschaft und Stadtleben.

erlangen.de
ob@stadt.erlangen.de

www.erlangen.de
Portal der Stadt Erlangen: Alles zu Kultur, Universität, Alltag und Wirtschaft. Mit Veranstaltungskalender.

Freizeitevents-Franken
thomas@freizeitevents-franken.de

www.freizeitevents-franken.de
Plattform für Freizeitaktivitäten in Nürnberg und Franken.

Hof
post@stadt-hof.de

www.stadt-hof.de
Aktuelles, Wirtschaft, Tourismus und Kultur. Dazu ein Veranstaltungskalender und Webcam-Bilder der Stadt.

Info Aschaffenburg
tourist@info-aschaffenburg.de

www.info-aschaffenburg.de
Touristikinformationen, Stadtplan, Veranstaltungskalender, Museen, Stadtarchiv und Postkartenservice.

Kongress- und Tourismuszentrale Bayreuth
verwaltung@bayreuth-tourismus.de

www.bayreuth.de
Bayreuther Festspiele, Sehenswürdigkeiten, Museen und Stadtführungen. Mit großem Veranstaltungskalender.

Neustadt bei Coburg
rathaus@neustadt-bei-coburg.de

www.neustadt-bei-coburg.de
Verwaltung, Bildung, Soziales, Kultur, Freizeit, Wirtschaft und Verkehr.

Stadt Coburg
info@coburg.de

www.coburg.de
News, Politik, Verwaltung, Wirtschaft und Kultur aus Coburg. Mit großem Veranstaltungskalender.

Stadt Schwabach
stadt@schwabach.de

www.schwabach.de
Vieles zu Verwaltung, Politik, Soziales, Gesundheit und Umwelt. Mit Online-Service.

Stadt Schweinfurt
pressestelle@schweinfurt.de

www.schweinfurt.de
Wirtschaft, Beruf, Tourismus, Kultur, Bildung, Freizeit, Soziales, Umwelt und Gesundheit.

Tourismus Nürnberg
tourismus@nuernberg.de

www.tourismus.nuernberg.de
Nürnberg ist immer eine Reise wert: Alle Informationen zu Hotels, Museen, Gastronomie und Veranstaltungen.

Würzburg
info@wuerzburg.de

www.wuerzburg.de
Informationssystem mit Veranstaltungsterminen und Hinweisen zu Stadt, Tourismus und dem UNESCO-Weltkulturerbe.

WVV
mail@vvm-info.de

www.wvv.de
Hier erfährt man alles zu Würzburgs Verkehr. Fahrplanauskunft, Tarife und viele Parkplatzinfos zusätzlich.

Bundesländer/Bayern/Regionen/Großraum München

muenchen.de
info@portalmuenchen.de

www.muenchen.de
Informationen zu Tourismus, Restaurants, Shopping, Kultur, Hotels und öffentlichen Einrichtungen.

Oktoberfest
info@datenwerk.de

www.oktoberfest.de
Besucherinfos und Panoramabilder zum Volksfest, Wiesn-Lexikon, Promille-Rechner und Tipps zum Münchner Nachtleben.

Stadt Landshut
hauptamt@landshut.de

www.landshut.de
Stadtgeschichte, Bürgerservice, Kultur, Wirtschaft, Umwelt. Mit Veranstaltungsplaner.

treffpunkt-tegernsee.de
redaktion@treffpunkt-tegernsee.de

www.treffpunkt-tegernsee.de
Reiseführer für die Region Tegernsee und München inklusive Unterkunftssuche und Wetterinformationen.

Bundesländer/Bayern/Regionen/Oberpfalz

Amberg
pressestelle@amberg.de

www.amberg.de
Infos zu Leben und Tourismus in Amberg sowie zu Kultur und Wirtschaft, mit Stadtplan und Bürgerservice.

RVV
info@rvv.de

www.rvv.de
Auf der Seite des Regensburger Verkehrsverbundes kann man online Fahrpläne, Tarife und Verkehrsstörungen abrufen.

Stadt Weiden
stadt@weiden-oberpfalz.de

www.weiden.de
Politik, Wirtschaft, Tourismus, Kultur, Bildung, Freizeit, Umwelt und Gesundheit. Mit Live-Webcams.

Bundesländer/Bayern/Regionen/Schwaben

City Augsburg
info@web5.de

www.cityreporter.de
Veranstaltungen in und um Augsburg. Witzige Partyfotos sowie ein Kneipen- und Restaurantführer.

Kaufbeuren
info@kaufbeuren.de

www.kaufbeuren.de
Neben Infos zu Tourismus und Wirtschaft gibt es einen praktischen Wetterdienst.

Kempten
poststelle@kempten.de

www.kempten.de
Kultur, Veranstaltungen, Gastronomie, Sport und Freizeit. Mit interaktivem Stadtplan.

Memmingen
poststelle@memmingen.de

www.memmingen.de
Infos zu Bürgerservice, Politik, Freizeit, Kultur, Bildung, Tourismus und Wirtschaft. Mit virtuellem Rathaus.

Neu-Ulm
info@neu-ulm.de

www.neu-ulm.de
Infos zur jungen Donaustadt Neu-Ulm: Aktuelles, Politik, Soziales, Kultur, Tourismus und Freizeitangebote.

Stadt Augsburg
augsburg@augsburg.de

www.augsburg.de
Infos zu Geschichte, Region, Sehenswürdigkeiten, Anreise, Hotels und Stadtplan.

Verkehrsgemeinschaft Donau-Ries

www.vdr-bus.de
Neben einem Liniennetz gibt es noch Infos zu Fahrplänen, Fahrscheinen und Preisen. Mit Abokartenantrag.

Zum Kempten
info@zum-kempten.de

www.zum-kempten.de
Das Portal gibt Infos zu Tarifen und Fahrplänen in und um Kempten in Bayern.

Bundesländer/Berlin

BerlinOnline
info@berlinonline.de

www.berlinonline.de
Großes Informationsportal für Berlin mit Veranstaltungstipps, Ticketshop, Sehenswürdigkeiten sowie Cityguide.

DDR Museum Berlin
post@ddr-museum.de

www.ddr-museum.de
Das DDR Museum Berlin bietet Geschichte zum Anfassen. Möglichkeit zum Online-Kauf von Artikeln über und aus der DDR.

Kiezportal Hohenschoenhausen

www.kiezportal-hohenschoenhausen.de
Stadtportal über Hohenschönhausen und Berlin, gespickt mit Anzeigenmärkten.

Museumsportal Berlin
info@xhibit.de

www.museumsportal-berlin.de
Das Museumsportal Berlin ist das offizielle Portal aller Berliner Museen mit einem Überblick über die Museumslandschaft.

Potsdamer Platz Berlin
info@potsdamer-platz.net

www.potsdamer-platz.net
Alles zum Potsdamer Platz Berlin: Architekten, Geschichte, Kunst und Kultur rund um den Platz.

Verkehrsverbund Berlin-Brandenburg
info@vbbonline.de

www.vbbonline.de
Fahrgastinformationen, Tarifauskunft und Fahrpläne für die Region Brandenburg und Berlin.

visitBerlin
information@visitberlin.de

www.visitberlin.de
Das Internet-Portal informiert Berlin-Touristen über die deutsche Hauptstadt und bietet Hotel- und Ticketbuchung.

Bundesländer/Brandenburg

Neuruppin
stadt@stadtneuruppin.de

www.neuruppin.de
Politik, Bürgerdienste, Wirtschaft, Arbeit, Wohnen, Leben, Bildung, Soziales, Tourismus, Kultur und Sport.

Reiseland Brandenburg

www.reiseland-brandenburg.de
Portal für das Reiseland Brandenburg mit Übernachtungsbuchung, Veranstaltungskalender, Ausflugs- und Restauranttipps.

Stadt Schwedt/Oder
stadt@schwedt.de

www.schwedt.eu
Viele Infos zu Stadt, Politik, Wirtschaft, Verwaltung, Freizeit, Kultur, Sport, Bildung, Gesundheit und Vereinen.

Bundesländer/Brandenburg/Regionen/Großraum Berlin

Erkner
webmaster@erkner.de

www.erkner.de
Kommunalpolitik, Wirtschaft und Tourismus. Dazu gibt es einen Veranstaltungskalender.

Gemeinde Hoppegarten

www.gemeinde-hoppegarten.de
Infos zu Kommunalpolitik, Gemeindeverwaltung, Stellen- und Grundstücksangeboten und Online-Formularen.

info-potsdam.de
info@info-potsdam.de

www.info-potsdam.de
Branchenführer und Hinweise zu Kultur, Freizeit und Sozialem sowie spezielle Touristeninformationen.

Neuenhagen
gemeinde@neuenhagen-bei-berlin.de

www.neuenhagen-bei-berlin.de
Alles zu Bauen, Wohnen, Bildung, Soziales, Freizeit, Kommunalpolitik und Gesundheit.

Potsdam.de
poststelle@rathaus.potsdam.de

www.potsdam.de
Potsdam entdecken: Neben Infos von A bis Z bietet die Seite einen ausführlichen Online-Rathaus-Bereich an.

potsdam-abc
info@potsdam-abc.de

www.potsdam-abc.de
Potsdam im Internet. Alle Informationen zur Stadt auf einen Klick. Immer auf dem neuesten Stand.

Potsdamtourismus.de

www.potsdamtourismus.de
Praktische Veranstaltungs-, Ausflugs-, Hotel- und Restauranttipps. Wochenend- und Feiertagsangebote zum Direktbuchen.

Stadt Hennigsdorf

www.hennigsdorf.de
Ausführliches zu Stadtleben, Wirtschaft und Tourismus. Mit vielen Adressen und einem virtuellen Stadtrundgang.

teltow.de
stadt-teltow@teltow.de

www.teltow.de
Großes Portal der Stadt Teltow. Tourismus, Kultur, Bildung, Wissenschaft, Wirtschaft und Sport.

Velten
hauptamt@velten.de

www.velten.de
Stadt, Verwaltung, Kultur, Tourismus, Vereine und Gesundheit.

Bundesländer/Brandenburg/Regionen/Havelland

havelstadt-brandenburg.de
info@havelstadt-brandenburg.de

www.havelstadt.de
Havelstadt.de ist eine regionale Online-Tageszeitung für die Region Brandenburg an der Havel und Umland.

Stadt Brandenburg an der Havel

www.stadt-brandenburg.de
Brandenburg an der Havel im Internet. Kultur, Bildung, Freizeit, Soziales, Bürgerservice und Tourismus.

Bundesländer/Brandenburg/Regionen/Lausitz

Cottbus
info@cottbus.de

www.cottbus.de
Umfassender Service aus Rathaus, Politik, Wirtschaft, Kultur und Tourismus dieser liebenswerten Stadt.

Finsterwalde
stadt-finsterwalde@t-online.de

www.finsterwalde.de
Hotels, Gaststätten und Stadtführer. Mit praktischer Wettervorhersage für Finsterwalde.

Stadt Forst (Lausitz)
info@forst-lausitz.de

www.forst-lausitz.de
News, viele Links zu Wirtschaft und Tourismus und mit großem Bürgerforum. Eine Webcam zeigt aktuelle Bilder der Stadt.

Stadt Lauchhammer
info@lauchhammer.de

www.lauchhammer.de
Viele Freizeit- und Tourismusangebote. Dazu Infos zu Wirtschaft, Geschichte und regionalen Veranstaltungen.

Bundesländer/Brandenburg/Regionen/Oder-Spree

Kleiststadt Frankfurt (Oder)
pressestelle@frankfurt-oder.de

www.frankfurt-oder.de
Hier findet man Informationen über die Stadt, ihre Entwicklung und Historie, über Wirtschaft und Kultur.

Stadt Eisenhüttenstadt
info@eisenhuettenstadt.de

www.eisenhuettenstadt.de
Informationen zu Kultur, Freizeit, Familienfreundlichkeit, Wirtschaft, Leben und Wohnen.

Bundesländer/Bremen

Bremen-Tourismus.de
info@bremen-tourism.de

www.bremen-tourismus.de
Informationen zum Erlebnisland Bremen. Online-Buchung von Hotels, Pauschalen, Rundfahrten und Führungen.

Bremerhaven
stadtverwaltung@bremerhaven.de

www.bremerhaven.de
Bremerhavens Stadtportal mit Bürgerservice, Tourismus-Informationen, Wissenschaft, Wirtschaft und einem Shop.

bremerhaven-tourism.de
touristik@bis-bremerhaven.de

www.bremerhaven-tourism.de
Veranstaltungstermine, Reisetipps und Sehenswürdigkeiten wie der Pingelturm oder der Bürgerpark der Seestadt Bremerhaven.

BSAG
info@bsag.de

www.bsag.de
Die BSAG informiert über Fahrpläne, Tickets, Fahrpreise und Haltestellen in und um Bremen plus viele Freizeittipps.

VBN
info@vbn.de

www.vbn.de
Alles zu Bus, Bahn, Fahrplänen, Taxibus, Angeboten, Tickets und Preisen und Infos zum Schüler-Ferien-Ticket.

Bundesländer/Hamburg

Hamburg Aktuell
becker@hamburg-hansestadt.de

www.hamburg-hansestadt.de
Online-Magazin für Hamburg und Umgebung. Mit Kino- und Sport-News sowie verschiedenen Anzeigenmärkten.

Hamburg Tourismus
info@hamburg-tourismus.de

www.hamburg-tourismus.de
Die offizielle Hamburg-Seite. Hotels, Städtereisen, Musicaltickets und die besten Tipps für einen Hamburg-Besuch.

HVV
info@hvv.de

www.hvv.de
Vorstellung von Streckennetz und Verkehrsmitteln mit Linien- und Haltestellenfahrplänen sowie Tarifübersicht.

Noisy.de
info@noisy.de

www.noisy.de
Night-Life-Szene-Magazin für das Nachtleben des Nordens. Partys können nach Region, Musikart und Location gesucht werden.

Bundesländer/Hessen

HA Hessen Agentur GmbH
info@hessen-tourismus.de

www.hessen-tourismus.de
Hessen – ob Kultur-Highlights, Wellness-, Natur- oder Aktivurlaub – Vielseitigkeit, die überrascht.

hessenparty.de
info@hessenparty.de

www.hessenparty.de
Die Partyseite für Hessen mit Eventkalender, Community sowie Adressen von Discos, Clubs und Bistros.

RMV
info@rmv.de

www.rmv.de
Der Rhein-Main-Verkehrsverbund informiert über Bus und Bahn, Straßenverkehr und gibt Tipps zu Ferienzielen.

Bundesländer/Hessen/Regionen/Mittelhessen

Fulda
kommunikation@fulda.de

www.fulda.de
Ausführliche Informationen zu Kultur, Verwaltung und Wirtschaft. Dazu ein Stadtplan.

Gießen
tourist@giessen.de

www.giessen-tourismus.de
Neben vielen Infos zu Stadtgeschichte, Museen und Theater gibt es einen Veranstaltungskalender.

Marburg in Hessen
webmaster@marburg-net.de

www.marburg-net.de
Rund um die Universitätsstadt Marburg. Geschichte, Sehenswürdigkeiten und Infos für Touristen und Heimische.

Universitätsstadt Marburg
mtm@marburg.de

www.marburg.de
Aktuelle Infos und Berichte aus den Bereichen Tourismus, Wirtschaft, Kultur, Bildung und Veranstaltungen.

Bundesländer/Hessen/Regionen/Nordhessen

kassel tourist
tourist@kassel-tourist.de

www.kassel-tourist.de
Touristische Highlights im hessischen Kassel: Veranstaltungen und Termine, die Deutsche Märchenstraße und Wellness.

Kassel.de
kassel@stadt-kassel.de

www.kassel.de
Bürgerservice, Tourismus, Uni und Wirtschaft, Veranstaltungen, Bilder und Geschichte von Kassel und Region.

NVV
info@nvv.de

www.nvv.de
Das Portal informiert über Fahrpläne, Tickets, Tarife, Vorverkaufsstellen und Info-Center in Nordhessen.

Bundesländer/Hessen/Regionen/Südhessen

DarmstadtNews.de
mail@darmstadtnews.de

www.darmstadtnews.de
Nachrichten und Informationen aus Darmstadt und Umgebung.

Frankfurt Tourismus+Congress GmbH
info@infofrankfurt.de

www.frankfurt-tourismus.de
Online-Hotelbuchungen, Tagungsstätten, Rahmenprogramme, Sightseeing, Shopping, Gastronomie und Events in Frankfurt.

frankfurt.de

www.frankfurt.de
Infos zu den Bereichen Wirtschaft, Tourismus und Kultur. Dazu Formulare online und interaktiver Stadtplan.

Hanau

www.hanau.de
Alles zu Tourismus, Wirtschaft, Kultur und Veranstaltungen aus der Brüder-Grimm-Stadt.

My Secret Frankfurt
info@mycitysecret.com

www.mycitysecret.com
Stadtgeheimnisse und Insider-Tipps wie Boutiquen, Bars und Restaurants, die abseits der Hauptgeschäftsstraßen liegen.

Offenbach.de
info@offenbach.de

www.offenbach.de
Die Seite der Stadt Offenbach am Main mit Veranstaltungen, Links, City-Guide und Hotel-Adressen.

Region Bergstrasse
info@region-bergstrasse.de

www.region-bergstrasse.de
Termine und Infos aus der Region Bergstrasse. Branchen- und Gastgeberverzeichnis, Anzeigenmärkte und Freizeittipps.

Wiesbaden
online-redaktion@wiesbaden-marketing.de

www.wiesbaden.de
Offizielle Homepage der Landeshauptstadt Wiesbaden mit Informationen zur Stadt sowie zu Tourismus, Kultur und Wirtschaft.

Wissenschaftsstadt Darmstadt

www.darmstadt.de
Kulturelles und touristisches Leben in Darmstadt: Veranstaltungen, Freizeittipps und ein Stadtplan.

Bundesländer/Mecklenburg-Vorpommern

Informationssystem Mecklenburg-Vorpommern
buero@manetmail.de

www.mecklenburg-vorpommern.info
Städte und Regionen, Ausflugsziele, Unterkünfte, Touren, Regionalwetter und ein umfangreicher Veranstaltungskalender.

Tourismusverband Mecklenburg-Vorpommern
info@auf-nach-mv.de

www.auf-nach-mv.de
Radurlaub, Wander- und Hausbootferien, Schlösserreisen, Wellness: Alle Infos für den Urlaub an Ostsee und Seenplatte.

Bundesländer/Mecklenburg-Vorpommern/Regionen/Mecklenburg

Hansestadt Rostock
info@rostock.de

www.rostock.de
Portal der Hansestadt: Kultur, Freizeit, Bildung, Politik, Umwelt und Wirtschaft.

Hansestadt Wismar
buergerbuero@wismar.de

www.wismar.de
UNESCO-Welterbe mit Infos zu Kultur, Freizeit, Bildung, Wohnen und Gesundheit. Hotels können online gebucht werden.

Landeshauptstadt Schwerin
info@schwerin.de

www.schwerin.de
Die mecklenburgische Landeshauptstadt stellt sich mit Inhalten wie Kultur, Wirtschaft, Soziales oder Umwelt vor.

Schwerin.com
info@schwerin.com

www.schwerin.com
Tourismusportal für die Landeshauptstadt Schwerin mit Tipps zu Sehenswürdigkeiten, Veranstaltungen sowie Hotelbuchung.

Schweriner.de
gutentag@buero-vip.de

www.schweriner.de
Urlaub und Leben in Schwerin: Tourismus, Kunst, Kultur, Gastronomie, Übernachtungen, Schwerin für Kinder und Sonstiges.

Stadt Neubrandenburg

www.neubrandenburg.de
Regionale und überregionale Nachrichten, Stadtportrait, Kultur, Wirtschaft und Online-Rathaus.

Verkehrsverbund-Warnow
info@verkehrsverbund-warnow.de

www.verkehrsverbund-warnow.de
Im mittleren Mecklenburg koordiniert der Verkehrsverbund Warnow das Angebot im Öffentlichen Nahverkehr.

Bundesländer/Mecklenburg-Vorpommern/Regionen/Vorpommern

Demmin
hansestadt@demmin.de

www.demmin.de
Portal der Hansestadt Demmin. Verwaltung, Kultur, Wirtschaft und Bilder.

Greifswald
presse@greifswald.de

www.greifswald.de
Neben vielen Infos zu Gesundheit, Bildung und Kultur können Hotels und Pensionen online gebucht werden.

Hansestadt Stralsund

www.stralsund.de
Portal des UNESCO-Welterbes. Infos zur Hansestadt, Tourismus
und Kultur. Mit Veranstaltungskalender.

VGN
info@nvp-bus.de

www.nvp-bus.de
Diese Web-Seite informiert über Fahrpläne und Liniennetzwerke
im Norden Vorpommerns und zeigt eine Linienübersicht.

Bundesländer/Niedersachsen

Osnabrück live
info@osnabruecklive.de

www.osnabruecklive.de
Branchenbuch mit über 5.000 Osnabrücker Einrichtungen und Firmen 1.000 Fotos von Osnabrück und ein Kleinanzeigenmarkt.

Osnabrück online
redaktion@osnabrueck.de

www.osnabrueck.de
Infos über Stadt, Kultur, Veranstaltungen, Geschichte, Wirtschaft,
Wissenschaft, Jobbörse, Online-Rathaus und Fundbüro.

Reiseland Niedersachsen
info@tourismusniedersachsen.de

www.reiseland-niedersachsen.de
Offizielles Landesportal für Urlaub, Freizeit und Tourismus mit
Übersicht der Reiseregionen, Städte und Urlaubsaktivitäten.

Stadt Göttingen
stadt@goettingen.de

www.goettingen.de
Offizielles Portal der Stadt mit Informationen und Neuigkeiten aus
Politik, Wissenschaft, Kultur und Wirtschaft.

Stadt Hameln
rathaus@hameln.de

www.hameln.de
Wirtschaft, Sport, Kultur, Tourismus und viele Infos zum Ratten-
fänger von Hameln.

Tourist-Information Göttingen
tourismus@goettingen.de

www.goettingen-tourismus.de
Online-Stadtrundgang, Sehenswürdigkeiten, Übernachtungsmöglichkeiten, Stadtgeschichte und Veranstaltungstermine.

VSN Verkehrsverbund Süd-Niedersachsen

www.vsninfo.de
Ausführliches zu Fahrplänen, Tickets und Preisen. Mit interaktiver
Fahrplanauskunft und Gewinnspiel.

Wolfsburg
stadt@stadt.wolfsburg.de

www.wolfsburg.de
Verwaltung, Politik, Arbeit, Bildung, Wohnen, Gesundheit, Soziales, Kultur, Religion, Freizeit, Umwelt und Wirtschaft.

Bundesländer/Niedersachsen/Regionen/Bremen-Oldenburg

Delmenhorst
rathaus@delmenhorst.de

www.delmenhorst.de
Alles über Stadt, Verwaltung, Wirtschaft, Tourismus, Bildung und
Kultur.

Die Nordlichtpost
info@nordlichtpost.de

www.nordlichtpost.de
Portal für den Landkreis Osterholz. Mit Terminen, aktuellen News,
Urlaubstipps, Gästebuch und Bildergalerie.

Stadt Oldenburg
poststelle@stadt-oldenburg.de

www.oldenburg.de
Portal der Stadt Oldenburg. Mit Bürgerservice, Theater, Museen,
Stadtplan und großem Veranstaltungskalender.

Bundesländer/Niedersachsen/Regionen/Großraum Hannover

Großraum-Verkehr-Hannover
info@gvh.de

www.gvh.de
Dieses Portal informiert über Fahrpläne, Fahrkarten, Preise und
Netzpläne für die Region Hannover.

Hannover
redaktion@hannover.de

www.hannover.de
Der Info-Pool über Stadt und Region, Wirtschaft, Tourismus, Kultur, Freizeit, Wissenschaft und Verkehr.

hildesheim.de
pressestelle@stadt-hildesheim.de

www.hildesheim.de
Alles zur Stadt und Region Hildesheim. Dazu noch Infos zu Gastronomie, Übernachtungen und Bürgerservice.

Tourismusregion Hannover
info@tourismusregion-hannover.de

www.tourismusregion-hannover.de
Ausflugsziele in der Tourismusregion Hannover, Zimmervermittlung für Hotels, Pensionen, Ferienwohnungen und Privatzimmer.

Bundesländer/Niedersachsen/Regionen/Harz

Goslar
marketing@goslar.de

www.goslar.de
Infos zur Weltkulturerbe-Stadt, Sehenswürdigkeiten und Stadtführungen. Hotels und Pensionen online buchbar.

Salzgitter
kommunikation@stadt.salzgitter.de

www.salzgitter.de
Das offizielle Stadtportal mit aktuellen Nachrichten und Informationen aus und über Salzgitter.

Verbundtarif Region Braunschweig
zgb@zgb.de

www.vrb-online.de
Die Web-Seite informiert über Fahrpläne, Tarifzonen und Preise für die Region Braunschweig.

Bundesländer/Niedersachsen/Regionen/Lüneburger Heide

CeBus
info@cebus-celle.de

www.cebus-celle.de
Dieses Portal informiert über den Busverkehr in Celle: Fahrpläne, Preise, Tickets und Sammeltaxi.

Celle
stadt.celle@celle.de

www.celle.de
News, Wirtschaft, Kultur, Sport, Soziales und Tourismus aus Celle.

Lüneburg
stadt@lueneburg.de

www.lueneburg.de
Umfassende Infos aus Hansestadt und Landkreis zu Politik und Verwaltung, Wirtschaft, Touristik, Kultur und Freizeit.

Lüneburger Heide
info@lueneburger-heide.de

www.lueneburger-heide.de
Informationsportal über die Lüneburger Heide. Unterkünfte online buchen, Angebote zu Radfahren und Wandern.

Tourismusportal für Celle und Südheide
info@celle-tourismus.de

www.celle-tourismus.de
Tourismusportal der Residenzstadt Celle. Informationen über Unterkünfte, Allerradweg und das Flusserlebnis Südheide.

VNN

www.vnn.de
Auf diesem Portal findet man Infos zu Tarifen, Tickets, Preisen und Fahrplänen für den Nordosten Niedersachsens.

Bundesländer/Nordrhein-Westfalen

Tourismus NRW e.V
info@nrw-tourismus.de

www.nrw-tourismus.de
Reiseziele in NRW, Städte und Kultur, Business, Gesundheit und Wellness, Sport, Wander-, Radrouten sowie Kulinarisches.

Bundesländer/Nordrhein-Westfalen/Regionen/Bergisches Land

Portal Remscheid
remscheid@str.de

www.remscheid.de
Alles rund um Arbeit, Bauen, Bildung, Kultur und Freizeit. Mit großem Bürgerservice.

Stadt Solingen
post@solingen.de

www.solingen.de
Veranstaltungskalender, Behördenwegweiser, Stadtplan, Abfallkalender und Grußkarten.

Wuppertal.de
stadtverwaltung@wuppertal.de

www.wuppertal.de
Wegweiser für Wirtschaft, Bildung, Touristik, Soziales, Kultur, Religion und Politik.

Bundesländer/Nordrhein-Westfalen/Regionen/Rheinland

Aachener Verkehrsverbund
info@avv.de

www.avv.de
Der Verkehrsbund informiert über Fahr- und Liniennetzpläne, Tickets und Preise in und um Aachen.

Aachens Tourismusportal
info@aachen-tourist.de

www.aachen-tourist.de
Stadtführungen, Gastronomie, Wellness, Sehenswertes und Veranstaltungen.

Düsseldorf Marketing und Tourismus
info@duesseldorf-tourismus.de

www.duesseldorf-tourismus.de
News über Events und touristische Highlights der Landeshauptstadt Düsseldorf. Stadtrundfahrten, Hotels, Kultur und Sport.

koeln.de
info@koeln.de

www.koeln.de
Aktuelle Nachrichten aus Köln, Branchen- und Gastronomieführer, Veranstaltungs- und Kinokalender, Chat und Foren.

koeln-journal.de
info@greven.de

www.koeln-journal.de
Alle Events der Stadt: Bühne, Musik, Sport, Party, Ausstellungen, Tourismus, Freizeit und eine Community.

netcologne

www.internetcologne.de
Hier gibt es aktuelle News und das Tagesgeschehen, Veranstaltungstipps und Sport aus Köln und dem Rheinland.

Neuss am Rhein
presseamt@neuss.de

www.neuss.de
Tourismusinfos wie Hotels, Kultur und Freizeitmöglichkeiten sowie Wirtschafts- und Bürgerservice.

Niederrhein Tourismus
info@niederrhein-tourismus.de

www.niederrhein-tourismus.de
Niederrhein-Interessenten finden hier Freizeit-, Kultur-, Gastro- und Übernachtungstipps sowie alles zum Thema Radfahren.

Stadt Düren
stadt@dueren.de

www.dueren.de
Portal der Stadt Düren. Virtueller Bürgerservice und ein großes Hotel- und Pensionsverzeichnis.

Stadt Düsseldorf
info@duesseldorf.de

www.duesseldorf.de
Interaktiver Stadtplan, 360°-Panoramabilder, Veranstaltungstipps, Zimmervermittlung und Stadtführungen.

Stadt Viersen
stadt@viersen.de

www.viersen.de
Politik, Verwaltung, Wohnen, Kultur, Bildung und Freizeit. Mit übersichtlichem Veranstaltungskalender.

StädteRegion Aachen
info@staedteregion-aachen.de

www.staedteregion-aachen.de
Touristische Attraktionen der neun Kommunen im Kreis Aachen. Altstädte, Burgen, Kultur, Veranstaltungen und Seen.

Bundesländer/Nordrhein-Westfalen/Regionen/Rhein-Sieg

Bonn
bonninformation@bonn.de

www.bonn.de
Die Seite bietet Tourismusinfos zu Kunst, Kultur, Musik, Beethoven, verschiedenen Festivals und zu Theater und Freizeit.

siegen.de
info@siegen.de

www.siegen.de
Portal der Stadt Siegen. Mit Bürgerservice und Infos zu Politik, Kultur, Bildung, Freizeit und Tourismus.

Tourismus & Congress GmbH Region Bonn
info@bonn-region.de

www.bonn-region.de
Darstellung aller Museen, Stadtrundfahrten, Events in Bonn und die Möglichkeit, Hotels online zu buchen.

Verkehrsverbund Rhein-Sieg
info@vrsinfo.de

www.vrsinfo.de
Fahrplanauskunft, Ticketinfos und Preisberatung sowie Verzeichnis der Kundencenter und Liniennetzübersichten.

Bundesländer/Nordrhein-Westfalen/Regionen/Ruhrpott

Bochum
info@bochum-tourismus.de

www.bochum-tourismus.de
Neben Infos zu Stadtführungen, Veranstaltungen, Reiseangeboten und Tagungsorten können Hotels online gebucht werden.

Castrop-Rauxel
stadtinformation@castrop-rauxel.de

www.castrop-rauxel.de
Viele Infos zu Stadt, Kultur, Freizeit, Wohnen, Bildung und Soziales. Mit umfangreichem Bürgerservice.

Dortmund.de
redaktion@dortmund.de

www.dortmund.de
Veranstaltungskalender, aktuelle Informationen sowie Übersicht der einzelnen Bezirke mit Stadtplänen.

Gladbeck
info@stadt-gladbeck.de

www.gladbeck.de
Ausführliches Stadtporträt, Infos zu Sehenswürdigkeiten, Verkehr, Unterkunft und Shopping.

Krefeld.de
stadtservice@krefeld.de

www.krefeld.de
Krefeld lädt zum Rundgang durch Verwaltung, Wirtschaft, Kultur, Veranstaltungen und Freizeitmöglichkeiten ein.

Recklinghausen
presse@recklinghausen.de

www.recklinghausen.de
Bürgerservice, Stadtinformationen, Sehenswürdigkeiten, Museen, Veranstaltungen und Soziales.

Regionalverband Ruhr
info@rvr-online.de

www.rvr-online.de
Umfassende Informationen über das Ruhrgebiet, z. B. Stadtpläne und Luftbilder, Erlebnistouren und Kulturkalender.

Stadt Bochum
info@bochum.de

www.bochum.de
Info-Pool über Veranstaltungen, Bildung und Wirtschaft sowie Formulare und Anwendungen.

Stadt Duisburg
kommunikation@stadt-duisburg.de

www.duisburg.de
Die Hafenstadt informiert über Wirtschaft, Kultur, Bildung, Sport, Tourismus und Freizeit.

Stadt Essen
info@essen.de

essen.de
Die Kulturhauptstadt Europas 2010 stellt sich vor: Mit Kunstausstellungen, Theateraufführungen, Sport und Freizeit.

Stadt Herne
info@herne.de

www.herne.de
Infos über Bildung, Kultur, städtische Einrichtungen, Wirtschaft und Tourismus. Umfangreicher Bürgerservice.

Stadt Mülheim an der Ruhr
info@stadt-mh.de

www.muelheim-ruhr.de
Wegweiser, Branchenführer, Hotel- und Gaststättenverzeichnis, Notdienste und ein umfassender Bürgerservice.

Stadt Oberhausen
info@oberhausen.de

www.oberhausen.de
Stadtinfos, Tourismus, Kultur, Freizeit und Wirtschaft. Mit Veranstaltungskalender.

Verkehrsverbund Rhein-Ruhr
info@vrr.de

www.vrr.de
Der VRR präsentiert Infos zu Tickets und Tarifen sowie zum Verbund in der Metropolregion Rhein-Ruhr.

Wilhelm Lehmbruck-Museum
info@lehmbruckmuseum.de

www.lehmbruckmuseum.de
Geschichte, Sammlungen, Ausstellungen, Veranstaltungen und Kunstvermittlung im Duisburger Museum.

Witten
stadt@witten.de

www.witten.de
Portal der Universitätsstadt Witten. News, Bürgerservice, Bildung, Kultur, Gesundheit, Soziales und Tourismus.

www.dortmund-tourismus.de
info@dortmund-tourismus.de

www.dortmund-tourismus.de
Offizielles Tourismusportal der Stadt Dortmund. Hotels, Restaurants, Geschäfte, Discos, Führungen und Pauschalangebote.

Bundesländer/Nordrhein-Westfalen/Regionen/Sauerland

Iserlohn
pressestelle@iserlohn.de

www.iserlohn.de
Portal der Stadt Iserlohn. Mit News, Politik, Umwelt, Tourismus und großem Kulturbereich.

Lüdenscheid
post@luedenscheid.de

www.luedenscheid.de
News, Bürgerservice mit Online-Formularen, Bildung und Kultur. Mit vielen Freizeittipps.

Sauerland
info@sauerland.com

www.sauerland.com
Ausführliche Beschreibungen der Attraktionen und Freizeitangebote des Sauerlandes, Veranstaltungshinweise und Unterkünfte.

Sauerlandkurier
info@sauerlandkurier.de

www.sauerlandkurier.de
News, Aktuelles, Veranstaltungen, Fotogalerie, Notdienste, Kleinanzeigen, Gewerbe A-Z sowie Fußball.

Bundesländer/Nordrhein-Westfalen/Regionen/Westfalen

Hamm
info@stadt.hamm.de

www.hamm.de
Vieles zu Kultur, Freizeit, Bildung, Soziales, Gesundheit, Umwelt, Wirtschaft und Tourismus.

Herford
info@herford.de

www.herford.de
Tourismus, Stadtgeschichte, Gesundheit und Soziales. Dazu ein Bürgerservice mit vielen Online-Formularen.

Welterbe Dom zu Speyer

www.welterbe-speyer.de

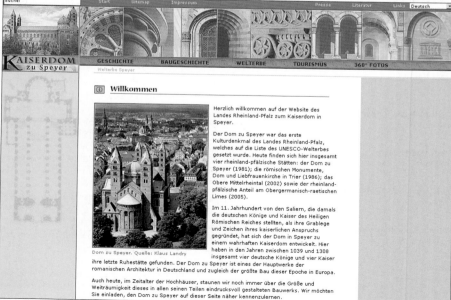

muenster.de
redaktion@muenster.de

www.muenster.de
Stadt-Informationssystem mit Freizeit-, Tourismus- und Kulturservice. Außerdem Bürgernetz und Branchenbuch.

Münsterland Touristik
touristik@muensterland.com

www.muensterland-tourismus.de
Viele Informationen für sportliche und kulturinteressierte Urlauber: Radfahren, Reiten, Wandern, Schlösser und Burgen.

Stadt Bielefeld
touristinfo@bielefeld-marketing.de

www.bielefeld.de
Kultur- und Freizeittipps, Veranstaltungstermine, Tickets, Hotelbuchungen, Stadtführungen sowie eine Restaurantsuche.

VGWS
info@vgws.de

www.vgws.de
Infos zu Fahrplänen, Tickets und Preisen in Südwestfalen. Mit Fahrplanauskunft und Download-Center.

Bundesländer/Rheinland-Pfalz

● **Welterbe Dom zu Speyer**
info@welterbe.rlp.de

www.welterbe-speyer.de
Der Kaiserdom in Speyer, größter romanischer Bau Europas, gehört seit 1981 zum UNESCO-Welterbe. Die Seite informiert über seine Baugeschichte und Architektur. 360-Grad-Panoramen ermöglichen einen virtuellen Rundgang durch das Gebäude. Eine umfangreiche Rubrik Tourismus rundet die Web-Seite ab.
(Siehe Abbildung)

● **Welterbe in Trier**
info@welterbe.rlp.de

www.welterbe-trier.de
Die Seite zum UNESCO-Welterbe in Trier präsentiert jene neun Monumente, die seit 1986 Welterbestatus genießen. Karten und eingehende geschichtliche Informationen erschließen die Stadtgeschichte und die historische Entwicklung der Objekte. Eine umfangreiche Rubrik Tourismus rundet die Web-Seite ab.
(Siehe Abbildung)

Welterbe in Trier

www.welterbe-trier.de

● Welterbe Limes in Rheinland-Pfalz
info@welterbe.rlp.de

www.welterbe-limes-rlp.de
Die Seite zum rheinland-pfälzischen Abschnitt des Obergermanisch-raetischen Limes (Welterbe seit 2005), der in seinem Verlauf vom Rhein bis zur Donau vier deutsche Bundesländer durchzieht, informiert sowohl allgemein wie landesbezogen über dieses herausragende archäologische Bodendenkmal römischer Zeit. **(Siehe Abbildung)**

● Welterbe Oberes Mittelrheintal
info@welterbe.rlp.de

www.welterbe-mittelrheintal.de
Die Seite über das Obere Mittelrheintal, UNESCO-Welterbe seit 2002, stellt die Region und deren Orte und Sehenswürdigkeiten vor. Neben Informationen zur Freizeitgestaltung und zu den touristischen Angeboten bietet die Seite einen besonderen regionalspezifischen Teil sowie einen eigenen Bereich für Kinder. **(Siehe Abbildung)**

ahrtaltourismus.de
info@ahrtaltourismus.de

www.ahrtal.de
Informationsseite über die Ferienregion Bad Neuenahr-Ahrweiler mit Angeboten für den Familienurlaub oder Tagestouren.

Kaiserslautern
touristinformation@kaiserslautern.de

www.kaiserslautern.de
Hier findet man Touristisches und Sehenswertes wie die Kaiserpfalz oder den Wildpark sowie Gastronomie- und Hoteltipps.

Landeshauptstadt Mainz
mainz.online@stadt.mainz.de

www.mainz.de
Das Stadtporträt mit vielen Infos zum Tourismus: Veranstaltungen, Sehenswertes sowie Restaurant- und Kneipentipps.

Neustadt an der Weinstrasse
info@stadt-nw.de

www.neustadt-weinstrasse.de
Ausführliches zu Tourismus und Wirtschaft, Bürgerservice mit Online-Formularen und ein praktischer Parkplan.

pfalz-weinfeste.de

www.pfalz-weinfeste.de
Pfälzer Weinfeste und Termine der Weinkerwe in der Pfalz.

Welterbe Limes in Rheinland-Pfalz   **www.welterbe-limes-rlp.de**

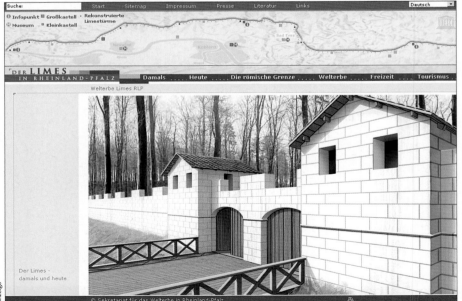

Rhein-Nahe Nahverkehrsverbund
info@rnn.info

www.rnn.info
Aktuelle Infos zu Tickets, Fahrpreisen, Liniennetzen, Fahrplanänderungen und Ausführliches zum Fahrkartensortiment.

speyer.de
poststelle@stadt-speyer.de

www.speyer.de
Das offizielle Internetangebot Speyers für Tourismus, Gewerbe und Bürger ist hier zu finden.

Stadt Bad Kreuznach
pressestelle@bad-kreuznach.de

www.stadt-bad-kreuznach.de
Alles zu Politik, Verwaltung, Kultur, Freizeit, Wirtschaft, Tourismus und Stadtgeschichte.

Stadt Frankenthal (Pfalz)
stadtverwaltung@frankenthal.de

www.frankenthal.de
Infos zu Tourismus, Wirtschaft, Kultur, Freizeit, Sport, News, Presseservice und Veranstaltungen.

Stadt Landau in der Pfalz
stadtverwaltung@landau.de

www.landau.de
Informationen zu Landau in den Bereichen Wirtschaft, Tourismus, Freizeit, Kultur, Städtebau und -marketing.

Stadt Ludwigshafen am Rhein
stadtverwaltung@ludwigshafen.de

www.ludwigshafen.de
Portal der Stadt Ludwigshafen mit Bürgerservice und Informationen über das Rathaus sowie Sport- und Freizeitangebote.

Stadt Pirmasens
presse@pirmasens.de

www.pirmasens.de
Infos zu Stadt, Verwaltung, Freizeit, Tourismus und Wirtschaft. Mit Kulturkalender.

Trier
rathaus@trier.de

www.trier.de
Neben News aus der ältesten Stadt Deutschlands gibt es Infos zu Tourismus und Wirtschaft.

Verkehrsbund Rhein-Neckar
info@vrn.de

www.vrn.de
Fahrplanauskunft für Rheinland-Pfalz, Baden-Württemberg, bundesweit (DELFI), Fahrpreise, Stadt- und Linienpläne für VRN.

Welterbe Oberes Mittelrheintal
www.welterbe-mittelrheintal.de

Bundesländer/Rheinland-Pfalz/Regionen/Mosel

Mosel.de
info@mosel.de

www.mosel.de
Internet-Reiseführer für die Urlaubsregion Mosel mit Wissenswertem über Freizeitangebote, Weininfos und Ausflugstipps.

VRM

www.vrminfo.de
Informationen zu Fahrkarten, Tickets, Preisen und Sonderverkehr zwischen Rhein und Mosel.

Bundesländer/Saarland

Die Region Saarbrücken
info@kontour.de

www.die-region-saarbruecken.de
Informationen zur Landeshauptstadt Saarbrücken. Unterkünfte, Sehenswürdigkeiten, Stadtführungen, Radfahren und Wandern.

Saarland
info@tz-s.de

www.tourismus.saarland.de
Das Saarland wird mit der Geschichte, Landschaft und Küche vorgestellt. Hotels und Ferienwohnungen sind online buchbar.

saarvv
kontakt@saarvv.de

www.saarvv.de
Der Verkehrsverbund Saarland bietet Infos zu Fahrplänen, Tickets und Preisen im gesamten Bundesland.

Stadt Saarbrücken
medien@saarbruecken.de

www.saarbruecken.de
Die offizielle Stadtpräsentation mit Informationen zu Wirtschaft, Freizeit und Kultur sowie Online-Service für Bürger.

Stadt Völklingen
info@voelklingen.de

www.voelklingen.de
Die Stadt mit Weltkulturerbe. Infos zu Tourismus, Kultur, Freizeit, Bildung, Soziales und Wirtschaft.

Stiftung Saarländischer Kulturbesitz

www.saarlandmuseum.de
Ausstellungen und Veranstaltungskalender. Das Museum hat ein Spektrum vom Mittelalter bis in die Gegenwart.

Bundesländer/Sachsen

Bautzen
pressestelle@bautzen.de

www.bautzen.de
Homepage mit Informationen zu Wirtschaft und Tourismus. Mit virtueller Stadtführung.

Chemnitz
info@chemnitz-tourismus.de

www.chemnitz-tourismus.de
Neben Infos zum Freizeit- und Kulturangebot der Stadt sind Hotels, Aufenthaltsprogramme und Gästeführer online buchbar.

Europastadt Görlitz
info@goerlitz.de

www.goerlitz.de
Die Stadt Görlitz und ihre 3.000 Kulturdenkmale. Stadtportal mit hoher Bürgerbeteiligung.

Riesa
stadtverwaltung@riesa.de

www.riesa.de
Stadtinfos, Bürgerservice, Kultur, Bildung, Tourismus und Nützliches wie Fahrpläne.

Sachsen-Tourismus.de
info@sachsen-tour.de

www.sachsen-tourismus.de
Hier gibt es alles Wissenswerte zum Tourismus in Sachsen, Ausflugziele, Sehenswürdigkeiten, Kultur, Freizeit und Sport.

Stadt Chemnitz
buergermeisteramt@stadt-chemnitz.de

www.chemnitz.de
Infos über den Wirtschafts- und Technologiestandort. Stadtportät, Serviceangebote und aktuelle Meldungen.

Stadt Limbach-Oberfrohna
post@limbach-oberfrohna.de

www.limbach-oberfrohna.de
Neben vielen Stadtinfos gibt es ein Bürgerforum in dem Meinungen zu verschiedenen Themen ausgetauscht werden können.

Stadt Zwickau
pressebuero@zwickau.de

www.zwickau.de
Online-Visitenkarte der Stadt Zwickau mit lokalen Informationen zu Tourismus, Wirtschaft, Kultur und Freizeit.

VMS Verkehrsverbund Mittelsachsen
info@vms.de

www.vms.de
Aktuelles zu Fahrplänen, Tickets, Preisen und Tarifzonen. Mit interaktiver Fahrplanauskunft.

Weißwasser
stadt@weisswasser.de

www.weisswasser.de
Informationen zu Stadt, Wirtschaft, Tourismus, Freizeit und Kultur.

ZVON
info@zvon.de

www.zvon.de
Der Verkehrsbund informiert über Fahrpläne und Tickets in der Oberlausitz und Niederschlesien.

Bundesländer/Sachsen/Regionen/Erzgebirge

Annaberg-Buchholz
verwaltung@annaberg-buchholz.de

www.annaberg-buchholz.de
Informationen zu Bürgerservice, Tourismus und Wirtschaft. Traditionen und Bräuche aus der Weihnachtsstadt.

Ausflugsziele im Erzgebirge
info@ins-erzgebirge.de

www.ins-erzgebirge.de
Sehenswürdigkeiten im sächsischen und böhmischen Erzgebirge. Informationen zu Burgen, Schlössern, Museen und Natur.

Klingenthal
stadt@klingenthal.de

www.klingenthal.de
News, Wirtschaft, Kultur, Tourismus und Sport in Klingenthal.

Lichtenstein
hauptamt@lichtenstein-sachsen.de

www.lichtenstein-sachsen.de
Viele Informationen zu Wanderungen, Stadt-Highlights und Veranstaltungen. Mit virtuellem Stadtrundgang.

Pirna

www.pirna.de
Portal der Stadt an der sächsischen Schweiz. Bürgerservice, Kultur, Freizeit und Tourismus.

Stadt Glauchau
pressestelle@glauchau.de

www.glauchau.de
Neben vielen Kultur- und Freizeitangeboten gibt es Informationen zu Wirtschaft, Bildung und Tourismus.

Stadt Plauen
poststelle@plauen.de

www.plauen.de
Infos zu Stadt, Verwaltung, Plauener Spitze, Tourismus, Übernachtung, Freizeit, Kultur, Unternehmern und Vereinen.

Universitätsstadt Freiberg
stadtverwaltung@freiberg.de

www.freiberg.de
Infos über die Universitätsstadt mit den Kategorien Tourismus und Kultur, Universität und Landkreis Mittelsachsen.

Verkehrsbund Vogtland
tvz@vvv-gmbh.com

www.vogtlandauskunft.de
Neben Informationen zu Fahrplänen, Tickets und Preisen können Fahrkarten per Handy gekauft werden.

Bundesländer/Sachsen/Regionen/Großraum Dresden

Dresden
info@dresden-tourismus.de

www.dresden-tourismus.de
Informationen zu Museen, Theater, Kabarett und Tourismusveranstalter.

Dresden.de
presse@dresden.de

www.dresden.de
Informationen über die Stadt, ihre Sehenswürdigkeiten wie die Frauenkirche, die Museen und andere kulturelle Höhepunkte.

Visit Dresden
info@visit-dresden.de

www.visit-dresden.de
Stadtführungen, Rundfahrten, Ausflüge und Sehenswürdigkeiten der Stadt und der näheren Umgebung.

Bundesländer/Sachsen/Regionen/Großraum Leipzig

Lebensraum Aue
info@lebensraum-aue.de

www.lebensraum-aue.de
Hier findet man Infos rund um den nördlichen Auenwald im Leipziger Land, Fotos, Projekte, Gemeinden und zur Geschichte.

Leipzig Tourismus und Marketing GmbH
info@ltm-leipzig.de

www.leipzig.travel
Infos zu Veranstaltungen und Adressen. Reiseangebote und Kongressservice. Zudem gibt es einen Souvenir-Online-Shop.

Leipzig-Sachsen.de

www.leipzig-sachsen.de
Ausgeh- und Kulturtipps, Tickets, Stadtführer, Hotels, Stadtplan, Fotos und Ausflugsziele.

Stadt Delitzsch

www.delitzsch.de
Infos zu Kultur, Tourismus und Wirtschaft. Mit praktischem Verkehrsplaner.

Stadt Leipzig
info@leipzig.de

www.leipzig.de
Die Seite bietet ein breites Spektrum an Informationen zu Kultur, Tourismus, Freizeit, Wirtschaft und Stadt.

Stadt Taucha
svtaucha@taucha.de

www.taucha.de
Stadtinfos, Verwaltung, Bürgerservice, Kultur, Tourismus und Wirtschaft.

Bundesländer/Sachsen-Anhalt

Das Köthener Land
daniel.weihmann@koethen-online.de

www.koethener-land.de
Sehenswertes und Interessantes aus dem Köthener Land, der anhaltinischen Region zwischen Elbe, Saale und Mulde.

Lutherstadt Wittenberg
oberbuergermeister@wittenberg.de

www.wittenberg.de
Stadtführer und Infos zur Stadtverwaltung der Lutherstadt mit Suchmaschine.

merseburg.de
pressestelle@stv-merseburg.de

www.merseburg.de
Ausführliches zu Verwaltung, Wirtschaft und Bildung. Mit Aktuellem aus der Region.

NJL
info@njl-burg.de

www.njl-burg.de
Ausführliche Informationen zu Fahrplänen, Tarifen, Tickets und Preisen im Jerichower Land.

PVGS
info@pvgs-salzwedel.de

www.pvgs-salzwedel.de
Die PVGS Salzwedel GmbH betreibt den straßengebundenen öffentlichen Personennahverkehr im Altmarkkreis Salzwedel.

Reiseland Sachsen-Anhalt
welcome@img-sachsen-anhalt.de

www.sachsen-anhalt-tourismus.de
Tourismusportal mit Infos zu Städten und Regionen sowie Veranstaltungssuche und Reisetipps für Aktivurlauber.

Saale Tourist
info@saale-tourist.de

www.saale-tourist.de
Infos zu den Städten, Tourismusattraktionen, Übernachtungsmöglichkeiten und Veranstaltungen in der Region Halle (Saale).

Stadt Bitterfeld-Wolfen
info@bitterfeld-wolfen.de

www.bitterfeld-wolfen.de
Alles zu Ämtern und Einrichtungen, Verkehr und Wohnen, Kultur und Freizeitangeboten.

Stadt Dessau-Roßlau
pressestelle@dessau.de

www.dessau-rosslau.de
Die Bauhausstadt informiert über ihre Geschichte, aktuelle Veranstaltungen und Attraktionen für Touristen.

Stadt Halle
online-redaktion@halle.de

www.halle.de
Infos über die Universitätsstadt an der Saale und ihre Geschichte, die mit Namen wie Händel, Luther und Francke verknüpft ist.

Stadt Magdeburg
info@magdeburg.de

www.magdeburg.de
Offizielles Stadt-Infosystem mit den Schwerpunkten Wirtschaft, Bürgerportal sowie Tourismus und Freizeit.

Stadtmarketing Halle (Saale) GmbH
info@stadtmarketing-halle.de

www.stadtmarketing-halle.de
Touristeninformation, Stadtrundgänge, Gruppenreisen, Halle-Shop, Online-Unterkunftssuche, Event- und Kongressorganisation.

Stendal
stadt@stendal.de

www.stendal.de
Die offizielle Stadtpräsentation mit Informationen zu Tourismus, Kultur, Veranstaltungen, Wirtschaft und Bürgerservice.

Bundesländer/Sachsen-Anhalt/Regionen/Harz

Aschersleben
stadt@aschersleben.de

www.aschersleben.de
Umfangreiche Infos zu Gastronomie, Kindertagesstätten und Schulen. Mit großem Veranstaltungskalender.

Lutherstadt Eisleben
presse@lutherstadt-eisleben.de

www.eisleben.eu
Ausführliches zu Leben und Alltag, Wirtschaft und Tourismus. Eine Webcam zeigt Bilder der Stadt.

Bundesländer/Schleswig-Holstein

Kiel

www.kurskiel.de
Tourismusportal der Stadt Kiel. Shopping, Kneipen, Wellness, Sightseeing und Segeln. Hotels können online gebucht werden.

Kiel Magazin
service@kiel-magazin.de

www.kiel-magazin.de
Aktuelles aus Kultur, Freizeit, Gastronomie, Stadtgeschichte, Sport, Verkehr und Umwelt, mit Veranstaltungskalender.

Kiel.de
rathaus@lhstadt.kiel.de

www.kiel.de
Leben in Kiel: Kultur, Wirtschaft und Politik an der Förde, Touristikinfos und ein Stadtplan.

Kunst und Kulturportal Lübeck
redaktion@unser-luebeck.de

www.unser-luebeck.de
Kunst- und Kulturportal für Lübeck. Mit Veranstaltungskalender und Kulturnetzwerk.

Lübeck
info@luebeck.de

www.luebeck.de
Offizieller Bürger- und Touristikauftritt der Marzipanstadt mit Infos zu Freizeit, Kultur, Wirtschaft und Politik.

Lübeck-tourismus.de
info@luebeck-tourismus.de

www.luebeck-tourismus.de
Veranstaltungen in Lübeck und Travemünde, Unterkunftssuche und -buchung, Sehenswürdigkeiten und Museen.

Neumünster
stadt@neumuenster.de

www.neumuenster.de
Freizeit, Tourismus, Umwelt, Soziales, Kultur, Politik und Stadtporträt.

Probsteier Herold

www.probsteier-herold.de
Die Probstei in Schleswig-Holstein. Infos, Veranstaltungen, Service- und Tourismusadressen und Wetter.

Urlaub in Schleswig-Holstein
info@sht.de

www.sh-tourismus.de
Tourismusportal für Nord- und Ostseeregionen sowie für das Binnenland, mit Tipps zum Familien-, Aktiv- und Kultururlaub.

Verkehrsverbund Region Kiel
info@vrk-sh.de

www.vrk-sh.de
Informationen über den öffentlichen Personennahverkehr der Region Kiel. Tarife, Fahrpläne und Aktuelles.

Bundesländer/Thüringen

Altenburg
info@altenburg-tourismus.de

www.altenburg-tourismus.de
Viele Infos zu Museen, Theater und Reiseangeboten. Mit großer Gastronomie-Übersicht.

das THÜRINGEN
service@thueringen-leben.de

www.das-thueringen.de
Orte und Regionen, Veranstaltungstipps, Übernachtungsmöglichkeiten, Insidertipps – alles über Thüringen.

Eisenach
pressestelle@eisenach.de

www.eisenach.de
Portal der Wartburg-Stadt. Aktuelles, Kultur, Geschichte, Wirtschaft, Verwaltung, Tourismus und virtueller Stadtrundgang.

Erfurt
stadtverwaltung@erfurt.de

www.erfurt.de
Web-Seite mit Stadtplan, Veranstaltungskalender, Infos zu Geschichte, Verwaltung und Kultur.

Erfurt Tourismus & Marketing GmbH
info@erfurt-tourist-info.de

www.erfurt-tourismus.net
Informationen für den Aufenthalt in Erfurt. Anreise, Übernachtung, Sehenswürdigkeiten, Veranstaltungen und Kulinarisches.

Gotha
info@gotha.de

www.gotha.de
Umfangreiche Informationen zu Kultur, Wirtschaft und Bürgerservice. Dazu ein interaktiver Stadtplan.

Jena
chefredakteur@jena.de

www.jena.de
Infos und Links zu Wirtschaft, Kultur, Bildung und Tourismus aus dem thüringischen Wissenschaftszentrum.

Linienverkehr Sömmerda / Weimar
vwg@linienverkehr.de

www.linienverkehr.de
Fahrpläne, Liniennetze, Tarife und Schülerbeförderung für die Kreise Sömmerda und Weimar.

Mühlhausen/Thüringen
info@stadtverwaltung.muehlhausen.de

www.muehlhausen.de
Beinhaltet ein umfangreiches Stadtporträt, touristische Angebote und die Möglichkeit Unterkünfte online zu buchen.

Nordhausen
rathaus@nordhausen.de

www.nordhausen.de
Viele Infos rund um Nordhausen, Sehenswürdigkeiten, Freizeit und Wirtschaft.

Puffbohne.de
post@puffbohne.de

www.puffbohne.de
Portal für Erfurt mit News, Forum, Bildergalerie, Dia-Shows, Panoramafotos, Veranstaltungen und Webcams.

Regionale Verkehrsgemeinschaft Gotha GmbH
service@rvg-gotha.de

www.rvg-gotha.de
Die Verkehrsgesellschaft informiert über Fahrpläne, Tarife und Busreisen. Schüler genießen besondere Preisvorteile.

saalfeld.de
info@stadt-saalfeld.de

www.saalfeld.de
Viele Infos zu Stadt, Tourismus, Bildung, Soziales, Gesundheit und Wirtschaft.

Stadt Gera
info@gera.de

www.gera.de
Viele Informationen zu Kultur und Tourismus, Wohnen und Soziales, Sport und Gesundheit.

Suhltrifft.de
poststelle@stadtsuhl.de

www.suhltrifft.de
Infos zu Stadt, Bürgerservice, Kultur, Bildung, Wandern, Wohnen, Wirtschaft und Umwelt.

Thueringen.info
support@thueringen.info

www.thueringen.info
Infos rund um Urlaub in Thüringen und seine wichtigsten Regionen, Sehenswürdigkeiten, Ausflugsziele und Unterkünfte.

Thüringer Tourismus GmbH
service@thueringen-tourismus.de

www.thueringen-tourismus.de
Reiseseiten des Freistaates Thüringen mit Sehenswürdigkeiten, aktuellen Veranstaltungen in der Region und Unterkünften.

VMT
vmt@nahverkehr.de

www.vmt-thueringen.de
Das Nahverkehrsportal für Mittelthüringen bietet eine Fahrplanauskunft und Infos zu Tarifen.

Weimar in Thüringen
support@weimar-tourist.de

www.weimar-tourist.de
Auf diesem Portal findet man alle wichtigen Infos zu Unterkünften, Museen und Sehenswürdigkeiten in und um Weimar.

Weimar-Direkt.de
info@weimar-direkt.com

www.weimar-direkt.de
Unterkünfte, Gastronomie, Museen, Behörden, Ärzte und Apotheken sowie eine Bildergalerie.

Regionen/Nordsee

Cuxhaven
info@cuxhafen.de

www.cuxhaven.de
Infos zu Tourismus, Kultur, Natur und Wirtschaft. Mit Online-Bürgerservice.

Die Nordsee
info@die-nordsee.de

www.die-nordsee.de
Informationen zur Urlaubsregion Nordsee mit Unterkünften, Sehenswürdigkeiten und Veranstaltungen in vielen Urlaubsorten.

Nordsee Schleswig-Holstein
info@nordseetourismus.de

www.nordseetourismus.de
Infos zum Urlaub an der Nordsee: Wissenswertes zu den Themen Natur, Weltnaturerbe Wattenmeer, Unterkünfte und Gesundheit.

Nordseeurlaub-Online.de
he@nordseeurlaub-online.de

www.nordseeurlaub-online.de
Ferienwohnungen, Ferienhäuser, Zimmer sowie Infos zur Landschaft der Nordseeregion.

Ostfriesland
urlaub@ostfriesland.de

www.ostfriesland.de
Umfangreiches Portal zur beliebten Reiseregion Ostfriesland: Seeheilbäder, idyllische Luftkurorte sowie Erholungsgebiete.

Stadt Emden
stadt@emden.de

www.emden.de
Politik, Bildung, Wirtschaft, Familie, Umwelt und Aktuelles aus Emden. Mit großem Serviceangebot für Bürger.

Wilhelmshaven
info@stadt.wilhelmshaven.de

www.wilhelmshaven.de
Infos zur Hafenstadt, Veranstaltungen, Sehenswürdigkeiten, Kultur und Umwelt. Webcams liefern aktuelle Bilder.

Regionen/Nordsee/Inseln

Amrum
info@amrum.de

www.amrum.de
Hinweise von der Anreise über Unterkunft bis zu Veranstaltungen und Sehenswertem auf Amrum, mit Gezeitentabellen.

Baltrum
gemeinde@baltrum.de

www.baltrum.de
Unterkünfte, Freizeitmöglichkeiten, Veranstaltungen der liebenswerten Nordseeinsel. Wetter und Bilder vom Badeparadies.

Föhr
urlaub@foehr.de

www.foehr.de
Unterkünfte online suchen und mieten, Tipps für den Familienurlaub, Infos zu den Inseldörfern sowie zu Anreise und Wetter.

Helgoland
info@helgoland.de

www.helgoland.de
Veranstaltungskalender, Shopping, Kultur, Wetter, Unterkünfte, Heilwetter und Helgoland von A bis Z.

Norderney
info@norderney.de

www.norderney.de
Informationen zu Unterkünften, Veranstaltungen sowie Sport- und Anreisemöglichkeiten.

Spiekeroog
info@spiekeroog.de

www.spiekeroog.de
Die autofreie Nordseeinsel wartet mit umfangreichen Infos über Spiekeroog auf. Fährplan, interaktiver Inselplan und Videos.

Regionen/Nordsee/Inseln/Sylt

Sylter Appartement Service GmbH
info@sas-sylt.de

www.sas-sylt.de
Hier hat man die Möglichkeit, Ferienwohnungen und Appartements auf der Ferieninsel Sylt zu buchen.

Insel Sylt
info@insel-sylt.de

www.insel-sylt.de
Urlaub auf Sylt. Westerland, Archsum, Keitum, Morsum, Munkmarsch, Rantum und Tinnum werden vorgestellt.

Sylt-Travel
info@sylt-travel.de

www.sylt-travel.de
Ferienwohnungen auf Sylt: Hier werden erste Eindrücke der Insel vermittelt, Wetterbericht und Last-Minute-Angebote.

Regionen/Ostsee

Flensburg
stadtverwaltung@flensburg.de

www.flensburg.de
Hier erhält man Auskunft zu den Themen Touristik, Politik, Kultur und Sport in der Stadt Flensburg.

Ostsee Holstein Tourismus e. V.
info@ostsee-sh.de

www.ostsee-schleswig-holstein.de
Portal für Urlauber über die Ostsee und Holsteinische Schweiz: Urlaubsorte, Strände, Freizeit- und Übernachtungstipps.

Ostsee Reisemagazin
redaktion@akrizo-reisemagazin.de

www.ostsee-reisemagazin.de
Neben Tipps für den Aktivurlauber sehr hilfreiche Guides zu Hotels, Gastro, Städten und der Mecklenburgischen Seenplatte.

Ostseeland Vorpommern
info@vorpommern.de

www.vorpommern.de
Diese Seite stimmt den Ostsee-Urlauber auf Landschaft und Kultur ein und bietet über 4.000 online buchbare Unterkünfte.

Ribnitz-Damgarten
stadt@ribnitz-damgarten.de

www.ribnitz-damgarten.de
Aktuelles, Bürgerservice, Wirtschaft, Bildung, Kultur, Ausflugtipps und virtueller Stadtrundgang.

**Tourismuszentrum
Mecklenburgische Ostseeküste**
info@tourismuszentrum-ostseekueste.de

www.tourismuszentrum-ostseekueste.de
Auf an die Ostsee – Unterkünfte und Pauschalreisen in Mecklenburg-Vorpommern.

Zwei Städte - Ein Erbe

www.wismar-stralsund.de
Infos zum Weltkulturerbe von Wismar und Stralsund, der Deutschen Stiftung Welterbe mit Veranstaltungstipps.

Regionen/Ostsee/Inseln/Rügen

Ruegenmagic
info@ruegenmagic.de

www.ruegenmagic.de
Großes Angebot an Ferienunterkünften, von Privat, in Hotels oder in Ferienwohnungen. Panoramabilder und Insider-Tipps.

Rügen
info@ruegen.de

www.ruegen.de
Übersichtliche Informationen zum Tourismus auf Rügen mit Anreise-, Freizeit- und Kulturtipps sowie Zimmervermittlung.

Sassnitz
info@sassnitz.de

www.sassnitz.de
Infos zu Bürgerservice, Verwaltung, Kultur, Museen, Tier- und Nationalpark.

Stadt Bergen auf Rügen
info@stadt-bergen-auf-ruegen.de

www.stadt-bergen-auf-ruegen.de
Infos für Rüganer und Touristen. Bürgerservice, Politik, Wirtschaft, Bildung und Freizeit.

Regionen/Ostsee/Inseln/Usedom

Alles Usedom
info@alles-usedom.de

www.allesusedom.de
Portal mit Quartier- und Gastgebersuche sowie Wissenswertes zur Insel wie Veranstaltungs- und Freizeittipps.

Insel Usedom
info@usedom.de

www.usedom.de
Über 9.000 Urlaubsquartiere, Flugtickets und -pauschalen online buchbar. Hotels und Ferienwohnungen auf der Insel Usedom.

mee(h)r-usedom
info@meer-usedom.de

www.meer-usedom.de
Infos zu Insel, Gastgebern und Camping auf Usedom. Veranstaltungen, Kultur-, Wellness- und Kurangebote sowie Freizeittipps.

usedom.com
info@suwgbr.com

www.usedom.com
Umfangreiche Infos über die Ostseeinsel sowie Buchungsmöglichkeiten für Hotels, Pensionen und Ferienwohnungen.

autobild.de

www.autobild.de

Auto Bild .de

autobild.de | MARKT | allrad | sportscars | tuning | greencars | motorsport | klassik | .tv | LOGIN

ABO | IPAD | MOBIL | NEWSLETTER | RSS   SUCHBEGRIFF EINGEBEN   SUCHEN ▶

ALLE AUTOS | TEST | NEWS | RATGEBER | AUTOMARKT | AKTIONEN | VIDEO

STARTSEITE

Audi design

Die Zukunft elektrischer Mobilität.

So schön fließt Strom.

Heller, effizienter, charakteristischer: progressives Audi Lichtdesign.

» Mehr erfahren

A6/5ER | PARIS | SUVS | **CAMARO ZL1** | KOMPAKTE | FORD-NEUHEITEN

Chevrolet Camaro ZL1: Fahrbericht
Radikaler V8-Rambo
580 PS und rund 750 Newtonmeter Drehmoment: Das ist der Chevrolet Camaro ZL1. Erster Fahrbericht!

Video: Seat Ibiza Facelift
Dezent aufgehübscht
Seat hat den Ibiza aufgefrischt. Vieles ist neu, vieles ist besser – und trotzdem ist der Kleinwagen so günstig wie vorher. Wir stellen den kompakten Spanier vor.
■ Video: Seat Ibiza

Seat Toledo (2012)
Neue Fotos vom Toledo

Tuning: Fiat 500 von Lazzarini Design
Fiat 500 mit Ferrari-Motor
Für einen prall gefüllten Sack Euro plant der Designer Pierpaolo Lazzarini einen abgefahrenen Engine-Swap: Der V8 eines Ferrari soll ins Heck eines Fiat.
■ Fiat 500 mit über 500 PS?

AUTO BILD 25/2012
Die neueste Ausgabe
Weltexklusiv: der neue BMW 7er. Dazu: Audi, BMW, Mercedes – Vergleich in allen Klassen. Und: Billig und gut – AUTO BILD-Redakteure über gebrauchte Typen.
■ Vorschau Heft 25/2012

Mercedes A-Klasse: Fahrbericht
A wie Attacke
Mercedes macht aus der biederen A-Klasse einen echten Eroberer mit sportlicher Ausrichtung. Wir verraten Ihnen, wie sich der kleine Benz fährt.
■ So fährt die neue A-Klasse

NEWS | TESTS | ERLKÖNIGE | RATGEBER | TUNING

Vogelkot auf dem Auto
Wenn Vögel rotsehen
Vögel scheißen am liebsten auf rote Autos! Für diese Erkenntnis wurden 1140 Pkw untersucht.
■ Vogelkot auf dem Auto

www.grueneautos.com

grueneautos.com

Das Internet-Magazin berichtet über die top-aktuellen Neuigkeiten und Entwicklungen von alternativen Treibstoffen, Hybrid- und Elektroautos, die längst keine Zukunftsvision mehr sind! Hier erfahren Sie, wie die verschiedenen Antriebskonzepte funktionieren und was es Neues aus den Autosalons der Welt gibt. Welches Modell schneidet im Test am besten ab und welches Design bietet die optimale Antwort auf die Herausforderungen der Mobilität von morgen? Die Ratings, Video-Testfahrten und Fahrzeug-Vorstellungen zeigen, welche Vorteile der Kauf eines „Greencars" nicht nur für die Umwelt, sondern auch für Ihren Geldbeutel mit sich bringt.

www.autoplenum.de

autoplenum.de

Welches Auto passt zu Ihnen? Auf autoplenum.de können Sie herausfinden, welches Auto Ihre Bedürfnisse und Anforderungen erfüllt: Benötigen Sie für Ihre Großfamilie einen Siebensitzer? Ein Auto mit besonders großem Kofferraum für Urlaubsreisen? Oder sind Ihnen eine Klimaanlage, ein geringer Benzinverbrauch und ein Automatikgetriebe wichtig? Wenn Sie den passenden Wagen gefunden haben, können Sie sich durch die neusten Tests und Erfahrungsberichte zu diesem Modell klicken, Preise vergleichen, die richtige Versicherung suchen und nach Autohändlern, Werkstätten, Autoteile-Händlern oder Waschanlagen suchen.

www.motosound.de

Motosound

Sie möchten vor dem Kauf eines neuen Autos nicht nur wissen, wie es aussieht, welcher Motor eingebaut ist und wie viel PS es hat – sondern auch, wie es sich anhört? Schließlich fährt auch das Ohr mit, und Hupe ist nicht gleich Hupe! Auf motosound.de können Sie testen, ob Ihnen der Sound Ihres neuen Fahrzeuges gefällt: Ob Motoranlassen, Anfahren, Türöffnen, Gurtwarner, Scheibenwischer oder Verdeck öffnen – jedes Modell hat seinen individuellen Klang. Von Audi über BMW, Opel und Volkswagen bis zu Lamborghini, Porsche, Rolls-Royce und sogar Oldtimern finden Sie hier die verschiedensten Audio-Dateien zum Anhören.

www.auto-motor-und-sport.de

auto motor und sport

Wann kann man endlich die neue E-Klasse von Mercedes kaufen? Antwort gibt der Neuheiten-Kalender. Wenn Sie schon ein bestimmtes Modell ins Auge gefasst haben, finden Sie übersichtliche Tests zum kostenlosen Download. Auch aktuelle Fahrberichte sowie zahlreiche Foto-Shows und Termine kommender Automobil-Präsentationen fehlen nicht. Um auf dem neuesten Stand zu bleiben, sollte man sich die Videos der Fahrzeugneuheiten nicht entgehen lassen. Sie suchen einen Gebrauchtwagen oder Ihr altes Auto muss weg? Dann prüfen Sie mit dem Gebrauchtwagenrechner, wie viel das Fahrzeug noch wert ist und inserieren Sie im großen Automarkt!

www.autobild.de

autobild.de

Neben einer großen Gebrauchtwagenbörse und vielen redaktionellen Themen rund ums Auto besticht die Web-Seite der bekannten Automobilzeitschrift durch ein umfangreiches Service-Angebot. Im Neuwagenkonfigurator gelangt man durch wenige Klicks zu seinem Traumauto, inklusive Bildern, technischer Details sowie Testberichten und Finanzierungsrechner. Wichtige Formulare wie Kaufvertrag und Versicherungskündigung stehen kostenlos zum Download bereit. Der Kindersitz-O-Mat hilft bei der Wahl des richtigen Kindersitzes und das Lexikon erklärt wichtige Begriffe von A wie ABS bis Z wie Zylinderkopf. Da beginnt die Freude schon vor dem Fahren!

www.tamyca.de

tamyca

Wenn Sie sich für einen Ausflug an den See oder ins Autokino gerne privat ein Auto leihen möchten, schauen Sie doch einmal nach, welcher Ihrer Nachbarn seinen Wagen für Sie zur Verfügung stellen würde! Auf tamyca.de brauchen Sie nur eingeben, wo Sie wohnen und wann Sie mobil sein möchten – schon können Sie Ihr favorisiertes Auto bei seinem Besitzer anfragen. Wenn Sie selbst ein Auto haben und damit ein paar Euros verdienen möchten, können Sie es selbstverständlich auch zum Vermieten anbieten, ohne sich Sorgen um Kratzer oder Dellen zu machen: Für den Zeitraum der Vermietung ist der Wagen vollkaskoversichert.

www.sportauto-online.de

sport auto

Für Sie ist ein Auto nicht bloß ein einfaches Fahrzeug? Wer sich für schnelle, schöne und besonders ausgefallene Sportwagen interessiert, kann sich hier über die neusten Exoten und Luxusmobile informieren: Welches ist das schnellste Cabrio der Welt, wie sieht ein Tuning-Programm von Spezialisten für Mercedes aus und welche Traummodelle fahren die Scheichs am liebsten? Aktuelle Nachrichten, Fahrberichte, Daten und Preise zu Bugatti, Ferrari & Co, Vergleichs- und Tracktests, Foto-Rundgänge von internationalen Automobilmessen und Formel-1-Statistiken finden Sie auch in diesem Online-Magazin.

www.vielfliegertreff.de

Vielfliegertreff

Wer beruflich oder privat durch die Welt jettet oder einen Flug für den nächsten Sommerurlaub benötigt, kann sich im Vielfliegertreff über attraktive Tarife, verschiedene Airlines und Flughäfen oder Erfahrungen mit Hotels und Mietwagen austauschen. Ob Miles & More, Lufthansa oder Thai Airways – im Forum wird diskutiert, mit welchem Vielfliegerprogramm sich Punktesammeln lohnt, welche Airline den besten Service anbietet und wie man sich bei einem Zwischenstopp am Flughafen in Paris oder Tokio am besten die Zeit vertreibt. Außerdem gibt es Tipps zum Überleben in der Holzklasse oder zu tückischen Einreisebedingungen ins Ausland.

alle-autos-in.de
mail@alle-autos-in.de

www.alle-autos-in.de
Der Autokatalog im Internet hält technische Daten und Fakten, Praxis- und Vergleichstests, Fotos, Videos und News zu allen aktuell in Deutschland als Neuwagen angebotenen Automodellen bereit. Die alphabetische Herstellerliste führt schnell zum gesuchten Modell. Dazu kommen zahlreiche redaktionelle Links. **(Siehe Abbildung)**

Auto Blogger

www.autoblogger.de
Das Portal fasst die Nachrichten und Beiträge vieler anderer Auto-Portale und Blogs zusammen.

AutoExtrem.de
info@autoextrem.de

www.autoextrem.de
Das große markenübergreifende Forum zum Thema Auto, Technik und Tuning.

Autokiste
admin@autokiste.de

www.autokiste.de
Das Portal rund um Auto und Verkehr bietet News, Fahrberichte, diverse praktische Servicedienste und ein Traumauto-Special.

automanager.TV

www.automanager.de
Web-TV zur Automobilbranche: Von der Entwicklung über die Produktion bis hin zur Vermarktung von Autos.

automobil-blog.de
info@automobil-blog.de

www.automobil-blog.de
Das interaktive Automagazin berichtet über alle gängigen Automarken, außerdem über Sportwagen und Exoten.

Auto-News
redaktion@auto-news.de

www.auto-news.de
Das tagesaktuelle Automagazin im Internet: News, Tests, kostenloses Testarchiv, Tuning, Neuwagen-Katalog und Videoclips.

alle-autos-in.de   www.alle-autos-in.de

Auto-Presse.de
info@wittmann-media.de

www.auto-presse.de
Das Online-Magazin informiert über Autokauf, neue Modelle und Motorsport. Fahrberichte, Tuning-News und Ratgeber.

classicdriver.de
empfang@classicdriver.com

www.classicdriver.de
Automagazin mit Auto- und Händlersuche, Fahrberichten, Reportagen, News und einem Eventkalender.

Focus Auto

www.focus.de/auto/
Alles, was mit dem Thema Auto zu tun hat: News über neue Modelle, eine Gebrauchtwagenbörse und Messetermine.

Kfz-Auskunft.de
mail1@kfz-auskunft.de

www.kfz-auskunft.de
Seite mit sortiertem Verzeichnis zu allen Themen, die Auto, Motorrad und Verkehr betreffen. Infos und Tipps von A - Z.

motorkultur
redaktion@motorkultur.com

www.motorkultur.com
Artikel, Reportagen und Fotoarbeiten über Autos und andere Vehikel. Fotogalerie und Community.

Zukunft Mobilität
zukunftmobilitaet@googlemail.com

www.zukunft-mobilitaet.net
Portal mit Hintergrundinformationen zur Zukunft von Verkehr, Transport und Mobilität.

Auto/Antriebskonzepte/Allgemein

grueneautos.com
info@grueneautos.com

www.grueneautos.com
Im Online-Magazin dreht sich alles um umweltfreundliche Fahrzeuge und alternative Treibstoffe. Neben Vorstellungen, Ratings und Videos von verschiedenen Elektroautos, Erdgasfahrzeugen und Autos mit Hybridantrieb gibt es Infos über sparsame Benziner und Dieselfahrzeuge und Interviews mit Automobil-Experten.
(Siehe Abbildung)

grueneautos.com   www.grueneautos.com

Alternative Motion
info@alternative-motion.de

www.alternative-motion.de
Das Portal für alternative Antriebe liefert News, Fahrzeugtests und Erklärungen für verschiedene Antriebskonzepte.

emissionslos.com
alexander.falk@emissionslos.com

www.emissionslos.com
Nachrichten zu neuen Technologien für Autos, Motorräder und -roller und Fahrrädern. Datenbank zu Bio- und Ökosiegeln.

Kraftstoff-Info

kraftstoff-info.de
Infos über Geschichte und Technik alternativer Kraftstoffe wie Erdgas, Wasserstoff, Autogas, Ethanol und Pflanzenöl.

Auto/Antriebskonzepte/Biodiesel & Biokraftstoffe

Biodiesel.de

www.biodiesel.de
Ausführliche Infos zum Biodieselkraftstoff mit einer bundesweiten Tankstellensuchmaschine.

Auto/Antriebskonzepte/Elektroautos & Hybridautos

autobild.de/greencars
redaktion@autobild.de

www.autobild.de/greencars
Informationen über alternative Kraftstoffe, Elektro-, Gas- und Hybridautos sowie Fahrberichte zu verschiedenen Modellen.

Elektrostartseite, Die
dialog.deutschland@renault.de

www.elektroauto-start.de
Infos rund um Elektroautos. Mit einer Liste der am Markt verfügbaren Wagen, Kostenrechner und Ladestation-Finder.

e-tankstellen-finder.com

www.e-tankstellen-finder.com
Suchmaschine für Elektrotankstellen. Suche detailliert eingrenzbar etwa nach Ort, Steckertyp, Volt und Ampere oder Preis.

greenmotorsblog.de
info@greenmotorsblog.de

www.greenmotorsblog.de
Aktuelle Meldungen zu alternativen Antriebsformen: Brennstoffzellen- und Elektroautos, Gasfahrzeuge und Hybridautos.

Hybrid-Autos.info
kontakt@hybrid-autos.info

www.hybrid-autos.info
Wissenswertes zu Hybrid-, Elektro-, Erdgas- und Wasserstoffautos, Infos zu Modellen, Herstellern und technischen Daten.

LEMnet

www.lemnet.org
Datenbank mit über 700 öffentlichen und privaten Stromtankstellen für Elektrofahrzeuge.

Mein Elektroauto
blog@kai-domroese.de

www.mein-elektroauto.com
Blog zum Thema Elektroauto. Vor- und Nachteile, Reichweite, Technik, Ladestationen, Umrüstung, Finanzierung.

smiles-world.de
info@smiles-world.de

www.smiles-world.de
Informationen über sparsame Elektro-Mobile mit einer Übersicht über verschiedene Modelle, technische Daten und Händler.

Tesla Motors

www.teslamotors.de
Alles über die Elektroautos von Tesla. Infos zu Modellen, Händlern, Veranstaltungen, Technik und Umweltverträglichkeit.

tff-forum.de

www.tff-forum.de
Forum für Fahrer und Freunde des Tesla.

wattgehtab.com
info@wattgehtab.com

www.wattgehtab.com
Nachrichtenportal mit täglichen Berichten aus dem Bereich der Hybrid-/Elektrofahrzeuge und Elektromobilitätsprojekte.

Auto/Antriebskonzepte/Erdgasautos & Autogas

Autogastanken.de
info@dvfg.de

www.autogastanken.de
Erklärung der Funktionstechnik des Autogases. Rentabilitätsberechnung und eine Suchmaschine mit Autogastankstellen.

erdgas mobil
info@erdgas-mobil.de

www.erdgas-mobil.de
Umfassende Infos über die neuesten Entwicklungen im Bereich Erdgas und Bio-Erdgas als Kraftstoff. Mit Tankstellenfinder.

Gas 24

www.gas24.de
Autogas-Portal mit aktuellen Nachrichten, Hintergrundinfos, Gasauto-Börse und Tankstellenübersicht für Deutschland.

gibgas
info@gibgas.de

www.gibgas.de
Alle Infos zu Erdgasautos und Erdgastankstellen in Deutschland und Europa, Autobörse, Forum, Shop, Suchmaschine.

Siehe auch Kapitel Umwelt

Energie/Erdgas

Auto/Allrad

4wheelfun.de
redaktion_4wf@motorsport.de

www.4wheelfun.de
Aktuelle News und Infos zu Allrad-Modellen. Mit Vergleichstests, Bestenliste, Tourberichten und Fahrzeugmarkt.

AllradMagazin
redaktion@allradmagazin.de

www.allradmagazin.de
Alles rund um Allrad- und Offroad-Themen in einem Portal unter einem Dach für alle Allrad-Fahrer und Offroader.

autobild-allrad.de
redaktion@autobildallrad.de

www.autobild-allrad.de
Interessantes zum Thema Allrad-Auto mit Testberichten und hilfreichen Tipps sowie Einblicken in die jeweilige Print-Ausgabe.

Auto/Autoclubs

ACE Auto Club Europa e. V.
ace@ace-online.de

www.ace-online.de
Leistungen des ACE von A bis Z, Testberichte und Musterkaufverträge für Gebrauchtwagen sowie Tipps zum Thema Mietwagen.

ADAC
adac@adac.de

www.adac.de
Umfassender Service rund um die Mobilität, nicht nur für Mitglieder: Reiseplanung, Stauinfo, Tests, Technik- und Rechtstipps.

ARCD
club@arcd.de

www.arcd.de
Der Auto- und Reiseclub stellt verschiedene Mitgliedschaften und Tarife vor. Außerdem bietet er Clubreisen und Reisetipps an.

AvD Automobilclub von Deutschland
avd@avd.de

www.avd.de
Portal mit Infos zu den Themen Sport, Technik, Sicherheit. Außerdem Reiseangebote, Tipps zu Gebrauchtwagen und Rechtsfragen.

Auto/Auto-Communitys

autoplenum.de
info@autoplenum.de

www.autoplenum.de
autoplenum.de, die unabhängige Informations- und Bewertungsplattform mit Erfahrungen und Tests auf einen Blick.

carmondo
kontakt@carmondo.de

www.carmondo.de
Alles zu Autos: Kaufberatung von Usern für User, Testberichte, markenübergreifender Konfigurator und Fahrzeugvergleich.

VERKEHR

carsablanca
office@carsablanca.de

www.carsablanca.de
Hier findet man die Community für alle Fans von Oldtimern und Liebhaberautos.

Motor-Talk

www.motor-talk.de
Deutschsprachige Auto- und Motor-Community für Insider und Autofahrer, die einen Rat suchen.

Motosound

www.motosound.de
Hupen, Motor anlassen, Motor bei Extrembelastung – das sind einige der Sounds, die Motosound dem Auto-Fan zu bieten hat.

Auto/Autohersteller

Alfa Romeo
kontakt@Alfaromeo.de

www.alfaromeo.de
Händlersuche, Innen- und Außenansicht der Modelle, 3D-Car-Konfigurator, Finanzierungs- und Leasing-Angebote, Accessoires.

AUDI AG
kundenbetreuung@audi.de

www.audi.de
Informationen zu Neu- und Gebrauchtwagen, Service und Zubehör, Finanzdienstleistungen und rund um das Unternehmen.

BMW

www.bmw.de
Informationen zu Produkten und Service: Teile und Zubehör, Fahrertraining, Neu- und Gebrauchtwagen und ein Techniklexikon.

Chrysler
talkto@daimlerchrysler.com

www.chrysler.de
Ausführliche Infos über Modelle wie Crossfire, Voyager, PT Cruiser oder Sebring sowie Finanzierungs- und Leasing-Angebote.

Citroën
webmaster@citroen.de

www.citroen.de
Produktpalette, Sonderpreise, Zubehörteile, Bildschirmschoner und eine Übersicht des Händlernetzes von Citroën.

Dacia
dacia.deutschland@dacia-logan.de

www.dacia.de
Informationen zu Dacia-Modellen, Bildergalerie, technische Daten, Ausstattungen, Preise, Finanzierung und Händlersuche.

Daimler AG
dialog@daimler.com

www.daimler.com
Konzern-Web-Seite der Daimler AG: Marken und Produkte, Technologie und Innovation, Nachhaltigkeit, Karriere, IR.

Fiat
kontakt@fiat.de

www.fiat.de
Probefahrtbuchung, Prospekt-Download, Videogalerie mit 360°-Innen- und -Außenansicht der Modelle sowie Fiat-Konfigurator.

Ford
kunden@ford.com

www.ford.de
Hier findet man aktuelle Modelle und Gebrauchtwagen, alternative Antriebstechnologien sowie Angebote der Ford Bank.

Honda
info@honda.de

www.honda.de
Ob Pkw, Motorräder, Bootsmotoren, Gartengeräte oder Stromerzeuger, hier findet man Infos zu allen Honda-Produkten.

Hyundai
info@hyundai.de

www.hyundai.de
Hyundai stellt die aktuellen Modelle vor und bietet eine Gebrauchtwagenbörse, Zubehör sowie Finanzierungsangebote.

Kia

www.kia.de
Infos und Bilder der Fahrzeugmodelle und Studien, dazu gibt es Angaben zu alternativen Antrieben und zum Unternehmen.

Lancia
kontakt@lancia.de

www.lancia.de
Innen- und Außenansicht der Modelle, Car-Konfigurator, Prospektbestellung, Probefahrtbuchung, TV-Spots, Bildschirmschoner.

Land Rover
lrhilfe@landrover.com

www.landrover.de
Alle wichtigen Informationen über den Land Rover: Farben, Fotos, technische Daten sowie eine Händlersuche.

Lexus Deutschland
lexus-infoservice@lexus.de

www.lexus.de
Informationen zu Lexus-Modellen und Lexus Hybrid Drive. Car-Konfigurator, Händlerverzeichnis und Gebrauchtwagensuche.

Mazda Motors (Deutschland) GmbH
info@mazda.de

www.mazda.de
Neben der Präsentation der Mazda-Modelle informiert die Seite über das Unternehmen und Veranstaltungen.

Mercedes Benz

www.mercedes-benz.de
Übersichtliche und ausführliche Informationen zu Mercedes. Unter anderem wird ein Ausflug in die Vergangenheit angeboten.

Mitsubishi Motors Deutschland GmbH
info@mitsubishi-motors.de

www.mitsubishi-motors.de
Infos zu Neu- und Gebrauchtwagen, Sondermodellen, Teilen, Zubehör, Service, Leasing und Finanzierung.

Nissan
germany@nissan-services.eu

www.nissan.de
Nissan-Historie, Schauraum, Gebrauchtwagenbörse, Probefahrten buchen, Finanzierungs- und Leasing-Angebote.

Opel
kunden.info.center@de.opel.com

www.opel.de
Opel präsentiert aktuelle Pkws, breite Palette an Nutzfahrzeugen, die passende Finanzierung sowie die Opel-Erlebniswelt.

Porsche
info@porsche.de

www.porsche.com
Die Faszination Porsche online – vom Fahrzeug-Konfigurator über die Gebrauchtwagensuche bis zu interaktiven Web-Specials.

Peugeot
info@peugeot.de

www.peugeot.de
Übersicht über die verschiedenen Fahrzeuge, Umweltforum und Gebrauchtwagenbörse sowie zielgruppenspezifische Erlebniswelten für alle Modelle, die durch besondere multimediale Innovationen begeistern. Außerdem Geschichte des Peugeot-Motorsports sowie Informationen zu Serviceleistungen der Peugeot Bank.
(Siehe Abbildung)

Peugeot   www.peugeot.de

Renault
dialog.deutschland@renault.de

www.renault.de
Renaults komplette Modellpalette mit Konfigurator, Serviceangeboten, Probefahrten, Händlersuche und aktuellen News.

Saab
servicecenter@de.saab.com

www.saab.de
Saab stellt die neuesten Modelle vor. Hinweise zur Geschichte
sowie eine Händlersuchmaschine.

SEAT
info@seat.de

www.seat.de
SEAT bietet Neuigkeiten zu den Fahrzeugmodellen, einen Car-Konfigurator, SEAT-TV, eSEAT sowie Infos zum Motorsport.

ŠKODA
info@skoda-auto.de

www.skoda-auto.de
Ein virtueller Showroom mit allen ŠKODA Modellen, Gebrauchtwagenbörse und jeder Menge Infotainment. Auf dieser Plattform präsentiert sich die Marke in ihrer ganzen Vielfalt. Wissenswertes
zum Unternehmen, zum Sport-Sponsoring, ein aktueller Event-Ka-
lender u. v. m. sind hier zu finden. **(Siehe Abbildung)**

Smart
de@info.smart.com

www.smart.com
Im Car-Konfigurator kann man seinen Traum-Smart zusammenstellen und eine Probefahrt vereinbaren.

Subaru
subaru@subaru.de

www.subaru.de
Die Modellpalette, ein Prospektarchiv ab 1984, eine Gebraucht-
wagendatenbank, die Geschichte der Marke und Rallye-Infos.

Suzuki
kontakt@suzuki.de

www.suzuki-auto.de
Vorstellung der Modelle, interne Suchmaschine mit den Suzuki-
Händlern. Die Infothek bietet technische Daten und Preislisten.

Toyota
mail@toyota.de

www.toyota.de
Umfangreiche Informationen zu allen Toyota-Modellen mit Konfigurator sowie Gebrauchtwagenbörse und Händlersuche.

Volkswagen
vw@volkswagen.de

www.volkswagen.de
Umfassende und unterhaltsam inszenierte Informationen über
das Produkt- und Serviceangebot der internationalen Marke.

ŠKODA   www.skoda-auto.de

Volvo Car Germany

www.volvocars.de
Präsentation rund um Modelle und Services der Marke Volvo mit Konfigurator sowie Leasing- und Finanzierungskalkulator.

Auto/Automarkt

12Auto.de
info@12auto.de

www.12auto.de
Gebrauchtwagen-Suchmaschine, die Auto-Börsen und Kleinanzeigen-Portale durchsucht.

Auto.de
info@auto.de

www.auto.de
Kostenloser Gebrauchtwagenmarkt, aktuelle Testberichte, Online-Tarifrechner für die Kfz-Versicherung.

Autoda
service@autoda.de

www.autoda.de
Gebrauchtwagen, die von einem neutralen Gutachter geprüft wurden. Mit vielen Detailbildern. Besichtigung möglich.

AutoScout24
info@autoscout24.de

www.autoscout24.de
Online-Automarkt in Europa mit über 1,8 Millionen Angeboten an Neu-, Gebrauchtwagen, Motorrädern und Nutzfahrzeugen.

Carpark
info@carpark.de

www.carpark.de
In wenigen Schritten kommt man zum Gebrauchtwagen. Man kann die Wagen reservieren und probefahren.

carsale24
info@carsale24.de

www.carsale24.de
Hier kann man sein Auto verkaufen. Ein Gutachter erstellt einen Zustandsbericht, dann unterbreiten Händler Angebote.

● **WebMobil24**
info@webmobil24.com

www.webmobil24.com
Fahrzeugmarkt für Kfz-Händler und Privatkunden in 28 Sprachen. WebMobil24 unterstützt Kfz-Händler mit einem kompletten Paket zum erfolgreichen Fahrzeugverkauf im Internet. Datenexport in bis zu 139 Börsen, eigene iPhone App für Autohäuser, Händlerhomepage als Baukasten, automatisches E-Mail-Antwortsystem uvm.
(Siehe Abbildung)

WebMobil24   **www.webmobil24.com**

guckauto.de
info@guckauto.de

www.guckauto.de
Alle Angebote der größten Autobörsen im Internet im Vergleich.

mobile.de
info@team.mobile.de

www.mobile.de
Große Auswahl an Fahrzeugen aller Marken und Modelle. Neben dem großen Pkw-Angebot gibt es auch Motorräder und Wohnmobile.

motoso.de
info@motoso.de

www.motoso.de
Internet-Marktplatz mit über zwei Millionen Fahrzeugen, Ersatzteilen, Kfz-Zubehör sowie Werkstatt-Service.

Pkw.de
info@pkw.de

pkw.de
Autobörse mit großer Auswahl an Fahrzeugen aller Marken und Preisklassen, in der Privatinserate eingestellt werden können.

Auto/Automarkt/Autohändler & Neuwagen

Autohändler in Deutschland
info@caribou.de

www.autohaendler-in-deutschland.de
Deutschlandweites Verzeichnis von Autohändlern, die nach Name, Postleitzahl, Ort oder Automarke durchsucht werden können.

autohaus24.de
info@autohaus24.de

www.autohaus24.de
autohaus24 bietet Neuwagen von deutschen Vertragshändlern mit Angeboten zu Finanzierung, Leasing und Versicherung.

carneoo.de
info@carneoo.de

www.carneoo.de
Neuwagenvermittler, der Rabatte auf den Autokauf gewährt. Die Fahrzeuge werden über deutsche Vertragshändler ausgeliefert.

ELN.DE Händlerbörse zum Auto-Einkauf
post@ssis.de

www.eln.de
Große Händlerbörse für Autoverkäufer und Großhändler.

Neuwagen mit Preisvorteil   **www.neuwagenmarkt.de**

Jütten & Koolen Automobile GmbH
info@juetten-koolen.de

www.juetten-koolen.de
Auto-Import-, Export-, Groß- und Einzelhandel. Neuwagen-Suche, Gebrauchtwagenbörse, Online-Preislisten und Preisvergleich.

netCar.de
info@netcar.de

www.netcar.de
Ein Neuwagen-Konfigurator, mit dem man sein Traumauto mit allen gewünschten Extras bestellen kann.

Auto/Automarkt/EU-Importautos & EU-Neuwagen

● Neuwagen mit Preisvorteil
info@ssis.de

www.neuwagenmarkt.de
Spezial-Suchmaschine für besonders preiswerte Neu- und Jungwagen (viele Re-Importe). Über 60.000 Angebote von spezialisierten Händlern vor Ort. Alle Marken, alle Modelle. Preisvorteil 10-30%. Alle Autos zulassungsfertig mit voller Werksgarantie. **(Siehe Abbildung)**

Auto/Autoreifen

offroadreifen.com
info@mayerosch.de

www.offroadreifen.com
Hier findet man Reifen und Kompletträder für Sport Utility Vehicles, Geländewagen sowie All Terrain Vehicles und Quads.

ReifenDirekt
info@delti.com

www.reifendirekt.de
Zahlreiche Reifenmarken und Reifentypen für Pkw, Motorrad und Transporter – mehr als 8.000 Partnerwerkstätten.

● Reifensuchmaschine.de
wab@reifensuchmaschine.de

www.reifensuchmaschine.de
Auf Reifensuchmaschine.de findet man schnell und einfach Reifenangebote, Reifenhändler vor Ort sowie vielfältige Informationen und Tipps rund um das Thema Reifen. Neben Bildern und Videos sind stets aktuelle Sonderangebote von Reifenhändlern abrufbar. **(Siehe Abbildung)**

Reifensuchmaschine.de　　　　　　　　**www.reifensuchmaschine.de**

VERKEHR

reifen-profis.de
info@reifen-profis.de

www.reifen-profis.de
Komfortable Suchfunktion nach den passenden Sommer-, Winter-
oder Ganzjahresreifen sowie den entsprechenden Alufelgen.

Reifensuche.com
versand@reifensuche.com

www.reifensuche.com
Auto- und Motorradreifen fast aller Hersteller. Suchmaschine für
Montagestationen und ein Infoportal.

reifen-vor-ort.de
info@reifen-vor-ort.de

www.reifen-vor-ort.de
Die Reifenhändler-Preis-Suchmaschine vergleicht die Angebote
von über 4.000 Reifenhändlern mit fünf Millionen Reifen.

Tirendo
service@tirendo.de

www.tirendo.de
Mit Angaben zu Breite, Höhe, Durchmesser, Geschwindigkeit,
Marke und Saison kann man seinen Reifen präzise auswählen.

Auto/Autovermietung

Avis Autovermietung GmbH & Co. KG
info@avis.de

www.avis.de
350.000 Fahrzeuge in 170 Ländern – neben Pkw und Lkw erwartet einen bei Avis eine umfangreiche Prestigeflotte.

Budget Autovermietung
info@budget.de

www.budget.de
Die internationale Autovermietung bietet eine einfache Online-
Buchung für eine große Auswahl an Mietwagen in 128 Ländern.
Nach einer unverbindlichen Preisanfrage werden alle verfügba-
ren Mietwagen mit Details wie bspw. Klimaanlage, Anzahl der
Türen und Sitze und der möglichen Gepäckstücke angezeigt.
(Siehe Abbildung)

Europcar Autovermietung
infomaster@europcar.com

www.europcar.de
Pkw, Lkw, Cabrios, Minibusse. 577 Stationen in Deutschland,
13.000 weltweit. 24h-, Chauffeur-Service sowie Online-Buchung.

Hertz Autovermietung GmbH
webmaster_de@hertz.com

www.hertz.de
Autovermietung an über 8.100 Stationen in über 150 Ländern
weltweit: Vom kleinen Pkw über edle Cabrios bis zum Lkw.

SIXT Autovermietung
kundenbetreuung@sixt.de

www.sixt.de
Online-Vermietung von Pkws, Lkws und Spezialfahrzeugen wie
Sportwagen oder Cabrios in zahlreichen Städten weltweit.

Auto/Autowerkstätten

autoaid
info@autoaid.de

www.autoaid.de
Bewertungen und Erfahrungsberichte von Autoservicebetrieben
und Neuwagenvermittlungen nach dem Best-Price-Prinzip.

Autoservicewelt
kontakt@autoservicewelt.de

www.autoservicewelt.de
Mit Hilfe dieser Web-Seite findet man deutschlandweit die günstigste Werkstatt in der Nähe.

Meisterhaft Autoreparatur
meisterhaft@atr.de

www.meisterhaft.com
Meisterhaft sind freie Mehrmarken-Werkstätten, die über 1.700
mal in Deutschland und Österreich ihren Service anbieten.

Auto/Autozeitschriften

auto motor und sport

www.auto-motor-und-sport.de
Täglich aktuelle News rund um Auto, Motor und Sport. Dazu Mes-
se-Specials, Fahrberichte und Tests zum Downloaden.

Auto Zeitung
info@autozeitung.de

www.autozeitung.de
Autotests zu jedem Modell, nützliche Ratgeber zu Steuern und
Versicherung, Bußgeldkatalog, Fahrberichte sowie Tuning.

autobild.de
redaktion@autobild.de

www.autobild.de
Das Autoportal von Europas größter Autozeitschrift präsentiert News und Testberichte sowie eine Gebrauchtwagenbörse.

Automobilwoche
automobilwoche@craincom.de

www.automobilwoche.de
Nachrichten aus der Automobilbranche zu Märkten, Händlern, Lieferanten und Zulieferern, Marketing und neuen Modellen.

Auto/Autozubehör/Autoteile & Autoersatzteile

Marktplatz für gebrauchte Autoteile
office@gebrauchteautoteile.com

gebrauchteautoteile.com
Hier findet man gebrauchte und überholte Autoteile. Im Verbund der zertifizierten und geprüften Autoverwertungen werden günstige Autoersatzteile mit 12 Monaten Gewährleistung angeboten. Falls das gewünschte Ersatzteil einmal online noch nicht vorhanden sein sollte, kann man den Suchauftrag nutzen.

100pro-Ersatzteile
info@ls-motor.de

www.100pro-ersatzteile.de
Über 400.000 Ersatzteile für über 14.000 verschiedene Fahrzeugtypen. Man kann sogar nach Teile- oder KBA-Nummer suchen.

A.T.U Autoteile Unger Online

www.atu.de
Große Produktpalette und zahlreiche Serviceangebote. Der HU-Reminder erinnert per E-Mail an die fällige TÜV-Prüfung.

autoglaser.de
kontakt@autoglaser.de

www.autoglaser.de
Das große Autoglaserverzeichnis (über 900 Fachbetriebe) mit vielen Informationen für den „Durchblick" rund um das Autoglas.

autoteile outletstore.de
service@autoteile-outletstore.de

www.autoteile-outletstore.de
Ein Outlet für Autoteile und Verschleißteile wie Auspuffe, Bremsen, Federbeine.

Budget Autovermietung

www.budget.de

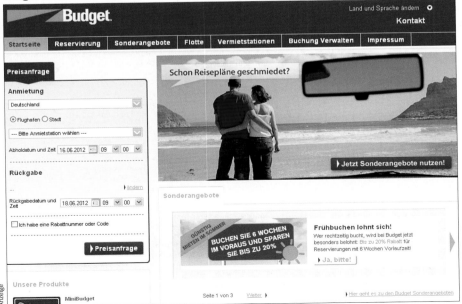

715

Autoteile-Meile.de
info@delti.com

www.autoteile-meile.de
Über 150.000 Kfz-Neuteile werden auf dieser Seite nach Pkw-Typ oder Artikelnummer gelistet.

autoteilestore.com
info@autoteilestore.com

www.autoteilestore.com
Reifen, Ersatzteile, Verschleißteile und andere Autoteile in Markenqualität für alle Marken und Modelle.

Carglass
info@carglass.de

www.carglass.de
Carglass, der Spezialist für Autoglas-Schäden, informiert über Serviceleistungen und Kosten. Mit Service-Center-Finder.

carmio.de
info@carmio.de

www.carmio.de
Autoersatzteile und Zubehör im Preisvergleich. Bremsscheiben, Auspuffteile und Stoßdämpfer für viele Marken.

daparto
info@daparto.de

www.daparto.de
daparto ist ein unabhängiger Internet-Marktplatz für die Suche und den Vergleich online angebotener Autoteile.

Auto/Autozubehör/Multimedia & Navigationsgeräte

Blaupunkt
info@blaupunkt.de

www.blaupunkt.de
Car-Multimedia, Produkt- und Serviceinfos zu mobiler Navigation, Autoradios und Sound, Online-Shop mit Zubehörprogramm.

CarTFT.com
sales@cartft.com

www.cartft.com
Multimedia fürs Auto: PC-, GPS-Produkte wie Car-PC, Touchscreen-Monitore, Software und Zubehör. Mit Systembuilder und Forum.

Navigationsgeräte Portal
maik@navifacts.de

www.navifacts.de
NaviFacts.de bietet jede Menge Informationen über Navigationssysteme, ein Forum, Testberichte und einen Routenplaner.

Auto/Lkw & Nutzfahrzeuge

● **LkwVermietung.de**
info@lkwvermietung.de

www.lkwvermietung.de
Wer für den Transport von Gütern, ob für den Umzug, die Renovierung und den Möbelkauf einen Lastwagen oder einen Transporter mieten möchte, findet hier einen kostenlosen Preisvergleich. Einfacher Vergleich über eine Reservierungsmaske. Für Einwegmieten und Studenten gibt es besonders preisgünstige Angebote. **(Siehe Abbildung)**

TruckScout24
info@truckscout24.de

www.truckscout24.de
Europas großer Nutzfahrzeugmarkt für Lkw, Transporter, Anhänger und Auflieger sowie für Bau- und Landmaschinen.

Auto/Car-Sharing

autonetzer.de
kontakt@autonetzer.de

www.autonetzer.de
Netzwerk für privates Car-Sharing. Man kann sein Auto verleihen oder sich ein Auto aus der Nachbarschaft leihen.

Bundesverband CarSharing e. V.
info@carsharing.de

www.carsharing.de
Informationen über fast alle Aspekte des Car-Sharing-Konzeptes – verlinkt zu den Web-Präsenzen der Car-Sharing-Anbieter.

Nachbarschaftsauto
office@nachbarschaftsauto.de

www.nachbarschaftsauto.de
Privates Car-Sharing: Autos von Nachbarn leihen oder sein Auto verleihen. Die Konditionen werden individuell vereinbart.

LkwVermietung.de

lkwvermietung.de

Für Vermieter

Lkw Vermietung & Transportervermietung vergleichen mieten sparen

Direkter Preisvergleich in Echtzeit

| Home | Service | Über uns | Kontakt | | Mietwagen |

Transporter -und Lkw Vermietungen im Preisvergleich

Anmietland — Deutschland

Anmietort — Bitte eine Stadt auswählen

Rückgabeort — wie Anmietort

Anmietdatum — 29.07.2012 — 10 : 00

Rückgabedatum — 30.07.2012 — 10 : 00

Tarifauswahl — Standard — Student

erweiterte Suche

Weiter zur Fahrzeugwahl >

Gefällt mir 106

bis 40% Sparvorteil

Ihre Vorteile auf einem Blick

Keine Storno -und Umbuchungskosten bei Zahlung vor Ort, Keine Zuschläge, keine Überraschungen. Der Endpreis steht von Anfang an fest.

· Vollkaskoversicherung und Kfz-Diebstahlversicherung mit Selbstbeteiligung

· Haftpflichtversicherung

· Unbegrenzte Km bei Einwegmieten

· Alle lokalen Steuern

· Kostenloser Reservierungsdienst

· Ersatzfahrzeug bei Ausfall

· 24 Std. Notdienst (europaweit)

· Einfaches und sicheres online buchen

Tarifübersicht Lkw Verleih

Standard-Tarif
Egal ob Sie einen Transporter, bzw. einen Umzugswagen benötigen, um eine Couch zu transportieren, oder einen Lkw mieten möchten für einen kompletten Umzug - hier finden Sie sicher das richtige Nutzfahrzeug. Tipp: Bei Reservierungen an Wochenenden kommen Sie günstiger weg, wenn der Transporter am selben Tag zurückgegeben wird.

Studententarif
Umzug, Renovierung, Möbelkauf, größere oder kleinere Freizeittransporte? Für Studenten ab 19 Jahren bieten wir günstige Tarife für Lkw Vermietungen und Transportervermietungen. Auch Einwegmieten gibt es mit Ermäßigung. Speziell unter der Woche bieten die Lkw Verleih Firmen günstige Transporter an.

Frühzeitig Lkw mieten und vom Rabatt profitieren
Reservieren Sie online min. 14 Tage vor Anmietung einen Transporter und sichern Sie sich frühzeitig die günstigsten Angebote.

1-Woche-Tarif
Bei einer Mietdauer von 7 Tagen inkl. 1.000 KM ab EUR 249
Die Fahrzeuge müssen wieder in der Anmietstation abgegeben werden.

Lkw Vermietungen und Transportervermietungen im Preisvergleich

Wir vergleichen für Sie lokale und renommierte Anbieter von Lkw-Vermietungen und stellen Ihnen deren beste Angebote für Online-Reservierungen zur Verfügung.

Sie wollen viel transportieren oder umziehen? Bei uns finden Sie den passenden Transporter oder Lkw für Ihren Bedarf zu günstigen Tarifen. Ob Umzug innerhalb einer Stadt oder über längere Distanzen, ob Warentransport, geplanter oder unvorhergesehener Transport - wir bieten Ihnen für jede Anforderung das geeignete Fahrzeug.

Bei uns finden Sie die passende Lösung für jeden Transport. Lkw mieten oder einen Transporter in allen Größen an über 1500 Stationen in Deutschland. Lkwvermietung.de. bietet Ihnen für den perfekten Umzug den richtigen Transporter mit dem genau passenden Stauraum. Mieten Sie bei uns einen Transporter zu günstigen Online-Tarifen einfach, schnell, sicher und bequem.

Lokale Lkw Vermietung in Deutschland & Städte Informationen:

Lkw Vermietung Aachen
Lkw Vermietung Berlin
Lkw Vermietung Bielefeld
Lkw Vermietung Bochum
Lkw Vermietung Bonn
Lkw Vermietung Bremen
Lkw Vermietung Dortmund
Lkw Vermietung Dresden

Lkw Vermietung Düsseldorf
Lkw Vermietung Essen
Lkw Vermietung Frankfurt
Lkw Vermietung Hamburg
Lkw Vermietung Hannover
Lkw Vermietung Karlsruhe
Lkw Vermietung Köln
Lkw Vermietung Leipzig

Lkw Vermietung Mannheim
Lkw Vermietung München
Lkw Vermietung Nürnberg
Lkw Vermietung Stuttgart
Lkw Vermietung Wiesbaden
Lkw Vermietung Wuppertal
Alle Lkw-Anmietstationen

Kontakt | Impressum | Datenschutz | Sitemap | © 2012 - Ihr Partner für Lkw Vermietung, Transporter, Umzugswagen und Transportervermietung
Lkw-Anmietstationen

Anzeige

rent-n-roll.de
service@rent-n-roll.de

www.rent-n-roll.de
Privates Car-Sharing-Portal: Autos von Privat mit Zusatzversicherung mieten beziehungsweise sein eigenes Auto vermieten.

tamyca
info@tamyca.de

www.tamyca.de
Online-Portal für privates Car-Sharing. Jeder kann sein Auto zum Vermieten anbieten. Es werden keine Gebühren erhoben.

Auto/Fahrzeugbewertungen & Autotests

autotest.de
info@pkw.de

www.autotest.de
Autotests und Erfahrungsberichte von allen für alle. Jeder kann sein eigenes Auto anderen empfehlen und es bewerten.

Eurotax Schwacke GmbH
info@eurotaxschwacke.de

www.schwacke.de
Individuelle Fahrzeugbewertung, Restwertprognose für Neu- und Gebrauchtwagen, Neuwagenvergleich und -konfigurator.

rateyourcar.de
info@rateyourcar.de

www.rateyourcar.de
Fahrzeugbeurteilungen und Autotests von Autofahrern für Autofahrer mit nützlichen Infos wie dem Kraftstoffverbrauch.

Auto/Kfz-Kennzeichen

Autokennzeichen

www.autokennzeichen.info
Hier können Autokennzeichen online abgefragt werden.

Auto/Kfz-Sachverständige

DEKRA
info@dekra.com

www.dekra.de
Infos zu den Services in den Rubriken Automobil, Zertifizierung, Schulung, Umwelt, Arbeitssicherheit und Schadensmanagement.

KÜS
info@kues.de

www.kues.de
Kfz-Überwachungs- und Sachverständigenorganisation – HU, inklusive Teiluntersuchung Abgas und weitere Dienstleistungen.

Auto/Kfz-Zulassungsstellen

Strassenverkehrsamt.de
info@strassenverkehrsamt.de

www.strassenverkehrsamt.de
Deutschlands nicht-behördliches Informations- und Serviceportal zum Straßenverkehr und den Zulassungsstellen.

Auto/Oldtimer

autobild-klassik.de
redaktion@autobildklassik.de

www.autobild-klassik.de
Informationen zu Old- und Youngtimern mit Berichten über den technischen Stand und die Besonderheiten der Fahrzeuge.

ClaCR
info@clacr.de

www.clacr.de
Oldtimer- und Youngtimer-Community mit Fahrzeugregister, Branchenbuch und einem Veranstaltungskalender.

classic-car-tax
info@retro-web.de

www.classic-car-tax.de
Infodienst über den Wert von Oldtimern. Baujahr, Marke und Modell angeben und die Seite zeigt den Preisrahmen an.

Motor Klassik

www.motor-klassik.de
Autos, die man nicht vergisst: Markenübersicht, Fahrberichte, Restaurierungstipps und Kaufberatung für Old- und Youngtimer.

Oldtimer
vertrieb@x-leasing.de

www.x-oldtimer.de
Hier kann man Old- und Youngtimer kaufen, verkaufen und sogar leasen. Außerdem gibt es Versicherungsangebote und Kauftipps.

Oldtimer 24
info@oldtimer24.net

www.oldtimer24.net
Überregionales und übersichtlich sortiertes Verzeichnis für Oldtimer mit Chauffeur oder für Selbstfahrer.

Auto/Sportwagen

autobild-sportscars.de
redaktion@autobildsportscars.de

www.autobild-sportscars.de
Aktuelle Infos zu Sportwagen aller Marken, Angaben zu Fahrverhalten, Beschleunigung und Leistung sowie Testberichte.

Hotcars

www.hotcars.de
Hier gibt es Berichte und Fotos von Edelkarossen, Sportwagen und Offroad-Fahrzeugen.

Speed Heads

www.speedheads.de
Täglich die neuesten Sportwagen-Nachrichten, Fahrberichte, Tests, Events und Reports. Mit einer Community.

sport auto

www.sportauto-online.de
Das Portal stellt Sportwagen der unterschiedlichsten Hersteller vor und bietet Vergleiche sowie Testberichte an.

Auto/Tuning

autobild-tuning.de
redaktion@autobildtuning.de

www.autobild-tuning.de
In der Tuning-Abteilung von AUTO BILD finden Fans und Interessierte alles Wissenswerte über veredelte Wagen.

DTS Tuning
info@dtsshop.de

www.dtsshop.de
Versandhändler für sportliches Autozubehör. Alles von Auspuffanlagen bis Überrollbügel und Zubehör.

geileKarre.de
info@geilekarre.de

www.geilekarre.de
Die Auto-Tuning-Community. Hier kann man Autobilder hochladen, andere Autos bewerten und Tuning-Tipps austauschen.

pagenstecher.de
info@pagenstecher.de

www.pagenstecher.de
Tuning-Magazin, -Community und -Forum. Artikel, Bilder und Daten zu den Autos der Community-Mitglieder.

Tuning
info@tuningmagazin.de

www.tuningmagazin.de
Portal der Zeitschrift Tuning Magazin mit einer Galerie toller Tuning-Cars und aktuellen Nachrichten.

tuning.de
info@tuning.de

www.tuning.de
Internet-Portal zur Welt des Automobil-Tunings. Es informiert markenübergreifend über Neuheiten, Techniktipps und Termine.

Tuning-Fans.de
tuning-fans@gmx.net

www.tuning-fans.de
Auto- und Tuning-Forum mit Nachrichten, Umfragen, Chat, Marktplatz und Galerie.

Boote & Yachten

boot-Portal
besucherinfo@boot-online.de

www.boot.de
Firmen- und Produktinfos, Testberichte, Revier- und Törnberichte, Gebrauchtbootbörse, Sport und Wettkampf.

chartercheck
info@chartercheck.com

www.chartercheck.net
Yachtcharter-Vergleichs- und Buchungsportal. Auf einer Karte kann man weltweit Reviere und Yachtclubs finden.

Happycharter
webinfo@happycharter.com

www.happycharter.com
Yachtcharter, Bootscharter und Bootsverleih weltweit. Segelboote, Motorboote und Katamarane verschiedener Anbieter.

internationale Yachtcharter-Portal, Das
info@charterboat24.com

www.charterboat24.com
4.000 Charterboote: Bareboats, Haus-, Motor- und Segelboote mit oder ohne Skipper sowie Megayachten mit Crew.

Rentabo.com
info@rentabo.com

www.rentabo.com
Weltweites Portal für Boot- und Yacht-Charter mit Last-Minute-Angeboten, Charter-Informationen und Suchfunktion.

Vesseltracker.com
info@vesseltracker.com

www.vesseltracker.com
Umfangreiche Hafeninformationen und Schiffspositionsdaten.

Yachtico
info@yachtico.com

www.yachtico.com/de
Suchmaschine für den Boote- und Yachtcharter. Die Suche lässt sich nach Preis, Region und Art des Bootes eingrenzen.

Boote & Yachten/Markt

BoatNet
mail@boat.de

www.boatnet.de
Neu- und Gebrauchtyachten aller Marken, Motoren-, Trailer-, Liegeplatzdatenbank, Versicherungs- und Finanzierungsangebote.

BoatShop24
info@boatshop24.com

www.boatshop24.com
Bootsbörse mit über 80.000 Booten und Yachten von über 1.200 Händlern und Brokern weltweit.

yachtworld.com

www.yachtworld.com
Die Seite für alle, die sich eine Yacht kaufen möchten. Hier findet man viele Gebrauchtangebote.

Boote & Yachten/Segeln

Siehe Kapitel Sport

Segeln

Bußgelder & Strafzettel

Bussgeldkatalog.biz
info@bussgeldkatalog.biz

www.bussgeldkatalog.biz
Auflistung aller Strafen beim Verstoß gegen die Straßenverkehrsordnung. Bußgeldkatalog nach Themen geordnet.

Strafzettel.de
info@strafzettel.de

www.strafzettel.de
Infos über das Straßenverkehrsrecht von Rechtsanwälten. Praktisch: Bußgeldrechner für Geschwindigkeitsverstöße.

Eisenbahn & Deutsche Bahn

Deutsche Bahn
reiseportal@bahn.de

www.bahn.de
Bahnfahrkarten und Sitzplatzreservierungen zum Selbstausdrucken, Pauschal- und Last-Minute-Reisen sowie Fahrplanauskunft.

Eisenbahn Webkatalog, Der
info@eisenbahn-webkatalog.de

www.eisenbahn-webkatalog.de
Umfangreicher Web-Katalog zum Thema Modelleisenbahn und Eisenbahn mit Lexikon, Terminen, Nachrichten und Foren.

Fahrpläne

DB Bahn: bahn.de
reiseportal@bahn.de

www.fahrplanauskunft.de
Aktueller Bahn-Fahrplan, Online-Buchung von Bahnfahrkarten und Reservierungen, aktuelle Ankunfts- und Abfahrtszeiten.

DB Bahn: bahn.de

www.fahrplanaenderung.de
Mit wenigen Klicks auf der Deutschlandkarte findet man hier aktuelle Fahrplanänderungen der Bahn.

Fahrplanauskünfte
webmaster@pro-bahn.de

www.pro-bahn.de/auskunft
Link-Verzeichnis des Fahrgastverbandes. Nationale und internationale Fahrplan- und Tarifauskünfte für Bus und Bahn.

Fahrplan-Online
kontakt@fahrplan-online.de

www.fahrplan-online.de
Links zu weltweiten Fahrplan-Informationsseiten, sei es für eine Fahrt von Dublin nach London oder von Hamburg nach München.

Fahrrad/Fahrradmarkt

B.O.C.
info@boc24.de

www.boc24.de
Fahrräder: Mountainbikes, Rennräder, Trekkingräder, Cityräder, Kinder- und Jugendräder sowie Fahrradzubehör und Bekleidung.

Beachcruiser
info@beachcruiser.de

www.beachcruiser.de
Außergewöhnliche Fahrräder und passendes Zubehör. Beachcruiser, Stadt- und Klappräder, Fahrradhelme und Accessoires.

Bikeshops.de
info@bikeshops.de

www.bikeshops.de
Deutschlands Fahrradhändler im Netz. Mit aktuellen Angeboten, Adressen und vielen weiteren Informationen rund um das Rad.

Brügelmann

www.bruegelmann.de
Alles vom Carbon-Renner bis zum Kinderrad. Umfangreiches Sortiment an Fahrrädern, Ersatzteilen, Bekleidung und Zubehör.

Fabial.de
info@fabial.de

www.fabial.de
Gekauft werden können hier Mountainbikes, Kleidung, Fahrradteile und Zubehör.

● **Bobshop**
info@bobshop.de

www.bobshop.de
Der Internet-Fachhändler für Fahrradbekleidung bietet Trikots, Hosen, Bodies, Brillen, Radjacken, Fahrradunterwäsche, Handschuhe, Kopfbedeckung und verschiedene Set-Angebote für Hobby- und Profi-Radfahrer. Der Online-Shop bietet außerdem Sonderanfertigungen für Vereine und Clubs. **(Siehe Abbildung)**

Bobshop   **www.bobshop.de**

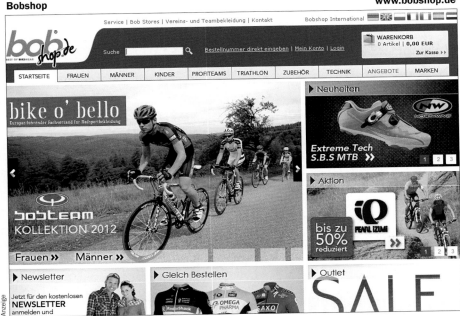

VERKEHR

FaFit24
info@fafit24.de

www.fahrrad-fitness-discount.de
Crossbikes, Rennräder, Citybikes, Kinderräder sowie Zubehör wie Licht, Sattel, Griffe oder Fahrradkörbe.

Fahrrad Online Rad Shop
mail@fahrrad.de

www.fahrrad.de
Große Auswahl an Markenrädern und Auslaufmodellen über alle Kategorien hinweg.

Rose
bestellung@rose.de

www.roseversand.de
Online-Handel für Fahrräder, Teile, Bekleidung, Zubehör. Custom-made-Bereich, News und Tests zu Radsport und Produkten.

Fahrrad/Fahrradreisen

Siehe Kapitel Urlaub & Reise

Aktivurlaub/Fahrradreisen

Fahrrad/Radsport

Siehe auch Kapitel Sport

Radsport

Fahrschulen & Führerschein

Fahrschule.de
info@fahrschule.de

www.fahrschule.de
Fahrschüler finden hier eine Datenbank mit über 14.000 Fahrschulen und ein Lernsystem zur Vorbereitung auf die Theorie.

fahrschule-123.de
info@fahrschule-123.de

www.fahrschule-123.de
Viele Tipps helfen von der Auswahl der richtigen Fahrschule bis hin zum Meistern der theoretischen/praktischen Prüfung.

Fahrtipps
info@fahrtipps.de

www.fahrtipps.de
Über 700 Seiten mit Tipps vom Fahrlehrer: EU-Führerschein, Neuregelungen, Testfragen, Videos, Bußgeldrechner und Urteile.

Luftfahrt & Flugzeuge

aerokurier
redaktion@arokurier.de

www.aerokurier.de
Aktive Piloten und Flugbegeisterte finden hier Infos und Reportagen zur Luftfahrt, zum Luftsport und zum Motorflug.

Airliners.de
info@airliners.de

www.airliners.de
Beschäftigte aus der Branche und Luftfahrtinteressierte finden hier Nachrichten, Berichte und zahlreiche Datenbanken.

ClipWings
info@clipwings.com

www.clipwings.com
ClipWings.com ist die Internet-Community für Luftfahrt-Freunde und bietet Videos, Fotos und Social Networking.

flightradar24.com
info@flight24.com

www.flightradar24.com
Auf einer Karte ist der aktuelle weltweite Luftverkehr live verzeichnet. Detaillierte Angaben zu den Flugzeugen.

FLUG REVUE
redaktion@flugrevue.de

www.flugrevue.de
Aktuelle News und Infos zu Zivilluftfahrt, Airlines, Herstellern, Technik und Motorsport, mit Veranstaltungskalender.

Flugzeugbilder.de

www.flugzeugbilder.de
Die große Bilddatenbank für Flugzeugfotografie mit über 600.000 Fotos.

flugzeuge.de
info@airshampoo.de

www.flugzeuge.de
Porträts von Flugzeugen mit vielen Bildern, technischen Daten und Hintergrundinformationen. Mit Anzeigenmarkt.

Klassiker der Luftfahrt
redaktion@klassiker-der-luftfahrt.de

www.klassiker-der-luftfahrt.de
Fotos, Zeichnungen und Dokumentationen von und über historische Flugzeuge, deren faszinierende Technik und Piloten.

Vielfliegertreff
info@vielfliegertreff.de

www.vielfliegertreff.de
Forum für Vielflieger und Reiseinteressierte zum Thema Meilensammeln, Vielfliegerprogramme, Bonusprogramme und Fliegen.

Mitfahrzentralen

Siehe Kapitel Urlaub & Reise

Mitfahrzentralen

Motorrad

harleysite.de
info@harleysite.de

www.harleysite.de
Informationen zu Harley-Davidson-Veranstaltungen, Bilder und Videos rund um das Kultthema Harley-Davidson.

motorradonline24.de
webmaster@motorradonline24.de

www.motorradonline24.de
Motorradmarkt, News, Tests und Ratgeber, Terminkalender und ein großer Zubehör-Shop gehören zu diesem Web-Angebot.

Motorrad/Markt/Zubehör & Ersatzteile

Hein Gericke Deutschland GmbH
info@heingericke.de

www.hein-gericke.de
Der Motorrad- und Motorradzubehörhändler hält eine große Vielfalt an Artikeln, Infos und Sonderangeboten im Shop bereit.

VERKEHR

Louis
info@louis.de

www.louis.de
Online-Shop für Biker-Zubehör mit Datenbank für Produkte zu jedem Motorrad, Schraubertipps und Biker-Terminkalender.

Motorradbekleidung
info@mot-ecke.de

www.motorradbekleidung.de
Im Shop für Motorradbekleidung findet man eine große Auswahl an Leder- und Textilbekleidung sowie Motorradhelme.

POLO Expressversand
info@polo-motorrad.de

www.polo-motorrad.de
Spezialist für Motorradbekleidung, Sportswear und technisches Zubehör mit Online-Shop, Ersatzteildatenbank und Biker-Forum.

Motorrad/Motorradzeitschriften

BikerSzene
info@bikerszene.de

www.bikerszene.de
Großes Motorrad-Infoportal: Community, News, Forum sowie Test- und Reiseberichte.

Motorrad online
leserbriefe_mrd@motorpresse.de

www.motorradonline.de
Europas große Motorradzeitschrift bietet Motorradtests und -daten, Fotos, Videos, Reiseinfos und einen Gebrauchtmarkt.

Reise Motorrad.de

www.reisemotorrad.de
Portal für organisierte Motorradreisen zu Nah- und Fernzielen wie etwa Spanien, Italien, USA, Kanada oder Australien.

Öffentlicher Nahverkehr

Nahmobil.de
info@symweb.de

www.nahmobil.de
Portal für das Reisen im öffentlichen Nahverkehr in Europa: Stadt bzw. Land wählen und alle notwendigen Infos bekommen.

Radarfallen

RadAlert
kontakt@radalert.de

www.radalert.de
Der mobile Radarwarner warnt vor festen/mobilen Blitzern und Polizeikontrollen. Die Daten werden ständig aktualisiert.

Routenplaner

Falk
info@falk.de

www.falk.de
Mobilitätsportal mit kostenloser Routenplanung, Stadtplänen, Hotels und Infos zu den Themen Auto, Reise und Technik.

Google Maps

maps.google.de
Weltweite Routenberechnung für Fußgänger, Motorrad- und Autofahrer.

Hot Maps
web@hot-maps.de

www.hot-map.com
Straßenkarten verschiedener Städte und Länder sowie Welt- und Deutschlandkarten zur Routenplanung oder Suche nach Straßen.

Nokia Maps

maps.nokia.com
Routenplanung, lokale Suche und viele Zusatzinfos: 2,3 Millionen Branchenadressen, Sehenswürdigkeiten und Verkehrsinfos.

VerkehrsmittelVergleich
info@verkehrsmittelvergleich.de

www.verkehrsmittelvergleich.de
Verkehrsmittel wie Auto, Bahn, Flugzeug, Reisebus, Mitfahrgelegenheit für eine ausgewählte Strecke miteinander vergleichen.

ViaMichelin

www.viamichelin.de
Routenplanung für ganz Europa: Routenplaner, detaillierte Straßenkarten und Stadtpläne sowie Restaurant- und Hotelsuche.

Staumeldung

Verkehrsinfo.de
info@verkehrsinfo.de

www.verkehrsinfo.de
Bundesweite Verkehrsinformationen – Staumeldungen, Baustellen und Radarfallen – mit individuellem Nachrichtendienst.

Verkehrsinformation.de
webmaster@verkehrsinformation.de

www.verkehrsinformation.de
Hier kann man sich über die aktuelle Verkehrslage informieren: Einfach Bundesland anklicken und Staumeldungen abrufen.

Tanken & Autobahnrasthöfe

clever-tanken.de
infoservice@clever-tanken.de

www.clever-tanken.de
Aktueller Preisvergleich für Kraftstoffe an deutschen Tankstellen für Diesel, Super, E10 und Superplus sowie ein Tankstellenfinder für alternative Kraftstoffe wie Erdgas oder Autogas. Zudem gibt es einen Spritpreisrechner und eine Übersicht über Kraftstoffpreise in Europa. **(Siehe Abbildung)**

Links+Rechts der Autobahn
autobahn-guide@stuenings.de

www.linksundrechts.com
Der Autobahnreiseführer präsentiert ausgesuchte Hotels, Gasthöfe, Ausflugsziele und Tankstellen in 22 Ländern Europas.

Tank & Rast
kundenservice@tank.rast.de

www.tankundrast.de
Infos zu den über 700 Raststätten und Tankstellen an deutschen Autobahnen.

Taxen

Taxi.de
info@taxi.de

www.taxi.de
Deutschlandweite, kostenlose Taxi-Suche, Taxi-Online-Bestellung und Fahrtenvermittlung für Taxiunternehmer.

clever-tanken.de   **www.clever-tanken.de**

VERKEHR

TÜV

TÜV NORD Gruppe
info@tuev-nord.de

www.tuev-nord.de
Infos zum EU-Führerschein, eine Auflistung der TÜV-Stationen und aktuelle Preise und Gebühren. Mit Online-Terminvereinbarung.

Verkehrsportale

GW-trends online
gwtrends@springer.com

www.gw-trends.de
Nachrichten aus dem Gebrauchtwagenmarkt. Branchen-News und Branchen-Kontakte.

Verkehrsrecht & Verkehrsanwälte

Verkehrsanwaelte.de
dav@anwaltverein.de

www.verkehrsanwaelte.de
Verzeichnis der örtlichen Verkehrsanwälte, Tipps zur Vorgehensweise beim Verkehrsunfall und aktuelle Urteile.

Siehe auch

Bußgelder & Strafzettel

WIRTSCHAFT

QYPE

www.qype.com

*QYPE Berlin
ENTDECKEN. EMPFEHLEN.

Geschäftsinhaber? GRATIS eintragen! | Schreibe einen Beitrag | Registrierung/Anmeldung ▸ ■ Deutsch

Was? (Pizza, Frisör...)

Wo? (Straße & Ort, PLZ)
Berlin | Suchen

| Home | Essen & Trinken | Nachtleben | Shopping | Freizeit | Dienstleistungen | Gesundheit & Schönheit | Alles ▾ | *QYPE deals |

Du bist in: Deutschland » Berlin

EVENTS | GUIDES | GRUPPEN | MENSCHEN

Berlin

Andere Städte: Hamburg | München | Köln | Dortmund | Dresden | Zeige alle Städte »

Jetzt neu: Online Termine buchen bei Qype!

Mit dem Terminbuchen-Feature sicherst Du Dir jetzt Deine Termine bei Deinen Lieblingsplätzen und sitzt garantiert immer in der ersten Reihe :-)

Probier's aus! und sag uns wie's Dir gefällt!

Weiter »

In Kategorien suchen

 Restaurant
 Cafés & Coffee Shops
 Fast Food & Imbiss
 Bars & Kneipen
Nachtleben
 Shopping
 Hotel & Reisen
Freizeit
Alle Kategorien »

Diese Plätze gefallen der Qype Community besonders gut:

Restaurant

von Trattoria Felice

1. Trattoria Felice **Prenzlauer Berg**
2. NOER Weinhandlung, Weinbar & Weinproben **Kreuzberg**
3. Trattoria Mamma Morena **Charlottenburg**
4. Lac Viet **Friedenau**
5. Pizzeria, Eis-Café Il Falco **Wedding**

Restaurant Berlin »

Sehenswürdigkeiten

von dagor

1. Körnerpark **Neukölln**
2. Jüdischer Friedhof Weissensee **Weißensee**
3. Gendarmenmarkt **Mitte**
4. Burgerpark Pankow **Pankow**
5. Gedenkstätte Berliner Mauer **Gesundbrunnen**

Sehenswürdigkeiten Berlin »

Hotel

von Michael Zoll

1. Swissôtel **Charlottenburg**
2. Hotel Concorde Berlin Kurfürstendamm **Charlottenburg**
3. Savoy Berlin **Charlottenburg**
4. Adina Apartment Hotel Checkpoint Charlie **Mitte**
5. Hotel Honigmond **Mitte**

Hotel Berlin »

Neueste Aktivitäten

lovetheme
hat ein Foto hochgeladen zu Schwimmhalle Sewanstraße

Horst29
hat eingecheckt bei Flughafen Berlin-Tegel (TXL)

lovetheme
hat ein Foto hochgeladen zu o2 World

lovetheme
hat ein Foto hochgeladen zu Berlin Wall - East Side Gallery

lena1977
hat einen Beitrag geschrieben zu Friedrichstadt-Palast

Nachtleben

von Berlinphil

1. Philharmonie **Tiergarten**
2. Freiluftkino Friedrichshain **Friedrichshain**
3. Supamolly **Friedrichshain**
4. Dunckerclub **Prenzlauer Berg**
5. Buena Vista **Weißensee**

Nachtleben Berlin »

Cafés & Coffee Shops

von Hansdampfer

1. Freddy Leck sein Waschsalon **Moabit**
2. Eispatisserie Hokey Pokey **Prenzlauer Berg**
3. Eis Da Dalt **Schmargendorf**
4. FACTORY GIRL **Friedrichshain**
5. Wonder Waffel Berlin **Kreuzberg**

Cafés & Coffee Shops Berlin »

Schönheit & Wellness

von Gordonkrause

1. eye couture - Augenoptik **Prenzlauer Berg**
2. Friseursalon HauptSache **Kreuzberg**
3. MU Berlin **Mitte**
4. Catwalk - Hairfashion **Mitte**
5. Bennek-Dubiel Friseure **Adlershof**

Schönheit & Wellness Berlin »

In Stadtteilen suchen

Alt-Hohensch...	Moabit
Biesdorf	Neukölln
Britz	Niederschönh...
Buckow	Pankow
Charlottenburg	Prenzlauer Berg
Dahlem	Reinickendorf
Friedenau	Rudow
Friedrichshain	Schmargendorf
Gesundbrunnen	Schöneberg
Grunewald	Spandau
Kreuzberg	Steglitz
Köpenick	Tegel
Lankwitz	Tempelhof
Lichtenberg	Tiergarten
Lichtenrade	Treptow
Lichterfelde	Wedding
Mariendorf	Weißensee
Marienfelde	Westend
Marzahn-Hell...	Wilmersdorf
Mitte	Zehlendorf

Alle Stadtteile »

Neueste Beiträge

Bosco verde
★★★★☆ 8 Beiträge
Italienisch & Pizza, Restaurant

❝ Das wahr der Hohn der Woche :Tagiatelle mit Pfifferlingen sollte es sein.....Wenn man die Pasta lange genug zur Seite legte , fand man unter der mi... **Mehr**

 Vasilla, vor 7 Minuten
★★★★★

Barfuß Praxis für Podologie
★★★★☆ 7 Beiträge
Fußpflege

❝ Ich bin über Groupon zu Frau Gudyrenko gekommen und bin total begeistert. Ich fühle mich dort rundum gut aufgehoben. Persönlich, wie auch fachlich.... **Mehr**

 aerdnaberlin, vor 12 Minuten
★★★★★

Friedrichstadt-Palast
★★★★☆ 80 Beiträge
Veranstaltungen, Theater & Kabarett, Event Location

❝ Es war traumhaft: beindruckende YMA-Show! Darsteller, Kostüme und Musik in Einklang miteinander. Sehr stimmig und verzaubernd. Wir freuen uns auf d... **Mehr**

 lena1977, vor 18 Minuten
★★★★★

www.qype.com

QYPE

Sie sind auf der Suche nach einem günstigen Restaurant mit gutem Service und noch besserem Essen? Wollen Sie wissen, wo in Ihrer Region die beste Cocktail-Bar oder der gemütlichste Biergarten ist? Sie suchen einen zuverlässigen Handwerker, der schnell Ihr Badezimmer umbaut? Qype bietet Ihnen die besten Adressen, Dienstleister und Treffpunkte einer Stadt, von Usern für User empfohlen. Bewerten Sie den neuen Italiener um die Ecke oder den Biomarkt nebenan. Im Stadtplan bekommen Sie direkt alle Locations einer Kategorie angezeigt, über die ein Artikel existiert. Finden und zeigen Sie das Beste in Ihrer Stadt!

www.blauarbeit.de

blauarbeit.de

Machen Sie Schluss mit dem lästigen Suchen in den Gelben Seiten und drehen Sie den Spieß mal um. Hilfe kommt nämlich direkt zu Ihnen nach Hause, wenn Sie Ihren Auftrag einfach auf blauarbeit.de ausschreiben. Dienstleister, Handwerker, Freiberufler und Unternehmen aller Art suchen jetzt nach Ihnen und unterbieten sich in ihren Preisen gegenseitig, um von Ihnen „ersteigert" zu werden! So ergattern Sie den günstigsten Preis, während Dienstleister selbst über die Vergütung ihrer Arbeit entscheiden und vielleicht sogar wertvolle Neukunden gewinnen können.

www.kennstdueinen.de

KennstDuEinen.de

Sie suchen einen kompetenten Handwerker, einen pünktlichen Brötchenbringer oder einen zuverlässigen Versicherungsmakler in Ihrer Stadt? Ob die gewünschte Dienstleistung den Erwartungen entspricht, erfährt man meistens leider erst hinterher. Guter Rat muss dabei nicht immer teuer sein! Auf KennstDuEinen.de können Kunden gute Dienstleister empfehlen und kritisieren oder selbst nach Adressen von Ärzten, Finanzberatern oder Sprachschulen suchen und dabei vom Wissen der Nutzer profitieren. Besonders hilfreich: Mit einem Klick können Sie sogar den Bewerter kontaktieren und sich von der Glaubwürdigkeit seiner Rezension überzeugen.

www.firmenwissen.de

Firmenwissen

Ihre Firma hat einen großen Millionenauftrag an Land gezogen, aber Sie wissen kaum etwas über den Auftraggeber? Wenn Sie sicher sein möchten, dass Ihr neuer Geschäftspartner auch solvent ist, sollten Sie auf diesem Portal vorbeischauen, denn hier finden Sie alle verfügbaren Unternehmensinfos auf einen Blick. Angefangen von der kostenfreien Auskunft über Anschrift, Telefonnummer und E-Mail-Adresse bis hin zu kostenpflichtigen Daten wie Umsatz, Jahresabschlüssen, Kreditwürdigkeit und Geschäftsführer, erhalten Sie Angaben zu Firmen in Deutschland, Österreich, der Schweiz und Luxemburg und somit das gewünschte Hintergrundwissen.

www.auma.de

AUMA e. V.

Wollten Sie schon immer zur Kosmetikmesse nach Mexiko? Diese Seite bietet alle Messedaten im In- und Ausland. Sie können außerdem die aktuellen Messen der Woche, Informationen zu Messestandorten, -planung und -förderung sowie zu Verbänden und Organisationen rund um die Messe abfragen. Wenn Sie sich mit Messeveranstaltern in Verbindung setzen möchten, dann erhalten Sie hier die entsprechenden Kontakte. Die Deutsche Messebibliothek bietet zudem Recherchemöglichkeiten und zahlreiche Zeitschriften zum Thema an. Ob Sie Messeteilnehmer oder -besucher sind, hier gibt es alle Antworten vielseitig und kompakt.

www.mittelstandswiki.de

MittelstandsWiki.de

Woran scheitern die meisten Existenzgründer? Und wann gelte ich als Kleinstunternehmer? Bei Fragen rund um Unternehmen und Selbstständigkeit hilft das Mittelstands-Wiki: Aus den Bereichen Wirtschaft, Mittelstand, Umwelt, Mobilität, Hardware, Software und Sicherheit finden Interessierte hier Artikel, Nachrichten und Pressemitteilungen. Außerdem erfahren Sie in zahlreichen E-Books, Podcasts und Videos, warum Datenschutz wichtig ist, wie Sie in Ihrem Unternehmen Energie sparen können, mit welcher Strategie Sie qualifiziertes Personal finden und wie „Business Intelligence" funktioniert.

www.lto.de

Legal Tribune ONLINE

Handelt es sich bei Elektro-Zigaretten um ein verbotenes Arzneimittel? Habe ich nach der Kündigung noch Anspruch auf mein Weihnachtsgeld? Und ist es erlaubt, Feuerwerksraketen auch nach Silvester noch in die Luft zu schießen? Wer sich für aktuelle Rechtsnachrichten und juristische Fragen interessiert, erhält in diesem Online-Magazin die passenden Antworten. Hier finden Juristen und Rechtsinteressierte Meldungen und Hintergrundartikel zu Arbeits-, Familien-, Straf- oder Verkehrsrecht sowie Musterverträge, Formulare und nützliche Rechner, die ihren Elterngeldanspruch oder ihre Einkommenssteuer ermitteln.

www.dihk.de

Deutscher Industrie- und Handelskammertag

Die Industrie- und Handelskammern vertreten alle gewerblichen Unternehmen in Deutschland. Wo erhalte ich einen guten Überblick über aktuelle Förderprogramme des Bundes, der Länder und der EU? Wie sieht es mit beruflichen Weiterbildungsmaßnahmen, wie Seminaren und Lehrgängen aus? Welche neuen Ausbildungsberufe gibt es? Welche Leitsätze sind zu beachten, wenn ich im Ausland investieren will? Wie finde ich einen Nachfolger für mein Unternehmen? Diese umfangreiche Web-Seite gibt Antworten auf diese und andere Fragen, die die Wirtschaft betreffen. Und wer sich persönlich beraten lassen will, findet hier die Adresse der örtlichen IHK.

Branchenverzeichnisse & Firmenbewertungen

Auskunft.de
info@auskunft.de

www.auskunft.de
Branchenverzeichnis mit Zusatzinformationen wie z. B. Bildern von der Firma und Suchmaschinenergebnissen zur Firma.

● **Branchen.com**
kontakt@branchenpresse.de

www.branchen.com
Branchen.com ist ein Firmenverzeichnis für Deutschland, Österreich und die Schweiz und bietet eine Auswahl an Firmen in den verschiedensten Branchen. Man kann aber nicht nur suchen, sondern auch seine eigene Firma ins Verzeichnis eintragen. So wird man von potenziellen Neukunden gefunden. **(Siehe Abbildung)**

● **Branchenklick.de**
info@branchenklick-gmbh.de

www.branchenklick.de
Vom Abschleppdienst bis zur Zoohandlung. Alles findet sich bei Branchenklick.de, dem Online-Branchenbuch mit über 3,9 Mio. Einträgen. Umfangreich, komfortabel und flott zu bedienen: Über Branche, Stichwort, PLZ oder Ort führt jede Suche schnell zum Erfolg, egal wen oder was man sucht. **(Siehe Abbildung)**

dialo
info@dialo.de

www.dialo.de
Online-Auskunft für Deutschland mit Bewertungsmöglichkeit.

GelbeSeiten
info@gelbe-seiten-marketing.de

www.gelbeseiten.de
Firmensuchmaschine, die Postadressen und Rufnummern anzeigt, mit Extrasuche im Nahbereich oder dem Branchenfinder.

GoYellow
info@goyellow.de

www.goyellow.de
Einfache Schnell-, Detail-, Umgebungs- oder Web-Suche nach Firmen, Personen und Telefonnummern.

QYPE
info@qype.com

www.qype.com
Tipps für Bars, Restaurants, Kneipen und Geschäfte. Jeder kann sich hier beteiligen und seine Lieblingsorte empfehlen.

Branchen.com **www.branchen.com**

Stadtbranchenbuch
deutschland@opendi.com

www.stadtbranchenbuch.com
Stadtbranchenbuch ist eines der meistgenutzten Bewertungsportale. Über 170.000 Bewertungen helfen bei der Auswahl eines lokalen Anbieters. Mehr als eine halbe Mio. Firmen haben eine Kurzbeschreibung hinterlegt. Dadurch wird Stadtbranchenbuch zum praktischen Ersatz für die gedruckten Branchenbücher.

Webadress.de
info@tvg-verlag.de

www.webadress.de
Die Suchmaschine für lokale gewerbliche E-Mail- und Internet-Adressen.

wer-zu-wem.de
kontakt4@wer-zu-wem.de

www.wer-zu-wem.de
Firmenadressen und -profile der wichtigsten deutschen Unternehmen aus dem Bereich Einzelhandel, Dienstleister und Industrie.

YellowMap
kontakt@yellowmap.de

www.yellowmap.de
YellowMap: Umfangreiches deutschsprachiges Online-Branchenbuch, Lageplan und Routing zu jeder Adresse sowie Stadtpläne.

Yelp

www.yelp.de
Yelp ist ein Städte-Guide, bei dem man die Geschäfte oder Dienstleister seiner Stadt bewerten und kommentieren kann.

Buchhandel & Verlage

boersenblatt.net
boersenblatt@mvb-online.de

www.boersenblatt.net
Online-Magazin und Debattenforum für den deutschsprachigen Buchhandel.

Business to Business

„Wer liefert was?"
info@wlw.de

www.wlw.de
Lieferantensuchmaschine für Produkte und Dienstleistungen mit kostenlosen aktuellen Informationen und Kontaktdaten.

Branchenklick.de

www.branchenklick.de

brainGuide
service@brainguide.com

www.brainguide.de
Das Expertenportal der Wirtschaft bietet die kostenfreie Recherche nach dem Fachwissen von Top-Experten.

digitalnext.de
contact@digitalnext.de

www.digitalnext.de
Informationsblog für die digitale Wirtschaft.

Europages
info@europages.com

www.europages.de
Das europaweite Branchenverzeichnis bietet die Möglichkeit zur Suche nach Land, Region, Firmenname oder Tätigkeit.

IndustryStock.com
support@industrystock.com

www.industrystock.de
Hier wird man fündig, wenn man passende Hersteller und Händler für ein gewünschtes Produkt oder eine Dienstleistung sucht.

KäuferPortal
info@kaeuferportal.de

www.kaeuferportal.de
Beschaffung von preiswerten gewerblichen Produkten und Dienstleistungen für Mittelständler und Freiberufler.

Kompass
mail@kompass-info.de

www.kompass.com
Ein Branchenführer, der für fast jeden Bedarf einen Firmeneintrag mit Infos zu Unternehmen und Produkten findet.

Seibt
info@seibt.com

www.seibt.com
Industrieinformationsportal: Produkte und Quellen für Oberflächen-, Industrie-, Medizin-, Umwelt- und Verpackungstechnik.

Wer baut Maschinen in Deutschland
info-hp@hoppenstedt.de

www.vdma-products.de
Die Datenbank des Maschinen- und Anlagebaus listet Lieferanten, Dienstleister, Produkte und Firmeninfos zu Unternehmen.

Business to Business/Restposten & Großhandel

B2B-Zentrum
info@b2b-zentrum.de

www.b2b-zentrum.de
B2B-Zentrum ist ein Marktplatz für gewerbliche Großhändler, Wiederverkäufer, Einzel- und Restpostenhändler und Importeure.

RESTPOSTEN.de
info@restposten.de

www.restposten.de
B2B-Handelsplattform für Restposten, Sonderposten, Lagerüberhänge, Insolvenzgüter sowie Aktionswaren und Trendartikel.

Restposten24
info@restposten24.de

www.restposten24.de
Restposten24 ist mit über 27.000 Händlern der B2B-Marktplatz für Restposten, Neuware und überschüssige Wirtschaftsgüter.

Zentrada.de
info@schimmel-media.de

www.zentrada.de
Großhandels-Marktplatz für Trendartikel, Sortiments- und Aktionswaren mit 100.000 gewerblichen Mitgliedern.

Businesskontakte

LinkedIn

www.linkedin.com
Austauschplattform für Ideen, Informationen und Angebote speziell für Führungs- und Fachkräfte.

salambc.com
info@salambc.com

www.salambc.com
Mit dem Geschäftsnetzwerk für die arabische, asiatische und muslimische Welt Jobs, neue Kunden und Kontakte finden.

XING

www.xing.com
Das Business-Netzwerk XING vermittelt Kontakte für Geschäft, Beruf und Karriere weltweit in 16 Sprachen.

Dienstleistungen

ambiGO
info@ambigo.de

www.ambigo.de
Meta-Suchmaschine, die ausschließlich nach Auftragsauktionen im deutschen Internet Ausschau hält.

blauarbeit.de
support@blauarbeit.de

www.blauarbeit.de
Welcher Handwerker macht's billiger? Aufträge kostenlos und völlig unverbindlich an den günstigsten Betrieb versteigern.

dtad.de
service@dtad.de

www.dtad.de
Auftragsvermittlung für öffentliche, gewerbliche und private Ausschreibungen aus allen Branchen und Regionen.

eventmanager.de
mail@eventmanager.de

www.eventmanager.de
Portal für die Eventmanagement-Branche: Agenturen, Produktionsfirmen, Catering und Veranstaltungstechnik.

handwerkerfinden.com
info@handwerkerfinden.com

www.handwerkerfinden.com
Die Suchmaschine für Handwerker findet den passenden Dienstleister für alle Bauleistungen.

KennstDuEinen.de

www.kennstdueinen.de
Bei KennstDuEinen.de werden Dienstleister und Profis von anderen Kunden bewertet.

MyHammer
service@myhammer.de

www.myhammer.de
Portal für Handwerks- und Dienstleistungsaufträge aller Art. Dienstleister können nur gegen Gebühr Angebote abgeben.

Quotatis
info@quotatis.de

www.quotatis.de
Günstige Handwerker finden: Hier erhält man kostenlos und unverbindlich bis zu fünf Angebote von qualifizierten Fachbetrieben.

Servey.de

www.servey.de
Es wird die Frage gestellt, was guter Service ist und der Begriff von kostenpflichtigen Dienstleistungen abgegrenzt.

Dienstleistungen/Detekteien

axom.eu
info@axom.de

www.axom.eu
Internationale Detekteien aus ganz Europa für Kriminalermittlungen, Personensuche, Schadensermittlung und Beobachtungen.

detekteien-verzeichnis.de

www.detekteien-verzeichnis.de
Bundesweites Branchenverzeichnis für Detektive und Sicherheitsdienste.

Dienstleistungen/Grafik, Design & Gestaltung

12designer.com
team@12designer.com

www.12designer.com
Hier kann man Designaufträge vergeben. Mehrere Designer gestalten Entwürfe, nur der beste Entwurf wird bezahlt.

designmadeingermany.de

www.designmadeingermany.de
Galerien von Grafik-, Corporate-, Schrift-, Web- und Screendesigns aus deutschen Werbeagenturen.

Die Illustratoren
kontakt@illustratoren.de

www.illustratoren.de
Illustratoren-Verzeichnis mit Arbeitsproben. Den passenden Illustrator finden und eine Auftragsanfrage schicken.

grafiker.de
mail@grafiker.de

www.grafiker.de
Auf dem Kontaktnetzwerk für Kreative findet man Ausschreibungen und Showcases.

Dienstleistungen/Kurierdienste

Kurierportal.com
info@kurierportal.com

www.kurierportal.com
Den geeigneten Transporteur finden, um eine Fracht zu versenden. Mit Rückwärtsauktionen und Ausschreibungen.

Dienstleistungen/Schornsteinfeger

Schornsteinfeger.de
ziv@schornsteinfeger.de

www.schornsteinfeger.de
Hier findet man seinen zuständigen Schornsteinfeger sowie Infos und Antworten rund um die Säuberung der Heizungsanlage.

Dienstleistungen/Übersetzer & Dolmetscher

**Bundesverband der
Dolmetscher und Übersetzer e. V.**
info@bdue.de

www.bdue.de
Für fast alle Sprachen kann man hier online nach Dolmetschern und Übersetzern mit nachgewiesener Qualifikation suchen.

Dolmetscher.NET
team@sprachmittler-truu.de

www.dolmetscher.net
Internationales Verzeichnis mit Dolmetschern und Übersetzern für mehr als 70 Sprachen.

TEXTpark
info@textpark.de

www.textpark.de
Genaue Fachübersetzungen in über 50 Sprachen, von 820 Übersetzern aus 154 Fachgebieten.

Export & Außenhandel

Deutsche Exportdatenbank, Die
info@sachon.de

www.deutsche-exportdatenbank.de
35.000 exportorientierte Hersteller und Dienstleister von Produkten und Leistungen „Made in Germany".

Geschäftsberichte & Unternehmensberichte

geschaeftsberichte-portal.de
info@geschaeftsberichte-portal.de

www.geschaeftsberichte-portal.de
Investor Relations Fachportal mit Unternehmensberichte-Datenbank und Informationen zur Unternehmenspublizität.

Handel

handelsdaten.de
kundenservice@handelsdaten.de.

www.handelsdaten.de
Große Datenbank zur Handelsbranche. Hier erhält man Kennzahlen und Statistiken zu Trends und Entwicklungen im Handel.

Handelsregister & Firmenauskünfte

Andreas Löb . Recherche
webmaster@auskunft-handelsregister.de

www.auskunft-handelsregister.de
Dieser Dienstleister liefert Handelsregisterauszüge online im Original vom Amtsgericht.

Auszug aus dem Handelsregister
mail@auszug-handelsregister.info

www.auszug-handelsregister.info
Lieferung der originalen Handelsregisterauszüge aller bundesweiten Amtsgerichte per E-Mail oder auf dem Postweg.

Elektronischer Bundesanzeiger

www.bundesanzeiger.de
Plattform für zentrale Veröffentlichungen. U. a. Jahresabschlüsse und Bekanntmachungen offenlegungspflichtiger Unternehmen.

Firmenwissen
info@firmenwissen.de

www.firmenwissen.de
Bei Firmenwissen kann man online rund 170.000 Jahresabschlüsse von rund 62.000 Unternehmen abrufen: Bilanzen, GuV.

GENIOS
info@genios.de

www.genios.de
Online-Wirtschaftsinformationen: Firmen- und Personeninformationen, Handelsregister-Bekanntmachungen, Presse, Fachpresse.

Register Portal
poststelle@jm.nrw.de

www.handelsregister.de
Das Handelsregister, das Vereinsregister, die Registerbekanntmachungen und das Partnerschaftsregister.

Unternehmensregister.de
service@bundesanzeiger.de

www.unternehmensregister.de
Zugang zu sämtlichen gesetzlich vorgegebenen Unternehmensinformationen.

Handwerk

Handwerkermarkt.de
redaktion@handwerkermarkt.de

www.handwerkermarkt.de
Informationen und Nachrichten für Handwerker zu den Themen Arbeit, Weiterbildung, Veranstaltungen, Beruf und Produkte.

handwerksblatt.de
thielen@handwerksblatt.de

www.handwerksblatt.de
Infos und Service für den Mittelstand, Überblick zu Meisterschulen, Handwerkslexikon, Azubitests sowie Insolvenz-Infos.

Zentralverband des deutschen Handwerks
info@zdh.de

www.zdh.de
Infos zu Gewerbeförderung, Steuern, Tarifpolitik sowie ein Überblick über die Organisationen des deutschen Handwerks.

Insolvenzen

Insolvenzbekanntmachungen.de

www.insolvenzbekanntmachungen.de
Auf diesem Portal kann man einsehen, welche Firmen oder Privatpersonen Insolvenz angemeldet haben.

Insolvenzrecht.info
info@insolvenzrecht.info

www.insolvenzrecht.info
Fachportal zum Thema Insolvenz, mit Sanierungskonzepten, Rechtsberatung und aktuellen Urteilen.

Sanierungsportal
info@sanierungsportal.de

www.sanierungsportal.de
Im Insolvenzfall bietet das Sanierungsportal für Unternehmen konkrete Beratungs- und Hilfsangebote.

Labore

analytik.de
info@analytik.de

www.analytik.de
Die Adresse für Analytiker, Chemiker und Labormanager. Aktuelle Branchenmeldungen, Jobbörse und ein Diskussionsforum.

Labo.de
labo-marketing@hoppenstedt.de

www.labo.de
Das Online-Portal für Labortechnik und Life-Sciences.

Managementportale

4managers
dialog@4managers.de

www.4managers.de
Das ILTIS-Informationsportal mit Themen, Tipps und Trends zur Strategieverwirklichung und kostenlosen Folien-Downloads.

● **Business-Best-Practice.de**
info@business-best-practice.de

www.business-best-practice.de
Dieses Portal speziell für Unternehmer und Führungskräfte bietet eine Unmenge an Tipps, Praxiswissen und Know-how rund um die Herausforderungen des beruflichen/unternehmerischen Alltags. Die Newsletter sind empfehlenswert. Außerdem immer sehr interessant und hilfreich: Die Best-Practice-Geheimnisse.
(Siehe Abbildung)

● **Business-wissen.de**
info@business-wissen.de

www.business-wissen.de
Plattform mit vielen Hundert Werkzeugen für Organisation und Management. Das sind Anleitungen, Lösungshilfen, Arbeitsvorlagen (fertige Word-, Powerpoint- und Excel-Dateien) für jeden Aufgabenbereich. Damit kommt man einfach und schnell zu guten Arbeitsergebnissen oder zu einem schlüssigen Konzept.
(Siehe Abbildung)

praxiswissen.de

www.praxiswissen.de
praxiswissen.de bietet das Know-how erfahrener Experten zum einfachen und schnellen Lesen auf digitalen Endgeräten an.

Small-Talk-Themen.de
info@small-talk-themen.de

www.small-talk-themen.de
Web-Seite mit aktuellen Themen für Small-Talk-Situationen. Dazu Tipps und Hintergrundwissen.

Marken- & Produktinfos

Markenlexikon.com
info@markenlexikon.com

www.markenlexikon.com
Umfangreiches Markenportal mit Markenwissen von A bis Z: Markenexperten, Markenglossar sowie Fachbeiträge als Download.

Business-Best-Practice.de   **www.business-best-practice.de**

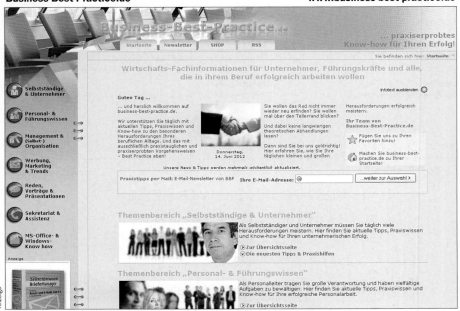

Markenmuseum.com
info@marketing-pilots.de

www.markenmuseum.com
Virtuelles Markenmuseum mit zahlreichen Bildern und Beschreibungen altbekannter Marken.

Markenschutz & Patentschutz

Deutsches Patent- und Markenamt

www.dpma.de
Informationen zu Schutzrechten, Recherchemöglichkeiten in den DPMA-Datenbanken, Download von Formularen.

Marketing & Vertrieb

marketing-BÖRSE
info@marketing-boerse.de

www.marketing-boerse.de
Großes Dienstleisterverzeichnis für Marketing mit rund 10.000 Anbietern und Produkten. Der Basiseintrag ist kostenlos.

media-treff.de

www.media-treff.de
Der Media-Treffpunkt für Marketing-Profis.

off-the-record.de

www.off-the-record.de
Blog für Marketing, Werbung, Medien, Meinungen und Nachrichten zum Geschehen in der Kommunikationsbranche.

ONEtoONE
redaktion@onetoone.de

www.onetoone.de
Nachrichten aus der Marketing- und Medienbranche.

Onlinemarketing-Praxis
info@onlinemarketing-praxis.de

www.onlinemarketing-praxis.de
Tipps und Praxiswissen für ein erfolgreiches und individuelles Online-Marketing mit Checklisten und Fallbeispielen.

werbeblogger.de
redaktion@werbeblogger.de

www.werbeblogger.de
Werbeblog über Marketing, Werbung und PR.

Business-wissen.de

www.business-wissen.de

Marktforschung

Marktforschung.de
info@marktforschung.de

www.marktforschung.de
Das Portal für Marktforschung, Studien, Institute und Beratung.

Messen

AUMA e. V.
info@auma.de

www.auma.de
Der AUMA bietet Informationen rund um die Messewirtschaft wie auch die kostenfreie Nutzung der Messedatenbanken – weltweit.

ExpoDataBase - Messesuche weltweit
mua@expodatabase.de

www.expodatabase.de
Messen suchen, finden, speichern: Weltweit über 15.000 Messen und Termine. Mit Checklisten für den Messeauftritt.

Mittelstand

Deutsche Handwerks Zeitung

www.deutsche-handwerks-zeitung.de
Die Wirtschaftszeitung für den Mittelstand.

MittelstandDirekt
kontakt@vr-networld.de

www.mittelstanddirekt.de
Infos zu Recht, Steuern, Finanzierungshilfen sowie zur Gründung und Förderung von Unternehmen.

MittelstandsWiki.de
redaktion@mittelstandswiki.eu

www.mittelstandswiki.de
Das Know-how-Portal für Unternehmer bietet aktuelle Meldungen aus der Wirtschaft.

Multimedia

Interactive Business Net
info@hightext.de

www.ibusiness.de
Aktuelle News und Trends, Stellenmarkt und Verzeichnis für deutschsprachige Multimedia-Dienstleister.

Patente & Erfindungen

COPAT
copat@copat.de

www.copat.de
Umfangreiches Portal zum gewerblichen Rechtsschutz. Aktuelle Nachrichten, Gesetzestexte, Lexikon des gewerblichen Rechtsschutzes. Erfinderleitfaden und Lehrprogramme zu Innovationen, Patenten, Marken und Design. Patent- und Marken-Datenbanken im Internet sowie neueste Fachaufsätze. COPAT-Markengenerator. **(Siehe Abbildung)**

Google Patentsuche

www.google.com/patents
In dieser Datenbank befinden sich sieben Millionen Patente aus den USA von 1790 bis heute.

patent-net.de
office@patent-net.de

www.patent-net.de
Der Marktplatz für Ideen, Erfindungen und Patente bringt Erfinder und Investoren zusammen.

tchibo-ideas.de

www.tchibo-ideas.de
Vorstellung von Alltagsproblemen, für die Mitglieder im Rahmen eines Ideenwettbewerbes eine Lösung präsentieren können.

Recht/Allgemein

123recht.net
qnc@qnc.de

www.123recht.net
Rechtsberatungsportal mit juristischen Ratgebern, Nachrichten und Foren für Experten und Rechtsinteressierte.

D.A.S. Rechtsportal
rechtsportal@das.de

www.das-rechtsportal.de
Fundierte Informationen zu Rechtsthemen aus dem Alltag. Mit Rechtsvideothek, Checklisten, Formularen und aktuellen Urteilen.

Juraforum.de

www.juraforum.de
Das Portal für Recht bietet neben einem Suchservice für Rechts- und Fachanwälte ein großes Forum, Urteile und Gesetze.

COPAT

www.copat.de

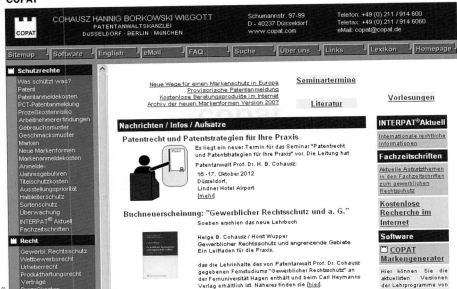

WIRTSCHAFT

Legal Tribune ONLINE
info@lto.de

www.lto.de
Juristisches Nachrichtenportal mit der neuesten Rechtsprechung, Branchennews sowie Hintergründen zu Recht und Gesetz.

Recht/Rechtsanwälte

anwalt.com
info@arenonet.com
☎(0800) 444 122 20

www.anwalt.com
Online-Rechtsberatung ab 49 € mit schriftlichem Gutachten innerhalb von 2h. Oder die Anwaltshotline für 1,99 €/min. wählen (Mobilfunkpreise ggf. abweichend) und sofort eine Antwort erhalten. Zudem Anwaltsuche vor Ort mit detailliertem Profil.
(Siehe Abbildung)

anwalt.de – einfach zum Anwalt
info@anwalt.de
☎(0800) 40 40 620

www.anwalt.de
Nach dem Motto „Einfach zum Anwalt" bietet anwalt.de ein führendes Rechtsinformationsportal mit Anwaltsverzeichnis in allen Rechtsgebieten. Ergänzt werden die Services für Rechtsratsuchende durch E-Mail- und telefonische Rechtsberatung sowie einer Vielzahl an verständlich aufbereiteten Rechtstipps.
(Siehe Abbildung)

anwalt24.de
info@anwalt24.de

www.anwalt24.de
Datenbank mit über 76.000 Rechtsanwälten, von Anwälten verfassten Fachartikeln und News rund ums Recht.

rechtsanwalt.com
info@arenonet.com

www.rechtsanwalt.com
Rechtssuchende finden hier renommierte Kanzleien und deutschsprachige Rechtsanwälte in über 50 Ländern sowie vor Ort.

Schmerzensgeld.info
info@schmerzensgeld.info

www.schmerzensgeld.info
schmerzensgeld.info ermöglicht umfangreiche Recherchen zu Schmerzensgeld und spezialisierten Anwälten.

740

Sicherheit

Sicherheit.info
info@sicherheit.info

www.sicherheit.info
Online-Portal zu Themen der Sicherheit: Sicherheitstechnik, Wirtschaftsschutz, Bewachungsgewerbe und private Sicherheit.

Subventionen & Fördermittel

Subventionen.de
webmaster@subventionen.de

www.subventionen.de
Portal mit Informationen zu den Themen öffentliche Fördermittel, Existenzgründung, Arbeitsplatzförderung und Investitionen.

Subventionsberater.de
info@subventionsberater.de

www.subventionsberater.de
Unabhängige und außergewöhnliche Information über EU-Förderprogramme und wirtschaftliche Zusammenhänge.

Technik

digital-room
info@digital-room.de

www.digital-room.de
Das Video-Magazin für Technik-Themen ist aufgebaut wie ein TV-Programm und macht komplizierte Dinge verständlich.

produktion.de
info@mi-verlag.de

www.produktion.de
Großes Informationsportal rund ums Thema Wirtschaft und Technik für die deutsche Industrie.

sjn
email@sjn.net

www.sjn.de
Verzeichnis mit über vier Millionen Dienstleistern und Herstellern aus Industrie und Handwerk aus Deutschland und Europa.

Techniker-Forum
webmaster@techniker-forum.de

www.techniker-forum.de
Das Techniker-Forum ist die Ressource für den staatlich geprüften Techniker im Internet.

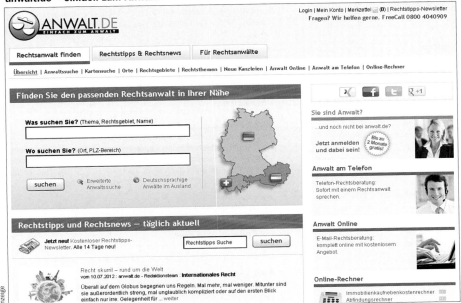

vdi-nachrichten.com
info@vdi-nachrichten.com

www.vdi-nachrichten.com
Infoportal für Ingenieure: Aktuelles zu Technik, Wirtschaft, Gesellschaft, Karriere, Weiterbildung.

Welt der Technik
Kontakt@weltdergadgets.de

www.weltdertechnik.de
Täglich neue Infos und aktuelle Nachrichten aus den verschiedensten Bereichen der Technik. Mit vielen Testberichten.

Telekommunikation

Open Signal Maps
hello@staircase3.com

www.opensignalmaps.com
Wo steht der nächste Sendemast? Open Signal Maps liefert eine Kartographie der Mobilfunknetze.

Telefon-Treff.de
info@telefon-treff.de

www.telefon-treff.de
Sehr gut besuchtes Forum zu den Themen Festnetz, DSL, WAP, Mobilfunk, SMS, MMS, Prepaid-Karten und Testberichte.

Telekommunikation/Mobilfunk & DSL

BASE
kundenservice@base.de

www.base.de
Handyverträge und Tarife für jedes Budget. Der Tarifberater findet schnell den passenden Tarif, mit oder ohne Vertrag.

E-Plus
kundenservice@eplus.de

www.eplus.de
Alle Infos und Services zu E-Plus, Kundenbetreuung online, günstige Tarife und alle neuen Handys im Online-Shop.

Informationszentrum Mobilfunk e. V. (IZMF)
info@izmf.de

www.izmf.de
Das Informationszentrum Mobilfunk ist Ansprechpartner bei allen grundsätzlichen Fragen zur mobilen Kommunikation.

O2 online

www.o2online.de
Das Kundenportal von O2 Germany bietet im Online-Shop Angebote und Tarife zu den Themen Handys, DSL, E-Mail und UMTS.

T-Mobile
kundenservice@t-mobile.de

www.t-mobile.de
Handys und Zubehör mit Testberichten und Bedienungsanleitungen, Tarife und Kundenservice sowie Klingeltöne, Logos und SMS.

Vodafone
kontakt@vodafone.com

www.vodafone.de
Auskunft über Vodafone-Services für Privat- und Geschäftskunden mit abgestimmten Produktangeboten, Preisen und Tarifen.

Unternehmensmakler & Firmenverkäufe

Brill Unternehmensmakler
brill-unternehmensmakler@email.de

www.brill-unternehmensmakler.de
Wer sich selbstständig machen möchte, auf der Suche nach einem wirtschaftlich soliden Unternehmen ist, nach Expansionsmöglichkeiten sucht, oder seine Firma verkaufen möchte, wird hier von Unternehmensmaklern umfassend von der Recherche bis zur Vertragsunterzeichnung beraten. **(Siehe Abbildung)**

Deutsche Unternehmensbörse
info@dub.de

www.dub.de
Börse, um Unternehmen zu kaufen und zu verkaufen oder einen Unternehmensnachfolger zu finden.

Firmenboerse
office@firmenboerse.com

www.firmenboerse.com
Kauf und Verkauf von Firmen in Deutschland, Österreich, der Schweiz und Italien. Die Firmen werden anonym angeboten.

UnternehmensBörse
info@unternehmensboerse-abos.de

www.unternehmensboerse-abos.de
Portal für Unternehmenskauf, -verkauf und -beteiligungen. Services von der Vorbereitung bis zum Verkaufsabschluss.

Werbeagenturen/Allgemein

**Gesamtverband
Kommunikationsagenturen GWA**
info@gwa.de

www.gwa.de
Suchmaschine für Agenturen, eine Jobbörse, themenbezogene
Diskussionen, Literaturtipps und Brancheninfos.

Wirtschaftslexikon

Wirtschaftslexikon24.net
witherton@wirtschaftslexikon24.net

www.wirtschaftslexikon24.net
Großes Internet-Wirtschaftslexikon, das über 15.000 Fachbegriffe aus der Welt der Wirtschaft erklärt.

Wirtschaftsverbände

AHK - Deutsche Auslandshandelskammern
infocenter@dihk.de

ahk.de
Profil und Adressen der Deutschen Auslandshandelskammern
(AHKs). Erste Adresse auf den Weltmärkten für deutsche Unter-
nehmen.

BDA – Die Arbeitgeber
info@arbeitgeber.de

www.arbeitgeber.de
BDA – Die Spitzenorganisation der deutschen Wirtschaft. Ihr gehören 55 Bundesfachverbände und 14 Landesvereinigungen an.

BDI
presse@bdi-online.de

www.bdi-online.de
Wirtschaftspolitische Interessenvertretung der Industrie mit dem
Ziel, die wirtschaftlichen Rahmenbedingungen zu verbessern.

Industrie- und Handelskammertag
infocenter@dihk.de

www.dihk.de
Portal der IHK-Organisation in Deutschland, Infos zu Aus- und
Weiterbildung, Standortpolitik und Starthilfe.

Deutsches Verbände Forum
info@verbaende.com

www.verbaende.com
12.000 Adressen deutscher Verbände und Organisationen. Über
30.000 Pressemitteilungen im Nachrichtenbereich.

Brill Unternehmensmakler **www.brill-unternehmensmakler.de**

INDEX

INDEX

Index

INDEX

INDEX

G

Index

INDEX

INDEX

INDEX

Index

INDEX

INDEX

INDEX

INDEX

INDEX